Germ
Di

Wörterbuch Englisch-Deutsch

120th anniversary Berlitz

Berlitz Publishing Company, Inc.
Princeton Mexico City Dublin Eschborn Singapore

400 Alexander Park, Princeton, NJ 08540, USA
9-13 Grosvenor St., London W1X 9FB

ISBN 2-8315-6189-2

Revised 1994
Fifth Printing - March 1998
Printed in the Netherlands

Berlitz Dictionaries

Dansk	Engelsk, Fransk, Italiensk, Spansk, Tysk
Deutsch	Dänisch, Englisch, Finnisch, Französisch, Italienisch, Niederländisch, Norwegisch, Portugiesisch, Schwedish, Spanisch
English	Danish, Dutch, Finnish, French, German, Italian, Norwegian, Portuguese, Spanish, Swedish, Turkish
Español	Alemán, Danés, Finlandés, Francés, Holandés, Inglés, Noruego, Sueco
Français	Allemand, Anglais, Danois, Espagnol, Finnois, Italien, Néerlandais, Norvégien, Portugais, Suédois
Italiano	Danese, Finlandese, Francese, Inglese, Norvegese, Olandese, Svedese, Tedesco
Nederlands	Duits, Engels, Frans, Italiaans, Portugees, Spaans
Norsk	Engelsk, Fransk, Italiensk, Spansk, Tysk
Português	Alemão, Francês, Holandês, Inglês, Sueco
Suomi	Englanti, Espanja, Italia, Ranska, Ruotsi, Saksa
Svenska	Engelska, Finska, Franska, Italienska, Portugisiska, Spanska, Tyska

Contents		Inhaltsverzeichnis	
	Page		Seite

Preface

In selecting the 12.500 word-concepts in each language for this dictionary, the editors have had the traveller's needs foremost in mind. This book will prove invaluable to all the millions of travellers, tourists and business people who appreciate the reassurance a small and practical dictionary can provide. It offers them—as it does beginners and students—all the basic vocabulary they are going to encounter and to have to use, giving the key words and expressions to allow them to cope in everyday situations.

Like our successful phrase books and travel guides, these dictionaries—created with the help of a computer data bank—are designed to slip into pocket or purse, and thus have a role as handy companions at all times.

Besides just about everything you normally find in dictionaries, there are these Berlitz bonuses:

- imitated pronunciation next to each foreign-word entry, making it easy to read and enunciate words whose spelling may look forbidding
- a unique, practical glossary to simplify reading a foreign restaurant menu and to take the mystery out of complicated dishes and indecipherable names on bills of fare
- useful information on how to tell the time and how to count, on conjugating irregular verbs, commonly seen abbreviations and converting to the metric system, in addition to basic phrases.

While no dictionary of this size can pretend to completeness, we expect the user of this book will feel well armed to tackle foreign travel with confidence. We should, however, be very pleased to receive comments, criticism and suggestions that you think may be of help in preparing future editions.

Vorwort

Bei der Auswahl der 12500 Begriffe, die in jedem der beiden Teile dieses Wörterbuchs enthalten sind, standen die Bedürfnisse des Reisenden stets im Vordergrund. Dieses handliche und praktische, mit Hilfe einer Datenbank erstellte Wörterbuch wird sich deshalb für alle Reisende – ob Touristen oder Geschäftsleute –, aber auch für Anfänger und Sprachschüler als unschätzbarer Helfer erweisen. Es enthält den Grundwortschatz und alle wichtigen Ausdrücke, die man benötigt, um sich im Alltag in jeder Lage zurechtzufinden.

Wie unsere Sprachführer und Reiseführer paßt auch dieses Wörterbuch in jede Jacken- oder Handtasche und ist so immer griffbereit. Neben all dem, was man von einem Wörterbuch erwartet, bietet es noch diese besonderen Vorteile:

- Die internationale Lautschrift (IPA) nach jedem Stichwort in der Fremdsprache löst alle Ausspracheprobleme.
- Ein einzigartiges kulinarisches Lexikon hilft beim Lesen der Speise- und Getränkekarte und enträtselt all die unbekannten Gerichte und Zutaten.
- Nützliche Hinweise über Zeitangaben, Grund- und Ordnungszahlen, unregelmäßige Verben und übliche Abkürzungen werden ergänzt durch einige Sätze, die in alltäglichen Situationen zustatten kommen.

Selbstverständlich kann kein Wörterbuch dieses Formats Anspruch auf Vollständigkeit erheben. Wir glauben jedoch, daß der Benutzer dieses Buches sich mit Zuversicht auf die Reise machen kann. Es versteht sich, daß wir jede Art von Kommentar, Kritik oder Anregung begrüßen, die uns helfen, zukünftige Auflagen zu verbessern.

german-english

deutsch-englisch

Abbreviations

adj	adjective
adv	adverb
Am	American
art	article
conj	conjunction
f	feminine
fpl	feminine plural
m	masculine
mpl	masculine plural
n	noun
nAm	noun (American)
nt	neuter
ntpl	neuter plural
num	numeral
p	past tense
pl	plural
plAm	plural (American)
pp	past participle
pr	present tense
pref	prefix
prep	preposition
pron	pronoun
v	verb
vAm	verb (American)

Introduction

The dictionary has been designed to take account of your practical needs. Unnecessary linguistic information has been avoided. The entries are listed in alphabetical order, regardless of whether the entry word is printed in a single word or in two or more separate words. As the only exception to this rule, reflexive verbs and a few idiomatic expressions are listed alphabetically as main entries, according to the verb or the most significant word of the expression.

e. g. *sich befassen mit* is found under **b**
auf Wiedersehen is found under **w**

When an entry is followed by sub-entries such as expressions and locutions, these, too, have been listed in alphabetical order.

Each main-entry word is followed by a phonetic transcription (see Guide to pronunciation). Following the transcription is the part of speech of the entry word whenever applicable. When an entry word may be used as more than one part of speech, the translations are grouped together after the respective part of speech.

Considering the complexity of the rules for constructing the plural of German nouns, we have supplied the plural form whenever in current use.

Each time an entry word is repeated in plural or in sub-entries, a tilde (~) is used to represent the full entry word. Two dots above the tilde (~̈) means that, in the plural, the word takes an *Umlaut*.

In plurals of compounds only the part that changes is written out fully, whereas the unchanged part is represented by a hyphen.

Entry:		Plural:
	Abenteuer (pl ~)	Abenteuer
	Abend (pl ~e)	Abende
	Satz (pl ~̈e)	Sätze
	Geschäftsmann (pl -leute)	Geschäftsleute

An asterisk (*) in front of a verb indicates that the verb is irregular. For details, refer to the lists of irregular verbs.

Guide to Pronunciation

Each main entry in this part of the dictionary is followed by a phonetic transcription which shows you how to pronounce the words. This transcription should be read as if it were English. It is based on Standard British pronunciation, though we have tried to take account of General American pronunciation also. Below, only those letters and symbols are explained which we consider likely to be ambiguous or not immediately understood.

The syllables are separated by hyphens, and stressed syllables are printed in *italics*.

Of course, the sounds of any two languages are never exactly the same, but if you follow carefully our indications, you should be able to pronounce the foreign words in such a way that you'll be understood. To make your task easier, our transcriptions occasionally simplify slightly the sound system of the language while still reflecting the essential sound differences.

Consonants

g always hard, as in **g**o

kh a **k**-sound where the tongue doesn't quite touch the roof of the mouth, so that the air continues to come out, with a sound of friction between the tongue and the roof of the mouth; after back vowels (e.g. **ah**, **o**, **oo**) like **ch** in Scottish lo**ch**, otherwise more like **h** in **h**uge

r pronounced in the back of the mouth

s always hard, as in **s**o

zh a soft, voiced **sh**, like **s** in plea**s**ure

Vowels and Diphthongs

aa long **a**, as in c**a**r

ah a short version of **aa**; between **a** in c**a**t and **u** in c**u**t

ai like **ai**r, without any **r**-sound

eh like **e** in g**e**t

er as in oth**er**, without any **r**-sound

ew a "rounded **ee**-sound"; say the vowel sound **ee** (as in s**ee**), and while saying it, round your lips as for **oo** (as in s**oo**n), without moving your tongue; when your lips are in the **oo** position, but your tongue is in the **ee** position, you should be pronouncing the correct sound

igh as in s**igh**

o always as in h**o**t (British pronunciation)

ou as in l**ou**d

ur as in f**ur**, but with rounded lips and no **r**-sound

1) A bar over a vowel symbol (e.g. $\overline{\textbf{ew}}$) shows that this sound is long.

2) Raised letters (e.g. ^{y}**aa**) should be pronounced only fleetingly.

3) German vowels (i.e. not diphthongs) are pure. Therefore, you should try to read a transcription like **oa** without moving tongue or lips while pronouncing the sound.

4) Some German words borrowed from French contain nasal vowels, which we transcribe with a vowel symbol plus ~~**ng**~~ (e.g. **ah~~ng~~**). This ~~**ng**~~ should *not* be pronounced, and serves solely to indicate nasal quality of the preceding vowel. A nasal vowel is pronounced simultaneously through the mouth and the nose.

A

Aal (aal) *m* (pl ~e) eel
ab (ahp) *prep* as from; *adv* off; ~ **und zu** occasionally
abändern (*ahp*-ehn-derrn) *v* change
Abbildung (*ahp*-bil-doong) *f* (pl ~en) picture
abbremsen (*ahp*-brehm-zern) *v* slow down
Abbruch (*ahp*-brookh) *m* demolition
abdrehen (*ahp*-drāy-ern) *v* turn off
Abend (*aa*-bernt) *m* (pl ~e) night, evening
Abenddämmerung (*aa*-bernt-deh-mer-roong) *f* dusk
Abendessen (*aa*-bernt-eh-sern) *nt* supper; dinner
abends (*aa*-bernts) *adv* at night
Abenteuer (*aa*-bern-toi-err) *nt* (pl ~) adventure
aber (*aa*-berr) *conj* but
Aberglaube (*aa*-berr-glou-ber) *m* superstition
***abfahren** (*ahp*-faa-rern) *v* pull out
Abfahrt (*ahp*-faart) *f* departure
Abfahrtszeit (*ahp*-faarts-tsight) *f* (pl ~en) time of departure
Abfall (*ahp*-fahl) *m* (pl ~̈e) garbage; litter, rubbish, refuse
Abfalleimer (*ahp*-fahl-igh-merr) *m* (pl ~) rubbish-bin, dustbin; trash can *Am*
***abfallen** (*ahp*-fah-lern) *v* slope
abfassen (*ahp*-fah-sern) *v* *draw up
abfertigen (*ahp*-fehr-ti-gern) *v* dispatch
Abfluß (*ahp*-flooss) *m* drain
Abführmittel (*ahp*-fēwr-mi-terl) *nt* (pl ~) laxative
abgelegen (*ahp*-ger-lāy-gern) *adj* far-off, remote
abgeneigt (*ahp*-ger-nighkt) *adj* averse
abgenutzt (*ahp*-ger-nootst) *adj* worn-out
Abgeordnete (*ahp*-ger-or-dner-ter) *m* (pl ~n) deputy; Member of Parliament
abgerundet (*ahp*-ger-roon-dert) *adj* rounded
Abgesandte (*ahp*-ger-zahn-ter) *m* (pl ~n) delegate, envoy
abgeschieden (*ahp*-ger-shee-dern) *adj* isolated
abgesehen von (*ahp*-ger-zāy-ern) apart from
Abgott (*ahp*-got) *m* (pl ~̈er) idol
Abgrund (*ahp*-groont) *m* (pl ~̈e) abyss, precipice
Abhandlung (*ahp*-hahn-dloong) *f* (pl ~en) essay
Abhang (*ahp*-hahng) *m* (pl ~̈e) slope
***abhängen von** (*ahp*-hehng-ern) depend on

abhängig (*ahp*-hehng-ikh) *adj* dependant
***abheben** (*ahp*-hāy-bern) *v* *draw
abholen (*ahp*-hōa-lern) *v* pick up, collect, fetch
abhorchen (*ahp*-hor-khern) *v* eavesdrop
Abkommen (*ahp*-ko-mern) *nt* (pl ~) agreement
Abkürzung (*ahp*-kewr-tsoong) *f* (pl ~en) abbreviation
***abladen** (*ahp*-laa-dern) *v* unload
Ablagerung (*ahp*-laa-ger-roong) *f* (pl ~en) deposit
***ablaufen** (*ahp*-lou-fern) *v* expire
ablehnen (*ahp*-lāy-nern) *v* reject
ableiten (*ahp*-ligh-tern) *v* deduce, infer
Ablenkung (*ahp*-lehng-koong) *f* diversion
abliefern (*ahp*-lee-ferrn) *v* deliver
ablösen (*ahp*-lūr-zern) *v* relieve
abmachen (*ahp*-mah-khern) *v* stipulate
sich abmelden (*ahp*-mehl-dern) check out
sich abmühen (*ahp*-mēw-ern) labour
Abnahme (*ahp*-naa-mer) *f* (pl ~n) decrease
***abnehmen** (*ahp*-nāy-mern) *v* *take away; decrease; slim
Abneigung (*ahp*-nigh-goong) *f* dislike, antipathy
abnorm (ahp-*norm*) *adj* abnormal
Abonnement (ah-bo-ner-*mahng*) *nt* (pl ~s) subscription
Abonnent (ah-bo-*nehnt*) *m* (pl ~en) subscriber
Abordnung (*ahp*-or-dnoong) *f* (pl ~en) delegation
Abortus (ah-*bor*-tooss) *m* (pl ~) abortion
***abraten** (*ahp*-raa-tern) *v* dissuade from
Abreise (*ahp*-righ-zer) *f* departure
abreisen (*ahp*-righ-zern) *v* depart, *set out
Absatz (*ahp*-zahts) *m* (pl ¨~e) heel; paragraph
abschaffen (*ahp*-shah-fern) *v* abolish
abschalten (*ahp*-shahl-tern) *v* *cut off
abscheulich (ahp-*shoi*-likh) *adj* hideous, terrible
Abschied (*ahp*-sheet) *m* parting
***abschießen** (*aab*-shee-sern) *v* launch
***abschließen** (*ahp*-shlee-sern) *v* *shut
Abschluß (*ahp*-shlooss) *m* issue
***abschneiden** (*ahp*-shnigh-dern) *v* *cut off; chip
Abschnitt (*ahp*-shnit) *m* (pl ~e) section; extract
abschrauben (*ahp*-shrou-bern) *v* unscrew
Abschrift (*ahp*-shrift) *f* (pl ~en) copy
abschüssig (*ahp*-shew-sikh) *adj* sloping, slanting
***absenden** (*ahp*-zehn-dern) *v* *send off
Absicht (*ahp*-zikht) *f* (pl ~en) purpose, intention
absichtlich (*ahp*-zikht-likh) *adj* deliberate, on purpose, intentional
absolut (ahp-zoa-*loot*) *adj* sheer
absplittern (*ahp*-shpli-terrn) *v* chip
Abstammung (*ahp*-shtah-moong) *f* origin
Abstand (*ahp*-shtahnt) *m* space
Abstieg (*ahp*-shteek) *m* descent
Abstimmung (*ahp*-shti-moong) *f* vote
Abstinenzler (ahps-ti-*nehn*-tslerr) *m* (pl ~) teetotaller
abstoßend (*ahp*-shtōa-sernt) *adj* revolting, repellent
abstrakt (ahps-*trahkt*) *adj* abstract
abstürzen (*ahp*-shtewr-tsern) *v* crash
absurd (ahp-*zoort*) *adj* absurd
Abszeß (*ahps*-tsehss) *m* (pl -esse) abscess
Abtei (ahp-*tigh*) *f* (pl ~en) abbey

Abteil (ahp-*tighl*) *nt* (pl ~e) compartment
Abteilung (ahp-*tigh*-loong) *f* (pl ~en) division, department; section
***abtragen** (*ahp*-traa-gern) *v* wear out
abtrocknen (*ahp*-tro-knern) *v* dry
abwärts (*ahp*-vehrts) *adv* downwards
***abwaschen** (*ahp*-vah-shern) *v* wash up
Abwasserkanal (*ahp*-vah-serr-kah-naal) *m* (pl ~̈e) sewer
abwechselnd (*ahp*-veh-kserlnt) *adj* alternate
Abwechslung (*ahp*-veh-ksloong) *f* variation
Abwehr (*ahp*-va͞yr) *f* defence
***abweichen** (*ahp*-vigh-khern) *v* deviate
Abweichung (*ahp*-vigh-khoong) *f* (pl ~en) aberration
abwenden (*ahp*-vehn-dern) *v* avert
Abwertung (*ahp*-vair-toong) *f* devaluation
abwesend (*ahp*-va͞y-zernt) *adj* absent
Abwesenheit (*ahp*-va͞y-zern-hight) *f* absence
abwischen (*ahp*-vi-shern) *v* wipe
abzahlen (*ahp*-tsaa-lern) *v* *pay on account
abzeichnen (*ahp*-tsighkh-nern) *v* initial; endorse
***abziehen** (*ahp*-tsee-ern) *v* deduct
Abzug (*ahp*-tso͞ok) *m* (pl ~̈e) print; trigger
Achse (*ah*-kser) *f* (pl ~n) axle
Acht (ahkht) *f* notice; **sich in ~ *nehmen** beware
acht (ahkht) *num* eight
achtbar (*ahkht*-baar) *adj* respectable
achte (*ahkh*-ter) *num* eighth
achten (*ahkh*-tern) *v* respect; **~ auf** mind; *pay attention to
***achtgeben** (*ahkht*-ga͞y-bern) *v* look out; **~ auf** watch; attend to; mind
Achtung (*ahkh*-toong) *f* esteem; respect
achtzehn (*ahkh*-tsa͞yn) *num* eighteen
achtzehnte (*ahkh*-tsa͞yn-ter) *num* eighteenth
achtzig (*ahkh*-tsikh) *num* eighty
Acker (*ah*-kerr) *m* (pl ~̈) field
Adapter (ah-*dahp*-terr) *m* (pl ~s) adapter
addieren (ah-*dee*-rern) *v* count; add
Addition (ah-di-*tsʸo͞an*) *f* (pl ~en) addition
Adel (*aa*-derl) *m* nobility
Ader (*aa*-derr) *f* (pl ~n) vein
Adler (*aa*-dlerr) *m* (pl ~) eagle
administrativ (aht-mi-ni-strah-*teef*) *adj* administrative
Admiral (aht-mi-*raal*) *m* (pl ~e) admiral
adoptieren (ah-dop-*tee*-rern) *v* adopt
Adressat (ah-dreh-*saat*) *m* (pl ~en) addressee
Adresse (ah-*dreh*-ser) *f* (pl ~n) address
adressieren (ah-dreh-*see*-rern) *v* address
Adverb (aht-*vehrp*) *nt* (pl ~ien) adverb
Affe (*ah*-fer) *m* (pl ~n) monkey
Afrika (*ah*-fri-kaa) Africa
Afrikaner (ah-fri-*kaa*-nerr) *m* (pl ~) African
afrikanisch (ah-fri-*kaa*-nish) *adj* African
Agent (ah-*gehnt*) *m* (pl ~en) agent
Agentur (ah-gehn-*to͞or*) *f* (pl ~en) agency
aggressiv (ah-greh-*seef*) *adj* aggressive
Ägypten (eh-*gewp*-tern) Egypt
Ägypter (eh-*gewp*-terr) *m* (pl ~) Egyptian
ägyptisch (eh-*gewp*-tish) *adj* Egyptian
ähnlich (*ain*-likh) *adj* similar; alike

Ähnlichkeit (*ain*-likh-kight) *f* (pl ~en) similarity; resemblance
Ahnung (*aa*-noong) *f* notion
Ahorn (*aa*-horn) *m* (pl ~e) maple
Aids (aidz) *nt* Aids
Akademie (ah-kah-day-*mee*) *f* (pl ~n) academy
Akkord (ah-*kort*) *m* (pl ~e) agreement
Akkreditiv (ah-kray-di-*teef*) *nt* (pl ~e) letter of credit
Akku (*ah-koo*) *m* (pl ~s) battery
Akne (*ah*-kner) *f* acne
Akt (ahkt) *m* (pl ~e) act; nude
Akte (*ahk*-ter) *f* (pl ~n) record; **Akten** file
Aktentasche (*ahk*-tern-tah-sher) *f* (pl ~n) briefcase, attaché case
Aktie (*ahk*-tsʸer) *f* (pl ~n) share; **Aktien** stocks and shares
Aktion (ahk-*tsʸōan*) *f* (pl ~en) action
aktiv (ahk-*teef*) *adj* active
Aktivität (ahk-ti-vi-*tait*) *f* (pl ~en) activity
aktuell (ahk-too-*ehl*) *adj* topical
akut (ah-*kōōt*) *adj* acute
Akzent (ahk-*tsehnt*) *m* (pl ~e) accent
akzeptieren (ahk-tsehp-*tee*-rern) *v* accept
Alarm (ah-*lahrm*) *m* alarm
alarmieren (ah-lahr-*mee*-rern) *v* alarm
albern (*ahl*-berrn) *adj* foolish, silly
Album (*ahl*-boom) *nt* (pl Alben) album
Algebra (*ahl*-gay-brah) *f* algebra
Algerien (ahl-*gāy*-rʸern) Algeria
Algerier (ahl-*gāy*-rʸerr) *m* (pl ~) Algerian
Alimente (ah-li-*mayn*-ter) *ntpl* alimony
Alkohol (*ahl*-koa-hol) *m* alcohol
alkoholisch (ahl-koa-*hōa*-lish) *adj* alcoholic
all (ahl) *num* all; **alle** *num* all; *adv* finished
Allee (ah-*lāy*) *f* (pl ~n) avenue
allein (ah-*lighn*) *adv* alone
allenfalls (*ah*-lern-fahls) *adv* at most
allerdings (*ah*-lerr-dings) *adv* of course
Allergie (ah-lehr-*gee*) *f* (pl ~n) allergy
allerlei (*ah*-lerr-ligh) *adj* various, all sorts of
alles (*ah*-lerss) *pron* everything; ~ **inbegriffen** all in
allgemein (ahl-ger-*mighn*) *adj* general; public; common; universal; **im allgemeinen** in general
Alliierte (ah-li-*eer*-ter) *m* ally
allmächtig (ahl-*mehkh*-tikh) *adj* omnipotent
allmählich (ahl-*mai*-likh) *adj* gradual
alltäglich (ahl-*tāyk*-likh) *adj* ordinary, everyday; daily
Almanach (*ahl*-mah-nahkh) *m* (pl ~e) almanac
Alphabet (ahl-fah-*bāyt*) *nt* alphabet
als (ahls) *conj* when; than; ~ **ob** as if
alsbald (ahls-*bahlt*) *adv* soon
also (*ahl*-zōa) *conj* so
Alt (ahlt) *m* (pl ~e) alto
alt (ahlt) *adj* old, ancient; aged
Altar (ahl-*taar*) *m* (pl ~̈e) altar
altbacken (*ahlt*-bah-kern) *adj* stale
Alteisen (*ahlt*-igh-zern) *nt* scrap-iron
Alter (*ahl*-terr) *nt* age; old age
Alternative (ahl-tehr-nah-*tee*-ver) *f* (pl ~n) alternative
Altertum (*ahl*-terr-tōōm) *nt* antiquity
Altertumskunde (*ahl*-terr-tōōms-koonder) *f* archaeology
ältlich (*ehlt*-likh) *adj* elderly
altmodisch (*ahlt*-mōa-dish) *adj* old-fashioned, ancient; quaint
Ambulanz (ahm-boo-*lahnts*) *f* (pl ~en) ambulance
Ameise (*aa*-migh-zer) *f* (pl ~n) ant
Amerika (ah-*māy*-ri-kah) America
Amerikaner (ah-may-ri-*kaa*-nerr) *m* (pl

~) American
amerikanisch (ah-may-ri-*kaa*-nish) *adj* American
Amethyst (ah-may-*tewst*) *m* (pl ~en) amethyst
Amnestie (ahm-nay-*stee*) *f* amnesty
Amsel (*ahm*-zerl) *f* (pl ~n) blackbird
Amt (ahmt) *nt* (pl ~̈er) office
Amulett (ah-moo-*leht*) *nt* (pl ~e) lucky charm, charm
amüsant (ah-mew-*zahnt*) *adj* entertaining
Amüsement (ah-mew-zer-*mahng*) *nt* entertainment
amüsieren (ah-mew-*zee*-rern) *v* amuse; entertain
an (ahn) *prep* on
Analphabet (ah-nahl-fah-*bāyt*) *m* (pl ~en) illiterate
Analyse (ah-nah-*lēw*-zer) *f* (pl ~n) analysis
analysieren (ah-nah-lew-*zee*-rern) *v* analyse
Analytiker (ah-nah-*lēw*-ti-kerr) *m* (pl ~) analyst
Ananas (*ah*-nah-nahss) *f* pineapple
Anarchie (ah-nahr-*khee*) *f* anarchy
Anatomie (ah-nah-toa-*mee*) *f* anatomy
anbauen (*ahn*-bou-ern) *v* cultivate, raise
in Anbetracht (in *ahn*-ber-trahkht) considering, regarding
***anbieten** (*ahn*-bee-tern) *v* offer; present
Anblick (*ahn*-blik) *m* sight; look
***anbrennen** (*ahn*-breh-nern) *v* *burn
Andenken (*ahn*-dehng-kern) *nt* (pl ~) souvenir; remembrance; memory
ander (*ahn*-derr) *adj* other; different
ändern (*ehn*-derrn) *v* change; alter
anders (*ahn*-derrs) *adv* otherwise
andersherum (*ahn*-derrs-heh-room) *adv* the other way round
anderswo (*ahn*-derrs-vōa) *adv* elsewhere
Änderung (*ehn*-der-roong) *f* (pl ~en) change; alteration
andrehen (*ahn*-drāy-ern) *v* turn on
***anempfehlen** (*ahn*-aym-pfāy-lern) *v* recommend
***anerkennen** (*ahn*-ehr-keh-nern) *v* recognize
Anerkennung (*ahn*-ehr-keh-noong) *f* (pl ~en) recognition
Anfall (*ahn*-fahl) *m* (pl ~̈e) fit
Anfang (*ahn*-fahng) *m* start, beginning; **Anfangs-** initial; primary
***anfangen** (*ahn*-fahng-ern) *v* start, commence, *begin
Anfänger (*ahn*-fehng-err) *m* (pl ~) learner, beginner
anfänglich (*ahn*-fehng-likh) *adv* originally
anfangs (*ahn*-fahngs) *adv* at first
Anfangsbuchstabe (*ahn*-fahngs-bōokh-shtaa-ber) *m* (pl ~n) initial
anfeuchten (*ahn*-foikh-tern) *v* moisten
anflehen (*ahn*-flāy-ern) *v* beg
Anführer (*ahn*-fēw-rerr) *m* (pl ~) leader
Anführungszeichen (*ahn*-fēw-roongs-tsigh-khern) *ntpl* quotation marks
Angabe (*ahn*-gaa-ber) *f* (pl ~n) data *pl*
***angeben** (*ahn*-gāy-bern) *v* indicate; declare
angeboren (*ahn*-ger-bōa-rern) *adj* natural
Angebot (*ahn*-ger-bōat) *nt* (pl ~e) offer; supply
angebracht (*ahn*-ger-brahkht) *adj* proper
angegliedert (*ahn*-ger-glee-derrt) *adj* affiliated
***angehen** (*ahn*-gāy-ern) *v* concern
Angeklagte (*ahn*-ger-klaak-ter) *m* (pl ~n) accused
Angelegenheit (*ahn*-ger-lāy-gern-

hight) *f* (pl ~en) affair, business, concern
Angelgeräte (*ahng*-erl-ger-rai-ter) *ntpl* fishing tackle, fishing gear
Angelhaken (*ahng*-erl-haa-kern) *m* (pl ~) fishing hook
angeln (*ahng*-erln) *v* fish, angle
Angelrute (*ahng*-erl-rōō-ter) *f* (pl ~n) fishing rod
Angelschein (*ahng*-erl-shighn) *m* (pl ~e) fishing licence
Angelschnur (*ahng*-erl-shnōōr) *f* (pl ¨~e) fishing line
angemessen (*ahn*-ger-meh-sern) *adj* appropriate; adequate, convenient, suitable
angenehm (*ahn*-ger-nāym) *adj* pleasant; enjoyable, pleasing, agreeable
Angestellte (*ahn*-ger-shtehl-ter) *m* (pl ~n) employee
***angreifen** (*ahn*-grigh-fern) *v* attack, assault
Angriff (*ahn*-grif) *m* (pl ~e) attack
Angst (ahngst) *f* (pl ¨~e) fright, fear; dread; ~ ***haben** *be afraid
ängstlich (*ehngst*-likh) *adj* afraid
***anhaben** (*ahn*-haa-bern) *v* *wear
anhaken (*ahn*-haa-kern) *v* tick off
***anhalten** (*ahn*-hahl-tern) *v* halt; pull up; prevent; **anhaltend** continuous
Anhalter (*ahn*-hahl-terr) *m* (pl ~) hitchhiker; **per** ~ ***fahren** hitchhike
Anhang (*ahn*-hahng) *m* (pl ¨~e) annex
Anhänger (*ahn*-hehng-err) *m* (pl ~) supporter; advocate; pendant; trailer
anhäufen (*ahn*-hoi-fern) *v* pile
anheften (*ahn*-hayf-tern) *v* attach
Anhöhe (*ahn*-hūr-er) *f* (pl ~n) rise
anhören (*ahn*-hūr-rern) *v* listen
Anker (*ahng*-kerr) *m* (pl ~) anchor
Anklage (*ahn*-klaa-ger) *f* (pl ~n) charge
anklagen (*ahn*-klaa-gern) *v* accuse, charge
ankleben (*ahn*-klāy-bern) *v* *stick
ankleiden (*ahn*-kligh-dern) *v* dress
Ankleideraum (*ahn*-kligh-der-roum) *nt* (pl ¨~e) dressing-room
***ankommen** (*ahn*-ko-mern) *v* arrive
ankreuzen (*ahn*-kroi-tsern) *v* mark
ankündigen (*ahn*-kewn-di-gern) *v* announce
Ankündigung (*ahn*-kewn-di-goong) *f* (pl ~en) announcement
Ankunft (*ahn*-koonft) *f* arrival; coming
Ankunftszeit (*ahn*-koonfts-tsight) *f* (pl ~en) time of arrival
Anlage (*ahn*-laa-ger) *f* (pl ~n) investment; public garden
Anlaß (*ahn*-lahss) *m* (pl Anlässe) cause, occasion
Anlasser (*ahn*-lah-serr) *m* starter motor
anlegen (*ahn*-lāy-gern) *v* dock; invest
Anleihe (*ahn*-ligh-er) *f* (pl ~n) loan
Anmeldebogen (*ahn*-mehl-der-bōā-gern) *m* (pl ¨~) registration form
sich anmelden (*ahn*-mehl-dern) check in
anmerken (*ahn*-mehr-kern) *v* note
Anmut (*ahn*-mōōt) *f* grace
anmutig (*ahn*-mōō-tikh) *adj* graceful
annähernd (*ahn*-nai-errnt) *adj* approximate
***annehmen** (*ahn*-nāy-mern) *v* accept; assume, suppose; adopt; **angenommen daß** supposing that
annullieren (ah-noo-*lee*-rern) *v* cancel
Annullierung (ah-noo-*lee*-roong) *f* (pl ~en) cancellation
anonym (ah-noa-*new̄m*) *adj* anonymous
anpassen (*ahn*-pah-sern) *v* adapt; adjust
Anproberaum (*ahn*-prōā-ber-roum) *m*

(pl ⁻̈e) fitting room
anprobieren (*ahn*-proa-bee-rern) *v* try on
***anraten** (*ahn*-raa-tern) *v* recommend
anregen (*ahn*-rāy-gern) *v* incite
Anregung (*ahn*-rāy-goong) *f* impulse
anrichten (*ahn*-rikh-tern) *v* cause
Anruf (*ahn*-rōōf) *m* (pl ~e) telephone call, call
***anrufen** (*ahn*-rōō-fern) *v* phone, ring up, call; call up *Am*
anrühren (*ahn*-rew̄-rern) *v* touch
anschauen (*ahn*-shou-ern) *v* look at
Anschauung (*ahn*-shou-oong) *f* (pl ~en) idea, outlook
Anschein (*ahn*-shighn) *m* semblance
anscheinend (*ahn*-shigh-nernt) *adv* apparently
Anschlagzettel (*ahn*-shlaak-tseh-terl) *m* (pl ~) poster
***anschließen** (*ahn*-shlee-sern) *v* connect; **sich** ~ join
Anschluß (*ahn*-shlooss) *m* (pl Anschlüsse) connection
***anschreiben** (*ahn*-shrigh-bern) *v* score
Anschrift (*ahn*-shrift) *f* (pl ~en) address
Ansehen (*ahn*-zāy-ern) *nt* reputation
***ansehen** (*ahn*-zāy-ern) *v* look at; regard
Ansicht (*ahn*-zikht) *f* (pl ~en) view, opinion; **der** ~ ***sein** consider; **zur** ~ on approval
Ansichtskarte (*ahn*-zikhts-kahr-ter) *f* (pl ~n) picture postcard, postcard
Anspannung (*ahn*-shpah-noong) *f* (pl ~en) strain
anspornen (*ahn*-shpor-nern) *v* stimulate
Ansprache (*ahn*-shpraa-kher) *f* (pl ~n) speech
***ansprechen** (*ahn*-shpreh-khern) *v* address
Anspruch (*ahn*-shprookh) *m* (pl ⁻̈e) claim
Anstalt (*ahn*-shtahlt) *f* (pl ~en) institute; asylum
Anstand (*ahn*-shtahnt) *m* decency
anständig (*ahn*-shtehn-dikh) *adj* decent
anstatt (ahn-*shtaht*) *prep* instead of
anstecken (*ahn*-shteh-kern) *v* infect
ansteckend (*ahn*-shteh-kernt) *adj* contagious, infectious
anstellen (*ahn*-shteh-lern) *v* appoint; engage
Anstoß (*ahn*-shtōass) *m* kick-off
anstößig (*ahn*-shtūr-sikh) *adj* offensive
***anstreichen** (*ahn*-shtrigh-khern) *v* paint
Anstrengung (*ahn*-shtrehng-oong) *f* (pl ~en) effort, strain
Antenne (ahn-*teh*-ner) *f* (pl ~n) aerial
Anthologie (ahn-toa-loa-*gee*) *f* (pl ~n) anthology
Antibiotikum (ahn-ti-bi-*ōā*-ti-koom) *nt* (pl -ka) antibiotic
antik (ahn-*teek*) *adj* antique
Antipathie (ahn-ti-pah-*tee*) *f* dislike
Antiquität (ahn-ti-kvi-*tait*) *f* (pl ~en) antique
Antiquitätenhändler (ahn-ti-kvi-*tai*-tern-hehn-dlerr) *m* (pl ~) antique dealer
Antrag (*ahn*-traak) *m* (pl ⁻̈e) motion
***antreiben** (*ahn*-trigh-bern) *v* propel
Antwort (*ahnt*-vort) *f* (pl ~en) answer; reply; **als** ~ in reply
antworten (*ahnt*-vor-tern) *v* answer; reply
anvertrauen (*ahn*-fehr-trou-ern) *v* commit
***anwachsen** (*ahn*-vah-ksern) *v* increase
Anwalt (*ahn*-vahlt) *m* (pl ⁻̈e) solicitor, attorney
***anweisen** (*ahn*-vigh-zern) *v* desig-

nate
Anweisung (*ahn*-vigh-zoong) *f* (pl ~en) direction; money order
***anwenden** (*ahn*-vehn-dern) *v* apply
Anwendung (*ahn*-vehn-doong) *f* (pl ~en) application
anwesend (*ahn*-vāy-zernt) *adj* present
Anwesenheit (*ahn*-vāy-zern-hight) *f* presence
Anzahl (*ahn*-tsaal) *f* (pl ~en) number; quantity
Anzahlung (*ahn*-tsaa-loong) *f* (pl ~en) down payment
Anzeichen (*ahn*-tsigh-khern) *nt* (pl ~) indication
Anzeige (*ahn*-tsigh-ger) *f* (pl ~n) notice; advertisement; ticket
***anziehen** (*ahn*-tsee-ern) *v* attract; *put on
anziehend (*ahn*-tsee-ernt) *adj* attractive
Anziehung (*ahn*-tsee-oong) *f* attraction
Anzug (*ahn*-tsōōk) *m* (pl ~̈e) suit
anzünden (*ahn*-tsewn-dern) *v* *light
Anzünder (*ahn*-tsewn-derr) *m* (pl ~) lighter
apart (ah-*pahrt*) *adv* separately
Aperitif (ah-peh-ri-*teef*) *m* (pl ~s) aperitif; drink
Apfel (*ah*-pferl) *m* (pl ~̈) apple
Apfelsine (ah-pferl-*zee*-ner) *f* (pl ~n) orange
Apotheke (ah-poa-*tāy*-ker) *f* (pl ~n) pharmacy, chemist's; drugstore *nAm*
Apotheker (ah-poa-*tāy*-kerr) *m* (pl ~) chemist
Apparat (ah-pah-*raat*) *m* (pl ~e) machine, apparatus
Appartement (ah-pahr-ter-*mahng*) *nt* (pl ~e) apartment *nAm*
Appell (ah-*pehl*) *m* (pl ~e) appeal
Appetit (ah-pay-*teet*) *m* appetite
Appetithappen (ah-pay-*teet*-hah-pern) *m* (pl ~) appetizer
Aprikose (ah-pri-*kōā*-zer) *f* (pl ~n) apricot
April (ah-*pril*) April
Aquarell (ah-kvah-*rehl*) *nt* (pl ~e) water-colour
Äquator (eh-*kvaa*-tor) *m* equator
Araber (*aa*-rah-berr) *m* (pl ~) Arab
arabisch (ah-*raa*-bish) *adj* Arab
Arbeit (*ahr*-bight) *f* (pl ~en) labour, work; job
arbeiten (*ahr*-bigh-tern) *v* work; operate
Arbeiter (*ahr*-bigh-terr) *m* (pl ~) workman, labourer, worker
Arbeitgeber (*ahr*-bight-gāy-berr) *m* (pl ~) employer
Arbeitnehmer (*ahr*-bight-nāy-merr) *m* (pl ~) employee
Arbeitsamt (*ahr*-bights-ahmt) *nt* (pl ~̈er) employment exchange
Arbeitsbewilligung (*ahr*-bights-ber-vi-li-goong) *f* (pl ~en) work permit; labor permit *Am*
arbeitslos (*ahr*-bights-lōāss) *adj* unemployed
Arbeitslosigkeit (*ahr*-bights-lōā-zikh-kight) *f* unemployment
Arbeitszimmer (*ahr*-bights-tsi-merr) *nt* (pl ~) study
Archäologe (ahr-kheh-oa-*lōā*-ger) *m* (pl ~n) archaeologist
Archäologie (ahr-kheh-oa-loa-*gee*) *f* archaeology
Architekt (ahr-khi-*tehkt*) *m* (pl ~en) architect
Architektur (ahr-khi-tehk-*tōōr*) *f* architecture
Archiv (ahr-*kheef*) *nt* (pl ~e) archives *pl*
Argentinien (ahr-gehn-*tee*-nʸern) Argentina
Argentinier (ahr-gehn-*tee*-nʸerr) *m* (pl

~) Argentinian
argentinisch (ahr-gehn-*tee*-nish) *adj* Argentinian
Ärger (*ehr*-gerr) *m* anger
ärgerlich (*ehr*-gerr-likh) *adj* annoying
ärgern (*ehr*-gerrn) *v* annoy
Argument (ahr-goo-*mehnt*) *nt* (pl ~e) argument
argumentieren (ahr-goo-mehn-*tee*-rern) *v* argue
Argwohn (*ahrk*-vōan) *m* suspicion
argwöhnisch (*ahrk*-vūr-nish) *adj* suspicious
Arkade (ahr-*kaa*-der) *f* (pl ~n) arcade
Arm (ahrm) *m* (pl ~e) arm; ~ **in Arm** arm-in-arm
arm (ahrm) *adj* poor
Armaturenbrett (ahr-mah-*tōō*-rern-breht) *nt* dashboard
Armband (*ahrm*-bahnt) *nt* (pl ¨er) bracelet
Armbanduhr (*ahrm*-bahnt-ōōr) *f* (pl ~en) wrist-watch
Armee (ahr-*māy*) *f* (pl ~n) army
Ärmel (*ehr*-merl) *m* (pl ~) sleeve
Ärmelkanal (*ehr*-merl-kah-naal) *m* English Channel
Armlehne (*ahrm*-lāy-ner) *f* (pl ~n) arm
Armleuchter (*ahrm*-loikh-terr) *m* (pl ~) candelabrum
ärmlich (*ehrm*-likh) *adj* poor
Armreif (*ahrm*-righf) *m* (pl ~en) bangle
Armut (*ahr*-mōōt) *f* poverty
Aroma (ah-*rōā*-mah) *nt* aroma
Art (ahrt) *f* (pl ~en) species, sort; way, manner
Arterie (ahr-*tāy*-r^y^er) *f* (pl ~n) artery
artig (*ahr*-tikh) *adj* good
Artikel (ahr-*tee*-kerl) *m* (pl ~) article
Artischocke (ahr-ti-*sho*-ker) *f* (pl ~n) artichoke
Arznei (ahrts-*nigh*) *f* (pl ~en) drug
Arzneimittellehre (ahrts-*nigh*-mit-terl-lāy-rer) *f* pharmacology
Arzt (ahrtst) *m* (pl ¨e) doctor, physician; **praktischer** ~ general practitioner
ärztlich (*ehrtst*-likh) *adj* medical
Asbest (ahss-*behst*) *m* asbestos
Asche (*ah*-sher) *f* ash
Aschenbecher (*ah*-shern-beh-kherr) *m* (pl ~) ashtray
Asiate (ah-*z^y^aa*-ter) *m* (pl ~n) Asian
asiatisch (ah-*z^y^aa*-tish) *adj* Asian
Asien (*aa*-z^y^ern) Asia
Aspekt (ahss-*pehkt*) *m* (pl ~e) aspect
Asphalt (ahss-*fahlt*) *m* asphalt
Aspirin (ahss-pi-*reen*) *nt* aspirin
Assistent (ah-siss-*tehnt*) *m* (pl ~en) assistant
assoziieren (ah-soa-tsi-*ee*-rern) *v* associate
Ast (ahst) *m* (pl ¨e) branch, bough
Asthma (*ahst*-mah) *nt* asthma
Astronomie (ah-stroa-noa-*mee*) *f* astronomy
Asyl (ah-*zēwl*) *nt* (pl ~e) asylum
Atem (*aa*-term) *m* breath
Atheist (ah-tay-*ist*) *m* (pl ~en) atheist
Äther (*ai*-terr) *m* ether
Äthiopien (eh-ti-*ōā*-p^y^ern) Ethiopia
Äthiopier (eh-ti-*ōā*-p^y^err) *m* (pl ~) Ethiopian
äthiopisch (eh-ti-*ōā*-pish) *adj* Ethiopian
Athlet (aht-*lāyt*) *m* (pl ~en) athlete
Athletik (aht-*lāy*-tik) *f* athletics *pl*
Atlantik (aht-*lahn*-tik) *m* Atlantic
atmen (*aat*-mern) *v* breathe
Atmosphäre (aht-moa-*sfai*-rer) *f* atmosphere
Atmung (*aat*-moong) *f* respiration, breathing
Atom (ah-*tōām*) *nt* (pl ~e) atom; **Atom-** atomic
atomar (ah-toa-*maar*) *adj* atomic

Attest (ah-*tehst*) *nt* (pl ~e) certificate
Attraktion (ah-trahk-*ts^{y}ōān*) *f* (pl ~en) attraction
Aubergine (oa-behr-*zhee*-ner) *f* eggplant
auch (oukh) *adv* too, also; as well
auf (ouf) *prep* on, upon; at
aufbauen (*ouf*-bou-ern) *v* construct; erect
aufblähen (*ouf*-blai-ern) *v* inflate
aufblasbar (*ouf*-blaass-baar) *adj* inflatable
aufdecken (*ouf*-deh-kern) *v* uncover
Aufenthalt (*ouf*-ehnt-hahlt) *m* (pl ~e) stay; delay
Aufenthaltsgenehmigung (*ouf*-ehnt-hahlts-ger-nāy-mi-goong) *f* (pl ~en) residence permit
***auffallen** (*ouf*-fah-lern) *v* *strike
auffallend (*ouf*-fah-lernt) *adj* striking
auffassen (*ouf*-fah-sern) *v* conceive
auffordern (*ouf*-for-derrn) *v* invite
Aufführung (*ouf*-fēw-roong) *f* (pl ~en) show, performance
Aufgabe (*ouf*-gaa-ber) *f* (pl ~n) duty, task; exercise
***aufgeben** (*ouf*-gāy-bern) *v* *give up, quit; post, mail
***aufgehen** (*ouf*-gāy-ern) *v* *rise
aufgliedern (*ouf*-glee-derrn) *v* *break down
aufgrund (ouf-*groont*) *prep* owing to, because of
sich *aufhalten (*ouf*-hahl-tern) stay
aufhängen (*ouf*-hehng-ern) *v* *hang
Aufhänger (*ouf*-hehng-err) *m* (pl ~) hanger
Aufhängung (*ouf*-hehng-oong) *f* suspension
***aufheben** (*ouf*-hāy-bern) *v* lift
aufheitern (*ouf*-high-terrn) *v* cheer up
aufhören (*ouf*-hūr-rern) *v* cease, expire, stop; ~ **mit** discontinue, quit
aufknöpfen (*ouf*-knur-pfern) *v* unbutton
aufknoten (*ouf*-knōā-tern) *v* untie
Auflage (*ouf*-laa-ger) *f* (pl ~n) issue
auflauern (*ouf*-lou-errn) *v* watch for
auflösen (*ouf*-lūr-zern) *v* dissolve; **sich** ~ dissolve
aufmachen (*ouf*-mah-khern) *v* *undo; unfasten
aufmerksam (*ouf*-mehrk-zaam) *adj* attentive
Aufmerksamkeit (*ouf*-mehrk-zaam-kight) *f* attention; notice
Aufnahme (*ouf*-naa-mer) *f* (pl ~n) reception; shot; recording
***aufnehmen** (*ouf*-nāy-mern) *v* pick up
aufopfern (*ouf*-o-pferrn) *v* sacrifice
aufpassen (ouf-pah-sern) *v* *pay attention; watch out; ~ **auf** look after
aufräumen (*ouf*-roi-mern) *v* tidy up
aufrecht (*ouf*-rehkht) *adj* upright, erect; *adv* upright
***aufrechterhalten** (*ouf*-rehkht-ehr-hahl-tern) *v* maintain
aufregen (*ouf*-rāy-gern) *v* excite; **aufregend** exciting
Aufregung (*ouf*-rāy-goong) *f* excitement
aufreihen (*ouf*-righ-ern) *v* thread
aufrichten (*ouf*-rikh-tern) *v* erect; **aufgerichtet** erect
aufrichtig (*ouf*-rikh-tikh) *adj* sincere, honest; true
Aufruhr (*ouf*-rōōr) *m* revolt, rebellion; riot
Aufsatz (*ouf*-zahts) *m* (pl ~̈e) essay
***aufschieben** (*ouf*-shee-bern) *v* delay; postpone
***aufschließen** (*ouf*-shlee-sern) *v* unlock
Aufschrei (*ouf*-shrigh) *m* (pl ~e) cry
***aufschreiben** (*ouf*-shrigh-bern) *v* *write down
Aufschub (*ouf*-shōōp) *m* delay; respite

aufsehenerregend (*ouf*-zāy-ern-ehr-rāy-gernt) *adj* sensational
Aufseher (*ouf*-zāy-err) *m* (pl ~) supervisor; warden
Aufsicht (*ouf*-zikht) *f* supervision
Aufsichtsbeamte (*ouf*-zikhts-ber-ahm-ter) *m* (pl ~n) inspector
Aufstand (*ouf*-shtahnt) *m* (pl ¨~e) rebellion; revolt, rising
***aufstehen** (*ouf*-shtāy-ern) *v* *rise, *get up
***aufsteigen** (*ouf*-shtigh-gern) *v* ascend
Aufstieg (*ouf*-shteek) *m* climb; ascent; rise
auftauen (*ouf*-tou-ern) *v* thaw
Auftrag (*ouf*-traak) *m* (pl ¨~e) order
***auftreten** (*ouf*-trāy-tern) *v* appear
Auftritt (*ouf*-trit) *m* (pl ~e) appearance
aufwachen (*ouf*-vah-khern) *v* wake up
Aufwand (*ouf*-vahnt) *m* expenditure
aufwärts (*ouf*-vehrts) *adv* upwards
aufzeichnen (*ouf*-tsighkh-nern) *v* record
Aufzeichnung (*ouf*-tsighkh-noong) *f* (pl ~en) note
***aufziehen** (*ouf*-tsee-ern) *v* *wind; raise
Aufzug (*ouf*-tsōōk) *m* (pl ¨~e) lift; elevator *nAm*
Auge (*ou*-ger) *nt* (pl ~n) eye
Augenarzt (*ou*-gern-ahrtst) *m* (pl ¨~e) oculist
Augenblick (*ou*-gern-blik) *m* (pl ~e) moment; second, instant
augenblicklich (*ou*-gern-blik-likh) *adv* instantly
Augenbraue (*ou*-gern-brou-er) *f* (pl ~n) eyebrow
Augenbrauenstift (*ou*-gern-brou-ern-shtift) *m* (pl ~e) eye-pencil
Augenlid (*ou*-gern-leet) *nt* (pl ~er) eyelid
Augenschminke (*ou*-gern-shming-ker) *f* eye-shadow
Augenwimper (*ou*-gern-vim-perr) *f* (pl ~n) eyelash
Augenzeuge (*ou*-gern-tsoi-ger) *m* (pl ~n) eye-witness
August (ou-*goost*) August
aus (ouss) *prep* out of; from; for
ausarbeiten (*ouss*-ahr-bigh-tern) *v* elaborate
ausatmen (*ouss*-aat-mern) *v* expire, exhale
ausbessern (*ouss*-beh-serrn) *v* mend
ausbeuten (*ouss*-boi-tern) *v* exploit
ausbilden (*ouss*-bil-dern) *v* educate; train
Ausbildung (*ouss*-bil-doong) *f* training
ausbreiten (*ouss*-brigh-tern) *v* expand; *spread
Ausbruch (*ouss*-brookh) *m* (pl ¨~e) outbreak
ausdehnen (*ouss*-dāy-nern) *v* expand
Ausdehnung (*ouss*-dāy-noong) *f* extension
***ausdenken** (*ouss*-dehng-kern) *v* devise
Ausdruck (*ouss*-drook) *m* (pl ¨~e) term, expression; ~ ***geben** express
ausdrücken (*ouss*-drew-kern) *v* express
ausdrücklich (*ouss*-drewk-likh) *adj* express, explicit
Auseinandersetzung (ouss-igh-*nahn*-derr-zeh-tsoong) *f* (pl ~en) discussion, argument; dispute
auserlesen (*ouss*-ehr-lāy-zern) *adj* exquisite, select
Ausfahrt (*ouss*-faart) *f* (pl ~en) exit
Ausflug (*ouss*-flōōk) *m* (pl ¨~e) excursion; trip
Ausfuhr (*ouss*-fōōr) *f* exports *pl*, exportation
ausführbar (*ouss*-fēwr-baar) *adj* realizable

ausführen (*ouss*-fe͞w-rern) *v* perform; export; execute, implement
ausführlich (*ouss*-fe͞wr-likh) *adj* detailed
ausfüllen (*ouss*-few-lern) *v* fill in; fill out *Am*
Ausgabe (*ouss*-gaa-ber) *f* (pl ~n) issue, edition; expense
Ausgang (*ouss*-gahng) *m* (pl ¨~e) way out, exit
Ausgangspunkt (*ouss*-gahngs-poongkt) *m* (pl ~e) starting-point
***ausgeben** (*ouss*-gāy-bern) *v* *spend; issue
ausgedehnt (*ouss*-ger-dāynt) *adj* extensive; broad
***ausgehen** (*ouss*-gāy-ern) *v* *go out
ausgenommen (*ouss*-ger-no-mern) *prep* except
ausgesetzt (*ouss*-ger-zehtst) subject to
ausgezeichnet (*ouss*-ger-tsighkh-nert) *adj* fine, excellent
Ausgleich (*ouss*-glighkh) *m* (pl ~e) compensation
***ausgleichen** (*ouss*-gligh-khern) *v* equalize; compensate
***ausgleiten** (*ouss*-gligh-tern) *f* slip
Ausgrabung (*ouss*-graa-boong) *f* (pl ~en) excavation
Ausguß (*ouss*-gooss) *m* (pl -güsse) sink
***aushalten** (*ouss*-hahl-tern) *v* sustain
ausharren (*ouss*-hah-rern) *v* *keep up
Auskunft (*ouss*-koonft) *f* (pl ¨~e) information
Auskunftsbüro (*ouss*-koonfts-bew-rōa) *nt* (pl ~s) information bureau, inquiry office
***ausladen** (*ouss*-laa-dern) *v* discharge, unload
Auslage (*ouss*-laa-ger) *f* (pl ~n) display
im Ausland (im *ouss*-lahnt) abroad
Ausländer (*ouss*-lehn-derr) *m* (pl ~) foreigner, alien
ausländisch (*ouss*-lehn-dish) *adj* foreign, alien
***auslassen** (*ouss*-lah-sern) *v* *leave out, omit
auslegen (*ouss*-lāy-gern) *v* display
Auslegung (*ouss*-lai-goong) *f* (pl ~en) explanation
***auslesen** (*ouss*-lāy-zayn) *v* select
ausliefern (*ouss*-lee-ferrn) *v* deliver; extradite
auslöschen (*ouss*-lur-shern) *v* extinguish, *put out
Ausmaß (*ouss*-maass) *nt* (pl ~e) extent; size
Ausnahme (*ouss*-naa-mer) *f* (pl ~n) exception
***ausnehmen** (*ouss*-nāy-mern) *v* exempt
ausnutzen (*ouss*-noo-tsern) *v* exploit
auspacken (*ouss*-pah-kern) *v* unpack, unwrap
Auspuff (*ouss*-poof) *m* (pl ~e) exhaust
Auspuffgase (*ouss*-poof-gaa-zer) *ntpl* exhaust gases
Auspufftopf (*ouss*-poof-topf) *m* silencer; muffler *nAm*
ausrangieren (*ouss*-rahng-zhee-rern) *v* discard
ausrechnen (*ouss*-rehkh-nern) *v* calculate
***ausreißen** (*ouss*-righ-sern) *v* extract
Ausreißer (*ouss*-righ-serr) *m* (pl ~) runaway
Ausruf (*ouss*-rōof) *m* (pl ~e) exclamation
***ausrufen** (*ouss*-rōo-fern) *v* exclaim
ausruhen (*ouss*-rōo-ern) *v* rest
ausrüsten (*ouss*-rewss-tern) *v* equip
Ausrüstung (*ouss*-rewss-toong) *f* outfit, equipment; gear, kit
ausrutschen (*ouss*-roo-chern) *v* slip
aussaugen (*ouss*-zou-gern) *v* *bleed
ausschalten (*ouss*-shahl-tern) *v* switch

off; disconnect
ausschimpfen (*ouss*-shim-pfern) *v* call names
Ausschlag (*ouss*-shlaak) *m* rash
***ausschließen** (*ouss*-shlee-sern) *v* exclude
ausschließlich (*ouss*-shleess-likh) *adv* exclusively; solely
Ausschreitung (*ouss*-shrigh-toong) *f* (pl ~en) excess
Ausschuß (*ouss*-shooss) *m* (pl -schüsse) committee
Aussehen (*ouss*-zāy-ern) *nt* look
***aussehen** (*ouss*-zāy-ern) *v* look
Außenbezirke (*ou*-sern-ber-tseer-ker) *mpl* outskirts *pl*
Außenseite (*ou*-sern-zigh-ter) *f* exterior, outside
außer (*ou*-serr) *prep* beyond, besides; but, except; out of; ~ **wenn** unless
äußer (*oi*-serr) *adj* outward; **äußerst** *adj* extreme, utmost; very
außerdem (*ou*-serr-dāym) *adv* moreover
Äußere (*oi*-ser-rer) *nt* outside
außergewöhnlich (*ou*-serr-ger-vūrn-likh) *adj* exceptional
außerhalb (*ou*-serr-hahlp) *prep* outside
äußerlich (*oi*-serr-likh) *adj* external, exterior
äußern (*oi*-serrn) *v* express; utter
außerordentlich (ou-serr-*or*-dernt-likh) *adj* extraordinary
Äußerung (*oi*-ser-roong) *f* (pl ~en) expression
Aussetzung (*ouss*-zay-tsoong) *f* exposure
Aussicht[1] (*ouss*-zikht) *f* view; sight
Aussicht[2] (*ouss*-zikht) *f* (pl ~en) prospect, outlook
Aussprache (*ouss*-shpraa-kher) *f* pronunciation
***aussprechen** (*ouss*-shpreh-khern) *v* pronounce
ausstatten (*ouss*-shtah-tern) *v* equip
***aussteigen** (*ouss*-shtigh-gern) *v* *get off
ausstellen (*ouss*-shteh-lern) *v* exhibit; *show
Ausstellung (*ouss*-shteh-loong) *f* (pl ~en) exhibition; display, show, exposition
Ausstellungsraum (*ouss*-shteh-loongs-roum) *m* (pl ~̈e) showroom
Ausstoß (*ouss*-shtōass) *m* output
austauschen (*ouss*-tou-shern) *v* exchange
austeilen (*ouss*-tigh-lern) *v* *deal
Auster (*ouss*-terr) *f* (pl ~n) oyster
Australien (ouss-*traa*-lʸern) Australia
Australier (ouss-*traa*-lʸerr) *m* (pl ~) Australian
australisch (ouss-*traa*-lish) *adj* Australian
ausüben (*ouss*-ēw-bern) *v* exercise; practise
Ausverkauf (*ouss*-fehr-kouf) *m* clearance sale
ausverkauft (*ouss*-fehr-kouft) *adj* sold out
Auswahl (*ouss*-vaal) *f* choice; selection; assortment; variety
auswählen (*ouss*-vai-lern) *v* select
Auswanderer (*ouss*-vahn-der-rerr) *m* (pl ~) emigrant
auswandern (*ouss*-vahn-derrn) *v* emigrate
Auswanderung (*ouss*-vahn-der-roong) *f* emigration
auswechseln (*ouss*-veh-kserln) *v* exchange
Ausweg (*ouss*-vāyk) *m* (pl ~e) issue
Ausweis (*ouss*-vighss) *m* (pl ~e) identity card
***ausweisen** (*ouss*-vigh-zern) *v* expel
auswendig (*ouss*-vehn-dikh) *adv* by heart

auswischen (*ouss*-vi-shern) *v* wipe
sich auszeichnen (*ouss*-tsighkh-nern) excel
***ausziehen** (*ouss*-tsee-ern) *v* extract
Auszug (*ouss*-tsōōk) *m* (pl ~̈e) excerpt
authentisch (ou-*tehn*-tish) *adj* authentic
Auto (*ou*-toa) *nt* (pl ~s) automobile; **im ~ *fahren** motor
Autobahn (*ou*-toa-baan) *f* (pl ~en) motorway; highway *nAm*
Autofahrer (*ou*-toa-faa-rerr) *m* (pl ~) motorist
Autokarte (*ou*-toa-kahr-ter) *f* (pl ~n) road map
Automat (ou-toa-*maat*) *m* (pl ~en) slot-machine
automatisch (ou-toa-*maa*-tish) *adj* automatic
Automatisierung (ou-toa-mah-ti-*zee*-roong) *f* automation
Automobilismus (ou-toa-moa-bi-*liss*-mooss) *m* motoring
Automobilklub (ou-toa-moa-*beel*-kloop) *m* (pl ~s) automobile club
autonom (ou-toa-*nōām*) *adj* autonomous
Autopsie (ou-toa-*psee*) *f* autopsy
Autor (*ou*-tor) *m* (pl ~en) author
autoritär (ou-toa-ri-*tair*) *adj* authoritarian
Autovermietung (*ou*-toa-fehr-mee-toong) *f* car hire; car rental *Am*

B

Baby (*bāy*-bi) *nt* (pl ~s) baby
Babysitter (*bāy*-bi-si-terr) *m* (pl ~) babysitter
Baby-Tragetasche (*bāy*-bi-traa-ger-tah-sher) *f* (pl ~n) carry-cot
Bach (bahkh) *m* (pl ~̈e) brook, stream
Backbord (*bahk*-bord) *nt* port
backen (*bah*-kern) *v* bake
Backenbart (*bah*-kern-bahrt) *m* whiskers *pl*
Backenknochen (*bah*-kern-kno-khern) *m* (pl ~) cheek-bone
Backenzahn (*bah*-kern-tsaan) *m* (pl ~̈e) molar
Bäcker (*beh*-kerr) *m* (pl ~) baker
Bäckerei (beh-ker-*righ*) *f* (pl ~en) bakery
Backofen (*bahk*-ōā-fern) *m* (pl ~̈) oven
Backpflaume (*bahk*-pflou-mer) *f* (pl ~n) prune
Bad (baat) *nt* (pl ~̈er) bath
Badeanzug (*baa*-der-ahn-tsōōk) *m* (pl ~̈e) swim-suit, bathing-suit
Badehose (*baa*-der-hōā-zer) *f* (pl ~n) swimming-trunks, bathing-trunks, bathing-suit
Bademantel (*baa*-der-mahn-terl) *m* (pl ~̈) bathrobe
Bademütze (*baa*-der-mew-tser) *f* (pl ~n) bathing-cap
baden (*baa*-dern) *v* bathe
Badesalz (*baa*-der-zahlts) *nt* (pl ~e) bath salts
Badetuch (*baa*-der-tōōkh) *nt* (pl ~̈er) bath towel
Badezimmer (*baa*-der-tsi-merr) *nt* (pl ~) bathroom
Bahn (baan) *f* (pl ~en) railway; track
Bahnhof (*baan*-hōāf) *m* (pl ~̈e) station; depot *nAm*
Bahnsteig (*baan*-shtighk) *m* (pl ~e) platform
Bahnsteigkarte (*baan*-shtighk-kahr-ter) *f* (pl ~n) platform ticket
Bahnübergang (*baan*-ew-berr-gahng) *m* (pl ~̈e) crossing, level crossing
Bakterie (bahk-*tāy*-r^{y}er) *f* (pl ~n) bacterium
bald (bahlt) *adv* soon; shortly

Balken (*bahl*-kern) *m* (pl ~) beam
Balkon (bahl-*kawng*) *m* (pl ~s) balcony; circle
Ball (bahl) *m* (pl ⁻̈e) ball
Ballett (bah-*leht*) *nt* (pl ~s) ballet
Ballon (bah-*lawng*) *m* (pl ~e) balloon
Ballsaal (*bahl*-zaal) *m* (pl -säle) ballroom
Bambus (*bahm*-booss) *m* bamboo
Banane (bah-*naa*-ner) *f* (pl ~n) banana
Band[1] (bahnt) *nt* (pl ⁻̈er) band; ribbon; tape
Band[2] (bahnt) *m* (pl ⁻̈e) volume
Bande (*bahn*-der) *f* (pl ~n) gang
Bandit (bahn-*deet*) *m* (pl ~en) bandit
Bandmaß (*bahnt*-maass) *nt* (pl ~e) tape-measure
bange (*bahng*-er) *adj* afraid
Bank[1] (bahngk) *f* (pl ~en) bank
Bank[2] (bahngk) *f* (pl ⁻̈e) bench
Bank-Einlage (*bahngk*-ighn-laa-ger) *f* (pl ~n) deposit
Bankettsaal (bahng-*keht*-zaal) *m* (pl -säle) banqueting-hall
Bankkonto (*bahngk*-kon-toa) *nt* (pl -konten) bank account
Banknote (*bahngk*-nōa-ter) *f* (pl ~n) banknote
bankrott (bahng-*krot*) *adj* bankrupt
Banner (*bah*-nerr) *nt* (pl ~) banner
Bar (baar) *f* (pl ~s) bar; saloon
Bär (bair) *m* (pl ~en) bear
Bardame (*baar*-daa-mer) *f* (pl ~n) barmaid
Bargeld (*baar*-gehlt) *nt* cash
Bariton (*baa*-ri-ton) *m* (pl ~e) baritone
barmherzig (bahrm-*hehr*-tsikh) *adj* merciful
Barmherzigkeit (bahrm-*hehr*-tsikh-kight) *f* mercy
barock (bah-*rok*) *adj* baroque
Barometer (bah-roa-*māy*-terr) *nt* (pl ~) barometer
Barsch (bahrsh) *m* (pl ~e) perch, bass
Bart (bahrt) *m* (pl ⁻̈e) beard
Base (*baa*-zer) *f* (pl ~n) cousin
Baseball (*bāyss*-bōal) *m* baseball
Basilika (bah-*zee*-li-kah) *f* (pl -ken) basilica
Basis (*baa*-ziss) *f* (pl Basen) basis; base
Baskenmütze (*bahss*-kern-mew-tser) *f* (pl ~n) beret
Baß (bahss) *m* (pl Bässe) bass
Bastard (*bahss*-tahrt) *m* (pl ~e) bastard
Batterie (bah-ter-*ree*) *f* (pl ~n) battery
Bau (bou) *m* construction
Bauch (boukh) *m* (pl ⁻̈e) belly
Bauchschmerzen (*boukh*-shmehr-tsern) *mpl* stomach-ache
bauen (*bou*-ern) *v* construct, *build
Bauer (*bou*-err) *m* (pl ~n) farmer; peasant; pawn
Bäuerin (*boi*-er-rin) *f* (pl ~nen) farmer's wife
Bauernhaus (*bou*-errn-houss) *nt* (pl ⁻̈er) farmhouse
Bauernhof (*bou*-errn-hōaf) *m* (pl ⁻̈e) farm
baufällig (*bou*-feh-likh) *adj* dilapidated
Bauholz (*bou*-holts) *nt* timber
Baukunst (*bou*-koonst) *f* architecture
Baum (boum) *m* (pl ⁻̈e) tree
Baumschule (*boum*-shōo-ler) *f* (pl ~n) nursery
Baumwolle (*boum*-vo-ler) *f* cotton;
Baumwoll- cotton
Baumwollsamt (*boum*-vol-zahmt) *m* velveteen
Bazille (bah-*tsi*-ler) *f* (pl ~n) germ
beabsichtigen (ber-*ahp*-zikh-ti-gern) *v* intend; aim at
beachten (ber-*ahkh*-tern) *v* attend to; observe

beachtlich (ber-*ahkht*-likh) *adj* considerable
Beachtung (ber-*ahkh*-toong) *f* consideration
Beamte (ber-*ahm*-ter) *m* (pl ~n) clerk
beanspruchen (ber-*ahn*-shproo-khern) *v* claim
beantworten (ber-*ahnt*-vor-tern) *v* answer
beaufsichtigen (ber-*ouf*-zikh-ti-gern) *v* supervise
bebauen (ber-*bou*-ern) *v* cultivate
beben (*bāy*-bern) *v* tremble
Becher (*beh*-kherr) *m* (pl ~) mug, tumbler
Becken (*beh*-kern) *nt* (pl ~) basin; pelvis
bedächtig (ber-*dehkh*-tikh) *adj* wary
Bedarf (ber-*dahrf*) *m* want
Bedauern (ber-*dou*-errn) *nt* regret
bedauern (ber-*dou*-errn) *v* regret
bedecken (ber-*deh*-kern) *v* cover
bedenklich (ber-*dehngk*-likh) *adj* critical
bedeuten (ber-*doi*-tern) *v* *mean
bedeutend (ber-*doi*-ternt) *adj* considerable, big; important; capital, substantial
Bedeutung (ber-*doi*-toong) *f* (pl ~en) meaning, sense; importance; **von ~ *sein** matter
bedeutungsvoll (ber-*doi*-toongs-fol) *adj* significant
bedienen (ber-*dee*-nern) *v* serve; wait on, attend on
Bedienung (ber-*dee*-noong) *f* service
bedingt (ber-*dingkt*) *adj* conditional
Bedingung (ber-*ding*-oong) *f* (pl ~en) condition; term
bedingungslos (ber-*ding*-oongs-lōass) *adj* unconditional
bedrohen (ber-*drōā*-ern) *v* threaten
bedrohlich (ber-*drōā*-likh) *adj* threatening
Bedrohung (ber-*drōā*-oong) *f* (pl ~en) threat
bedrücken (ber-*drew*-kern) *v* oppress
Bedürfnis (ber-*dewrf*-niss) *nt* (pl ~se) need
sich beeilen (ber-*igh*-lern) hurry
beeindrucken (ber-*ighn*-droo-kern) *v* impress
beeinflussen (ber-*ighn*-floo-sern) *v* influence; affect
beenden (ber-*ehn*-dern) *v* end, finish
beerdigen (ber-*air*-di-gern) *v* bury
Beere (*bāy*-rer) *f* (pl ~n) berry; currant
befähigen (ber-*fai*-i-gern) *v* enable
Befähigung (ber-*fai*-i-goong) *f* (pl ~en) qualification
befahrbar (ber-*faar*-baar) *adj* navigable
***befahren** (ber-*faa*-rern) *v* sail
sich befassen mit (ber-*fah*-sern) *deal with
Befehl (ber-*fāyl*) *m* (pl ~e) order; command
***befehlen** (ber-*fāy*-lern) *v* order; command
Befehlshaber (ber-*fāyls*-haa-berr) *m* (pl ~) commander
befestigen (ber-*fehss*-ti-gern) *v* fasten; attach
befeuchten (ber-*foikh*-tern) *v* damp
beflecken (ber-*fleh*-kern) *v* stain
befördern (ber-*furr*-derrn) *v* promote
Beförderung (ber-*furr*-der-roong) *f* (pl ~en) transport; promotion
befragen (ber-*fraa*-gern) *v* query
befreien (ber-*frigh*-ern) *v* exempt
befreit (ber-*fright*) *adj* exempt
Befreiung (beh-*frigh*-oong) *f* liberation; exemption
befriedigen (ber-*free*-di-gern) *v* satisfy
Befriedigung (ber-*free*-di-goong) *f* satisfaction
Befugnis (ber-*fōōk*-niss) *f* (pl ~se)

authority
befugt (ber-*fōōkt*) *adj* qualified
befürchten (ber-*fewrkh*-tern) *v* dread
begabt (ber-*gaapt*) *adj* gifted, talented
Begabung (ber-*gaa*-boong) *f* faculty, talent
begegnen (ber-*gāy*-gnern) *v* *meet; encounter, *come across; **zufällig ~** run into
Begegnung (ber-*gāy*-gnoong) *f* (pl ~en) encounter
***begehen** (ber-*gāy*-ern) *v* commit
Begehren (ber-*gāy*-rern) *nt* wish
begehren (ber-*gāy*-rern) *v* wish; desire
begehrenswert (ber-*gāy*-rerns-vāyrt) *adj* desirable
begeistern (ber-*gighss*-terrn) *v* inspire; **begeistert** *adj* enthusiastic; keen
Begeisterung (ber-*gighss*-ter-roong) *f* enthusiasm
begierig (ber-*gee*-rikh) *adj* eager
Beginn (ber-*gin*) *m* beginning
***beginnen** (ber-*gi*-nern) *v* *begin; **wieder ~** recommence
begleiten (ber-*gligh*-tern) *v* accompany; conduct
beglückwünschen (ber-*glewk*-vewnshern) *v* congratulate, compliment
Beglückwünschung (ber-*glewk*-vewnshoong) *f* (pl ~en) congratulation
Begnadigung (ber-*gnaa*-di-goong) *f* (pl ~en) pardon
***begraben** (ber-*graa*-bern) *v* bury
Begräbnis (ber-*graip*-niss) *nt* (pl ~se) funeral, burial
***begreifen** (ber-*grigh*-fern) *v* *understand; *see
Begriff (ber-*grif*) *m* (pl ~e) notion
begünstigen (ber-*gewns*-ti-gern) *v* favour
Beha *m* (pl ~s) brassiere
behaglich (ber-*haak*-likh) *adj* cosy, easy
Behaglichkeit (ber-*haak*-likh-kight) *f* (pl ~en) comfort
***behalten** (ber-*hahl*-tern) *v* remember
Behälter (ber-*hehl*-terr) *m* (pl ~) container
behandeln (ber-*hahn*-derln) *v* treat; handle
Behandlung (ber-*hahn*-dloong) *f* (pl ~en) treatment; **kosmetische ~** beauty treatment
Behandlungsweise (ber-*hahn*-dloongs-vigh-zer) *f* (pl ~n) approach
beharren (ber-*hah*-rern) *v* insist
behaupten (ber-*houp*-tern) *v* claim
sich *behelfen mit (ber-*hehl*-fern) *make do with
behende (ber-*hehn*-der) *adj* skilful
beherbergen (ber-*hehr*-behr-gern) *v* lodge
beherrschen (ber-*hehr*-shern) *v* master
beherzt (ber-*hehrtst*) *adj* brave
behexen (ber-*heh*-ksern) *v* bewitch
Behörde (ber-*hūrr*-der) *f* (pl ~n) authorities *pl*
behutsam (ber-*hōōt*-zaam) *adj* gentle
bei (bigh) *prep* at, with; near, by
Beichte (*bighkh*-ter) *f* (pl ~n) confession
beichten (*bighkh*-tern) *v* confess
beide (*bigh*-der) *adj* both, either; **einer von beiden** either
Beifall (*bigh*-fahl) *m* applause; **~ klatschen** clap
beifügen (*bigh*-few-gern) *v* attach
beige (bāyzh) *adj* beige
Beil (bighl) *nt* (pl ~e) axe
Beilage (*bigh*-laa-ger) *f* (pl ~n) enclosure; supplement
beiläufig (*bigh*-loi-fikh) *adj* casual
beilegen (*bigh*-lāy-gern) *v* enclose
Bein (bighn) *nt* (pl ~e) leg; bone
beinahe (*bigh*-naa-er) *adv* nearly, almost
***beischließen** (*bigh*-shlee-sern) *v* en-

close
beiseite (bigh-*zigh*-ter) *adv* aside
Beispiel (*bigh*-shpeel) *nt* (pl ~e) instance, example; **zum** ~ for instance, for example
***beißen** (*bigh*-sern) *v* *bite
Beistand (*bigh*-shtahnt) *m* assistance
Beitrag (*bigh*-traak) *m* (pl ¨~e) contribution
beiwohnen (*bigh*-vōa-nern) *v* attend, assist at
bejahen (ber-*ʸaa*-ern) *v* approve; **bejahend** affirmative
bejahrt (ber-*ʸaart*) *adj* aged
bekämpfen (ber-*kehm*-pfern) *v* combat
bekannt (ber-*kahnt*) *adj* well-known
Bekannte (ber-*kahn*-ter) *m* (pl ~n) acquaintance
bekanntmachen (ber-*kahnt*-mah-khern) *v* announce
Bekanntmachung (ber-*kahnt*-mah-khoong) *f* (pl ~en) announcement; communiqué
Bekanntschaft (ber-*kahnt*-shahft) *f* (pl ~en) acquaintance
bekehren (ber-*kāy*-rern) *v* convert
***bekennen** (ber-*keh*-nern) *v* confess
***bekommen** (ber-*ko*-mern) *v* *get; receive
bekömmlich (ber-*kurm*-likh) *adj* wholesome
bekrönen (ber-*krūr*-nern) *v* crown
bekümmert (ber-*kew*-merrt) *adj* sorry
Belagerung (ber-*laa*-ger-roong) *f* (pl ~en) siege
belanglos (ber-*lahng*-lōass) *adj* insignificant
belasten (ber-*lahss*-tern) *v* charge
belästigen (ber-*lehss*-ti-gern) *v* bother
Belästigung (ber-*lehss*-ti-goong) *f* (pl ~en) bother
Belastung (ber-*lahss*-toong) *f* (pl ~en) charge
Beleg (ber-*lāyk*) *m* (pl ~e) voucher
beleibt (ber-*lighpt*) *adj* corpulent
beleidigen (ber-*ligh*-di-gern) *v* offend, insult; **beleidigend** *adj* offensive
Beleidigung (ber-*ligh*-di-goong) *f* (pl ~en) offence, insult
Beleuchtung (ber-*loikh*-toong) *f* lighting, illumination
Belgien (*behl*-gʸern) Belgium
Belgier (*behl*-gʸerr) *m* (pl ~) Belgian
belgisch (*behl*-gish) *adj* Belgian
Belichtung (ber-*likh*-toong) *f* exposure
Belichtungsmesser (ber-*likh*-toongs-meh-serr) *m* (pl ~) exposure meter
beliebig (ber-*lee*-bikh) *adj* optional
beliebt (ber-*leept*) *adj* popular
bellen (*beh*-lern) *v* bark, bay
belohnen (ber-*lōa*-nern) *v* reward
Belohnung (ber-*lōa*-noong) *f* (pl ~en) reward; prize
sich bemächtigen (ber-*mehkh*-ti-gern) secure
bemerken (ber-*mehr*-kern) *v* notice; note; remark
bemerkenswert (ber-*mehr*-kerns-vāyrt) *adj* noticeable
Bemerkung (ber-*mehr*-koong) *f* (pl ~en) remark
bemitleiden (ber-*mit*-ligh-dern) *v* pity
bemühen (ber-*mew*-ern) *v* trouble; **sich** ~ try
Bemühung (ber-*mew*-oong) *f* (pl ~en) effort
benachbart (ber-*nahkh*-baart) *adj* neighbouring
benachrichtigen (ber-*naakh*-rikh-ti-gern) *v* notify
sich *benehmen (ber-*nāy*-mern) act, behave
beneiden (ber-*nigh*-dern) *v* envy
Benennung (ber-*neh*-noong) *f* (pl ~en) denomination
benutzen (ber-*noo*-tsern) *v* use; utilize
Benutzer (ber-*noo*-tserr) *m* (pl ~) user

Benzin (behn-*tseen*) *nt* petrol; fuel; gasoline *nAm*, gas *nAm*
Benzinpumpe (behn-*tseen*-poom-per) *f* (pl ~n) petrol pump; fuel pump *Am*; gas pump *Am*
Benzintank (behn-*tseen*-tahngk) *m* petrol tank
beobachten (ber-*ōā*-bahkh-tern) *v* watch
Beobachtung (ber-*ōā*-bahkh-toong) *f* (pl ~en) observation
bequem (ber-*kvāym*) *adj* comfortable; convenient, easy
Bequemlichkeit (ber-*kvāym*-likh-kight) *f* (pl ~en) comfort
beratschlagen (ber-*raat*-shlaa-gern) *v* deliberate
Beratung (ber-*raa*-toong) *f* (pl ~en) deliberation
Beratungsstelle (ber-*raa*-toongs-shteh-ler) *f* (pl ~n) health centre
berauscht (ber-*rousht*) *adj* intoxicated
berechnen (ber-*rehkh*-nern) *v* calculate
berechtigt (ber-*rehkh*-tikht) *adj* just
bereden (ber-*rāy*-dern) *v* persuade
Bereich (ber-*righkh*) *m* reach; range
bereit (ber-*right*) *adj* ready; prepared
bereits (ber-*rights*) *adv* already
bereitwillig (ber-*right*-vi-likh) *adj* co-operative
Berg (behrk) *m* (pl ~e) mountain; mount
Bergbau (*behrk*-bou) *m* mining
Bergkette (*behrk*-keh-ter) *f* (pl ~n) mountain range
Bergmann (*behrk*-mahn) *m* (pl -leute) miner
Bergschlucht (*behrk*-shlookht) *f* (pl ~en) glen
Bergsteigen (*behrk*-shtigh-gern) *nt* mountaineering
Bergwerk (*behrk*-vehrk) *nt* (pl ~e) mine
Bericht (ber-*rikht*) *m* (pl ~e) account, report; notice
berichten (ber-*rikh*-tern) *v* inform; report
Berichterstatter (ber-*rikht*-err-shtah-terr) *m* (pl ~) reporter
Berichtigung (ber-*rikh*-ti-goong) *f* (pl ~en) correction
Bernstein (*behrn*-shtighn) *m* amber
***bersten** (*behrs*-tern) *v* *burst; crack
berüchtigt (ber-*rewkh*-tikht) *adj* notorious
Beruf (ber-*rōōf*) *m* (pl ~e) profession; trade
beruflich (ber-*rōōf*-likh) *adj* professional
beruhigen (ber-*rōō*-i-gern) *v* calm down; reassure
Beruhigungsmittel (ber-*rōō*-i-goongs-mi-terl) *nt* (pl ~) sedative; tranquillizer
berühmt (ber-*rēwmt*) *adj* famous, noted
berühren (ber-*rēw*-rern) *v* touch
Berührung (ber-*rēw*-roong) *f* (pl ~en) touch, contact
besagen (ber-*zaa*-gern) *v* imply
Besatzung (ber-*zah*-tsoong) *f* (pl ~en) crew
beschädigen (ber-*shai*-di-gern) *v* damage
beschaffen (ber-*shah*-fern) *v* provide
beschäftigen (ber-*shehf*-ti-gern) *v* employ; **beschäftigt** *adj* engaged, busy; **sich ~ mit** attend to
Beschäftigung (ber-*shehf*-ti-goong) *f* (pl ~en) business, occupation; employment; job
beschämt (ber-*shaimt*) *adj* ashamed
Bescheid (ber-*shight*) *m* message
bescheiden (ber-*shigh*-dern) *adj* modest; humble
Bescheidenheit (ber-*shigh*-dern-hight) *f* modesty

Bescheinigung (ber-*shigh*-ni-goong) *f* (pl ~en) certificate
beschlagnahmen (ber-*shlaak*-naa-mern) *v* impound, confiscate
beschleunigen (ber-*shloi*-ni-gern) *v* accelerate
* **beschließen** (ber-*shlee*-sern) *v* decide
Beschluß (ber-*shlooss*) *m* (pl Beschlüsse) decision
beschmutzt (ber-*shmootst*) *adj* soiled
beschränken (ber-*shrehng*-kern) *v* limit
* **beschreiben** (ber-*shrigh*-bern) *v* describe
Beschreibung (ber-*shrigh*-boong) *f* (pl ~en) description
beschriften (ber-*shrif*-tern) *v* label
beschuldigen (ber-*shool*-di-gern) *v* accuse; blame
Beschwerde (ber-*shvāyr*-der) *f* (pl ~n) complaint
Beschwerdebuch (ber-*shvāyr*-der-bookh) *nt* (pl ¨er) complaints book
sich beschweren (ber-*shvāy*-rern) complain
beschwindeln (ber-*shvin*-derln) *v* cheat
beseitigen (ber-*zigh*-ti-gern) *v* eliminate; remove
Beseitigung (ber-*zigh*-ti-goong) *f* removal
Besen (*bāy*-zern) *m* (pl ~) broom
besessen (ber-*zeh*-sern) *adj* possessed
Besessenheit (ber-*zeh*-sern-hight) *f* obsession
besetzen (ber-*zeh*-tsern) *v* occupy; **besetzt** *adj* engaged; occupied
Besetzung (ber-*zeh*-tsoong) *f* (pl ~en) occupation
besichtigen (ber-*zikh*-ti-gern) *v* view
besiegen (ber-*zee*-gern) *v* *beat; defeat; conquer
Besitz (ber-*zits*) *m* possession; property
* **besitzen** (ber-*zi*-tsern) *v* possess, own
Besitzer (ber-*zi*-tserr) *m* (pl ~) owner
besonder (ber-*zon*-derr) *adj* special, particular; separate
besonders (ber-*zon*-derrs) *adv* most of all, especially
besonnen (ber-*zo*-nern) *adj* sober
besorgen (ber-*zor*-gern) *v* procure; look after, *do; **besorgt** anxious, concerned
Besorgtheit (ber-*zorkt*-hight) *f* worry, anxiety
bespötteln (ber-*shpur*-terln) *v* ridicule
Besprechung (ber-*shpreh*-khoong) *f* (pl ~en) discussion; review
bespritzen (ber-*shpri*-tsern) *v* splash
besser (*beh*-serr) *adj* better; superior
best (behst) *adj* best; **zum besten** * **haben** fool
beständig (ber-*shtehn*-dikh) *adj* permanent; constant, steady
Bestandteil (ber-*shtahnt*-tighl) *m* (pl ~e) element; ingredient
bestätigen (ber-*shtai*-ti-gern) *v* acknowledge, confirm
Bestätigung (ber-*shtai*-ti-goong) *f* (pl ~en) confirmation
Bestattung (ber-*shtah*-toong) *f* (pl ~en) burial
* **bestechen** (ber-*shteh*-khern) *v* bribe, corrupt
Bestechung (ber-*shteh*-khoong) *f* (pl ~en) bribery, corruption
Besteck (ber-*shtehk*) *nt* cutlery
* **bestehen** (ber-*shtāy*-ern) *v* exist; insist; pass; ~ **aus** consist of
* **besteigen** (ber-*shtigh*-gern) *v* mount, ascend
bestellen (ber-*shteh*-lern) *v* order
Bestellung (ber-*shteh*-loong) *f* (pl ~en) order; **auf ~ gemacht** made to order
Bestellzettel (ber-*shtehl*-tseh-terl) *m*

(pl ~) order-form
besteuern (ber-*shtoi*-errn) *v* tax
Besteuerung (ber-*shtoi*-er-roong) *f* taxation
bestimmen (ber-*shti*-mern) *v* define, determine; destine
bestimmt (ber-*shtimt*) *adj* certain; definite
Bestimmung (ber-*shti*-moong) *f* (pl ~en) definition
Bestimmungsort (ber-*shti*-moongs-ort) *m* (pl ~e) destination
bestrafen (ber-*shtraa*-fern) *v* punish
bestrebt (ber-*shtrāypt*) *adj* anxious
***bestreiten** (ber-*shtrigh*-tern) *v* dispute
bestürzt (ber-*shtewrtst*) *adj* upset
Besuch (ber-*zōōkh*) *m* (pl ~e) visit; call
besuchen (ber-*zōō*-khern) *v* visit; call on
Besuchsstunden (ber-*zōōkhs*-shtoon-dern) *fpl* visiting hours
betasten (ber-*tahss*-tern) *v* *feel
Betäubung (ber-*toi*-boong) *f* (pl ~en) anaesthesia
Betäubungsmittel (ber-*toi*-boongs-mi-terl) *nt* (pl ~) anaesthetic
Bete (*bāy*-ter) *f* (pl ~n) beetroot
sich beteiligen an (ber-*tigh*-li-gern) join
beteiligt (ber-*tigh*-likht) *adj* involved, concerned
beten (*bāy*-tern) *v* pray
Beton (bay-*tawng*) *m* concrete
betonen (ber-*tōā*-nern) *v* emphasize, stress
Betonung (ber-*tōā*-noong) *f* accent, stress
betrachten (ber-*trahkh*-tern) *v* consider; regard
beträchtlich (ber-*trehkht*-likh) *adj* considerable; *adv* pretty, quite
Betrag (ber-*traak*) *m* (pl ~̈e) amount
Betragen (ber-*traa*-gern) *nt* conduct, behaviour
***betragen** (ber-*traa*-gern) *v* amount to
***betreffen** (ber-*treh*-fern) *v* concern; touch
betreffs (ber-*trehfs*) *prep* about, regarding, concerning
***betreten** (ber-*trāy*-tern) *v* enter
Betrieb (bertreep) *m* working
Betriebsanlage (ber-*treeps*-ahn-laa-ger) *f* (pl ~n) plant
Betriebsstörung (ber-*treeps*-shtūr-roong) *f* (pl ~en) breakdown
Betrübnis (ber-*trēwp*-niss) *f* sorrow, grief
betrübt (ber-*trēwpt*) *adj* sad
Betrug (ber-*trōōk*) *m* deceit; fraud, swindle
***betrügen** (ber-*trēw*-gern) *v* cheat; deceive; swindle
Betrüger (ber-*trēw*-gerr) *m* (pl ~) swindler
betrunken (ber-*troong*-kern) *adj* drunk
Bett (beht) *nt* (pl ~en) bed
Bettdecke (*beht*-deh-ker) *f* (pl ~n) counterpane
betteln (*beh*-terln) *v* beg
Bettler (*beht*-lerr) *m* (pl ~) beggar
Bettzeug (*beht*-tsoik) *nt* bedding
beugen (*boi*-gern) *v* bow
Beule (*boi*-ler) *f* (pl ~n) dent; lump
sich beunruhigen (ber-*oon*-rōō-i-gern) worry
beunruhigt (ber-*oon*-rōō-ikht) *adj* worried
beurteilen (ber-*oor*-tigh-lern) *v* judge
Beutel (*boi*-terl) *m* (pl ~) pouch
Bevölkerung (ber-*furl*-ker-roong) *f* population
bevor (ber-*fōār*) *conj* before
bevorrechten (ber-*fōār*-rehkh-tern) *v* favour
bewachen (ber-*vah*-khern) *v* guard
bewaffnen (ber-*vahf*-nern) *v* arm

bewahren (ber-*vaa*-rern) *v* *keep; preserve
Bewahrung (ber-*vaa*-roong) *f* preservation
bewaldet (ber-*vahl*-dert) *adj* wooded
bewegen (ber-*vāy*-gern) *v* move, stir
beweglich (ber-*vāyk*-likh) *adj* mobile; movable
Bewegung (ber-*vāy*-goong) *f* (pl ~en) movement, motion
Beweis (ber-*vighss*) *m* (pl ~e) proof, evidence; token
***beweisen** (ber-*vigh*-zern) *v* prove; *show, demonstrate
sich *bewerben (ber-*vehr*-bern) apply
Bewerber (ber-*vehr*-berr) *m* (pl ~) candidate
Bewerbung (ber-*vehr*-boong) *f* (pl ~en) application
bewilligen (ber-*vi*-li-gern) *v* allow; grant
Bewilligung (ber-*vi*-li-goong) *f* permission
bewillkommnen (ber-*vil*-kom-nern) *v* welcome
bewirten (ber-*veer*-tern) *v* entertain
bewohnbar (ber-*vōan*-baar) *adj* habitable, inhabitable
bewohnen (ber-*vōa*-nern) *v* inhabit
Bewohner (ber-*vōa*-nerr) *m* (pl ~) inhabitant
bewölkt (ber-*vurlkt*) *adj* cloudy, overcast
Bewölkung (ber-*vurl*-koong) *f* clouds
bewundern (ber-*voon*-derrn) *v* admire
Bewunderung (ber-*voon*-der-roong) *f* admiration
bewußt (ber-*voost*) *adj* conscious; aware
bewußtlos (ber-*voost*-lōass) *adj* unconscious
Bewußtsein (ber-*voost*-zighn) *nt* consciousness
bezahlen (ber-*tsaa*-lern) *v* *pay
Bezahlung (ber-*tsaa*-loong) *f* (pl ~en) payment
bezaubernd (ber-*tsou*-berrnt) *adj* enchanting; glamorous
bezeichnen (ber-*tsighkh*-nern) *v* mark; **bezeichnend** typical, characteristic
bezeugen (ber-*tsoi*-gern) *v* testify
sich *beziehen auf (ber-*tsee*-ern) affect
Beziehung (ber-*tsee*-oong) *f* (pl ~en) relation, connection; reference
Bezirk (ber-*tseerk*) *m* (pl ~e) district
in Bezug auf (in ber-*tsook* ouf) as regards
Bezugsschein (ber-*tsōoks*-shighn) *m* (pl ~e) coupon
bezwecken (ber-*tsveh*-kern) *v* aim at
bezweifeln (ber-*tsvigh*-ferln) *v* doubt, query
BH (bay-*haa*) *m* bra
Bibel (*bee*-berl) *f* (pl ~n) bible
Biber (*bee*-berr) *m* (pl ~) beaver
Bibliothek (bi-bli-oa-*tāyk*) *f* (pl ~en) library
***biegen** (*bee*-gern) *v* *bend
biegsam (*beek*-zaam) *adj* flexible; supple
Biegung (*bee*-goong) *f* (pl ~en) turn, bend; curve
Biene (*bee*-ner) *f* (pl ~n) bee
Bienenkorb (*bee*-nern-korp) *m* (pl ¨~e) beehive
Bier (beer) *nt* (pl ~e) beer; ale
***bieten** (*bee*-tern) *v* offer
Bilanz (bi-*lahnts*) *f* (pl ~en) balance
Bild (bilt) *nt* (pl ~er) picture; image
bilden (*bil*-dern) *v* shape
Bildhauer (*bilt*-hou-err) *m* (pl ~) sculptor
Bildschirm (*bilt*-sheerm) *m* (pl ~e) screen
Billard (*bi*-lʸahrt) *nt* billiards *pl*
billig (*bi*-likh) *adj* cheap, inexpensive; reasonable

billigen (*bi*-li-gern) *v* approve of
Billigung (*bi*-li-goong) *f* approval
Bimsstein (*bims*-shtighn) *m* pumice stone
***binden** (*bin*-dern) *v* tie; *bind
Bindestrich (*bin*-der-shtrikh) *m* (pl ~e) hyphen
Binse (*bin*-zer) *f* (pl ~n) rush
Biologie (bi-oa-loa-*gee*) *f* biology
Birne (*beer*-ner) *f* (pl ~n) pear; light bulb
bis (biss) *prep* to, till, until; *conj* till; ~ **zu** till
Bischof (*bi*-shof) *m* (pl ¨~e) bishop
bisher (biss-*hāyr*) *adv* so far
Biß (biss) *m* (pl Bisse) bite; **bißchen** bit
Bissen (*bi*-sern) *m* (pl ~) bite
Bitte (*bi*-ter) *f* (pl ~n) request
bitte (*bi*-ter) please; here you are
***bitten** (*bi*-tern) *v* ask; request; beg
bitter (*bi*-terr) *adj* bitter
Bittschrift (*bit*-shrift) *f* (pl ~en) petition
blank (blahngk) *adj* broke
Blase (*blaa*-zer) *f* (pl ~n) blister; bladder; bubble
***blasen** (*blaa*-zern) *v* *blow
Blasenentzündung (*blaa*-zern-ehnt-tsewn-doong) *f* cystitis
Blaskapelle (*blaass*-kah-peh-ler) *f* (pl ~n) brass band
Blatt (blaht) *nt* (pl ¨~er) leaf; sheet; page
Blattgold (*blaht*-golt) *nt* gold leaf
blau (blou) *adj* blue
Blazer (*blāy*-zerr) *m* (pl ~) blazer
Blei (bligh) *nt* lead
***bleiben** (*bligh*-bern) *v* stay; remain; *keep; **bleibend** lasting
bleich (blighkh) *adj* pale
bleichen (*bligh*-khern) *v* bleach
bleifrei (*bligh*-frigh) *adj* unleaded
Bleistift (*bligh*-shtift) *m* (pl ~e) pencil
Bleistiftspitzer (*bligh*-shtift-shpi-tserr) *m* (pl ~) pencil-sharpener
blenden (*blehn*-dern) *v* blind; **blendend** glaring
Blick (blik) *m* (pl ~e) look; glimpse, glance
blind (blint) *adj* blind
Blinddarm (*blint*-dahrm) *m* (pl ¨~e) appendix
Blinddarmentzündung (*blint*-dahrm-ehnt-tsewn-doong) *f* appendicitis
Blindenhund (*blin*-dern-hoont) *m* (pl ~e) guide-dog
Blinker (*bling*-kerr) *m* (pl ~) indicator
Blitz (blits) *m* (pl ~e) lightning; flash
Blitzlicht (*blits*-likht) *nt* (pl ~er) flash-bulb
blockieren (blo-*kee*-rern) *v* block
blöde (*blūr*-der) *adj* dumb
blond (blont) *adj* fair
Blondine (blon-*dee*-ner) *f* (pl ~n) blonde
bloß (blōass) *adj* naked, bare; *adv* only
Bluejeans (*blōō*-jeens) *pl* Levis *pl*, jeans *pl*
blühen (*blēw*-ern) *v* flower
Blume (*blōō*-mer) *f* (pl ~n) flower
Blumenbeet (*blōō*-mern-bāyt) *nt* (pl ~e) flowerbed
Blumenblatt (*blōō*-mern-blaht) *nt* (pl ¨~er) petal
Blumenhändler (*blōō*-mern-hehn-dlerr) *m* (pl ~) florist
Blumenhandlung (*blōō*-mern-hahn-dloong) *f* (pl ~en) flower-shop
Blumenkohl (*blōō*-mern-kōal) *m* cauliflower
Blumenzwiebel (*blōō*-mern-tsvee-berl) *f* (pl ~n) bulb
Bluse (*blōō*-zer) *f* (pl ~n) blouse
Blut (blōōt) *nt* blood
Blutarmut (*blōōt*-ahr-mōōt) *f* anaemia
Blutdruck (*blōōt*-drook) *m* blood

pressure
bluten (*bloō*-tern) *v* *bleed
Blutgefäß (*bloōt*-ger-faiss) *nt* (pl ~e) blood-vessel
Blutsturz (*bloōt*-shtoorts) *m* (pl ¨~e) haemorrhage
Blutvergiftung (*bloōt*-fehr-gif-toong) *f* blood-poisoning
Boden[1] (*boā*-dern) *m* soil, earth
Boden[2] (*boā*-dern) *m* (pl ¨~) bottom, ground; attic
Bogen (*boā*-gern) *m* (pl ¨~) arch; bow
bogenförmig (*boā*-gern-furr-mikh) *adj* arched
Bogengang (*boā*-gern-gahng) *m* (pl ¨~e) arcade
Bohne (*boā*-ner) *f* (pl ~n) bean
bohren (*boā*-rern) *v* bore, drill
Bohrer (*boā*-rerr) *m* (pl ~) drill
Boje (*boā*-ʸer) *f* (pl ~n) buoy
Bolivianer (boa-li-*vʸaa*-nerr) *m* (pl ~) Bolivian
bolivianisch (boa-li-*vʸaa*-nish) *adj* Bolivian
Bolivien (boa-*lee*-vʸern) Bolivia
Bolzen (*bol*-tsern) *m* (pl ~) bolt
bombardieren (bom-bahr-*dee*-rern) *v* bomb
Bombe (*bom*-ber) *f* (pl ~n) bomb
Bonbon (bawng-*bawng*) *m* (pl ~s) sweet; candy *nAm*
Boot (boāt) *nt* (pl ~e) boat
an Bord (ahn bort) aboard
Bordell (bor-*dehl*) *nt* (pl ~e) brothel
borgen (*bor*-gern) *v* borrow
Börse (*būrr*-zer) *f* (pl ~n) stock exchange; stock market, exchange; purse
bösartig (*būrss*-ahr-tikh) *adj* vicious, malignant
Böse (*būr*-zer) *nt* harm
böse (*būr*-zer) *adj* cross, angry; ill, wicked, evil
boshaft (*boāss*-hahft) *adj* malicious
Botanik (boa-*taa*-nik) *f* botany
Bote (*boā*-ter) *m* (pl ~n) messenger
Botengang (*boā*-tern-gahng) *m* (pl ¨~e) errand
Botschaft (*boāt*-shahft) *f* (pl ~en) embassy
Botschafter (*boāt*-shahf-terr) *m* (pl ~) ambassador
Boutique (boo-*tik*) *f* (pl ~n) boutique
Bowling (*boā*-ling) *nt* bowling
boxen (*bo*-ksern) *v* box
Boxkampf (*boks*-kahmpf) *m* (pl ¨~e) boxing match
brach (braakh) *adj* waste
Brand (brahnt) *m* (pl ¨~e) fire
Brandmarke (*brahnt*-mahr-ker) *f* (pl ~n) brand
Brandwunde (*brahnt*-voon-der) *f* (pl ~n) burn
Brasilianer (brah-zi-*lʸaa*-nerr) *m* (pl ~) Brazilian
brasilianisch (brah-zi-*lʸaa*-nish) *adj* Brazilian
Brasilien (brah-*zee*-lʸern) Brazil
Brassen (*brah*-sern) *m* (pl ~) bream
***braten** (*braa*-tern) *v* fry; roast
Bratensoße (*braa*-tern-zoā-ser) *f* (pl ~n) gravy
Bratpfanne (*braat*-pfah-ner) *f* (pl ~n) frying-pan
Bratrost (*braat*-rost) *m* (pl ~e) grill
Bratspieß (*braat*-shpeess) *m* (pl ~e) spit
Brauch (broukh) *m* (pl ¨~e) usage
brauchbar (*broukh*-baar) *adj* useful; usable
brauchen (*brou*-khern) *v* need
brauen (*brou*-ern) *v* brew
Brauerei (brou-er-*righ*) *f* (pl ~en) brewery
braun (broun) *adj* brown; tanned
Brause (*brou*-zer) *f* fizz
Braut (brout) *f* (pl ¨~e) bride
Bräutigam (*broi*-ti-gahm) *m* (pl ~e)

bridegroom
brav (braaf) *adj* good
Brecheisen (*brehkh*-igh-zern) *nt* (pl ~) crowbar
***brechen** (*breh*-khern) *v* *break; crack; fracture
breit (bright) *adj* broad, wide
Breite (*brigh*-ter) *f* (pl ~n) breadth, width
Breitengrad (*brigh*-tern-graat) *m* (pl ~e) latitude
Breitling (*bright*-ling) *m* (pl ~e) whitebait
Bremse (*brehm*-zer) *f* (pl ~n) brake
Bremslichter (*brehms*-likh-terr) *ntpl* brake lights
Bremstrommel (*brehms*-tro-merl) *f* (pl ~n) brake drum
***brennen** (*breh*-nern) *v* *burn
Brennpunkt (*brehn*-poongkt) *m* (pl ~e) focus
Brennschere (*brehn*-shāy-rer) *f* (pl ~n) curling-tongs *pl*
Brennspiritus (*brehn*-shpee-ri-tooss) *m* methylated spirits
Brennstoff (*brehn*-shtof) *m* (pl ~e) fuel
Bresche (*breh*-sher) *f* (pl ~n) breach
Brett (breht) *nt* (pl ~er) plank, board
Bridge (brij) *nt* bridge
Brief (breef) *m* (pl ~e) letter; **eingeschriebener** ~ registered letter
Briefkasten (*breef*-kahss-tern) *m* (pl ¨) letter-box; pillar-box; mailbox *nAm*
Briefmarke (*breef*-mahr-ker) *f* (pl ~n) postage stamp, stamp
Brieföffner (*breef*-urf-nerr) *m* (pl ~) paper-knife
Briefpapier (*breef*-pah-peer) *nt* note-paper
Brieftasche (*breef*-tah-sher) *f* (pl ~n) pocket-book, wallet
Briefumschlag (*breef*-oom-shlaak) *m* (pl ¨e) envelope
Briefwechsel (*breef*-veh-kserl) *m* correspondence
brillant (bri-*lyahnt*) *adj* brilliant
Brille (*bri*-ler) *f* (pl ~n) spectacles, glasses
***bringen** (*bring*-ern) *v* *bring; *take
Brise (*bree*-zer) *f* (pl ~n) breeze
Brite (*bri*-ter) *m* (pl ~n) Briton
britisch (*bri*-tish) *adj* British
Brocken (*bro*-kern) *m* (pl ~) lump
Brombeere (*brom*-bāy-rer) *f* (pl ~n) blackberry
Bronchitis (bron-*khee*-tiss) *f* bronchitis
Bronze (*brawng*-ser) *f* bronze
bronzen (*brawng*-sern) *adj* bronze
Brosche (*bro*-sher) *f* (pl ~n) brooch
Broschüre (bro-*shew*-rer) *f* (pl ~n) brochure
Brot (brōat) *nt* (pl ~e) bread
Brötchen (*brūrt*-khern) *nt* (pl ~) roll, bun
Bruch (brookh) *m* (pl ¨e) fracture, break; hernia
Bruchstück (*brookh*-shtewk) *nt* (pl ~e) fraction; fragment
Brücke (*brew*-ker) *f* (pl ~n) bridge
Bruder (*brōō*-derr) *m* (pl ¨) brother
Bruderschaft (*brōō*-derr-shahft) *f* (pl ~en) congregation
Brüderschaft (*brew*-derr-shahft) *f* fraternity
Brüllen (*brew*-lern) *nt* roar
brüllen (*brew*-lern) *v* roar
brummen (*broo*-mern) *v* growl
Brünette (brew-*neh*-ter) *f* (pl ~n) brunette
Brunnen (*broo*-nern) *m* (pl ~) well
Brunnenkresse (*broo*-nern-kreh-ser) *f* watercress
Brust (broost) *f* (pl ¨e) chest; breast, bosom
Brustkasten (*broost*-kahss-tern) *m*

chest
Brustschwimmen (*broost*-shvi-mern) *nt* breaststroke
Brüstung (*brewss*-toong) *f* (pl ~en) rail
brutal (broo-*taal*) *adj* brutal
brutto (*broo*-toa) *adj* gross
Bub (bo͞op) *m* (pl ~en) boy
Bube (*bo͞o*-ber) *m* (pl ~n) knave
Buch (bo͞okh) *nt* (pl ¨~er) book
Buche (*bo͞o*-kher) *f* (pl ~n) beech
buchen (*bo͞o*-khern) *v* book
Bücherstand (*bew̅*-kherr-shtahnt) *m* (pl ¨~e) bookstand
Buchhändler (*bo͞okh*-hehn-dlerr) *m* (pl ~) bookseller
Buchhandlung (*bo͞okh*-hahn-dloong) *f* (pl ~en) bookstore
Buchladen (*bo͞okh*-laa-dern) *m* (pl ¨~) bookstore
Büchse (*bew*-kser) *f* (pl ~n) tin, can
Büchsenöffner (*bew*-ksern-urf-nerr) *m* (pl ~) can opener
Buchstabe (*bo͞okh*-shtaa-ber) *m* (pl ~n) letter
buchstabieren (bo͞okh-shtah-*bee*-rern) *v* *spell
Bucht (bookht) *f* (pl ~en) creek, bay, inlet
sich bücken (*bew*-kern) *bend down
Bude (*bo͞o*-der) *f* (pl ~n) booth
Budget (bew-*jay̅*) *nt* (pl ~s) budget
Büfett (bew-*feht*) *nt* (pl ~e) buffet
Bügeleisen (*bew̅*-gerl-igh-zern) *nt* (pl ~) iron
bügelfrei (*bew̅*-gerl-frigh) *adj* drip-dry, wash and wear
bügeln (*bew̅*-gerln) *v* iron; press
Bühne (*bew̅*-ner) *f* (pl ~n) stage
Bühnenautor (*bew̅*-nern-ou-tor) *m* (pl ~en) playwright
Bulgare (bool-*gaa*-rer) *m* (pl ~n) Bulgarian
Bulgarien (bool-*gaa*-rʸern) Bulgaria
bulgarisch (bool-*gaa*-rish) *adj* Bulgarian
Bummel (*boo*-merl) *m* stroll
bummeln (*boo*-merln) *v* stroll
Bummelzug (*boo*-merl-tso͞ok) *m* (pl ¨~e) stopping train
Bund (boont) *m* (pl ¨~e) league; **Bundes-** federal
Bündel (*bewn*-derl) *nt* (pl ~) bundle
bündeln (*bewn*-derln) *v* bundle
bündig (*bewn*-dikh) *adj* brief
Bündnis (*bewnt*-niss) *nt* (pl ~se) alliance
bunt (boont) *adj* colourful; gay; **buntes Glas** stained glass
Burg (boork) *f* (pl ~en) castle, stronghold
Bürge (*bewr*-ger) *m* (pl ~n) guarantor
Bürger (*bewr*-gerr) *m* (pl ~) citizen; **Bürger-** civilian, civic
bürgerlich (*bewr*-gerr-likh) *adj* middle-class
Bürgermeister (*bewr*-gerr-mighss-terr) *m* (pl ~) mayor
Bürgersteig (*bewr*-gerr-shtighk) *m* (pl ~e) pavement; sidewalk *nAm*
Bürgschaft (*bewr*-gerr-shahft) *f* (pl ~en) guarantee
Büro (bew-*ro̅a*) *nt* (pl ~s) office
Büroangestellte (bew-*ro̅a*-ahn-ger-shtehl-ter) *m* (pl ~n) clerk
Bürokratie (bew-roa-krah-*tee*) *f* bureaucracy
Bürostunden (bew-*ro̅a*-shtoon-dern) *fpl* office hours
Bursche (*boor*-sher) *m* (pl ~n) boy, guy, lad
Bürste (*bewrs*-ter) *f* (pl ~n) brush
bürsten (*bewrs*-tern) *v* brush
Bus (booss) *m* (pl ~se) bus
Busch (boosh) *m* (pl ¨~e) bush
Busen (*bo͞o*-zern) *m* (pl ~) bosom
Buße (*bo͞o*-ser) *f* (pl ~n) penalty
Büste (*bewss*-ter) *f* (pl ~n) bust

Büstenhalter (*bewss*-tern-hahl-terr) *m* (pl ~) brassiere, bra
Butter (*boo*-terr) *f* butter
Butterbrot (*boo*-terr-broāt) *nt* (pl ~e) sandwich

C

Café (kah-*fāy*) *nt* (pl ~s) café
Camper (*kehm*-perr) *m* (pl ~) camper
Camping (*kehm*-ping) *nt* (pl ~s) camping
Campingplatz (*kehm*-ping-plahts) *m* (pl ~̈e) camping site
CD-Spieler (*tsay*-day shpee-lerr) *m* (pl ~) CD-player
Celsius (*tsehl*-zi-ooss) centigrade
Cembalo (*chehm*-bah-loa) *nt* (pl ~s) harpsichord
Chalet (shah-*lāy*) *nt* (pl ~s) chalet
Champignon (*shahm*-pi-nʸawng) *m* (pl ~s) mushroom
Chance (*shahng*-ser) *f* (pl ~n) chance
Chaos (*kaa*-oss) *nt* chaos
Charakter (kah-*rahk*-terr) *m* (pl ~e) character
charakterisieren (kah-rahk-ter-ri-*zee*-rern) *v* characterize
charakteristisch (kah-rahk-ter-*riss*-tish) *adj* characteristic
Charakterzug (kah-*rahk*-terr-tsook) *m* (pl ~̈e) characteristic
charmant (shahr-*mahnt*) *adj* charming
Charterflug (*chahr*-terr-flook) *m* (pl ~̈e) charter flight
Chauffeur (sho-*fūrr*) *m* (pl ~e) chauffeur
Chaussee (shoa-*sāy*) *f* (pl ~n) causeway
Chef (shehf) *m* (pl ~s) boss; manager
Chemie (khay-*mee*) *f* chemistry
chemisch (*khāy*-mish) *adj* chemical
China (*khee*-nah) China
Chinese (khi-*nāy*-zer) *m* (pl ~n) Chinese
chinesisch (khi-*nāy*-zish) *adj* Chinese
Chinin (khi-*neen*) *nt* quinine
Chirurg (khi-*roork*) *m* (pl ~en) surgeon
Chlor (kloār) *nt* chlorine
Choke (choāk) *m* choke
Chor (koār) *m* (pl ~̈e) choir
Christ (krist) *m* (pl ~en) Christian
christlich (*krist*-likh) *adj* Christian
Christus (*kriss*-tooss) Christ
Chrom (kroām) *nt* chromium
chronisch (*kroā*-nish) *adj* chronic
chronologisch (kroa-noa-*loā*-gish) *adj* chronological
Clown (kloun) *m* (pl ~s) clown
Cocktail (*kok*-tāyl) *m* (pl ~s) cocktail
Compact Disc (*kom*-pakt disk) *f* (pl ~s) compact disc
Computer (kom-*pʸoo*-terr) *m* computer
Conférencier (kawng-fay-rahng-*sʸāy*) *m* (pl ~s) entertainer
Container (kon-*tāy*-nerr) *m* (pl ~) container
Curry (*kur*-ri) *m* curry

D

da (daa) *conj* as, since, because
Dach (dahkh) *nt* (pl ~̈er) roof
Dachziegel (*dahkh*-tsee-gerl) *m* (pl ~) tile
damalig (*daa*-maa-likh) *adj* contemporary
damals (*daa*-maals) *adv* then
Dame (*daa*-mer) *f* (pl ~n) lady
Damebrett (*daa*-mer-breht) *nt* (pl ~er) draught-board
Damenbinde (*daa*-mern-bin-der) *f* (pl ~n) sanitary towel

Damentoilette (*daa*-mern-twah-leh-ter) *f* (pl ~n) powder-room, ladies' room
Damenunterwäsche (*daa*-mern-oon-terr-veh-sher) *f* lingerie
Damespiel (*daa*-mer-shpeel) *nt* draughts; checkers *plAm*
damit (dah-*mit*) *conj* so that
Damm (dahm) *m* (pl ¨~e) dam; dike; embankment
Dampf (dahmpf) *m* (pl ¨~e) steam
Dampfer (*dahm*-pferr) *m* (pl ~) steamer
Däne (*dai*-ner) *m* (pl ~n) Dane
Dänemark (*dai*-ner-mahrk) Denmark
dänisch (*dai*-nish) *adj* Danish
dankbar (*dahngk*-baar) *adj* thankful, grateful
Dankbarkeit (*dahngk*-baar-kight) *f* gratitude
danken (*dahng*-kern) *v* thank; **danke schön** thank you
dann (dahn) *adv* then
darauf (dah-*rouf*) *adv* then
darlegen (*daar*-lāy-gern) *v* state
Darm (dahrm) *m* (pl ¨~e) gut, intestine; **Därme** bowels *pl*
darstellen (*daar*-shteh-lern) *v* interpret
Darstellung (*daar*-shteh-loong) *f* (pl ~en) diagram; version
darum (*daa*-room) *conj* therefore
das (dahss) *pron* that
Dasein (*daa*-zighn) *nt* existence
daß (dahss) *conj* that
Dattel (*dah*-terl) *f* (pl ~n) date
Datum (*daa*-toom) *nt* (pl Daten) date
Dauer (*dou*-err) *f* duration
dauerhaft (*dou*-err-hahft) *adj* lasting, permanent
Dauerkarte (*dou*-err-kahr-ter) *f* (pl ~n) season-ticket
dauern (*dou*-errn) *v* last; **dauernd** permanent
Dauerwelle (*dou*-err-veh-ler) *f* permanent wave
Daumen (*dou*-mern) *m* (pl ~) thumb
Daune (*dou*-ner) *f* (pl ~n) down
Daunendecke (*dou*-nern-deh-ker) *f* (pl ~n) eiderdown
Debatte (day-*bah*-ter) *f* (pl ~n) debate
Deck (dehk) *nt* (pl ~s) deck
Decke (*deh*-ker) *f* (pl ~n) blanket; ceiling
Deckel (*deh*-kerl) *m* (pl ~) lid; top, cover
Deckkajüte (*dehk*-kah-^{y}ew̄-ter) *f* (pl ~n) deck cabin
Defekt (day-*fehkt*) *m* (pl ~e) fault
definieren (day-fi-*nee*-rern) *v* define
Definition (day-fi-ni-*ts^{y}ōān*) *f* (pl ~en) definition
Defizit (*dāy*-fi-tsit) *nt* (pl ~e) deficit
dehnbar (*dāyn*-baar) *adj* elastic
dehnen (*dāy*-nern) *v* stretch
Deich (dighkh) *m* (pl ~e) dike; dam
dein (dighn) *pron* your
Dekoration (day-koa-rah-*ts^{y}ōān*) *f* (pl ~en) decoration
Delegation (day-lay-gah-*ts^{y}ōān*) *f* (pl ~en) delegation
Delinquent (day-ling-*kvehnt*) *m* (pl ~en) criminal
Demokratie (day-moa-krah-*tee*) *f* (pl ~n) democracy
demokratisch (day-moa-*kraa*-tish) *adj* democratic
Demonstration (day-mon-strah-*ts^{y}ōān*) *f* (pl ~en) demonstration
demonstrieren (day-mon-*stree*-rern) *v* demonstrate
***denken** (*dehng*-kern) *v* *think; guess, reckon; ~ **an** *think of; **sich** ~ imagine
Denker (*dehng*-kerr) *m* (pl ~) thinker
Denkmal (*dehngk*-maal) *nt* (pl ¨~er) monument; memorial
denkwürdig (*dehnk*-vewr-dikh) *adj* memorable

denn (dehn) *conj* for
dennoch (*deh*-nokh) *adv* still, however; *conj* yet
Deodorant (day-oa-doa-*rahnt*) *nt* deodorant
deponieren (day-poa-*nee*-rern) *v* bank
Depot (day-*poā*) *nt* (pl ~s) warehouse
deprimieren (day-pri-*mee*-rern) *v* depress
der (dāyr) *art* (f die, nt das) the *art*; *pron* that; which
derartig (*dāyr*-ahr-tikh) *adj* similar
dermaßen (*dāyr*-maa-sern) *adv* so
desertieren (day-zehr-*tee*-rern) *v* desert
deshalb (*dehss*-hahlp) *adv* therefore
Desinfektionsmittel (dehss-in-fehk-*tsʸoāns*-mi-terl) *nt* (pl ~) disinfectant
desinfizieren (dehss-in-fi-*tsee*-rern) *v* disinfect
deswegen (*dehss*-vāy-gern) *adv* therefore
Detektiv (day-tehk-*teef*) *m* (pl ~e) detective
deutlich (*doit*-likh) *adj* clear; distinct, plain
deutsch (doich) *adj* German
Deutsche (*doi*-cher) *m* (pl ~n) German
Deutschland (*doich*-lahnt) Germany
Devise (day-*vee*-zer) *f* (pl ~n) motto
Dezember (day-*tsehm*-berr) December
Dezimalsystem (day-tsi-*maal*-zewss-tāym) *nt* decimal system
Dia (*dee*-ah) *nt* (pl ~s) slide
Diabetes (di-ah-*bāy*-tehss) *m* diabetes
Diabetiker (di-ah-*bāy*-ti-kerr) *m* (pl ~) diabetic
Diagnose (di-ah-*gnoā*-zer) *f* (pl ~n) diagnosis
diagnostizieren (di-ah-gnoss-ti-*tsee*-rern) *v* diagnose
diagonal (di-ah-goa-*naal*) *adj* diagonal
Diagonale (di-ah-goa-*naa*-ler) *f* (pl ~n) diagonal
Diagramm (di-ah-*grahm*) *nt* (pl ~e) chart
Diamant (di-ah-*mahnt*) *m* (pl ~en) diamond
Diät (di-*ait*) *f* diet
dich (dikh) *pron* yourself
dicht (dikht) *adj* thick; dense; ~ **bevölkert** populous
Dichter (*dikh*-terr) *m* (pl ~) poet
Dichtung (*dikh*-toong) *f* poetry
dick (dik) *adj* thick, fat; corpulent, stout, big; bulky
Dicke (*di*-ker) *f* thickness
Dieb (deep) *m* (pl ~e) thief
Diebstahl (*deep*-shtaal) *m* (pl ~̈e) robbery, theft
dienen (*dee*-nern) *v* serve
Diener (*dee*-nerr) *m* (pl ~) servant; domestic, valet; boy
Dienst (deenst) *m* (pl ~e) service
Dienstag (*deens*-taak) *m* Tuesday
Dienstmädchen (*deenst*-mait-khern) *nt* (pl ~) maid
Dienstpflichtige (*deenst*-pflikh-ti-ger) *m* (pl ~n) conscript
Dienstraum (*deenst*-roum) *m* (pl ~̈e) office
Dienststelle (*deenst*-steh-ler) *f* (pl ~n) agency
dies (deess) *pron* this
diese (*dee*-zer) *pron* these
Diesel (*dee*-zerl) *m* diesel
dieser (*dee*-zerr) *pron* this
diesig (*dee*-zikh) *adj* hazy
Digitaluhr (di-gi-*taal*-ōōr) *f* (pl ~en) digital clock, digital watch
Diktat (dik-*taat*) *nt* (pl ~e) dictation
Diktator (dik-*taa*-tor) *m* (pl ~en) dictator
diktieren (dik-*tee*-rern) *v* dictate
Ding (ding) *nt* (pl ~e) thing
Diphtherie (dif-tay-*ree*) *f* diphtheria
Diplom (di-*ploām*) *nt* (pl ~e) certifi-

cate; diploma; **ein** ~ **erlangen** graduate
Diplomat (di-ploa-*maat*) *m* (pl ~en) diplomat
dir (deer) *pron* you
direkt (di-*rehkt*) *adj* direct
Direktor (di-*rehk*-tor) *m* (pl ~en) manager, director; headmaster; principal
Dirigent (di-ri-*gehnt*) *m* (pl ~en) conductor
dirigieren (di-ri-*gee*-rern) *v* conduct
Diskontsatz (diss-*kont*-zahts) *m* (pl ~̈e) bank-rate
Diskussion (diss-koo-*s*ʸ*ōān*) *f* (pl ~en) discussion
diskutieren (diss-koo-*tee*-rern) *v* discuss; argue
Distel (*diss*-terl) *f* (pl ~n) thistle
Disziplin (diss-tsi-*pleen*) *f* discipline
doch (dokh) *conj* yet
Dock (dok) *nt* (pl ~s) dock
Doktor (*dok*-tor) *m* (pl ~en) doctor
dolmetschen (*dol*-meh-chern) *v* interpret
Dolmetscher (*dol*-meh-cherr) *m* (pl ~) interpreter
Dom (dōām) *m* (pl ~e) cathedral
Donator (doa-*naa*-tor) *m* (pl ~en) donor
Donner (*do*-nerr) *m* thunder
donnern (*do*-nerrn) *v* thunder
Donnerstag (*do*-nerrs-taak) *m* Thursday
Doppelbett (*do*-perl-beht) *nt* (pl ~en) twin beds
doppelsinnig (*do*-perl-zi-nikh) *adj* ambiguous
doppelt (*do*-perlt) *adj* double
Dorf (dorf) *nt* (pl ~̈er) village
Dorn (dorn) *m* (pl ~en) thorn
dort (dort) *adv* there
dorthin (*dort*-hin) *adv* there
Dose (*dōā*-zer) *f* (pl ~n) canister
Dosenöffner (*dōā*-zern-urf-nerr) *m* (pl ~) tin-opener
Dosis (*dōā*-ziss) *f* (pl Dosen) dose
Dotter (*do*-terr) *nt* (pl ~) yolk
Drache (*drah*-kher) *m* (pl ~n) dragon
Draht (draat) *m* (pl ~̈e) wire
Drama (*draa*-mah) *nt* (pl Dramen) drama
Dramatiker (drah-*maa*-ti-kerr) *m* (pl ~) dramatist
dramatisch (drah-*maa*-tish) *adj* dramatic
drängen (*drehng*-ern) *v* push; urge
draußen (*drou*-sern) *adv* outside, outdoors; **nach** ~ outwards
Dreck (drehk) *m* muck
dreckig (*dreh*-kikh) *adj* dirty, filthy
drehen (*drāȳ*-ern) *v* twist
Drehtür (*drāȳ*-tēwr) *f* (pl ~en) revolving door
Drehung (*drāȳ*-oong) *f* (pl ~en) turn, twist
drei (drigh) *num* three
Dreieck (*drigh*-ehk) *nt* (pl ~e) triangle
dreieckig (*drigh*-eh-kikh) *adj* triangular
dreißig (*drigh*-sikh) *num* thirty
dreißigste (*drigh*-sikhs-ter) *num* thirtieth
dreiviertel (drigh-*feer*-terl) *adj* three-quarter
dreizehn (*drigh*-tsāȳn) *num* thirteen
dreizehnte (*drigh*-tsāȳn-ter) *num* thirteenth
dressieren (dreh-*see*-rern) *v* train
dringend (*dring*-ernt) *adj* pressing, urgent
dringlich (*dring*-likh) *adj* pressing
Dringlichkeit (*dring*-likh-kight) *f* urgency
Drink (dringk) *m* (pl ~s) drink
drinnen (*dri*-nern) *adv* inside
dritte (*dri*-ter) *num* third
Droge (*drōā*-ger) *f* (pl ~n) drug

Drogerie (droa-ger-*ree*) *f* (pl ~n) pharmacy, chemist's; drugstore *nAm*
drohen (*drōa*-ern) *v* threaten
Drohung (*drōa*-oong) *f* (pl ~en) threat
Drossel (*dro*-serl) *f* (pl ~n) thrush
drüben (*drew̄*-bern) *adv* across; over there
Druck (drook) *m* pressure
drucken (*droo*-kern) *v* print
drücken (*drew*-kern) *v* press
Druckknopf (*drook*-knopf) *m* (pl ~̈e) push-button
Drucksache (*drook*-zah-kher) *f* (pl ~n) printed matter
Drüse (*drew̄*-zer) *f* (pl ~n) gland
Dschungel (*joong*-erl) *m* jungle
du (dōō) *pron* you
dulden (*dool*-dern) *v* *bear
dumm (doom) *adj* dumb, stupid
Düne (*dew̄*-ner) *f* (pl ~n) dune
Dünger (*dewng*-err) *m* dung, manure
dunkel (*doong*-kerl) *adj* dark, dim; obscure
Dunkelheit (*doong*-kerl-hight) *f* dark
dünn (dewn) *adj* thin; sheer; weak
Dunst (doonst) *m* (pl ~̈e) haze; vapour
durch (doorkh) *prep* through; by
durchaus (doorkh-*ouss*) *adv* quite
durchbohren (doorkh-*bōa*-rern) *v* pierce
***durchdringen** (doorkh-*dring*-ern) *v* penetrate
Durcheinander (doorkh-igh-*nahn*-derr) *m* (nt) muddle, mess
***durcheinanderbringen** (doorkh-igh-*nahn*-derr-bring-ern) *v* muddle
Durchfahrt (*doorkh*-faart) *f* passage
Durchfall (*doorkh*-fahl) *m* diarrhoea
***durchfallen** (*doorkh*-fah-lern) *v* fail
durchführbar (*doorkh*-few̄r-baar) *adj* feasible
durchführen (*doorkh*-few̄-rern) *v* carry out
Durchgang (*doorkh*-gahng) *m* (pl ~̈e) passage
Durchgangsstraße (*doorkh*-gahngs-shtraa-ser) *f* (pl ~n) thoroughfare
durchmachen (*doorkh*-mah-khern) *v* *go through
durchnässen (doorkh-*neh*-sern) *v* soak
durchqueren (doorkh-*kvāy*-rern) *v* pass through
durchscheinend (*doorkh*-shigh-nernt) *adj* sheer
Durchschlag (*doorkh*-shlaak) *m* (pl ~̈e) carbon copy; strainer
Durchschnitt (*doorkh*-shnit) *m* average, mean
durchschnittlich (*doorkh*-shnit-likh) *adj* medium, average; *adv* on the average
durchsichtig (*doorkh*-zikh-tikh) *adj* transparent
durchsuchen (doorkh-*zōō*-khern) *v* search
***dürfen** (*dewr*-fern) *v* *be allowed to; *may
dürr (dewr) *adj* arid
Dürre (*dew*-rer) *f* drought
Durst (doorst) *m* thirst
durstig (*doors*-tikh) *adj* thirsty
Dusche (*doo*-sher) *f* (pl ~n) shower
Düsenflugzeug (*dew̄*-zern-flōōk-tsoik) *nt* (pl ~e) jet
düster (*dew̄ss*-terr) *adj* sombre, gloomy
Düsterkeit (*dew̄ss*-terr-kight) *f* gloom
Dutzend (*doo*-tsernt) *nt* (pl ~e) dozen
Dynamo (dew-*naa*-moa) *m* (pl ~s) dynamo

E

Ebbe (*eh*-ber) *f* low tide
eben (*āy*-bern) *adj* level, flat; smooth, even
Ebene (*āy*-ber-ner) *f* (pl ~n) plain
ebenfalls (*āy*-bern-fahls) *adv* as well, likewise, also
Ebenholz (*āy*-bern-holts) *nt* ebony
ebenso (*āy*-bern-zōā) *adv* as, equally; likewise; ~ **wie** as well as
ebensosehr (*āy*-bern-zoa-zāyr) *adv* as much
ebensoviel (*āy*-bern-zoa-feel) *adv* as much
Echo (*eh*-khoa) *nt* (pl ~s) echo
echt (ehkht) *adj* true; genuine, authentic
Ecke (*eh*-ker) *f* (pl ~n) corner
edel (*āy*-derl) *adj* noble
Edelstein (*āy*-derl-shtighn) *m* (pl ~e) gem, stone
Efeu (*āy*-foi) *m* ivy
Effektenbörse (eh-*fehk*-tern-būrr-zer) *f* (pl ~n) stock exchange
egal (ay-*gaal*) *adj* like
egoistisch (ay-goa-*iss*-tish) *adj* egoistic
Ehe (*āy*-er) *f* (pl ~n) marriage; matrimony
ehe (*āy*-er) *conj* before
ehelich (*āy*-er-likh) *adj* matrimonial
ehemalig (*āy*-er-maa-likh) *adj* former
Ehepaar (*āy*-er-paar) *nt* (pl ~e) married couple
eher (*āy*-err) *adv* before; rather
Ehering (*āy*-er-ring) *m* (pl ~e) wedding-ring
ehrbar (*āyr*-baar) *adj* respectable
Ehre (*āy*-rer) *f* (pl ~n) honour; glory
ehren (*āy*-rern) *v* honour
ehrenwert (*āy*-rern-vāyrt) *adj* honourable
ehrerbietig (*āyr*-ehr-bee-tikh) *adj* respectful
Ehrerbietung (*āyr*-ehr-bee-toong) *f* respect
Ehrfurcht (*āyr*-foorkht) *f* respect
Ehrgefühl (*āyr*-ger-fēwl) *nt* sense of honour
ehrgeizig (*āyr*-gigh-tsikh) *adj* ambitious
ehrlich (*āyr*-likh) *adj* honest; straight
Ehrlichkeit (*āyr*-likh-kight) *f* honesty
ehrwürdig (*āyr*-vewr-dikh) *adj* venerable
Ei (igh) *nt* (pl ~er) egg
Eiche (*igh*-kher) *f* (pl ~n) oak
Eichel (*igh*-kherl) *f* (pl ~n) acorn
Eichhörnchen (*ighkh*-hurrn-khern) *nt* (pl ~) squirrel
Eid (ight) *m* (pl ~e) vow, oath
Eidotter (*igh*-do-terr) *nt* (pl ~) egg-yolk
Eierbecher (*igh*-err-beh-kherr) *m* (pl ~) egg-cup
Eierkuchen (*igh*-err-kōō-khern) *m* (pl ~) omelette
Eifer (*igh*-ferr) *m* zeal; diligence
Eifersucht (*igh*-ferr-zookht) *f* jealousy
eifersüchtig (*igh*-ferr-zewkh-tikh) *adj* envious, jealous
eifrig (*igh*-frikh) *adj* zealous, diligent
eigen (*igh*-gern) *adj* own
Eigenschaft (*igh*-gern-shahft) *f* (pl ~en) property, quality
Eigenschaftswort (*igh*-gern-shahfts-vort) *nt* (pl ~er) adjective
eigentlich (*igh*-gernt-likh) *adv* really
Eigentum (*igh*-gern-tōōm) *nt* property
Eigentümer (*igh*-gern-tēw-merr) *m* (pl ~) proprietor, owner
eigentümlich (*igh*-gern-tēwm-likh) *adj* peculiar
Eigentümlichkeit (*igh*-gern-tēwm-likh-kight) *f* (pl ~en) peculiarity

sich eignen (*igh*-gnern) qualify
Eile (*igh*-ler) *f* haste, hurry; speed; **Eil-** express
eilen (*igh*-lern) *v* hurry; hasten, rush
eilig (*igh*-likh) *adv* in a hurry
Eilpost (*ighl*-post) special delivery
Eimer (*igh*-merr) *m* (pl ~) bucket, pail
ein (ighn) *art* (f eine, nt ein) a *art*; ~ **anderer** another
Einakter (*ighn*-ahk-terr) *m* (pl ~) one-act play
einander (igh-*nahn*-derr) *pron* each other
Einäscherung (*ighn*-eh-sher-roong) *f* (pl ~en) cremation
einatmen (*ighn*-aat-mern) *v* inhale
Einbahnverkehr (*ighn*-baan-fehr-kāyr) *m* one-way traffic
Einband (*ighn*-bahnt) *m* (pl ⁼e) binding
sich einbilden (*ighn*-bil-dern) fancy, imagine
Einbildung (*ighn*-bil-doong) *f* fantasy, imagination
***einbrechen** (*ighn*-breh-khern) *v* burgle
Einbrecher (*ighn*-breh-kherr) *m* (pl ~) burglar
einbüßen (*ighn*-bew̄-sern) *v* *lose
***eindringen** (*ighn*-dring-ern) *v* invade; trespass
Eindringling (*ighn*-dring-ling) *m* (pl ~e) trespasser
Eindruck (*ighn*-drook) *m* (pl ⁼e) impression; sensation
eindrucksvoll (*ighn*-drooks-fol) *adj* impressive
einfach (*ighn*-fahkh) *adj* simple
Einfahrt (*ighn*-faart) *f* (pl ~en) entry
Einfall (*ighn*-fahl) *m* (pl ⁼e) idea; invasion, raid
Einfluß (*ighn*-flooss) *m* (pl -flüsse) influence
einflußreich (*ighn*-flooss-righkh) *adj* influential
einfügen (*ighn*-few̄-gern) *v* insert
Einfuhr (*ighn*-fo͞or) *f* import
einführen (*ighn*-few̄-rern) *v* import; introduce
Einführung (*ighn*-few̄-roong) *f* (pl ~en) introduction
Einfuhrzoll (*ighn*-fo͞or-tsol) *m* duty, import duty
Eingang (*ighn*-gahng) *m* (pl ⁼e) entry; entrance, way in; **kein** ~ no admittance
eingebildet (*ighn*-ger-bil-dert) *adj* conceited
Eingeborene (*ighn*-ger-bōā-rer-ner) *m* (pl ~n) native
eingehend (*ighn*-gāȳ-ernt) *adj* detailed
eingeschlossen (*ighn*-ger-shlo-sern) included
Eingeweide (*ighn*-ger-vigh-der) *pl* bowels *pl*, intestines, insides
Eingreifen (*ighn*-grigh-fern) *nt* interference
einheimisch (*ighn*-high-mish) *adj* native
Einheit (*ighn*-hight) *f* (pl ~en) unit; unity
einholen (*ighn*-hōā-lern) *v* gather
einige (*igh*-ni-ger) *pron* some
einkassieren (*ighn*-kah-see-rern) *v* cash
einkaufen (*ighn*-kou-fern) *v* shop
Einkaufstasche (*ighn*-koufs-tah-sher) *f* (pl ~n) shopping bag
Einkaufszentrum (*ighn*-koufs-tsehn-troom) *nt* (pl -zentren) shopping centre
einkerben (*ighn*-kehr-bern) *v* carve
Einkommen (*ighn*-ko-mern) *nt* (pl ~) revenue, income
Einkommenssteuer (*ighn*-ko-merns-shtoi-err) *f* income-tax
einkreisen (*ighn*-krigh-zern) *v* encircle

Einkünfte (*ighn*-kewnf-ter) *fpl* revenue
***einladen** (*ighn*-laa-dern) *v* invite; ask
Einladung (*ighn*-laa-doong) *f* (pl ~en) invitation
***einlassen** (*ighn*-lah-sern) *v* admit
einleitend (*ighn*-ligh-ternt) *adj* preliminary
einmachen (*ighn*-mah-khern) *v* preserve
einmal (*ighn*-maal) *adv* once; some time
sich einmischen (*ighn*-mi-shern) intervene; interfere with
Einnahme (*ighn*-naa-mer) *f* capture; **Einnahmen** earnings *pl*
***einnehmen** (*ighn*-nāy-mern) *v* cash; occupy, *take up; capture
einpacken (*ighn*-pah-kern) *v* pack up
einräumen (*ighn*-roi-mern) *v* admit
einrichten (*ighn*-rikh-tern) *v* furnish; institute
Einrichtung (*ighn*-rikh-toong) *f* (pl ~en) installation; institution
eins (ighns) *num* one
einsam (*ighn*-zaam) *adj* lonely
einsammeln (*ighn*-zah-merln) *v* collect
Einsatz (*ighn*-zahts) *m* (pl ¨~e) bet
einschalten (*ighn*-shahl-tern) *v* turn on, switch on
einschenken (*ighn*-shehng-kern) *v* pour
sich einschiffen (*ighn*-shi-fern) embark
Einschiffung (*ighn*-shi-foong) *f* embarkation
***einschließen** (*ighn*-shlee-sern) *v* include, comprise; involve; encircle, *shut in, circle
einschließlich (*ighn*-shleess-likh) *adv* inclusive
Einschnitt (*ighn*-shnit) *m* (pl ~e) cut
Einschränkung (*ighn*-shrehng-koong) *f* (pl ~en) restriction, qualification
***einschreiben** (*ighn*-shrigh-bern) *v* book; enter, register
Einschreibung (*ighn*-shrigh-boong) *f* (pl ~en) booking
***einschreiten** (*ighn*-shrigh-tern) *v* interfere
***einsehen** (*ighn*-zāy-ern) *v* *see
einseitig (*ighn*-zigh-tikh) *adj* one-sided
Einsicht (*ighn*-zikht) *f* vision; insight
einsperren (*ighn*-shpeh-rern) *v* lock up
einspritzen (*ighn*-shpri-tsern) *v* inject
einst (ighnst) *adv* once
***einsteigen** (*ighn*-shtigh-gern) *v* *get on; embark
einstellen (*ighn*-shteh-lern) *v* stop, discontinue; tune in; garage
Einstellung (*ighn*-shteh-loong) *f* (pl ~en) attitude
einstimmig (*ighn*-shti-mikh) *adj* unanimous
einstöpseln (*ighn*-shtur-pserln) *v* plug in
einstufen (*ighn*-shtōō-fern) *v* grade
einteilen (*ighn*-tigh-lern) *v* classify
***eintragen** (*ighn*-traa-gern) *v* list, book
einträglich (*ighn*-traik-likh) *adj* profitable
Eintragung (*ighn*-traa-goong) *f* (pl ~en) entry; registration
Eintreffen (*ighn*-treh-fern) *nt* arrival
***eintreffen** (*ighn*-treh-fern) *v* arrive
***eintreten** (*ighn*-trāy-tern) *v* enter
Eintritt (*ighn*-trit) *m* entrance; entry; admission; ~ **verboten** no entry
Eintrittsgeld (*ighn*-trits-gehlt) *nt* entrance-fee
einverleiben (*ighn*-fehr-ligh-bern) *v* annex
einverstanden! (*ighn*-fehr-shtahn-dern) all right!
Einverständnis (*ighn*-fehr-shtehnt-niss) *nt* approval
Einwand (*ighn*-vahnt) *m* (pl ¨~e) objection; ~ ***erheben gegen** object

to
Einwanderer (*ighn*-vahn-der-rerr) *m* (pl ~) immigrant
einwandern (*ighn*-vahn-derrn) *v* immigrate
Einwanderung (*ighn*-vahn-der-roong) *f* immigration
einwandfrei (*ighn*-vahnt-frigh) *adj* faultless
einweichen (*ighn*-vigh-khern) *v* soak
***einwenden** (*ighn*-vehn-dern) *v* object; **etwas einzuwenden *haben gegen** mind
einwickeln (*ighn*-vi-kerln) *v* wrap
einwilligen (*ighn*-vi-li-gern) *v* consent
Einwilligung (*ighn*-vi-li-goong) *f* consent
Einwohner (*ighn*-vōā-nerr) *m* (pl ~) inhabitant
Einzahl (*ighn*-tsaal) *f* singular
Einzelhandel (*ighn*-tserl-hahn-derl) *m* retail trade
Einzelhändler (*ighn*-tserl-hehn-dlerr) *m* (pl ~) retailer
Einzelheit (*ighn*-tserl-hight) *f* (pl ~en) detail
einzeln (*ighn*-tserln) *adj* individual; **im einzelnen** specially
Einzelne (*ighn*-tserl-ner) *m* (pl ~n) individual
***einziehen** (*ighn*-tsee-ern) *v* confiscate
einzig (*ighn*-tsikh) *adj* only; sole, single
einzigartig (*ighn*-tsikh-ahr-tikh) *adj* unique
Eis (ighss) *nt* ice; ice-cream
Eisbahn (*ighss*-baan) *f* (pl ~en) skating-rink
Eisbeutel (*ighss*-boi-terl) *m* (pl ~) ice-bag
Eisen (*igh*-zern) *nt* iron
Eisenbahn (*igh*-zern-baan) *f* (pl ~en) railway; railroad *nAm*
Eisenbahnfähre (*igh*-zern-baan-fai-rer) *f* (pl ~n) train ferry
Eisenhütte (*igh*-zern-hew-ter) *f* (pl ~n) ironworks
Eisenwaren (*igh*-zern-vaa-rern) *fpl* hardware
Eisenwarenhandlung (*igh*-zern-vaa-rern-hahn-dloong) *f* (pl ~en) hardware store
eisern (*igh*-zerrn) *adj* iron
eisig (*igh*-zikh) *adj* freezing
***eislaufen** (*ighss*-lou-fern) *v* skate
Eisschrank (*ighss*-shrahngk) *m* (pl ~̈e) refrigerator
Eiswasser (*ighss*-vah-serr) *nt* iced water
eitel (*igh*-terl) *adj* vain
Eiter (*igh*-terr) *m* pus
ekelhaft (*āȳ*-kerl-hahft) *adj* disgusting
Ekuador (ay-kvah-*dōār*) Ecuador
Ekuadorianer (ay-kvah-doa-*rʸaa*-nerr) *m* (pl ~) Ecuadorian
Ekzem (ehk-*tsāȳm*) *nt* eczema
elastisch (ay-*lahss*-tish) *adj* elastic
Elch (ehlkh) *m* (pl ~e) moose
Elefant (ay-lay-*fahnt*) *m* (pl ~en) elephant
elegant (ay-lay-*gahnt*) *adj* smart, elegant
Eleganz (ay-lay-*gahnts*) *f* elegance
Elektriker (ay-*lehk*-tri-kerr) *m* (pl ~) electrician
elektrisch (ay-*lehk*-trish) *adj* electric
Elektrizität (ay-lehk-tri-tsi-*tait*) *f* electricity
elektronisch (ay-lehk-*trōā*-nish) *adj* electronic
Element (ay-lay-*mehnt*) *nt* (pl ~e) element
elementar (ay-lay-mern-*taar*) *adj* primary
Elend (*āȳ*-lehnt) *nt* misery
elend (*āȳ*-lehnt) *adj* miserable
Elendsviertel (*āȳ*-lehnts-feer-terl) *nt*

slum
elf (ehlf) *num* eleven; **Elf** *f* soccer team
Elfe (*ehl*-fer) *f* (pl ~n) elf
Elfenbein (*ehl*-fern-bighn) *nt* ivory
elfte (*ehlf*-ter) *num* eleventh
Ellbogen (*ehl*-bōā-gern) *m* (pl ~) elbow
Elster (*ehls*-terr) *f* (pl ~n) magpie
Eltern (*ehl*-terrn) *pl* parents *pl*
Email (ay-*migh*) *f* enamel
emailliert (ay-mah-*ʸeert*) *adj* enamelled
Emanzipation (ay-mahn-tsi-pah-*tsʸōān*) *f* emancipation
Embargo (ehm-*bahr*-goa) *nt* embargo
Emblem (ehm-*blāym*) *nt* (pl ~e) emblem
eminent (ay-mi-*nehnt*) *adj* outstanding
Empfang (ehm-*pfahng*) *m* (pl ~̈e) reception; receipt
***empfangen** (ehm-*pfahng*-ern) *v* receive
Empfängnis (ehm-*pfehng*-niss) *f* conception
Empfangsdame (ehm-*pfahngs*-daamer) *f* (pl ~n) receptionist
Empfangsschein (ehm-*pfahngs*-shighn) *m* (pl ~e) receipt
Empfangszimmer (ehm-*pfahngs*-tsimerr) *nt* (pl ~) drawing-room
***empfehlen** (ehm-*pfāy*-lern) *v* recommend; advise
Empfehlung (ehm-*pfāy*-loong) *f* (pl ~en) recommendation; advice
Empfehlungsschreiben (ehm-*pfāy*-loongs-shrigh-bern) *nt* (pl ~) letter of recommendation
empfindlich (ehm-*pfint*-likh) *adj* sensitive
Empfindung (ehm-*pfin*-doong) *f* (pl ~en) perception; sensation
empor (ehm-*pōār*) *adv* up
empörend (ehm-*pūr*-rernt) *adj* revolting, shocking
Ende (*ehn*-der) *nt* end; ending, issue
enden (*ehn*-dern) *v* end; finish
endgültig (*ehnt*-gewl-tikh) *adj* eventual
endlich (*ehnt*-likh) *adv* at last
Endstation (*ehnt*-shtah-tsʸōān) *f* (pl ~en) terminal
Energie (ay-nehr-*gee*) *f* energy; power
energisch (ay-*nehr*-gish) *adj* energetic
eng (ehng) *adj* narrow; tight; **enger machen** tighten; **enger *werden** tighten
Engel (*ehng*-erl) *m* (pl ~) angel
England (*ehng*-lahnt) England; Britain
Engländer (*ehng*-lehn-derr) *m* (pl ~) Englishman; Briton
englisch (*ehng*-lish) *adj* English; British
Engpaß (*ehng*-pahss) *m* (pl -pässe) bottleneck
engstirnig (*ehng*-shteer-nikh) *adj* narrow-minded
Enkel (*ehng*-kerl) *m* (pl ~) grandson
Enkelin (*ehng*-ker-lin) *f* (pl ~nen) granddaughter
entbehren (ehnt-*bāy*-rern) *v* spare
entbeinen (ehnt-*bigh*-nern) *v* bone
***entbinden von** (ehnt-*bin*-dern) discharge of
Entbindung (ehnt-*bin*-doong) *f* (pl ~en) delivery, childbirth
entdecken (ehnt-*deh*-kern) *v* discover; detect
Entdeckung (ehnt-*deh*-koong) *f* (pl ~en) discovery
Ente (*ehn*-ter) *f* (pl ~n) duck
entfalten (ehnt-*fahl*-tern) *v* unfold; expand
entfernen (ehnt-*fehr*-nern) *v* *take away
entfernt (ehnt-*fehrnt*) *adj* distant; far-

away, remote; **entferntest** furthest
Entfernung (ehnt-*fehr*-noong) *f* (pl ~en) distance; way
Entfernungsmesser (ehnt-*fehr*-noongs-meh-serr) *m* (pl ~) range-finder
entgegengesetzt (ehnt-*gāy*-gern-ger-zehtst) *adj* opposite; contrary
entgegenkommend (ehnt-*gāy*-gern-ko-mernt) *adj* oncoming
***entgehen** (ehnt-*gāy*-ern) *v* escape
***enthalten** (ehnt-*hahl*-tern) *v* contain, include; deny; **sich** ~ abstain from
Enthärtungsmittel (ehnt-*hehr*-toongs-mi-terl) *nt* (pl ~) water-softener
Entheiligung (ehnt-*high*-li-goong) *f* sacrilege
enthüllen (ehnt-*hew*-lern) *v* reveal
Enthüllung (ehnt-*hew*-loong) *f* (pl ~en) revelation
sich entkleiden (ehnt-*kligh*-dern) undress
***entkommen** (ehnt-*ko*-mern) *v* escape
entkorken (ehnt-*kor*-kern) *v* uncork
***entladen** (ehnt-*laa*-dern) *v* discharge
entlang (ehnt-*lahng*) *prep* along, past
***entlassen** (ehnt-*lah*-sern) *v* dismiss, fire
entlegen (ehnt-*lāy*-gern) *adj* out of the way
***entleihen** (ehnt-*ligh*-ern) *v* borrow
Entlohnung (ehnt-*lōa*-noong) *f* (pl ~en) remuneration
***entnehmen** (ehnt-*nāy*-mern) *v* deprive of
Entrüstung (ehnt-*rewss*-toong) *f* indignation
entschädigen (ehnt-*shai*-di-gern) *v* remunerate
Entschädigung (ehnt-*shai*-di-goong) *f* (pl ~en) indemnity
***entscheiden** (ehnt-*shigh*-dern) *v* decide
Entscheidung (ehnt-*shigh*-doong) *f* (pl ~en) decision
sich *entschließen (ehnt-*shlee*-sern) decide
entschlossen (ehnt-*shlo*-sern) *adj* resolute, determined
Entschluß (ehnt-*shlooss*) *m* (pl -schlüsse) decision
entschuldigen (ehnt-*shool*-di-gern) *v* excuse; *forgive; **sich** ~ apologize
Entschuldigung (ehnt-*shool*-di-goong) *f* (pl ~en) apology, excuse; **Entschuldigung!** sorry!
Entsetzen (ehnt-*zeh*-tsern) *nt* horror
entsetzlich (ehnt-*zehts*-likh) *adj* horrible
sich *entsinnen (ehnt-*zi*-nern) *v* recollect
sich entspannen (ehnt-*shpah*-nayn) relax
Entspannung (ehnt-*shpah*-noong) *f* (pl ~en) relaxation
entsprechend (ehnt-*shpreh*-khernt) *adj* adequate; equivalent
***entstehen** (ehnt-*shtāy*-ern) *v* *arise
entstellt (ehnt-*shtehlt*) *adj* deformed
enttäuschen (ehnt-*toi*-shern) *v* disappoint; *let down; *be disappointing
Enttäuschung (ehnt-*toi*-shoong) *f* (pl ~en) disappointment
entwässern (ehnt-*veh*-serrn) *v* drain
entweder ... oder (*ehnt*-vāy-derr ... *ōa*-derr) either ... or
***entwerfen** (ehnt-*vehr*-fern) *v* design
entwerten (ehnt-*vāyr*-tern) *v* devalue
entwickeln (ehnt-*vi*-kerln) *v* develop
Entwicklung (ehnt-*vi*-kloong) *f* (pl ~en) development
entwischen (ehnt-*vi*-shern) *v* slip
Entwurf (ehnt-*voorf*) *m* (pl ~e) design
entzücken (ehnt-*tsew*-kern) *v* delight; **entzückend** delightful; **entzückt** delighted
entzündbar (ehnt-*tsewnt*-baar) *adj* inflammable
entzünden (ehnt-*tsewn*-dern) *v* *be-

come septic
Entzündung (ehnt-*tsewn*-doong) *f* (pl ~en) inflammation
entzwei (ehnt-*tsvigh*) *adj* broken
Enzyklopädie (ehn-tsew-kloa-peh-*dee*) *f* (pl ~n) encyclopaedia
Epidemie (ay-pi-day-*mee*) *f* (pl ~n) epidemic
Epilepsie (ay-pi-leh-*psee*) *f* epilepsy
Epilog (ay-pi-*lōag*) *m* (pl ~e) epilogue
episch (*āy*-pish) *adj* epic
Episode (ay-pi-*zōa*-der) *f* (pl ~n) episode
Epos (*āy*-poss) *nt* (pl Epen) epic
er (āyr) *pron* he
erbärmlich (ehr-*behrm*-likh) *adj* miserable
erben (*ehr*-bern) *v* inherit
erblich (*ehrp*-likh) *adj* hereditary
erblicken (ehr-*bli*-kern) *v* glance; glimpse
***erbrechen** (ehr-*breh*-khern) *v* vomit
Erbschaft (*ehrp*-shahft) *f* (pl ~en) inheritance; legacy
Erbse (*ehr*-pser) *f* (pl ~n) pea
Erdball (*āyrt*-bahl) *m* globe
Erdbeben (*āyrt*-bāy-bern) *nt* (pl ~) earthquake
Erdbeere (*āyrt*-bāy-rer) *f* (pl ~n) strawberry
Erdboden (*āyrt*-bōa-dern) *m* soil
Erde (*āyr*-der) *f* earth; soil
Erdgeschoß (*āyrt*-ger-shoss) *nt* ground floor
Erdichtung (ehr-*dikh*-toong) *f* (pl ~en) fiction
Erdkunde (*āyrt*-koon-der) *f* geography
Erdnuß (*āyrt*-nooss) *f* (pl -nüsse) peanut
Erdteil (*āyrt*-tighl) *m* (pl ~e) continent
sich ereignen (ehr-*igh*-gnern) happen; *v* occur
Ereignis (ehr-*igh*-gniss) *nt* (pl ~se) event; happening, occurrence
erfahren (ehr-*faa*-rern) *adj* experienced; skilled
***erfahren** (ehr-*faa*-rern) *v* experience
Erfahrung (ehr-*faa*-roong) *f* (pl ~en) experience
***erfinden** (ehr-*fin*-dern) *v* invent
Erfinder (ehr-*fin*-derr) *m* (pl ~) inventor
erfinderisch (ehr-*fin*-der-rish) *adj* inventive
Erfindung (ehr-*fin*-doong) *f* (pl ~en) invention
Erfolg (ehr-*folk*) *m* (pl ~e) success
erfolglos (ehr-*folk*-lōass) *adj* unsuccessful
erfolgreich (ehr-*folk*-righkh) *adj* successful
erforderlich (ehr-*for*-derr-likh) *adj* requisite
erfordern (ehr-*for*-derrn) *v* require
Erfordernis (ehr-*for*-derr-niss) *nt* (pl ~se) requirement
erforschen (ehr-*for*-shern) *v* explore
erfreulich (ehr-*froi*-likh) *adj* enjoyable
erfreut (ehr-*froit*) *adj* pleased, glad
erfrischen (ehr-*fri*-shern) *v* refresh; **erfrischend** fresh
Erfrischung (ehr-*fri*-shoong) *f* refreshment
sich *ergeben (ehr-*gāy*-bern) result; surrender
Ergebnis (ehr-*gāyp*-niss) *nt* (pl ~se) result; issue, effect, outcome
***ergreifen** (ehr-*grigh*-fern) *v* seize; *catch, grasp
***erhalten** (ehr-*hahl*-tern) *v* obtain
erhältlich (ehr-*hehlt*-likh) *adj* obtainable
***erheben** (ehr-*hāy*-bern) *v* raise; **sich** ~ *arise
Erhebung (ehr-*hāy*-boong) *f* (pl ~en) mound, hillock
erhöhen (ehr-*hūr*-ern) *v* raise
Erhöhung (ehr-*hūr*-oong) *f* (pl ~en)

increase; rise; raise *nAm*
sich erholen (ehr-*hōā*-lern) recover
Erholung (ehr-*hōā*-loong) *f* recreation; recovery
Erholungsheim (ehr-*hōā*-loongs-highm) *nt* (pl ~e) rest-home
Erholungsort (ehr-*hōā*-loongs-ort) *m* (pl ~e) holiday resort
erinnern (ehr-*i*-nerrn) *v* remind; **sich** ~ recall, remember
Erinnerung (ehr-*i*-ner-roong) *f* (pl ~en) memory; remembrance
sich erkälten (ehr-*kehl*-tern) catch a cold
Erkältung (ehr-*kehl*-toong) *f* (pl ~en) cold
***erkennen** (ehr-*keh*-nern) *v* recognize; acknowledge
erkenntlich (ehr-*kehnt*-likh) *adj* grateful
erklärbar (ehr-*klair*-baar) *adj* accountable
erklären (ehr-*klai*-rern) *v* explain; declare
Erklärung (ehr-*klai*-roong) *f* (pl ~en) explanation; statement; declaration
Erkrankung (ehr-*krahng*-koong) *f* (pl ~en) affection
sich erkundigen (ehr-*koon*-di-gern) enquire, inquire
Erkundigung (ehr-*koon*-di-goong) *f* (pl ~en) enquiry
erlangen (ehr-*lahng*-ern) *v* obtain
erlauben (ehr-*lou*-bern) *v* allow, permit; **erlaubt *sein** *be allowed
Erlaubnis (ehr-*loup*-niss) *f* permission
erläutern (ehr-*loi*-terrn) *v* explain; elucidate
Erläuterung (ehr-*loi*-ter-roong) *f* (pl ~en) explanation
erleben (ehr-*lāy*-bern) *v* experience
erledigen (ehr-*lāy*-di-gern) *v* settle
erleichtern (ehr-*lighkh*-terrn) *v* relieve
Erleichterung (ehr-*lighkh*-ter-roong) *f* (pl ~en) relief
***erleiden** (ehr-*ligh*-dern) *v* suffer
erlesen (ehr-*lāy*-zern) *adj* select
erleuchten (ehr-*loikh*-tern) *v* illuminate
***erliegen** (ehr-*lee*-gern) *v* succumb
Erlös (ehr-*lūrss*) *m* (pl ~e) produce
erlösen (ehr-*lūr*-zern) *v* deliver, redeem
Erlösung (ehr-*lūr*-zoong) *f* delivery
Ermächtigung (ehr-*mehkh*-ti-goong) *f* (pl ~en) authorization
Ermäßigung (ehr-*mai*-si-goong) *f* (pl ~en) rebate
ermitteln (ehr-*mi*-terln) *v* ascertain
ermüden (ehr-*mew*-dern) *v* tire
ermutigen (ehr-*mōō*-ti-gern) *v* encourage
ernähren (ehr-*nai*-rern) *v* *feed
***ernennen** (ehr-*neh*-nern) *v* nominate, appoint
Ernennung (ehr-*neh*-noong) *f* (pl ~en) nomination, appointment
erneuern (ehr-*noi*-errn) *v* renew
Ernst (ehrnst) *m* gravity, seriousness
ernst (ehrnst) *adj* serious; grave; severe
ernsthaft (*ehrnst*-hahft) *adj* bad
Ernte (*ehrn*-ter) *f* (pl ~n) crop; harvest
Eroberer (ehr-*ōā*-ber-rerr) *m* (pl ~) conqueror
erobern (ehr-*ōā*-berrn) *v* conquer
Eroberung (ehr-*ōā*-ber-roong) *f* (pl ~en) conquest
erörtern (ehr-*urr*-terrn) *v* discuss; argue
Erörterung (ehr-*urr*-ter-roong) *f* (pl ~en) deliberation
erpressen (ehr-*preh*-sern) *v* blackmail; extort
Erpressung (ehr-*preh*-soong) *f* (pl ~en) blackmail; extortion
erregen (ehr-*rāy*-gern) *v* excite

Erregung (ehr-*rāy*-goong) *f* emotion; excitement
erreichbar (ehr-*righkh*-baar) *adj* attainable
erreichen (ehr-*righ*-khern) *v* reach, attain; achieve; *catch
errichten (ehr-*rikh*-tern) *v* construct; erect; found
erröten (ehr-*rūr*-tern) *v* blush
Ersatz (ehr-*zahts*) *m* substitute
Ersatzfüllung (ehr-*zahts*-few-loong) *f* (pl ~en) refill
Ersatzreifen (ehr-*zahts*-righ-fern) *m* (pl ~) spare tyre
Ersatzteil (ehr-*zahts*-tighl) *nt* (pl ~e) spare part
erschaffen (ehr-*shah*-fern) *v* create
erschallen (ehr-*shah*-lern) *v* sound
Erscheinen (ehr-*shigh*-nern) *nt* appearance
***erscheinen** (ehr-*shigh*-nern) *v* appear; seem
Erscheinung (ehr-*shigh*-noong) *f* (pl ~en) appearance; apparition
erschöpfen (ehr-*shur*-pfern) *v* exhaust; **erschöpft** tired
***erschrecken** (ehr-*shreh*-kern) *v* *be frightened; frighten, terrify, scare
ersetzen (ehr-*zeh*-tsern) *v* replace, substitute
***ersinnen** (ehr-*zi*-nern) *v* invent
Ersparnisse (ehr-*shpaar*-ni-ser) *fpl* savings *pl*
erstarrt (ehr-*shtahrt*) *adj* numb
Erstaunen (ehr-*shtou*-nern) *nt* amazement, astonishment
erstaunen (ehr-*shtou*-nern) *v* amaze; surprise
erstaunlich (ehr-*shtoun*-likh) *adj* astonishing, striking
erste (*āyrs*-ter) *num* first; *adj* initial; foremost
ersticken (ehr-*shti*-kern) *v* choke
erstklassig (*āyrst*-klah-sikh) *adj* first-class
erstrangig (*āyrst*-rahng-ikh) *adj* first-rate
Ertrag (ehr-*traak*) *m* (pl ~̈e) produce
***ertragen** (ehr-*traa*-gern) *v* endure, *bear
erträglich (ehr-*trāyk*-likh) *adj* tolerable
***ertrinken** (ehr-*tring*-kern) *v* drown; *be drowned
erwachsen (ehr-*vah*-ksern) *adj* adult, grown-up
Erwachsene (ehr-*vah*-kser-ner) *m* (pl ~n) adult, grown-up
***erwägen** (ehr-*vai*-gern) *v* consider
Erwägung (ehr-*vai*-goong) *f* (pl ~en) consideration
erwähnen (ehr-*vai*-nern) *v* mention
Erwähnung (ehr-*vai*-noong) *f* (pl ~en) mention
erwarten (ehr-*vahr*-tern) *v* expect; anticipate; await
Erwartung (ehr-*vahr*-toong) *f* (pl ~en) expectation
erweitern (ehr-*vigh*-terrn) *v* extend; enlarge, widen
Erwerb (ehr-*vehrp*) *m* purchase
***erwerben** (ehr-*vehr*-bern) *v* acquire; *buy
erwischen (ehr-*vi*-shern) *v* *catch
erwürgen (ehr-*vewr*-gern) *v* strangle, choke
Erz (*āyrts*) *nt* (pl ~e) ore
erzählen (ehr-*tsai*-lern) *v* *tell; relate
Erzählung (ehr-*tsai*-loong) *f* (pl ~en) tale
Erzbischof (*ehrts*-bi-shof) *m* (pl ~̈e) archbishop
erzeugen (ehr-*tsoi*-gern) *v* generate
***erziehen** (ehr-*tsee*-ern) *v* *bring up
Erziehung (ehr-*tsee*-oong) *f* education
es (ehss) *pron* it
Esel (*āy*-zerl) *m* (pl ~) donkey; ass
eskortieren (ehss-kor-*tee*-rern) *v* escort

Essay (*eh*-say) *m* (pl ~s) essay
eßbar (*ehss*-baar) *adj* edible
Essen (*eh*-sern) *nt* food
***essen** (*eh*-sern) *v* *eat; **zu Abend** ~ dine
Essenz (eh-*sehnts*) *f* essence
Essig (*eh*-sikh) *m* vinegar
Eßlöffel (*ehss*-lur-ferl) *m* (pl ~) tablespoon
Eßlust (*ehss*-loost) *f* appetite
Eßservice (*ehss*-sehr-veess) *nt* dinner-service
Etage (ay-*taa*-zher) *f* (pl ~n) storey; apartment *nAm*
Etappe (ay-*tah*-per) *f* (pl ~n) stage
Etikett (ay-ti-*keht*) *nt* (pl ~e) label, tag
etliche (*eht*-li-kher) *adj* several
Etui (eht-*vee*) *nt* (pl ~s) case
etwa (*eht*-vah) *adv* about, approximately
etwas (*eht*-vahss) *pron* something; **irgend** ~ anything
euch (oikh) *pron* you; yourselves
euer (*oi*-err) *pron* your
Eule (*oi*-ler) *f* (pl ~n) owl
Europa (oi-*rōā*-pah) Europe
Europäer (oi-roa-*pai*-err) *m* (pl ~) European
europäisch (oi-roa-*pai*-ish) *adj* European
evakuieren (ay-vah-koo-*ee*-rern) *v* evacuate
Evangelium (ay-vahng-*gāȳ*-l^{y}oom) *nt* (pl -ien) gospel
eventuell (ay-vehn-too-*ehl*) *adj* possible
Evolution (ay-voa-loo-*ts^{y}ōān*) *f* (pl ~en) evolution
ewig (*āȳ*-vikh) *adj* eternal
Ewigkeit (*āȳ*-vikh-kight) *f* eternity
exakt (eh-*ksahkt*) *adj* precise, very
Examen (eh-*ksaa*-mern) *nt* (pl ~) examination
Exemplar (eh-ksehm-*plaar*) *nt* (pl ~e) specimen; copy
exklusiv (ehks-kloo-*zeef*) *adj* exclusive
exotisch (eh-*ksōā*-tish) *adj* exotic
Expedition (ehks-pay-di-*ts^{y}ōān*) *f* (pl ~en) expedition
Experiment (ehks-pay-ri-*mehnt*) *nt* (pl ~e) experiment
experimentieren (ehks-pay-ri-mehn-*tee*-rern) *v* experiment
explodieren (ehks-ploa-*dee*-rern) *v* explode
Explosion (ehks-ploa-*z^{y}ōān*) *f* (pl ~en) blast, explosion
explosiv (ehks-ploa-*zeef*) *adj* explosive
Export (ehks-*port*) *m* export
exportieren (ehks-por-*tee*-rern) *v* export
extravagant (*ehks*-trah-vah-gahnt) *adj* extravagant
Extrem (ehks-*trāȳm*) *nt* (pl ~e) extreme
extrem (ehks-*trāȳm*) *adj* extreme

F

Fabel (*faa*-berl) *f* (pl ~n) fable
Fabrik (fah-*breek*) *f* (pl ~en) factory; mill, works *pl*
Fabrikant (fah-bri-*kahnt*) *m* (pl ~en) manufacturer
fabrizieren (fah-bri-*tsee*-rern) *v* manufacture
Fach (fahkh) *nt* (pl ¨er) section; trade, profession
Fächer (*feh*-kherr) *m* (pl ~) fan
fachkundig (*fahkh*-koon-dikh) *adj* expert
Fachmann (*fahkh*-mahn) *m* (pl -leute) expert
Fackel (*fah*-kerl) *f* (pl ~n) torch
Faden (*faa*-dern) *m* (pl ¨) thread

fähig (*fai*-ikh) *adj* able; capable
Fähigkeit (*fai*-ikh-kight) *f* (pl ~en) ability; faculty, capacity
Fahne (*faa*-ner) *f* (pl ~n) flag
Fahrbahn (*faar*-baan) *f* (pl ~en) carriageway; lane; roadway *nAm*
Fährboot (*fair*-bōat) *nt* (pl ~e) ferry-boat
***fahren** (*faa*-rern) *v* *drive; *ride; sail
Fahrer (*faa*-rerr) *m* (pl ~) driver
Fahrgeld (*faar*-gehlt) *nt* fare
Fahrgestell (*faar*-ger-shtehl) *nt* (pl ~e) chassis
Fahrkarte (*faar*-kahr-ter) *f* (pl ~n) ticket
Fahrkartenautomat (*faar*-kahr-tern-ou-toa-maat) *m* (pl ~en) ticket machine
Fahrplan (*faar*-plaan) *m* (pl ~̈e) timetable, schedule
Fahrrad (*faar*-raat) *nt* (pl ~̈er) cycle, bicycle
Fahrt (faart) *f* (pl ~en) ride, drive
Fährte (*fair*-ter) *f* (pl ~n) trail
Fahrzeug (*faar*-tsoik) *nt* (pl ~e) vehicle
Faktor (*fahk*-tor) *m* (pl ~en) factor
Faktur (fahk-*tōōr*) *f* (pl ~en) invoice
fakturieren (fahk-too-*ree*-rern) *v* bill
Fakultät (fah-kool-*tait*) *f* (pl ~en) faculty
Falke (*fahl*-ker) *m* (pl ~n) hawk
Fall (fahl) *m* (pl ~̈e) case; instance; **auf jeden** ~ at any rate; **im** ~ in case of
Falle (*fah*-ler) *f* (pl ~n) trap
***fallen** (*fah*-lern) *v* *fall; ~ ***lassen** drop
fällig (*feh*-likh) *adj* due
Fälligkeitstermin (*feh*-likh-kights-tehr-meen) *m* (pl ~e) expiry
falls (fahls) *conj* in case, if
falsch (fahlsh) *adj* wrong, mistaken; false
fälschen (*fehl*-shern) *v* forge, counterfeit
Fälschung (*fehl*-shoong) *f* (pl ~en) fake
Falte (*fahl*-ter) *f* (pl ~n) fold; crease; wrinkle
falten (*fahl*-tern) *v* fold
Familie (fah-*mee*-lʸer) *f* (pl ~n) family
Familienname (fah-*mee*-lʸern-naa-mer) *m* surname
fanatisch (fah-*naa*-tish) *adj* fanatical
***fangen** (*fahng*-ern) *v* *catch; capture
Farbe (*fahr*-ber) *f* (pl ~n) colour; paint; dye
farbecht (*fahrb*-ehkht) *adj* fast-dyed
Färbemittel (*fehr*-ber-mi-terl) *nt* (pl ~) colourant
färben (*fehr*-bern) *v* dye
farbenblind (*fahr*-bern-blint) *adj* colour-blind
farbenfroh (*fahr*-bern-frōa) *adj* colourful
Farbfilm (*fahrp*-film) *m* (pl ~e) colour film
farbig (*fahr*-bikh) *adj* coloured
Farbton (*fahrp*-tōan) *m* (pl ~̈e) shade
Fasan (fah-*zaan*) *m* (pl ~e) pheasant
Faschismus (fah-*shiss*-mooss) *m* fascism
Faschist (fah-*shist*) *m* (pl ~en) fascist
faschistisch (fah-*shiss*-tish) *adj* fascist
Faser (*faa*-zerr) *f* (pl ~n) fibre
Faß (fahss) *nt* (pl Fässer) barrel; cask
Fassade (fah-*saa*-der) *f* (pl ~n) façade
Fäßchen (*fehss*-khern) *nt* (pl ~) keg
fassen (*fah*-sern) *v* grip
Fassung (*fah*-soong) *f* (pl ~en) socket
fast (fahst) *adv* nearly, almost
faul (foul) *adj* lazy, idle
Faust (foust) *f* (pl ~̈e) fist
Fausthandschuhe (*foust*-hahnt-shōō-er) *mpl* mittens *pl*
Faustschlag (*foust*-shlaak) *m* (pl ~̈e) punch

Favorit (fah-voa-*reet*) *m* (pl ~en) favourite
Fax (faaks) *nt* (pl ~) fax
faxen (faa-ksern) to send by fax
Fazilität (fah-tsi-li-*tait*) *f* (pl ~en) facility
Februar (*fāy*-broo-aar) February
***fechten** (*fehkh*-tern) *v* fence
Feder (*fāy*-derr) *f* (pl ~n) feather; pen; spring
Federung (*fāy*-der-roong) *f* suspension
Fee (fāy) *f* (pl ~n) fairy
fegen (*fāy*-gern) *v* *sweep
Fehlen (*fāy*-lern) *nt* want
fehlen (*fāy*-lern) *v* fail; **fehlend** missing
Fehler (*fāy*-lerr) *m* (pl ~) mistake; error, fault
fehlerhaft (*fāy*-lerr-hahft) *adj* faulty
Fehlgeburt (*fāyl*-ger-bōōrt) *f* (pl ~en) miscarriage
Fehlschlag (*fāyl*-shlaak) *m* (pl ~̈e) failure
Fehltritt (*fāyl*-trit) *m* slip
Feier (*figh*-err) *f* (pl ~n) celebration
feierlich (*figh*-err-likh) *adj* solemn
Feierlichkeit (*figh*-err-likh-kight) *f* (pl ~en) ceremony
feiern (*figh*-errn) *v* celebrate
Feiertag (*figh*-err-taak) *m* (pl ~e) holiday
Feige (*figh*-ger) *f* (pl ~n) fig
feige (*figh*-ger) *adj* cowardly
Feigling (*fighk*-ling) *m* (pl ~e) coward
Feile (*figh*-ler) *f* (pl ~n) file
fein (fighn) *adj* fine; delicate
Feind (fighnt) *m* (pl ~e) enemy
feindlich (*fighnt*-likh) *adj* hostile
Feinkost (*fighn*-kost) *f* delicatessen
Feinkostgeschäft (*fighn*-kost-ger-shehft) *nt* (pl ~e) delicatessen
Feinschmecker (*fighn*-shmeh-kerr) *m* (pl ~) gourmet
Feld (fehlt) *nt* (pl ~er) field
Feldbett (*fehlt*-beht) *nt* (pl ~en) camp-bed
Feldstecher (*fehlt*-shteh-kherr) *m* (pl ~) field glasses, binoculars *pl*
Felge (*fehl*-ger) *f* (pl ~n) rim
Fell (fehl) *nt* (pl ~e) skin
Felsblock (*fehls*-blok) *m* (pl ~̈e) boulder
Felsen (*fehl*-zern) *m* (pl ~) rock
felsig (*fehl*-zikh) *adj* rocky
Fenster (*fehns*-terr) *nt* (pl ~) window
Fensterbrett (*fehns*-terr-breht) *nt* (pl ~er) window-sill
Fensterladen (*fehns*-terr-laa-dern) *m* (pl ~̈) shutter
Ferien (*fāy*-r^y^ern) *pl* vacation
Ferienlager (*fāy*-r^y^ern-laa-gerr) *nt* (pl ~) holiday camp
Ferkel (*fehr*-kerl) *nt* (pl ~) piglet
fern (fehrn) *adj* far; **ferner** *adj* further; *adv* moreover
Ferngespräch (*fehrn*-ger-shpraikh) *nt* (pl ~e) trunk-call
Fernsehen (*fehrn*-zāy-ern) *nt* television
Fernsehgerät (*fehrn*-zāy-ger-rait) *nt* television set
Fernsprecher (*fehrn*-shprai-kherr) *m* phone
Fernsprechverzeichnis (*fehrn*-shprehkh-fehr-tsighkh-niss) *nt* (pl ~se) telephone book *Am*
Fernsprechzelle (*fehrn*-shprehkh-tseh-ler) *f* (pl ~n) telephone booth
Ferse (*fehr*-zer) *f* (pl ~n) heel
fertig (*fehr*-tikh) *adj* ready; finished
Fertigkeit (*fehr*-tikh-kight) *f* art, skill
fertigmachen (*fehr*-tikh-mah-khern) *v* prepare; finish
fesseln (*feh*-serln) *v* fascinate
Fest (fehst) *nt* (pl ~e) feast
fest (fehst) *adj* firm; fixed, permanent; solid; *adv* tight
***festhalten** (*fehst*-hahl-tern) *v* *hold;

sich ~ *hold on
Festival (*fehss*-ti-vahl) *nt* (pl ~s) festival
Festkörper (*fehst*-kurr-perr) *m* (pl ~) solid
Festland (*fehst*-lahnt) *nt* mainland; continent
festlich (*fehst*-likh) *adj* festive
festmachen (*fehst*-mah-khern) *v* fasten
Festmahl (*fehst*-maal) *nt* (pl ¨er) banquet
Festnahme (*fehst*-naa-mer) *f* (pl ~n) arrest; capture
festsetzen (*fehst*-zeh-tsern) *v* determine; stipulate
feststecken (*fehst*-shteh-kern) *v* pin
feststellen (*fehst*-shteh-lern) *v* notice; ascertain, establish; diagnose
Festung (*fehss*-toong) *f* (pl ~en) fortress
Fett (feht) *nt* (pl ~e) grease, fat
fett (feht) *adj* fat; greasy
Fettheit (*feht*-hight) *f* fatness
fettig (*feh*-tikh) *adj* greasy, fatty
feucht (foikht) *adj* wet; damp, moist, humid
Feuchtigkeit (*foikh*-tikh-kight) *f* damp; moisture, humidity
Feuchtigkeitskrem (*foikh*-tikh-kights-krāym) *f* (pl ~s) moisturizing cream
feudal (foi-*daal*) *adj* feudal
Feuer (*foi*-err) *nt* (pl ~) fire
Feueralarm (*foi*-err-ah-lahrm) *m* fire-alarm
feuerfest (*foi*-err-fehst) *adj* fireproof
Feuerlöscher (*foi*-err-lur-sherr) *m* (pl ~) fire-extinguisher
feuersicher (*foi*-err-zi-kherr) *adj* fireproof
Feuerstein (*foi*-err-shtighn) *m* (pl ~e) flint
Feuerwehr (*foi*-err-vāyr) *f* fire-brigade
Feuerzeug (*foi*-err-tsoik) *nt* (pl ~e) cigarette-lighter
Feuilleton (*fur*ee-er-ta~~wng~~) *nt* (pl ~s) serial
Fieber (*fee*-berr) *nt* fever
fiebrig (*fee*-brikh) *adj* feverish
Figur (*fi-gōōr*) *f* (pl ~en) figure
Fiktion (fik-*ts*y*ōān*) *f* (pl ~en) fiction
Film (film) *m* (pl ~e) film; movie
filmen (*fil*-mern) *v* film
Filmleinwand (*film*-lighn-vahnt) *f* screen
Filter (*fil*-terr) *m* (pl ~) filter
Filz (filts) *m* felt
Fimmel (*fi*-merl) *m* (pl ~) craze
Finanzen (fi-*nahn*-tsern) *pl* finances *pl*
finanziell (fi-nahn-*ts*y*ehl*) *adj* financial
finanzieren (fi-nahn-*tsee*-rern) *v* finance
***finden** (*fin*-dern) *v* *find; *come across; consider
Finger (*fing*-err) *m* (pl ~) finger; **kleine** ~ little finger
Fingerabdruck (*fing*-err-ahp-drook) *m* (pl ¨e) fingerprint
Fingergelenk (*fing*-err-ger-lehngk) *nt* (pl ~e) knuckle
Fingerhut (*fing*-err-hōōt) *m* (pl ¨e) thimble
Fink (fingk) *m* (pl ~en) finch
Finne (*fi*-ner) *m* (pl ~n) Finn
finnisch (*fi*-nish) *adj* Finnish
Finnland (*fin*-lahnt) Finland
finster (*fins*-terr) *adj* dark
Finsternis (*fins*-terr-niss) *f* (pl ~sen) dark; eclipse
Firma (*feer*-mah) *f* (pl -men) firm, company
Firnis (*feer*-niss) *m* varnish
Fisch (fish) *m* (pl ~e) fish
fischen (*fi*-shern) *v* fish
Fischer (*fi*-sherr) *m* (pl ~) fisherman
Fischerei (fi-sher-*righ*) *f* fishing industry
Fischgräte (*fish*-grai-ter) *f* (pl ~n) fishbone

Fischhandlung (*fish*-hahn-dloong) *f* (pl ~en) fish shop
Fischnetz (*fish*-nehts) *nt* (pl ~e) fishing net
Fjord (fʸort) *m* (pl ~e) fjord
FKK-Strand (ehf-kaa-*kaa*-shtrahnt) *m* (pl ~̈e) nudist beach
flach (flahkh) *adj* smooth, plane, level, flat
Fläche (*fleh*-kher) *f* (pl ~n) area
Flakon (flah-*kawng*) *nt* (pl ~s) flask
Flamingo (flah-*ming*-goa) *m* (pl ~s) flamingo
Flamme (*flah*-mer) *f* (pl ~n) flame
Flanell (flah-*nehl*) *m* flannel
Flasche (*flah*-sher) *f* (pl ~n) bottle
Flaschenöffner (*flah*-shern-urf-nerr) *m* (pl ~) bottle opener
Fleck (flehk) *m* (pl ~e) stain; spot, speck; **blauer** ~ bruise
fleckenlos (*fleh*-kern-lōass) *adj* spotless, stainless
Fleckenreinigungsmittel (*fleh*-kern-righ-ni-goongs-mi-terl) *nt* stain remover
flegelhaft (*flāy*-gerl-hahft) *adj* impertinent
Fleisch (flighsh) *nt* meat; flesh
Fleischer (*fligh*-sherr) *m* (pl ~) butcher
Fleiß (flighss) *m* diligence
fleißig (*fligh*-sikh) *adj* diligent, industrious
flicken (*fli*-kern) *v* mend, patch
Fliege (*flee*-ger) *f* (pl ~n) fly; bow tie
***fliegen** (*flee*-gern) *v* *fly
***fliehen** (*flee*-ern) *v* escape
***fließen** (*flee*-sern) *v* flow; **fließend** fluent
Flitterwochen (*fli*-terr-vo-khern) *fpl* honeymoon
Floß (flōass) *nt* (pl ~̈e) raft
Flöte (*flūr*-ter) *f* (pl ~n) flute
Flotte (*flo*-ter) *f* (pl ~n) fleet
Fluch (flōōkh) *m* (pl ~̈e) curse
fluchen (*flōō*-khern) *v* curse, *swear
Flucht (flookht) *f* escape
flüchten (*flewkh*-tern) *v* escape
Flug (flōōk) *m* (pl ~̈e) flight
Flügel (*flēw*-gerl) *m* (pl ~) wing; grand piano
Flughafen (*flōōk*-haa-fern) *m* (pl ~̈) airport
Flugkapitän (*flōōk*-kah-pi-tain) *m* (pl ~e) captain
Fluglinie (*flōōk*-lee-nʸer) *f* (pl ~n) airline
Flugplatz (*flōōk*-plahts) *m* (pl ~̈e) airfield
Flugzeug (*flōōk*-tsoik) *nt* (pl ~e) aeroplane; plane, aircraft; airplane *nAm*
Flugzeugabsturz (*flōōk*-tsoik-ahp-shtoorts) *m* (pl ~̈e) plane crash
Flur (flōōr) *m* (pl ~e) corridor
Fluß (flooss) *m* (pl Flüsse) river
flüssig (*flew*-sikh) *adj* liquid, fluid
Flüssigkeit (*flew*-sikh-kight) *f* (pl ~en) fluid
Flußufer (*flooss*-ōō-ferr) *nt* (pl ~) riverside, river bank
flüstern (*flewss*-terrn) *v* whisper
Flut (flōōt) *f* high tide, flood
Focksegel (*fok*-sāy-gerl) *nt* (pl ~) foresail
Föderation (fur-day-rah-*tsʸōān*) *f* (pl ~en) federation
Folge (*fol*-ger) *f* (pl ~n) result, issue, consequence; sequel; series, sequence
folgen (*fol*-gern) *v* follow; **folgend** following, subsequent
folglich (*folk*-likh) *adv* consequently
Folklore (folk-*lōā*-rer) *f* folklore
Fön (fūrn) *m* (pl ~e) hair-dryer
Fonds (fawng) *m* (pl ~) fund
foppen (*fo*-pern) *v* kid
forcieren (for-*see*-rern) *v* strain; force

fordern (*for*-derrn) *v* demand, claim
fördern (*furr*-derrn) *v* promote
Forderung (*for*-der-roong) *f* (pl ~en) demand, claim
Form (form) *f* (pl ~en) form, shape
Format (for-*maat*) *nt* (pl ~e) size
Formel (*for*-merl) *f* (pl ~n) formula
formen (*for*-mern) *v* form; model
förmlich (*furrm*-likh) *adj* formal
Formular (for-moo-*laar*) *nt* (pl ~e) form
Forschung (*for*-shoong) *f* (pl ~en) research
Forst (forst) *m* (pl ~e) forest
Förster (*furrs*-terr) *m* (pl ~) forester
Fort (fōar) *nt* (pl ~s) fort
fort (fort) *adv* gone
fortdauern (*fort*-dou-errn) *v* continue
***fortfahren** (*fort*-faa-rern) *v* carry on, *go on, *go ahead, proceed; continue; ~ **mit** *keep on
fortgeschritten (*fort*-ger-shri-tern) *adj* advanced
fortlaufend (*fort*-lou-fernt) *adj* continuous
fortschicken (*fort*-shi-kern) *v* dismiss
***fortschreiten** (*fort*-shrigh-tern) *v* advance
Fortschritt (*fort*-shrit) *m* (pl ~e) advance, progress
fortschrittlich (*fort*-shrit-likh) *adj* progressive
fortsetzen (*fort*-zeh-tsern) *v* continue
fortwährend (*fort*-vai-rernt) *adv* continually
Foto (*fōa*-toa) *nt* (pl ~s) photo
Fotographie (foa-toa-grah-*fee*) *f* photography
fotographieren (foa-toa-grah-*fee*-rern) *v* photograph
Fotokopie (foa-toa-koa-*pee*) *f* (pl ~n) photocopy
Foyer (fwah-*yāy*) *nt* (pl ~s) foyer, lobby
Fracht (frahkht) *f* (pl ~en) freight, cargo
Frage (*fraa*-ger) *f* (pl ~n) inquiry, question, query; issue, problem
fragen (*fraa*-gern) *v* ask; **fragend** interrogative; **sich** ~ wonder
Fragezeichen (*fraa*-ger-tsigh-khern) *nt* (pl ~) question mark
Fragment (frah-*gmehnt*) *nt* (pl ~e) fragment
frankieren (frahng-*kee*-rern) *v* stamp
franko (*frahng*-koa) *adj* post-paid
Frankreich (*frahngk*-righkh) France
Franse (*frahn*-zer) *f* (pl ~n) fringe
Franzose (frahn-*tsōa*-zer) *m* (pl ~n) Frenchman
französisch (frahn-*tsūr*-zish) *adj* French
Frau (frou) *f* (pl ~en) woman; wife; **gnädige** ~ madam
Frauenarzt (*frou*-ern-ahrtst) *m* (pl ~̈e) gynaecologist
Fräulein (*froi*-lighn) *nt* (pl ~) miss
frech (frehkh) *adj* bold, impertinent
frei (frigh) *adj* free; vacant
freigebig (*frigh*-gāy-bikh) *adj* generous, liberal
***freihalten** (*frigh*-hahl-tern) *v* *hold
Freiheit (*frigh*-hight) *f* (pl ~en) freedom; liberty
Freikarte (*frigh*-kahr-ter) *f* (pl ~n) free ticket
Freitag (*frigh*-taak) *m* Friday
freiwillig (*frigh*-vi-likh) *adj* voluntary
Freiwillige (*frigh*-vi-li-ger) *m* (pl ~n) volunteer
Freizeit (*frigh*-tsight) *f* spare time
fremd (frehmt) *adj* strange; foreign
Fremde (*frehm*-der) *m* (pl ~n) stranger; foreigner
Fremdenheim (*frehm*-dern-highm) *nt* (pl ~e) guest-house
Fremdenverkehr (*frehm*-dern-fehr-kāyr) *m* tourism

Fremdling (*frehmt*-ling) *m* (pl ~e) alien
Frequenz (fray-*kvehnts*) *f* (pl ~en) frequency
Freude (*froi*-der) *f* (pl ~n) joy; pleasure, gladness
freudig (*froi*-dikh) *adj* joyful
sich freuen (*froi*-ern) *be delighted
Freund (froint) *m* (pl ~e) friend
Freundin (*froin*-din) *f* (pl ~nen) friend
freundlich (*froint*-likh) *adj* friendly, kind
Freundschaft (*froint*-shahft) *f* (pl ~en) friendship
freundschaftlich (*froint*-shahft-likh) *adj* friendly
Frieden (*free*-dern) *m* peace
Friedhof (*freet*-hōaf) *m* (pl ¨~e) cemetery
friedlich (*freet*-likh) *adj* peaceful
***frieren** (*free*-rern) *v* *freeze
frisch (frish) *adj* fresh
Friseur (fri-*zūrr*) *m* (pl ~e) hairdresser, barber
Frisierkommode (fri-*zeer*-ko-mōa-der) *f* (pl ~n) dressing-table
Frist (frist) *f* (pl ~en) term
Frisur (fri-*zoor*) *f* (pl ~en) hair-do
froh (frōa) *adj* glad, joyful
fröhlich (*frūr*-likh) *adj* merry, jolly, cheerful
Fröhlichkeit (*frūr*-likh-kight) *f* gaiety
fromm (from) *adj* pious
Frosch (frosh) *m* (pl ¨~e) frog
Frost (frost) *m* frost
Frostbeule (*frost*-boi-ler) *f* (pl ~n) chilblain
Frösteln (*frurss*-terln) *nt* shiver, chill
frösteln (*frurss*-terln) *v* shiver; **fröstelnd** *adj* shivery
Frottierstoff (fro-*teer*-shtof) *m* (pl ~e) towelling
Frucht (frookht) *f* (pl ¨~e) fruit
fruchtbar (*frookht*-baar) *adj* fertile
Fruchtsaft (*frookht*-zahft) *m* (pl ¨~e) squash
früh (frew) *adj* early
früher (*frew*-err) *adj* former, prior, previous; *adv* formerly
Frühling (*frew*-ling) *m* spring; springtime
Frühstück (*frew*-shtewk) *nt* breakfast
Fuchs (fooks) *m* (pl ¨~e) fox
fühlbar (*fewl*-baar) *adj* palpable
fühlen (*few*-lern) *v* *feel
führen (*few*-rern) *v* carry; *lead, guide, direct, conduct; **führend** *adj* leading
Führer (*few*-rerr) *m* (pl ~) guide; guidebook
Führerschein (*few*-rerr-shighn) *m* driving licence
Führung (*few*-roong) *f* leadership; management
Fülle (*few*-ler) *f* plenty
füllen (*few*-lern) *v* fill
Füller (*few*-lerr) *m* (pl ~) fountain-pen
Füllung (*few*-loong) *f* (pl ~en) stuffing, filling
Fundbüro (*foont*-bew-rōa) *nt* (pl ~s) lost property office
Fundsachen (*foont*-zah-khern) *fpl* lost and found
fünf (fewnf) *num* five
fünfte (*fewnf*-ter) *num* fifth
fünfzehn (*fewnf*-tsāyn) *num* fifteen
fünfzehnte (*fewnf*-tsāyn-ter) *num* fifteenth
fünfzig (*fewnf*-tsikh) *num* fifty
funkelnd (*foong*-kerlnt) *adj* sparkling
Funken (*foong*-kern) *m* (pl ~) spark
Funktion (foongk-*tsʸōan*) *f* (pl ~en) function; operation
funktionieren (foongk-tsʸoa-*nee*-rern) *v* work
funktionsunfähig (foongk-*tsʸōans*-oon-fai-ikh) *adj* out of order

für (fēwr) *prep* for
Furcht (foorkht) *f* terror, fear
furchtbar (*foorkht*-baar) *adj* terrible, dreadful, awful
fürchten (*fewrkh*-tern) *v* fear
fürchterlich (*fewrkh*-terr-likh) *adj* frightful
furchterregend (*foorkht*-ehr-rāy-gernt) *adj* terrifying
Furt (foort) *f* (pl ~en) ford
Furunkel (foo-*roong*-kerl) *m* (pl ~) boil
Fürwort (*fēwr*-vort) *nt* (pl ~̈er) pronoun
Fusion (foo-*zyōān*) *f* (pl ~en) merger
Fuß (fōōss) *m* (pl ~̈e) foot; **zu** ~ walking, on foot
Fußball (*fōōss*-bahl) *m* (pl ~̈e) football; soccer
Fußballspiel (*fōōss*-bahl-shpeel) *nt* (pl ~e) football match
Fußboden (*fōōss*-bōā-dern) *m* (pl ~̈) floor
Fußbremse (*fōōss*-brehm-zer) *f* (pl ~n) foot-brake
Fußgänger (*fōōss*-gehng-err) *m* (pl ~) pedestrian; ~ **verboten** no pedestrians
Fußgängerübergang (*fōōss*-gehng-err-ēw-berr-gahng) *m* (pl ~̈e) pedestrian crossing
Fußknöchel (*fōōss*-knur-kherl) *m* (pl ~) ankle
Fußpfleger (*fōōss*-pflāy-gerr) *m* (pl ~) pedicure, chiropodist
Fußpuder (*fōōss*-pōō-derr) *m* foot powder
Fußtritt (*fōōss*-trit) *m* (pl ~e) kick
Fußweg (*fōōss*-vāyk) *m* (pl ~e) footpath
Futter (*foo*-terr) *nt* (pl ~) lining

G

Gabe (*gaa*-ber) *f* (pl ~n) gift; faculty
Gabel (*gaa*-berl) *f* (pl ~n) fork
sich gabeln (*gaa*-berln) fork
Gabelung (*gaa*-ber-loong) *f* (pl ~en) fork
gähnen (*gai*-nern) *v* yawn
Galerie (gah-ler-*ree*) *f* (pl ~n) gallery
Galgen (*gahl*-gern) *m* (pl ~) gallows *pl*
Galle (*gah*-ler) *f* gall; bile
Gallenblase (*gah*-lern-blaa-zer) *f* (pl ~n) gall bladder
Gallenstein (*gah*-lern-shtighn) *m* (pl ~e) gallstone
Galopp (gah-*lop*) *m* gallop
Gang[1] (gahng) *m* (pl ~̈e) aisle; course; gear
Gang[2] (gahng) *m* gait, walk, pace; **in** ~ ***bringen** launch
gangbar (*gahng*-baar) *adj* current
Gangschaltung (*gahng*-shahl-toong) *f* gear lever
Gans (gahns) *f* (pl ~̈e) goose
Gänsehaut (*gehn*-zer-hout) *f* gooseflesh
ganz (gahnts) *adj* whole; total, entire, complete; *adv* entirely; quite
Ganze (*gahn*-tser) *nt* whole
gänzlich (*gehnts*-likh) *adj* total, utter; *adv* altogether, wholly, completely
Garage (gah-*raa*-zher) *f* (pl ~n) garage
Garantie (gah-rahn-*tee*) *f* (pl ~n) guarantee
garantieren (gah-rahn-*tee*-rern) *v* guarantee
Garderobe (gahr-der-*rōā*-ber) *f* (pl ~n) cloakroom; wardrobe; checkroom *nAm*
Garderobenschrank (gahr-der-*rōā*-bern-shrahngk) *m* (pl ~̈e) closet

nAm
Garderobenständer (gahr-der-*rōā*-bern-shtehn-derr) *m* (pl ~) hat rack
***gären** (*gai*-rern) *v* ferment
Garn (gahrn) *nt* (pl ~e) yarn
Garnele (gahr-*nāy*-ler) *f* (pl ~n) shrimp
garstig (*gahrs*-tikh) *adj* nasty
Garten (*gahr*-tern) *m* (pl ¨~) garden; **zoologischer** ~ zoological gardens
Gartenbau (*gahr*-tern-bou) *m* horticulture
Gärtner (*gehrt*-nerr) *m* (pl ~) gardener
Gas (gaass) *nt* (pl ~e) gas
Gasherd (*gaass*-hāyrt) *m* (pl ~e) gas cooker
Gasofen (*gaass*-ōā-fern) *m* (pl ¨~) gas stove
Gaspedal (*gaass*-pay-daal) *nt* (pl ~e) accelerator
Gasse (*gah*-ser) *f* alley, lane
Gast (gahst) *m* (pl ¨~e) visitor, guest
Gästezimmer (*gehss*-ter-tsi-merr) *nt* (pl ~) spare room, guest-room
gastfreundlich (*gahst*-froint-likh) *adj* hospitable
Gastfreundschaft (*gahst*-froint-shahft) *f* hospitality
Gastgeber (*gahst*-gāy-berr) *m* (pl ~) host
Gastgeberin (*gahst*-gāy-ber-rin) *f* (pl ~nen) hostess
Gasthof (*gahst*-hōāf) *m* (pl ¨~e) inn
gastrisch (*gahss*-trish) *adj* gastric
Gaststätte (*gahst*-shteh-ter) *f* (pl ~n) roadhouse; roadside restaurant
Gastwirt (*gahst*-veert) *m* (pl ~e) innkeeper
Gaswerk (*gaass*-vehrk) *nt* (pl ~e) gasworks
Gatte (*gah*-ter) *m* (pl ~n) husband
Gatter (*gah*-terr) *nt* (pl ~) fence
Gattin (*gah*-tin) *f* (pl ~nen) wife
Gattung (*gah*-toong) *f* (pl ~en) breed
Gaze (*gaa*-zer) *f* gauze
Gebäck (ger-*behk*) *nt* cake, pastry
Gebärde (ger-*bair*-der) *f* (pl ~n) sign
Gebärmutter (ger-*bair*-moo-terr) *f* womb
Gebäude (ger-*boi*-der) *nt* (pl ~) building; construction, house, premises *pl*
***geben** (*gāy*-bern) *v* *give
Gebet (ger-*bāyt*) *nt* (pl ~e) prayer
Gebiet (ger-*beet*) *nt* (pl ~e) zone, area, region; territory; field
Gebirge (ger-*beer*-ger) *nt* (pl ~) mountain range
gebirgig (ger-*beer*-gikh) *adj* mountainous
Gebirgspaß (ger-*beerks*-pahss) *m* (pl -pässe) mountain pass
Gebiß (ger-*biss*) *nt* (pl Gebisse) denture; **künstliches** ~ false teeth
geboren (ger-*bōā*-rern) *adj* born
Gebrauch (ger-*broukh*) *m* use
gebrauchen (ger-*brou*-khern) *v* apply, use; **gebraucht** *adj* second-hand
Gebrauchsanweisung (ger-*broukhs*-ahn-vigh-zoong) *f* (pl ~en) directions for use
Gebrauchsgegenstand (ger-*broukhs*-gāy-gern-shtahnt) *m* (pl ¨~e) utensil
Gebühr (ger-*bēwr*) *f* (pl ~en) charge; **Gebühren** dues *pl*; **gebührenpflichtige Verkehrsstraße** turnpike *nAm*
gebührend (ger-*bēw*-rernt) *adj* proper
Geburt (ger-*bōōrt*) *f* (pl ~en) birth
Geburtsort (ger-*bōōrts*-ort) *m* (pl ~e) place of birth
Geburtstag (ger-*boorts*-taak) *m* (pl ~e) birthday
Gedächtnis (ger-*dehkht*-niss) *nt* memory
Gedanke (ger-*dahng*-ker) *m* (pl ~n) thought; idea

gedankenlos (ger-*dahng*-kern-lōass) *adj* careless
Gedankenstrich (ger-*dahng*-kern-shtrikh) *m* (pl ~e) dash
Gedeckkosten (ger-*dehk*-koss-tern) *pl* cover charge
Gedenkfeier (ger-*dehngk*-figh-err) *f* (pl ~n) commemoration
Gedicht (ger-*dikht*) *nt* (pl ~e) poem
Geduld (ger-*doolt*) *f* patience
geduldig (ger-*dool*-dikh) *adj* patient
geeignet (ger-*igh*-gnert) *adj* convenient, suitable, proper, appropriate
Gefahr (ger-*faar*) *f* (pl ~en) danger; risk, peril
gefährlich (ger-*fair*-likh) *adj* dangerous; perilous
Gefährte (ger-*fair*-ter) *m* (pl ~n) companion
Gefälle (ger-*feh*-ler) *nt* gradient
***gefallen** (ger-*fah*-lern) *v* please
gefällig (ger-*feh*-likh) *adj* obliging; enjoyable
Gefälligkeit (ger-*feh*-likh-kight) *f* (pl ~en) favour
Gefangene (ger-*fahng*-er-ner) *m* (pl ~n) prisoner
***gefangennehmen** (ger-*fahng*-ern-nāy-mern) *v* capture
Gefängnis (ger-*fehng*-niss) *nt* (pl ~se) gaol, jail, prison
Gefängniswärter (ger-*fehng*-niss-vehr-terr) *m* (pl ~) jailer
Gefäß (ger-*faiss*) *nt* (pl ~e) vessel
Gefecht (ger-*fehkht*) *nt* (pl ~e) combat
Geflügel (ger-*flew*-gerl) *nt* fowl, poultry
Geflügelhändler (ger-*flew*-gerl-hehn-dlerr) *m* (pl ~) poulterer
Geflüster (ger-*flewss*-terr) *nt* whisper
gefräßig (ger-*frai*-sikh) *adj* greedy
***gefrieren** (ger-*free*-rern) *v* *freeze
Gefrierpunkt (ger-*freer*-poongkt) *m* freezing-point
Gefrierschutzmittel (ger-*freer*-shoots-mi-terl) *nt* (pl ~) antifreeze
Gefrierwaren (ger-*freer*-vaa-rern) *fpl* frozen food
Gefühl (ger-*fewl*) *nt* (pl ~e) feeling
gefüllt (ger-*fewlt*) *adj* stuffed
gegen (*gāy*-gern) *prep* against; versus
Gegend (*gāy*-gernt) *f* (pl ~en) region, area; district, country
Gegensatz (*gāy*-gern-zahts) *m* (pl ¨~e) contrast
gegensätzlich (*gāy*-gern-zehts-likh) *adj* opposite
gegenseitig (*gāy*-gern-zigh-tikh) *adj* mutual
Gegenstand (*gāy*-gern-shtahnt) *m* (pl ¨~e) article, object
Gegenteil (*gāy*-gern-tighl) *nt* reverse, contrary; **im** ~ on the contrary
gegenüber (gāy-gern-*ew*-berr) *prep* opposite, facing
***gegenüberstehen** (gāy-gern-*ew*-berr-shtāy-ern) *v* face
Gegenwart (*gāy*-gern-vahrt) *f* present; presence
gegenwärtig (*gāy*-gern-vehr-tikh) *adj* present; current
Gegner (*gāy*-gnerr) *m* (pl ~) opponent
Gehalt (ger-*hahlt*) *nt* (pl ¨~er) salary, pay
Gehaltserhöhung (ger-*hahlts*-ehr-hūr-oong) *f* (pl ~en) rise
gehässig (ger-*heh*-sikh) *adj* spiteful
geheim (ger-*highm*) *adj* secret
Geheimnis (ger-*highm*-niss) *nt* (pl ~se) secret; mystery
geheimnisvoll (ger-*highm*-niss-fol) *adj* mysterious
***gehen** (*gāy*-ern) *v* *go; walk
Gehirn (ger-*heern*) *nt* (pl ~e) brain
Gehirnerschütterung (ger-*heern*-ehr-shew-ter-roong) *f* concussion

Gehör (ger-*hūrr*) *nt* hearing
gehorchen (ger-*hor*-khern) *v* obey
gehören (ger-*hūr*-rern) *v* belong
Gehorsam (ger-*hōar*-zaam) *m* obedience
gehorsam (ger-*hōar*-zaam) *adj* obedient
Gehweg (*gāy*-vāyk) *m* (pl ~e) sidewalk *nAm*
Geier (*gigh*-err) *m* (pl ~) vulture
Geige (*gigh*-ger) *f* (pl ~n) violin
Geisel (*gigh*-zerl) *f* (pl ~n) hostage
Geist (gighst) *m* (pl ~er) ghost, soul, spirit, mind; spook
geistig (*gighss*-tikh) *adj* mental; spiritual
Geistliche (*gighst*-li-kher) *m* (pl ~n) minister, clergyman
geistreich (*gighst*-righkh) *adj* witty
geizig (*gigh*-tsikh) *adj* avaricious
gekrümmt (ger-*krewmt*) *adj* curved
Gelächter (ger-*lehkh*-terr) *nt* laughter
gelähmt (ger-*laimt*) *adj* lame
Gelände (ger-*lehn*-der) *nt* terrain; site
Geländer (ger-*lehn*-derr) *nt* (pl ~) rail
gelassen (ger-*lah*-sern) *adj* quiet
gelb (gehlp) *adj* yellow
Gelbsucht (*gehlp*-zookht) *f* jaundice
Geld (gehlt) *nt* money; **zu Gelde machen** cash
Geldanlage (*gehlt*-ahn-laa-ger) *f* (pl ~n) investment
Geldautomat (*gehlt*-ou-toa-maat) *m* (pl ~en) cash dispenser, automatic teller *Am*
Geldbeutel (*gehlt*-boi-terl) *m* (pl ~) purse
Geldschrank (*gehlt*-shrahngk) *m* (pl ¨~e) safe
Geldstrafe (*gehlt*-shtraa-fer) *f* (pl ~n) fine
gelegen (ger-*lāy*-gern) *adj* situated
Gelegenheit (ger-*lāy*-gern-hight) *f* (pl ~en) chance, opportunity, occasion
Gelegenheitskauf (ger-*lāy*-gern-hights-kouf) *m* (pl ¨~e) bargain
gelegentlich (ger-*lāy*-gernt-likh) *adv* occasionally
Gelehrte (ger-*lāyr*-ter) *m* (pl ~n) scholar
Geleit (ger-*light*) *nt* escort
Gelenk (ger-*lehngk*) *nt* (pl ~e) joint
gelenkig (ger-*lehng*-kikh) *adj* supple
geliebt (ger-*leept*) *adj* beloved
***gelingen** (ger-*ling*-ern) *v* manage, succeed
***gelten** (*gehl*-tern) *v* apply
Gelübde (ger-*lewp*-der) *nt* (pl ~) vow
Gemälde (ger-*mail*-der) *nt* (pl ~) picture, painting
gemäß (ger-*maiss*) *prep* according to; in accordance with
gemäßigt (ger-*mai*-sikht) *adj* moderate
gemein (ger-*mighn*) *adj* vulgar, coarse
Gemeinde (ger-*mighn*-der) *f* (pl ~n) community; congregation
gemeinsam (ger-*mighn*-zaam) *adj* common; *adv* jointly
Gemeinschaft (ger-*mighn*-shahft) *f* community
gemeinschaftlich (ger-*mighn*-shahft-likh) *adj* joint
gemischt (ger-*misht*) *adj* mixed
Gemüse (ger-*mēw*-zer) *nt* (pl ~) greens *pl*, vegetable
Gemüsegarten (ger-*mēw*-zer-gahr-tern) *m* (pl ¨~) kitchen garden
Gemüsehändler (ger-*mēw*-zer-hehn-dlerr) *m* (pl ~) greengrocer; vegetable merchant
gemütlich (ger-*mēwt*-likh) *adj* cosy
genau (ger-*nou*) *adj* exact; precise, accurate, careful, punctual; correct; *adv* just, exactly
genehmigen (ger-*nāy*-mi-gern) *v* approve
Genehmigung (ger-*nāy*-mi-goong) *f*

(pl ~en) permission, authorization; permit
geneigt (ger-*nighkt*) *adj* inclined
General (gay-nay-*raal*) *m* (pl ~̈e) general
Generalvertreter (gay-nay-*raal*-fehr-trāȳ-terr) *m* (pl ~) distributor
Generation (gay-nay-rah-*ts^{y}ōān*) *f* (pl ~en) generation
Generator (gay-nay-*raa*-tor) *m* (pl ~en) generator
***genesen** (ger-*nāȳ*-zern) *v* recover
Genesung (ger-*nāȳ*-zoong) *f* cure, recovery
Genie (zhay-*nee*) *nt* (pl ~s) genius
***genießen** (ger-*nee*-sern) *v* enjoy
Genosse (ger-*no*-ser) *m* (pl ~n) comrade
Genossenschaft (ger-*no*-sern-shahft) *f* (pl ~en) co-operative
genug (ger-*nōōk*) *adv* enough
genügend (ger-*new̄*-gernt) *adj* enough, sufficient
Genugtuung (ger-*nōōk*-tōō-oong) *f* satisfaction
Genuß (ger-*nooss*) *m* (pl Genüsse) enjoyment, delight
Geologie (gay-oa-loa-*gee*) *f* geology
Geometrie (gay-oa-may-*tree*) *f* geometry
Gepäck (ger-*pehk*) *nt* luggage, baggage
Gepäckaufbewahrung (ger-*pehk*-ouf-ber-vaa-roong) *f* left luggage office; baggage deposit office *Am*
Gepäcknetz (ger-*pehk*-nehts) *nt* (pl ~e) luggage rack
Gepäckwagen (ger-*pehk*-vaa-gern) *m* (pl ~) luggage van
Geplauder (ger-*plou*-derr) *nt* chat
gerade (ger-*raa*-der) *adj* straight; even; *adv* just
geradeaus (ger-raa-der-*ouss*) *adv* straight on, straight ahead
geradewegs (ger-*raa*-der-vāȳks) *adv* straight
Gerät (ger-*rait*) *nt* (pl ~e) appliance; tool, implement, utensil
geräumig (ger-*roi*-mikh) *adj* spacious, roomy, large
Geräusch (ger-*roish*) *nt* (pl ~e) noise
gerecht (ger-*rehkht*) *adj* fair; righteous, right, just
Gerechtigkeit (ger-*rehkh*-tikh-kight) *f* justice
Gericht (ger-*rikht*) *nt* (pl ~e) court; dish
Gerichtshof (ger-*rikhts*-hōāf) *m* (pl ~̈e) law court
Gerichtsverfahren (ger-*rikhts*-fehr-faa-rern) *nt* (pl ~) lawsuit, trial
Gerichtsvollzieher (ger-*rikhts*-fol-tsee-err) *m* (pl ~) bailiff
gering (ger-*ring*) *adj* minor, small; **geringer** inferior; **geringst** least
geringfügig (ger-*ring*-few̄-gikh) *adj* petty, slight
Geringschätzung (ger-*ring*-sheh-tsoong) *f* contempt
***gerinnen** (ger-*ri*-nern) *v* coagulate
Gerippe (ger-*ri*-per) *nt* (pl ~) skeleton
gern (gehrn) *adv* willingly; ~ ***haben** like, care for, love; ~ ***mögen** like, *be fond of
gerne (*gehr*-ner) *adv* gladly
Gerste (*gehrs*-ter) *f* barley
Geruch (ger-*rookh*) *m* (pl ~̈e) smell, odour
Gerücht (ger-*rewkht*) *nt* (pl ~e) rumour
Gerüst (ger-*rewst*) *nt* (pl ~e) scaffolding
gesamt (ger-*zahmt*) *adj* overall
Gesamtsumme (ger-*zahmt*-zoo-mer) *f* (pl ~n) total
Gesandtschaft (ger-*zahnt*-shahft) *f* (pl ~en) legation
Gesäß (ger-*zaiss*) *nt* (pl ~e) bottom

Geschädigte (ger-*shai*-dikh-ter) *m* (pl ~n) victim
Geschäft (ger-*shehft*) *nt* (pl ~e) shop; business; deal; **Geschäfte machen mit** *deal with
Geschäftigkeit (ger-*shehf*-tikh-kight) *f* bustle
geschäftlich (ger-*shehft*-likh) *adj* on business
Geschäftsführer (ger-*shehfts*-fēw-rerr) *m* (pl ~) executive
Geschäftsmann (ger-*shehfts*-mahn) *m* (pl -leute) tradesman, businessman
geschäftsmäßig (ger-*shehfts*-mai-sikh) *adj* business-like
Geschäftsreise (ger-*shehfts*-righ-zer) *f* (pl ~n) business trip
Geschäftszeit (ger-*shehfts*-tsight) *f* (pl ~en) business hours
***geschehen** (ger-*shāy*-ern) *v* happen, occur
gescheit (ger-*shight*) *adj* smart, clever
Geschenk (ger-*shehngk*) *nt* (pl ~e) gift, present
Geschichte (ger-*shikh*-ter) *f* (pl ~n) history; story, tale
geschichtlich (ger-*shikht*-likh) *adj* historical
Geschick (ger-*shik*) *nt* fortune
geschickt (ger-*shikt*) *adj* skilful, skilled
Geschirrtuch (ger-*sheer*-tōōkh) *nt* (pl ¨~er) tea-cloth
Geschlecht (ger-*shlehkht*) *nt* (pl ~er) sex; gender
geschlechtlich (ger-*shlehkht*-likh) *adj* genital
Geschlechtskrankheit (ger-*shlehkhts*-krahngk-hight) *f* (pl ~en) venereal disease
geschlossen (ger-*shlo*-sern) *adj* shut, closed
Geschmack (ger-*shmahk*) *m* taste; flavour
geschmacklos (ger-*shmahk*-lōass) *adj* tasteless
geschmeidig (ger-*shmigh*-dikh) *adj* supple, flexible; smooth
Geschöpf (ger-*shurpf*) *nt* (pl ~e) creature
Geschoß (ger-*shoss*) *nt* (pl Geschosse) floor
Geschwader (ger-*shvaa*-derr) *nt* (pl ~) squadron
Geschwätz (ger-*shvehts*) *nt* chat
geschwind (ger-*shvint*) *adj* swift
Geschwindigkeit (ger-*shvin*-dikh-kight) *f* (pl ~en) speed; rate
Geschwindigkeitsbegrenzung (ger-*shvin*-dikh-kights-ber-grehn-tsoong) *f* (pl ~en) speed limit
Geschwindigkeitsmesser (ger-*shvin*-dikh-kights-meh-serr) *m* (pl ~) speedometer
Geschwindigkeitsübertretung (ger-*shvin*-dikh-kights-ēw-berr-trāy-toong) *f* (pl ~en) speeding
Geschwulst (ger-*shvoolst*) *f* (pl ¨~e) tumour, growth; swelling
Geschwür (ger-*shvēwr*) *nt* (pl ~e) sore, ulcer
Gesellschaft (ger-*zehl*-shahft) *f* (pl ~en) society, company; **Gesellschafts-** social
Gesellschaftsanzug (ger-*zehl*-shahfts-ahn-tsōōk) *m* (pl ¨~e) evening dress
Gesellschaftsraum (ger-*zehl*-shahfts-roum) *m* (pl ¨~e) lounge
Gesetz (ger-*zehts*) *nt* (pl ~e) law
gesetzlich (ger-*zehts*-likh) *adj* lawful; legal
gesetzmäßig (ger-*zehts*-mai-sikh) *adj* legal
gesetzt (ger-*zehtst*) *adj* sedate
Gesicht (ger-*zikht*) *nt* (pl ~er) face
Gesichtskrem (ger-*zikhts*-krāym) *f* (pl ~s) face-cream
Gesichtsmassage (ger-*zikhts*-mah-saa-

zher) *f* (pl ~n) face massage
Gesichtspackung (ger-*zikhts*-pah-koong) *f* (pl ~en) face-pack
Gesichtszug (ger-*zikhts*-tsōōk) *m* (pl ¨e) feature
gesondert (ger-*zon*-derrt) *adv* apart
gespannt (ger-*shpahnt*) *adj* curious; tense
Gespenst (ger-*shpehnst*) *nt* (pl ~er) spook, phantom
Gespräch (ger-*shpraikh*) *nt* (pl ~e) conversation, talk; discussion
gesprächig (ger-*shprai*-khikh) *adj* talkative
gesprenkelt (ger-*shprehng*-kerlt) *adj* spotted
Gestalt (ger-*shtahlt*) *f* (pl ~en) figure
Geständnis (ger-*shtehnt*-niss) *nt* (pl ~se) confession
gestatten (ger-*shtah*-tern) *v* allow, permit
***gestehen** (ger-*shtāy*-ern) *v* confess
Gestell (ger-*shtehl*) *nt* (pl ~e) frame
gestern (*gehss*-terrn) *adv* yesterday
gestikulieren (gehss-ti-koo-*lee*-rern) *v* gesticulate
gestreift (ger-*shtrighft*) *adj* striped
Gestrüpp (ger-*shtrewp*) *nt* (pl ~e) scrub
Gesuch (ger-*zōōkh*) *nt* (pl ~e) request; application
gesund (ger-*zoont*) *adj* healthy, well
Gesundheit (ger-*zoont*-hight) *f* health
Gesundheitsattest (ger-*zoont*-hights-ah-tehst) *nt* (pl~e) health certificate
Getränk (ger-*trehngk*) *nt* (pl ~e) beverage; **alkoholfreies** ~ soft drink; **alkoholische Getränke** spirits
Getreide (ger-*trigh*-der) *nt* corn, grain
getrennt (ger-*trehnt*) *adj* separate; *adv* apart
Getriebe (ger-*tree*-ber) *nt* gear-box
Getue (ger-*tōō*-er) *nt* fuss
geübt (ger-*ēwpt*) *adj* skilled
Gewächshaus (ger-*vehks*-houss) *nt* (pl ¨er) greenhouse
gewagt (ger-*vaakt*) *adj* risky
gewähren (ger-*vai*-rern) *v* grant, extend
Gewalt (ger-*vahlt*) *f* violence, force; **vollziehende** ~ executive
Gewaltakt (ger-*vahlt*-ahkt) *m* (pl ~e) outrage
gewaltig (ger-*vahl*-tikh) *adj* huge
gewaltsam (ger-*vahlt*-zaam) *adj* violent
Gewand (ger-*vahnt*) *nt* (pl ¨er) robe
gewandt (ger-*vahnt*) *adj* smart, skilful
Gewebe (ger-*vāy*-ber) *nt* (pl ~) tissue
Gewehr (ger-*vāyr*) *nt* (pl ~e) rifle, gun
Geweih (ger-*vigh*) *nt* (pl ~e) antlers *pl*
Gewerbe (ger-*vehr*-ber) *nt* (pl ~) trade, business
Gewerkschaft (ger-*vehrk*-shahft) *f* (pl ~en) trade-union
Gewicht (ger-*vikht*) *nt* (pl ~e) weight
gewillt (ger-*vilt*) *adj* inclined
Gewinn (ger-*vin*) *m* (pl ~e) benefit; gain, profit, winnings *pl*
***gewinnen** (ger-*vi*-nern) *v* gain, *win
gewiß (ger-*viss*) *adj* certain
Gewissen (ger-*vi*-sern) *nt* conscience
Gewitter (ger-*vi*-terr) *nt* (pl ~) thunderstorm
gewitterschwül (ger-*vi*-terr-shvēwl) *adj* thundery
gewöhnen (ger-*vūr*-nern) *v* accustom
Gewohnheit (ger-*vōān*-hight) *f* (pl ~en) custom, habit
gewöhnlich (ger-*vūrn*-likh) *adj* customary, plain, ordinary, usual; common; *adv* as a rule, usually
gewohnt (ger-*vōānt*) *adj* accustomed; habitual, regular, normal; ~ ***sein** *be used to
gewöhnt (ger-*vūrnt*) *adj* accustomed

Gewölbe (ger-*vurl*-ber) *nt* (pl ~) arch; vault
gewunden (ger-*voon*-dern) *adj* winding
gewürfelt (ger-*vewr*-ferlt) *adj* chequered
Gewürz (ger-*vewrts*) *nt* (pl ~e) spice
gewürzt (ger-*vewrtst*) *adj* spiced
geziert (ger-*tseert*) *adj* affected
Gicht (gikht) *f* gout
Giebel (*gee*-berl) *m* (pl ~) gable
Gier (geer) *f* greed
gierig (*gee*-rikh) *adj* greedy
***gießen** (*gee*-sern) *v* pour
Gift (gift) *nt* (pl ~e) poison
giftig (*gif*-tikh) *adj* poisonous
Gipfel (*gi*-pferl) *m* (pl ~) height, top, summit, peak
Gips (gips) *m* plaster
Gitarre (gi-*tah*-rer) *f* (pl ~n) guitar
Gitter (*gi*-terr) *nt* (pl ~) railing
Glanz (glahnts) *m* glare, gloss
glänzen (*glehn*-tsern) *v* *shine
glänzend (*glehn*-tsernt) *adj* brilliant, magnificent; glossy
Glanzleistung (*glahnts*-lighss-toong) *f* (pl ~en) feat
glanzlos (*glahnts*-lōass) *adj* mat
Glas (glaass) *nt* (pl ~̈er) glass
gläsern (*glai*-zerrn) *adj* glass
glasieren (glah-*zee*-rern) *v* glaze
glatt (glaht) *adj* even; smooth
Glattbutt (*glaht*-boot) *m* (pl ~e) brill
Glaube (*glou*-ber) *m* belief; faith
glauben (*glou*-bern) *v* believe
Gläubiger (*gloi*-bi-gerr) *m* (pl ~) creditor
glaubwürdig (*gloub*-vewr-dikh) *adj* credible
gleich (glighkh) *adj* equal; alike; level, even; *adv* alike
***gleichen** (*gligh*-khern) *v* resemble
gleichfalls (*glighkh*-fahls) *adv* also
gleichförmig (*glighkh*-furr-mikh) *adj* uniform
gleichgesinnt (*glighkh*-ger-zint) *adj* like-minded
Gleichgewicht (*glighkh*-ger-vikht) *nt* balance
gleichgültig (*glighkh*-gewl-tikh) *adj* indifferent
Gleichheit (*glighkh*-hight) *f* equality
***gleichkommen** (*glighkh*-ko-mern) *v* equal
gleichlaufend (*glighkh*-lou-fernt) *adj* parallel
gleichmachen (*glighkh*-mah-khern) *v* level
Gleichstrom (*glighkh*-shtrōam) *m* direct current
gleichwertig (*glighkh*-vāyr-tikh) *adj* equivalent
gleichzeitig (*glighkh*-tsigh-tikh) *adj* simultaneous
Gleis (glighss) *nt* (pl ~e) track
***gleiten** (*gligh*-tern) *v* glide, *slide
Gletscher (*gleh*-cherr) *m* (pl ~) glacier
Glied (gleet) *nt* (pl ~er) limb; link
glitschig (*gli*-chikh) *adj* slippery
global (gloa-*baal*) *adj* broad
Globus (*glōa*-booss) *m* (pl Globen) globe
Glocke (*glo*-ker) *f* (pl ~n) bell
Glockenspiel (*glo*-kern-shpeel) *nt* (pl ~e) chimes *pl*
Glück (glewk) *nt* luck; happiness; fortune
glücklich (*glewk*-likh) *adj* lucky; happy, fortunate
Glückwunsch (*glewk*-voonsh) *m* (pl ~̈e) congratulation
Glühbirne (*glew̄*-beer-ner) *f* (pl ~n) light bulb
glühen (*glew̄*-ern) *v* glow
Glut (glōot) *f* glow
Gnade (*gnaa*-der) *f* grace; mercy
Gobelin (goa-ber-*lang*) *m* (pl ~s) tap-

estry
Gold (golt) *nt* gold
golden (*gol*-dern) *adj* golden
Goldgrube (*golt*-groo-ber) *f* (pl ~n) goldmine
Goldschmied (*golt*-shmeet) *m* (pl ~e) goldsmith
Golf (golf) *m* (pl ~e) gulf; *nt* golf
Golfklub (*golf*-kloop) *m* (pl ~s) golf-club
Golfplatz (*golf*-plahts) *m* (pl ¨~e) golf-links, golf-course
Gondel (*gon*-derl) *f* (pl ~n) gondola
Gosse (*go*-ser) *f* (pl ~n) gutter
Gott (got) *m* (pl ¨~er) god
Gottesdienst (*go*-terss-deenst) *m* (pl ~e) worship
Göttin (*gur*-tin) *f* (pl ~nen) goddess
göttlich (*gurt*-likh) *adj* divine
Gouvernante (goo-vehr-*nahn*-ter) *f* (pl ~n) governess
Gouverneur (goo-vehr-*nurr*) *m* (pl ~e) governor
Grab (graap) *nt* (pl ¨~er) grave, tomb
Graben (*graa*-bern) *m* (pl ¨~) ditch
***graben** (*graa*-bern) *v* *dig
Grabstein (*graap*-shtighn) *m* (pl ~e) gravestone, tombstone
Grad (graat) *m* (pl ~e) degree
Graf (graaf) *m* (pl ~en) earl, count
Gräfin (*grai*-fin) *f* (pl ~nen) countess
Grafschaft (*graaf*-shahft) *f* (pl ~en) county
sich grämen (*grai*-mern) grieve
Gramm (grahm) *nt* (pl ~e) gram
Grammatik (grah-*mah*-tik) *f* grammar
grammatikalisch (grah-mah-ti-*kaa*-lish) *adj* grammatical
Grammophon (grah-moa-*foan*) *nt* (pl ~e) record-player, gramophone
Granit (grah-*neet*) *m* granite
Graphik (*graa*-fik) *f* (pl ~en) graph
graphisch (*graa*-fish) *adj* graphic
Gras (graass) *nt* grass
Grashalm (*graass*-hahlm) *m* (pl ~e) blade of grass
Grat (graat) *m* (pl ~e) ridge
Gräte (*grai*-ter) *f* (pl ~n) bone, fish-bone
gratis (*graa*-tiss) *adv* free
gratulieren (grah-too-*lee*-rern) *v* congratulate, compliment
grau (grou) *adj* grey
grauenhaft (*grou*-ern-hahft) *adj* horrible
grausam (*grou*-zaam) *adj* cruel, harsh
Graveur (grah-*vurr*) *m* (pl ~e) engraver
gravieren (grah-*vee*-rern) *v* engrave
greifbar (*grighf*-baar) *adj* tangible
***greifen** (*grigh*-fern) *v* *take
Grenze (*grehn*-tser) *f* (pl ~n) frontier, border; boundary, limit, bound
Grieche (*gree*-kher) *m* (pl ~n) Greek
Griechenland (*gree*-khern-lahnt) Greece
griechisch (*gree*-khish) *adj* Greek
Griff (grif) *m* (pl ~e) grip, grasp; clutch
Grille (*gri*-ler) *f* (pl ~n) cricket; whim
grillen (*gri*-lern) *v* grill
Grillroom (*gril*-room) *m* (pl ~s) grill-room
Grinsen (*grin*-zern) *nt* grin
grinsen (*grin*-zern) *v* grin
Grippe (*gri*-per) *f* flu, influenza
grob (grawp) *adj* rude, coarse, gross
Gros (gross) *nt* gross
groß (groass) *adj* big; great, large, tall; major
großartig (*groass*-ahr-tikh) *adj* terrific, grand, superb, magnificent
Großbritannien (groass-bri-*tah*-nyern) Great Britain
Großbuchstabe (*groass*-bookh-shtaa-ber) *m* (pl ~n) capital letter
Größe (*grurr*-ser) *f* (pl ~n) size
Großeltern (*groass*-ehl-terrn) *pl* grand-

parents *pl*
Großhandel (*grōass*-hahn-derl) *m* wholesale
Großhändler (*grōass*-hehn-dlerr) *m* (pl ~) wholesale dealer
Großmama (*grōass*-mah-maa) *f* (pl ~s) grandmother
Großmut (*grōass*-mōōt) *m* generosity
Großmutter (*grōass*-moo-terr) *f* (pl ¨~) grandmother
Großpapa (*grōass*-pah-paa) *m* (pl ~s) grandfather
Großvater (*grōass*-faa-terr) *m* (pl ¨~) grandfather
***großziehen** (*grōass*-tsee-ern) *v* *bring up; rear
großzügig (*grōass*-tsēw-gikh) *adj* generous, liberal
Grotte (*gro*-ter) *f* (pl ~n) grotto
Grube (*grōō*-ber) *f* (pl ~n) hole, pit
grün (grēwn) *adj* green; **grüne Versicherungskarte** green card
Grund (groont) *m* (pl ¨~e) ground; cause, reason; **Grund-** primary
gründen (*grewn*-dern) *v* establish, found; base
Grundgesetz (*groont*-ger-zehts) *nt* (pl ~e) constitution
Grundlage (*groont*-laa-ger) *f* (pl ~n) basis, base
grundlegend (*groont*-lāy-gernt) *adj* fundamental, essential, basic
gründlich (*grewnt*-likh) *adj* thorough
Grundriß (*groont*-riss) *m* (pl -risse) plan
Grundsatz (*groont*-zahts) *m* (pl ¨~e) principle
Grundstück (*groont*-shtewk) *nt* (pl ~e) grounds
Gruppe (*groo*-per) *f* (pl ~n) group; set, party
Grus (grōōss) *m* grit
gruselig (*grōō*-zer-likh) *adj* creepy
Gruß (grōōss) *m* (pl ¨~e) greeting
grüßen (*grēw*-sern) *v* greet; salute
gucken (*goo*-kern) *v* look
gültig (*gewl*-tikh) *adj* valid
Gummi (*goo*-mi) *m* rubber; gum
Gummiband (*goo*-mi-bahnt) *nt* (pl ¨~er) rubber band, elastic
Gummilinse (*goo*-mi-lin-zer) *f* (pl ~n) zoom lens
Gunst (goonst) *f* grace
günstig (*gewns*-tikh) *adj* favourable
gurgeln (*goor*-gerln) *v* gargle
Gurke (*goor*-ker) *f* (pl ~n) cucumber
Gürtel (*gewr*-terl) *m* (pl ~) belt
Gußeisen (*gooss*-igh-zern) *nt* cast iron
gut (gōōt) *adj* good; right; *adv* well; **gut**! all right!; well!
Güter (*gēw*-terr) *ntpl* goods *pl*
Güterzug (*gēw*-terr-tsōōk) *m* (pl ¨~e) goods train; freight-train *nAm*
gutgelaunt (*gōōt*-ger-lount) *adj* good-tempered, good-humoured
gutgläubig (*gōōt*-gloi-bikh) *adj* credulous
gütig (*gēw*-tikh) *adj* kind
gutmütig (*gōōt*-mēw-tikh) *adj* good-natured
Gutschein (*gōōt*-shighn) *m* (pl ~e) voucher
Gynäkologe (gew-neh-koa-*lōā*-ger) *m* (pl ~n) gynaecologist

H

Haar (haar) *nt* (pl ~e) hair
Haarbürste (*haar*-bewrs-ter) *f* (pl ~n) hairbrush
Haarfixativ (*haar*-fi-ksah-teef) *nt* setting lotion
haarig (*haa*-rikh) *adj* hairy
Haarklemme (*haar*-kleh-mer) *f* (pl ~n) hair-grip; bobby pin *Am*
Haarkrem (*haar*-krāym) *f* (pl ~s) hair

cream
Haarlack (*haar*-lahk) *m* (pl ~e) hair-spray
Haarnadel (*haar*-naa-derl) *f* (pl ~n) hairpin
Haarnetz (*haar*-nehts) *nt* (pl ~e) hair-net
Haaröl (*haar*-ūrl) *nt* hair-oil
Haarschnitt (*haar*-shnit) *m* (pl ~e) haircut
Haartonikum (*haar*-tōa-ni-koom) *nt* hair tonic
Haartracht (*haar*-trahkht) *f* (pl ~en) hair-do
Habe (*haa*-ber) *f* possessions, belongings *pl*
***haben** (*haa*-bern) *v* *have
Habicht (*haa*-bikht) *m* (pl ~e) hawk
hacken (*hah*-kern) *v* chop
Hafen (*haa*-fern) *m* (pl ¨~) harbour, port
Hafenarbeiter (*haa*-fern-ahr-bigh-terr) *m* (pl ~) docker
Hafer (*haa*-ferr) *m* oats *pl*
Haft (hahft) *f* custody, imprisonment
haftbar (*hahft*-baar) *adj* responsible
Haftbarkeit (*hahft*-baar-kight) *f* responsibility
Häftling (*hehft*-ling) *m* (pl ~e) prisoner
Hagel (*haa*-gerl) *m* hail
Hahn (haan) *m* (pl ¨~e) cock; tap
Hai (high) *m* (pl ~e) shark
Hain (highn) *m* (pl ~e) grove
häkeln (*hai*-kerln) *v* crochet
Haken (*haa*-kern) *m* (pl ~) hook
halb (hahlp) *adj* half; **Halb-** semi-
halbieren (hahl-*bee*-rern) *v* halve
Halbinsel (*hahlp*-in-zerl) *f* (pl ~n) peninsula
Halbkreis (*hahlp*-krighss) *m* (pl ~e) semicircle
halbwegs (*hahlp*-vāyks) *adv* halfway
Halbzeit (*hahlp*-tsight) *f* half-time
Hälfte (*hehlf*-ter) *f* (pl ~n) half
Halle (*hah*-ler) *f* (pl ~n) hall
hallo! (hah-*lōa*) hello!
Hals (hahls) *m* (pl ¨~e) neck; throat
Halsband (*hahls*-bahnt) *nt* (pl ¨~er) collar; beads *pl*
Halsentzündung (*hahls*-ehnt-tsewn-doong) *f* (pl ~en) laryngitis
Halskette (*hahls*-keh-ter) *f* (pl ~n) necklace
Halsschmerzen (*hahls*-shmehr-tsern) *mpl* sore throat
Halt (hahlt) *m* grip
***halten** (*hahl*-tern) *v* *hold, *keep; **halt!** stop!; ~ **für** reckon, count
Haltestelle (*hahl*-ter-shteh-ler) *f* (pl ~n) stop
Haltung (*hahl*-toong) *f* (pl ~en) position
Hammelfleisch (*hah*-merl-flighsh) *nt* mutton
Hammer (*hah*-merr) *m* (pl ¨~) hammer
Hämorrhoiden (heh-moa-roa-*ee*-dern) *fpl* piles *pl*, haemorrhoids *pl*
Hand (hahnt) *f* (pl ¨~e) hand; **Hand-** manual
Handarbeit (*hahnt*-ahr-bight) *f* (pl ~en) handwork, handicraft; needle-work
Handbremse (*hahnt*-brehm-zer) *f* (pl ~n) hand-brake
Handbuch (*hahnt*-bōōkh) *nt* (pl ¨~er) handbook
Händedruck (*hehn*-der-drook) *m* handshake
Handel (*hahn*-derl) *m* trade, commerce; business; **Handels-** commercial
handeln (*hahn*-derln) *v* act; trade; bargain
Handelsrecht (*hahn*-derls-rehkht) *m* commercial law
Handelsware (*hahn*-derls-vaa-rer) *f* merchandise

Handfläche (*hahnt*-fleh-kher) *f* (pl ~n) palm
handgearbeitet (*hahnt*-ger-ahr-bigh-tert) *adj* hand-made
Handgelenk (*hahnt*-ger-lehngk) *nt* (pl ~e) wrist
Handgepäck (*hahnt*-ger-pehk) *nt* hand luggage, hand baggage *Am*
Handgriff (*hahnt*-grif) *m* (pl ~e) handle
handhaben (*hahnt*-haa-bern) *v* handle
Handkoffer (*hahnt*-ko-ferr) *m* (pl ~) suitcase
Handkrem (*hahnt*-krāym) *f* (pl ~s) hand cream
Händler (*hehn*-dlerr) *m* (pl ~) merchant; trader, dealer
handlich (*hahnt*-likh) *adj* handy; manageable
Handlung (*hahn*-dloong) *f* (pl ~en) deed, action; plot
Handschellen (*hahnt*-sheh-lern) *fpl* handcuffs *pl*
Handschrift (*hahnt*-shrift) *f* (pl ~en) handwriting
Handschuh (*hahnt*-shōō) *m* (pl ~e) glove
Handtasche (*hahnt*-tah-sher) *f* (pl ~n) handbag, bag
Handtuch (*hahnt*-tōōkh) *nt* (pl ¨~er) towel
Handvoll (*hahnt*-fol) *f* handful
Handwerk (*hahnt*-vehrk) *nt* handicraft
Hanf (hahnf) *m* hemp
Hang (hahng) *m* (pl ¨~e) hillside
Hängebrücke (*hehng*-er-brew-ker) *f* (pl ~n) suspension bridge
Hängematte (*hehng*-er-mah-ter) *f* (pl ~n) hammock
***hängen** (*hehng*-ern) *v* *hang
Harfe (*hahr*-fer) *f* (pl ~n) harp
Harke (*hahr*-ker) *f* (pl ~n) rake
harmlos (*hahrm*-lōass) *adj* harmless
Harmonie (hahr-moa-*nee*) *f* harmony
hart (hahrt) *adj* hard
hartnäckig (*hahrt*-neh-kikh) *adj* dogged, obstinate, stubborn
Harz (hahrts) *m* resin
Hase (*haa*-zer) *m* (pl ~n) hare
Haselnuß (*haa*-zerl-nooss) *f* (pl -nüsse) hazelnut
Haß (hahss) *m* hatred, hate
hassen (*hah*-sern) *v* hate
häßlich (*hehss*-likh) *adj* ugly
Hast (hahst) *f* haste
hastig (*hahss*-tikh) *adj* hasty
Haufen (*hou*-fern) *m* (pl ~) heap, lot; pile; bunch
häufig (*hoi*-fikh) *adj* frequent; *adv* often
Häufigkeit (*hoi*-fikh-kight) *f* frequency
Haupt (houpt) *nt* (pl ¨~er) head; chief; **Haupt-** capital; leading, main, chief; major
Hauptbahnhof (*houpt*-baan-hōaf) *m* (pl ¨~e) central station
Hauptleitung (*houpt*-ligh-toong) *f* (pl ~en) mains *pl*
Häuptling (*hoipt*-ling) *m* (pl ~e) chieftain
Hauptmahlzeit (*houpt*-maal-tsight) *f* (pl ~en) dinner
Hauptquartier (*houpt*-kvahr-teer) *nt* (pl ~e) headquarters *pl*
hauptsächlich (*houpt*-zehkh-likh) *adj* cardinal, primary; *adv* especially, mainly
Hauptstadt (*houpt*-shtaht) *f* (pl ¨~e) capital
Hauptstraße (*houpt*-shtraa-ser) *f* (pl ~n) main road; main street
Hauptstrecke (*houpt*-shtreh-ker) *f* (pl ~n) main line
Hauptverkehrsstraße (*houpt*-fehr-kāyrs-shtraa-ser) *f* (pl ~n) thoroughfare
Hauptverkehrszeit (*houpt*-fehr-kāyrs-tsight) *f* (pl ~en) rush-hour, peak

hour
Hauptwort (*houpt*-vort) *nt* (pl ~̈er) noun
Haus (houss) *nt* (pl ~̈er) house; home; **im ~** indoors, indoor; **nach Hause** home; **zu Hause** home, at home
Hausangestellte (*houss*-ahn-ger-shtehl-ter) *f* (pl ~n) housemaid
Hausarbeit (*houss*-ahr-bight) *f* (pl ~en) housekeeping
Hausbesitzer (*houss*-ber-zi-tserr) *m* (pl ~) landlord
Häuserblock (*hoi*-zerr-blok) *m* (pl ~s) house block *Am*
Häusermakler (*hoi*-zerr-maak-lerr) *m* (pl ~) house agent
Hausfrau (*houss*-frou) *f* (pl ~en) housewife
Haushalt (*houss*-hahlt) *m* (pl ~e) housekeeping, household
Haushälterin (*houss*-hehl-ter-rin) *f* (pl ~nen) housekeeper
Haushaltsarbeiten (*houss*-hahlts-ahr-bigh-tern) *fpl* housework
Hausherrin (*houss*-heh-rin) *f* (pl ~nen) mistress
Hauslehrer (*houss*-lāy-rerr) *m* (pl ~) tutor
häuslich (*hoiss*-likh) *adj* domestic
Hausmeister (*houss*-mighss-terr) *m* (pl ~) janitor, caretaker, concierge
Hausschlüssel (*houss*-shlew-serl) *m* (pl ~) latchkey
Hausschuh (*houss*-shōō) *m* (pl ~e) slipper
Haustier (*houss*-teer) *nt* (pl ~e) pet
Haut (hout) *f* skin; hide
Hautausschlag (*hout*-ouss-shlaak) *m* rash
Hautkrem (*hout*-krāym) *f* (pl ~s) skin cream
Hebamme (*hāyp*-ah-mer) *f* (pl ~n) midwife
Hebel (*hāy*-berl) *m* (pl ~) lever
***heben** (*hāy*-bern) *v* lift; raise
Hebräisch (hay-*brai*-ish) *nt* Hebrew
Hecht (hehkht) *m* (pl ~e) pike
Hecke (*heh*-ker) *f* (pl ~n) hedge
Heckenschütze (*heh*-kern-shew-tser) *m* (pl ~n) sniper
Heer (hāyr) *nt* (pl ~e) army
Hefe (*hāy*-fer) *f* yeast
Heft (hehft) *nt* (pl ~e) note-book; issue
heftig (*hehf*-tikh) *adj* fierce; violent, severe, intense
Heftklammer (*hehft*-klah-merr) *f* (pl ~n) staple
Heftpflaster (*hehft*-pflahss-terr) *nt* (pl ~) adhesive tape, plaster
Heide (*high*-der) *f* (pl ~n) heath, moor; *m* heathen, pagan
Heidekraut (*high*-der-krout) *nt* heather
heidnisch (*hight*-nish) *adj* heathen, pagan
heikel (*high*-kerl) *adj* precarious, critical
Heilbad (*highl*-baat) *nt* (pl ~̈er) spa
Heilbutt (*highl*-boot) *m* (pl ~e) halibut
heilen (*high*-lern) *v* cure, heal
heilig (*high*-likh) *adj* holy, sacred
Heilige (*high*-li-ger) *m* (pl ~n) saint
Heiligtum (*high*-likh-tōōm) *nt* (pl ~̈er) shrine
Heilmittel (*highl*-mi-terl) *nt* (pl ~) remedy
Heim (highm) *nt* (pl ~e) home; asylum
Heimatland (*high*-maat-lahnt) *nt* (pl ~̈er) native country
***heimgehen** (*highm*-gāy-ern) *v* *go home
Heimweh (*highm*-vāy) *nt* homesickness
Heirat (*high*-raat) *f* (pl ~en) wedding
heiraten (*high*-raa-tern) *v* marry

heiser (*high*-zerr) *adj* hoarse
heiß (highss) *adj* warm, hot
***heißen** (*high*-sern) *v* *be called
heiter (*high*-terr) *adj* cheerful
Heiterkeit (*high*-terr-kight) *f* gaiety
heizen (*high*-tsern) *v* heat
Heizkörper (*hights*-kurr-perr) *m* (pl ~) radiator
Heizofen (*hights*-ōa-fern) *m* (pl ¨~) heater
Heizöl (*hights*-ūrl) *nt* fuel oil
Heizung (*high*-tsoong) *f* (pl ~en) heating
Held (hehlt) *m* (pl ~en) hero
***helfen** (*hehl*-fern) *v* help; assist, aid
Helfer (*hehl*-ferr) *m* (pl ~) helper
hell (hehl) *adj* bright, light; pale
hellhörig (*hehl*-hūr-rikh) *adj* noisy
hellviolett (*hehl*-vi-oa-leht) *adj* mauve
Helm (hehlm) *m* (pl ~e) helmet
Hemd (hehmt) *nt* (pl ~en) shirt; vest
Henne (*heh*-ner) *f* (pl ~n) hen
her (hāyr) *adv* ago
herab (heh-*rahp*) *adv* down
herabsetzen (heh-*rahp*-zeh-tsern) *v* reduce, lower
***herabsteigen** (heh-*rahp*-shtigh-gern) *v* descend
herannahend (heh-*rahn*-naa-ernt) *adj* oncoming
heraus (heh-*rouss*) *adv* out
herausfordern (heh-*rouss*-for-derrn) *v* challenge, dare
Herausforderung (heh-*rouss*-for-der-roong) *f* (pl ~en) challenge
***herausgeben** (heh-*rouss*-gāy-bern) *v* publish
***herausnehmen** (heh-*rouss*-nāy-mern) *v* *take out
sich herausstellen (heh-*rouss*-shteh-lern) prove
Herberge (*hehr*-behr-ger) *f* (pl ~n) hostel
Herbst (hehrpst) *m* autumn; fall *nAm*
Herd (hāyrt) *m* (pl ~e) hearth; stove
Herde (*hāyr*-der) *f* (pl ~n) herd, flock
Hering (*hāy*-ring) *m* (pl ~e) herring
Herkunft (*hāyr*-koonft) *f* origin
hernach (hehr-*naakh*) *adv* afterwards
Hernie (*hehr*-nʸer) *f* slipped disc
Herr (hehr) *m* (pl ~en) gentleman; mister; **mein** ~ sir
Herrentoilette (*heh*-rern-twah-leh-ter) *f* (pl ~n) men's room
Herrin (*heh*-rin) *f* (pl ~nen) mistress
herrlich (*hehr*-likh) *adj* wonderful, lovely; splendid
Herrschaft (*hehr*-shahft) *f* domination; dominion, rule, reign
Herrschaftshaus (*hehr*-shahfts-houss) *nt* (pl ¨~er) mansion, manor-house
herrschen (*hehr*-shern) *v* rule
Herrscher (*hehr*-sherr) *m* (pl ~) ruler; sovereign
herstellen (*hāy*-r-shteh-lern) *v* manufacture; produce
herum (heh-*room*) *adv* about
herunter (heh-*roon*-terr) *adv* down
***herunterlassen** (heh-*roon*-terr-lah-sern) *v* lower
hervorragend (hehr-*fōar*-raa-gernt) *adj* outstanding, excellent
Herz (hehrts) *nt* (pl ~en) heart
Herzklopfen (*hehrts*-klo-pfern) *nt* palpitation
herzlich (*hehrts*-likh) *adj* hearty, cordial
herzlos (*hehrts*-lōass) *adj* heartless
Herzog (*hehr*-tsōak) *m* (pl ¨~e) duke
Herzogin (*hehr*-tsōa-gin) *f* (pl ~nen) duchess
Herzschlag (*hehrts*-shlaak) *m* (pl ¨~e) heart attack
heterosexuell (*hay*-tay-roa-zeh-ksoo-ehl) *adj* heterosexual
Heu (hoi) *nt* hay
Heuchelei (hoi-kher-*ligh*) *f* hypocrisy
heucheln (*hoi*-kherln) *v* simulate

Heuchler (*hoikh*-lerr) *m* (pl ~) hypocrite
heuchlerisch (*hoikh*-ler-rish) *adj* hypocritical
heulen (*hoi*-lern) *v* roar
Heuschnupfen (*hoi*-shnoo-pfern) *m* hay fever
Heuschrecke (*hoi*-shreh-ker) *f* (pl ~n) grasshopper
heute (*hoi*-ter) *adv* today; ~ **abend** tonight; ~ **morgen** this morning; ~ **nachmittag** this afternoon; ~ **nacht** tonight
heutzutage (*hoit*-tsoo-taa-ger) *adv* nowadays
Hexe (*heh*-kser) *f* (pl ~n) witch
Hexenschuß (*heh*-ksern-shooss) *m* lumbago
hier (heer) *adv* here
Hierarchie (hi-ay-rahr-*khee*) *f* (pl ~n) hierarchy
Hilfe (*hil*-fer) *f* help; assistance, aid; **erste** ~ first-aid
hilfreich (*hilf*-righkh) *adj* helpful
Himbeere (*him*-bāy-rer) *f* (pl ~n) raspberry
Himmel (*hi*-merl) *m* sky; heaven
hinab (hi-*nahp*) *adv* down
hinauf (hi-*nouf*) *adv* up
***hinaufsteigen** (hi-*nouf*-shtigh-gern) *v* ascend
hinaus (hi-*nouss*) *adv* out
hindern (*hin*-derrn) *v* hinder, embarrass; impede
Hindernis (*hin*-derr-niss) *nt* (pl ~se) obstacle; impediment
hinein (hi-*nighn*) *adv* in
***hineingehen** (hi-*nighn*-gāy-ern) *v* *go in
hinken (*hing*-kern) *v* limp
hinreichend (*hin*-righ-khernt) *adj* sufficient
Hinrichtung (*hin*-rikh-toong) *f* (pl ~en) execution
hinsichtlich (*hin*-zikht-likh) *prep* as regards, regarding, about, with reference to, concerning
hinten (*hin*-tern) *adv* behind
hinter (*hin*-terr) *prep* behind; after
Hinterbacke (*hin*-terr-bah-ker) *f* (pl ~en) buttock
Hintergrund (*hin*-terr-groont) *m* (pl ~̈e) background
Hinterhalt (*hin*-terr-hahlt) *m* (pl ~e) ambush
hinterlegen (hin-terr-*lāy*-gern) *v* deposit
Hintern (*hin*-terrn) *m* bottom
Hinterseite (*hin*-terr-zigh-ter) *f* (pl ~n) rear
***hinübergehen** (hi-*nēw*-berr-gāy-ern) *v* cross
hinunter (hi-*noon*-terr) *adv* downstairs
hinzufügen (hin-*tsōō*-fēw-gern) *v* add
Hinzufügung (hin-*tsōō*-fēw-goong) *f* (pl ~en) addition
Hirt (heert) *m* (pl ~en) shepherd
Historiker (hiss-*tōā*-ri-kerr) *m* (pl ~) historian
historisch (hiss-*tōā*-rish) *adj* historic
Hitze (*hi*-tser) *f* heat
hoch (hōākh) *adj* high; tall
Hochebene (*hōākh*-āy-ber-ner) *f* (pl ~n) plateau
Hochland (*hōākh*-lahnt) *nt* uplands *pl*
hochmütig (*hōākh*-mēw-tikh) *adj* haughty, proud
hochnäsig (*hōākh*-nai-zikh) *adj* snooty
Hochsaison (*hōākh*-zeh-zawng) *f* high season, peak season
Hochsommer (*hōākh*-zo-merr) *m* midsummer
höchst (hūrkhst) *adj* extreme
höchstens (*hūrkhst*-erns) *adv* at most
Höchstgeschwindigkeit (*hūrkhst*-ger-shvin-dikh-kight) *f* speed limit
Hochzeit (*hokh*-tsight) *f* (pl ~en) wedding

Hochzeitsreise (*hokh*-tsights-righ-zer) *f* (pl ~n) honeymoon
***hochziehen** (*hōākh*-tsee-ern) *v* hoist
Hof (hōāf) *m* (pl ¨~e) yard; court
hoffen (*ho*-fern) *v* hope
Hoffnung (*hof*-noong) *f* (pl ~en) hope
hoffnungslos (*hof*-noongs-lōāss) *adj* hopeless
hoffnungsvoll (*hof*-noongs-fol) *adj* hopeful
höflich (*hūrf*-likh) *adj* polite, courteous, civil
Höhe (*hūr*-er) *f* (pl ~n) height; altitude
Höhepunkt (*hūr*-er-poongkt) *m* (pl ~e) height; zenith
höher (*hūr*-err) *adj* upper
hohl (hōāl) *adj* hollow
Höhle (*hūr*-ler) *f* (pl ~n) cavern, cave; den
Höhlung (*hūr*-loong) *f* (pl ~en) cavity
Hohn (hōān) *m* scorn
holen (*hōā*-lern) *v* fetch; *get, collect
Holland (*ho*-lahnt) Holland
Holländer (*ho*-lehn-derr) *m* (pl ~) Dutchman
holländisch (*ho*-lehn-dish) *adj* Dutch
Hölle (*hur*-ler) *f* hell
holperig (*hol*-per-rikh) *adj* rough, bumpy
Holz (holts) *nt* wood
hölzern (*hurl*-tserrn) *adj* wooden
Holzhammer (*holts*-hah-merr) *m* (pl ~) mallet
Holzkohle (*holts*-kōā-ler) *f* charcoal
Holzschnitzerei (*holts*-shni-tser-righ) *f* (pl ~en) wood-carving
Holzschuh (*holts*-shōō) *m* (pl ~e) wooden shoe
homosexuell (*hoa*-moa-zeh-ksoo-ehl) *adj* homosexual
Honig (*hōā*-nikh) *m* honey
Honorar (hoa-noa-*raar*) *nt* (pl ~e) fee
Hopfen (*ho*-pfern) *m* hop
hörbar (*hūrr*-baar) *adj* audible
hören (*hūr*-rern) *v* *hear
Horizont (hoa-ri-*tsont*) *m* horizon
Horn (horn) *nt* (pl ¨~er) horn
Horsd'œuvre (or-*dūrvr*) *nt* (pl ~s) hors-d'œuvre
Hose (*hōā*-zer) *f* (pl ~n) trousers *pl*, slacks *pl*; pants *plAm*; **kurze ~** shorts *pl*
Hosenanzug (*hōā*-zern-ahn-tsōōk) *m* (pl ¨~e) pant-suit
Hosenträger (*hōā*-sern-trai-gerr) *mpl* braces *pl*; suspenders *plAm*
Hotel (hoa-*tehl*) *nt* (pl ~s) hotel
Hotelpage (hoa-*tehl*-paa-zher) *m* (pl ~n) page-boy, bellboy
hübsch (hewpsh) *adj* good-looking, pretty; nice, fair, lovely
Huf (hōōf) *m* (pl ~e) hoof
Hufeisen (*hōōf*-igh-zern) *nt* (pl ~) horseshoe
Hüfte (*hewf*-ter) *f* (pl ~n) hip
Hüfthalter (*hewft*-hahl-terr) *m* (pl ~) girdle, suspender belt; garter belt *Am*
Hügel (*hēw*-gerl) *m* (pl ~) hill
hügelig (*hēw*-ger-likh) *adj* hilly
Huhn (hōōn) *nt* (pl ¨~er) hen; chicken
Hühnerauge (*hēw*-nerr-ou-ger) *nt* (pl ~n) corn
huldigen (*hool*-di-gern) *v* honour
Huldigung (*hool*-di-goong) *f* (pl ~en) tribute, homage
Hülle (*hew*-ler) *f* (pl ~n) sleeve
Hummer (*hoo*-merr) *m* (pl ~) lobster
Humor (hoo-*mōār*) *m* humour
humorvoll (hoo-*mōār*-fol) *adj* humorous
Hund (hoont) *m* (pl ~e) dog
Hundehütte (*hoon*-der-hew-ter) *f* (pl ~n) kennel
hundert (*hoon*-derrt) *num* hundred
Hundezwinger (*hoon*-der-tsving-err) *m* (pl ~) kennel

Hündin (*hewn*-din) *f* (pl ~nen) bitch
Hunger (*hoong*-err) *m* hunger
hungrig (*hoong*-rikh) *adj* hungry
Hupe (*hōō*-per) *f* (pl ~n) hooter; horn
hupen (*hōō*-pern) *v* hoot; toot *vAm*, honk *vAm*
Hupf (hoopf) *m* (pl ~e) hop
hüpfen (*hew*-pfern) *v* hop, skip
Hure (*hōō*-rer) *f* (pl ~n) whore
Husten (*hōōss*-tern) *m* cough
husten (*hōōss*-tern) *v* cough
Hut (hōōt) *m* (pl ~̈e) hat
sich hüten (*hew*-tern) beware
Hütte (*hew*-ter) *f* (pl ~n) cabin, hut
Hygiene (hew-*g^y ay*-ner) *f* hygiene
hygienisch (hew-*g^y ay*-nish) *adj* hygienic
Hymne (*hewm*-ner) *f* (pl ~n) hymn
hypokritisch (hew-poa-*kree*-tish) *adj* hypocritical
Hypothek (hew-poa-*tayk*) *f* (pl ~en) mortgage
hysterisch (hewss-*tay*-rish) *adj* hysterical

I

ich (ikh) *pron* I
ichbezogen (*ikh*-ber-tsōa-gern) *adj* self-centred
Ideal (i-day-*aal*) *nt* (pl ~e) ideal
ideal (i-day-*aal*) *adj* ideal
Idee (i-*day*) *f* (pl ~n) idea
identifizieren (i-dehn-ti-fi-*tsee*-rern) *v* identify
Identifizierung (i-dehn-ti-fi-*tsee*-roong) *f* (pl ~en) identification
identisch (i-*dehn*-tish) *adj* identical
Identität (i-dehn-ti-*tait*) *f* identity
Idiom (i-*d^y ōam*) *nt* (pl ~e) idiom
idiomatisch (i-d^y oa-*maa*-tish) *adj* idiomatic
Idiot (i-*d^y ōat*) *m* (pl ~en) idiot
Idol (i-*dōal*) *nt* (pl ~e) idol
Igel (*ee*-gerl) *m* (pl ~) hedgehog
ignorieren (i-gnoa-*ree*-rern) *v* ignore
ihm (eem) *pron* him
ihn (een) *pron* him
Ihnen (*ee*-nern) *pron* you
ihnen (*ee*-nern) *pron* them
Ihr (eer) *pron* your
ihr (eer) *pron* you; their; her; her
Ikone (i-*kōa*-ner) *f* (pl ~n) icon
illegal (*i*-lay-gaal) *adj* illegal
Illusion (i-loo-*z^y ōan*) *f* (pl ~en) illusion
Illustration (i-looss-trah-*ts^y ōan*) *f* (pl ~en) illustration
illustrieren (i-looss-*tree*-rern) *v* illustrate
imaginär (i-mah-gi-*nair*) *adj* imaginary
Imbiß (*im*-biss) *m* (pl Imbisse) lunch; snack
Imitation (i-mi-tah-*ts^y ōan*) *f* (pl ~en) imitation
immer (*i*-merr) *adv* always; ever; ~ **wieder** again and again
immerzu (i-merr-*tsōō*) *adv* all the time
immunisieren (i-mōō-ni-*zee*-rern) *v* immunize
Immunität (i-mōō-ni-*tait*) *f* immunity
impfen (*im*-pfern) *v* vaccinate, inoculate
Impfung (*im*-pfoong) *f* (pl ~en) vaccination, inoculation
imponieren (im-poa-*nee*-rern) *v* impress
Import (im-*port*) *m* import
Importeur (im-por-*tūrr*) *m* (pl ~e) importer
importieren (im-por-*tee*-rern) *v* import
imposant (im-poa-*zahnt*) *adj* imposing
impotent (*im*-poa-tehnt) *adj* impotent
Impotenz (*im*-poa-tehnts) *f* impotence
improvisieren (im-proa-vi-*zee*-rern) *v*

improvise
Impuls (im-*pools*) *m* (pl ~e) impulse, urge
impulsiv (im-pool-*zeef*) *adj* impulsive
imstande (im-*shtahn*-der) *adv* able; ~ ***sein zu** *be able to
in (in) *prep* in; at, into, inside
indem (in-*dāym*) *conj* whilst
Inder (*in*-derr) *m* (pl ~) Indian
Index (*in*-dehks) *m* (pl ~e) index
Indianer (in-*dʸaa*-nerr) *m* (pl ~) Indian
indianisch (in-*dʸaa*-nish) *adj* Indian
Indien (*in*-dʸern) India
indirekt (*in*-di-rehkt) *adj* indirect
indisch (*in*-dish) *adj* Indian
individuell (in-di-vi-doo-*ehl*) *adj* individual
Individuum (in-di-*vee*-doo-oom) *nt* (pl -duen) individual
Indonesien (in-doa-*nāy*-zʸern) Indonesia
Indonesier (in-doa-*nāy*-zʸerr) *m* (pl ~) Indonesian
indonesisch (in-doa-*nāy*-zish) *adj* Indonesian
indossieren (in-do-*see*-rern) *v* endorse
Industrie (in-dooss-*tree*) *f* (pl ~n) industry
Industriegebiet (in-dooss-*tree*-ger-beet) *nt* (pl ~e) industrial area
industriell (in-dooss-tri-*ehl*) *adj* industrial
Infanterie (in-fahn-ter-*ree*) *f* infantry
Infektion (in-fehk-*tsʸōān*) *f* (pl ~en) infection
Infinitiv (*in*-fi-ni-teef) *m* (pl ~e) infinitive
Inflation (in-flah-*tsʸōān*) *f* inflation
infolge (in-*fol*-ger) *prep* owing to
informell (*in*-for-mehl) *adj* informal
informieren (in-for-*mee*-rern) *v* inform
infrarot (*in*-frah-rōāt) *adj* infra-red
Ingenieur (in-zhay-*nʸūrr*) *m* (pl ~e) engineer
Ingwer (*ing*-verr) *m* ginger
Inhaber (*in*-haa-berr) *m* (pl ~) occupant; bearer
inhaftieren (in-hahf-*tee*-rern) *v* imprison
Inhalt (*in*-hahlt) *m* contents *pl*
Inhaltsverzeichnis (*in*-hahlts-fehr-tsighkh-niss) *nt* (pl ~se) table of contents
Initiative (i-ni-tsʸah-*tee*-ver) *f* initiative
Injektion (in-ʸehk-*tsʸōān*) *f* (pl ~en) injection
inländisch (*in*-lehn-dish) *adj* domestic
inmitten (in-*mi*-tern) *prep* among, amid
innen (*i*-nern) *adv* inside
Innenseite (*i*-nern-zigh-ter) *f* (pl ~n) inside
inner (*i*-nerr) *adj* inside; internal
Innere (*i*-ner-rer) *nt* interior; **im Innern** within, inside
innerhalb (*i*-nerr-hahlp) *prep* within, inside
Inschrift (*in*-shrift) *f* (pl ~en) inscription
Insekt (in-*zehkt*) *nt* (pl ~en) insect; bug *nAm*
Insektengift (in-*zehk*-tern-gift) *nt* (pl ~e) insecticide
Insektenschutzmittel (in-*zehk*-tern-shoots-mi-terl) *nt* (pl ~) insect repellent
Insel (*in*-zerl) *f* (pl ~n) island
insgesamt (ins-ger-*zahmt*) *adv* altogether
Inspektion (in-spehk-*tsʸōān*) *f* (pl ~en) inspection
inspizieren (in-spi-*tsee*-rern) *v* inspect
Installateur (in-stah-lah-*tūrr*) *m* (pl ~e) plumber
installieren (in-stah-*lee*-rern) *v* install
Instandhaltung (in-*shtahnt*-hahl-toong)

f maintenance
Instandsetzung (in-*shtahnt*-zeh-tsoong) *f* repair
Instinkt (in-*stingkt*) *m* (pl ~e) instinct
Institut (in-sti-*toot*) *nt* (pl ~e) institute
Institution (in-sti-too-*tsʸōān*) *f* (pl ~en) institution
Instrument (in-stroo-*mehnt*) *nt* (pl ~e) instrument
Intellekt (in-teh-*lehkt*) *m* intellect
intellektuell (in-teh-lehk-too-*ehl*) *adj* intellectual
intelligent (in-teh-li-*gehnt*) *adj* clever, intelligent
Intelligenz (in-teh-li-*gehnts*) *f* intelligence
intensiv (in-tehn-*zeef*) *adj* intense
interessant (in-tay-reh-*sahnt*) *adj* interesting
Interesse (in-tay-*reh*-ser) *nt* (pl ~n) interest
interessieren (in-tay-reh-*see*-rern) *v* interest
interessiert (in-tay-reh-*seert*) *adj* interested
intern (in-*tehrn*) *adj* internal; resident
Internat (in-tehr-*naat*) *nt* (pl ~e) boarding-school
international (in-tehr-nah-tsʸoa-*naal*) *adj* international
Intervall (in-tehr-*vahl*) *nt* (pl ~e) interval
Interview (in-tehr-*vʸoo*) *nt* (pl ~s) interview
intim (in-*teem*) *adj* intimate
Invalide (in-vah-*lee*-der) *m* (pl ~n) invalid
invalide (in-vah-*lee*-der) *adj* disabled, invalid
Invasion (in-vah-*zʸōān*) *f* (pl ~en) invasion
Inventar (in-vehn-*taar*) *nt* (pl ~e) inventory
investieren (in-vehss-*tee*-rern) *v* invest
Investition (in-vehss-ti-*tsʸōān*) *f* (pl ~en) investment
inwendig (*in*-vehn-dikh) *adj* inner
inzwischen (in-*tsvi*-shern) *adv* in the meantime, meanwhile
Irak (i-*raak*) Iraq
irakisch (i-*raa*-kish) *adj* Iraqi
Iran (i-*raan*) Iran
Iranier (i-*raa*-nʸerr) *m* (pl ~) Iranian
iranisch (i-*raa*-nish) *adj* Iranian
Ire (*ee*-rer) *m* (pl ~n) Irishman
irgendein (*eer*-gernt-ighn) *adj* any
irgendwie (*eer*-gernt-vee) *adv* anyhow
irgendwo (*eer*-gernt-voa) *adv* somewhere
irisch (*ee*-rish) *adj* Irish
Irland (*eer*-lahnt) Ireland
Ironie (i-roa-*nee*) *f* irony
ironisch (i-*rōā*-nish) *adj* ironical
Irre (*i*-rer) *m* (pl ~n) lunatic
irre (*i*-rer) *adj* mad
irreal (*i*-ray-aal) *adj* unreal
irren (*i*-rern) *v* err; **sich ~** *be mistaken
irreparabel (i-reh-pah-*raa*-berl) *adj* irreparable
Irrgarten (*eer*-gahr-tern) *m* (pl ¨) maze
irritieren (i-ri-*tee*-rern) *v* annoy, irritate
Irrsinn (*eer*-zin) *m* lunacy
irrsinnig (*eer*-zi-nikh) *adj* lunatic
Irrtum (*eer*-toom) *m* (pl ¨er) error, mistake
Island (*eess*-lahnt) Iceland
Isländer (*eess*-lehn-derr) *m* (pl ~) Icelander
isländisch (*eess*-lehn-dish) *adj* Icelandic
Isolation (i-zoa-lah-*tsʸōān*) *f* (pl ~en) isolation; insulation
Isolator (i-zoa-*laa*-tor) *m* (pl ~en) insulator

isolieren (i-zoa-*lee*-rern) *v* isolate; insulate
Isolierung (i-zoa-*lee*-roong) *f* (pl ~en) isolation
Israel (*iss*-rah-ehl) Israel
Israeli (iss-rah-*āy*-li) *m* (pl ~s) Israeli
israelisch (iss-rah-*āy*-lish) *adj* Israeli
Italien (i-*taa*-lʸern) Italy
Italiener (i-tah-*lʸāy*-nerr) *m* (pl ~) Italian
italienisch (i-tah-*lʸāy*-nish) *adj* Italian

J

ja (ʸaa) yes
Jacht (ʸahkht) *f* (pl ~en) yacht
Jacke (*ʸah*-ker) *f* (pl ~n) jacket
Jackett (zhah-*keht*) *nt* (pl ~s) jacket
Jade (*ʸaa*-der) *m* jade
Jagd (ʸaakt) *f* hunt, chase
Jagdhaus (*ʸaakt*-houss) *nt* (pl ~̈er) lodge
jagen (*ʸaa*-gern) *v* hunt
Jäger (*ʸai*-gerr) *m* (pl ~) hunter
Jahr (ʸaar) *nt* (pl ~e) year
Jahrbuch (*ʸaar*-bōōkh) *nt* (pl ~̈er) annual
Jahrestag (*ʸaa*-rerss-taak) *m* (pl ~e) anniversary
Jahreszeit (*ʸaa*-rerss-tsight) *f* (pl ~en) season
Jahrhundert (ʸaar-*hoon*-derrt) *nt* (pl ~e) century
jährlich (*ʸair*-likh) *adj* yearly, annual; *adv* per annum
jähzornig (*ʸai*-tsor-nikh) *adj* hot-tempered, irascible
Jalousie (zhah-loo-*zee*) *f* (pl ~n) blind; shutter
Jammer (*ʸah*-merr) *m* misery
jämmerlich (*ʸeh*-merr-likh) *adj* lamentable

Januar (*ʸah*-noo-aar) January
Japan (*ʸaa*-pahn) Japan
Japaner (ʸah-*paa*-nerr) *m* (pl ~) Japanese
japanisch (ʸah-*paa*-nish) *adj* Japanese
je ... je (ʸāy) the ... the
jedenfalls (*ʸāy*-dern-fahls) *adv* at any rate
jeder (*ʸāy*-derr) *pron* each, every; everyone
jedermann (*ʸāy*-derr-mahn) *pron* everyone, everybody; anyone
jedoch (ʸay-*dokh*) *conj* yet, but, only, however; *adv* though
jemals (*ʸāy*-maals) *adv* ever
jemand (*ʸāy*-mahnt) *pron* someone, somebody; **irgend** ~ anybody
jene (*ʸāy*-ner) *pron* those; those
jener (*ʸāy*-nerr) *pron* that; that
jenseits (*ʸāyn*-zights) *prep* across, beyond; *adv* beyond
Jersey (*jurr*-si) *m* (pl ~s) jersey
jetzt (ʸehtst) *adv* now; **bis** ~ so far
jeweilig (*ʸāy*-vigh-likh) *adj* respective
Joch (ʸokh) *nt* (pl ~e) yoke
Jockei (*jo*-ki) *m* (pl ~s) jockey
Jod (ʸōat) *nt* iodine
Johannisbeere (ʸoa-*hah*-niss-bāy-rer) *f* (pl ~n) black-currant
Jolle (*ʸo*-ler) *f* (pl ~n) dinghy
Jordanien (ʸor-*daa*-nʸern) Jordan
Jordanier (ʸor-*daa*-nʸerr) *m* (pl ~) Jordanian
jordanisch (ʸor-*daa*-nish) *adj* Jordanian
Journalismus (zhoor-nah-*liss*-mooss) *m* journalism
Journalist (zhoor-nah-*list*) *m* (pl ~en) journalist
Jubiläum (ʸoo-bi-*lai*-oom) *nt* (pl -läen) jubilee
Jucken (*ʸoo*-kern) *nt* itch
jucken (*ʸoo*-kern) *v* itch
Jude (*ʸōō*-der) *m* (pl ~n) Jew

jüdisch (*ʸew*-dish) *adj* Jewish
Jugend (*ʸoo*-gernt) *f* youth
Jugendherberge (*ʸoo*-gernt-hehr-behr-ger) *f* (pl ~n) youth hostel
jugendlich (*ʸoo*-gernt-likh) *adj* juvenile
Juli (*ʸoo*-li) July
Jumper (*jahm*-perr) *m* (pl ~) jumper
jung (ʸoong) *adj* young
Junge (*ʸoong*-er) *m* (pl ~n) boy; lad
Jungfrau (*ʸoongk*-frou) *f* (pl ~en) virgin
Junggeselle (*ʸoong*-ger-zeh-ler) *m* (pl ~n) bachelor
Juni (*ʸoo*-ni) June
Jurist (ʸoo-*rist*) *m* (pl ~en) lawyer
Justitiar (ʸoo-*sti*-tsi-aar) *m* lawyer, legal adviser
Juwel (ʸoo-*vayl*) *nt* (pl ~en) jewel; gem
Juwelier (ʸoo-vay-*leer*) *m* (pl ~e) jeweller

K

Kabarett (kah-bah-*reht*) *nt* (pl ~e) cabaret; revue, floor show
Kabel (*kaa*-berl) *nt* (pl ~) cable; flex; electric cord
Kabelfernsehen (*kaa*-berl-fehrn-zay-ern) *nt* cable television
Kabeljau (*kaa*-berl-ʸou) *m* (pl ~e) cod
Kabine (kah-*bee*-ner) *f* (pl ~n) cabin
Kabinett (kah-bi-*neht*) *nt* (pl ~e) cabinet
Kachel (*kah*-kherl) *f* (pl ~n) tile
Kader (*kaa*-derr) *m* (pl ~) cadre
Käfer (*kai*-ferr) *m* (pl ~) beetle; bug
Kaffee (*kah*-fay) *m* coffee
Kaffeelöffel (*kah*-fay-lur-ferl) *m* (pl ~) coffee-spoon
Kaffeemaschine (*kah*-fay-mah-shee-ner) *f* (pl ~n) percolator
Käfig (*kai*-fikh) *m* (pl ~e) cage
kahl (kaal) *adj* bald; naked, bare
Kai (kigh) *m* (pl ~s) dock, wharf, quay
Kaiser (*kigh*-zerr) *m* (pl ~) emperor
Kaiserin (*kigh*-zer-rin) *f* (pl ~nen) empress
kaiserlich (*kigh*-zerr-likh) *adj* imperial
Kaiserreich (*kigh*-zerr-righkh) *nt* (pl ~e) empire
Kajüte (kah-*ʸew*-ter) *f* (pl ~n) cabin
Kalamität (kah-lah-mi-*tait*) *f* (pl ~en) calamity
Kalb (kahlp) *nt* (pl ~̈er) calf
Kalbfleisch (*kahlp*-flighsh) *nt* veal
Kalbleder (*kahlp*-lay-derr) *nt* calf skin
Kalender (kah-*lehn*-derr) *m* (pl ~) calendar
Kalk (kahlk) *m* lime
Kalkulation (kahl-koo-lah-*tsʸoan*) *f* (pl ~en) calculation
Kalorie (kah-loa-*ree*) *f* (pl ~n) calorie
kalt (kahlt) *adj* cold
Kälte (*kehl*-ter) *f* cold
Kalvinismus (kahl-vi-*niss*-mooss) *m* Calvinism
Kalzium (*kahl*-tsʸoom) *nt* calcium
Kamee (kah-*may*) *f* (pl ~n) cameo
Kamel (kah-*mayl*) *nt* (pl ~e) camel
Kamera (*kah*-may-rah) *f* (pl ~s) camera
Kamin (kah-*meen*) *m* (pl ~e) fireplace
Kamm (kahm) *m* (pl ~̈e) comb
kämmen (*keh*-mern) *v* comb
Kammgarn (*kahm*-gahrn) *nt* worsted
Kampagne (kahm-*pah*-nʸer) *f* (pl ~n) campaign
Kampf (kahmpf) *m* (pl ~̈e) battle; combat, struggle, fight
kämpfen (*kehm*-pfern) *v* *fight; combat, struggle, battle
Kanada (*kah*-nah-dah) Canada
Kanadier (kah-*naa*-dʸerr) *m* (pl ~) Ca-

nadian
kanadisch (kah-*naa*-dish) *adj* Canadian
Kanal (kah-*naal*) *m* (pl ~̈e) canal; channel
Kanarienvogel (kah-*naa*-r^y^ern-fōa-gerl) *m* (pl ~̈) canary
Kandidat (kahn-di-*daat*) *m* (pl ~en) candidate
Känguruh (kehng-goo-roo) *nt* (pl ~s) kangaroo
Kaninchen (kah-*neen*-khern) *nt* (pl ~) rabbit
Kanone (kah-*nōa*-ner) *f* (pl ~n) gun
Kante (*kahn*-ter) *f* (pl ~n) edge
Kantine (kahn-*tee*-ner) *f* (pl ~n) canteen
Kanu (kah-*nōō*) *nt* (pl ~s) canoe
Kanzel (*kahn*-tserl) *f* (pl ~n) pulpit
Kap (kahp) *nt* (pl ~s) cape
Kapelle (kah-*peh*-ler) *f* (pl ~n) band; chapel
Kaper (*kaa*-perr) *m* (pl ~) hijacker
kapern (*kaa*-perrn) *v* hijack
Kapital (kah-pi-*taal*) *nt* capital
Kapitalgeber (kah-pi-*taal*-gāy-berr) *m* (pl ~) investor
Kapitalismus (kah-pi-tah-*liss*-mooss) *m* capitalism
Kapitän (kah-pi-*tain*) *m* (pl ~e) captain
Kapitulation (kah-pi-too-lah-*ts^y^ōān*) *f* (pl ~en) capitulation
Kaplan (kah-*plaan*) *m* (pl ~̈e) chaplain
Kapsel (*kah*-pserl) *f* (pl ~n) capsule
kaputt (kah-*poot*) *adj* broken
Kapuze (kah-*pōō*-tser) *f* (pl ~n) hood
Karaffe (kah-*rah*-fer) *f* (pl ~n) carafe
Karamelle (kah-rah-*meh*-ler) *f* (pl ~n) caramel
Karat (kah-*raat*) *nt* carat
Kardinal (kahr-di-*naal*) *m* (pl ~̈e) cardinal; **Kardinal-** cardinal
kariert (kah-*reert*) *adj* chequered
karmesinrot (kahr-may-*zeen*-rōat) *adj* crimson
Karneval (*kahr*-ner-vahl) *m* carnival
Karo (*kaa*-roa) *nt* (pl ~s) check
Karosserie (kah-ro-ser-*ree*) *f* (pl ~n) coachwork; motor body *Am*
Karotte (kah-*ro*-ter) *f* (pl ~n) carrot
Karpfen (*kahr*-pfern) *m* (pl ~) carp
Karren (*kah*-rern) *m* (pl ~) cart
Karriere (kah-*r^y^āy*-rer) *f* (pl ~n) career
Karte (kahr-ter) *f* (pl ~n) card; map; ticket
Kartoffel (kahr-*to*-ferl) *f* (pl ~n) potato
Karton (kahr-*tawng*) *m* (pl ~s) carton
Karussell (kah-roo-*sehl*) *nt* (pl ~s) merry-go-round
Kaschmir (*kahsh*-meer) *m* cashmere
Käse (*kai*-zer) *m* cheese
Kaserne (kah-*zehr*-ner) *f* (pl ~n) barracks *pl*
Kasino (kah-*zee*-noa) *nt* (pl ~s) casino
Kasperletheater (*kahss*-perr-ler-tay-*aa*-terr) *nt* (pl ~) puppet-show
Kasse (*kah*-ser) *f* (pl ~n) pay-desk; box-office
Kassierer (kah-*see*-rerr) *m* (pl ~) cashier
Kassiererin (kah-*see*-rer-rin) *f* (pl ~nen) cashier
Kastanie (kahss-*taa*-n^y^er) *f* (pl ~n) chestnut
kastanienbraun (kahss-*taa*-n^y^ern-broun) *adj* auburn
Katakombe (kah-tah-*kom*-ber) *f* (pl ~n) catacomb
Katalog (kah-tah-*lōak*) *m* (pl ~e) catalogue
Katarrh (kah-*tahr*) *m* (pl ~e) catarrh
Katastrophe (kah-tahss-*trōa*-fer) *f* (pl ~n) catastrophe, disaster
Kategorie (kah-tay-goa-*ree*) *f* (pl ~n) category
Kater (*kaa*-terr) *m* hangover

Kathedrale (kah-tay-*draa*-ler) *f* (pl ~n) cathedral
katholisch (kah-*tōa*-lish) *adj* catholic
Katze (*kah*-tser) *f* (pl ~n) cat; pussy-cat
kauen (*kou*-ern) *v* chew
Kauf (kouf) *m* (pl ~̈e) purchase
kaufen (*kou*-fern) *v* *buy; purchase
Käufer (*koi*-ferr) *m* (pl ~) buyer, purchaser
Kaufhaus (*kouf*-houss) *nt* (pl ~̈er) department store
Kaufmann (*kouf*-mahn) *m* (pl -leute) -dealer; merchant
Kaufpreis (*kouf*-prighss) *m* (pl ~e) purchase price
Kaugummi (*kou*-goo-mi) *m* chewing-gum
kaum (koum) *adv* hardly, scarcely, barely
Kaution (kou-*tsʸōan*) *f* (pl ~en) bail
Kaviar (*kaa*-vi-ahr) *m* caviar
Kegelbahn (*kāy*-gerl-baan) *f* (pl ~en) bowling alley
Kegeln (*kāy*-gerln) *nt* bowling
Kehle (*kāy*-ler) *f* (pl ~n) throat
kehren (*kāy*-rern) *v* turn
Kehrseite (*kāyr*-zigh-ter) *f* (pl ~n) reverse
Keil (kighl) *m* (pl ~e) wedge
Keim (kighm) *m* (pl ~e) germ
kein (kighn) *pron* no
keiner (*kigh*-nerr) *pron* none; ~ **von beiden** neither
keinesfalls (*kigh*-nerss-fahls) *adv* by no means
keineswegs (*kigh*-nerss-vāyks) *adv* by no means
Keks (kāyks) *m* (pl ~e) biscuit; cookie *nAm*; cracker *nAm*
Keller (*keh*-lerr) *m* (pl ~) cellar
Kellermeister (*keh*-lerr-mighss-terr) *m* (pl ~) wine-waiter
Kellner (*kehl*-nerr) *m* (pl ~) waiter; bartender, barman
Kellnerin (*kehl*-ner-rin) *f* (pl ~nen) waitress
Kenia (*kāy*-nʸah) Kenya
***kennen** (*keh*-nern) *v* *know
Kenner (*keh*-nerr) *m* (pl ~) connoisseur
Kenntnis (*kehnt*-niss) *f* (pl ~se) knowledge
Kennzeichen (*kehn*-tsigh-khern) *nt* (pl ~) characteristic, feature; registration number; licence number *Am*
kennzeichnen (*kehn*-tsighkh-nern) *v* mark
Keramik (kay-*raa*-mik) *f* (pl ~en) ceramics *pl*
Kerl (kehrl) *m* (pl ~e) chap, fellow
Kern (kehrn) *m* (pl ~e) essence; heart, core; pip, stone; nucleus; **Kern-** nuclear
Kernenergie (*kehrn*-ay-nehr-gee) *f* nuclear energy
Kerngehäuse (*kehrn*-ger-hoi-zer) *nt* (pl ~) core
Kerosin (kay-roa-*zeen*) *nt* kerosene
Kerze (*kehr*-tser) *f* (pl ~n) candle
Kessel (*keh*-serl) *m* (pl ~) kettle
Kette (*keh*-ter) *f* (pl ~n) chain
keuchen (*koi*-khern) *v* pant
Keule (*koi*-ler) *f* (pl ~n) club
keusch (koish) *adj* chaste
Khaki (*kaa*-ki) *nt* khaki
kichern (*ki*-kherrn) *v* giggle, chuckle
Kiebitz (*kee*-bits) *m* (pl ~e) pewit
Kiefer (*kee*-ferr) *m* (pl ~) jaw
Kiel (keel) *m* (pl ~e) keel
Kieme (*kee*-mer) *f* (pl ~n) gill
Kies (keess) *m* gravel
Kieselstein (*kee*-zerl-shtighn) *m* (pl ~e) pebble
Kilo (*kee*-loa) *nt* (pl ~s) kilogram
Kilometer (ki-loa-*māy*-terr) *m* (pl ~) kilometre
Kilometerzahl (ki-loa-*māy*-terr-tsaal) *f*

distance in kilometres
Kind (kint) *nt* (pl ~er) child; kid; **kleines** ~ tot
Kindergarten (*kin*-derr-gahr-tern) *m* (pl ¨~) kindergarten
Kinderkrippe (*kin*-derr-kri-per) *f* (pl ~n) nursery
Kinderlähmung (*kin*-derr-lai-moong) *f* polio
Kindermädchen (*kin*-derr-mait-khern) *nt* (pl ~) nurse
Kinderwagen (*kin*-derr-vaa-gern) *m* (pl ~) pram; baby carriage *Am*
Kinderzimmer (*kin*-derr-tsi-merr) *nt* (pl ~) nursery
Kinn (kin) *nt* chin
Kino (*kee*-noa) *nt* (pl ~s) cinema; pictures; movie theater *Am*, movies *Am*
Kiosk (ki-*osk*) *m* (pl ~e) kiosk
Kirche (*keer*-kher) *f* (pl ~n) chapel, church
Kirchhof (*keerkh*-hōaf) *m* (pl ¨~e) graveyard, churchyard
Kirchspiel (*keerkh*-shpeel) *nt* (pl ~e) parish
Kirchturm (*keerkh*-toorm) *m* (pl ¨~e) steeple
Kirmes (*keer*-mehss) *f* (pl ~sen) fair
Kirsche (*keer*-sher) *f* (pl ~n) cherry
Kissen (*ki*-sern) *nt* (pl ~) cushion; pillow
Kissenbezug (*ki*-sern-ber-tsōōk) *m* (pl ¨~e) pillow-case
Kiste (*kiss*-ter) *f* (pl ~n) crate
kitzeln (*ki*-tserln) *v* tickle
Klage (*klaa*-ger) *f* (pl ~n) complaint
klagen (*klaa*-gern) *v* complain
Klammer (*klah*-merr) *f* (pl ~n) clamp
Klang (klahng) *m* (pl ¨~e) sound; tone
Klaps (klahps) *m* (pl ~e) smack
klar (klaar) *adj* clear; pure; serene
klären (*klai*-rern) *v* clarify
klarstellen (*klaar*-shteh-lern) *v* clarify
Klasse (*klah*-ser) *f* (pl ~n) class; form
Klassenkamerad (*klah*-sern-kah-mer-raat) *m* (pl ~en) class-mate
Klassenzimmer (*klah*-sern-tsi-merr) *nt* (pl ~) classroom
klassisch (*klah*-sish) *adj* classical
klatschen (*klah*-chern) *v* clap
Klatschmohn (*klahch*-mōan) *m* (pl ~e) poppy
Klaue (*klou*-er) *f* (pl ~n) claw
Klausel (*klou*-zerl) *f* (pl ~n) clause, stipulation
Klavier (klah-*veer*) *nt* (pl ~e) piano
Klebealbum (*klāy*-ber-ahl-boom) *nt* (pl -alben) scrap-book
kleben (*klāy*-bern) *v* *stick; paste
Klebestreifen (*klāy*-ber-shtrigh-fern) *m* (pl ~) adhesive tape
klebrig (*klāy*-brikh) *adj* sticky
Klebstoff (*klāyp*-shtof) *m* (pl ~e) gum
Klecks (klehks) *m* (pl ~e) stain, spot, blot
Klee (klāy) *m* clover
Kleeblatt (*klāy*-blaht) *nt* (pl ¨~er) shamrock
Kleid (klight) *nt* (pl ~er) dress; frock, robe, gown; **Kleider** clothes *pl*
kleiden (*kligh*-dern) *v* suit; **sich** ~ dress
Kleiderbügel (*kligh*-derr-bew̄-gerl) *m* (pl ~) coat-hanger
Kleiderbürste (*kligh*-derr-bewrs-ter) *f* (pl ~n) clothes-brush
Kleiderhaken (*kligh*-derr-haa-kern) *m* (pl ~) peg
Kleiderschrank (*kligh*-derr-shrahngk) *m* (pl ¨~e) wardrobe
Kleidung (*kligh*-doong) *f* clothes *pl*
klein (klighn) *adj* little, small; minor, petty, short
Kleingeld (*klighn*-gehlt) *nt* petty cash, change
Kleinhandel (*klighn*-hahn-derl) *m* retail trade

Kleinhändler (*klighn*-hehn-dlerr) *m* (pl ~) retailer
Kleinkind (*klighn*-kint) *nt* (pl ~er) toddler
kleinlich (*klighn*-likh) *adj* stingy
Kleinod (*klighn*-ōat) *nt* (pl ~e) gem
Klemme (*kleh*-mer) *f* (pl ~n) clamp
klettern (*kleh*-terrn) *v* climb
Klient (kli-*ehnt*) *m* (pl ~en) customer, client
Klima (*klee*-mah) *nt* climate
Klimaanlage (*klee*-mah-ahn-laa-ger) *f* (pl ~n) air-conditioning
klimatisiert (kli-mah-ti-*zeert*) *adj* air-conditioned
Klinge (*kling*-er) *f* (pl ~n) blade
Klingel (*kling*-erl) *f* (pl ~n) bell
***klingen** (*kling*-ern) *v* sound
Klinik (*klee*-nik) *f* (pl ~en) clinic; hospital
Klippe (*kli*-per) *f* (pl ~n) cliff
Klopfen (*klo*-pfern) *nt* knock, tap
klopfen (*klo*-pfern) *v* knock
Kloster (*klōass*-terr) *nt* (pl ¨~) cloister; convent; monastery
Klotz (klots) *m* (pl ¨~e) block; log
Klub (kloop) *m* (pl ~s) club
klug (klōōk) *adj* bright, clever
Klumpen (*kloom*-pern) *m* (pl ~) chunk; lump
klumpig (*kloom*-pikh) *adj* lumpy
knapp (knahp) *adj* scarce; tight; concise
Knappheit (*knahp*-hight) *f* shortage
***kneifen** (*knigh*-fern) *v* pinch
Kneifzange (*knighf*-tsahng-er) *f* (pl ~n) pincers *pl*
Kneipe (*knigh*-per) *f* (pl ~n) pub
Knie (knee) *nt* (pl ~) knee
knien (*knee*-ern) *v* *kneel
Kniescheibe (*knee*-shigh-ber) *f* (pl ~n) kneecap
Kniff (knif) *m* (pl ~e) trick
knirschen (*kneer*-shern) *v* creak
Knoblauch (*knōap*-loukh) *m* garlic
Knochen (*kno*-khern) *m* (pl ~) bone
Knopf (knopf) *m* (pl ¨~e) button; knob
knöpfen (*knur*-pfern) *v* button
Knopfloch (*knopf*-lokh) *nt* (pl ¨~er) buttonhole
Knorpel (*knor*-perl) *m* cartilage
Knospe (*knoss*-per) *f* (pl ~n) bud
Knoten (*knōa*-tern) *m* (pl ~) knot
knoten (*knōa*-tern) *v* knot, tie
Knotenpunkt (*knōa*-tern-poongkt) *m* (pl ~e) junction
knuffen (*knoo*-fern) *v* punch
Knüppel (*knew*-perl) *m* (pl ~) cudgel, club
knusprig (*knooss*-prikh) *adj* crisp
Koch (kokh) *m* (pl ¨~e) cook
Kochbuch (*kokh*-bōōkh) *nt* (pl ¨~er) cookery-book; cookbook *nAm*
kochen (*ko*-khern) *v* cook; boil
Kocher (*ko*-kherr) *m* (pl ~) cooker
Kode (kōat) *m* (pl ~s) code
Köder (*kūr*-derr) *m* (pl ~) bait
Koffein (ko-fay-*een*) *nt* caffeine
koffeinfrei (ko-fay-*een*-frigh) *adj* decaffeinated
Koffer (*ko*-ferr) *m* (pl ~) case, bag; trunk
Kofferraum (*ko*-ferr-roum) *m* (pl ¨~e) boot; trunk *nAm*
Kognak (*ko*-nʸahk) *m* cognac
Kohl (kōal) *m* cabbage
Kohle (*kōa*-ler) *f* (pl ~n) coal
Kohlepapier (*kōa*-ler-pah-peer) *nt* carbon paper
Koje (*kōa*-ʸer) *f* (pl ~n) bunk, berth
Kokain (koa-kah-*een*) *nt* cocaine
Kokosnuß (*kōa*-koss-nooss) *f* (pl -nüsse) coconut
Kolben (*kol*-bern) *m* (pl ~) piston
Kolbenring (*kol*-bern-ring) *m* (pl ~e) piston ring
Kolbenstange (*kol*-bern-shtahng-er) *f*

(pl ~n) piston-rod
Kollege (ko-*lāy*-ger) *m* (pl ~n) colleague
Kollekteur (ko-lehk-*tūrr*) *m* (pl ~e) collector
Kollektion (ko-lehk-*tsʸōān*) *f* (pl ~en) collection
kollektiv (ko-lehk-*teef*) *adj* collective
Kolonie (koa-loa-*nee*) *f* (pl ~n) colony
Kolonne (koa-*lo*-ner) *f* (pl ~n) column
Kolumbianer (koa-loom-*bʸaa*-nerr) *m* (pl ~) Colombian
kolumbianisch (koa-loom-*bʸaa*-nish) *adj* Colombian
Kolumbien (koa-*loom*-bʸern) Colombia
Koma (*kōā*-mah) *nt* coma
Kombination (kom-bi-nah-*tsʸōān*) *f* (pl ~en) combination
kombinieren (kom-bi-*nee*-rern) *v* combine
Komfort (kom-*fōār*) *m* comfort
Komiker (*kōā*-mi-kerr) *m* (pl ~) comedian
komisch (*kōā*-mish) *adj* funny, comic; strange, queer
Komma (*ko*-mah) *nt* (pl ~ta) comma
***kommen** (*ko*-mern) *v* *come; ~ ***lassen** *send for
Kommentar (ko-mehn-*taar*) *m* (pl ~e) comment
kommentieren (ko-mehn-*tee*-rern) *v* comment
kommerziell (ko-mehr-*tsʸehl*) *adj* commercial
Kommission (ko-mi-*sʸōān*) *f* (pl ~en) commission; committee
Kommode (ko-*mōā*-der) *f* (pl ~n) bureau *nAm*; chest of drawers
Kommune (ko-*mōō*-ner) *f* (pl ~n) commune
Kommunikation (ko-moo-ni-kah-*tsʸōān*) *f* communication
Kommunismus (ko-moo-*niss*-mooss) *m* communism
Kommunist (ko-moo-*nist*) *m* (pl ~en) communist
Komödie (ko-*mūr*-dʸer) *f* (pl ~n) comedy
kompakt (kom-*pahkt*) *adj* compact
Kompaß (*kom*-pahss) *m* (pl -passe) compass
Kompetenz (kom-pay-*tehnts*) *f* (pl ~en) capacity
Komplex (kom-*plehks*) *m* (pl ~e) complex
Kompliment (kom-pli-*mehnt*) *nt* (pl ~e) compliment
kompliziert (kom-pli-*tseert*) *adj* complicated
Komponist (kom-poa-*nist*) *m* (pl ~en) composer
Komposition (kom-poa-zi-*tsʸōān*) *f* (pl ~en) composition
Konditor (kon-*dee*-tor) *m* (pl ~en) confectioner
Konditorei (kon-di-toa-*righ*) *f* (pl ~en) pastry shop
Kondom (kon-*dom*) *m* (pl ~s) condom
Konferenz (kon-fay-*rehnts*) *f* (pl ~en) conference
Konflikt (kon-*flikt*) *m* (pl ~e) conflict
Kongreß (kon-*grehss*) *m* (pl -gresse) congress
König (*kūr*-nikh) *m* (pl ~e) king
Königin (*kūr*-ni-gin) *f* (pl ~nen) queen
königlich (*kūr*-nik-likh) *adj* royal
Königreich (*kūr*-nik-righkh) *nt* (pl ~e) kingdom
konkret (kon-*krait*) *adj* concrete
Konkurrent (kon-koo-*rehnt*) *m* (pl ~en) competitor; rival
Konkurrenz (kon-koo-*rehnts*) *f* competition; rivalry
***können** (*kur*-nern) *v* *can; *be able to; *might
konservativ (kon-zehr-vah-*teef*) *adj*

conservative
Konservatorium (kon-zehr-vah-*tōā*-r^{y}oom) *f* (pl -rien) music academy
Konserven (kon-*zehr*-vern) *fpl* tinned food
Konstruktion (kon-strook-*ts^{y}ōān*) *f* (pl ~en) construction
Konsul (*kon*-zool) *m* (pl ~n) consul
Konsulat (kon-zoo-*laat*) *nt* (pl ~e) consulate
Konsultation (kon-zool-tah-*ts^{y}ōān*) *f* (pl ~en) consultation
konsultieren (kon-zool-*tee*-rern) *v* consult
Konsument (kon-zoo-*mehnt*) *m* (pl ~en) consumer
Kontakt (kon-*tahkt*) *m* (pl ~e) touch, contact
Kontaktlinsen (kon-*tahkt*-lin-zern) *fpl* contact lenses
Kontinent (kon-ti-*nehnt*) *m* (pl ~e) continent
kontinental (kon-ti-nehn-*taal*) *adj* continental
Konto (*kon*-toa) *nt* (pl -ten) account
Kontrast (kon-*trahst*) *m* (pl ~e) contrast
Kontrollabschnitt (kon-*trol*-ahp-shnit) *m* (pl ~e) counterfoil, stub
Kontrolle (kon-*tro*-ler) *f* (pl ~n) control, inspection; supervision
kontrollieren (kon-troa-*lee*-rern) *v* control, check
konvertieren (kon-vehr-*tee*-rern) *v* convert
Konzentration (kon-tsehn-trah-*ts^{y}ōān*) *f* (pl ~en) concentration
konzentrieren (kon-tsehn-*tree*-rern) *v* concentrate
Konzern (kon-*tsehrn*) *m* (pl ~e) concern
Konzert (kon-*tsehrt*) *nt* (pl ~e) concert
Konzertsaal (kon-*tsehrt*-zaal) *m* (pl -säle) concert hall
Konzession (kon-tseh-*s^{y}ōān*) *f* (pl ~en) concession; licence, permission
konzessionieren (kon-tseh-s^{y}oa-*nee*-rern) *v* license
kooperativ (koa-oa-pay-rah-*teef*) *adj* co-operative
koordinieren (koa-or-di-*nee*-rern) *v* co-ordinate
Koordinierung (koa-or-di-*nee*-roong) *f* co-ordination
Kopf (kopf) *m* (pl ¨~e) head
Kopfkissen (*kopf*-ki-sern) *nt* (pl ~) pillow
Kopfschmerzen (*kopf*-shmehr-tsern) *mpl* headache
Kopie (koa-*pee*) *f* (pl ~n) copy
kopieren (koa-*pee*-rern) *v* copy
Koralle (koa-*rah*-ler) *f* (pl ~n) coral
Korb (korp) *m* (pl ¨~e) basket
Kordel (*kor*-derl) *f* (pl ~n) tape
Kordsamt (*kort*-zahmt) *m* corduroy
Korinthe (koa-*rin*-ter) *f* (pl ~n) currant
Korken (*kor*-kern) *m* (pl ~) cork
Korkenzieher (*kor*-kern-tsee-err) *m* (pl ~) corkscrew
Korn (korn) *nt* (pl ¨~er) corn, grain
Kornfeld (*korn*-fehlt) *nt* (pl ~er) cornfield
Körper (*kurr*-perr) *m* (pl ~) body
körperbehindert (*kurr*-perr-ber-hin-derrt) *adj* disabled
korpulent (kor-poo-*lehnt*) *adj* corpulent, stout
korrekt (ko-*rehkt*) *adj* correct
Korrespondent (ko-rehss-pon-*dehnt*) *m* (pl ~en) correspondent
Korrespondenz (ko-rehss-pon-*dehnts*) *f* correspondence
korrespondieren (ko-rehss-pon-*dee*-rern) *v* correspond
korrigieren (ko-ri-*gee*-rern) *v* correct

korrupt (ko-*roopt*) *adj* corrupt
Korsett (kor-*zeht*) *nt* (pl ~s) corset
Kosmetika (koss-*māy*-ti-kah) *ntpl* cosmetics *pl*
Kost (kost) *f* fare; food
kostbar (*kost*-baar) *adj* expensive, valuable
Kosten (*koss*-tern) *pl* cost
kosten (*koss*-tern) *v* *cost; taste
kostenlos (*koss*-tern-lōass) *adj* free of charge
Kostgänger (*kost*-gehng-err) *m* (pl ~) boarder
köstlich (*kurst*-likh) *adj* delicious; delightful
kostspielig (*kost*-shpee-likh) *adj* expensive
Kotelett (kot-*leht*) *nt* (pl ~e) cutlet, chop; **Koteletten** sideburns *pl*
Kotflügel (*kōat*-flew-gerl) *m* (pl ~) mud-guard
Krabbe (*krah*-ber) *f* (pl ~n) crab; prawn
Krach (krahkh) *m* (pl ¨~e) noise; row
Krachen (*krah*-khern) *nt* crack
krachen (*krah*-khern) *v* crack
Kraft (krahft) *f* (pl ¨~e) force, strength; power; energy
Kraftfahrer (*krahft*-faa-rerr) *m* (pl ~) motorist
kräftig (*krehf*-tikh) *adj* strong
Kraftwagen (*krahft*-vaa-gern) *m* (pl ~) motor-car
Kraftwerk (*krahft*-vehrk) *nt* (pl ~e) power-station
Kragen (*kraa*-gern) *m* (pl ~) collar
Kragenknopf (*kraa*-gern-knopf) *m* (pl ¨~e) collar stud
Krähe (*krai*-er) *f* (pl ~n) crow
Krampf (krahmpf) *m* (pl ¨~e) convulsion; cramp
Krampfader (*krahmpf*-aa-derr) *f* (pl ~n) varicose vein
Kran (kraan) *m* (pl ¨~e) crane
krank (krahngk) *adj* sick, ill
kränken (*krehng*-kern) *v* offend, *hurt, injure
Krankenhaus (*krahng*-kern-houss) *nt* (pl ¨~er) hospital
Krankensaal (*krahng*-kern-zaal) *m* (pl -säle) infirmary
Krankenschwester (*krahng*-kern-shvehss-terr) *f* (pl ~n) nurse
Krankenwagen (*krahng*-kern-vaa-gern) *m* (pl ~) ambulance
Krankheit (*krahngk*-hight) *f* (pl ~en) sickness, illness, disease; ailment
Krater (*kraa*-terr) *m* (pl ~) crater
kratzen (*krah*-tsern) *v* scratch
Kratzer (*krah*-tserr) *m* (pl ~) scratch
Kraul (kroul) *m* crawl
Kraut (krout) *nt* (pl ¨~er) herb
Krawatte (krah-*vah*-ter) *f* (pl ~n) necktie, tie
Krebs (krāyps) *m* cancer
Kredit (kray-*deet*) *m* (pl ~e) credit
kreditieren (kray-di-*tee*-rern) *v* credit
Kreditkarte (kray-*deet*-kahr-ter) *f* (pl ~n) credit card; charge plate *Am*
Kreide (*krigh*-der) *f* chalk
Kreis (krighss) *m* (pl ~e) circle; ring, sphere
kreischen (*krigh*-shern) *v* shriek, scream
Kreislauf (*krighss*-louf) *m* circulation; cycle
Krem (krāym) *f* (pl ~s) cream
kremfarben (*krāym*-fahr-bern) *adj* cream
Kreuz (kroits) *nt* (pl ~e) cross
Kreuzfahrt (*kroits*-faart) *f* (pl ~en) cruise
kreuzigen (*kroi*-tsi-gern) *v* crucify
Kreuzigung (*kroi*-tsi-goong) *f* (pl ~en) crucifixion
Kreuzung (*kroi*-tsoong) *f* (pl ~en) crossing, crossroads, intersection
Kreuzzug (*kroits*-tsōok) *m* (pl ¨~e) cru-

sade
Kricket (*kri*-kert) *nt* cricket
* **kriechen** (*kree*-khern) *v* *creep, crawl
Krieg (kreek) *m* (pl ~e) war
kriegen (*kree*-gern) *v* *get
Kriegsgefangene (*kreeks*-ger-fahng-er-ner) *m* (pl ~n) prisoner of war
Kriegsmacht (*kreeks*-mahkht) *f* (pl ¨~e) military force
Kriegsschiff (*kreeks*-shif) *nt* (pl ~e) man-of-war
Kriminalität (kri-mi-nah-li-*tait*) *f* criminality
Kriminalroman (kri-mi-*naal*-roa-maan) *m* (pl ~e) detective story
kriminell (kri-mi-*nehl*) *adj* criminal
Krippe (*kri*-per) *f* (pl ~n) manger
Krise (*kree*-zer) *f* (pl ~n) crisis
Kristall (kriss-*tahl*) *nt* crystal
kristallen (kriss-*tah*-lern) *adj* crystal
Kritik (kri-*teek*) *f* (pl ~en) criticism
Kritiker (*kree*-ti-kerr) *m* (pl ~) critic
kritisch (*kree*-tish) *adj* critical
kritisieren (kri-ti-*zee*-rern) *v* criticize
Krokodil (kroa-koa-*deel*) *nt* (pl ~e) crocodile
Krone (*kroā*-ner) *f* (pl ~n) crown
krönen (*krūr*-nern) *v* crown
Kröte (*krūr*-ter) *f* (pl ~n) toad
Krücke (*krew*-ker) *f* (pl ~n) crutch
Krug (krōōk) *m* (pl ¨~e) pitcher, jug, jar
Krümel (*krēw*-merl) *m* (pl ~) crumb
krumm (kroom) *adj* curved, bent; crooked
Krümmung (*krew*-moong) *f* (pl ~en) bend
Kruste (*krooss*-ter) *f* (pl ~n) crust
Kruzifix (kroo-tsi-*fiks*) *nt* (pl ~e) crucifix
Kuba (*kōō*-bah) Cuba
Kubaner (koo-*baa*-nerr) *m* (pl ~) Cuban
kubanisch (koo-*baa*-nish) *adj* Cuban
Kubus (*kōō*-booss) *m* (pl Kuben) cube
Küche (*kew*-kher) *f* (pl ~n) kitchen
Kuchen (*kōō*-khern) *m* (pl ~) cake
Küchenchef (*kew*-khern-shehf) *m* (pl ~s) chef
Kuckuck (*koo*-kook) *m* (pl ~e) cuckoo
Kugel (*kōō*-gerl) *f* (pl ~n) sphere; bullet
Kugelschreiber (*kōō*-gerl-shrigh-berr) *m* (pl ~) ballpoint-pen, Biro
Kuh (kōō) *f* (pl ¨~e) cow
Kuhhaut (*kōō*-hout) *f* (pl ¨~e) cowhide
kühl (kēwl) *adj* cool; chilly
Kühlschrank (*kēwl*-shrahngk) *m* (pl ¨~e) fridge, refrigerator
Kühlsystem (*kēwl*-zewss-tāym) *nt* cooling system
kühn (kēwn) *adj* bold
Kühnheit (*kēwn*-hight) *f* nerve
Küken (*kew*-kern) *nt* (pl ~) chicken
kultivieren (kool-ti-*vee*-rern) *v* cultivate
kultiviert (kool-ti-*veert*) *adj* cultured
Kultur (kool-*tōōr*) *f* (pl ~en) culture
Kummer (*koo*-merr) *m* sorrow, grief
kümmern (*kew*-merrn) *v* mind; **sich ~ um** look after, *take care of
Kunde (*koon*-der) *m* (pl ~n) customer, client
Kundgebung (*koont*-gāy-boong) *f* (pl ~en) demonstration
Kunst (koonst) *f* (pl ¨~e) art; **die schönen Künste** fine arts
Kunstakademie (*koonst*-ah-kah-day-mee) *f* (pl ~n) art school
Kunstausstellung (*koonst*-ouss-shteh-loong) *f* (pl ~en) art exhibition
Kunstgalerie (*koonst*-gah-ler-ree) *f* (pl ~n) art gallery
Kunstgeschichte (*koonst*-ger-shikh-ter) *f* art history
Kunstgewerbe (*koonst*-ger-vehr-ber)

nt arts and crafts
Künstler (*kewnst*-lerr) *m* (pl ~) artist
Künstlerin (*kewnst*-ler-rin) *f* (pl ~nen) artist
künstlerisch (*kewnst*-ler-rish) *adj* artistic
künstlich (*kewnst*-likh) *adj* artificial
Kunstsammlung (*koonst*-zahm-loong) *f* (pl ~en) art collection
Kunstseide (*koonst*-zigh-der) *f* rayon
Kunststoff (*koonst*-shtof) *m* (pl ~e) plastic; **Kunststoff-** plastic
Kunstwerk (*koonst*-vehrk) *nt* (pl ~e) work of art
Kupfer (*koo*-pferr) *nt* copper
Kupon (koo-*pawng*) *m* (pl ~s) coupon
Kuppel (*koo*-perl) *f* (pl ~n) dome
Kupplung (*koop*-loong) *f* (pl ~en) clutch
Kur (kōōr) *f* (pl ~en) cure
Kurbelgehäuse (*koor*-berl-ger-hoi-zer) *nt* (pl ~) crankcase
Kurbelwelle (*koor*-berl-veh-ler) *f* (pl ~n) crankshaft
Kurpfuscher (*kōōr*-pfoo-sherr) *m* (pl ~) quack
Kurs (koors) *m* (pl ~e) rate of exchange; course
Kürschner (*kewrsh*-nerr) *m* (pl ~) furrier
Kursivschrift (koor-*zeef*-shrift) *f* italics *pl*
Kursus (*koor*-zooss) *m* (pl Kurse) course
Kurve (*koor*-ver) *f* (pl ~n) curve, turning, bend
kurz (koorts) *adj* short; brief; **in kurzem** shortly
in Kürze (in *kewr*-tser) soon
kurzgefaßt (*koorts*-ger-fahst) *adj* concise
Kurzlehrgang (*koorts*-lāyr-gahng) *m* (pl ¨e) intensive course
kürzlich (*kewrts*-likh) *adv* recently, lately
Kurzschluß (*koorts*-shlooss) *m* short circuit
kurzsichtig (*koorts*-zikh-tikh) *adj* short-sighted
Kurzwarengeschäft (*koorts*-vaa-rern-ger-shehft) *nt* (pl ~e) haberdashery
Kuß (kooss) *m* (pl Küsse) kiss
küssen (*kew*-sern) *v* kiss
Küste (*kewss*-ter) *f* (pl ~n) coast, shore; seaside
Küster (*kewss*-terr) *m* (pl ~) sexton
Kutsche (*koo*-cher) *f* (pl ~n) carriage, coach

L

labil (lah-*beel*) *adj* unstable
Laboratorium (lah-boa-rah-*tōā*-r^{y}oom) *nt* (pl -rien) laboratory
Labyrinth (lah-bew-*rint*) *nt* (pl ~e) labyrinth
Lächeln (*leh*-kherln) *nt* smile
lächeln (*leh*-kherln) *v* smile
Lachen (*lah*-khern) *nt* laugh
lachen (*lah*-khern) *v* laugh
lächerlich (*leh*-kherr-likh) *adj* ridiculous; ludicrous
lachhaft (*lahkh*-hahft) *adj* ludicrous
Lachs (lahks) *m* (pl ~e) salmon
Lack (lahk) *m* (pl ~e) lacquer; varnish
lackieren (lah-*kee*-rern) *v* varnish
Laden (*laa*-dern) *m* (pl ¨) store
***laden** (*laa*-dern) *v* load; charge
Ladeninhaber (*laa*-dern-in-haa-berr) *m* (pl ~) shopkeeper
Ladentisch (*laa*-dern-tish) *m* (pl ~e) counter
Laderaum (*laa*-der-roum) *m* (pl ¨e) hold
Ladung (*laa*-doong) *f* (pl ~en) freight,

charge, cargo
Lage (*laa*-ger) *f* (pl ~n) location; situation; position, site
Lager (*laa*-gerr) *nt* (pl ~) warehouse, depot; camp
Lagerhaus (*laa*-gerr-houss) *nt* (pl ¨~er) store-house
lagern (*laa*-gerrn) *v* store
Lagerraum (*laa*-gerr-roum) *m* (pl ¨~e) depository
Lagerung (*laa*-ger-roong) *f* storage
Lagune (lah-*gōō*-ner) *f* (pl ~n) lagoon
lahm (laam) *adj* lame
lähmen (*lai*-mern) *v* paralise
Laib (lighp) *m* (pl ~e) loaf
Laie (*ligh*-er) *m* (pl ~n) layman
Laken (*laa*-kern) *nt* (pl ~) sheet
Lakritze (lah-*kri*-tser) *f* liquorice
Lamm (lahm) *nt* (pl ¨~er) lamb
Lammfleisch (*lahm*-flighsh) *nt* lamb
Lampe (*lahm*-per) *f* (pl ~n) lamp
Lampenschirm (*lahm*-pern-sheerm) *m* (pl ~e) lampshade
Land (lahnt) *nt* (pl ¨~er) country, land; **an ~** ashore; **an ~ *gehen** land; disembark
landen (*lahn*-dern) *v* land; disembark
Landenge (*lahnt*-ehng-er) *f* (pl ~n) isthmus
Landesgrenze (*lahn*-derss-grehn-tser) *f* (pl ~n) boundary
Landhaus (*lahnt*-houss) *nt* (pl ¨~er) country house
Landkarte (*lahnt*-kahr-ter) *f* (pl ~n) map
ländlich (*lehnt*-likh) *adj* rustic, rural
Landmarke (*lahnt*-mahr-ker) *f* (pl ~en) landmark
Landschaft (*lahnt*-shahft) *f* (pl ~en) countryside; landscape, scenery
Landsitz (*lahnt*-zits) *m* (pl ~e) estate
Landsmann (*lahnts*-mahn) *m* (pl -leute) countryman
Landstraße (*lahnt*-shtraa-ser) *f* (pl ~n) highway
Landstreicher (*lahnt*-shtrigh-kherr) *m* (pl ~) tramp
Landstreicherei (lahnt-shtrigh-kher-*righ*) *f* vagrancy
Landwirtschaft (*lahnt*-veert-shahft) *f* agriculture; **Landwirtschafts-** agrarian
Landzunge (*lahnt*-tsoong-er) *f* (pl ~n) headland
lang (lahng) *adj* long; tall; **lange** *adv* long
Länge (*lehng*-er) *f* length; **der ~ nach** lengthways
Längengrad (*lehng*-ern-graat) *m* (pl ~e) longitude
länglich (*lehng*-likh) *adj* oblong
langsam (*lahng*-zaam) *adj* slow
Langspielplatte (*lahng*-shpeel-plah-ter) *f* (pl ~n) long-playing record
langweilen (*lahng*-vigh-lern) *v* bore; annoy
Langweiler (*lahng*-vigh-lerr) *m* (pl ~) bore
langweilig (*lahng*-vigh-likh) *adj* dull, boring; unpleasant
langwierig (*lahng*-vee-rikh) *adj* long
Lappen (*lah*-pern) *m* (pl ~) cloth
Lärm (lehrm) *m* noise
lärmend (*lehr*-mernt) *adj* noisy
***lassen** (*lah*-sern) *v* *let; *leave, allow to
lässig (*leh*-sikh) *adj* easy-going
Last (lahst) *f* (pl ~en) burden; charge, load; trouble
lästig (*lehss*-tikh) *adj* troublesome, inconvenient; annoying
Lastwagen (*lahst*-vaa-gern) *m* (pl ~) lorry; truck *nAm*
Lateinamerika (lah-*tighn*-ah-māy-ri-kah) Latin America
lateinamerikanisch (lah-*tighn*-ah-may-ri-kaa-nish) *adj* Latin-American
Laterne (lah-*tehr*-ner) *f* (pl ~n) lan-

tern
Laternenpfahl (lah-*tehr*-nern-pfaal) *m* (pl ¨~e) lamp-post
Lauf (louf) *m* (pl ¨~e) course
Laufbahn (*louf*-baan) *f* career
* **laufen** (*lou*-fern) *v* *run
Laufplanke (*louf*-plahng-ker) *f* (pl ~n) gangway
Laune (*lou*-ner) *f* (pl ~n) spirit, mood; whim, fancy
Laus (louss) *f* (pl ¨~e) louse
laut (lout) *adj* loud; *adv* aloud
läuten (*loi*-tern) *v* *ring
Lautsprecher (*lout*-shpreh-kherr) *m* (pl ~) loud-speaker
lauwarm (*lou*-vahrm) *adj* tepid, lukewarm
Lawine (lah-*vee*-ner) *f* (pl ~n) avalanche
Leben (*lāy*-bern) *nt* (pl ~) life; lifetime; **am** ~ alive
leben (*lāy*-bern) *v* live
lebend (*lāy*-bernt) *adj* live, alive
Lebensmittel (*lāy*-berns-mi-terl) *pl* groceries *pl*
Lebensmittelgeschäft (*lāy*-berns-mi-terl-ger-shehft) *nt* (pl ~e) grocer's
Lebensmittelhändler (*lāy*-berns-mi-terl-hehn-dlerr) *m* (pl ~) grocer
Lebensstandard (*lāy*-berns-shtahn-dahrt) *m* standard of living
Lebensversicherung (*lāy*-berns-fehr-zi-kher-roong) *f* (pl ~en) life insurance
Leber (*lāy*-berr) *f* (pl ~n) liver
lebhaft (*lāyp*-hahft) *adj* brisk, vivid, lively, active
Leck (lehk) *nt* (pl ~s) leak
leck (lehk) *adj* leaky
lecken (*leh*-kern) *v* leak; lick
lecker (*leh*-kerr) *adj* appetizing; delicious, good, tasty
Leckerbissen (*leh*-kerr-bi-sern) *m* (pl ~) delicacy
Leder (*lāy*-derr) *nt* leather; **Leder-** leather
ledern (*lāy*-derrn) *adj* leather
ledig (*lāy*-dikh) *adj* single
leer (lāyr) *adj* empty; blank
leeren (*lāy*-rern) *v* empty
Leerung (*lāy*-roong) *f* (pl ~en) collection
Legalisierung (lay-gah-li-*zee*-roong) *f* legalization
legen (*lāy*-gern) *v* *lay, *put
lehnen (*lāy*-nern) *v* *lean
Lehnstuhl (*lāyn*-shtōōl) *m* (pl ¨~e) armchair, easy chair
Lehrbuch (*lāyr*-bōōkh) *nt* (pl ¨~er) textbook
Lehre (*lāy*-rer) *f* (pl ~n) teachings *pl*
lehren (*lāy*-rern) *v* *teach
Lehrer (*lāy*-rerr) *m* (pl ~) schoolteacher, schoolmaster, master; teacher; instructor
Lehrgang (*lāyr*-gahng) *m* (pl ¨~e) course
lehrreich (*lāyr*-righkh) *adj* instructive
Leib (lighp) *m* (pl ~er) body
Leibwache (*lighp*-vah-kher) *f* (pl ~n) bodyguard
Leiche (*ligh*-kher) *f* (pl ~n) corpse
leicht (lighkht) *adj* light; gentle, slight
Leichtigkeit (*lighkh*-tikh-kight) *f* ease
Leid (light) *nt* sorrow, grief; affliction
Leiden (*ligh*-dern) *nt* (pl ~) ailment; suffering
* **leiden** (*ligh*-dern) *v* suffer
Leidenschaft (*ligh*-dern-shahft) *f* (pl ~en) passion
leidenschaftlich (*ligh*-dern-shahft-likh) *adj* passionate
leider (*ligh*-derr) *adv* unfortunately
leidlich (*light*-likh) *adv* fairly, quite
Leierkasten (*ligh*-err-kahss-tern) *m* (pl ¨~) street-organ
* **leihen** (*ligh*-ern) *v* *lend
Leim (lighm) *m* glue
Leine (*ligh*-ner) *f* (pl ~n) cord; lead;

leash
Leinen (*ligh*-nern) *nt* linen
leise (*ligh*-zer) *adj* low; gentle
Leiste (*lighss*-ter) *f* (pl ~n) groin
leisten (*lighss*-tern) *v* achieve; offer; **sich** ~ afford
Leistung (*lighss*-toong) *f* (pl ~en) achievement
leistungsfähig (*lighss*-toongs-fai-ikh) *adj* efficient
Leistungsfähigkeit (*lighss*-toongs-fai-ikh-kight) *f* (pl ~en) capacity
leiten (*ligh*-tern) *v* head
Leiter¹ (*ligh*-terr) *m* (pl ~) leader
Leiter² (*ligh*-terr) *f* (pl ~n) ladder
Leitplanke (*light*-plahng-ker) *f* (pl ~n) crash barrier
Leitung (*ligh*-toong) *f* (pl ~en) lead
Lektion (lehk-*tsʸōān*) *f* (pl ~en) lesson
Lenksäule (*lehngk*-zoi-ler) *f* (pl ~n) steering-column
Lenz (lehnts) *m* spring
Lepra (*lāy*-prah) *f* leprosy
Lerche (*lehr*-kher) *f* (pl ~n) lark
lernen (*lehr*-nern) *v* *learn; **auswendig** ~ memorize
Leselampe (*lāy*-zer-lahm-per) *f* (pl ~n) reading-lamp
***lesen** (*lāy*-zern) *v* *read
leserlich (*lāy*-zerr-likh) *adj* legible
Lesesaal (*lāy*-zer-zaal) *m* (pl -säle) reading-room
letzt (lehtst) *adj* last; ultimate, final; past
leuchten (*loikh*-tern) *v* *shine; **leuchtend** bright; luminous
Leuchtturm (*loikht*-toorm) *m* (pl ¨~e) lighthouse
leugnen (*loi*-gnern) *v* deny
Leute (*loi*-ter) *pl* people *pl*
Libanese (li-bah-*nāy*-zer) *m* (pl ~n) Lebanese
libanesisch (li-bah-*nāy*-zish) *adj* Lebanese

Libanon (*lee*-bah-non) Lebanon
liberal (li-bay-*raal*) *adj* liberal
Liberia (li-*bāy*-rʸah) Liberia
Liberier (li-*bāy*-rʸerr) *m* (pl ~) Liberian
liberisch (li-*bāy*-rish) *adj* Liberian
Licht (likht) *nt* (pl ~er) light
Lichtbild (*likht*-bilt) *nt* (pl ~er) photograph
Lichtung (*likh*-toong) *f* (pl ~en) clearing
lieb (leep) *adj* dear; affectionate, sweet
Liebe (*lee*-ber) *f* love
lieben (*lee*-bern) *v* love
lieber (*lee*-berr) *adv* sooner, rather
Liebesgeschichte (*lee*-berss-ger-shikh-ter) *f* (pl ~n) love-story
Liebhaber (*leep*-haa-berr) *m* (pl ~) lover
Liebhaberei (leep-haa-ber-*righ*) *f* (pl ~en) hobby
liebkosen (*leep*-kōa-zern) *v* hug
Liebling (*leep*-ling) *m* (pl ~e) darling, sweetheart; favourite; pet; **Lieblings-** favourite; pet
Liebreiz (*leep*-rights) *m* charm
Liebschaft (*leep*-shahft) *f* (pl ~en) affair
Lied (leet) *nt* (pl ~er) song; tune
Lieferauto (*lee*-ferr-ou-toa) *nt* (pl ~s) van
liefern (*lee*-ferrn) *v* furnish, supply, provide
Lieferung (*lee*-fer-roong) *f* (pl ~en) supply; delivery
Lieferwagen (*lee*-ferr-vaa-gern) *m* (pl ~) delivery van, pick-up van
Liege (*lee*-ger) *f* (pl ~n) camp-bed; cot *nAm*
***liegen** (*lee*-gern) *v* *lie
Liegestuhl (*lee*-ger-shtōōl) *m* (pl ¨~e) deck chair
Likör (li-*kūrr*) *m* (pl ~e) liqueur

Lilie (*lee*-lʸer) *f* (pl ~n) lily
Limonade (li-moa-*naa*-der) *f* (pl ~n) lemonade
Limone (li-*mōā*-ner) *f* (pl ~n) lime
Linde (*lin*-der) *f* (pl ~n) lime
Lindenbaum (*lin*-dern-boum) *m* (pl ¨~e) limetree
Lineal (li-nay-*aal*) *nt* (pl ~e) ruler
Linie (*lee*-nʸer) *f* (pl ~n) line
Linienschiff (*lee*-nʸern-shif) *nt* (pl ~e) liner
linke (*ling*-ker) *adj* left-hand, left
linkshändig (*lingks*-hehn-dikh) *adj* left-handed
Linse (*lin*-zer) *f* (pl ~n) lens
Lippe (*li*-per) *f* (pl ~n) lip
Lippensalbe (*li*-pern-zahl-ber) *f* (pl ~n) lipsalve
Lippenstift (*li*-pern-shtift) *m* (pl ~e) lipstick
List (list) *f* (pl ~en) artifice, ruse
Liste (*liss*-ter) *f* (pl ~n) list
listig (*liss*-tikh) *adj* cunning, sly
Liter (*lee*-terr) *m* (pl ~) litre
literarisch (li-tay-*raa*-rish) *adj* literary
Literatur (li-tay-rah-*tōōr*) *f* literature
Lizenz (li-*tsehnts*) *f* (pl ~en) licence
Lob (lōāp) *nt* praise; glory
loben (*lōā*-bern) *v* praise
Loch (lokh) *nt* (pl ¨~er) hole
Locke (*lo*-ker) *f* (pl ~n) curl
locken (*lo*-kern) *v* curl
Lockenwickler (*lo*-kern-vi-klerr) *m* (pl ~) curler
lockern (*lo*-kerrn) *v* loosen
lockig (*lo*-kikh) *adj* curly
Löffel (*lur*-ferl) *m* (pl ~) spoon
Logik (*lōā*-gik) *f* logic
logisch (*lōā*-gish) *adj* logical
Lohn (lōān) *m* (pl ¨~e) wages *pl*, salary, pay
sich lohnen (*lōā*-nern) *be worthwhile; *pay
Lohnerhöhung (*lōān*-ehr-hūr-oong) *f* (pl ~en) raise *nAm*
lokal (loa-*kaal*) *adj* local
Lokomotive (loa-koa-moa-*tee*-ver) *f* (pl ~n) engine, locomotive
Los (lōāss) *nt* (pl ~e) lot
löschen (*lur*-shern) *v* extinguish
Löschpapier (*lursh*-pah-peer) *nt* blotting paper
lose (*lōā*-zer) *adj* loose
Lösegeld (*lūr*-zer-gehlt) *nt* (pl ~er) ransom
lösen (*lūr*-zern) *v* solve
löslich (*lūrss*-likh) *adj* soluble
losmachen (*lōāss*-mah-khern) *v* detach
Lösung (*lūr*-zoong) *f* (pl ~en) solution
Losungswort (*lōā*-zoongs-vort) *nt* (pl ¨~er) password
löten (*lūr*-tern) *v* solder
Lötkolben (*lūrt*-kol-bern) *m* (pl ~) soldering-iron
Lotse (*lōā*-tser) *m* (pl ~n) pilot
Lötstelle (*lūrt*-shteh-ler) *f* (pl ~n) joint
Lotterie (lo-ter-*ree*) *f* (pl ~n) lottery
Löwe (*lūr*-ver) *m* (pl ~n) lion
Löwenzahn (*lūr*-vern-tsaan) *m* dandelion
loyal (lwah-*ʸaal*) *adj* loyal
Lücke (*lew*-ker) *f* (pl ~n) gap
Luft (looft) *f* (pl ¨~e) air; sky; breath
luftdicht (*looft*-dikht) *adj* airtight
Luftdruck (*looft*-drook) *m* atmospheric pressure
lüften (*lewf*-tern) *v* air, ventilate
Luftfilter (*looft*-fil-terr) *m* (pl ~) airfilter
luftig (*loof*-tikh) *adj* airy
Luftkrankheit (*looft*-krahngk-hight) *f* air-sickness
Luftpost (*looft*-post) *f* airmail
Lüftung (*lewf*-toong) *f* ventilation
Luftzug (*looft*-tsōōk) *m* draught
Lüge (*lēw*-ger) *f* (pl ~n) lie
***lügen** (*lēw*-gern) *v* lie
Luke (*lōō*-ker) *f* (pl ~n) hatch; port-

hole
Lumpen (*loom*-pern) *m* (pl ~) rag
Lunge (*loong*-er) *f* (pl ~n) lung
Lungenentzündung (*loong*-ern-ehnt-tsewn-doong) *f* pneumonia
Lunte (*loon*-ter) *f* (pl ~n) fuse
Lust (loost) *f* desire; zest; ~ ***haben zu** *feel like, fancy
lustig (*looss*-tikh) *adj* gay
Lustspiel (*loost*-shpeel) *nt* (pl ~e) comedy
lutschen (*loo*-chern) *v* suck
luxuriös (loo-ksoo-*r^{y}ūrss*) *adj* luxurious
Luxus (*loo*-ksooss) *m* luxury

M

machen (*mah*-khern) *v* *make; *have; cause to
Macht (mahkht) *f* (pl ¨~e) power; force, might
Machtbefugnis (*mahkht*-ber-fōōk-niss) *f* (pl ~se) authority
mächtig (*mehkh*-tikh) *adj* powerful, mighty
machtlos (*mahkht*-lōass) *adj* powerless
Mädchen (*mait*-khern) *nt* (pl ~) girl
Mädchenname (*mait*-khern-naa-mer) *m* (pl ~n) maiden name
Magen (*maa*-gern) *m* (pl ¨~) stomach
Magengeschwür (*maa*-gern-ger-shvēwr) *nt* (pl ~e) gastric ulcer
Magenschmerzen (*maa*-gern-shmehr-tsern) *mpl* stomach-ache
Magenverstimmung (*maa*-gern-fehr-shti-moong) *f* indigestion
mager (*maa*-gerr) *adj* thin; lean
Magie (mah-*gee*) *f* magic
Magnet (mah-*gnāyt*) *m* (pl ~en) magneto
magnetisch (mah-*gnāy*-tish) *adj* magnetic
Mahl (maal) *nt* (pl ¨~er) meal
mahlen (*maa*-lern) *v* *grind
Mahlzeit (*maal*-tsight) *f* (pl ~en) meal
Mai (migh) May
Mais (mighss) *m* maize
Maiskolben (*mighss*-kol-bern) *m* (pl ~) corn on the cob
Major (mah-*^{y}ōār*) *m* (pl ~e) major
Makel (*maa*-kerl) *m* (pl ~) blot
Makler (*maa*-klerr) *m* (pl ~) broker
Makrele (mah-*krāy*-ler) *f* (pl ~n) mackerel
Mal (maal) *nt* (pl ~e) time
mal (maal) times
malaiisch (mah-*ligh*-ish) *adj* Malaysian
Malaria (mah-*laa*-r^{y}ah) *f* malaria
Malaysia (mah-*ligh*-z^{y}ah) Malaysia
malen (*maa*-lern) *v* paint
Maler (*maa*-lerr) *m* (pl ~) painter
malerisch (*maa*-ler-rish) *adj* picturesque, scenic
Malkasten (*maal*-kahss-tern) *m* (pl ¨~) paint-box
Mammut (*mah*-moot) *nt* (pl ~e) mammoth
man (mahn) *pron* one
manche (*mahn*-kher) *pron* some
manchmal (*mahnkh*-maal) *adv* sometimes
Mandarine (mahn-dah-*ree*-ner) *f* (pl ~n) mandarin, tangerine
Mandat (mahn-*daat*) *nt* (pl ~e) mandate
Mandel (*mahn*-derl) *f* (pl ~n) almond; **Mandeln** tonsils *pl*
Mandelentzündung (*mahn*-derl-ehnt-tsewn-doong) *f* tonsilitis
Mangel (*mahng*-erl) *m* (pl ¨~) want, lack, scarcity, shortage; deficiency, fault
mangelhaft (*mahng*-erl-hahft) *adj* defective; faulty

mangeln (*mahng*-erln) *v* fail; lack
Manieren (mah-*nee*-rern) *fpl* manners *pl*
Maniküre (mah-ni-*kew*-rer) *f* (pl ~n) manicure
maniküren (mah-ni-*kew*-rern) *v* manicure
Mann (mahn) *m* (pl ¨~er) man; husband
Mannequin (mah-ner-*kang*) *nt* (pl ~s) model, mannequin
männlich (*mehn*-likh) *adj* male; masculine
Mannschaft (*mahn*-shahft) *f* (pl ~en) team
Manschette (mahn-*sheh*-ter) *f* (pl ~n) cuff
Manschettenknöpfe (mahn-*sheh*-tern-knur-pfer) *mpl* cuff-links *pl*
Mantel (*mahn*-terl) *m* (pl ¨~) coat, overcoat
Manuskript (mah-noo-*skript*) *nt* (pl ~e) manuscript
Märchen (*mair*-khern) *nt* (pl ~) fairytale
Margarine (mahr-gah-*ree*-ner) *f* margarine
Marine (mah-*ree*-ner) *f* navy; **Marine-** naval
maritim (mah-ri-*teem*) *adj* maritime
Mark (mahrk) *nt* marrow
Marke (*mahr*-ker) *f* (pl ~n) brand
Markenautomat (*mahr*-kern-ou-toa-maat) *m* (pl ~en) stamp machine
Markise (mahr-*kee*-zer) *f* (pl ~n) awning
Markstein (*mahrk*-shtighn) *m* (pl ~e) landmark
Markt (mahrkt) *m* (pl ¨~e) market
Marktplatz (*mahrkt*-plahts) *m* (pl ¨~e) market-place
Marmelade (mahr-mer-*laa*-der) *f* (pl ~n) marmalade; jam
Marmor (*mahr*-mor) *m* marble
Marokkaner (mah-ro-*kaa*-nerr) *m* (pl ~) Moroccan
marokkanisch (mah-ro-*kaa*-nish) *adj* Moroccan
Marokko (mah-*ro*-koa) Morocco
Marsch (mahrsh) *m* (pl ¨~e) march
marschieren (mahr-*shee*-rern) *v* march
Marter (*mahr*-terr) *f* (pl ~n) torture
martern (*mahr*-terrn) *v* torture
Märtyrer (*mehr*-tew-rerr) *m* (pl ~) martyr
März (mehrts) March
Masche (*mah*-sher) *f* (pl ~n) mesh
Maschine (mah-*shee*-ner) *f* (pl ~n) machine; engine; aircraft; ~ ***schreiben** type
Masern (*maa*-zerrn) *pl* measles
Maske (*mahss*-ker) *f* (pl ~n) mask
Maß (maass) *nt* (pl ~e) measure; **nach** ~ tailor-made
Massage (mah-*saa*-zher) *f* (pl ~n) massage
Masse (*mah*-ser) *f* (pl ~n) bulk; crowd
Massenproduktion (*mah*-sern-proa-dook-tsʸōan) *f* mass production
Masseur (mah-*sūrr*) *m* (pl ~e) masseur
massieren (mah-*see*-rern) *v* massage
mäßig (*mai*-sikh) *adj* moderate
massiv (mah-*seef*) *adj* solid, massive
Maßnahme (*maass*-naa-mer) *f* (pl ~n) measure
Maßstab (*maass*-shtaap) *m* (pl ¨~e) scale; standard
Mast (mahst) *m* (pl ~e) mast
Mastdarm (*mahst*-dahrm) *m* (pl ¨~e) rectum
Material (mah-tay-*rʸaal*) *nt* (pl ~ien) material
Materie (mah-*tāy*-rʸer) *f* (pl ~n) matter
materiell (mah-tay-*rʸehl*) *adj* material
Mathematik (mah-tay-mah-*teek*) *f*

mathematics
mathematisch (mah-tay-*maa*-tish) *adj* mathematical
Matratze (mah-*trah*-tser) *f* (pl ~n) mattress
Mätresse (meh-*treh*-ser) *f* (pl ~n) mistress
Matrose (mah-*troā*-zer) *m* (pl ~n) sailor, seaman
Matsch (mahch) *m* slush
matt (maht) *adj* mat; dull, dim
Matte (*mah*-ter) *f* (pl ~n) mat
Mauer (*mou*-err) *f* (pl ~n) wall
mauern (*mou*-errn) *v* *lay bricks
Maul (moul) *nt* (pl ¨er) mouth
Maulbeere (*moul*-bāy-rer) *f* (pl ~n) mulberry
Maulesel (*moul*-āy-zerl) *m* (pl ~) mule
Maultier (*moul*-teer) *nt* (pl ~e) mule
Maurer (*mou*-rerr) *m* (pl ~) bricklayer
Maus (mouss) *f* (pl ¨e) mouse
Mausoleum (mou-zoa-*lāy*-oom) *nt* (pl -leen) mausoleum
Mechaniker (may-*khaa*-ni-kerr) *m* (pl ~) mechanic
mechanisch (may-*khaa*-nish) *adj* mechanical
Mechanismus (may-khah-*niss*-mooss) *m* (pl -men) mechanism; machinery
Medaille (may-*dah*-lʸer) *f* (pl ~n) medal
meditieren (may-di-*tee*-rern) *v* meditate
Medizin (may-di-*tseen*) *f* medicine
medizinisch (may-di-*tsee*-nish) *adj* medical
Meer (māyr) *nt* (pl ~e) sea
Meeräsche (*māyr*-eh-sher) *f* (pl ~n) mullet
Meeresküste (*māy*-rerss-kewss-ter) *f* (pl ~n) sea-coast, seashore
Meerrettich (*māyr*-reh-tikh) *m* horseradish
Meerschweinchen (*māyr*-shvighn-khern) *nt* (pl ~) guinea-pig
Meerwasser (*māyr*-vah-serr) *nt* seawater
Mehl (māyl) *nt* flour
mehr (māyr) *adv* more; **etwas ~** some more; **nicht ~** no longer
mehrere (*māy*-rer-rer) *pron* several
Mehrheit (*māyr*-hight) *f* (pl ~en) majority; bulk
Mehrzahl (*māyr*-tsaal) *f* plural
***meiden** (*migh*-dern) *v* avoid
Meile (*migh*-ler) *f* (pl ~n) mile
Meilenstand (*migh*-lern-shtahnt) *m* mileage
Meilenstein (*migh*-lern-shtighn) *m* (pl ~e) milestone
mein (mighn) *pron* my
Meineid (*mighn*-ight) *m* (pl ~e) perjury
meinen (*migh*-nern) *v* *mean
Meinung (*migh*-noong) *f* (pl ~en) view, opinion
Meißel (*migh*-serl) *m* (pl ~) chisel
meist (mighst) *adj* most
meistens (*migh*-sterns) *adv* mostly
Meister (*mighss*-terr) *m* (pl ~) champion; master
Meisterstück (*mighss*-terr-shtewk) *nt* (pl ~e) masterpiece
melden (*mehl*-dern) *v* report
Meldung (*mehl*-doong) *f* (pl ~en) report; mention
meliert (*may*-leert) *adj* mixed
Melodie (may-loa-*dee*) *f* (pl ~n) melody; tune
melodisch (may-*loā*-dish) *adj* tuneful
Melodrama (may-loa-*draa*-mah) *nt* (pl -dramen) melodrama
Melone (may-*loā*-ner) *f* (pl ~n) melon
Membran (mehm-*braan*) *f* (pl ~en) diaphragm
Memorandum (may-moa-*rahn*-doom) *nt* (pl -den) memo
Menge (*mehng*-er) *f* (pl ~n) amount;

plenty, lot; crowd, mass
Mensch (mehnsh) *m* (pl ~en) man; human being
Menschheit (*mehnsh*-hight) *f* humanity, mankind
menschlich (*mehnsh*-likh) *adj* human
Menstruation (mehns-troo-ah-*tsʸōan*) *f* menstruation
Merkbuch (*mehrk*-bōōkh) *nt* (pl ¨~er) diary
merken (*mehr*-kern) *v* notice
Merkmal (*mehrk*-maal) *nt* (pl ~e) indication
merkwürdig (*mehrk*-vewr-dikh) *adj* remarkable; singular
Messe (*meh*-ser) *f* (pl ~n) fair; Mass
***messen** (*meh*-sern) *v* measure
Messer (*meh*-serr) *nt* (pl ~) knife; *m* gauge
Messing (*meh*-sing) *nt* brass
Messingwaren (*meh*-sing-vaa-rern) *fpl* brassware
Metall (may-*tahl*) *nt* (pl ~e) metal
metallisch (may-*tah*-lish) *adj* metal
Meter (*māy*-terr) *nt* (pl ~) metre
Methode (may-*tōa*-der) *f* (pl ~n) method
methodisch (may-*tōa*-dish) *adj* methodical
metrisch (*māy*-trish) *adj* metric
Metzger (*mehts*-gerr) *m* (pl ~) butcher
Meuterei (moi-ter-*righ*) *f* (pl ~en) mutiny
Mexikaner (meh-ksi-*kaa*-nerr) *m* (pl ~) Mexican
mexikanisch (meh-ksi-*kaa*-nish) *adj* Mexican
Mexiko (*meh*-ksi-koa) Mexico
mich (mikh) *pron* me; myself
Miete (*mee*-ter) *f* (pl ~n) rent
mieten (*mee*-tern) *v* hire, rent; lease; engage
Mieter (*mee*-terr) *m* (pl ~) tenant
Mietvertrag (*meet*-fehr-traak) *m* (pl ¨~e) lease
Migräne (mi-*grai*-ner) *f* migraine
Mikrophon (mi-kroa-*fōan*) *nt* (pl ~e) microphone
Mikrowellenherd (*mi*-kroa-veh-lern-hāyrt) *m* (pl ~e) microwave oven
Milch (milkh) *f* milk
milchig (*mil*-khikh) *adj* milky
Milchmann (*milkh*-mahn) *m* (pl ¨~er) milkman
mild (milt) *adj* mild; mellow
mildern (*mil*-derrn) *v* soften
Milieu (mi-*lʸūr*) *nt* (pl ~s) milieu
militärisch (mi-li-*tai*-rish) *adj* military
Million (mi-*lʸōan*) *f* (pl ~en) million
Millionär (mi-lʸoa-*nair*) *m* (pl ~e) millionaire
Minderheit (*min*-derr-hight) *f* (pl ~en) minority
minderjährig (*min*-derr-ʸai-rikh) *adj* under age
minderwertig (*min*-derr-vāyr-tikh) *adj* inferior
mindest (*min*-derst) *adj* least
Mineral (mi-ner-*raal*) *nt* (pl ~e) mineral
Mineralwasser (mi-ner-*raal*-vah-serr) *nt* mineral water
Miniatur (mi-nʸah-*tōōr*) *f* (pl ~en) miniature
Minimum (*mi*-ni-moom) *nt* minimum
Minister (mi-*niss*-terr) *m* (pl ~) minister
Ministerium (mi-niss-*tāy*-rʸoom) *nt* (pl -rien) ministry
Ministerpräsident (mi-*niss*-terr-preh-zi-dehnt) *m* (pl ~en) Prime Minister
Minute (mi-*nōō*-ter) *f* (pl ~n) minute
Minze (*min*-tser) *f* (pl ~n) mint
mir (meer) *pron* me
mischen (*mi*-shern) *v* mix; shuffle
Mischung (*mi*-shoong) *f* (pl ~en) mixture

mißbilligen (miss-*bi*-li-gern) *v* disapprove
Mißbrauch (*miss*-broukh) *m* (pl ¨~e) misuse, abuse
Mißerfolg (*miss*-ehr-folk) *m* (pl ~e) failure
* **mißfallen** (miss-*fah*-lern) *v* displease
Mißgeschick (*miss*-ger-shik) *nt* (pl ~e) misfortune; disaster
mißgestaltet (*miss*-ger-shtahl-tert) *adj* deformed
mißgönnen (miss-*gur*-nern) *v* grudge
mißlich (*miss*-likh) *adj* delicate
Mißtrauen (*miss*-trou-ern) *nt* suspicion
mißtrauen (miss-*trou*-ern) *v* mistrust
mißtrauisch (*miss*-trou-ish) *adj* suspicious
Mißverständnis (*miss*-fehr-shtehnt-niss) *nt* (pl ~se) misunderstanding
* **mißverstehen** (*miss*-fehr-shtāy-ern) *v* *misunderstand
Misthaufen (*mist*-hou-fern) *m* (pl ~) dunghill
mit (mit) *prep* with; by
Mitarbeit (*mit*-ahr-bight) *f* co-operation
* **mitbringen** (*mit*-bring-ern) *v* *bring
mitfühlend (*mit*-few̄-lernt) *adj* sympathetic
Mitgefühl (*mit*-ger-few̄l) *nt* sympathy
Mitglied (*mit*-gleet) *nt* (pl ~er) associate, member
Mitgliedschaft (*mit*-gleet-shahft) *f* membership
Mitleid (*mit*-light) *nt* pity; ~ ***haben mit** pity
* **mitnehmen** (*mit*-nāy-mern) *v* *take along; exhaust
Mitschuldige (*mit*-shool-di-ger) *m* (pl ~n) accessary
Mittag (*mi*-taak) *m* noon, midday
Mittagessen (*mi*-taak-eh-sern) *nt* lunch; luncheon, dinner
Mitte (*mi*-ter) *f* midst, middle
mitteilen (*mit*-tigh-lern) *v* communicate, notify, inform
Mitteilung (*mit*-tigh-loong) *f* (pl ~en) communication, information
Mittel (*mi*-terl) *nt* (pl ~) means; remedy; **antiseptisches** ~ antiseptic; **empfängnisverhütendes** ~ contraceptive
Mittelalter (*mi*-terl-ahl-terr) *nt* Middle Ages
mittelalterlich (*mi*-terl-ahl-terr-likh) *adj* mediaeval
mittelmäßig (*mi*-terl-mai-sikh) *adj* medium; moderate
Mittelmeer (*mi*-terl-māyr) *nt* Mediterranean
Mittelpunkt (*mi*-terl-poongkt) *m* (pl ~e) centre
Mittelstand (*mi*-terl-shtahnt) *m* middle class
mitten in (*mi*-tern in) in the middle of
Mitternacht (*mi*-terr-nahkht) *f* midnight
mittler (*mit*-ler-rer) *adj* middle, medium
mittlerweile (mit-lerr-*vigh*-ler) *adv* in the meantime, meanwhile
Mittwoch (*mit*-vokh) *m* Wednesday
mitzählen (*mit*-tsai-lern) *v* count
Mixer (*mi*-kserr) *m* (pl ~) mixer
Möbel (*mūr*-berl) *ntpl* furniture
mobil (moa-*beel*) *adj* mobile
möblieren (mur-*blee*-rern) *v* furnish
Mode (*moā*-der) *f* (pl ~n) fashion
Modell (moa-*dehl*) *nt* (pl ~e) model
modellieren (moa-deh-*lee*-rern) *v* model
modern (moa-*dehrn*) *adj* modern; fashionable
modifizieren (moa-di-fi-*tsee*-rern) *v* modify
Modistin (moa-*diss*-tin) *f* (pl ~nen) milliner

***mögen** (*mūr*-gern) *v* like, fancy; *may
möglich (*mūrk*-likh) *adj* possible; eventual
Möglichkeit (*mūrk*-likh-kight) *f* (pl ~en) possibility
Mohair (moa-*hair*) *m* mohair
Mohn (mōan) *m* (pl ~e) poppy
Mohrrübe (*mōar*-rēw-ber) *f* (pl ~n) carrot
Molkerei (mol-ker-*righ*) *f* (pl ~en) dairy
mollig (*mo*-likh) *adj* plump
Moment (moa-*mehnt*) *m* (pl ~e) moment
Monarch (moa-*nahrkh*) *m* (pl ~en) ruler, monarch
Monarchie (moa-nahr-*khee*) *f* (pl ~n) monarchy
Monat (*mōa*-naht) *m* (pl ~e) month
monatlich (*mōa*-naht-likh) *adj* monthly
Monatsheft (*mōa*-nahts-hehft) *nt* (pl ~e) monthly magazine
Mönch (murnkh) *m* (pl ~e) monk
Mond (mōant) *m* (pl ~e) moon
Mondlicht (*mōant*-likht) *nt* moonlight
monetär (moa-nay-*tair*) *adj* monetary
Monolog (moa-noa-*lōag*) *m* (pl ~e) monologue
Monopol (moa-noa-*pōal*) *nt* (pl ~e) monopoly
monoton (moa-noa-*tōan*) *adj* monotonous
Montag (*mōan*-taak) *m* Monday
Monteur (mon-*tūrr*) *m* (pl ~e) mechanic
montieren (mon-*tee*-rern) *v* assemble
Monument (moa-noo-*mehnt*) *nt* (pl ~e) monument
Moor (mōar) *nt* (pl ~e) moor
Moorhuhn (*mōar*-hōon) *nt* (pl ~̈er) grouse
Moos (mōass) *nt* (pl ~e) moss
Moped (*mōa*-peht) *nt* (pl ~s) moped; motorbike *nAm*
Moral (moa-*raal*) *f* moral; morality
moralisch (moa-*raa*-lish) *adj* moral
Morast (moa-*rahst*) *m* swamp
Mord (mort) *m* (pl ~e) murder, assassination
morden (*mor*-dern) *v* murder
Mörder (*murr*-derr) *m* (pl ~) murderer
Morgen (*mor*-gern) *m* (pl ~) morning
morgen (*mor*-gern) *adv* tomorrow
Morgenausgabe (*mor*-gern-ouss-gaa-ber) *f* (pl ~n) morning edition
Morgendämmerung (*mor*-gern-deh-mer-roong) *f* dawn
Morgenrock (*mor*-gern-rok) *m* (pl ~̈e) dressing-gown
morgens (*mor*-gerns) *adv* in the morning
Morgenzeitung (*mor*-gern-tsigh-toong) *f* (pl ~en) morning paper
Morphium (*mor*-f^{y}oom) *nt* morphine, morphia
Mosaik (moa-zah-*eek*) *nt* (pl ~en) mosaic
Moschee (mo-*shāy*) *f* (pl ~n) mosque
Moskito (moss-*kee*-toa) *m* (pl ~s) mosquito
Moskitonetz (moss-*kee*-toa-nehts) *nt* (pl ~e) mosquito-net
Motel (moa-*tehl*) *nt* (pl ~s) motel
Motiv (moa-*teef*) *nt* (pl ~e) motive; pattern
Motor (*mōa*-tor) *m* (pl ~en) engine, motor
Motorboot (*mōa*-tor-bōat) *nt* (pl ~e) motor-boat
Motorhaube (*mōa*-tor-hou-ber) *f* (pl ~n) bonnet; hood *nAm*
Motorrad (*mōa*-tor-raat) *nt* (pl ~̈er) motor-cycle
Motorroller (*mōa*-tor-ro-lerr) *m* (pl ~) scooter
Motorschiff (*mōa*-tor-shif) *nt* (pl ~e)

launch
Motte (*mo*-ter) *f* (pl ~n) moth
Möwe (*mūr*-ver) *f* (pl ~n) gull
Mücke (*mew*-ker) *f* (pl ~n) mosquito
müde (*mēw*-der) *adj* tired; weary
Mühe (*mēw*-er) *f* (pl ~n) trouble; difficulty, pains; **sich ~ *geben** bother
Mühle (*mēw*-ler) *f* (pl ~n) mill
Müll (mewl) *m* garbage, trash
Müller (*mew*-lerr) *m* (pl ~) miller
Multiplikation (mool-ti-pli-kah-*tsʸōān*) *f* (pl ~en) multiplication
multiplizieren (mool-ti-pli-*tsee*-rern) *v* multiply
Mumm (moom) *m* guts
Mumps (moomps) *m* mumps
Mund (moont) *m* (pl ¨er) mouth
Mundart (*moont*-ahrt) *f* (pl ~en) dialect
mündig (*mewn*-dikh) *adj* of age
mündlich (*mewnt*-likh) *adj* oral, verbal
Mündung (*mewn*-doong) *f* (pl ~en) mouth
Mundwasser (*moont*-vah-serr) *nt* mouthwash
Münze (*mewn*-tser) *f* (pl ~n) coin; token
Münzwäscherei (*mewnts*-veh-sher-righ) *f* (pl ~en) launderette
Murmel (*moor*-merl) *f* (pl ~n) marble
murren (*moo*-rern) *v* grumble
Muschel (*moo*-sherl) *f* (pl ~n) seashell, shell; mussel
Museum (moo-*zāy*-oom) *nt* (pl Museen) museum
Musical (*mʸōō*-zi-kerl) *nt* (pl ~s) musical comedy
Musik (moo-*zeek*) *f* music
musikalisch (moo-zi-*kaa*-lish) *adj* musical
Musiker (*mōō*-zi-kerr) *m* (pl ~) musician
Musikinstrument (moo-*zeek*-in-stroo-mehnt) *nt* (pl ~e) musical instrument
Muskatnuß (mooss-*kaat*-nooss) *f* (pl -nüsse) nutmeg
Muskel (*mooss*-kerl) *m* (pl ~n) muscle
muskulös (mooss-koo-*lūrss*) *adj* muscular
Muße (*mōō*-ser) *f* leisure
Musselin (moo-ser-*leen*) *m* muslin
***müssen** (*mew*-sern) *v* *must; need to, *have to, *be obliged to, *should; *be bound to
müßig (*mēw*-sikh) *adj* idle
Muster (*mooss*-terr) *nt* (pl ~) pattern; sample
Mut (mōōt) *m* courage
mutig (*mōō*-tikh) *adj* brave, courageous; plucky
Mutter (*moo*-terr) *f* (pl ¨) mother
Muttersprache (*moo*-terr-shpraa-kher) *f* native language, mother tongue
Mütze (*mew*-tser) *f* (pl ~n) cap
Mythos (*mēw*-toss) *m* (pl Mythen) myth

N

Nabel (*naa*-berl) *m* (pl ~) navel
nach (naakh) *prep* to; towards, for; at; after; **unterwegs ~** bound for
nachahmen (*naakh*-aa-mern) *v* copy; imitate
Nachahmung (*naakh*-aa-moong) *f* imitation
Nachbar (*nahkh*-baar) *m* (pl ~n) neighbour
Nachbarschaft (*nahkh*-baar-shahft) *f* (pl ~en) neighbourhood; vicinity
nachdem (naakh-*dāym*) *conj* after
***nachdenken** (*naakh*-dehng-kern) *v* *think
nachdenklich (*naakh*-dehngk-likh) *adj*

thoughtful
nachfolgen (*naakh*-fol-gern) *v* succeed
Nachfrage (*naakh*-fraa-ger) *f* (pl ~n) demand; inquiry
nachfragen (*naakh*-fraa-gern) *v* inquire
* **nachgeben** (*naakh*-gāy-bern) *v* *give in, indulge
nachher (naakh-*hāyr*) *adv* afterwards
Nachkomme (*naakh*-ko-mer) *m* (pl ~n) descendant
nachlässig (*naakh*-leh-sikh) *adj* neglectful, careless
nachmachen (*naakh*-mah-khern) *v* imitate
Nachmittag (*naakh*-mi-taak) *m* (pl ~e) afternoon
Nachname (*naakh*-naa-mer) *m* family name
nachprüfen (*naakh*-prew-fern) *v* verify
Nachricht (*naakh*-rikht) *f* (pl ~en) message; information; **Nachrichten** news; tidings *pl*
Nachsaison (*naakh*-zeh-zawng) *f* low season
* **nachsenden** (*naakh*-zehn-dern) *v* forward
nachspüren (*naakh*-shpew-rern) *v* trace
nächst (naikhst) *adj* next, following
nachstreben (*naakh*-shtrāy-bern) *v* pursue
nachsuchen (*naakh*-zōō-khern) *v* look up
Nacht (nahkht) *f* (pl ̈~e) night; **bei ~** by night; **über ~** overnight
Nachteil (*naakh*-tighl) *m* (pl ~e) disadvantage
nachteilig (*naakh*-tigh-likh) *adj* harmful
Nachtflug (*nahkht*-flōōk) *m* (pl ̈~e) night flight
Nachthemd (*nahkht*-hehmt) *nt* (pl ~en) nightdress
Nachtigall (*nahkh*-ti-gahl) *f* (pl ~en) nightingale
Nachtisch (*naakh*-tish) *m* (pl ~e) dessert, sweet
Nachtklub (*nahkht*-kloop) *m* (pl ~s) cabaret
Nachtkrem (*nahkht*-krāym) *f* (pl ~s) night-cream
nächtlich (*nehkht*-likh) *adj* nightly
Nachtlokal (*nahkht*-loa-kaal) *nt* (pl ~e) nightclub
Nachttarif (*nahkht*-tah-reef) *m* (pl ~e) night rate
Nachtzug (*nahkht*-tsōōk) *m* (pl ̈~e) night train
Nacken (*nah*-kern) *m* (pl ~) nape of the neck
nackt (nahkt) *adj* naked; nude, bare
Nadel (*naa*-derl) *f* (pl ~n) needle
Nagel (*naa*-gerl) *m* (pl ̈~) nail
Nagelbürste (*naa*-gerl-bewrs-ter) *f* (pl ~n) nailbrush
Nagelfeile (*naa*-gerl-figh-ler) *f* (pl ~n) nail-file
Nagellack (*naa*-gerl-lahk) *m* nail-polish
nagelneu (*naa*-gerl-noi) *adj* brand-new
Nagelschere (*naa*-gerl-shāy-rer) *f* (pl ~n) nail-scissors *pl*
Nähe (*nāy*-er) *f* vicinity
nahe (*naa*-er) *adj* nearby, near; close
nähen (*nai*-ern) *v* sew; sew up
sich nähern (*nai*-errn) approach
nahezu (*naa*-er-tsōō) *adv* practically
Nähmaschine (*nai*-mah-shee-ner) *f* (pl ~n) sewing-machine
nahrhaft (*naar*-hahft) *adj* nutritious, nourishing
Nahrung (*naa*-roong) *f* food
Nahrungsmittel (*naa*-roongs-mi-terl) *ntpl* foodstuffs *pl*
Nahrungsmittelvergiftung (*naa*-roongs-mi-terl-fehr-gif-toong) *f* food

poisoning
Naht (naat) *f* (pl ~e) seam
nahtlos (*naat*-lōass) *adj* seamless
Nahverkehrszug (*naa*-fehr-kāyrs-tsōōk) *m* (pl ~e) local train
naiv (nah-*eef*) *adj* naïve
Name (*naa*-mer) *m* (pl ~n) name; fame; denomination; **im Namen von** on behalf of, in the name of
nämlich (*naim*-likh) *adv* namely
Narbe (*nahr*-ber) *f* (pl ~n) scar
Narkose (nahr-*kōa*-zer) *f* narcosis
Narr (nahr) *m* (pl ~en) fool
närrisch (*neh*-rish) *adj* foolish
Narzisse (nahr-*tsi*-ser) *f* (pl ~n) daffodil
Nascherei (nah-sher-*righ*) *f* (pl ~en) candy *nAm*
Nase (*naa*-zer) *f* (pl ~n) nose
Nasenbluten (*naa*-zern-blōō-tern) *nt* nosebleed
Nasenloch (*naa*-zern-lokh) *nt* (pl ~er) nostril
Nashorn (*naass*-horn) *nt* (pl ~er) rhinoceros
naß (nahss) *adj* wet; damp, moist
Nation (nah-*tsʸōān*) *f* (pl ~en) nation
national (nah-tsʸoa-*naal*) *adj* national
Nationalhymne (nah-tsʸoa-*naal*-hewm-ner) *f* (pl ~n) national anthem
nationalisieren (nah-tsʸoa-nah-li-*zee*-rern) *v* nationalize
Natur (nah-*tōōr*) *f* nature
natürlich (nah-*tewr*-likh) *adj* natural; *adv* naturally
Naturschutzpark (nah-*tōōr*-shoots-pahrk) *m* (pl ~s) national park
Naturwissenschaft (nah-*tōōr*-vi-sern-shahft) *f* physics
Navigation (nah-vi-gah-*tsʸōān*) *f* navigation
Nebel (*nāy*-berl) *m* (pl ~) fog, mist; haze
nebelig (*nāy*-ber-likh) *adj* foggy, misty
Nebellampe (*nāy*-berl-lahm-per) *f* (pl ~n) foglamp
neben (*nāy*-bern) *prep* next to, beside
nebenan (nāy-bern-*ahn*) *adv* next-door
Nebenanschluß (*nāy*-bern-ahn-shlooss) *m* (pl -schlüsse) extension
Nebenbedeutung (*nāy*-bern-ber-doi-toong) *f* (pl ~en) connotation
Nebenfluß (*nāy*-bern-flooss) *m* (pl -flüsse) tributary
Nebengebäude (*nāy*-bern-ger-boi-der) *nt* (pl ~) annex
nebensächlich (*nāy*-bern-zehkh-likh) *adj* additional
necken (*neh*-kern) *v* tease
Neffe (*neh*-fer) *m* (pl ~n) nephew
Negativ (nay-gah-*teef*) *nt* (pl ~e) negative
negativ (nay-gah-*teef*) *adj* negative
Neger (*nāy*-gerr) *m* (pl ~) Negro
Negligé (nay-gli-*zhāy*) *nt* (pl ~s) negligee
***nehmen** (*nāy*-mern) *v* *take; *catch
Neid (night) *m* envy
neidisch (*nigh*-dish) *adj* envious
neigen (*nigh*-gern) *v* *be inclined to; tend; **sich ~** slant
Neigung (*nigh*-goong) *f* (pl ~en) incline; inclination, tendency
nein (nighn) no
***nennen** (*neh*-nern) *v* call; name; mention
Neon (*nāy*-on) *nt* neon
Nerv (nehrf) *m* (pl ~en) nerve
nervös (nehr-*vūrss*) *adj* nervous
Nerz (nehrts) *m* (pl ~e) mink
Nest (nehst) *nt* (pl ~er) nest
nett (neht) *adj* nice, pleasant, kind; neat
netto (*neh*-toa) *adj* net
Netz (nehts) *nt* (pl ~e) net; network
Netzhaut (*nehts*-hout) *f* retina
neu (noi) *adj* new

Neuerwerbung (*noi*-ehr-vehr-boong) *f* (pl ~en) acquisition
Neugier (*noi*-geer) *f* curiosity
neugierig (*noi*-gee-rikh) *adj* curious, inquisitive
Neuigkeit (*noi*-ikh-kight) *f* (pl ~en) news
Neujahr (*noi*-ʸaar) New Year
neulich (*noi*-likh) *adv* recently
neun (noin) *num* nine
neunte (*noin*-ter) *num* ninth
neunzehn (*noin*-tsāyn) *num* nineteen
neunzehnte (*noin*-tsāyn-ter) *num* nineteenth
neunzig (*noin*-tsikh) *num* ninety
Neuralgie (noi-rahl-*gee*) *f* neuralgia
Neurose (noi-*rōā*-zer) *f* (pl ~n) neurosis
Neuseeland (*noi-zāy*-lahnt) New Zealand
neutral (noi-*traal*) *adj* neutral
nicht (nikht) *adv* not
Nichte (*nikh*-ter) *f* (pl ~n) niece
nichtig (*nikh*-tikh) *adj* void
nichts (nikhts) *pron* nothing; nil
nichtsdestoweniger (nikhts-dehss-toa-*vāy*-ni-gerr) *adv* nevertheless
nichtssagend (*nikhts*-zaa-gernt) *adj* insignificant
Nickel (*ni*-kerl) *m* nickel
Nicken (*ni*-kern) *nt* nod
nicken (*ni*-kern) *v* nod
nie (nee) *adv* never
nieder (*nee*-derr) *adv* down; over
niedergeschlagen (*nee*-derr-ger-shlaa-gern) *adj* depressed; down, low, sad, blue
Niedergeschlagenheit (*nee*-derr-ger-shlaa-gern-hight) *f* depression
Niederlage (*nee*-derr-laa-ger) *f* (pl ~n) defeat
Niederlande (*nee*-derr-lahn-der) *fpl* the Netherlands
Niederländer (*nee*-derr-lehn-derr) *m* (pl ~) Dutchman
niederländisch (*nee*-derr-lehn-dish) *adj* Dutch
sich *niederlassen (*nee*-derr-lah-sern) settle down
sich niederlegen (*nee*-derr-lāy-gern) *lie down
***niederreißen** (*nee*-derr-righ-sern) *v* demolish
Niederschläge (*nee*-derr-shlai-ger) *mpl* precipitation
***niederschlagen** (*nee*-derr-shlaa-gern) *v* knock down
niederträchtig (*nee*-derr-trehkh-tikh) *adj* foul, mean
niedrig (*nee*-drikh) *adj* low
niemals (*nee*-maals) *adv* never
niemand (*nee*-mahnt) *pron* nobody, no one
Niere (*nee*-rer) *f* (pl ~n) kidney
niesen (*nee*-zern) *v* sneeze
Nigeria (ni-*gāy*-rʸah) Nigeria
Nigerianer (ni-gay-*rʸaa*-nerr) *m* (pl ~) Nigerian
nigerianisch (ni-gay-*rʸaa*-nish) *adj* Nigerian
Nikotin (ni-koa-*teen*) *nt* nicotine
nirgends (*neer*-gernts) *adv* nowhere
Niveau (ni-*vōā*) *nt* (pl ~s) level
nivellieren (ni-veh-*lee*-rern) *v* level
noch (nokh) *adv* still; yet; ~ **ein** another; ~ **einmal** once more; **weder** … ~ neither … nor
nochmals (*nokh*-maals) *adv* again
Nockenwelle (*no*-kern-veh-ler) *f* (pl ~n) camshaft
nominell (noa-mi-*nehl*) *adj* nominal
Nonne (*no*-ner) *f* (pl ~n) nun
Nonnenkloster (*no*-nern-klōāss-terr) *nt* (pl ~̈) nunnery
Norden (*nor*-dern) *m* north
nördlich (*nurrt*-likh) *adj* northern, northerly, north
Nordosten (nort-*oss*-tern) *m* north-

east
Nordpol (*nort*-pōal) *m* North Pole
Nordwesten (nort-*vehss*-tern) *m* north-west
Norm (norm) *f* (pl ~en) standard
normal (nor-*maal*) *adj* normal; regular
Norwegen (*nor*-vāy-gern) Norway
Norweger (*nor*-vāy-gerr) *m* (pl ~) Norwegian
norwegisch (*nor*-vāy-gish) *adj* Norwegian
Not (nōat) *f* (pl ~̈e) distress, misery; need
Notar (noa-*taar*) *m* (pl ~e) notary
Notausgang (*nōat*-ouss-gahng) *m* (pl ~̈e) emergency exit
Notfall (*nōat*-fahl) *m* (pl ~̈e) emergency
nötig (*nūr*-tikh) *adj* necessary; ~ ***haben** need
Notiz (noa-*teets*) *f* (pl ~en) note
Notizblock (noa-*teets*-blok) *m* (pl ~̈e) writing-pad
Notizbuch (noa-*teets*-bōokh) *nt* (pl ~̈er) notebook
Notlage (*nōat*-laa-ger) *f* emergency
Notsignal (*nōat*-zi-gnaal) *nt* (pl ~e) distress signal
Nottreppe (*nōat*-treh-per) *f* (pl ~n) fire-escape
notwendig (*nōat*-vehn-dikh) *adj* necessary
Notwendigkeit (*nōat*-vehn-dikh-kight) *f* (pl ~en) need, necessity
Nougat (*nōo*-gaht) *m* nougat
November (noa-*vehm*-berr) November
Nuance (new-*ahng*-ser) *f* (pl ~n) nuance
nüchtern (*newkh*-terrn) *adj* matter-of-fact; sober
nuklear (noo-klay-*aar*) *adj* nuclear
Null (nool) *f* (pl ~en) nought; zero
Nummer (*noo*-merr) *f* (pl ~n) number; size; act
Nummernschild (*noo*-merrn-shilt) *nt* (pl ~er) registration plate; licence plate *Am*
nun (nōon) *adv* now
nur (nōor) *adv* merely; only, exclusively
Nuß (nooss) *f* (pl Nüsse) nut
Nußknacker (*nooss*-knah-kerr) *m* (pl ~) nutcrackers *pl*
Nußschale (*nooss*-shaa-ler) *f* (pl ~n) nutshell
Nutzen (*noo*-tsern) *m* profit, benefit; interest; utility, use
nützen (*new*-tsern) *v* *be of use
nützlich (*newts*-likh) *adj* useful
nutzlos (*noots*-lōass) *adj* useless; idle
Nylon (*nigh*-lon) *nt* nylon

O

Oase (oa-*aa*-zer) *f* (pl ~n) oasis
ob (op) *conj* whether; ~ ... **oder** whether ... or
Obdach (*op*-dahkh) *nt* cover
oben (*ōa*-bern) *adv* above; upstairs; overhead; **nach** ~ up; upstairs; ~ **auf** on top of
Ober (*ōa*-berr) *m* (pl ~) waiter
ober (*ōa*-berr) *adj* superior, upper; **Ober-** chief
Oberdeck (*ōa*-berr-dehk) *nt* main deck
Oberfläche (*ōa*-berr-fleh-kher) *f* (pl ~n) surface
oberflächlich (*ōa*-berr-flehkh-likh) *adj* superficial
oberhalb (*ōa*-berr-hahlp) *prep* over
Oberkellner (*ōa*-berr-kehl-nerr) *m* (pl ~) head-waiter
Oberschenkel (*ōa*-berr-shehng-kerl) *m* (pl ~) thigh
Oberseite (*ōa*-berr-zigh-ter) *f* (pl ~n)

top side
Oberst (*ōā*-berrst) *m* (pl ~en) colonel
oberst (*ōā*-berrst) *adj* top
obgleich (op-*glighkh*) *conj* although, though
Obhut (*op*-hōōt) *f* custody
Objekt (op-*yehkt*) *nt* (pl ~e) object
objektiv (op-yehk-*teef*) *adj* objective
Oblate (oa-*blaa*-ter) *f* (pl ~n) wafer
Obligation (oa-bli-gah-*tsyōān*) *f* (pl ~en) bond
obligatorisch (oa-bli-gah-*tōā*-rish) *adj* compulsory, obligatory
Observation (op-zehr-vah-*tsyōān*) *f* (pl ~en) observation
Observatorium (op-zehr-vah-*tōā*-ryoom) *nt* (pl -rien) observatory
observieren (op-zehr-*vee*-rern) *v* observe
obskur (ops-*kōōr*) *adj* obscure
Obst (ōāpst) *nt* fruit
Obstgarten (*ōāpst*-gahr-tern) *m* (pl ¨~) orchard
Obstipation (op-sti-pah-*tsyōān*) *f* constipation
obszön (ops-*tsūrn*) *adj* obscene
Obus (*ōā*-booss) *m* (pl ~se) trolley-bus
obwohl (op-*vōāl*) *conj* although, though
Ochse (*o*-kser) *m* (pl ~n) ox
oder (*ōā*-derr) *conj* or
Ofen (*ōā*-fern) *m* (pl ¨~) stove; furnace
offen (*o*-fern) *adj* open
offenbaren (o-fern-*baa*-rern) *v* reveal
offenherzig (*o*-fern-hehr-tsikh) *adj* open
offensichtlich (*o*-fern-zikht-likh) *adj* obvious, apparent, evident
offensiv (o-fehn-*zeef*) *adj* offensive
Offensive (o-fehn-*zee*-ver) *f* (pl ~n) offensive
öffentlich (*ur*-fernt-likh) *adj* public
offiziell (o-fi-*tsyehl*) *adj* official
Offizier (o-fi-*tseer*) *m* (pl ~e) officer
offiziös (o-fi-*tsyūrss*) *adj* unofficial
öffnen (*urf*-nern) *v* open
Öffnung (*urf*-noong) *f* (pl ~en) opening
Öffnungszeiten (*urf*-noongs-tsigh-tern) *fpl* business hours
oft (oft) *adv* often; frequently
ohne (*ōā*-ner) *prep* without
ohnehin (ōā-ner-*hin*) *adv* anyway
Ohr (ōār) *nt* (pl ~en) ear
Ohrenschmerzen (*ōā*-rern-shmehr-tsern) *mpl* earache
Ohrring (*ōār*-ring) *m* (pl ~e) earring
Oktober (ok-*tōā*-berr) October
Öl (ūrl) *nt* (pl ~e) oil
Öldruck (*ūrl*-drook) *m* oil pressure
ölen (*ūr*-lern) *v* lubricate
Ölfilter (*ūrl*-fil-terr) *nt* (pl ~) oil filter
Ölgemälde (*ūrl*-ger-mail-der) *nt* (pl ~) oil-painting
ölig (*ūr*-likh) *adj* oily
Olive (oa-*lee*-ver) *f* (pl ~n) olive
Olivenöl (oa-*lee*-vern-ūrl) *nt* olive oil
Ölquelle (*ūrl*-kveh-ler) *f* (pl ~n) oil-well
Ölraffinerie (*ūrl*-rah-fi-ner-ree) *f* (pl ~n) oil-refinery
Oma (*ōā*-mah) *f* (pl ~s) grandmother
Onkel (*ong*-kerl) *m* (pl ~) uncle
Onyx (*ōā*-newks) *m* (pl ~e) onyx
Opa (*ōā*-pah) *m* (pl ~s) grandfather, granddad
Opal (oa-*paal*) *m* (pl ~e) opal
Oper (*ōā*-perr) *f* (pl ~n) opera
Operation (oa-pay-rah-*tsyōān*) *f* (pl ~en) operation; surgery
Operette (oa-pay-*reh*-ter) *f* (pl ~n) operetta
operieren (oa-pay-*ree*-rern) *v* operate
Opernglas (*ōā*-perrn-glaass) *nt* (pl ¨~er) binoculars *pl*
Opernhaus (*ōā*-perrn-houss) *nt* (pl

¨~er) opera house
Opfer (*o*-pferr) *nt* (pl ~) sacrifice; casualty, victim
Opposition (o-poa-zi-*ts^{y}ōān*) *f* opposition
Optiker (*op*-ti-kerr) *m* (pl ~) optician
Optimismus (op-ti-*miss*-mooss) *m* optimism
Optimist (op-ti-*mist*) *m* (pl ~en) optimist
optimistisch (op-ti-*miss*-tish) *adj* optimistic
orange (oa-*rahng*-zher) *adj* orange
Orchester (or-*kehss*-terr) *nt* (pl ~) orchestra
Orden (*or*-dern) *m* (pl ~) congregation
ordentlich (*or*-dernt-likh) *adj* tidy
ordinär (or-di-*nair*) *adj* vulgar
ordnen (*or*-dnern) *v* arrange; sort
Ordnung (*or*-dnoong) *f* order; method, system; **in ~** in order; **in Ordnung!** okay!
Organ (or-*gaan*) *nt* (pl ~e) organ
Organisation (or-gah-ni-zah-*ts^{y}ōān*) *f* (pl ~en) organization
organisch (or-*gaa*-nish) *adj* organic
organisieren (or-gah-ni-*zee*-rern) *v* organize
Orgel (*or*-gerl) *f* (pl ~n) organ
Orient (*ōā*-ri-ehnt) *m* Orient
orientalisch (oa-ri-ehn-*taa*-lish) *adj* oriental
sich orientieren (oa-ri-ehn-*tee*-rern) orientate
originell (oa-ri-gi-*nehl*) *adj* original
Orlon (*or*-lon) *nt* orlon
ornamental (or-nah-mehn-*taal*) *adj* ornamental
Ort (ort) *m* (pl ~e) place
orthodox (or-toa-*doks*) *adj* orthodox
örtlich (*urrt*-likh) *adj* local; regional
Örtlichkeit (*urrt*-likh-kight) *f* (pl ~en) locality
Ortsansässige (*orts*-ahn-zeh-si-ger) *m* (pl ~n) resident
Ortsgespräch (*orts*-ger-shpraikh) *nt* (pl ~e) local call
Ortsnetzkennzahl (*orts*-nehts-kehn-tsaal) *f* area code
Osten (*oss*-tern) *m* east
Ostern (*ōāss*-terrn) Easter
Österreich (*ūrss*-ter-righkh) Austria
Österreicher (*ūrss*-ter-righ-kherr) *m* (pl ~) Austrian
österreichisch (*ūr*-ster-righ-khish) *adj* Austrian
östlich (*urst*-likh) *adj* eastern, easterly
Ouvertüre (oo-vehr-*tēw*-rer) *f* (pl ~n) overture
oval (oa-*vaal*) *adj* oval
Ozean (*ōā*-tsay-aan) *m* (pl ~e) ocean

P

Paar (paar) *nt* (pl ~e) pair; couple
Pacht (pahkht) *f* lease
Päckchen (*pehk*-khern) *nt* (pl ~) packet
packen (*pah*-kern) *v* pack
Packkorb (*pahk*-korp) *m* (pl ¨~e) hamper
Packpapier (*pahk*-pah-peer) *nt* wrapping paper
Paddel (*pah*-derl) *nt* (pl ~) paddle
Paket (pah-*kāyt*) *nt* (pl ~e) parcel, package
Pakistan (*paa*-kiss-taan) Pakistan
Pakistaner (paa-kiss-*taa*-nerr) *m* (pl ~) Pakistani
pakistanisch (paa-kiss-*taa*-nish) *adj* Pakistani
Palast (pah-*lahst*) *m* (pl ¨~e) palace
Palme (*pahl*-mer) *f* (pl ~n) palm
Pampelmuse (pahm-perl-*mōō*-zer) *f* (pl ~n) grapefruit

Paneel (pah-*nāyl*) *nt* (pl ~e) panel
Panik (*paa*-nik) *f* panic
Panne (*pah*-ner) *f* (pl ~n) breakdown; **eine ~ *haben** *break down
Pantoffel (pahn-*to*-ferl) *m* (pl ~n) slipper
Papagei (pah-pah-*gigh*) *m* (pl ~e) parrot
Papier (pah-*peer*) *nt* paper
papieren (pah-*pee*-rern) *adj* paper
Papierkorb (pah-*peer*-korp) *m* (pl ¨~e) wastepaper-basket
Papierserviette (pah-*peer*-zehr-vʸeh-ter) *f* (pl ~n) paper napkin
Papiertaschentuch (pah-*peer*-tah-shern-tōōkh) *nt* (pl ¨~er) tissue
Pappe (*pah*-per) *f* cardboard; **Papp-** cardboard
Papst (paapst) *m* (pl ¨~e) pope
Parade (pah-*raa*-der) *f* (pl ~n) parade; review
parallel (pah-rah-*lāyl*) *adj* parallel
Parallele (pah-rah-*lāy*-ler) *f* (pl ~n) parallel
Parfüm (pahr-*fewm*) *nt* (pl ~s) scent; perfume
Park (pahrk) *m* (pl ~s) park
parken (*pahr*-kern) *v* park; **Parken verboten** no parking
Parkgebühr (*pahrk*-ger-bewr) *f* (pl ~en) parking fee
Parkleuchte (*pahrk*-loikh-ter) *f* (pl ~n) parking light
Parkplatz (*pahrk*-plahts) *m* (pl ¨~e) car park, parking lot *Am*
Parkuhr (*pahrk*-ōōr) *f* (pl ~en) parking meter
Parkzone (*pahrk*-tsōa-ner) *f* (pl ~n) parking zone
Parlament (pahr-lah-*mehnt*) *nt* (pl ~e) parliament
parlamentarisch (pahr-lah-mehn-*taa*-rish) *adj* parliamentary
Partei (pahr-*tigh*) *f* (pl ~en) party; side
parteiisch (pahr-*tigh*-ish) *adj* partial
Partie (pahr-*tee*) *f* (pl ~n) batch
Partner (*pahrt*-nerr) *m* (pl ~) associate; partner
Party (*paar*-ti) *f* (pl -ties) party
Parzelle (pahr-*tseh*-ler) *f* (pl ~n) plot
Paß (pahss) *m* (pl Pässe) passport
Passagier (pah-sah-*zheer*) *m* (pl ~e) passenger
Passant (pah-*sahnt*) *m* (pl ~en) passer-by
passen (*pah*-sern) *v* fit; suit; **~ zu** match
passend (*pah*-sernt) *adj* adequate, proper; convenient
passieren (pah-*see*-rern) *v* pass; happen
Passion (pah-*sʸōan*) *f* passion
passiv (*pah*-seef) *adj* passive
Paßkontrolle (*pahss*-kon-tro-ler) *f* (pl ~n) passport control
Paßphoto (*pahss*-fōa-toa) *nt* (pl ~s) passport photograph
Paste (*pahss*-ter) *f* (pl ~n) paste
Pastor (*pahss*-tor) *m* (pl ~en) rector, clergyman
Pate (*paa*-ter) *m* (pl ~n) godfather
Patent (pah-*tehnt*) *nt* (pl ~e) patent
Pater (*paa*-terr) *m* (pl ~) father
Patient (pah-*tsʸehnt*) *m* (pl ~en) patient
Patriot (pah-tri-*ōat*) *m* (pl ~en) patriot
Patrone (pah-*trōa*-ner) *f* (pl ~n) cartridge
patrouillieren (pah-trool-*ʸee*-rern) *v* patrol
Pauschalsumme (pou-*shaal*-zoo-mer) *f* (pl ~n) lump sum
Pause (*pou*-zer) *f* (pl ~n) pause; break, interval, intermission
pausieren (pou-*zee*-rern) *v* pause
Pavillon (*pah*-vi-lʸawng) *m* (pl ~s) pa-

vilion

Pazifismus (pah-tsi-*fiss*-mooss) *m* pacifism

Pazifist (pah-tsi-*fist*) *m* (pl ~en) pacifist

pazifistisch (pah-tsi-*fiss*-tish) *adj* pacifist

Pech (pehkh) *nt* bad luck

Pedal (pay-*daal*) *nt* (pl ~en) pedal

Peddigrohr (*peh*-dig-rōar) *nt* rattan

peinlich (*pighn*-likh) *adj* embarrassing, awkward

Peitsche (*pigh*-cher) *f* (pl ~n) whip

Pelikan (*pāy*-li-kaan) *m* (pl ~e) pelican

Pelz (pehlts) *m* (pl ~e) fur

Pelzmantel (*pehlts*-mahn-terl) *m* (pl ¨) fur coat

Pelzwerk (*pehlts*-vehrk) *nt* furs

Pendler (*pehn*-dlerr) *m* (pl ~) commuter

Penicillin (pay-ni-tsi-*leen*) *nt* penicillin

Pension (pahng-s^y*ōan*) *f* (pl ~en) board; boarding-house; pension

pensioniert (pahng-s^yoa-*neert*) *adj* retired

Perfektion (pehr-fehk-*ts^yōan*) *f* perfection

periodisch (pay-*r^yōa*-dish) *adj* periodical

Perle (*pehr*-ler) *f* (pl ~n) pearl; bead

perlend (*pehr*-lernt) *adj* sparkling

Perlmutt (*pehrl*-moot) *nt* mother-of-pearl

Perser (*pehr*-zerr) *m* (pl ~) Persian

Persien (*pehr*-z^yern) Persia

persisch (*pehr*-zish) *adj* Persian

Person (pehr-*zōan*) *f* (pl ~en) person; **pro** ~ per person

Personal (pehr-zoa-*naal*) *nt* staff, personnel

Personalbeschreibung (pehr-zoa-*naal*-ber-shrigh-boong) *f* (pl ~en) description

Personenzug (pehr-*zōa*-nern-tsōok) *m* (pl ¨e) passenger train

persönlich (pehr-*zūrn*-likh) *adj* personal, private

Persönlichkeit (pehr-*zūrn*-likh-kight) *f* (pl ~en) personality

Perspektive (pehr-spehk-*tee*-ver) *f* (pl ~n) perspective

Perücke (peh-*rew*-ker) *f* (pl ~n) wig

Pessimismus (peh-si-*miss*-mooss) *m* pessimism

Pessimist (peh-si-*mist*) *m* (pl ~en) pessimist

pessimistisch (peh-si-*miss*-tish) *adj* pessimistic

Petersilie (pay-terr-*zee*-l^yer) *f* parsley

Petroleum (pay-*trōa*-lay-oom) *nt* petroleum, oil; paraffin

Pfad (pfaat) *m* (pl ~e) trail, lane, path

Pfadfinder (*pfaat*-fin-derr) *m* (pl ~) boy scout, scout

Pfadfinderin (*pfaat*-fin-der-rin) *f* (pl ~nen) girl guide

Pfand (pfahnt) *nt* (pl ¨er) security; deposit

Pfandleiher (*pfahnt*-ligh-err) *m* (pl ~) pawnbroker

Pfanne (*pfah*-ner) *f* (pl ~n) saucepan, pan

Pfarre (*pfah*-rer) *f* (pl ~n) rectory

Pfarrer (*pfah*-rerr) *m* (pl ~) clergyman; rector, parson

Pfarrhaus (*pfahr*-houss) *nt* (pl ¨er) vicarage, parsonage

Pfau (pfou) *m* (pl ~en) peacock

Pfeffer (*pfeh*-ferr) *m* pepper

Pfefferminze (*pfeh*-ferr-min-tser) *f* peppermint

Pfeife (*pfigh*-fer) *f* (pl ~n) pipe; whistle

***pfeifen** (*pfigh*-fern) *v* whistle

Pfeifenreiniger (*pfigh*-fern-righ-ni-gerr) *m* (pl ~) pipe cleaner

Pfeil (pfighl) *m* (pl ~e) arrow

Pfeiler (*pfigh*-lerr) *m* (pl ~) column, pillar
Pferd (pfāyrt) *nt* (pl ~e) horse
Pferderennen (*pfāyr*-der-reh-nern) *nt* (pl ~) horserace
Pferdestärke (*pfāyr*-der-shtehr-ker) *f* (pl ~n) horsepower
Pfingsten (*pfings*-tern) Whitsun
Pfirsich (*pfeer*-zikh) *m* (pl ~e) peach
Pflanze (*pflahn*-tser) *f* (pl ~n) plant
pflanzen (*pflahn*-tsern) *v* plant
Pflaster (*pflahss*-terr) *nt* (pl ~) plaster; pavement
pflastern (*pflahss*-terrn) *v* pave
Pflaume (*pflou*-mer) *f* (pl ~n) plum
Pflege (*pflāy*-ger) *f* care
Pflegeeltern (*pflāy*-ger-ehl-terrn) *pl* foster-parents *pl*
pflegen (*pflāy*-gern) *v* nurse; tend; would
Pflegespülung (*pflāy*-ger-shpēw-loong) *f* (pl ~en) conditioner
Pflicht (pflikht) *f* (pl ~en) duty
pflücken (*pflew*-kern) *v* pick
Pflug (pflōōk) *m* (pl ~̈e) plough
pflügen (*pflēw*-gern) *v* plough
Pförtner (*pfurrt*-nerr) *m* (pl ~) porter
Pfosten (*pfoss*-tern) *m* (pl ~) pole, post
Pfote (*pfōā*-ter) *f* (pl ~n) paw
pfui! (pfoo[ee]) shame!
Pfund (pfoont) *nt* (pl ~e) pound
Pfütze (*pfew*-tser) *f* (pl ~n) puddle
Phantasie (fahn-tah-*see*) *f* fancy
phantastisch (fahn-*tahss*-tish) *adj* fantastic
Phase (*faa*-zer) *f* (pl ~n) stage; phase
Philippine (fi-li-*pee*-ner) *m* (pl ~n) Filipino
Philippinen (fi-li-*pee*-nern) *pl* Philippines *pl*
Philosoph (fi-loa-*zōāf*) *m* (pl ~en) philosopher
Philosophie (fi-loa-soa-*fee*) *f* (pl ~n) philosophy
phonetisch (foa-*nāy*-tish) *adj* phonetic
Photo (*fōā*-toa) *nt* (pl ~s) photo
Photogeschäft (*fōā*-toa-ger-shehft) *nt* (pl ~e) camera shop
Photograph (foa-toa-*graaf*) *m* (pl ~en) photographer
Photographie (foa-toa-grah-*fee*) *f* photography
photographieren (foa-toa-grah-*fee*-rern) *v* photograph
Photokopie (foa-toa-koa-*pee*) *f* (pl ~n) photocopy
Physik (few-*zeek*) *f* physics
Physiker (*fēw*-zi-kerr) *m* (pl ~) physicist
Physiologie (few-z[y]oa-loa-*gee*) *f* physiology
physisch (*fēw*-zish) *adj* physical
Pianist (p[y]ah-*nist*) *m* (pl ~en) pianist
Pickel (*pi*-kerl) *m* (pl ~) pimple
Pickles (*pi*-kerls) *pl* pickles *pl*
Picknick (*pik*-nik) *nt* picnic
picknicken (*pik*-ni-kern) *v* picnic
Pier (peer) *m* (pl ~s) pier, jetty
pikant (pi-*kahnt*) *adj* spicy, savoury
Pilger (*pil*-gerr) *m* (pl ~) pilgrim
Pilgerfahrt (*pil*-gerr-faart) *f* (pl ~en) pilgrimage
Pille (*pi*-ler) *f* (pl ~n) pill
Pilot (pi-*lōāt*) *m* (pl ~en) pilot
Pilz (pilts) *m* (pl ~e) mushroom; toadstool
Pinguin (ping-goo-*een*) *m* (pl ~e) penguin
Pinsel (*pin*-zerl) *m* (pl ~) brush, paint-brush
Pinzette (pin-*tseh*-ter) *f* (pl ~n) tweezers *pl*
Pionier (pi-oa-*neer*) *m* (pl ~e) pioneer
Pistole (piss-*tōā*-ler) *f* (pl ~n) pistol
pittoresk (pi-toa-*rehsk*) *adj* picturesque
plädieren (pleh-*dee*-rern) *v* plead

Plage (*plaa*-ger) *f* (pl ~n) plague
Plakat (plah-*kaat*) *nt* (pl ~e) poster, placard
Plan (plaan) *m* (pl ¨~e) plan; scheme, project; map; schedule
Plane (*plaa*-ner) *f* (pl ~n) tarpaulin
planen (*plaa*-nern) *v* plan
Planet (plah-*nāyt*) *m* (pl ~en) planet
Planetarium (plah-nay-*taa*-r^{y}oom) *nt* (pl -rien) planetarium
Plantage (plahn-*taa*-zher) *f* (pl ~n) plantation
Plappermaul (*plah*-perr-moul) *nt* (pl ¨~er) chatterbox
Platin (plah-*teen*) *nt* platinum
platt (plaht) *adj* level
Platte (*plah*-ter) *f* (pl ~n) plate, sheet; dish
Plattenspieler (*plah*-tern-shpee-lerr) *m* (pl ~) record-player
Platz (plahts) *m* (pl ¨~e) spot; seat; room; square
Platzanweiser (*plahts*-ahn-vigh-zerr) *m* (pl ~) usher
Platzanweiserin (*plahts*-ahn-vigh-zer-rin) *f* (pl ~nen) usherette
plaudern (*plou*-derrn) *v* chat
Plombe (*plom*-ber) *f* (pl ~n) filling
Plötze (*plur*-tser) *f* (pl ~n) roach
plötzlich (*plurts*-likh) *adj* sudden; *adv* suddenly
Plunder (*ploon*-derr) *m* junk
plus (plooss) *adv* plus
pneumatisch (pnoi-*maa*-tish) *adj* pneumatic
pochen (*po*-khern) *v* tap
Pocken (*po*-kern) *fpl* smallpox
Pokal (poa-*kaal*) *m* (pl ~e) cup
Pole (*pōā*-ler) *m* (pl ~n) Pole
Polen (*pōā*-lern) Poland
Police (poa-*lee*-ser) *f* (pl ~n) policy
polieren (poa-*lee*-rern) *v* polish
Polio (*pōā*-l^{y}oa) *f* polio
Politik (poa-li-*teek*) *f* politics; policy
Politiker (poa-*lee*-ti-kerr) *m* (pl ~) politician
politisch (poa-*lee*-tish) *adj* political
Polizei (poa-li-*tsigh*) *f* police *pl*
Polizeiwache (poa-li-*tsigh*-vah-kher) *f* (pl ~n) police-station
Polizist (poa-li-*tsist*) *m* (pl ~en) policeman
polnisch (*pol*-nish) *adj* Polish
Polster (*pols*-terr) *nt* (pl ~) pad
polstern (*pols*-terrn) *v* upholster
Polyp (poa-*lēwp*) *m* (pl ~en) octopus
Pommes frites (pom-*frit*) chips
Pony (*po*-ni) *nt* (pl ~s) pony
Popelin (poa-per-*leen*) *m* poplin
Popmusik (*pop*-moo-zeek) *f* pop music
Portier (por-*t^{y}āy*) *m* (pl ~s) doorman, door-keeper
Portion (por-*ts^{y}ōān*) *f* (pl ~en) helping, portion
Porto (*por*-toa) *nt* postage
portofrei (*por*-toa-frigh) *adj* postage paid
Porträt (por-*trai*) *nt* (pl ~s) portrait
Portugal (*por*-too-gahl) Portugal
Portugiese (por-too-*gee*-zer) *m* (pl ~n) Portuguese
portugiesisch (por-too-*gee*-zish) *adj* Portuguese
Porzellan (por-tser-*laan*) *nt* porcelain, china
Position (poa-zi-*ts^{y}ōān*) *f* (pl ~en) position
Positiv (*pōā*-zi-teef) *nt* (pl ~e) positive
positiv (*pōā*-zi-teef) *adj* positive
Posse (*po*-ser) *f* (pl ~n) farce
Post (post) *f* post, mail
Postamt (*post*-ahmt) *nt* (pl ¨~er) post-office
Postanweisung (*post*-ahn-vigh-zoong) *f* (pl ~en) postal order; mail order *Am*
Postbote (*post*-bōā-ter) *m* (pl ~n) postman

Postdienst (*post*-deenst) *m* postal service
Posten (*poss*-tern) *m* (pl ~) item; post
Postkarte (*post*-kahr-ter) *f* (pl ~n) postcard, card
postlagernd (*post*-laa-gerrnt) *adj* poste restante
Postleitzahl (*post*-light-tsaal) *f* (pl ~en) zip code *Am*
Pracht (prahkht) *f* splendour
prächtig (*prehkh*-tikh) *adj* magnificent; glorious, splendid, gorgeous, superb, wonderful, fine
Präfix (*preh*-fiks) *nt* (pl ~e) prefix
prahlen (*praa*-lern) *v* boast
praktisch (*prahk*-tish) *adj* practical
Praline (prah-*lee*-ner) *f* (pl ~n) chocolate
Prämie (*prai*-m^y^er) *f* (pl ~n) premium
Präposition (preh-poa-zi-*ts^y^ōān*) *f* (pl ~en) preposition
Präsent (preh-*zehnt*) *nt* (pl ~e) present
Präservativ (preh-zehr-vah-*teef*) *nt* condom, contraceptive
Präsident (preh-zi-*dehnt*) *m* (pl ~en) president
Praxis (*prah*-ksiss) *f* practice
präzis (preh-*tseess*) *adj* precise, exact
predigen (*prāȳ*-di-gern) *v* preach
Predigt (*prāȳ*-dikht) *f* (pl ~en) sermon
Preis (prighss) *m* (pl ~e) cost, price-list; award, prize; **den ~ festsetzen** price
Preisgericht (*prighss*-ger-rikht) *nt* (pl ~e) jury
Preisliste (*prighss*-liss-ter) *f* (pl ~n) price list
Preisnachlaß (*prighss*-naakh-lahss) *m* (pl -lässe) reduction
Premierminister (prer-*m^y^āȳ*-mi-niss-terr) *m* (pl ~) premier
Presse (*preh*-ser) *f* press
Pressekonferenz (*preh*-ser-kon-fay-rehnts) *f* (pl ~en) press conference
Prestige (prehss-*tee*-zher) *nt* prestige
Priester (*preess*-terr) *m* (pl ~) priest
prima (*pree*-mah) *adj* first-rate
Prinz (prints) *m* (pl ~en) prince
Prinzessin (prin-*tseh*-sin) *f* (pl ~nen) princess
Prinzip (prin-*tseep*) *nt* (pl ~ien) principle
Priorität (pri-oa-ri-*tait*) *f* (pl ~en) priority
privat (pri-*vaat*) *adj* private
Privatleben (pri-*vaat*-lāȳ-bern) *nt* privacy
Probe (*prōā*-ber) *f* (pl ~n) test; rehearsal
proben (*prōā*-bern) *v* rehearse
probieren (proa-*bee*-rern) *v* try, attempt
Problem (proa-*blāȳm*) *nt* (pl ~e) problem; question
Produkt (proa-*dookt*) *nt* (pl ~e) product
Produktion (proa-dook-*ts^y^ōān*) *f* production
Produzent (proa-doo-*tsehnt*) *m* (pl ~en) producer
Professor (proa-*feh*-sor) *m* (pl ~en) professor
profitieren (proa-fi-*tee*-rern) *v* profit, benefit
Programm (proa-*grahm*) *nt* (pl ~e) programme
progressiv (proa-greh-*seef*) *adj* progressive
Projekt (proa-*^y^ehkt*) *nt* (pl ~e) project
proklamieren (proa-klah-*mee*-rern) *v* proclaim
Promenade (proa-mer-*naa*-der) *f* (pl ~n) esplanade, promenade
Propaganda (proa-pah-*gahn*-dah) *f* propaganda
Propeller (proa-*peh*-lerr) *m* (pl ~) pro-

peller
Prophet (proa-*fāyt*) *m* (pl ~en) prophet
proportional (proa-por-tsʸoa-*naal*) *adj* proportional
Prospekt (proa-*spehkt*) *m* (pl ~e) prospectus
Prostituierte (proa-sti-too-*eer*-ter) *f* (pl ~n) prostitute
Protein (proa-tay-*een*) *nt* (pl ~e) protein
Protest (proa-*tehst*) *m* (pl ~e) protest
protestantisch (proa-tehss-*tahn*-tish) *adj* Protestant
protestieren (proa-tehss-*tee*-rern) *v* protest
Protokoll (proa-toa-*kol*) *nt* (pl ~e) minutes
Provinz (proa-*vints*) *f* (pl ~en) province
provinziell (proa-vin-*tsʸehl*) *adj* provincial
Prozent (proa-*tsehnt*) *nt* (pl ~e) per-cent
Prozentsatz (proa-*tsehnt*-zahts) *m* (pl ~̈e) percentage
Prozeß (proa-*tsehss*) *m* (pl -zesse) lawsuit, process
Prozession (proa-tseh-*sʸōan*) *f* (pl ~en) procession
prüfen (*prew*-fern) *v* check, examine; test
Prügel (*prew*-gerl) *pl* spanking
Psychiater (psew-khi-*aa*-terr) *m* (pl ~) psychiatrist
psychisch (*psew*-khish) *adj* psychic
Psychoanalytiker (psew-khoa-ah-nah-*lew*-ti-kerr) *m* (pl ~) analyst, psychoanalyst
Psychologe (psew-khoa-*lōa*-ger) *m* (pl ~n) psychologist
Psychologie (psew-khoa-loa-*gee*) *f* psychology
psychologisch (psew-khoa-*lōa*-gish) *adj* psychological
Publikum (*pōo*-bli-koom) *nt* audience, public
Puder (*pōo*-derr) *m* powder
Puderdose (*pōo*-derr-dōa-zer) *f* (pl ~n) powder compact
Puderquaste (*pōo*-derr-kvahss-ter) *f* powder-puff
Pullmanwagen (*pool*-mahn-vaa-gern) *m* (pl ~) Pullman
Pullover (poo-*lōa*-verr) *m* (pl ~) pullover
Puls (pools) *m* (pl ~e) pulse
Pulsschlag (*pools*-shlaak) *m* pulse
Pult (poolt) *nt* (pl ~e) desk
Pumpe (*poom*-per) *f* (pl ~n) pump
pumpen (*poom*-pern) *v* pump
Punkt (poongkt) *m* (pl ~e) point; full stop, period; item, issue
pünktlich (*pewngkt*-likh) *adj* punctual
Puppe (*poo*-per) *f* (pl ~n) doll
purpur (*poor*-poor) *adj* purple
Putz (poots) *m* plaster
putzen (*poo*-tsern) *v* brush
Puzzlespiel (*pah*-zerl-shpeel) *nt* (pl ~e) jigsaw puzzle
Pyjama (pi-*zhaa*-mah) *m* (pl ~s) pyjamas *pl*

Q

Quadrat (kvah-*draat*) *nt* (pl ~e) square
quadratisch (kvah-*draa*-tish) *adj* square
Qual (kvaal) *f* (pl ~en) torment
quälen (*kvai*-lern) *v* torment
qualifiziert (kvah-li-fi-*tseert*) *adj* qualified
Qualität (kvah-li-*tait*) *f* (pl ~en) quality
Qualle (*kvah*-ler) *f* (pl ~n) jelly-fish

Quantität (kvahn-ti-*tait*) *f* (pl ~en) quantity
Quarantäne (kah-rahn-*tai*-ner) *f* quarantine
Quartal (kvahr-*taal*) *nt* (pl ~e) quarter
Quatsch (kvahch) *m* rubbish
quatschen (*kvah*-chern) *v* talk rubbish
Quecksilber (*kvehk*-zil-berr) *nt* mercury
Quelle (*kveh*-ler) *f* (pl ~n) source, spring, well; fountain
quer (kvāyr) *adv* athwart
quetschen (*kveh*-chern) *v* bruise
Quetschung (*kveh*-choong) *f* (pl ~en) bruise
Quittung (*kvi*-toong) *f* (pl ~en) receipt
Quote (*kvōā*-ter) *f* (pl ~n) quota

R

Rabatt (rah-*baht*) *m* (pl ~e) reduction, rebate, discount
Rabe (*raa*-ber) *m* (pl ~n) raven
Rache (*rah*-kher) *f* revenge
Rad (raat) *nt* (pl ~̈er) wheel; cycle, bicycle
Radfahrer (*raat*-faa-rerr) *m* (pl ~) cyclist
Radiergummi (rah-*deer*-goo-mi) *m* (pl ~s) eraser, rubber
Radierung (rah-*dee*-roong) *f* (pl ~en) etching
radikal (rah-di-*kaal*) *adj* radical
Radio (*raa*-dʸoa) *nt* (pl ~s) radio
Raffinerie (rah-fi-ner-*ree*) *f* (pl ~n) refinery
Rahmen (*raa*-mern) *m* (pl ~) frame
Rakete (rah-*kāy*-ter) *f* (pl ~n) rocket
Rampe (*rahm*-per) *f* (pl ~n) ramp
Rand (rahnt) *m* (pl ~̈er) brim, edge, border; margin; verge; rim
Randstein (*rahnt*-shtighn) *m* curb
Rang (rahng) *m* (pl ~̈e) grade, rank
ranzig (*rahn*-tsikh) *adj* rancid
Rarität (rah-ri-*tait*) *f* (pl ~en) curio
rasch (rahsh) *adj* fast
Rasen (*raa*-zern) *m* (pl ~) lawn
rasen (*raa*-zern) *v* rage; *speed
rasend (*raa*-zernt) *adj* furious
Rasierapparat (rah-*zeer*-ah-pah-raat) *m* (pl ~e) electric razor; safety-razor; shaver
sich rasieren (rah-*zee*-rern) shave
Rasierklinge (rah-*zeer*-kling-er) *f* (pl ~n) razor-blade
Rasierkrem (rah-*zeer*-krāym) *f* (pl ~s) shaving-cream
Rasierpinsel (rah-*zeer*-pin-zerl) *m* (pl ~) shaving-brush
Rasierseife (rah-*zeer*-zigh-fer) *f* (pl ~n) shaving-soap
Rasierwasser (rah-*zeer*-vah-serr) *nt* aftershave lotion
raspeln (*rahss*-perln) *v* grate
Rasse (*rah*-ser) *f* (pl ~n) race; breed; **Rassen-** racial
Rast (rahst) *f* rest
Rat (raat) *m* (pl ~̈e) advice, counsel; council, board
***raten** (*raa*-tern) *v* guess; advise
Ratenzahlung (*raa*-tern-tsaa-loong) *f* (pl ~en) instalment
Ratgeber (*raat*-gāy-berr) *m* (pl ~) counsellor
Rathaus (*raat*-houss) *nt* (pl ~̈er) town hall
Ration (rah-*tsʸōān*) *f* (pl ~en) ration
Rätsel (*rai*-tserl) *nt* (pl ~) riddle, puzzle; mystery, enigma
rätselhaft (*rai*-tserl-hahft) *adj* mysterious
Ratsmitglied (*raats*-mit-gleet) *nt* (pl ~er) councillor
Ratte (*rah*-ter) *f* (pl ~n) rat
Raub (roup) *m* robbery

rauben (*rou*-bern) *v* rob
Räuber (*roi*-berr) *m* (pl ~) robber
Raubtier (*roup*-teer) *nt* (pl ~e) beast of prey
Rauch (roukh) *m* smoke
rauchen (*rou*-khern) *v* smoke; **Rauchen verboten** no smoking
Raucher (*rou*-kherr) *m* (pl ~) smoker
Raucherabteil (*rou*-kherr-ahp-tighl) *nt* (pl ~e) smoking-compartment, smoker
Rauchzimmer (*roukh*-tsi-merr) *nt* (pl ~) smoking-room
rauh (rou) *adj* bleak; harsh; hoarse
Raum (roum) *m* (pl ~̈e) space, room
räumen (*roi*-mern) *v* vacate
Rauschgift (*roush*-gift) *nt* (pl ~e) narcotic
Reaktion (ray-ahk-*tsʸōān*) *f* (pl ~en) reaction
realisieren (ray-ah-li-*zee*-rern) *v* realize
rebellieren (ray-beh-*lee*-rern) *v* revolt
Rebhuhn (*rehp*-hōōn) *nt* (pl ~̈er) partridge
Rechnen (*rehkh*-nern) *nt* arithmetic
rechnen (*rehkh*-nern) *v* reckon
Rechner (*rehkh*-nerr) *m* (pl ~s) calculator
Rechnung (*rehkh*-noong) *f* (pl ~en) bill; check *nAm*
Recht (rehkht) *nt* (pl ~e) right; law, justice; **mit** ~ rightly
recht (rehkht) *adj* right; right-hand; *adv* fairly, rather; ~ ***haben*** be right
Rechteck (*rehkht*-ehk) *nt* (pl ~e) rectangle, oblong
rechteckig (*rehkht*-eh-kikh) *adj* rectangular
rechtlich (*rehkht*-likh) *adj* legal
rechtmäßig (*rehkht*-mai-sikh) *adj* legitimate
Rechtsanwalt (*rehkhts*-ahn-vahlt) *m* (pl ~̈e) lawyer; barrister
rechtschaffen (*rehkht*-shah-fern) *adj* honourable
Rechtschreibung (*rehkht*-shrigh-boong) *f* spelling
rechtswidrig (*rehkhts*-vee-drikh) *adj* unlawful
rechtzeitig (*rehkht*-tsigh-tikh) *adv* in time
Redakteur (ray-dahk-*tūrr*) *m* (pl ~e) editor
Rede (*rāy*-der) *f* (pl ~n) speech
reden (*rāy*-dern) *v* talk
Redewendung (*rāy*-der-vehn-doong) *f* (pl ~en) phrase
redlich (*rāyt*-likh) *adj* right, fair
reduzieren (ray-doo-*tsee*-rern) *v* reduce
Reeder (*rāy*-derr) *m* (pl ~) shipowner
Referenz (ray-fay-*rehnts*) *f* (pl ~en) reference
Reflektor (ray-*flehk*-tor) *m* (pl ~en) reflector
Reformation (ray-for-mah-*tsʸōān*) *f* reformation
Regal (ray-*gaal*) *nt* (pl ~e) shelf
Regatta (ray-*gah*-tah) *f* (pl Regatten) regatta
Regel (*rāy*-gerl) *f* (pl ~n) rule; **in der** ~ as a rule
regelmäßig (*rāy*-gerl-mai-sikh) *adj* regular
regeln (*rāy*-gerln) *v* regulate; settle
Regelung (*rāy*-ger-loong) *f* (pl ~en) regulation; arrangement, settlement
Regen (*rāy*-gern) *m* rain
Regenbogen (*rāy*-gern-bōā-gern) *m* (pl ~̈) rainbow
Regenguß (*rāy*-gern-gooss) *m* (pl -güsse) downpour
Regenmantel (*rāy*-gern-mahn-terl) *m* (pl ~̈) mackintosh, raincoat
Regenschauer (*rāy*-gern-shou-err) *m* (pl ~) shower
Regenschirm (*rāy*-gern-sheerm) *m* (pl

~e) umbrella
Regie (ray-*zhee*) *f* direction
regieren (ray-*gee*-rern) *v* govern; rule, reign
Regierung (ray-*gee*-roong) *f* (pl ~en) government; rule
Regime (ray-*zheem*) *nt* (pl ~s) régime
Regisseur (ray-zhi-*sūrr*) *m* (pl ~e) director
regnen (*rāy*-gnern) *v* rain
regnerisch (*rāy*-gner-rish) *adj* rainy
regulieren (ray-goo-*lee*-rern) *v* adjust
Rehabilitation (ray-hah-bi-li-tah-*tsʸōan*) *f* rehabilitation
rehbraun (*rāy*-broun) *adj* fawn
Rehkalb (*rāy*-kahlp) *nt* (pl ~̈er) fawn
Reibe (*righ*-ber) *f* (pl ~n) grater
***reiben** (*righ*-bern) *v* rub
Reibung (*righ*-boong) *f* (pl ~en) friction
Reich (righkh) *nt* (pl ~e) empire; kingdom; **Reichs-** imperial
reich (righkh) *adj* rich; wealthy
reichen (*righ*-khern) *v* suffice; pass
reichlich (*righkh*-likh) *adj* plentiful, abundant
Reichtum (*righkh*-tēw-merr) *m* (pl ~̈er) riches *pl*, wealth
reif (righf) *adj* ripe, mature
Reife (*righ*-fer) *f* maturity
Reifen (*righ*-fern) *m* (pl ~) tyre, tire
Reifendruck (*righ*-fern-drook) *m* tyre pressure
Reifenpanne (*righ*-fern-pah-ner) *f* (pl ~n) blow-out, puncture, flat tyre
Reihe (*righ*-er) *f* (pl ~n) line, row; file, rank; turn
Reihenfolge (*righ*-ern-fol-ger) *f* order, sequence
Reiher (*righ*-err) *m* (pl ~) heron
Reim (righm) *m* (pl ~e) rhyme
rein (righn) *adj* clean; pure; sheer
Reinemachen (*righ*-ner-mah-khern) *nt* cleaning
reinigen (*righ*-ni-gern) *v* clean; **chemisch** ~ dry-clean
Reinigung (*righ*-ni-goong) *f* (pl ~en) cleaning; **chemische** ~ dry-cleaner's
Reinigungsmittel (*righ*-ni-goongs-mi-terl) *nt* (pl ~) cleaning fluid; detergent
Reis (righss) *m* rice
Reise (*righ*-zer) *f* (pl ~n) voyage, journey; trip
Reisebüro (*righ*-zer-bew-rōa) *nt* (pl ~s) travel agency
Reisebus (*righ*-zer-booss) *m* (pl ~se) coach
Reisegeschwindigkeit (*righ*-zer-ger-shvin-dikh-kight) *f* cruising speed
reisen (*righ*-zern) *v* travel
Reisende (*righ*-zern-der) *m* (pl ~n) traveller
Reiseplan (*righ*-zer-plaan) *m* (pl ~̈e) itinerary
Reisescheck (*righ*-zer-shehk) *m* (pl ~s) traveller's cheque
Reisespesen (*righ*-zer-shpāy-zern) *pl* travelling expenses
Reiseversicherung (*righ*-zer-fehr-zi-kher-roong) *f* travel insurance
***reißen** (*righ*-sern) *v* *tear
Reißnagel (*righss*-naa-gerl) *m* (pl ~̈) thumbtack *nAm*
Reißverschluß (*righss*-fehr-shlooss) *m* (pl -verschlüsse) zipper, zip
Reißzwecke (*righss*-tsveh-ker) *f* (pl ~n) drawing-pin
***reiten** (*righ*-tern) *v* *ride
Reiter (*righ*-terr) *m* (pl ~) rider, horseman
Reitschule (*right*-shōō-ler) *f* (pl ~n) riding-school
Reitsport (*right*-shport) *m* riding
Reiz (rights) *m* (pl ~e) attraction; glamour
reizbar (*rights*-baar) *adj* quick-tem-

pered, irritable
reizen (*righ*-tsern) *v* irritate
reizend (*righ*-tsernt) *adj* adorable, graceful
Reizmittel (*rights*-mi-terl) *nt* (pl ~) stimulant
Reklame (ray-*klaa*-mer) *f* (pl ~n) publicity
Rekord (ray-*kort*) *m* (pl ~e) record
Rekrut (ray-*kroot*) *m* (pl ~en) recruit
relativ (ray-lah-*teef*) *adj* comparative, relative
Relief (ray-*lʸehf*) *nt* (pl ~s) relief
Religion (ray-li-*gʸoān*) *f* (pl ~en) religion
religiös (ray-li-*gʸūrss*) *adj* religious
Reliquie (ray-*lee*-kvi-er) *f* (pl ~n) relic
Ren (rehn) *nt* (pl ~s) reindeer
Rennbahn (*rehn*-baan) *f* (pl ~en) race-course, race-track
Rennen (*reh*-nern) *nt* (pl ~) race
***rennen** (*reh*-nern) *v* *run
Rennpferd (*rehn*-pfāyrt) *nt* (pl ~e) race-horse
rentabel (rehn-*taa*-berl) *adj* paying
Rente (*rehn*-ter) *f* (pl ~n) pension
Reparatur (ray-pah-rah-*toor*) *f* (pl ~en) reparation
reparieren (ray-pah-*ree*-rern) *v* repair
Repertoire (ray-pehr-*twaar*) *nt* (pl ~s) repertory
repräsentativ (ray-preh-zehn-tah-*teef*) *adj* representative
Reproduktion (ray-proa-dook-*tsʸoān*) *f* (pl ~en) reproduction
reproduzieren (ray-proa-doo-*tsee*-rern) *v* reproduce
Reptil (rehp-*teel*) *nt* (pl ~e) reptile
Republik (ray-poo-*bleek*) *f* (pl ~en) republic
republikanisch (ray-poo-bli-*kaa*-nish) *adj* republican
Reserve (ray-*zehr*-ver) *f* (pl ~n) reserve
Reserverad (ray-*zehr*-ver-raat) *nt* (pl ¨er) spare wheel
reservieren (ray-zehr-*vee*-rern) *v* reserve; book
reserviert (ray-zehr-*veert*) *adj* reserved
Reservierung (ray-zehr-*vee*-roong) *f* (pl ~en) reservation; booking
Reservoir (ray-zehr-*vwaar*) *nt* (pl ~s) reservoir
resolut (ray-zoa-*loot*) *adj* resolute
Respekt (ray-*spehkt*) *m* esteem, regard, respect
Rest (rehst) *m* (pl ~e) rest; remainder, remnant
Restaurant (rehss-toa-*rahng*) *nt* (pl ~s) restaurant
Restbestand (*rehst*-ber-shtahnt) *m* (pl ¨e) remainder
Resultat (ray-zool-*taat*) *nt* (pl ~e) issue
retten (*reh*-tern) *v* rescue, save
Retter (*reh*-terr) *m* (pl ~) saviour
Rettich (*reh*-tikh) *m* (pl ~e) radish
Rettung (*reh*-toong) *f* (pl ~en) rescue
Rettungsgürtel (*reh*-toongs-gewr-terl) *m* (pl ~) lifebelt
Reue (*roi*-er) *f* repentance
Revolution (ray-voa-loo-*tsʸoān*) *f* (pl ~en) revolution
revolutionär (ray-voa-loo-tsʸoa-*nair*) *adj* revolutionary
Revolver (ray-*vol*-verr) *m* (pl ~) revolver, gun
Rezept (ray-*tsehpt*) *nt* (pl ~e) recipe; prescription
Rezeption (ray-tsehp-*tsʸoān*) *f* reception office
Rhabarber (rah-*bahr*-berr) *m* rhubarb
Rheumatismus (roi-mah-*tiss*-mooss) *m* rheumatism
Rhythmus (*rewt*-mooss) *m* (pl -men) rhythm
richten (*rikh*-tern) *v* direct; fix; ~ **auf** aim at

Richter (*rikh*-terr) *m* (pl ~) judge; magistrate
richtig (*rikh*-tikh) *adj* right, correct, just; proper, appropriate
Richtigkeit (*rikh*-tikh-kight) *f* correctness
Richtlinie (*rikht*-lee-n^y^er) *f* (pl ~n) directive
Richtung (*rikh*-toong) *f* (pl ~en) direction; way
***riechen** (*ree*-khern) *v* *smell
Riegel (*ree*-gerl) *m* (pl ~) bolt
Riemen (*ree*-mern) *m* (pl ~) strap
Riese (*ree*-zer) *m* (pl ~n) giant
riesenhaft (*ree*-zern-hahft) *adj* gigantic
riesig (*ree*-zikh) *adj* enormous, huge
Riff (rif) *nt* (pl ~e) reef
Rille (*ri*-ler) *f* (pl ~n) groove
Rinde (*rin*-der) *f* (pl ~n) bark
Rindfleisch (*rint*-flighsh) *nt* beef
Ring (ring) *m* (pl ~e) ring
Ringen (*ring*-ern) *nt* struggle
***ringen** (*ring*-ern) *v* struggle
Rippe (*ri*-per) *f* (pl ~n) rib
Risiko (*ree*-zi-koa) *nt* (pl ~s) risk; chance, hazard
riskant (riss-*kahnt*) *adj* risky
Riß (riss) *m* (pl Risse) crack; tear; cave
Ritter (*ri*-terr) *m* (pl ~) knight
Rivale (ri-*vaa*-ler) *m* (pl ~n) rival
rivalisieren (ri-vah-li-*zee*-rern) *v* rival
Rivalität (ri-vah-li-*tait*) *f* rivalry
Robbe (*ro*-ber) *f* (pl ~n) seal
robust (roa-*boost*) *adj* robust
Rock (rok) *m* (pl ~̈e) skirt
Rockaufschlag (*rok*-ouf-shlaak) *m* (pl ~̈e) lapel
Rogen (*rōa*-gern) *m* roe
roh (rōa) *adj* raw
Rohmaterial (*rōa*-mah-tay-r^y^aal) *nt* (pl ~ien) raw material
Rohr (rōar) *nt* (pl ~e) tube, pipe; cane
Röhre (*rūr*-rer) *f* (pl ~n) tube
Rolle (*ro*-ler) *f* (pl ~n) roll; pulley
rollen (*ro*-lern) *v* roll
Roller (*ro*-lerr) *m* (pl ~) scooter
Rollstuhl (*rol*-shtōol) *m* (pl ~̈e) wheelchair
Rolltreppe (*roal*-treh-per) *f* (pl ~n) escalator
Roman (roa-*maan*) *m* (pl ~e) novel
Romanschriftsteller (roa-*maan*-shrift-shteh-lerr) *m* (pl ~) novelist
romantisch (roa-*mahn*-tish) *adj* romantic
Romanze (roa-*mahn*-tser) *f* (pl ~n) romance
römisch-katholisch (*rūr*-mish-kah-tōa-lish) *adj* Roman Catholic
röntgen (*rurnt*-gern) *v* X-ray
Röntgenbild (*rurnt*-gern-bilt) *nt* (pl ~er) X-ray
rosa (*rōa*-zah-rōat) *adj* rose, pink
Rose (*rōa*-zer) *f* (pl ~n) rose
Rosenkohl (*rōa*-zern-kōal) *m* sprouts *pl*
Rosenkranz (*rōa*-zern-krahnts) *m* (pl ~̈e) rosary, beads *pl*
Rosine (roa-*zee*-ner) *f* (pl ~n) raisin
Rost¹ (rost) *m* rust
Rost² (rost) *m* (pl ~e) grate
rösten (*rūrss*-tern) *v* roast
rostig (*ross*-tikh) *adj* rusty
rot (rōat) *adj* red
Rotkehlchen (*rōat*-kāyl-khern) *nt* (pl ~) robin
Rotwild (*rōat*-vilt) *nt* deer
Rouge (rōozh) *nt* rouge
Roulett (roo-*leht*) *nt* roulette
Route (*rōo*-ter) *f* (pl ~n) route
Routine (roo-*tee*-ner) *f* routine
Rübe (*rew*-ber) *f* (pl ~n) beet
Rubin (roo-*been*) *m* (pl ~e) ruby
Rubrik (roo-*breek*) *f* (pl ~en) column
Ruck (rook) *m* (pl ~e) tug, wrench
Rücken (*rew*-kern) *m* (pl ~) back

Rückenschmerzen (*rew*-kern-shmehr-tsern) *mpl* backache
Rückfahrt (*rewk*-faart) *f* return journey; **Hin- und** ~ round trip *Am*
Rückflug (*rewk*-flo͞ok) *m* (pl ~̈e) return flight
Rückgang (*rewk*-gahng) *m* recession, depression
Rückgrat (*rewk*-graat) *nt* (pl ~e) spine, backbone
Rückkehr (*rewk*-kāyr) *f* return
Rücklicht (*rewk*-likht) *nt* (pl ~er) tail-light
Rückreise (*rewk*-righ-zer) *f* return journey
Rucksack (*rook*-zahk) *m* (pl ~̈e) rucksack; knapsack
Rückschlag (*rewk*-shlaak) *m* (pl ~̈e) reverse
Rücksicht (*rewk*-zikht) *f* consideration
rücksichtsvoll (*rewk*-zikhts-fol) *adj* considerate
rückständig (*rewk*-shtehn-dikh) *adj* overdue
Rücktritt (*rewk*-trit) *m* resignation
rückvergüten (*rewk*-fehr-gew̄-tern) *v* refund
Rückvergütung (*rewk*-fehr-gew̄-toong) *f* (pl ~en) refund
rückwärts (*rewk*-vehrts) *adv* backwards; ~ ***fahren** reverse
Rückwärtsgang (*rewk*-vehrts-gahng) *m* reverse
Rückweg (*rewk*-vāyk) *m* way back
Rückzahlung (*rewk*-tsaa-loong) *f* (pl ~en) repayment
Ruder (*ro͞o*-derr) *nt* (pl ~) helm; oar
Ruderboot (*ro͞o*-derr-bōat) *nt* (pl ~e) rowing-boat
rudern (*ro͞o*-derrn) *v* row
Ruf (ro͞of) *m* (pl ~e) call; cry, scream; fame, reputation
***rufen** (*ro͞o*-fern) *v* call; cry, shout
Ruhe (*ro͞o*-er) *f* quiet
ruhelos (*ro͞o*-er-lōass) *adj* restless
Ruhelosigkeit (*ro͞o*-er-lōa-zikh-kight) *f* unrest
ruhen (*ro͞o*-ern) *v* rest
ruhig (*ro͞o*-ikh) *adj* calm; tranquil, quiet, serene; restful
Ruhm (ro͞om) *m* celebrity, fame; glory
Ruhr (ro͞or) *f* dysentery
rühren (*rew̄*-rern) *v* stir; move
rührend (*rew̄*-rernt) *adj* touching
Rührung (*rew̄*-roong) *f* emotion
Ruine (roo-*ee*-ner) *f* (pl ~n) ruins
ruinieren (roo-i-*nee*-rern) *v* ruin
Rumäne (roo-*mai*-ner) *m* (pl ~n) Rumanian
Rumänien (roo-*mai*-nʸern) Rumania
rumänisch (roo-*mai*-nish) *adj* Rumanian
rund (roont) *adj* round
Runde (*roon*-der) *f* (pl ~n) round
Rundfunk (*roont*-foongk) *m* wireless
rundherum (*roont*-heh-room) *adv* around
Rundreise (*roont*-righ-zer) *f* (pl ~n) tour
Russe (*roo*-ser) *m* (pl ~n) Russian
russisch (*roo*-sish) *adj* Russian
Rußland (*rooss*-lahnt) Russia
Rüstung (*rewss*-toong) *f* (pl ~en) armour
Rutschbahn (*rooch*-baan) *f* (pl ~en) slide

S

Saal (zaal) *m* (pl Säle) hall
Saalwärter (*zaal*-vehr-terr) *m* (pl ~) custodian
Saccharin (zah-khah-*reen*) *nt* saccharin
Sache (*zah*-kher) *f* (pl ~en) matter;

cause
sachlich (*zahkh*-likh) *adj* down-to-earth; substantial
sächlich (*zehkh*-likh) *adj* neuter
Sachverständige (*zahkh*-fehr-shtehn-di-ger) *m* (pl ~n) expert
Sack (zahk) *m* (pl ~e) sack; bag
Sackgasse (*zahk*-gah-ser) *f* (pl ~n) cul-de-sac
säen (*zai*-ern) *v* *sow
Safe (sāyf) *m* (pl ~s) safe
Saft (zahft) *m* (pl ~e) juice
saftig (*zahf*-tikh) *adj* juicy
Säge (*zai*-ger) *f* (pl ~n) saw
Sägemehl (*zai*-ger-māyl) *nt* sawdust
Sägemühle (*zai*-ger-mew-ler) *f* (pl ~n) saw-mill
sagen (*zaa*-gern) *v* *say; *tell
Sahne (*zaa*-ner) *f* cream
Sahnebonbon (*zaa*-ner-bawng-bawng) *m* (pl ~s) toffee
sahnig (*zaa*-nikh) *adj* creamy
Saison (zeh-*zawng*) *f* (pl ~s) season; **außer** ~ off season
Saite (*zigh*-ter) *f* (pl ~n) string
Salat (zah-*laat*) *m* (pl ~e) salad; lettuce
Salatöl (zah-*laat*-ūrl) *nt* (pl ~e) salad-oil
Salbe (*zahl*-ber) *f* (pl ~n) salve, ointment
Saldo (*zahl*-doa) *m* (pl Salden) balance
Salmiakgeist (zahl-*m^y ahk*-gighst) *m* ammonia
Salon (zah-*lawng*) *m* (pl ~s) salon
Salz (zahlts) *nt* salt
Salzfäßchen (*zahlts*-fehss-khern) *nt* (pl ~) salt-cellar
salzig (*zahl*-tsikh) *adj* salty
Samen (*zaa*-mern) *m* (pl ~) seed
sammeln (*zah*-merln) *v* collect; gather
Sammler (*zahm*-lerr) *m* (pl ~) collector
Sammlung (*zahm*-loong) *f* (pl ~en) collection
Samt (zahmt) *m* velvet
Sanatorium (zah-nah-*tōā*-r^y oom) *nt* (pl -rien) sanatorium
Sand (zahnt) *m* sand
Sandale (zahn-*daa*-ler) *f* (pl ~n) sandal
sandig (*zahn*-dikh) *adj* sandy
sanft (zahnft) *adj* gentle
Sänger (*zehng*-err) *m* (pl ~) vocalist, singer
sanitär (zah-ni-*tair*) *adj* sanitary
Saphir (*zaa*-feer) *m* (pl ~e) sapphire
Sardelle (zahr-*deh*-ler) *f* (pl ~n) anchovy
Sardine (zahr-*dee*-ner) *f* (pl ~n) sardine
Satellit (zah-teh-*leet*) *m* (pl ~en) satellite; ~ **fernsehen** *nt* satellite tv
Satin (sah-*tang*) *m* satin
satt (zaht) *adj* satisfied
Sattel (*zah*-terl) *m* (pl ~) saddle
Satz (zahts) *m* (pl ~e) sentence; set; rate
sauber (*zou*-berr) *adj* clean
säubern (*zoi*-berrn) *v* clean
Saudi-Arabien (zou-di-ah-*raa*-b^y ern) Saudi Arabia
saudiarabisch (zou-di-ah-*raa*-bish) *adj* Saudi Arabian
sauer (*zou*-err) *adj* sour
Sauerstoff (*zou*-err-shtof) *m* oxygen
Säugetier (*zoi*-ger-teer) *nt* (pl ~e) mammal
Säugling (*zoik*-ling) *m* (pl ~e) infant
Säule (*zoi*-ler) *f* (pl ~n) pillar, column
Saum (zoum) *m* (pl ~e) hem
Sauna (*zou*-nah) *f* (pl ~s) sauna
Säure (*zoi*-rer) *f* (pl ~n) acid
schaben (*shaa*-bern) *v* scrape
Schach (shahkh) *nt* chess; **Schach!** check!
Schachbrett (*shahkh*-breht) *nt* (pl

~er) checkerboard *nAm*
Schachtel (*shahkh*-terl) *f* (pl ~n) box
schade! (shaa-der) what a pity!
Schädel (*shai*-derl) *m* (pl ~) skull
Schaden (*shaa*-dern) *m* (pl ⸚) damage; harm, mischief
schaden (*shaa*-dern) *v* harm
Schadenersatz (*shaa*-dern-ehr-zahts) *m* compensation, indemnity
schadhaft (*shaat*-hahft) *adj* defective
schädlich (*shait*-likh) *adj* harmful, hurtful
Schaf (shaaf) *nt* (pl ~e) sheep
***schaffen** (*shah*-fern) *v* create; *make
Schaffner (*shahf*-nerr) *m* (pl ~) conductor; ticket collector
Schal (shaal) *m* (pl ~s) scarf, shawl
Schale (*shaa*-ler) *f* (pl ~n) bowl; skin, peel; shell
schälen (*shai*-lern) *v* peel
Schalentier (*shaa*-lern-teer) *nt* (pl ~e) shellfish
Schalk (shahlk) *m* (pl ~e) rascal
Schall (shahl) *m* sound
schalldicht (*shahl*-dikht) *adj* soundproof
Schallplatte (*shahl*-plah-ter) *f* (pl ~n) record, disc
Schaltbrett (*shahlt*-breht) *nt* (pl ~er) switchboard
schalten (*shahl*-tern) *v* change gear
Schalter (*shahl*-terr) *m* (pl ~) switch; counter
Schaltjahr (*shahlt*-ʸaar) *nt* leap-year
sich schämen (*shai*-mern) *be ashamed
Schande (*shahn*-der) *f* disgrace, shame
scharf (shahrf) *adj* sharp; keen
schärfen (*shehr*-fern) *v* sharpen
Scharfrichter (*shahrf*-rikh-terr) *m* (pl ~) executioner
scharlachrot (*shahr*-lahkh-rōat) *adj* scarlet
Scharlatan (*shahr*-lah-taan) *m* (pl ~e) quack
Scharm (shahrm) *m* charm
Scharnier (shahr-*neer*) *nt* (pl ~e) hinge
Schatten (*shah*-tern) *m* (pl ~) shade; shadow
schattig (*shah*-tikh) *adj* shady
Schatz (shahts) *m* (pl ⸚e) treasure; darling, sweetheart
Schatzamt (*shahts*-ahmt) *nt* treasury
schätzen (*sheh*-tsern) *v* appreciate; estimate, value; esteem
Schätzung (*sheh*-tsoong) *f* appreciation
Schauder (*shou*-derr) *m* horror; shudder
schauen (*shou*-ern) *v* look
Schauer (*shou*-err) *m* (pl ~) shower
Schaufel (*shou*-ferl) *f* (pl ~n) spade, shovel
Schaufenster (*shou*-fehns-terr) *nt* (pl ~) shop-window
Schaukel (*shou*-kerl) *f* (pl ~n) swing
schaukeln (*shou*-kerln) *v* *swing; rock
Schaum (shoum) *m* froth, lather; foam
schäumen (*shoi*-mern) *v* foam
Schaumgummi (*shoum*-goo-mi) *m* foam-rubber
Schauspiel (*shou*-shpeel) *nt* (pl ~e) spectacle; play
Schauspieler (*shou*-shpee-lerr) *m* (pl ~) actor; comedian
Schauspielerin (*shou*-shpee-ler-rin) *f* (pl ~nen) actress
Schauspielhaus (*shou*-shpeel-houss) *nt* (pl ⸚er) theatre
Scheck (shehk) *m* (pl ~s) cheque; check *nAm*
Scheckbuch (*shehk*-bōōkh) *nt* (pl ⸚er) cheque-book; check-book *nAm*
Scheibe (*shigh*-ber) *f* (pl ~n) disc;

pane
Scheibenwischer (*shigh*-bern-vi-sherr) *m* (pl ~) windscreen wiper; windshield wiper *Am*
***scheiden** (*shigh*-dern) *v* divorce
Scheidewand (*shigh*-der-vahnt) *f* (pl ¨~e) partition
Scheideweg (*shigh*-der-vāyk) *m* (pl ~e) road fork
Scheidung (*shigh*-doong) *f* (pl ~en) divorce
Schein (shighn) *m* (pl ~e) shine; appearance; certificate; note
scheinbar (*shighn*-baar) *adj* apparent
***scheinen** (*shigh*-nern) *v* look, appear, seem
scheinheilig (*shighn*-high-likh) *adj* hypocritical
Scheinwerfer (*shighn*-vehr-ferr) *m* (pl ~) headlight, headlamp; spotlight, searchlight
Scheitel (*shigh*-terl) *m* (pl ~) parting
Schellfisch (*shehl*-fish) *m* (pl ~e) haddock
Schelm (shehlm) *m* (pl ~e) rascal
schelmisch (*shehl*-mish) *adj* mischievous
Schema (*shāy*-mah) *nt* (pl ~ta) scheme; diagram
Schenke (*shehng*-ker) *f* (pl ~n) tavern
schenken (*shehng*-kern) *v* pour
Schenkung (*shehng*-koong) *f* (pl ~en) donation
Schere (*shāy*-rer) *f* (pl ~n) scissors *pl*
scheu (shoi) *adj* shy
scheuern (*shoi*-errn) *v* scrub
Scheune (*shoi*-ner) *f* (pl ~n) barn
scheußlich (*shoiss*-likh) *adj* horrible
Schi (shee) *m* (pl ~er) ski; ~ ***laufen** ski
Schicht (shikht) *f* (pl ~en) layer; shift; gang
schicken (*shi*-kern) *v* *send
Schicksal (*shik*-zaal) *nt* destiny, fate

***schieben** (*shee*-bern) *v* push
Schiebetür (*shee*-ber-tewr) *f* (pl ~en) sliding door
Schiedsrichter (*sheets*-rikh-terr) *m* (pl ~) umpire
schief (sheef) *adj* slanting
Schiefer (*shee*-ferr) *m* slate
schielend (*shee*-lernt) *adj* cross-eyed
Schiene (*shee*-ner) *f* (pl ~n) splint
Schienenweg (*shee*-nern-vāyk) *m* (pl ~e) railroad *nAm*
***schießen** (*shee*-sern) *v* *shoot, fire
Schießpulver (*sheess*-pool-ferr) *nt* gunpowder
Schiff (shif) *nt* (pl ~e) boat, ship; vessel
Schiffahrt (*shif*-faart) *f* navigation
Schiffahrtslinie (*shif*-faarts-lee-nʸer) *f* (pl ~n) shipping line
Schiffswerft (*shifs*-vehrft) *f* (pl ~en) shipyard
Schihose (*shee*-hōa-zer) *f* (pl ~n) ski pants
Schilauf (*shee*-louf) *m* skiing
Schiläufer (*shee*-loi-ferr) *m* (pl ~) skier
Schildkröte (*shilt*-krūr-ter) *f* (pl ~n) turtle
Schilfrohr (*shilf*-rōar) *nt* (pl ~e) reed
Schilift (*shee*-lift) *m* (pl ~e) ski-lift
Schimmel (*shi*-merl) *m* mildew
schimmelig (*shi*-mer-likh) *adj* mouldy
schimpfen (*shim*-pfern) *v* scold
Schinken (*shing*-kern) *m* (pl ~) ham
Schirm (sheerm) *m* (pl ~e) screen
Schischuhe (*shee*-shōo-er) *mpl* ski boots
Schisprung (*shee*-shproong) *m* (pl ¨~e) ski-jump
Schistöcke (*shee*-shtur-ker) *mpl* ski sticks; ski poles *Am*
Schlacht (shlahkht) *f* (pl ~en) battle
Schlaf (shlaaf) *m* sleep; **im** ~ asleep; **Schläfchen** *nt* nap

Schläfe (*shlai*-fer) *f* (pl ~n) temple
* **schlafen** (*shlaa*-fern) *v* *sleep
schlaff (shlahf) *adj* limp
schlaflos (*shlaaf*-lōass) *adj* sleepless
Schlaflosigkeit (*shlaaf*-lōa-zikh-kight) *f* insomnia
Schlafmittel (*shlaaf*-mi-terl) *nt* (pl ~) sleeping-pill
schläfrig (*shlaif*-rikh) *adj* sleepy
Schlafsaal (*shlaaf*-zaal) *m* (pl -säle) dormitory
Schlafsack (*shlaaf*-zahk) *m* (pl ¨~e) sleeping-bag
Schlafwagen (*shlaaf*-vaa-gern) *m* (pl ~) sleeping-car
Schlafwagenbett (*shlaaf*-vaa-gern-beht) *nt* (pl ~en) berth
Schlafzimmer (*shlaaf*-tsi-merr) *nt* (pl ~) bedroom
Schlag (shlaak) *m* (pl ¨~e) blow, slap; bump
Schlaganfall (*shlaak*-ahn-fahl) *m* (pl ¨~e) stroke
* **schlagen** (*shlaa*-gern) *v* *hit, slap, *strike, *beat; thump, bump; smack; whip; **sich** ~ *fight
Schlager (*shlaa*-gerr) *m* (pl ~) hit
Schläger (*shlai*-gerr) *m* (pl ~) racquet
Schlagwort (*shlaak*-vort) *nt* (pl ¨~er) slogan
Schlagzeile (*shlaak*-tsigh-ler) *f* (pl ~n) headline
Schlamm (shlahm) *m* mud
schlammig (*shlah*-mikh) *adj* muddy
schlampig (*shlahm*-pikh) *adj* sloppy
Schlange (*shlahng*-er) *f* (pl ~n) snake; queue; ~ * **stehen** queue; stand in line *Am*
schlank (shlahngk) *adj* slim, slender
schlau (shlou) *adj* bright, clever
Schlauch (shloukh) *m* (pl ¨~e) inner tube
schlecht (shlehkht) *adj* bad; ill, evil; **schlechter** *adj* worse; **schlechtest** *adj* worst
Schleier (*shligh*-err) *m* (pl ~) veil
* **schleifen** (*shligh*-fern) *v* sharpen
schleppen (*shleh*-pern) *v* drag; haul, tug, tow
Schlepper (*shleh*-perr) *m* (pl ~) tug
schleudern (*shloi*-derrn) *v* *throw; skid
Schleuse (*shloi*-zer) *f* (pl ~n) lock, sluice
schlicht (shlikht) *adj* simple, plain
* **schließen** (*shlee*-sern) *v* close, *shut; fasten; **in sich** ~ imply
schließlich (*shleess*-likh) *adv* at last
schlimm (shlim) *adj* bad
Schlinge (*shling*-er) *f* (pl ~n) loop
Schlitten (*shli*-tern) *m* (pl ~) sledge; sleigh
Schlittschuh (*shlit*-shōō) *m* (pl ~e) skate
Schlittschuhbahn (*shlit*-shōō-baan) *f* (pl ~en) skating-rink
Schlitz (shlits) *m* (pl ~e) slot; fly
Schloß (shloss) *nt* (pl Schlösser) lock; castle
Schlucht (shlookht) *f* (pl ~en) gorge
Schluckauf (*shlook*-ouf) *m* hiccup
Schlückchen (*shlewk*-khern) *nt* (pl ~) sip
schlucken (*shloo*-kern) *v* swallow
Schlüpfer (*shlew*-pferr) *m* (pl ~) panties *pl*
schlüpfrig (*shlewpf*-rikh) *adj* slippery
Schluß (shlooss) *m* (pl Schlüsse) end, finish; conclusion
Schlüssel (*shlew*-serl) *m* (pl ~) key
Schlüsselbein (*shlew*-serl-bighn) *nt* (pl ~e) collarbone
Schlüsselloch (*shlew*-serl-lokh) *nt* (pl ¨~er) keyhole
Schlußfolgerung (*shlooss*-fol-ger-roong) *f* (pl ~en) conclusion
Schlußlicht (*shlooss*-likht) *nt* (pl ~er) rear-light

Schlußverkauf (*shlooss*-fehr-kouf) *m* sales
schmackhaft (*shmahk*-hahft) *adj* enjoyable, savoury, tasty
schmal (shmaal) *adj* narrow
Schmalz (shmahlts) *m* tear-jerker
schmecken (*shmeh*-kern) *v* taste
***schmelzen** (*shmehl*-tsern) *v* melt
Schmerz (shmehrts) *m* (pl ~en) ache, pain
schmerzen (*shmehr*-tsern) *v* ache
schmerzhaft (*shmehrts*-hahft) *adj* sore, painful
schmerzlos (*shmehrts*-lōass) *adj* painless
Schmetterling (*shmeh*-terr-ling) *m* (pl ~e) butterfly
Schmetterlingsstil (*shmeh*-terr-lings-shteel) *m* butterfly stroke
Schmied (shmeet) *m* (pl ~e) smith, blacksmith
schmieren (*shmee*-rern) *v* grease; lubricate
schmierig (*shmee*-rikh) *adj* dirty
Schmieröl (*shmeer*-ūrl) *nt* (pl ~e) lubrication oil
Schmiersystem (*shmeer*-zewss-tāym) *nt* lubrication system
Schmierung (*shmee*-roong) *f* (pl ~en) lubrication
Schminke (*shming*-ker) *f* (pl ~n) make-up
Schmirgelpapier (*shmeer*-gerl-pah-peer) *nt* sandpaper
Schmuck (shmook) *m* jewellery
schmuggeln (*shmoo*-gerln) *v* smuggle
Schmutz (shmoots) *m* dirt
schmutzig (*shmoo*-tsikh) *adj* dirty; foul, filthy
Schnabel (*shnaa*-berl) *m* (pl ¨) beak; nozzle
Schnalle (*shnah*-ler) *f* (pl ~n) buckle
Schnappschuß (*shnahp*-shooss) *m* (pl -schüsse) snapshot
schnarchen (*shnahr*-khern) *v* snore
Schnauze (*shnou*-tser) *f* (pl ~n) snout
Schnecke (*shneh*-ker) *f* (pl ~n) snail
Schnee (shnāy) *m* snow
schneebedeckt (*shnāy*-ber-dehkt) *adj* snowy
Schneesturm (*shnāy*-shtoorm) *m* (pl ¨e) blizzard, snowstorm
***schneiden** (*shnigh*-dern) *v* *cut
Schneider (*shnigh*-derr) *m* (pl ~) tailor
Schneiderin (*shnigh*-der-rin) *f* (pl ~nen) dressmaker
schneien (*shnigh*-ern) *v* snow
schnell (shnehl) *adj* fast; quick, rapid; **zu ~ *fahren** *speed
Schnelligkeit (*shneh*-likh-kight) *f* speed
Schnellkochtopf (*shnehl*-kokh-topf) *m* (pl ¨e) pressure-cooker
Schnellzug (*shnehl*-tsōok) *m* (pl ¨e) express train
Schnitt (shnit) *m* (pl ~e) cut
Schnitte (*shni*-ter) *f* (pl ~n) slice
Schnittlauch (*shnit*-loukh) *m* chives *pl*
schnitzen (*shni*-tsern) *v* carve
Schnitzerei (shni-tser-*righ*) *f* (pl ~en) carving
Schnorchel (*shnor*-kherl) *m* (pl ~) snorkel
Schnupfen (*shnoo*-pfern) *m* cold
Schnur (shnōor) *f* (pl ¨e) string; line, twine
Schnurrbart (*shnoor*-baart) *m* (pl ¨e) moustache
Schnürsenkel (*shnēwr*-zehng-kerl) *m* (pl ~) lace, shoe-lace
Schock (shok) *m* (pl ~s) shock
schockieren (sho-*kee*-rern) *v* shock
Schokolade (shoa-koa-*laa*-der) *f* chocolate
Scholle (*sho*-ler) *f* (pl ~n) plaice
schon (shōan) *adv* already

schön (shūrn) *adj* beautiful; pretty, fine
Schönheit (*shūrn*-hight) *f* beauty
Schönheitsmittel (*shūrn*-hights-mi-terl) *ntpl* cosmetics *pl*
Schönheitssalon (*shūrn*-hights-zah-lawng) *m* (pl ~s) beauty salon, beauty parlour
Schornstein (*shorn*-shtighn) *m* (pl ~e) chimney
Schotte (*sho*-ter) *m* (pl ~n) Scot
schottisch (*sho*-tish) *adj* Scottish, Scotch
Schottland (*shot*-lahnt) Scotland
schräg (shraik) *adj* slanting
Schramme (*shrah*-mer) *f* (pl ~n) graze, scratch
Schrank (shrahngk) *m* (pl ~̈e) cupboard
Schranke (*shrahng*-ker) *f* (pl ~n) barrier; **in Schranken *halten** restrain
Schraube (*shrou*-ber) *f* (pl ~n) screw; propeller
schrauben (*shrou*-bern) *v* screw
Schraubenmutter (*shrou*-bern-moo-terr) *f* (pl ~n) nut
Schraubenschlüssel (*shrou*-bern-shlew-serl) *m* (pl ~) spanner, wrench
Schraubenzieher (*shrou*-bern-tsee-err) *m* (pl ~) screw-driver
Schreck (shrehk) *m* fright, scare
schrecklich (*shrehk*-likh) *adj* frightful, horrible, dreadful, awful, terrible
Schrei (shrigh) *m* (pl ~e) cry, scream, yell, shout
Schreibblock (*shrighp*-blok) *m* (pl ~̈e) writing-pad, pad
***schreiben** (*shrigh*-bern) *v* *write
Schreiber (*shrigh*-berr) *m* (pl ~) clerk
Schreibmaschine (*shrighp*-mah-shee-ner) *f* (pl ~n) typewriter
Schreibmaschinenpapier (*shrighp*-mah-shee-nern-pah-peer) *nt* typing paper
Schreibpapier (*shrighp*-pah-peer) *nt* notepaper, writing-paper
Schreibtisch (shrighp-tish) *m* (pl ~e) bureau, desk
Schreibwaren (*shrighp*-vaa-rern) *fpl* stationery
Schreibwarenhandlung (*shrighp*-vaa-rern-hahn-dloong) *f* (pl ~en) stationer's
***schreien** (*shrigh*-ern) *v* cry, scream, yell, shout
Schrein (shrighn) *m* (pl ~e) shrine
schriftlich (*shrift*-likh) *adj* written; *adv* in writing
Schriftsteller (*shrift*-shteh-lerr) *m* (pl ~) writer
Schritt (shrit) *m* (pl ~e) pace; step; move; ~ ***halten mit** *keep up with
schroff (shrof) *adj* steep
schrumpfen (*shroom*-pfern) *v* *shrink
Schub (shōōp) *m* (pl ~̈e) push
Schubkarren (*shōōp*-kah-rern) *m* (pl ~) wheelbarrow
Schublade (*shōōp*-laa-der) *f* (pl ~n) drawer
schüchtern (*shewkh*-terrn) *adj* timid, shy
Schüchternheit (*shewkh*-terrn-hight) *f* timidity, shyness
Schuft (shooft) *m* (pl ~e) bastard; villain
Schuh (shōō) *m* (pl ~e) shoe
Schuhgeschäft (*shōō*-ger-shehft) *nt* (pl ~e) shoe-shop
Schuhkrem (*shōō*-krāym) *f* (pl ~s) shoe polish
Schuhmacher (*shōō*-mah-kherr) *m* (pl ~) shoemaker
Schuhwerk (*shōō*-vehrk) *nt* footwear
Schulbank (*shōōl*-bahngk) *f* (pl ~̈e) desk
Schuld (shoolt) *f* (pl ~en) guilt, blame; debt

schulden (*shool*-dern) *v* owe

schuldig (*shool*-dikh) *adj* guilty; due; ~ ***sein** owe

Schuldirektor (*shōōl*-di-rehk-tor) *m* (pl ~en) headmaster, head teacher

Schule (*shōō*-ler) *f* (pl ~n) school; college; **höhere** ~ secondary school

Schüler (*shēw*-lerr) *m* (pl ~) scholar, pupil; schoolboy

Schülerin (*shēw*-ler-rin) *f* (pl ~nen) schoolgirl

Schullehrer (*shōōl*-lāy-rerr) *m* (pl ~) teacher

Schulleiter (*shōōl*-ligh-terr) *m* (pl ~) headmaster, head teacher, principal

Schultasche (*shōōl*-tah-sher) *f* (pl ~n) satchel

Schulter (*shool*-terr) *f* (pl ~n) shoulder

Schuppe (*shoo*-per) *f* (pl ~n) scale; **Schuppen** *fpl* dandruff; *m* shed

Schürze (*shewr*-tser) *f* (pl ~n) apron

Schuß (shooss) *m* (pl Schüsse) shot

Schüssel (*shew*-serl) *f* (pl ~n) dish; basin

Schutt (shoot) *m* litter

schütteln (*shew*-terln) *v* *shake

Schutz (shoots) *m* protection; cover, shelter

Schutzbrille (*shoots*-bri-ler) *f* (pl ~n) goggles *pl*

schützen (*shew*-tsern) *v* protect; shelter

Schutzmann (*shoots*-mahn) *m* (pl ~̈er) policeman

Schutzmarke (*shoots*-mahr-ker) *f* (pl ~n) trademark

schwach (shvahkh) *adj* weak, feeble, faint; poor; dim

Schwäche (*shveh*-kher) *f* (pl ~n) weakness

Schwager (*shvaa*-gerr) *m* (pl ~̈) brother-in-law

Schwägerin (*shvai*-ger-rin) *f* (pl ~nen) sister-in-law

Schwalbe (*shvahl*-ber) *f* (pl ~n) swallow

Schwamm (shvahm) *m* (pl ~̈e) sponge

Schwan (shvaan) *m* (pl ~̈e) swan

schwanger (*shvahng*-err) *adj* pregnant

Schwanz (shvahnts) *m* (pl ~̈e) tail

schwänzen (*shvehn*-tsern) *v* play truant

schwarz (shvahrts) *adj* black

Schwarzmarkt (*shvahrts*-mahrkt) *m* black market

schwatzen (*shvah*-tsern) *v* chat

Schwede (*shvāy*-der) *m* (pl ~n) Swede

Schweden (*shvāy*-dern) Sweden

schwedisch (*shvāy*-dish) *adj* Swedish

***schweigen** (shvigh-gern) *v* *keep quiet, *be silent; **schweigend** silent; **zum Schweigen *bringen** silence

Schwein (shvighn) *nt* (pl ~e) pig

Schweinefleisch (*shvigh*-ner-flighsh) *nt* pork

Schweinsleder (*shvighns*-lāy-derr) *nt* pigskin

Schweiß (shvighss) *m* perspiration; sweat

schweißen (*shvigh*-sern) *v* weld

Schweiz (shvights) *f* Switzerland

Schweizer (*shvigh*-tserr) *m* (pl ~) Swiss

schweizerisch (*shvigh*-tser-rish) *adj* Swiss

Schwelle (*shveh*-ler) *f* (pl ~n) threshold

***schwellen** (*shveh*-lern) *v* *swell

schwer (shvāyr) *adj* heavy; difficult

schwerfällig (*shvāyr*-feh-likh) *adj* slow

Schwerkraft (*shvāyr*-krahft) *f* gravity

Schwermut (*shvāyr*-mōōt) *f* melancholy

Schwert (shvāyrt) *nt* (pl ~er) sword

Schwester (*shvehss*-terr) *f* (pl ~n) sister; nurse
Schwiegereltern (*shvee*-gerr-ehl-terrn) *pl* parents-in-law *pl*
Schwiegermutter (*shvee*-gerr-moo-terr) *f* (pl ~̈) mother-in-law
Schwiegersohn (*shvee*-gerr-zōan) *m* (pl ~̈e) son-in-law
Schwiegervater (*shvee*-gerr-faa-terr) *m* (pl ~̈) father-in-law
Schwiele (*shvee*-ler) *f* (pl ~n) callus
schwierig (*shvee*-rikh) *adj* hard, difficult
Schwierigkeit (*shvee*-rikh-kight) *f* (pl ~en) difficulty
Schwimmbad (*shvim*-baat) *nt* (pl ~̈er) swimming pool
***schwimmen** (*shvi*-mern) *v* *swim; float
Schwimmer (*shvi*-merr) *m* (pl ~) swimmer; float
Schwimmsport (*shvim*-shport) *m* swimming
Schwindel (*shvin*-derl) *m* dizziness; fraud
Schwindelanfall (*shvin*-derl-ahn-fahl) *m* (pl ~̈e) vertigo
Schwindelgefühl (*shvin*-derl-ger-fewl) *nt* giddiness
schwindlig (*shvin*-dlikh) *adj* giddy, dizzy
Schwingung (*shving*-oong) *f* (pl ~en) vibration
Schwitzbad (*shvits*-baat) *nt* (pl ~̈er) Turkish bath
schwitzen (*shvi*-tsern) *v* perspire, sweat
***schwören** (*shvūr*-rern) *v* *swear; vow
sechs (zehks) *num* six
sechste (*zehks*-ter) *num* sixth
sechzehn (*zehkh*-tsāyn) *num* sixteen
sechzehnte (*zehkh*-tsāyn-ter) *num* sixteenth
sechzig (*zehkh*-tsikh) *num* sixty
Sediment (zay-di-*mehnt*) *nt* (pl ~e) deposit
See (zāy) *m* (pl ~n) lake; *f* sea
Seebad (*zāy*-baat) *nt* (pl ~̈er) seaside resort
Seehafen (*zāy*-haa-fern) *m* (pl ~̈) seaport
Seehund (*zāy*-hoont) *m* (pl ~e) seal
Seeigel (*zāy*-ee-gerl) *m* (pl ~) sea-urchin
Seejungfrau (*zāy*-ʸoong-frou) *f* (pl ~en) mermaid
Seekarte (*zāy*-kahr-ter) *f* (pl ~n) chart
seekrank (*zāy*-krahngk) *adj* seasick
Seekrankheit (*zāy*-krahngk-hight) *f* seasickness
Seele (*zāy*-ler) *f* (pl ~n) soul
Seemöwe (*zāy*-mūr-ver) *f* (pl ~n) seagull
Seeräuber (*zāy*-roi-berr) *m* (pl ~) pirate
Seereise (*zāy*-righ-zer) *f* (pl ~n) cruise
Seevogel (*zāy*-fōa-gerl) *m* (pl ~̈) seabird
Seezunge (*zāy*-tsoong-er) *f* (pl ~n) sole
Segel (*zāy*-gerl) *nt* (pl ~) sail
Segelboot (*zāy*-gerl-bōat) *nt* (pl ~e) sailing-boat
Segelflugzeug (*zāy*-gerl-flōok-tsoik) *nt* (pl ~e) glider
Segelklub (*zāy*-gerl-kloop) *m* (pl ~s) yacht-club
Segelsport (*zāy*-gerl-shport) *m* yachting
Segeltuch (*zāy*-gerl-tōokh) *nt* canvas
Segen (*zāy*-gern) *m* blessing
segnen (*zāy*-gnern) *v* bless
***sehen** (*zāy*-ern) *v* *see; notice; ~ ***lassen** *show
Sehenswürdigkeit (*zāy*-erns-vewr-dikh-kight) *f* (pl ~en) sight
Sehne (*zāy*-ner) *f* (pl ~n) sinew, ten-

don
sich sehnen nach (*zāy*-nern) long for
Sehnsucht (*zāyn*-zookht) *f* (pl ~̈e) longing
sehr (zāyr) *adv* quite, very
seicht (zighkht) *adj* shallow
Seide (*zigh*-der) *f* silk
seiden (*zigh*-dern) *adj* silken
Seife (*zigh*-fer) *f* (pl ~n) soap
Seifenpulver (*zigh*-fern-pool-ferr) *nt* soap powder
Seil (zighl) *nt* (pl ~e) rope, cord
sein (zighn) *pron* his
***sein** (zighn) *v* *be
seit (zight) *prep* since
seitdem (zight-*dāym*) *conj* since
Seite (*zigh*-ter) *f* (pl ~n) way, side; page; **zur** ~ aside
Seitenlicht (*zigh*-tern-likht) *nt* (pl ~er) sidelight
Seitenschiff (*zigh*-tern-shif) *nt* (pl ~e) aisle
Seitenstraße (*zigh*-tern-shtraa-ser) *f* (pl ~n) side-street
seither (zight-*hāyr*) *adv* since
seitwärts (*zight*-vehrts) *adv* sideways
Sekretär (zay-kray-*tair*) *m* (pl ~e) secretary; clerk
Sekretärin (zay-kray-*tai*-rin) *f* (pl ~nen) secretary
Sekt (zehkt) *m* champagne
Sekunde (zay-*koon*-der) *f* (pl ~n) second
selb (zehlb) *pron* same
selbst (zehlpst) *pron* myself; yourself; himself; herself; oneself; ourselves; yourselves; themselves
selbständig (*zehlp*-shtehn-dikh) *adj* independent; self-employed
Selbstbedienung (*zehlpst*-ber-dee-noong) *f* self-service
Selbstbedienungsrestaurant (*zehlpst*-ber-dee-noongs-rehss-toa-rahng) *nt* (pl ~s) cafeteria, self-service restaurant
selbstgemacht (*zehlpst*-ger-mahkht) *adj* home-made
Selbstklebeband (*zehlpst*-klāy-ber-bahnt) *nt* scotch tape
Selbstlaut (*zehlpst*-lout) *m* (pl ~e) vowel
selbstlos (*zehlpst*-lōass) *adj* unselfish
Selbstmord (*zehlpst*-mort) *m* (pl ~e) suicide
Selbstsucht (*zehlpst*-zookht) *f* selfishness
selbstsüchtig (*zehlpst*-zewkh-tikh) *adj* selfish
selbstverständlich (*zehlpst*-fehr-shtehnt-likh) *adj* self-evident; *adv* naturally, of course
Selbstverwaltung (*zehlpst*-fehr-vahl-toong) *f* self-government
Sellerie (*zeh*-ler-ree) *m* celery
selten (*zehl*-tern) *adj* rare; uncommon, infrequent; *adv* seldom, rarely
Selterswasser (*zehl*-terrs-vah-serr) *nt* soda-water
seltsam (*zehlt*-zaam) *adj* curious, odd, quaint
Senat (zay-*naat*) *m* senate
Senator (zay-*naa*-tor) *m* (pl ~en) senator
***senden** (*zehn*-dern) *v* *send; transmit, *broadcast
Sender (*zehn*-derr) *m* (pl ~) transmitter
Sendung (*zehn*-doong) *f* (pl ~en) consignment; transmission, broadcast
Senf (zehnf) *m* mustard
senil (zay-*neel*) *adj* senile
senken (*zehng*-kern) *v* *cut
senkrecht (*zehngk*-rehkht) *adj* vertical, perpendicular
Sensation (zehn-zah-*tsʸōān*) *f* (pl ~en) sensation
sensationell (zehn-zah-tsʸoa-*nehl*) *adj* sensational

sentimental (zehn-ti-mehn-*taal*) *adj* sentimental
September (zehp-*tehm*-berr) September
septisch (*zehp*-tish) *adj* septic
Serie (*zāy*-rʸer) *f* (pl ~n) series
seriös (zay-*rʸūrss*) *adj* serious
Serum (*zāy*-room) *nt* (pl Seren) serum
Serviette (zehr-*vʸeh*-ter) *f* (pl ~n) napkin, serviette
Sessel (*zeh*-serl) *m* (pl ~) chair, armchair
setzen (*zeh*-tsern) *v* place; *lay, *put; **sich ~** *sit down
Sex (zehks) *m* sex
Sexualität (zeh-ksoo-ah-li-*tait*) *f* sexuality
sexuell (zeh-ksoo-*ehl*) *adj* sexual
Shampoo (shehm-*pōō*) *nt* shampoo
Siam (*zee*-ahm) Siam
Siamese (zʸah-*māy*-zer) *m* (pl ~n) Siamese
siamesisch (zʸah-*māy*-zish) *adj* Siamese
sich (zikh) *pron* himself; herself; themselves
sicher (*zi*-kherr) *adj* safe, secure; sure
Sicherheit (*zi*-kherr-hight) *f* safety, security
Sicherheitsgurt (*zi*-kherr-hights-goort) *m* (pl ~e) seat-belt; safety-belt
Sicherheitsnadel (*zi*-kherr-hights-naa-derl) *f* (pl ~n) safety-pin
sicherlich (*zi*-kherr-likh) *adv* surely
Sicherung (*zi*-kher-roong) *f* (pl ~en) fuse
Sicht (zikht) *f* sight
sichtbar (*zikht*-baar) *adj* visible
Sichtweite (*zikht*-vigh-ter) *f* visibility
Sie (zee) *pron* you
sie (zee) *pron* she; her; they; them
Sieb (zeep) *nt* (pl ~e) sieve
sieben¹ (*zee*-bern) *v* sift, sieve; strain
sieben² (*zee*-bern) *num* seven
siebente (*zee*-bern-ter) *num* seventh
siebzehn (*zeep*-tsāyn) *num* seventeen
siebzehnte (*zeep*-tsāyn-ter) *num* seventeenth
siebzig (*zeep*-tsikh) *num* seventy
Sieg (zeek) *m* (pl ~e) victory
Siegel (*zee*-gerl) *nt* (pl ~) seal
Sieger (*zee*-gerr) *m* (pl ~) winner
Signal (zi-*gnaal*) *nt* (pl ~e) signal
signalisieren (zi-gnah-li-*zee*-rern) *v* signal
Silbe (*zil*-ber) *f* (pl ~n) syllable
Silber (*zil*-berr) *nt* silver; silverware
silbern (*zil*-berrn) *adj* silver
Silberschmied (*zil*-berr-shmeet) *m* (pl ~e) silversmith
***singen** (*zing*-ern) *v* *sing
***sinken** (*zing*-kern) *v* *sink
Sinn (zin) *m* (pl ~e) sense
sinnlos (*zin*-lōass) *adj* meaningless
Siphon (zi-*fawng*) *m* (pl ~s) siphon, syphon
Sirene (zi-*rāy*-ner) *f* (pl ~n) siren
Sirup (*zee*-roop) *m* syrup
Sitte (*zi*-ter) *f* (pl ~n) custom; **Sitten** morals
Sittich (*zi*-tikh) *m* (pl ~e) parakeet
sittlich (*zit*-likh) *adj* moral
Sitz (zits) *m* (pl ~e) seat
***sitzen** (*zi*-tsern) *v* *sit
Sitzung (*zi*-tsoong) *f* (pl ~en) session
Skandal (skahn-*daal*) *m* (pl ~e) scandal
Skandinavien (skahn-di-*naa*-vʸern) Scandinavia
Skandinavier (skahn-di-*naa*-vʸerr) *m* (pl ~) Scandinavian
skandinavisch (skahn-di-*naa*-vish) *adj* Scandinavian
Skelett (skay-*leht*) *nt* (pl ~e) skeleton
Skizze (*ski*-tser) *f* (pl ~n) sketch
Skizzenbuch (*ski*-tsern-bōōkh) *nt* (pl ¨er) sketch-book
skizzieren (ski-*tsee*-rern) *v* sketch

Sklave (*sklaa*-ver) *m* (pl ~n) slave
Skulptur (skoolp-*tōōr*) *f* (pl ~en) sculpture
Slip (slip) *m* (pl ~s) briefs *pl*
Smaragd (smah-*rahkt*) *m* (pl ~e) emerald
Smoking (*smōā*-king) *m* (pl ~s) dinner-jacket; tuxedo *nAm*
Snackbar (*snehk*-baar) *f* (pl ~s) snack-bar
so (zōā) *adv* so; such; thus; ~ **daß** so that
sobald als (zōā-*bahlt* ahls) as soon as
Socke (*zo*-ker) *f* (pl ~n) sock
Sodawasser (*zōā*-dah-vah-serr) *nt* soda-water
Sodbrennen (*zōāt*-breh-nern) *nt* heartburn
soeben (zoa-*āy*-bern) *adv* just now
Sofa (*zōā*-fah) *nt* (pl ~s) sofa
sofort (zoa-*fort*) *adv* at once; presently, straight away, immediately, instantly
sofortig (zoa-*for*-tikh) *adj* prompt
sogar (zoa-*gaar*) *adv* even
sogenannt (*zōā*-ger-nahnt) *adj* so-called
sogleich (zoa-*glighkh*) *adv* presently, immediately
Sohle (*zōā*-ler) *f* (pl ~n) sole
Sohn (zōān) *m* (pl ¨~e) son
solch (zolkh) *pron* such
Soldat (zol-*daat*) *m* (pl ~en) soldier
solide (zoa-*lee*-der) *adj* firm
Solistenkonzert (zoa-*liss*-tern-kon-tsehrt) *nt* (pl ~e) recital
Soll (zol) *nt* debit
sollen (*zo*-lern) *v* *ought to, *shall
Sommer (*zo*-merr) *m* (pl ~) summer
Sommerhaus (*zo*-merr-houss) *nt* (pl ¨~er) cottage
Sommerzeit (*zo*-merr-tsight) *f* summer time
sonderbar (*zon*-derr-baar) *adj* funny, odd, peculiar; queer
sondern (*zon*-derrn) *conj* but
Sonnabend (*zon*-aa-bernt) *m* Saturday
Sonne (*zo*-ner) *f* (pl ~n) sun
sich sonnen (*zo*-nern) sunbathe
Sonnenaufgang (*zo*-nern-ouf-gahng) *m* (pl ¨~e) sunrise
Sonnenbrand (*zo*-nern-brahnt) *m* sunburn
Sonnenbrille (*zo*-nern-bri-ler) *f* (pl ~n) sun-glasses *pl*
Sonnenlicht (*zo*-nern-likht) *nt* sunlight
Sonnenöl (*zo*-nern-ūrl) *nt* suntan oil
Sonnenschein (*zo*-nern-shighn) *m* sunshine
Sonnenschirm (*zo*-nern-sheerm) *m* (pl ~e) sunshade
Sonnenstich (*zo*-nern-shtikh) *m* sunstroke
Sonnenuntergang (*zo*-nern-oon-terr-gahng) *m* (pl ¨~e) sunset
sonnig (*zo*-nikh) *adj* sunny
Sonntag (*zon*-taak) *m* Sunday
sonst (zonst) *adv* otherwise; else
Sorge (*zor*-ger) *f* (pl ~n) care; trouble, concern, worry
sorgen für (*zor*-gern) see to, attend to, *take care of
sorgfältig (*zork*-fehl-tikh) *adj* neat; careful; thorough
Sorte (*zor*-ter) *f* (pl ~n) sort, kind
sortieren (zor-*tee*-rern) *v* sort, assort
Sortiment (zor-ti-*mehnt*) *nt* (pl ~e) assortment
Soße (*zōā*-ser) *f* (pl ~n) sauce
Souvenir (zoo-veh-*nir*) *nt* (pl ~s) souvenir
sowie (zo-*vee*) *conj* as soon as, as well as
sowohl ... als auch (zoa-*vōāl* ... ahls oukh) both ... and
sozial (zoa-*tsʸaal*) *adj* social
Sozialismus (zoa-tsʸah-*liss*-mooss) *m* socialism

Sozialist (zoa-t^{y}sah-*list*) *m* (pl ~en) socialist
sozialistisch (zoa-ts^{y}ah-*liss*-tish) *adj* socialist
spähen (*shpai*-ern) *v* peep
Spalt (shpahlt) *m* (pl ~e) chink; chasm
Spalte (*shpahl*-ter) *f* (pl ~n) cleft; column
spalten (*shpahl*-tern) *v* *split
Spanien (*shpaa*-n^{y}ern) Spain
Spanier (*shpaa*-n^{y}err) *m* (pl ~) Spaniard
spanisch (*shpaa*-nish) *adj* Spanish
spannen (*shpah*-nern) *v* tighten
Spannkraft (*shpahn*-krahft) *f* elasticity
Spannung (*shpah*-noong) *f* (pl ~en) pressure; stress, tension; voltage
sparen (*shpaa*-rern) *v* save, economize
Spargel (*shpahr*-gerl) *m* asparagus
Sparkasse (*shpaar*-kah-ser) *f* (pl ~n) savings bank
sparsam (*shpaar*-zaam) *adj* economical; thrifty
Spaß (shpaass) *m* fun, pleasure
spaßig (*shpaa*-sikh) *adj* funny, humorous
spät (shpait) *adj* late; **später** afterwards
Spaten (*shpaa*-tern) *m* (pl ~) spade
spazieren (shpah-*tsee*-rern) *v* walk
Spaziergang (shpah-*tseer*-gahng) *m* (pl ~̈e) walk
Spaziergänger (shpah-*tseer*-gehng-err) *m* (pl ~) walker
Spazierstock (shpah-*tseer*-shtok) *m* (pl ~̈e) walking-stick
Speck (shpehk) *m* bacon
Speer (shpāyr) *m* (pl ~e) spear
Speiche (*shpigh*-kher) *f* (pl ~n) spoke
Speichel (*shpigh*-kherl) *m* spit
Speise (*shpigh*-zer) *f* (pl ~n) fare
Speisekammer (*shpigh*-zer-kah-merr) *f* (pl ~n) larder
Speisekarte (*shpigh*-zer-kahr-ter) *f* (pl ~en) menu
speisen (*shpigh*-zern) *v* *eat
Speisesaal (*shpigh*-zer-zaal) *m* (pl -säle) dining-room
Speisewagen (*shpigh*-zer-vaa-gern) *m* (pl ~) dining-car
Speisezimmer (*shpigh*-zer-tsi-merr) *nt* (pl ~) dining-room
spekulieren (shpay-koo-*lee*-rern) *v* speculate
Spende (*shpehn*-der) *f* (pl ~n) donation
spenden (*shpehn*-dern) *v* donate
Sperling (*shpehr*-ling) *m* (pl ~e) sparrow
sperren (*shpeh*-rern) *v* block
Sperrsitz (*shpehr*-zits) *m* (pl ~e) stall
sich spezialisieren (shpay-ts^{y}ah-li-*zee*-rern) specialize
Spezialist (shpay-ts^{y}ah-*list*) *m* (pl ~en) specialist
Spezialität (shpay-ts^{y}ah-li-*tait*) *f* (pl ~en) speciality
speziell (shpay-*ts^{y}ehl*) *adj* special; peculiar; *adv* in particular
spezifisch (shpay-*tsee*-fish) *adj* specific
Spiegel (*shpee*-gerl) *m* (pl ~) looking-glass, mirror
Spiegelbild (*shpee*-gerl-bilt) *nt* (pl ~er) reflection
Spiegelung (*shpee*-ger-loong) *f* (pl ~en) reflection
Spiel (shpeel) *nt* (pl ~e) game; play; match
spielen (*shpee*-lern) *v* play; act
Spieler (*shpee*-lerr) *m* (pl ~) player
Spielkarte (*shpeel*-kahr-ter) *f* (pl ~n) playing-card
Spielmarke (*shpeel*-mahr-ker) *f* (pl ~n) chip
Spielplatz (*shpeel*-plahts) *m* (pl ~̈e) playground, recreation ground
Spielstand (*shpeel*-shtahnt) *m* score

Spielwarenladen (*shpeel*-vaa-rern-laa-dern) *m* (pl ¨~) toyshop
Spielzeug (*shpeel*-tsoik) *nt* (pl ~e) toy
spießbürgerlich (*shpeess*-bewr-gerr-likh) *adj* bourgeois
Spinat (shpi-*naat*) *m* spinach
Spinne (*shpi*-ner) *f* (pl ~n) spider
***spinnen** (*shpi*-nern) *v* *spin
Spinnwebe (*shpin*-vay̅-ber) *f* (pl ~n) spider's web, cobweb
Spion (shpi-*ōān*) *m* (pl ~e) spy
Spirituosen (shpi-ri-too-*ōā*-zern) *pl* spirits, liquor
Spirituosenladen (shpi-ri-too-*ōā*-zern-laa-dern) *m* (pl ¨~) off-licence
Spirituskocher (*shpee*-ri-tooss-ko-kherr) *m* (pl ~) spirit stove
spitz (shpits) *adj* pointed
Spitze (*shpi*-tser) *f* (pl ~n) point; peak; top; tip; spire; lace
Spitzhacke (*shpits*-hah-ker) *f* (pl ~n) pick-axe
Spitzname (*shpits*-naa-mer) *m* (pl ~n) nickname
Splitter (*shpli*-terr) *m* (pl ~) splinter; chip
Sport (shport) *m* (pl ~e) sport
Sportjacke (*shport*-ʸah-ker) *f* (pl ~n) sports-jacket, blazer
Sportkleidung (*shport*-kligh-doong) *f* sportswear
Sportler (*shport*-lerr) *m* (pl ~) sportsman
Sportwagen (*shport*-vaa-gern) *m* (pl ~) sports-car
Spott (shpot) *m* mockery
Sprache (*shpraa*-kher) *f* (pl ~n) speech; language
Sprachführer (*shpraakh*-few̅-rerr) *m* (pl ~) phrase-book
Sprachlabor (*shpraakh*-lah-bōār) *nt* (pl ~e) language laboratory
sprachlos (*shpraakh*-lōāss) *adj* speechless
Spray (spray̅) *nt* (pl ~s) atomizer
***sprechen** (*shpreh*-khern) *v* *speak, talk
Sprechstunde (*shprehkh*-shtoon-der) *f* (pl ~n) consultation hours
Sprechzimmer (*shprehkh*-tsi-merr) *nt* (pl ~) surgery
Sprengstoff (*shprehng*-shtof) *m* (pl ~e) explosive
Sprichwort (*shprikh*-vort) *nt* (pl ¨~er) proverb
Springbrunnen (*shpring*-broo-nern) *m* (pl ~) fountain
***springen** (*shpring*-ern) *v* jump; *leap
Spritze (*shpri*-tser) *f* (pl ~n) shot; syringe
Sprühregen (*shprew̅*-ray̅-gern) *m* drizzle
Sprung (shproong) *m* (pl ¨~e) leap, jump
Spucke (*shpoo*-ker) *f* spit
spucken (*shpoo*-kern) *v* *spit
Spule (*shpōō*-ler) *f* (pl ~n) spool
spülen (*shpew̅*-lern) *v* rinse
Spülung (*shpew̅*-loong) *f* (pl ~en) rinse
Spur (shpōōr) *f* (pl ~en) trace
spüren (*shpew̅*-rern) *v* sense
Staat (shtaat) *m* (pl ~en) state; **Staats-** national
Staatsangehörige (*shtaats*-ahn-ger-hūr-ri-ger) *m* (pl ~n) subject
Staatsangehörigkeit (*shtaats*-ahn-ger-hūr-rikh-kight) *f* nationality; citizenship
Staatsbeamte (*shtaats*-ber-ahm-ter) *m* (pl ~n) civil servant
Staatsmann (*shtaats*-mahn) *m* (pl ¨~er) statesman
Staatsoberhaupt (*shtaats*-ōā-berr-houpt) *nt* (pl ¨~er) head of state
stabil (shtah-*beel*) *adj* stable
Stachelbeere (*shtah*-kherl-bay̅-rer) *f* (pl ~n) gooseberry

Stachelschwein (*shtah*-kherl-shvighn) *m* (pl ~e) porcupine
Stadion (*shtaa*-dʸon) *nt* (pl -dien) stadium
Stadium (*shtaa*-dʸoom) *nt* (pl -dien) stage
Stadt (shtaht) *f* (pl ~̈e) town; city
Städter (*shtai*-terr) *mpl* townspeople *pl*
städtisch (*shteh*-tish) *adj* urban; municipal
Stadtverwaltung (*shtaht*-fehr-vahl-toong) *f* (pl ~en) municipality
Stadtviertel (*shtaht*-feer-terl) *nt* (pl ~) quarter
Stadtzentrum (*shtaht*-tsehn-troom) *nt* (pl -zentren) town centre
Stahl (shtaal) *m* steel; **nichtrostender** ~ stainless steel
Stahlkammer (*shtaal*-kah-merr) *f* (pl ~n) vault
Stall (shtahl) *m* (pl ~̈e) stable
Stamm (shtahm) *m* (pl ~̈e) trunk; tribe
stammeln (*shtah*-merln) *v* falter
stämmig (*shteh*-mikh) *adj* stout
stampfen (*shtahm*-pfern) *v* stamp
Stand (shtahnt) *m* (pl ~̈e) stand, stall; level
Standbild (*shtahnt*-bilt) *nt* (pl ~er) statue
standhaft (*shtahnt*-hahft) *adj* steadfast
Standpunkt (*shtahnt*-poongkt) *m* (pl ~e) point of view
Stange (*shtahng*-er) *f* (pl ~n) rod; bar; carton
Stanniol (shtah-*nʸōāl*) *nt* tinfoil
Stapel (*shtaa*-perl) *m* (pl ~) stack; heap
Stapellauf (*shtaa*-perl-louf) *m* launching
Star (shtaar) *m* (pl ~e) starling
stark (shtahrk) *adj* powerful, strong; solid
Stärke (*shtehr*-ker) *f* strength; starch
stärken (*shtehr*-kern) *v* starch
Stärkungsmittel (*shtehr*-koongs-mi-terl) *nt* (pl ~) tonic
starr (shtahr) *adj* numb
starren (*shtah*-rern) *v* gaze, stare
starrköpfig (*shtahr*-kur-pfikh) *adj* head-strong, obstinate; pig-headed
Start (shtahrt) *m* take-off
Startbahn (*shtahrt*-baan) *f* (pl ~en) runway
starten (*shtahr*-tern) *v* *take off
Stationsvorsteher (shtah-*tsʸōāns*-fōār-shtāy-err) *m* (pl ~) station-master
Statistik (shtah-*tiss*-tik) *f* (pl ~en) statistics *pl*
statt (shtaht) *prep* instead of
***stattfinden** (*shtaht*-fin-dern) *v* *take place
stattlich (*shtaht*-likh) *adj* handsome
Staub (shtoup) *m* dust
staubig (*shtou*-bikh) *adj* dusty
staubsaugen (*shtoup*-zou-gern) *v* hoover; vacuum *vAm*
Staubsauger (*shtoup*-zou-gerr) *m* (pl ~) vacuum cleaner
Steak (stāyk) *nt* (pl ~s) steak
Stechen (*shteh*-khern) *nt* stitch
***stechen** (*shteh*-khern) *v* prick; *sting
stecken (*shteh*-kern) *v* *put
Steckenpferd (*shteh*-kern-pfāyrt) *nt* (pl ~e) hobby-horse; hobby
Stecker (*shteh*-kerr) *m* (pl ~) plug
Stecknadel (*shtehk*-naa-derl) *f* (pl ~n) pin
***stehen** (*shtāy*-ern) *v* *stand; **gut** ~ *become
***stehlen** (*shtāy*-lern) *v* *steal
steif (shtighf) *adj* stiff
Steigbügel (*shtighk*-bew-gerl) *m* (pl ~) stirrup
***steigen** (*shtigh*-gern) *v* *rise; climb
Steigung (*shtigh*-goong) *f* (pl ~en) rise; ascent

steil (shtighl) *adj* steep
Stein (shtighn) *m* (pl ~e) stone
Steinbruch (*shtighn*-brookh) *m* (pl ¨~e) quarry
steinern (*shtigh*-nerrn) *adj* stone
Steingarnele (*shtighn*-gahr-nāy-ler) *f* (pl ~n) prawn
Steingut (*shtighn*-gōōt) *nt* earthenware, crockery; faience
Stelle (*shteh*-ler) *f* (pl ~n) spot; station; passage; **wunde** ~ sore
stellen (*shteh*-lern) *v* *put; place, *lay, *set
Stellung (*shteh*-loong) *f* (pl ~en) position; job
Stellvertreter (*shtehl*-fehr-trāy-terr) *m* (pl ~) substitute; deputy
Stempel (*shtehm*-perl) *m* (pl ~) stamp
Stenograph (shtay-noa-*graaf*) *m* (pl ~en) stenographer
Stenographie (shtay-noa-grah-*fee*) *f* shorthand
Stenotypistin (shtay-noa-tew-*piss*-tin) *f* (pl ~nen) typist
Steppdecke (*shtehp*-deh-ker) *f* (pl ~n) quilt
***sterben** (*shtehr*-bern) *v* die; depart
sterblich (*shtehrp*-likh) *adj* mortal
steril (shtay-*reel*) *adj* sterile
sterilisieren (shtay-ri-li-*zee*-rern) *v* sterilize
Stern (shtehrn) *m* (pl ~e) star
stetig (*shtāy*-tikh) *adj* even
Steuer (*shtoi*-err) *f* (pl ~n) tax
Steuerbord (*shtoi*-err-bort) *nt* starboard
steuerfrei (*shtoi*-err-frigh) *adj* tax-free
Steuermann (*shtoi*-err-mahn) *m* (pl ¨~er) helmsman, steersman
steuern (*shtoi*-errn) *v* navigate
Steuerrad (*shtoi*-err-raat) *nt* steering-wheel
Steuerruder (*shtoi*-err-rōō-derr) *nt* (pl ~) rudder

Stich (shtikh) *m* (pl ~e) sting; bite; stitch; engraving, picture, print
sticken (*shti*-kern) *v* embroider
Stickerei (shti-ker-*righ*) *f* (pl ~en) embroidery
stickig (*shti*-kikh) *adj* stuffy
Stickstoff (*shtik*-shtof) *m* nitrogen
Stiefel (*shtee*-ferl) *m* (pl ~) boot
Stiefkind (*shteef*-kint) *nt* (pl ~er) stepchild
Stiefmutter (*shteef*-moo-terr) *f* (pl ¨~) stepmother
Stiefvater (*shteef*-faa-terr) *m* (pl ¨~) stepfather
Stiel (shteel) *m* (pl ~e) handle; stem
Stier (shteer) *m* (pl ~e) bull
Stierkampf (*shteer*-kahmpf) *m* (pl ¨~e) bullfight
Stierkampfarena (*shteer*-kahmpf-ah-rāy-nah) *f* (pl -arenen) bullring
stiften (*shtif*-tern) *v* found
Stiftung (*shtif*-toong) *f* (pl ~en) foundation
Stil (shteel) *m* (pl ~e) style
still (shtil) *adj* silent; still, calm, quiet
Stille (*shti*-ler) *f* silence; stillness, quiet
stillen (*shti*-lern) *v* nurse
Stille Ozean (*shti*-ler *ōā*-tsay-aan) Pacific Ocean
stillstehend (*shtil*-shtāy-ernt) *adj* stationary
Stimme (*shti*-mer) *f* (pl ~n) voice; vote
stimmen (*shti*-mern) *v* vote
Stimmung (*shti*-moong) *f* (pl ~en) spirits, mood; atmosphere
***stinken** (*shting*-kern) *v* *smell; *stink
Stipendium (shti-*pehn*-dʸoom) *nt* (pl -dien) grant, scholarship
Stirn (shteern) *f* forehead
Stock (shtok) *m* (pl ¨~e) stick; cane
Stockwerk (*shtok*-vehrk) *nt* (pl ~e)

storey, floor

Stoff (shtof) *m* (pl ~e) matter; fabric; theme

stofflich (*shtof*-likh) *adj* material

stöhnen (*shtūr*-nern) *v* moan, groan

Stola (*shtōā*-lah) *f* (pl ~s) stole

stolpern (*shtol*-perrn) *v* stumble

Stolz (shtolts) *m* pride

stolz (shtolts) *adj* proud

stopfen (*shto*-pfern) *v* darn

Stopfgarn (*shtopf*-gahrn) *nt* darning wool

Stöpsel (*shtur*-pserl) *m* (pl ~) cork, stopper

Storch (shtorkh) *m* (pl ~̈e) stork

stören (*shtūr*-rern) *v* disturb; upset

Störung (*shtūr*-roong) *f* (pl ~en) disturbance

Stoß (shtōāss) *m* (pl ~̈e) bump; push

Stoßdämpfer (*shtōāss*-dehm-pferr) *m* (pl ~) shock absorber

* **stoßen** (*shtōā*-sern) *v* bump; push; kick

Stoßstange (*shtōāss*-shtahng-er) *f* (pl ~n) bumper, fender

Strafe (*shtraa*-fer) *f* (pl ~n) punishment, penalty

strafen (*shtraa*-fern) *v* punish

straffen (*shtrah*-fern) *v* tighten

Strafrecht (*shtraaf*-rehkht) *nt* criminal law

Strafstoß (*shtraaf*-shtōāss) *m* (pl ~̈e) penalty kick

Strahl (shtraal) *m* (pl ~en) beam, ray; squirt, spout, jet

strahlen (*shtraa*-lern) *v* *shine

Strahlturbine (*shtraal*-toor-bee-ner) *f* (pl ~n) turbojet

stramm (shtrahm) *adj* tight

Strand (shtrahnt) *m* (pl ~̈e) beach

Straße (*shtraa*-ser) *f* (pl ~n) road, street

Straßenarbeiten (*shtraa*-sern-ahr-bigh-tern) *fpl* road up

Straßenbahn (*shtraa*-sern-baan) *f* (pl ~en) tram; streetcar *nAm*

Straßenkreuzung (*shtraa*-sern-kroi-tsoong) *f* (pl ~en) junction

Straßennetz (*shtraa*-sern-nehts) *nt* (pl ~e) road system

Straßenseite (*shtraa*-sern-zigh-ter) *f* (pl ~n) roadside

Strauch (shtroukh) *m* (pl ~̈er) shrub

Strauß[1] (shtrouss) *m* (pl ~̈e) bunch, bouquet

Strauß[2] (shtrouss) *m* (pl ~e) ostrich

streben (*shtrāy*-bern) *v* aspire

strebsam (*shtrāyp*-zaam) *adj* ambitious

Strecke (*shtreh*-ker) *f* (pl ~n) stretch

* **streichen** (*shtrigh*-khern) *v* lower; *strike

Streichholz (*shtrighkh*-holts) *nt* (pl ~̈er) match

Streichholzschachtel (*shtrighkh*-holts-shahkh-terl) *f* (pl ~n) match-box

Streife (*shtrigh*-fer) *f* (pl ~n) patrol

Streifen (*shtrigh*-fern) *m* (pl ~) strip; stripe

Streik (shtrighk) *m* (pl ~s) strike

streiken (*shtrigh*-kern) *v* *strike

Streit (shtright) *m* quarrel; strife, contest; fight, battle; **Streit-** controversial

* **streiten** (*shtrigh*-tern) *v* quarrel; dispute, argue

Streitigkeit (*shtrigh*-tikh-kight) *f* (pl ~en) dispute

Streitkräfte (*shtright*-krehf-ter) *pl* armed forces

streitsüchtig (*shtright*-zewkh-tikh) *adj* rowdy

streng (shtrehng) *adj* strict; harsh, severe

Strich (shtrikh) *m* (pl ~e) line

Strichpunkt (*shtrikh*-poongkt) *m* (pl ~e) semi-colon

stricken (*shtri*-kern) *v* *knit

Stroh (shtrōā) *nt* straw
Strohdach (*shtrōā*-dahkh) *nt* (pl ~̈er) thatched roof
Strom (shtrōām) *m* (pl ~̈e) current
stromabwärts (shtrōām-*ahp*-vehrts) *adv* downstream
stromaufwärts (shtrōām-*ouf*-vehrts) *adv* upstream
strömen (*shtrūr*-mern) *v* flow; stream
Stromschnelle (*shtrōām*-shneh-ler) *f* (pl ~n) rapids *pl*
Strömung (*shtrūr*-moong) *f* (pl ~en) current
Stromverteiler (*shtrōām*-fehr-tigh-lerr) *m* distributor
Strophe (*shtrōā*-fer) *f* (pl ~n) stanza
Struktur (shtrook-*tōōr*) *f* (pl ~en) structure; texture, fabric
Strumpf (shtroompf) *m* (pl ~̈e) stocking; **elastische Strümpfe** support hose
Strumpfhose (*shtroompf*-hōā-zer) *f* (pl ~n) panty-hose
Stück (shtewk) *nt* (pl ~e) piece; part; lump, morsel
Stückchen (*shtewk*-khern) *nt* (pl ~) scrap, bit
Student (shtoo-*dehnt*) *m* (pl ~en) student
Studentin (shtoo-*dehn*-tin) *f* (pl ~nen) student
Studienrat (*shtōō*-dʸern-raat) *m* (pl ~̈e) master
studieren (shtoo-*dee*-rern) *v* study
Studium (*shtōō*-dʸoom) *nt* (pl -dien) study
Stufe (*shtōō*-fer) *f* (pl ~n) step
Stuhl (shtōōl) *m* (pl ~̈e) chair
stumm (shtoom) *adj* mute; dumb
stumpf (shtoompf) *adj* blunt; dull
Stunde (*shtoon*-der) *f* (pl ~n) hour
stündlich (*shtewnt*-likh) *adj* hourly
Sturm (shtoorm) *m* (pl ~̈e) gale, storm
stürmen (*shtewr*-mern) *v* dash
stürmisch (*shtewr*-mish) *adj* stormy
Sturmlaterne (*shtoorm*-lah-tehr-ner) *f* (pl ~n) hurricane lamp
Sturz (shtoorts) *m* (pl ~̈e) fall
Stute (*shtōō*-ter) *f* (pl ~n) mare
stutzen (*shtoo*-tsern) *v* trim
stützen (*shtew*-tsern) *v* support; *hold up
Suaheli (swah-*hāȳ*-li) *nt* Swahili
Subjekt (zoop-*ʸehkt*) *nt* (pl ~e) subject
Substantiv (*zoop*-stahn-teef) *nt* (pl ~e) noun
Substanz (zoop-*stahnts*) *f* (pl ~en) substance
subtil (zoop-*teel*) *adj* subtle
subtrahieren (zoop-trah-*hee*-rern) *v* subtract
Subvention (zoop-vehn-*tsʸōān*) *f* (pl ~en) subsidy
Suche (*zōō*-kher) *f* search
suchen (*zōō*-khern) *v* look for; *seek, search; hunt for
Sucher (*zōō*-kherr) *m* view-finder
Südafrika (*zēw̄t*-aa-fri-kah) South Africa
Süden (*zēw̄*-dern) *m* south
südlich (*zēw̄t*-likh) *adj* southern, southerly
Südosten (zēw̄t-*oss*-tern) *m* south-east
Südpol (*zēw̄t*-pōāl) *m* South Pole
Südwesten (zēw̄t-*vehss*-tern) *m* southwest
Summe (*zoo*-mer) *f* (pl ~n) sum; amount
summen (*zoo*-mern) *v* hum
Sumpf (zoompf) *m* (pl ~̈e) bog, marsh
sumpfig (*zoom*-pfikh) *adj* marshy
Sünde (*zewn*-der) *f* (pl ~n) sin
Sündenbock (*zewn*-dern-bok) *m* (pl ~̈e) scapegoat
Superlativ (*zōō*-pehr-lah-teef) *m* superlative

Supermarkt (*zōō*-pehr-mahrkt) *m* (pl ¨~e) supermarket
Suppe (*zoo*-per) *f* (pl ~n) soup
Suppenlöffel (*zoo*-pern-lur-ferl) *m* (pl ~) soup-spoon
Suppenteller (*zoo*-pern-teh-lerr) *m* (pl ~) soup-plate
suspendieren (zooss-pehn-*dee*-rern) *v* suspend
süß (zēwss) *adj* sweet
süßen (*zēw*-sern) *v* sweeten
Süßigkeiten (*zēw*-sikh-kigh-tern) *fpl* sweets; candy *nAm*
Süßwarengeschäft (*zēwss*-vaa-rern-ger-shehft) *nt* (pl ~e) sweetshop; candy store *Am*
Süßwasser (*zēwss*-vah-serr) *nt* fresh water
Sweater (*svāy*-terr) *m* (pl ~) sweater
Symbol (zewm-*bōal*) *nt* (pl ~e) symbol
Sympathie (zewm-pah-*tee*) *f* sympathy
sympathisch (zewm-*paa*-tish) *adj* nice, sympathetic
Symphonie (zewm-foa-*nee*) *f* (pl ~n) symphony
Symptom (zewmp-*tōam*) *nt* (pl ~e) symptom
Synagoge (zew-nah-*gōa*-ger) *f* (pl ~n) synagogue
Synonym (zew-noa-*nēwm*) *nt* (pl ~e) synonym
synthetisch (zewn-*tāy*-tish) *adj* synthetic
Syrer (*zēw*-rerr) *m* (pl ~) Syrian
Syrien (*zēw*-r^y^ern) Syria
syrisch (*zēw*-rish) *adj* Syrian
System (zewss-*tāym*) *nt* (pl ~e) system
systematisch (zewss-tay-*maa*-tish) *adj* systematic
Szene (*stsāy*-ner) *f* (pl ~n) scene

T

Tabak (*taa*-bahk) *m* tobacco; pipe tobacco
Tabakhändler (*taa*-bahk-hehn-dlerr) *m* (pl ~) tobacconist
Tabakladen (*taa*-bahk-laa-dern) *m* (pl ¨~) tobacconist's
Tabaksbeutel (*taa*-bahks-boi-terl) *m* (pl ~) tobacco pouch
Tabelle (tah-*beh*-ler) *f* (pl ~n) chart, table
Tablett (tah-*bleht*) *nt* (pl ~s) tray
Tablette (tah-*bleh*-ter) *f* (pl ~n) tablet
Tabu (tah-*bōō*) *nt* (pl ~s) taboo
tadellos (*taa*-derl-lōass) *adj* faultless
tadeln (*taa*-derln) *v* reprimand
Tafel (*taa*-ferl) (pl ~n) board
Täfelung (*tai*-fer-loong) *f* panelling
Tag (taak) *m* (pl ~e) day; **bei Tage** by day; **eines Tages** some day; **guten Tag!** hello!; **pro** ~ per day; **vierzehn Tage** fortnight
Tagebuch (*taa*-ger-bōōkh) *nt* (pl ¨~er) diary
Tagesanbruch (*taa*-gerss-ahn-brookh) *m* daybreak, dawn
Tagesausflug (*taa*-gerss-ouss-flōōk) *m* (pl ¨~e) day trip
Tageslicht (*taa*-gerss-likht) *nt* daylight
Tagesordnung (*taa*-gerss-or-dnoong) *f* (pl ~en) agenda
Tageszeitung (*taa*-gerss-tsigh-toong) *f* (pl ~en) daily
täglich (*taik*-likh) *adj* daily
Tagung (*taa*-goong) *f* (pl ~en) congress
Taille (*tah*-l^y^er) *f* (pl ~n) waist
Taktik (*tahk*-tik) *f* (pl ~en) tactics *pl*
Tal (taal) *nt* (pl ¨~er) valley
Talent (tah-*lehnt*) *nt* (pl ~e) faculty, talent

Talkpuder (*tahlk*-pōō-derr) *m* talc powder
Tampon (tahng-*pawng*) *m* (pl ~s) tampon
Tank (tahngk) *m* (pl ~s) tank
tanken (*tahng*-kern) *v* tank
Tankschiff (*tahngk*-shif) *nt* (pl ~e) tanker
Tankstelle (*tahngk*-shteh-ler) *f* (pl ~n) petrol station, service station, filling station; gas station *Am*
Tanne (*tah*-ner) *f* (pl ~n) fir-tree
Tante (*tahn*-ter) *f* (pl ~n) aunt
Tanz (tahnts) *m* (pl ¨~e) dance
tanzen (*tahn*-tsern) *v* dance
Tapete (tah-*pāȳ*-ter) *f* (pl ~n) wallpaper
tapfer (*tah*-pferr) *adj* courageous, brave
Tapferkeit (*tah*-pferr-kight) *f* courage
Tarif (tah-*reef*) *m* (pl ~e) tariff, rate
Tasche (*tah*-sher) *f* (pl ~n) bag; pocket
Taschenbuch (*tah*-shern-bōōkh) *nt* (pl -bücher) paperback
Taschenkamm (*tah*-shern-kahm) *m* (pl ¨~e) pocket-comb
Taschenlampe (*tah*-shern-lahm-per) *f* (pl ~n) torch, flash-light
Taschenmesser (*tah*-shern-meh-serr) *nt* (pl ~) pocket-knife, penknife
Taschentuch (*tah*-shern-tōōkh) *nt* (pl ¨~er) handkerchief
Taschenuhr (*tah*-shern-ōōr) *f* (pl ~en) pocket-watch
Tasse (*tah*-ser) *f* (pl ~n) cup
Tastsinn (*tahst*-zin) *m* touch
Tat (taat) *f* (pl ~en) deed, act
Tätigkeit (*tai*-tikh-kight) *f* (pl ~en) work; employment
Tatsache (*taat*-zah-kher) *f* (pl ~n) fact
tatsächlich (taat-*zehkh*-likh) *adj* actual, factual; *adv* as a matter of fact, actually, in fact, in effect; really
Tau (tou) *m* dew
taub (toup) *adj* deaf
Taube (*tou*-ber) *f* (pl ~n) pigeon
tauchen (*tou*-khern) *v* dive
Tauchsieder (*toukh*-zee-derr) *m* (pl ~) immersion heater
tauen (*tou*-ern) *v* thaw
Taufe (*tou*-fer) *f* (pl ~n) baptism, christening
taufen (*tou*-fern) *v* baptize, christen
tauglich (*touk*-likh) *adj* fit
Tausch (toush) *m* exchange
tauschen (*tou*-shern) *v* swap
sich täuschen (*toi*-shern) *be mistaken
Täuschung (*toi*-shoong) *f* (pl ~en) illusion
tausend (*tou*-zernt) *num* thousand
Tauwetter (*tou*-veh-terr) *nt* thaw
Taxameter (tah-ksah-*māȳ*-terr) *m* (pl ~) taxi-meter
Taxi (*tah*-ksi) *nt* (pl ~s) cab, taxi
Taxichauffeur (*tah*-ksi-sho-fūrr) *m* (pl ~e) taxi-driver
Taxifahrer (*tah*-ksi-faa-rerr) *m* (pl ~) cab-driver
Taxistand (*tah*-ksi-shtahnt) *m* (pl ¨~e) taxi rank; taxi stand *Am*
Team (teem) *nt* (pl ~s) team
Technik (*taykh*-nik) *f* (pl ~en) technique
Techniker (*tehkh*-ni-kerr) *m* (pl ~) technician
technisch (*tehkh*-nish) *adj* technical
Technologie (tehkh-noa-loa-*gee*) *f* technology
Tee (tāȳ) *m* tea
Teekanne (*tāȳ*-kah-ner) *f* (pl ~n) teapot
Teelöffel (*tāȳ*-lur-ferl) *m* (pl ~) teaspoon
Teenager (*teen*-ay-jerr) *m* (pl ~) teenager

Teer (tāyr) *m* tar
Teeservice (*tāy*-zehr-veess) *nt* tea-set
Teestube (*tāy*-shtōō-ber) *f* (pl ~n) tea-shop
Teestunde (*tāy*-shtoon-der) *f* tea
Teetasse (*tāy*-tah-ser) *f* (pl ~n) teacup
Teich (tighkh) *m* (pl ~e) pond
Teig (tighk) *m* dough; batter
Teil (tighl) *m* (pl ~e) part; share; volume
teilen (*tigh*-lern) *v* divide; share
Teilhaber (*tighl*-haa-berr) *m* (pl ~) associate, partner
Teilnahme (*tighl*-naa-mer) *f* attendance
***teilnehmen** (*tighl*-nāy-mern) *v* participate
Teilnehmer (*tighl*-nāy-merr) *m* (pl ~) participant
teils (tighls) *adv* partly
Teilung (*tigh*-loong) *f* (pl ~en) division
teilweise (*tighl*-vigh-zer) *adj* partial; *adv* partly
Teilzahlungskauf (*tighl*-tsaa-loongs-kouf) *m* (pl ~̈e) hire-purchase
Teint (ta~~ng~~) *m* complexion
Telegramm (tay-lay-*grahm*) *nt* (pl ~e) cable, telegram
telegraphieren (tay-lay-grah-*fee*-rern) *v* cable, telegraph
Teleobjektiv (*tāy*-lay-op-ʸehk-teef) *nt* (pl ~e) telephoto lens
Telepathie (tay-lay-pah-*tee*) *f* telepathy
Telephon (tay-lay-*fōān*) *nt* (pl ~e) telephone
Telephonanruf (tay-lay-*fōān*-ahn-rōōf) *m* (pl ~e) telephone call
Telephonbuch (tay-lay-*fōān*-bōōkh) *nt* (pl ~̈er) telephone directory; telephone book *Am*
Telephonhörer (tay-lay-*fōān*-hūr-rerr) *m* (pl ~) receiver
telephonieren (tay-lay-foa-*nee*-rern) *v* phone
Telephonistin (tay-lay-foa-*niss*-tin) *f* (pl ~nen) operator, telephonist, telephone operator
Telephonzentrale (tay-lay-*fōān*-tsehn-traa-ler) *f* (pl ~n) telephone exchange
Telex (*tāy*-lehks) *nt* (pl ~e) telex
Teller (*teh*-lerr) *m* (pl ~) plate, dish
Tempel (*tehm*-perl) *m* (pl ~) temple
Temperatur (tehm-pay-rah-*tōōr*) *f* (pl ~en) temperature
Tempo (*tehm*-poa) *nt* pace
Tendenz (tehn-*dehnts*) *f* (pl ~en) tendency
Tennis (*teh*-niss) *nt* tennis
Tennisplatz (*teh*-niss-plahts) *m* (pl ~̈e) tennis-court
Tennisschuhe (*teh*-niss-shōō-er) *mpl* tennis shoes
Teppich (*teh*-pikh) *m* (pl ~e) carpet
Termin (tehr-*meen*) *m* (pl ~e) term
Terpentin (tehr-pehn-*teen*) *nt* turpentine
Terrasse (teh-*rah*-ser) *f* (pl ~n) terrace
Terror (*teh*-ror) *m* terrorism
Terrorismus (teh-ro-*riss*-mooss) *m* terrorism
Terrorist (teh-ro-*rist*) *m* (pl ~en) terrorist
Terylene (*teh*-ri-lāyn) *nt* terylene
Test (tehst) *m* (pl ~s) test
Testament (tehss-tah-*mehnt*) *nt* (pl ~e) will
testen (*tehss*-tern) *v* test
teuer (*toi*-err) *adj* expensive; dear, precious
Teufel (*toi*-ferl) *m* (pl ~) devil
Text (tehkst) *m* (pl ~e) text
Textilien (tehks-*tee*-lʸern) *pl* textile
Thailand (*tigh*-lahnt) Thailand
Thailänder (*tigh*-lehn-derr) *m* (pl ~) Thai

thailändisch (*tigh*-lehn-dish) *adj* Thai
Theater (tay-*aa*-terr) *nt* (pl ~) theatre; drama
Thema (*tāy*-mah) *nt* (pl Themen) topic; theme
Theologie (tay-oa-loa-*gee*) *f* theology
theoretisch (tay-oa-*rāy*-tish) *adj* theoretical
Theorie (tay-oa-*ree*) *f* (pl ~n) theory
Therapie (tay-rah-*pee*) *f* (pl ~n) therapy
Thermometer (tehr-moa-*māy*-terr) *nt* (pl ~) thermometer
Thermosflasche (*tehr*-moss-flah-sher) *f* (pl ~n) thermos flask, vacuum flask
Thermostat (tehr-moa-*staat*) *m* (pl ~en) thermostat
These (*tāy*-zer) *f* (pl ~n) thesis
Thron (trōan) *m* (pl ~e) throne
Thunfisch (*tōōn*-fish) *m* (pl ~e) tuna
Thymian (*tēw*-myaan) *m* thyme
Tief (teef) *nt* depression
tief (teef) *adj* deep; low
Tiefe (*tee*-fer) *f* (pl ~n) depth
Tiefkühltruhe (*teef*-kēwl-trōō-er) *f* (pl ~n) deep-freeze
Tiefland (*teef*-lahnt) *nt* lowlands *pl*
tiefsinnig (*teef*-zi-nikh) *adj* profound
Tier (teer) *nt* (pl ~e) beast, animal
Tierarzt (*teer*-ahrtst) *m* (pl ¨~e) veterinary surgeon
Tierkreis (*teer*-krighss) *m* zodiac
Tiger (*tee*-gerr) *m* (pl ~) tiger
tilgen (*til*-gern) *v* *pay off
Tinte (*tin*-ter) *f* (pl ~n) ink
tippen (*ti*-pern) *v* type
Tisch (tish) *m* (pl ~e) table
Tischler (*tish*-lerr) *m* (pl ~) carpenter
Tischtennis (*tish*-teh-niss) *nt* ping-pong, table tennis
Tischtuch (*tish*-tōōkh) *nt* (pl ¨~er) table-cloth
Titel (*tee*-terl) *m* (pl ~) title; degree
Toast (tōast) *m* (pl ~e) toast
Toben (*tōa*-bern) *nt* rage
Tochter (*tokh*-terr) *f* (pl ¨~) daughter
Tod (tōat) *m* death
Todesstrafe (*tōa*-derss-shtraa-fer) *f* death penalty
tödlich (*tūrt*-likh) *adj* mortal, fatal
Toilette (twah-*leh*-ter) *f* (pl ~n) lavatory, toilet; washroom *nAm*
Toilettenartikel (twah-*leh*-tern-ahr-tee-kerl) *mpl* toiletry
Toilettennecessaire (twah-*leh*-tern-nay-seh-sair) *nt* (pl ~s) toilet case
Toilettenpapier (twah-*leh*-tern-pah-peer) *nt* toilet-paper
Toilettenraum (twah-*leh*-tern-roum) *m* (pl ¨~e) bathroom
toll (tol) *adj* mad
Tollwut (*tol*-vōōt) *f* rabies
Tomate (toa-*maa*-ter) *f* (pl ~n) tomato
Ton[1] (tōan) *m* (pl ¨~e) tone; note
Ton[2] (tōan) *m* clay
Tonbandgerät (*tōan*-bahnt-ger-rait) *nt* (pl ~e) recorder, tape-recorder
Tonleiter (*tōan*-ligh-terr) *f* (pl ~n) scale
Tonne (*to*-ner) *f* (pl ~n) barrel; ton, cask
Topf (topf) *m* (pl ¨~e) pot
Töpferware (*tur*-pferr-vaa-rer) *f* (pl ~n) ceramics *pl*, pottery, crockery
Tor[1] (tōar) *nt* (pl ~e) gate; goal
Tor[2] (tōar) *m* (pl ~en) fool
Torheit (*tōar*-hight) *f* (pl ~en) fad
töricht (*tūr*-rikht) *adj* foolish, silly
Torte (*tor*-ter) *f* (pl ~n) cake
Torwart (*tōar*-vahrt) *m* (pl ~e) goalkeeper
tot (tōat) *adj* dead
total (toa-*taal*) *adj* total
Totalisator (toa-tah-li-*zaa*-tor) *m* (pl ~en) totalizator
totalitär (toa-tah-li-*tair*) *adj* totalitarian

töten (*tūr*-tern) *v* kill
Toupet (too-*pāy*) *nt* (pl ~s) hair piece
Tourist (too-*rist*) *m* (pl ~en) tourist
Touristenklasse (too-*riss*-tern-klah-ser) *f* tourist class
toxisch (*to*-ksish) *adj* toxic
Tracht (trahkht) *f* (pl ~en) national dress
Tradition (trah-di-*tsʸōān*) *f* (pl ~en) tradition
traditionell (trah-di-tsʸoa-*nehl*) *adj* traditional
tragbar (*traak*-baar) *adj* portable
träge (*trai*-ger) *adj* slack
***tragen** (*traa*-gern) *v* carry; *bear; *wear
Träger (*trai*-gerr) *m* (pl ~) porter
tragisch (*traa*-gish) *adj* tragic
Tragödie (trah-*gūr*-dʸer) *f* (pl ~n) tragedy
Trainer (*trai*-nerr) *m* (pl ~) coach
trainieren (treh-*nee*-rern) *v* drill
Traktor (*trahk*-tor) *m* (pl ~en) tractor
Träne (*trai*-ner) *f* (pl ~n) tear
Transaktion (trahns-ahk-*tsʸōān*) *f* (pl ~en) deal, transaction
transatlantisch (trahns-aht-*lahn*-tish) *adj* transatlantic
Transformator (trahns-for-*maa*-tor) *m* (pl ~en) transformer
Transpiration (trahns-pi-rah-*tsʸōān*) *f* perspiration
transpirieren (trahns-pi-*ree*-rern) *v* perspire
Transport (trahns-*port*) *m* (pl ~e) transportation
transportieren (trahns-por-*tee*-rern) *v* transport
Tratsch (traach) *m* gossip
tratschen (*traa*-chern) *v* gossip
Tratte (*trah*-ter) *f* (pl ~n) draft
Trauben (*trou*-bern) *fpl* grapes *pl*
sich trauen (*trou*-ern) dare
Trauer (*trou*-err) *f* mourning
Trauerspiel (*trou*-err-shpeel) *nt* (pl ~e) drama
Traum (troum) *m* (pl ̈~e) dream
träumen (*troi*-mern) *v* *dream
traurig (*trou*-rikh) *adj* sad
Traurigkeit (*trou*-rikh-kight) *f* sadness
Treffen (*treh*-fern) *nt* (pl ~) meeting
***treffen** (*treh*-fern) *v* *hit; *meet
treffend (*treh*-fernt) *adj* striking
Treffpunkt (*trehf*-poongkt) *m* (pl ~e) meeting-place
***treiben** (*trigh*-bern) *v* press, *drive; *do; float
Treibhaus (*trighp*-houss) *nt* (pl ̈~er) greenhouse
Treibkraft (*trighp*-krahft) *f* driving force
trennen (*treh*-nern) *v* separate, part; divide; disconnect
Trennung (*treh*-noong) *f* (pl ~en) division
Treppe (*treh*-per) *f* (pl ~n) stairs *pl*, staircase
Treppengeländer (*treh*-pern-ger-lehn-derr) *nt* (pl ~) banisters *pl*
***treten** (*trāy*-tern) *v* step; kick
treu (troi) *adj* true, faithful
Tribüne (tri-*bēw*-ner) *f* (pl ~n) stand
Trichter (*trikh*-terr) *m* (pl ~) funnel
Trichtermündung (*trikh*-terr-mewn-doong) *f* (pl ~en) estuary
Trick (trik) *m* (pl ~s) trick
Trikot (tri-*kōā*) *nt* (pl ~s) tights *pl*
trinkbar (*tringk*-baar) *adj* for drinking
***trinken** (*tring*-kern) *v* *drink
Trinkgeld (*tringk*-gehlt) *nt* (pl ~er) tip, gratuity
Trinkspruch (*tringk*-shprookh) *m* (pl ̈~e) toast
Trinkwasser (*tringk*-vah-serr) *nt* drinking-water
Tritt (trit) *m* (pl ~e) step; kick
Triumph (tri-*oomf*) *m* triumph
triumphieren (tri-oom-*fee*-rern) *v* tri-

umph; **triumphierend** triumphant
trocken (*tro*-kern) *adj* dry
trockenlegen (*tro*-kern-lāy-gern) *v* drain
trocknen (*tro*-knern) *v* dry
Trockner (*tro*-knerr) *m* (pl ~) dryer
Trommel (*tro*-merl) *f* (pl ~n) drum
Trommelfell (*tro*-merl-fehl) *nt* eardrum
Trompete (trom-*pāy*-ter) *f* (pl ~n) trumpet
Tropen (*trōā*-pern) *pl* tropics *pl*
Tropfen (*tro*-pfern) *m* (pl ~) drop
tropisch (*trōā*-pish) *adj* tropical
Trost (trōāst) *m* comfort
trösten (*trūrss*-tern) *v* comfort
Trostpreis (*trōāst*-prighss) *m* (pl ~e) consolation prize
trotz (trots) *prep* despite, in spite of
trotzdem (*trots*-dāym) *conj* nevertheless
trübe (*trēw*-ber) *adj* dim
trübsinnig (*trēwp*-zi-nikh) *adj* sad
Truhe (*trōō*-er) *f* (pl ~n) chest
Truppen (*troo*-pern) *fpl* troops *pl*
Truthahn (*trōōt*-haan) *m* (pl ~̈e) turkey
Tscheche (*cheh*-kher) *m* (pl ~n) Czech
Tschechien (chek-*kheen*) *m* Czech Republic
tschechisch (*cheh*-khish) *adj* Czech
Tube (*tōō*-ber) *f* (pl ~n) tube
Tuberkulose (too-behr-koo-*lōā*-zer) *f* tuberculosis
Tuch (tōōkh) *nt* (pl ~e) cloth
Tuchhändler (*tōōkh*-hehn-dlerr) *m* (pl ~) draper
tüchtig (*tewkh*-tikh) *adj* capable
Tuchwaren (*tōōkh*-vaa-rern) *fpl* drapery
Tugend (*tōō*-gernt) *f* (pl ~en) virtue
Tulpe (*tool*-per) *f* (pl ~n) tulip
Tumor (*tōō*-mor) *m* (pl ~en) tumour
Tumult (too-*moolt*) *m* racket
***tun** (tōōn) *v* *do
Tunesien (too-*nāy*-zʸern) Tunisia
Tunesier (too-*nāy*-zʸerr) *m* (pl ~) Tunisian
tunesisch (too-*nāy*-zish) *adj* Tunisian
Tunika (*tōō*-ni-kah) *f* (pl -ken) tunic
Tunnel (*too*-nerl) *m* (pl ~) tunnel
Tür (tēwr) *f* (pl ~en) door
Turbine (toor-*bee*-ner) *f* (pl ~n) turbine
Türke (*tewr*-ker) *m* (pl ~n) Turk
Türkei (tewr-*kigh*) Turkey
türkisch (*tewr*-kish) *adj* Turkish
Türklingel (*tēwr*-kling-erl) *f* (pl ~n) doorbell
Turm (toorm) *m* (pl ~̈e) tower
Turnen (*toor*-nern) *nt* gymnastics *pl*
Turner (*toor*-nerr) *m* (pl ~) gymnast
Turnhalle (*toorn*-hah-ler) *f* (pl ~n) gymnasium
Turnhose (*toorn*-hōā-zer) *f* (pl ~n) trunks *pl*
Turnier (toor-*neer*) *nt* (pl ~e) tournament
Turnschuhe (*toorn*-shōō-er) *mpl* plimsolls *pl*, gym shoes; sneakers *plAm*
Tüte (*tēw*-ter) *f* (pl ~n) paper bag
Tweed (tweet) *m* tweed
Typ (tēwp) *m* (pl ~en) type
Typhus (*tēw*-fooss) *m* typhoid
typisch (*tēw*-pish) *adj* typical
Tyrann (tew-*rahn*) *m* (pl ~en) tyrant

U

U-Bahn (*ōō*-baan) *f* (pl ~en) underground
Übel (*ēw*-berl) *nt* (pl ~n) harm, evil
übel (*ēw*-berl) *adj* sick
Übelkeit (*ēw*-berl-kight) *f* (pl ~en) nausea, sickness

***übelnehmen** (ew̄-berl-nāy-mern) *v* resent
übelriechend (ew̄-berl-ree-khernt) *adj* smelly
üben (ew̄-bern) *v* exercise; **sich** ~ practise
über (ew̄-berr) *prep* over; above; across; about; via; ~ … **hinaus** beyond
überall (ew̄-berr-*ahl*) *adv* everywhere; throughout, anywhere
überarbeiten (ew̄-berr-*ahr*-bigh-tern) *v* revise; **sich** ~ overwork
Überarbeitung (ew̄-berr-*ahr*-bigh-toong) *f* (pl ~en) revision
Überbleibsel (ew̄-berr-blighp-serl) *nt* (pl ~) remainder, remnant
überdies (ew̄-berr-*deess*) *adv* furthermore, besides
überdrüssig (ew̄-berr-drew-sikh) *adj* weary; fed up with, tired of
übereilt (ew̄-berr-*ighlt*) *adj* rash
Übereinkunft (ew̄-berr-*ighn*-koonft) *f* (pl ¨~e) settlement
übereinstimmen (ew̄-berr-*ighn*-shti-mern) *v* agree; correspond; **nicht** ~ disagree
Übereinstimmung (ew̄-berr-*ighn*-shti-moong) *f* agreement; **in** ~ **mit** according to
Überfahrt (ew̄-berr-faart) *f* crossing, passage
Überfall (ew̄-berr-fahl) *m* (pl ¨~le) hold-up
überfällig (ew̄-berr-feh-likh) *adj* overdue
Überfluß (ew̄-berr-flooss) *m* abundance
überflüssig (ew̄-berr-flew-sikh) *adj* redundant, superfluous
überführen (ew̄-berr-*few̄*-rern) *v* convict
Überführung (ew̄-berr-*few̄*-roong) *f* (pl ~en) conviction
überfüllt (ew̄-berr-*fewlt*) *adj* crowded
Übergabe (ew̄-berr-gaa-ber) *f* surrender
Übergang (ew̄-berr-gahng) *m* (pl ¨~e) transition; crossing
***übergeben** (ew̄-berr-*gāy*-bern) *v* hand; commit; **sich** ~ vomit
***übergehen** (ew̄-berr-*gāy*-ern) *v* skip
Übergewicht (ew̄-berr-ger-vikht) *nt* overweight
Übergröße (ew̄-berr-grūr-ser) *f* (pl ~n) outsize
überhaupt (ew̄-berr-*houpt*) *adv* at all
überheblich (ew̄-berr-*hāyp*-likh) *adj* presumptuous
überholen (ew̄-berr-*hōā*-lern) *v* *overtake; pass; overhaul; **Überholen verboten** no overtaking; no passing *Am*
Überleben (ew̄-berr-*lāy*-bern) *nt* survival
überleben (ew̄-berr-*lāy*-bern) *v* survive
überlegen (ew̄-berr-*lāy*-gern) *v* *think over; deliberate; *adj* superior
übermorgen (ew̄-berr-mor-gern) *adv* the day after tomorrow
übermüdet (ew̄-berr-*mew̄*-dert) *adj* over-tired
übermütig (ew̄-berr-mew̄-tikh) *adj* presumptuous
***übernehmen** (ew̄-berr-*nāy*-mern) *v* *take over; *take charge of
überragend (ew̄-berr-*raa*-gernt) *adj* superior; superlative
überraschen (ew̄-berr-*rah*-shern) *v* surprise
Überraschung (ew̄-berr-*rah*-shoong) *f* (pl ~en) surprise
überreden (ew̄-berr-*rāy*-dern) *v* persuade
überreichen (ew̄-berr-*righ*-khern) *v* *give
Überrest (ew̄-berr-rehst) *m* (pl ~e) remnant

Überrock (*ew̄*-berr-rok) *m* (pl ⁓̈e) topcoat
***überschreiten** (ew̄-berr-*shrigh*-tern) *v* exceed
Überschrift (*ew̄*-berr-shrift) *f* (pl ~en) heading
Überschuß (*ew̄*-berr-shooss) *m* (pl -schüsse) surplus
überschüssig (*ew̄*-berr-shew-sikh) *adj* spare
Überschwemmung (ew̄-berr-*shveh*-moong) *f* (pl ~en) flood
überschwenglich (*ew̄*-berr-shvehng-likh) *adj* exuberant
überseeisch (*ew̄*-berr-zāy-ish) *adj* overseas
***übersehen** (ew̄-berr-*zāy*-ern) *v* overlook
übersetzen (ew̄-berr-*zeh*-tsern) *v* translate
Übersetzer (ew̄-berr-*zeh*-tserr) *m* (pl ~) translator
Übersetzung (ew̄-berr-*zeh*-tsoong) *f* (pl ~en) translation; version
Übersicht (*ew̄*-berr-zikht) *f* (pl ~en) survey
überspannt (ew̄-berr-*shpahnt*) *adj* overstrung; eccentric
***übertragen** (ew̄-berr-*traa*-gern) *v* transfer
***übertreffen** (ew̄-berr-*treh*-fern) *v* *outdo, exceed
***übertreiben** (ew̄-berr-*trigh*-bern) *v* exaggerate
übertrieben (ew̄-berr-*tree*-bern) *adj* extravagant; excessive
übervoll (*ew̄*-berr-fol) *adj* chock-full
überwachen (ew̄-berr-*vah*-khern) *v* watch; patrol
überwachsen (ew̄-berr-*vah*-ksern) *adj* overgrown
überwältigen (ew̄-berr-*vehl*-ti-gern) *v* overwhelm
***überweisen** (ew̄-berr-*vigh*-zern) *v* remit
Überweisung (ew̄-berr-*vigh*-zoong) *f* (pl ~en) remittance
***überwinden** (ew̄-berr-*vin*-dern) *v* *overcome
überzeugen (ew̄-berr-*tsoi*-gern) *v* convince, persuade
Überzeugung (ew̄-berr-*tsoi*-goong) *f* (pl ~en) conviction, persuasion
***überziehen** (ew̄-berr-*tsee*-ern) *v* upholster
Überzieher (*ew̄*-berr-tsee-err) *m* (pl ~) coat
üblich (*ew̄p*-likh) *adj* customary, common; simple; frequent
übrig (*ew̄*-brikh) *adj* remaining
***übrigbleiben** (*ew̄*-brikh-bligh-bern) *v* remain
übrigens (*ew̄*-bri-gerns) *adv* by the way, besides
Übung (*ew̄*-boong) *f* (pl ~en) exercise
Ufer (*ōō*-ferr) *nt* (pl ~) bank, shore
Uferschnecke (*ōō*-ferr-shneh-ker) *f* (pl ~n) winkle
Uhr (ōōr) *f* (pl ~en) clock; watch; **um** … ~ at … o'clock
Uhrband (*ōōr*-bahnt) *nt* (pl ⁓̈er) watch-strap
Uhrmacher (*ōōr*-mah-kherr) *m* (pl ~) watch-maker
Ulk (oolk) *m* fun
Ulme (*ool*-mer) *f* (pl ~n) elm
ultraviolett (*ool*-trah-vi-oa-leht) *adj* ultraviolet
um (oom) *prep* round, about, around; ~ … **herum** round, around; ~ **zu** to, in order to
umarmen (oom-*ahr*-mern) *v* embrace; hug
Umarmung (oom-*ahr*-moong) *f* (pl ~en) embrace; hug
***umbringen** (*oom*-bring-ern) *v* kill
umdrehen (*oom*-drāy-ern) *v* turn; invert; **sich** ~ turn round

Umdrehung (*oom*-drāy-oong) *f* (pl ~en) revolution
Umfang (*oom*-fahng) *m* bulk
umfangreich (*oom*-fahng-righkh) *adj* bulky, big; extensive
umfassen (oom-*fah*-sern) *v* comprise, contain
umfassend (oom-*fah*-sernt) *adj* comprehensive, extensive
Umfrage (*oom*-fraa-ger) *f* (pl ~n) enquiry
Umgang (*oom*-gahng) *m* intercourse
***umgeben** (oom-*gāy*-bern) *v* surround
Umgebung (oom-*gāy*-boong) *f* environment, surroundings *pl*; setting
***umgehen** (oom-*gāy*-ern) *v* by-pass; ~ **mit** associate with
Umgehungsstraße (oom-*gāy*-oongs-shtraa-ser) *f* (pl ~n) by-pass
umgekehrt (*oom*-ger-kāyrt) *adj* reverse; *adv* upside-down
Umhang (*oom*-hahng) *m* (pl ¨e) cloak; cape
umher (oom-*hāyr*) *adv* about
umherschweifen (oom-*hāyr*-shvigh-fern) *v* roam, wander
umherwandern (oom-*hāyr*-vahn-derrn) *v* wander
umherziehend (oom-*hāyr*-tsee-ernt) *adj* itinerant
umkehren (*oom*-kāy-rer) *v* turn round; turn back
Umkleidekabine (*oom*-kligh-der-kah-bee-ner) *f* (pl ~n) cabin
***umkommen** (*oom*-ko-mern) *v* perish
Umkreis (*oom*-krighss) *m* radius
umkreisen (oom-*krigh*-zern) *v* circle
Umlauf (*oom*-louf) *m* circulation
Umleitung (*oom*-ligh-toong) *f* (pl ~en) detour; diversion
umliegend (*oom*-lee-gernt) *adj* surrounding
umrechnen (*oom*-rehkh-nern) *v* convert
Umrechnungstabelle (*oom*-rehkh-noongs-tah-beh-ler) *f* (pl ~n) conversion chart
umringen (oom-*ring*-ern) *v* surround
Umriß (*oom*-riss) *m* (pl Umrisse) outline, contour
Umsatz (*oom*-zahts) *m* (pl ¨e) turnover
Umsatzsteuer (*oom*-zahts-shtoi-err) *f* turnover tax
Umschlag (*oom*-shlaak) *m* (pl ¨e) cover, jacket
Umschlagtuch (*oom*-shlaak-tōōkh) *nt* (pl ¨er) shawl
***umschließen** (oom-*shlee*-sern) *v* encircle
Umschwung (*oom*-shvoong) *m* reverse
umsonst (oom-*zonst*) *adv* gratis; in vain
Umstand (*oom*-shtahnt) *m* (pl ¨e) circumstance; condition
***umsteigen** (*oom*-shtigh-gern) *v* change
umstritten (oom-*shtri*-tern) *adj* controversial
Umweg (*oom*-vāyk) *m* (pl ~e) detour
Umwelt (*oom*-vehlt) *f* environment
***umwenden** (*oom*-vehn-dern) *v* turn over
***umziehen** (*oom*-tsee-ern) *v* move; **sich** ~ change
Umzug (*oom*-tsōōk) *m* (pl ¨e) parade; move
unabhängig (*oon*-ahp-hehng-ikh) *adj* independent
Unabhängigkeit (*oon*-ahp-hehng-ikh-kight) *f* independence
unabsichtlich (*oon*-ahp-zikht-likh) *adj* unintentional
unähnlich (*oon*-ain-likh) *adj* unlike
unangebracht (*oon*-ahn-ger-brahkht) *adj* misplaced
unangenehm (*oon*-ahn-ger-nāym) *adj* unpleasant, disagreeable; nasty

unannehmbar (oon-ahn-*nāym*-baar) *adj* unacceptable
Unannehmlichkeit (*oon*-ahn-nāym-likh-kight) *f* (pl ~en) inconvenience
unanständig (*oon*-ahn-shtehn-dikh) *adj* indecent
unartig (*oon*-ahr-tikh) *adj* naughty
unauffällig (*oon*-ouf-feh-likh) *adj* inconspicuous
unaufhörlich (*oon*-ouf-hūrr-likh) *adj* continual
unbeantwortet (*oon*-ber-ahnt-vor-tert) *adj* unanswered
unbedeutend (*oon*-ber-doi-ternt) *adj* insignificant; petty
unbedingt (*oon*-ber-dingt) *adv* without fail
unbefriedigend (*oon*-ber-free-di-gernt) *adj* unsatisfactory
unbefugt (*oon*-ber-fōōkt) *adj* unauthorized
unbegreiflich (*oon*-ber-grighf-likh) *adj* puzzling
unbegrenzt (*oon*-ber-grehntst) *adj* unlimited
unbekannt (*oon*-ber-kahnt) *adj* unknown; unfamiliar
Unbekannte (*oon*-ber-kahn-ter) *m* (pl ~n) stranger
unbekümmert (*oon*-ber-kew-merrt) *adj* carefree
unbeliebt (*oon*-ber-leept) *adj* unpopular
Unbequemlichkeit (*oon*-ber-kvāym-likh-kight) *f* (pl ~en) inconvenience
unbeschädigt (*oon*-ber-shai-dikht) *adj* whole
unbescheiden (*oon*-ber-shigh-dern) *adj* immodest
unbeschränkt (*oon*-ber-shrehngkt) *adj* unlimited
unbesetzt (*oon*-ber-zehtst) *adj* unoccupied
unbesonnen (*oon*-ber-zo-nern) *adj* rash
unbestimmt (*oon*-ber-shtimt) *adj* indefinite
unbewohnbar (*oon*-ber-vōan-baar) *adj* uninhabitable
unbewohnt (*oon*-ber-vōant) *adj* uninhabited
unbewußt (*oon*-ber-voost) *adj* unaware
unbillig (*oon*-bi-likh) *adj* unfair
und (oont) *conj* and; ~ **so weiter** etcetera
undankbar (*oon*-dahngk-baar) *adj* ungrateful
undeutlich (*oon*-doit-likh) *adj* vague
uneben (*oon*-āy-bern) *adj* uneven
unecht (*oon*-ehkht) *adj* false
unehrlich (*oon*-āyr-likh) *adj* crooked, dishonest
unempfindlich (*oon*-ehm-pfint-likh) *adj* insensitive
unendlich (oon-*ehnt*-likh) *adj* infinite, endless; immense
unentbehrlich (oon-ehnt-*bāyr*-likh) *adj* essential
unentgeltlich (oon-ehnt-*gehlt*-likh) *adj* free of charge
unerfahren (*oon*-ehr-faa-rern) *adj* inexperienced
unerfreulich (*oon*-ehr-froi-likh) *adj* unpleasant
unerheblich (*oon*-ehr-hāyp-likh) *adj* insignificant
unerklärlich (oon-ehr-*klair*-likh) *adj* unaccountable
unermeßlich (oon-ehr-*mehss*-likh) *adj* immense, vast
unerschwinglich (oon-ehr-*shving*-likh) *adj* prohibitive
unerträglich (oon-ehr-*traik*-likh) *adj* unbearable, intolerable
unerwartet (*oon*-ehr-vahr-tert) *adj* unexpected
unerwünscht (*oon*-ehr-vewnsht) *adj*

undesirable
unfähig (*oon*-fai-ikh) *adj* unable, incompetent, incapable
Unfall (*oon*-fahl) *m* (pl ¨~e) accident
Unfallstation (*oon*-fahl-shtah-tsʸōan) *f* (pl ~en) first-aid post
unfaßbar (*oon*-fahss-baar) *adj* inconceivable
unfreundlich (*oon*-froint-likh) *adj* unkind, unfriendly
Unfug (*oon*-fōok) *m* nuisance; mischief
ungangbar (*oon*-gahng-baar) *adj* impassable
Ungar (*oong*-gahr) *m* (pl ~n) Hungarian
ungarisch (*oong*-gah-rish) *adj* Hungarian
Ungarn (*oong*-gahrn) Hungary
ungeachtet (*oon*-ger-ahkh-tert) *prep* in spite of
ungebildet (*oon*-ger-bil-dert) *adj* uneducated
ungebräuchlich (*oon*-ger-broikh-likh) *adj* unusual
ungeduldig (*oon*-ger-dool-dikh) *adj* impatient
ungeeignet (*oon*-ger-igh-gnert) *adj* unsuitable
ungefähr (*oon*-ger-fair) *adv* approximately
ungehalten (*oon*-ger-hahl-tern) *adj* cross
ungeheuer (*oon*-ger-hoi-err) *adj* tremendous, enormous, huge, immense
ungelegen (*oon*-ger-lāy-gern) *adj* inconvenient
ungelernt (*oon*-ger-lehrnt) *adj* unskilled
ungemütlich (*oon*-ger-mew̄t-likh) *adj* uncomfortable
ungenau (*oon*-ger-nou) *adj* incorrect, inaccurate
ungenießbar (*oon*-ger-neess-baar) *adj* inedible
ungenügend (*oon*-ger-new̄-gernt) *adj* insufficient
ungerade (*oon*-ger-raa-der) *adj* odd
ungerecht (*oon*-ger-rehkht) *adj* unjust, unfair
ungeschickt (*oon*-ger-shikt) *adj* clumsy, awkward
ungeschützt (*oon*-ger-shewtst) *adj* unprotected
ungesetzlich (*oon*-ger-zehts-likh) *adj* illegal
ungesund (*oon*-ger-zoont) *adj* unsound, unhealthy
ungewiß (*oon*-ger-viss) *adj* doubtful
ungewöhnlich (*oon*-ger-vūrn-likh) *adj* uncommon, unusual; exceptional
ungewohnt (*oon*-ger-vōant) *adj* unaccustomed
ungezogen (*oon*-ger-tsōa-gern) *adj* naughty, bad
Ungezwungenheit (*oon*-ger-tsvoong-ern-hight) *f* ease
unglaublich (oon-*gloup*-likh) *adj* incredible
ungleich (*oon*-glighkh) *adj* unequal; uneven
Unglück (*oon*-glewk) *nt* (pl ~e) misfortune; accident; calamity
unglücklich (*oon*-glewk-likh) *adj* unlucky; unhappy, unfortunate
unglücklicherweise (*oon*-glewk-li-kherr-vigh-zer) *adv* unfortunately
ungültig (*oon*-gewl-tikh) *adj* invalid
ungünstig (*oon*-gewns-tikh) *adj* unfavourable
Unheil (*oon*-highl) *nt* disaster; mischief
unheilbar (*oon*-highl-baar) *adj* incurable
unheilvoll (*oon*-highl-fol) *adj* sinister; fatal
unheimlich (*oon*-highm-likh) *adj* scary, creepy

unhöflich (*oon*-hūrf-likh) *adj* impolite
Uniform (oo-ni-*form*) *f* (pl ~en) uniform
Union (oo-*nʸōān*) *f* (pl ~en) union
universal (oo-ni-vehr-*zaal*) *adj* universal
Universität (oo-ni-vehr-zi-*tait*) *f* (pl ~en) university
unklar (*oon*-klaar) *adj* obscure
Unkosten (*oon*-koss-tern) *pl* expenses *pl*
Unkraut (*oon*-krout) *nt* (pl ¨~er) weed
unkultiviert (*oon*-kool-ti-veert) *adj* uncultivated
unlängst (*oon*-lehngst) *adv* lately
unleserlich (*oon*-lāy-zerr-likh) *adj* illegible
unliebenswürdig (*oon*-lee-berns-vewr-dikh) *adj* unkind
unmittelbar (*oon*-mi-terl-baar) *adj* direct; immediate
unmöbliert (*oon*-mur-bleert) *adj* unfurnished
unmöglich (*oon*-mūrk-likh) *adj* impossible
unnötig (*oon*-nūr-tikh) *adj* unnecessary
unnütz (*oon*-newts) *adj* vain
unordentlich (*oon*-or-dehnt-likh) *adj* slovenly, untidy
Unordnung (*oon*-or-dnoong) *f* disorder; mess; **in ~ *bringen** mess up
unparteiisch (*oon*-pahr-tigh-ish) *adj* impartial
unpassend (*oon*-pah-sernt) *adj* improper
unpersönlich (*oon*-pehr-zūrn-likh) *adj* impersonal
unpopulär (*oon*-poa-poo-lair) *adj* unpopular
unqualifiziert (*oon*-kvah-li-fi-tseert) *adj* unqualified
Unrecht (*oon*-rehkht) *nt* injustice; wrong; ~ ***tun** wrong
unrecht (*oon*-rehkht) *adj* wrong; ~ ***haben** *be wrong
unregelmäßig (*oon*-rāy-gerl-mai-sikh) *adj* irregular
unrein (*oon*-righn) *adj* unclean
unrichtig (*oon*-rikh-tikh) *adj* incorrect
Unruhe (*oon*-rōō-er) *f* unrest
unruhig (*oon*-rōō-ikh) *adj* uneasy, restless
uns (oons) *pron* us; ourselves
unschätzbar (*oon*-shehts-baar) *adj* priceless
Unschuld (*oon*-shoolt) *f* innocence
unschuldig (*oon*-shool-dikh) *adj* innocent
unser (*oon*-zerr) *pron* our
unsicher (*oon*-zi-kherr) *adj* unsafe; uncertain
unsichtbar (*oon*-zikht-baar) *adj* invisible
Unsinn (*oon*-zin) *m* nonsense, rubbish
unsinnig (*oon*-zi-nikh) *adj* senseless
unstet (*oon*-shtāyt) *adj* unsteady
unsympathisch (*oon*-zewm-paa-tish) *adj* unpleasant
untauglich (*oon*-touk-likh) *adj* unfit
unten (*oon*-tern) *adv* beneath, below; underneath; downstairs; **nach ~** downwards
unter (*oon*-terr) *prep* under; beneath, below; among, amid; *adj* inferior; **Unter-** subordinate; **~ anderem** among other things
***unterbrechen** (oon-terr-*breh*-khern) *v* interrupt
Unterbrechung (oon-terr-*breh*-khoong) *f* (pl ~en) interruption
***unterbringen** (*oon*-terr-bring-ern) *v* accommodate
unterdrücken (oon-terr-*drew*-kern) *v* oppress; suppress
Unterernährung (*oon*-terr-ehr-nai-roong) *f* malnutrition

Untergang (*oon*-terr-gahng) *m* ruin, destruction
untergeordnet (*oon*-terr-ger-or-dnert) *adj* subordinate; minor, secondary
Untergeschoß (*oon*-terr-ger-shoss) *nt* basement
Untergrundbahn (*oon*-terr-groont-baan) *f* (pl ~en) subway *nAm*
unterhalb (*oon*-terr-hahlp) *prep* under, below
Unterhalt (*oon*-terr-hahlt) *m* livelihood; upkeep
***unterhalten** (oon-terr-*hahl*-tern) *v* entertain, amuse
unterhaltsam (oon-terr-*hahlt*-zaam) *adj* entertaining, amusing
Unterhaltung (oon-terr-*hahl*-toong) *f* (pl ~en) conversation; entertainment, amusement
Unterhemd (*oon*-terr-hehmt) *nt* (pl ~en) undershirt
Unterhose (*oon*-terr-hōa-zer) *f* (pl ~n) pants *pl*; briefs *pl*, drawers, knickers *pl*; shorts *plAm*; underpants *plAm*
unterirdisch (*oon*-terr-eer-dish) *adj* underground
Unterkunft (*oon*-terr-koonft) *f* (pl ¨~e) accommodation; lodgings *pl*
Untermieter (*oon*-terr-mee-terr) *m* (pl ~) lodger
Unternehmen (oon-terr-*nāy*-mern) *nt* (pl ~) enterprise, business; concern, company
***unternehmen** (oon-terr-*nāy*-mern) *v* *undertake
Unternehmer (oon-terr-*nāy*-merr) *m* (pl ~) contractor
Unternehmung (oon-terr-*nāy*-moong) *f* (pl ~en) undertaking
Unterredung (oon-terr-*rāy*-doong) *f* (pl ~en) interview
Unterricht (*oon*-terr-rikht) *m* tuition
unterrichten (oon-terr-*rikh*-tern) *v* *teach
Unterrock (*oon*-terr-rok) *m* (pl ¨~e) slip
unterschätzen (oon-terr-*sheh*-tsern) *v* underestimate
***unterscheiden** (oon-terr-*shigh*-dern) *v* distinguish; **sich** ~ differ
Unterscheidung (oon-terr-*shigh*-doong) *f* distinction
Unterschied (*oon*-terr-sheet) *m* (pl ~e) difference, distinction; contrast
***unterschreiben** (oon-terr-*shrigh*-bern) *v* sign
Unterschrift (*oon*-terr-shrift) *f* (pl ~en) signature
unterst (*oon*-terrst) *adj* bottom
***unterstreichen** (oon-terr-*shtrigh*-khern) *v* underline
Unterströmung (*oon*-terr-shtrūr-moong) *f* undercurrent
unterstützen (oon-terr-*shtew*-tsern) *v* support; assist, aid
Unterstützung (oon-terr-*shtew*-tsoong) *f* (pl ~en) support; assistance, relief
untersuchen (oon-terr-*zōō*-khern) *v* enquire, investigate
Untersuchung (oon-terr-*zōō*-khoong) *f* (pl ~en) enquiry, investigation, inquiry; check-up, examination
Untertasse (*oon*-terr-tah-ser) *f* (pl ~n) saucer
Untertitel (*oon*-terr-tee-terl) *m* (pl ~) subtitle
Unterwäsche (*oon*-terr-veh-sher) *fpl* underwear
***unterweisen** (oon-terr-*vigh*-zern) *v* instruct
Unterweisung (oon-terr-*vigh*-zoong) *f* instruction
***unterwerfen** (oon-terr-*vehr*-fern) *v* subject; **sich** ~ submit; **unterworfen** liable to
unterzeichnen (oon-terr-*tsighkh*-nern) *v* sign

Unterzeichnete (oon-terr-*tsighkh*-ner-ter) *m* (pl ~n) undersigned
untreu (*oon*-troi) *adj* unfaithful
unüberlegt (*oon*-ēw-berr-lāykt) *adj* unwise
unübertroffen (*oon*-ēw-berr-tro-fern) *adj* unsurpassed
ununterbrochen (*oon*-oon-terr-bro-khern) *adj* continuous
unverdient (*oon*-fehr-deent) *adj* unearned
unverletzt (*oon*-fehr-lehtst) *adj* unhurt
unvermeidlich (oon-fehr-*might*-likh) *adj* unavoidable, inevitable
unvernünftig (*oon*-fehr-newnf-tikh) *adj* unreasonable
unverschämt (*oon*-fehr-shaimt) *adj* impudent, impertinent, insolent
Unverschämtheit (*oon*-fehr-shaimt-hight) *f* impertinence, insolence
unversehrt (*oon*-fehr-zāyrt) *adj* unbroken; intact
unverzüglich (oon-fehr-*tsēwk*-likh) *adj* prompt; *adv* immediately, instantly
unvollkommen (*oon*-fol-ko-mern) *adj* imperfect
unvollständig (*oon*-fol-shtehn-dikh) *adj* incomplete
unvorhergesehen (*oon*-fōar-hāyr-ger-zāy-ern) *adj* unexpected
unwahr (*oon*-vaar) *adj* untrue, false
unwahrscheinlich (*oon*-vaar-shighn-likh) *adj* unlikely, improbable
Unwetter (*oon*-veh-terr) *nt* (pl ~) tempest
unwichtig (*oon*-vikh-tikh) *adj* unimportant
unwiderruflich (*oon*-vee-derr-rōōf-likh) *adj* irrevocable
unwillig (*oon*-vi-likh) *adj* unwilling
unwissend (*oon*-vi-sernt) *adj* ignorant
unwohl (*oon*-vōal) *adj* unwell
unzerbrechlich (*oon*-tsehr-brehkh-likh) *adj* unbreakable
unzufrieden (*oon*-tsoo-free-dern) *adj* dissatisfied, discontented
unzugänglich (*oon*-tsōō-gerng-likh) *adj* inaccessible
unzulänglich (*oon*-tsōō-lehng-likh) *adj* inadequate
Unzulänglichkeit (*oon*-tsōō-lehng-likh-kight) *f* (pl ~en) shortcoming
unzuverlässig (*oon*-tsōō-vehr-leh-sikh) *adj* untrustworthy, unreliable
unzweckmäßig (*oon*-tsvehk-mai-sikh) *adj* inefficient
uralt (*ōōr*-ahlt) *adj* ancient
Urin (oo-*reen*) *m* urine
Urkunde (*ōōr*-koon-der) *f* (pl ~n) certificate, document
Urlaub (*ōōr*-loup) *m* (pl ~e) holiday; leave; **auf** ~ on holiday
Ursache (*ōōr*-zah-kher) *f* (pl ~n) cause; reason
Ursprung (*ōōr*-shproong) *m* (pl ̈~e) origin
ursprünglich (*ōōr*-shprewng-likh) *adj* original
Urteil (*oor*-tighl) *nt* (pl ~e) judgment; sentence, verdict
urteilen (*oor*-tigh-lern) *v* judge
Urteilsspruch (*oor*-tighls-shprookh) *m* (pl ̈~e) verdict
Uruguay (oo-roo-*gvigh*) Uruguay
uruguayisch (oo-roo-*gvigh*-ish) *adj* Uruguayan
Urwald (*ōōr*-vahlt) *m* (pl ̈~er) jungle

V

Vagabund (vah-gah-*boont*) *m* (pl ~en) tramp
vage (*vaa*-ger) *adj* faint
Vakanz (vah-*kahnts*) *f* (pl ~en) vacancy
Vakuum (*vaa*-koo-oom) *nt* (pl Vakua)

vacuum
Vanille (vah-*ni*-lʸer) *f* vanilla
Varietétheater (vah-ri-ay-*tāy*-tay-aa-terr) *nt* (pl ~) music-hall, variety theatre
Varietévorstellung (vah-ri-ay-*tāy*-fōar-shteh-loong) *f* (pl ~en) variety show
variieren (vah-ri-*ee*-rern) *v* vary
Vase (*vaa*-zer) *f* (pl ~n) vase
Vaseline (vah-say-*lee*-ner) *f* vaseline
Vater (*faa*-terr) *m* (pl ¨~) father; dad
Vaterland (*faa*-terr-lahnt) *nt* native country; fatherland
Vati (*faa*-ti) *m* daddy
Vegetarier (vay-gay-*taa*-rʸerr) *m* (pl ~) vegetarian
Vegetation (vay-gay-tah-*tsʸōān*) *f* (pl ~en) vegetation
Veilchen (*fighl*-khern) *nt* (pl ~) violet
Venezolaner (vay-nay-tsoa-*laa*-nerr) *m* (pl ~) Venezuelan
venezolanisch (vay-nay-tsoa-*laa*-nish) *adj* Venezuelan
Venezuela (vay-nay-tsoo-*āy*-lah) Venezuela
Ventil (vehn-*teel*) *nt* (pl ~e) valve
Ventilation (vehn-ti-lah-*tsʸōān*) *f* (pl ~en) ventilation
Ventilator (vehn-ti-*laa*-tor) *m* (pl ~en) fan, ventilator
Ventilatorriemen (vehn-ti-*laa*-tor-ree-mern) *m* (pl ~) fan belt
ventilieren (vehn-ti-*lee*-rern) *v* ventilate
Verabredung (fehr-*ahp*-rāy-doong) *f* (pl ~en) appointment; date, engagement
verabreichen (fehr-*ahp*-righ-khern) *v* administer
verachten (fehr-*ahkh*-tern) *v* despise, scorn
Verachtung (fehr-*ahkh*-toong) *f* scorn, contempt
veraltet (fehr-*ahl*-tert) *adj* ancient; out of date
Veranda (vay-*rahn*-dah) *f* (pl -den) veranda
veränderlich (fehr-*ehn*-derr-likh) *adj* variable
verändern (fehr-*ehn*-derrn) *v* alter; vary
Veränderung (fehr-*ehn*-der-roong) *f* (pl ~en) alteration; variation
verängstigt (fehr-*ehngs*-tikht) *adj* frightened
veranschlagen (fehr-*ahn*-shlaa-gern) *v* evaluate, estimate
verantwortlich (fehr-*ahnt*-vort-likh) *adj* responsible; liable
Verantwortlichkeit (fehr-*ahnt*-vort-likh-kight) *f* responsibility; liability
verausgaben (fehr-*ouss*-gaa-bern) *v* *spend
Verband (fehr-*bahnt*) *m* (pl ¨~e) bandage; federation
Verbandskasten (fehr-*bahnts*-kahss-tern) *m* (pl ¨~) first-aid kit
Verbannte (fehr-*bahn*-ter) *m* (pl ~n) exile
Verbannung (fehr-*bah*-noong) *f* exile
***verbergen** (fehr-*behr*-gern) *v* *hide; conceal
verbessern (fehr-*beh*-serrn) *v* improve; correct
Verbesserung (fehr-*beh*-ser-roong) *f* (pl ~en) improvement; correction
***verbieten** (fehr-*bee*-tern) *v* *forbid, prohibit
***verbinden** (fehr-*bin*-dern) *v* link, join, connect; combine; dress
Verbindung (fehr-*bin*-doong) *f* (pl ~en) link; connection; relation; **sich in ~ setzen mit** contact
verblassen (fehr-*blah*-sern) *v* fade
verblüffen (fehr-*blew*-fern) *v* astonish; overwhelm
Verbot (fehr-*bōat*) *nt* (pl ~e) prohibition

verboten (fehr-*bōā*-tern) *adj* prohibited
verbrauchen (fehr-*brou*-khern) *v* use up
Verbraucher (fehr-*brou*-kherr) *m* (pl ~) consumer
Verbrauchssteuer (fehr-*broukhs*-shtoi-err) *f* purchase tax; sales tax
Verbrechen (fehr-*breh*-khern) *nt* (pl ~) crime
Verbrecher (fehr-*breh*-kherr) *m* (pl ~) criminal
verbrecherisch (fehr-*breh*-kher-rish) *adj* criminal
verbreiten (fehr-*brigh*-tern) *v* *shed
***verbrennen** (fehr-*breh*-nern) *v* *burn; cremate
***verbringen** (fehr-*bring*-ern) *v* *spend
verbunden (fehr-*boon*-dern) *adj* joint
Verbündete (fehr-*bewn*-der-ter) *m* (pl ~n) associate
Verdacht (fehr-*dahkht*) *m* suspicion
verdächtig (fehr-*dehkh*-tikh) *adj* suspicious
Verdächtige (fehr-*dehkh*-ti-ger) *m* (pl ~n) suspect
verdächtigen (fehr-*dehkh*-ti-gern) *v* suspect
verdampfen (fehr-*dahm*-pfern) *v* evaporate
verdanken (fehr-*dahng*-kern) *v* owe
verdauen (fehr-*dou*-ern) *v* digest
verdaulich (fehr-*dou*-likh) *adj* digestible
Verdauung (fehr-*dou*-oong) *f* digestion
verdecken (fehr-*deh*-kern) *v* cover
***verderben** (fehr-*dehr*-bern) *v* *spoil; **leicht verderblich** perishable
verdicken (fehr-*di*-kern) *v* thicken
verdienen (fehr-*dee*-nern) *v* earn, *make; deserve, merit
Verdienst (fehr-*deenst*) *nt* (pl ~e) merit; *m* earnings *pl*
verdorben (fehr-*dor*-bern) *adj* rotten
verdrehen (fehr-*drāȳ*-ern) *v* wrench
Verdruß (fehr-*drooss*) *m* annoyance
verdünnen (fehr-*dew*-nern) *v* dilute
verehren (fehr-*āȳ*-rern) *v* worship
Verein (fehr-*ighn*) *m* (pl ~e) society, club
vereinigen (fehr-*igh*-ni-gern) *v* unite; join; **Vereinigte Staaten** United States, the States
Vereinigung (fehr-*igh*-ni-goong) *f* (pl ~en) association; union
Verfahren (fehr-*faa*-rern) *nt* (pl ~) procedure; process
***verfahren** (fehr-*faa*-rern) *v* proceed
verfallen (fehr-*fah*-lern) *adj* expired
***verfallen** (fehr-*fah*-lern) *v* expire
sich verfärben (fehr-*fehr*-bern) discolour
verfärbt (fehr-*fehrpt*) *adj* discoloured
Verfasser (fehr-*fah*-serr) *m* (pl ~) author
Verfassung (fehr-*fah*-soong) *f* condition
Verfechter (fehr-*fehkh*-terr) *m* (pl ~) champion
verfluchen (fehr-*flōō*-khern) *v* curse
verfolgen (fehr-*fol*-gern) *v* carry on; chase, pursue
verfügbar (fehr-*fēw̄k*-baar) *adj* available
verfügen über (fehr-*fēw̄*-gern) dispose of
Verfügung (fehr-*fēw̄*-goong) *f* disposal
verführen (fehr-*fēw̄*-rern) *v* seduce
vergangen (fehr-*gahng*-ern) *adj* past
Vergangenheit (fehr-*gahng*-ern-hight) *f* past
Vergaser (fehr-*gaa*-zerr) *m* (pl ~) carburettor
vergebens (fehr-*gāȳ*-berns) *adv* in vain
sich vergegenwärtigen (fehr-gāȳ-gern-*vehr*-ti-gern) realize

Vergehen (fehr-*gāy*-ern) *nt* (pl ~) offence

***vergehen** (fehr-*gāy*-ern) *v* pass; **sich ~** offend

***vergessen** (fehr-*geh*-sern) *v* *forget

vergeßlich (fehr-*gehss*-likh) *adj* forgetful

vergeuden (fehr-*goi*-dern) *v* waste

vergewaltigen (fehr-ger-*vahl*-ti-gern) *v* assault, rape

sich vergewissern (fehr-ger-*vi*-serrn) *v* ascertain

***vergießen** (fehr-*gee*-sern) *v* *shed

vergiften (fehr-*gif*-tern) *v* poison

Vergleich (fehr-*glighkh*) *m* (pl ~e) comparison; compromise, settlement

***vergleichen** (fehr-*gligh*-khern) *v* compare

Vergnügen (fehr-*gnew*-gern) *nt* (pl ~) fun, pleasure; amusement; **mit ~** gladly

vergoldet (fehr-*gol*-dert) *adj* gilt

vergrößern (fehr-*grūr*-serrn) *v* enlarge; increase

Vergrößerung (fehr-*grūr*-ser-roong) *f* (pl ~en) enlargement

Vergrößerungsglas (fehr-*grūr*-ser-roongs-glaass) *nt* (pl ~er) magnifying glass

vergüten (fehr-*gew*-tern) *v* *make good

verhaften (fehr-*hahf*-tern) *v* arrest

Verhaftung (fehr-*hahf*-toong) *f* (pl ~en) arrest

Verhältnis (fehr-*hehlt*-niss) *nt* (pl ~se) proportion; affair

verhältnismäßig (fehr-*hehlt*-niss-mai-sikh) *adj* relative

verhandeln (fehr-*hahn*-derln) *v* negotiate

Verhandlung (fehr-*hahn*-dloong) *f* (pl ~en) negotiation

Verhängnis (fehr-*hehng*-niss) *nt* destiny

verhängnisvoll (fehr-*hehng*-niss-fol) *adj* ominous; fatal

verhätscheln (fehr-*heh*-cherln) *v* cuddle

verheerend (fehr-*hāy*-rernt) *adj* disastrous

verhindern (fehr-*hin*-derrn) *v* prevent

Verhör (fehr-*hūr*) *nt* (pl ~e) interrogation, examination

verhören (fehr-*hūr*-rern) *v* interrogate

verhüten (fehr-*hew*-tern) *v* prevent

verirrt (fehr-*eert*) *adj* lost

verjagen (fehr-*yaa*-gern) *v* chase

Verkauf (fehr-*kouf*) *m* (pl ~e) sale

verkaufen (fehr-*kou*-fern) *v* *sell; **im kleinen ~** retail; **zu ~** for sale

Verkäufer (fehr-*koi*-ferr) *m* (pl ~) salesman; shop assistant

Verkäuferin (fehr-*koi*-fer-rin) *f* (pl ~nen) salesgirl

verkäuflich (fehr-*koif*-likh) *adj* saleable

Verkehr (fehr-*kāyr*) *m* traffic

verkehren mit (fehr-*kāy*-rern) mix with

Verkehrsampel (fehr-*kāyrs*-ahm-perl) *f* (pl ~n) traffic light

verkehrsreich (fehr-*kāyrs*-righkh) *adj* busy

Verkehrsstauung (fehr-*kāyrs*-shtou-oong) *f* (pl ~en) traffic jam, jam

Verkehrsverein (fehr-*kāyrs*-fehr-ighn) *m* tourist office

verkehrt (fehr-*kāyrt*) *adj* false; *adv* inside out

sich verkleiden (fehr-*kligh*-dern) disguise

Verkleidung (fehr-*kligh*-doong) *f* (pl ~en) disguise

verkrüppelt (fehr-*krew*-perlt) *adj* crippled

verkürzen (fehr-*kewr*-tsern) *v* shorten

Verlangen (fehr-*lahng*-ern) *nt* desire

verlangen (fehr-*lahng*-ern) *v* desire; demand; charge
verlängern (fehr-*lehng*-errn) *v* lengthen, extend; renew
Verlängerung (fehr-*lehng*-er-roong) *f* (pl ~en) extension
Verlängerungsschnur (fehr-*lehng*-er-roongs-shnōōr) *f* (pl ~̈e) extension cord
verlangsamen (fehr-*lahng*-zaa-mern) *v* slow down
verlassen (fehr-*lah*-sern) *adj* desert
***verlassen** (fehr-*lah*-sern) *v* *leave; desert; **sich ~ auf** rely on
verlegen (fehr-*lāy*-gern) *v* *mislay; *adj* embarrassed; **in Verlegenheit *bringen** embarrass
Verleger (fehr-*lāy*-gerr) *m* (pl ~) publisher
***verleihen** (fehr-*ligh*-ern) *v* grant
verlernen (fehr-*lehr*-nern) *v* unlearn
verletzbar (fehr-*lehts*-baar) *adj* vulnerable
verletzen (fehr-*leh*-tsern) *v* *hurt, injure; wound
Verletzung (fehr-*leh*-tsoong) *f* (pl ~en) injury; violation
Verleumdung (fehr-*loim*-doong) *f* (pl ~en) slander
verliebt (fehr-*leept*) *adj* in love
***verlieren** (fehr-*lee*-rern) *v* *lose
verlobt (fehr-*lōāpt*) *adj* engaged
Verlobte (fehr-*lōāp*-ter) *m* (pl ~n) fiancé; *f* fiancée
Verlobung (fehr-*lōā*-boong) *f* (pl ~en) engagement
Verlobungsring (fehr-*lōā*-boongs-ring) *m* (pl ~e) engagement ring
Verlust (fehr-*loost*) *m* (pl ~e) loss
***vermeiden** (fehr-*migh*-dern) *v* avoid
Vermerk (fehr-*mehrk*) *m* (pl ~e) note
Vermerkhäkchen (fehr-*mehrk*-haik-khern) *nt* (pl ~) tick
vermieten (fehr-*mee*-tern) *v* *let; lease; **zu ~** for hire
vermindern (fehr-*min*-derrn) *v* lessen, decrease, reduce
vermischt (fehr-*misht*) *adj* miscellaneous
Vermißte (fehr-*miss*-ter) *m* (pl ~n) missing person
vermitteln (fehr-*mi*-terln) *v* mediate
Vermittler (fehr-*mit*-lerr) *m* (pl ~) mediator; intermediary
Vermögen (fehr-*mūr*-gern) *nt* (pl ~) ability; fortune
vermuten (fehr-*mōō*-tern) *v* suspect; guess, suppose
vermutlich (fehr-*mōōt*-likh) *adj* presumable, probable
Vermutung (fehr-*mōō*-toong) *f* (pl ~en) guess
vernachlässigen (fehr-*naakh*-leh-si-gern) *v* neglect
Vernachlässigung (fehr-*naakh*-leh-si-goong) *f* (pl ~en) neglect
verneinend (fehr-*nigh*-nernt) *adj* negative
vernichten (fehr-*nikh*-tern) *v* destroy; wreck
Vernunft (fehr-*noonft*) *f* sense, reason
vernünftig (fehr-*newnf*-tikh) *adj* reasonable
veröffentlichen (fehr-*ur*-fernt-li-khern) *v* publish
Veröffentlichung (fehr-*ur*-fernt-li-khoong) *f* (pl ~en) publication
verpachten (fehr-*pahkh*-tern) *v* lease
Verpackung (fehr-*pah*-koong) *f* (pl ~en) packing
verpassen (fehr-*pah*-sern) *v* miss
verpfänden (fehr-*pfehn*-dern) *v* pawn
verpflichten (fehr-*pflikh*-tern) *v* oblige; **sich ~** engage; **verpflichtet *sein zu** *be obliged to
Verpflichtung (fehr-*pflikh*-toong) *f* (pl ~en) engagement
Verrat (fehr-*raat*) *m* treason

***verraten** (fehr-*raa*-tern) *v* betray; *give away
Verräter (fehr-*rai*-terr) *m* (pl ~) traitor
verrenkt (fehr-*rehngkt*) *adj* dislocated
verrichten (fehr-*rikh*-tern) *v* perform
verrückt (fehr-*rewkt*) *adj* mad, crazy; idiotic
Vers (fehrs) *m* (pl ~e) verse
versagen (fehr-*zaa*-gern) *v* fail; deny
versammeln (fehr-*zah*-merln) *v* assemble; **sich** ~ gather
Versammlung (fehr-*zahm*-loong) *f* (pl ~en) assembly, meeting; rally
Versand (fehr-*zahnt*) *m* expedition
verschaffen (fehr-*shah*-fern) *v* furnish
verschicken (fehr-*shi*-kern) *v* dispatch
***verschieben** (fehr-*shee*-bern) *v* adjourn, *put off
verschieden (fehr-*shee*-dern) *adj* different, distinct; varied; **verschiedene** various; ~ ***sein** vary
***verschießen** (fehr-*shee*-sern) *v* fade
***verschlafen** (fehr-*shlaa*-fern) *v* *oversleep
***verschließen** (fehr-*shlee*-sern) *v* lock
***verschlingen** (fehr-*shling*-ern) *v* swallow
verschlissen (fehr-*shli*-sern) *adj* threadbare
Verschluß (fehr-*shlooss*) *m* (pl -schlüsse) fastener
Verschmutzung (fehr-*shmoo*-tsoong) *f* pollution
***verschreiben** (fehr-*shrigh*-bern) *v* prescribe
verschütten (fehr-*shew*-tern) *v* *spill
verschwenderisch (fehr-*shvehn*-derrish) *adj* wasteful, lavish
Verschwendung (fehr-*shvehn*-doong) *f* waste
***verschwinden** (fehr-*shvin*-dern) *v* disappear, vanish
sich *verschwören (fehr-*shvūr*-rern) conspire
Verschwörung (fehr-*shvūr*-roong) *f* (pl ~en) plot
Versehen (fehr-*zāy*-ern) *nt* (pl ~) oversight; mistake
***versehen mit** (fehr-*zāy*-ern) furnish with
***versenden** (fehr-*zehn*-dern) *v* despatch; ship
versetzen (fehr-*zeh*-tsern) *v* move
versichern (fehr-*zi*-kherrn) *v* assure; insure
Versicherung (fehr-*zi*-kher-roong) *f* (pl ~en) insurance
Versicherungspolice (fehr-*zi*-kherroongs-poa-lee-ser) *f* (pl ~n) insurance policy
Versöhnung (fehr-*zūr*-noong) *f* (pl ~en) reconciliation
versorgen (fehr-*zor*-gern) *v* look after
verspätet (fehr-*shpai*-tert) *adj* late
versperren (fehr-*shpeh*-rern) *v* block
verspotten (fehr-*shpo*-tern) *v* mock
Versprechen (fehr-*shpreh*-khern) *nt* (pl ~) promise
***versprechen** (fehr-*shpreh*-khern) *v* promise
Verstand (fehr-*shtahnt*) *m* brain; wits *pl*, sense, intellect, reason
verständig (fehr-*shtehn*-dikh) *adj* sensible
Verständigung (fehr-*shtehn*-di-goong) *f* understanding
verstauchen (fehr-*shtou*-khern) *v* sprain
Verstauchung (fehr-*shtou*-khoong) *f* (pl ~en) sprain
verstecken (fehr-*shteh*-kern) *v* *hide
***verstehen** (fehr-*shtāy*-ern) *v* *understand; *take; conceive
Versteigerung (fehr-*shtigh*-ger-roong) *f* (pl ~en) auction
sich verstellen (fehr-*shteh*-lern) pretend
verstimmen (fehr-*shti*-mern) *v* dis-

please
verstopft (fehr-*shtopft*) *adj* constipated
Verstopfung (fehr-*shto*-pfoong) *f* constipation
verstorben (fehr-*shtor*-bern) *adj* dead
Verstoß (fehr-*shtōass*) *m* offence
verstreuen (fehr-*shtroi*-ern) *v* scatter
Versuch (fehr-*zōokh*) *m* (pl ~e) try, attempt; trial, experiment
versuchen (fehr-*zōo*-khern) *v* try, attempt; tempt
Versuchung (fehr-*zōo*-khoong) *f* (pl ~en) temptation
verteidigen (fehr-*tigh*-di-gern) *v* defend
Verteidigung (fehr-*tigh*-di-goong) *f* defence
Verteidigungsrede (fehr-*tigh*-di-goongs-rāy-der) *f* (pl ~n) plea
verteilen (fehr-*tigh*-lern) *v* divide; distribute
Vertrag (fehr-*traak*) *m* (pl ¨~e) agreement; contract; treaty
Vertrauen (fehr-*trou*-ern) *nt* confidence; trust, faith
vertrauen (fehr-*trou*-ern) *v* trust
vertraulich (fehr-*trou*-likh) *adj* confidential; familiar
vertraut (fehr-*trout*) *adj* familiar
***vertreiben** (fehr-*trigh*-bern) *v* chase
***vertreten** (fehr-*trāy*-tern) *v* represent
Vertreter (fehr-*trāy*-terr) *m* (pl ~) agent
Vertretung (fehr-*trāy*-toong) *f* (pl ~en) representation; agency
verüben (fehr-*ēw*-bern) *v* commit
Verunreinigung (fehr-*oon*-righ-ni-goong) *f* pollution
verursachen (fehr-*ōor*-zah-khern) *v* cause
verurteilen (fehr-*oor*-tigh-lern) *v* sentence
Verurteilte (fehr-*oor*-tighl-ter) *m* (pl ~n) convict
verwalten (fehr-*vahl*-tern) *v* manage
Verwaltung (fehr-*vahl*-toong) *f* (pl ~en) administration; management, direction; rule, government; **Verwaltungs-** administrative
Verwaltungsrecht (fehr-*vahl*-toongs-rehkht) *nt* administrative law
verwandeln (fehr-*vahn*-derln) *v* transform; **sich ~ in** turn into
verwandt (fehr-*vahnt*) *adj* related
Verwandte (fehr-*vahn*-ter) *m* (pl ~n) relative, relation
Verwandtschaft (fehr-*vahnt*-shahft) *f* family
verwechseln (fehr-*veh*-kserln) *v* *mistake
verweigern (fehr-*vigh*-gerrn) *v* deny, refuse
Verweigerung (fehr-*vigh*-ger-roong) *f* (pl ~en) refusal
verweilen (fehr-*vigh*-lern) *v* stay
Verweis (fehr-*vighss*) *m* (pl ~e) reference
***verweisen auf** (fehr-*vigh*-zern) refer to
***verwenden** (fehr-*vehn*-dern) *v* employ; apply
***verwerfen** (fehr-*vehr*-fern) *v* turn down, reject
verwickelt (fehr-*vi*-kerlt) *adj* complicated, complex
verwirklichen (fehr-*veerk*-li-khern) *v* realize
verwirren (fehr-*vi*-rern) *v* confuse; embarrass
Verwirrung (fehr-*vi*-roong) *f* confusion; disturbance
verwöhnen (fehr-*vūr*-nern) *v* *spoil
verwunden (fehr-*voon*-dern) *v* wound
verwundern (fehr-*voon*-derrn) *v* amaze
Verwunderung (fehr-*voon*-der-roong) *f* wonder
Verwundung (fehr-*voon*-doong) *f* (pl

~en) injury
Verzeichnis (fehr-*tsighkh*-niss) *nt* (pl ~se) index
***verzeihen** (fehr-*tsigh*-ern) *v* *forgive; excuse
Verzeihung (fehr-*tsigh*-oong) *f* pardon; **Verzeihung!** sorry!
verzögern (fehr-*tsūr*-gerrn) *v* delay; slow down
Verzögerung (fehr-*tsūr*-ger-roong) *f* (pl ~en) delay
verzollen (fehr-*tso*-lern) *v* declare
verzweifeln (fehr-*tsvigh*-ferln) *v* despair
verzweifelt (fehr-*tsvigh*-ferlt) *adj* desperate
Verzweiflung (fehr-*tsvigh*-floong) *f* despair
Vestibül (vehss-ti-*bew̄l*) *nt* (pl ~e) lobby
Vetter (*feh*-terr) *m* (pl ~n) cousin
Viadukt (vi-ah-*dookt*) *m* (pl ~e) viaduct
vibrieren (vi-*bree*-rern) *v* vibrate
Videokamera (*vi*-deh-o-kah-may-rah) *f* (pl ~s) video camera
Videokassette (*vi*-deh-o-kah-seht-ter) *f* (pl ~n) video cassette
Videorekorder (*vi*-deh-o-ray-kor-derr) *m* (pl ~) video recorder
Vieh (fee) *nt* cattle *pl*
viel (feel) *adj* much, many; *adv* much, far
vielleicht (fi-*lighkht*) *adv* maybe, perhaps
vielmehr (feel-*māyr*) *adv* rather
vielseitig (*feel*-zigh-tikh) *adj* all-round
vier (feer) *num* four
vierte (*feer*-ter) *num* fourth
Viertel (*feer*-terl) *nt* (pl ~) quarter
vierteljährlich (*feer*-terl-ʸair-likh) *adj* quarterly
Viertelstunde (feer-terl-*shtoon*-der) *f* (pl ~n) quarter of an hour
vierzehn (*feer*-tsāyn) *num* fourteen
vierzehnte (*feer*-tsāyn-ter) *num* fourteenth
vierzig (*feer*-tsikh) *num* forty
Vikar (vi-*kaar*) *m* (pl ~e) vicar
Villa (*vi*-lah) *f* (pl Villen) villa
violett (vi-oa-*leht*) *adj* violet
Visitenkarte (vi-*zee*-tern-kahr-ter) *f* (pl ~n) visiting-card
visitieren (vi-zi-*tee*-rern) *v* search
Visum (*vee*-zoom) *nt* (pl Visa) visa
Vitamin (vi-tah-*meen*) *nt* (pl ~e) vitamin
Vitrine (vi-*tree*-ner) *f* (pl ~n) showcase
Vizepräsident (*fee*-tser-preh-zi-dehnt) *m* (pl ~en) vice-president
Vogel (*fōā*-gerl) *m* (pl ~̈) bird
Vokabular (voa-kah-boo-*laar*) *nt* vocabulary
vokal (voa-*kaal*) *adj* vocal
Volk (folk) *nt* (pl ~̈er) people; nation, folk; **Volks-** national; popular; vulgar
Volkslied (*folks*-leet) *nt* (pl ~er) folk song
Volksschullehrer (*folks*-shōōl-lāy-rerr) *m* (pl ~) schoolmaster, teacher
Volkstanz (*folks*-tahnts) *m* (pl ~̈e) folk-dance
Volkswirt (*folks*-veert) *m* (pl ~e) economist
voll (fol) *adj* full; crowded; **brechend ~** chock-full
vollbesetzt (*fol*-ber-zehtst) *adj* full up
vollblütig (*fol*-blew̄-tikh) *adj* thoroughbred
vollenden (fol-*ehn*-dern) *v* accomplish; complete
vollfüllen (*fol*-few-lern) *v* fill up
völlig (*fur*-likh) *adj* utter; *adv* completely, absolutely, quite
vollkommen (fol-*ko*-mern) *adj* perfect; *adv* completely
Vollkommenheit (fol-*ko*-mern-hight) *f*

perfection
Vollkornbrot (*fol*-korn-brōat) *nt* wholemeal bread
Vollpension (*fol*-pahng-sʸōan) *f* full board, board and lodging, bed and board
vollständig (*fol*-shtehn-dikh) *adj* complete, whole
***vollziehen** (fol-*tsee*-ern) *v* execute; **vollziehend** *adj* executive
Volt (volt) *nt* volt
Volumen (voa-*lōō*-mern) *nt* (pl ~) volume
von (fon) *prep* of; from, off; by; with; ~ ... **an** from, as from; ~ **nun an** henceforth
vor (fōar) *prep* before; ahead of, in front of; to; ~ **allem** essentially
***vorangehen** (foa-*rahn*-gāy-ern) *v* precede
Voranschlag (*fōar*-ahn-shlaak) *m* (pl ̈~e) estimate; budget
voraus (foa-*rouss*) *adv* forward; **im** ~ in advance
vorausbezahlt (foa-*rouss*-ber-tsaalt) *adj* prepaid
voraussagen (foa-*rouss*-zaa-gern) *v* forecast
voraussetzen (foa-*rouss*-zeh-tsern) *v* assume; **vorausgesetzt daß** provided that
Vorbehalt (*fōar*-ber-hahlt) *m* (pl ~e) qualification
vorbei (foar-*bigh*) *adv* over; **an** ... ~ past
***vorbeifahren** (foar-*bigh*-faa-rern) *v* pass *vAm*
***vorbeigehen** (foar-*bigh*-gāy-ern) *v* pass by
vorbereiten (*fōar*-ber-righ-tern) *v* prepare; arrange
Vorbereitung (*fōar*-ber-righ-toong) *f* (pl ~en) preparation
vorbestellen (*fōar*-ber-shteh-lern) *v* reserve
vorbeugend (*fōar*-boi-gernt) *adj* preventive
Vorbildung (*fōar*-bil-doong) *f* background
***vorbringen** (*fōar*-bring-ern) *v* *bring up
Vordergrund (*for*-derr-groont) *m* foreground
Vorderseite (*for*-derr-zigh-ter) *f* front
Vorfahr (*fōar*-faar) *m* (pl ~en) ancestor
Vorfahrtsrecht (*fōar*-faarts-rehkht) *nt* right of way
Vorfall (*fōar*-fahl) *m* (pl ̈~e) event
vorführen (*fōar*-fe͞w-rern) *v* exhibit
Vorgang (*fōar*-gahng) *m* (pl ̈~e) process
Vorgänger (*fōar*-gehng-err) *m* (pl ~) predecessor
***vorgeben** (*fōar*-gāy-bern) *v* pretend
Vorgehen (*fōar*-gāy-ern) *nt* policy
***vorgehen** (*fōar*-gāy-ern) *v* act
vorgestern (*fōar*-gehss-terrn) *adv* the day before yesterday
vorhanden (fōar-*hahn*-dern) *adj* available
Vorhang (*fōar*-hahng) *m* (pl ̈~e) curtain
Vorhängeschloß (*fōar*-hehng-er-shloss) *nt* (pl -schlösser) padlock
vorher (*fōar*-hāyr) *adv* in advance, before
vorhergehend (*fōar*-*hāyr*-gāy-ernt) *adj* previous, preceding, last
Vorhersage (fōar-*hāyr*-zaa-ger) *f* (pl ~n) forecast
vorhersagen (fōar-*hāyr*-zaa-gern) *v* predict
***vorhersehen** (fōar-*hāyr*-zāy-ern) *v* anticipate
vorig (*fōa*-rikh) *adj* previous, past
***vorkommen** (*fōar*-ko-mern) *v* occur
Vorladung (*fōar*-laa-doong) *f* (pl ~en)

summons
vorläufig (*fōār*-loi-fikh) *adj* provisional, temporary; preliminary
Vorleger (*fōār*-lāy-gerr) *m* (pl ~) rug
Vorlesung (*fōār*-lāy-zoong) *f* (pl ~en) lecture
vormals (*fōār*-maals) *adv* formerly
Vormittag (*fōār*-mi-taak) *m* (pl ~e) morning
Vormund (*fōār*-moont) *m* (pl ~e) tutor, guardian
Vormundschaft (*fōār*-moont-shahft) *f* custody
Vorname (*fōār*-naa-mer) *m* (pl ~n) first name, Christian name
vornehm (*fōār*-nāym) *adj* distinguished
Vorort (*fōār*-ort) *m* (pl ~e) suburb
Vorrang (*fōār*-rahng) *m* priority
Vorrat (*fōār*-raat) *m* (pl ¨~e) stock, store; provisions *pl*, supply
vorrätig (*fōār*-rai-tikh) *adj* available; ~ ***haben** stock
Vorrecht (*fōār*-rehkht) *nt* (pl ~e) privilege
Vorrichtung (*fōār*-rikh-toong) *f* (pl ~en) appliance, apparatus
***vorschießen** (*fōār*-shee-sern) *v* advance
Vorschlag (*fōār*-shlaak) *m* (pl ¨~e) proposition, proposal, suggestion
***vorschlagen** (*fōār*-shlaa-gern) *v* suggest, propose
Vorschrift (*fōār*-shrift) *f* (pl ~en) regulation
Vorschuß (*fōār*-shooss) *m* (pl -schüsse) advance
sich *vorsehen (*fōār*-zāy-ern) look out
Vorsicht (*fōār*-zikht) *f* caution; precaution
vorsichtig (*fōār*-zikh-tikh) *adj* careful; cautious
Vorsichtsmaßnahme (*fōār*-zikhts-maass-naa-mer) *f* (pl ~n) precaution
Vorsitzende (*fōār*-zi-tsern-der) *m* (pl ~n) chairman, president
Vorspeise (*fōār*-shpigh-zer) *f* (pl ~n) hors-d'œuvre
Vorsprung (*fōār*-shproong) *m* lead
Vorstadt (*fōār*-shtaht) *f* (pl ¨~e) suburb
vorstädtisch (*fōār*-shteh-tish) *adj* suburban
Vorstand (*fōār*-shtahnt) *m* (pl ¨~e) direction
vorstellen (*fōār*-shteh-lern) *v* present, introduce; represent; **sich** ~ fancy, imagine; conceive
Vorstellung (*fōār*-shteh-loong) *f* introduction; conception, idea; show
Vorteil (*foar*-tighl) *m* (pl ~e) advantage; profit, benefit
vorteilhaft (*foar*-tighl-hahft) *adj* advantageous; cheap
Vortrag (*fōār*-traak) *m* (pl ¨~e) lecture
Vorurteil (*fōār*-oor-tighl) *nt* (pl ~e) prejudice
Vorverkaufskasse (*fōār*-fehr-koufs-kah-ser) *f* (pl ~n) box-office
Vorwand (*fōār*-vahnt) *m* (pl ¨~e) pretext, pretence
vorwärts (*fōār*-vehrts) *adv* ahead, forward, onwards
***vorwärtskommen** (*fōār*-vehrts-ko-mern) *v* *get on
***vorwerfen** (*fōār*-vehr-fern) *v* reproach; blame
Vorwurf (*fōār*-voorf) *m* (pl ¨~e) reproach; blame
vorzeitig (*fōār*-tsigh-tikh) *adj* premature
***vorziehen** (*fōār*-tsee-ern) *v* prefer
Vorzug (*fōār*-tsōok) *m* (pl ¨~e) preference
vorzüglich (fōār-*tsēwk*-likh) *adj* first-rate
Vulkan (vool-*kaan*) *m* (pl ~e) volcano

W

Waage (*vaa*-ger) *f* (pl ~n) scales *pl*, weighing-machine
waagerecht (*vaa*-ger-rehkht) *adj* horizontal
wach (vahkh) *adj* awake; ~ ***werden** wake up
Wache (*vah*-kher) *f* (pl ~n) guard
Wachs (vahks) *nt* wax
wachsam (*vahkh*-zaam) *adj* vigilant
***wachsen** (*vah*-ksern) *v* *grow
Wachsfigurenkabinett (*vahks*-fi-gōō-rern-kah-bi-neht) *nt* (pl ~e) waxworks *pl*
Wachtel (*vahkh*-terl) *f* (pl ~n) quail
Wächter (*vehkh*-terr) *m* (pl ~) warden
wacklig (*vahk*-likh) *adj* unsteady, shaky, ramshackle
Wade (*vaa*-der) *f* (pl ~n) calf
Waffe (*vah*-fer) *f* (pl ~n) weapon, arm
Waffel (*vah*-ferl) *f* (pl ~n) waffle
wagehalsig (*vaa*-ger-hahl-zikh) *adj* daring
Wagen (*vaa*-gern) *m* (pl ~) car; carriage, coach; cart; passenger car *Am*
wagen (*vaa*-gern) *v* dare; risk, venture
Wagenheber (*vaa*-gern-hāy-berr) *m* (pl ~) jack
Waggon (vah-*gawng*) *m* (pl ~s) waggon
Wahl (vaal) *f* (pl ~en) choice; pick, selection; election
wählen (*vai*-lern) *v* pick, *choose; elect
wählerisch (*vai*-ler-rish) *adj* particular
Wahlkreis (*vaal*-krighss) *m* (pl ~e) constituency
Wahlrecht (*vaal*-rehkht) *nt* franchise; suffrage
Wahlspruch (*vaal*-shprookh) *m* (pl ¨~e) slogan
Wahnsinn (*vaan*-zin) *m* madness
wahnsinnig (*vaan*-zi-nikh) *adj* crazy, insane
wahr (vaar) *adj* true; very
während (*vai*-rernt) *prep* for, during; *conj* while
wahrhaft (*vaar*-hahft) *adj* truthful
Wahrheit (*vaar*-hight) *f* (pl ~en) truth
wahrnehmbar (*vaar*-nāym-baar) *adj* noticeable, perceptible
***wahrnehmen** (*vaar*-nāy-mern) *v* perceive; note
wahrscheinlich (vaar-*shighn*-likh) *adj* likely, probable; *adv* probably
Währung (*vai*-roong) *f* (pl ~en) currency; **fremde** ~ foreign currency
Währungseinheit (*vai*-roongs-ighn-hight) *f* (pl ~en) monetary unit
Waise (*vigh*-zer) *f* (pl ~n) orphan
Wal (vaal) *m* (pl ~e) whale
Wald (vahlt) *m* (pl ¨~er) forest, wood
Waldung (*vahl*-doong) *f* (pl ~en) woodland
Wallgraben (*vahl*-graa-bern) *m* (pl ¨~) moat
Walnuß (*vahl*-nooss) *f* (pl -nüsse) walnut
Walzer (*vahl*-tserr) *m* (pl ~) waltz
Wand (vahnt) *f* (pl ¨~e) wall
wandern (*vahn*-derrn) *v* tramp, hike
Wandschrank (*vahnt*-shrahngk) *m* (pl ¨~e) closet
Wandtafel (*vahnt*-taa-ferl) *f* (pl ~n) blackboard
Wandteppich (*vahnt*-teh-pikh) *m* (pl ~e) tapestry
Wange (*vahng*-er) *f* (pl ~n) cheek
wankelmütig (*vahng*-kehl-mēw-tikh) *adj* unsteady
wanken (*vahng*-kern) *v* falter
wann (vahn) *adv* when; ~ **immer** whenever

Wanze (*vahn*-tser) *f* (pl ~n) bug
Ware (*vaa*-rer) *f* (pl ~n) merchandise; **Waren** wares *pl*, goods *pl*
Warenhaus (*vaa*-rern-houss) *nt* (pl ¨~er) drugstore *nAm*
warm (vahrm) *adj* hot, warm
Wärme (*vehr*-mer) *f* warmth; heat
wärmen (*vehr*-mern) *v* warm
Wärmflasche (*vehrm*-flah-sher) *f* (pl ~n) hot-water bottle
warnen (*vahr*-nern) *v* warn; caution
Warnung (*vahr*-noong) *f* (pl ~en) warning
Warteliste (*vahr*-ter-liss-ter) *f* (pl ~n) waiting-list
warten (*vahr*-tern) *v* wait; ~ **auf** await
Wärter (*vehr*-terr) *m* (pl ~) attendant
Wartezimmer (*vahr*-ter-tsi-merr) *nt* (pl ~) waiting-room
warum (vah-*room*) *adv* why
was (vahss) *pron* what; some; ~ … **betrifft** as regards; ~ **auch immer** whatever
waschbar (*vahsh*-baar) *adj* washable
Waschbecken (*vahsh*-beh-kern) *nt* (pl ~) wash-basin
Wäsche (*veh*-sher) *f* washing, laundry; linen
waschecht (*vahsh*-ehkht) *adj* fast-dyed
Waschen (*vah*-shern) *nt* washing
***waschen** (*vah*-shern) *v* wash
Wäscherei (veh-sher-*righ*) *f* (pl ~en) laundry
Waschmaschine (*vahsh*-mah-shee-ner) *f* (pl ~n) washing-machine
Waschpulver (*vahsh*-pool-ferr) *nt* (pl ~) washing-powder
Waschtisch (*vahsh*-tish) *m* (pl ~e) wash-stand
Wasser (*vah*-serr) *nt* water; **fließendes** ~ running water
wasserdicht (*vah*-serr-dikht) *adj* waterproof, rainproof
Wasserfall (*vah*-serr-fahl) *m* (pl ¨~e) waterfall
Wasserfarbe (*vah*-serr-fahr-ber) *f* (pl ~n) water-colour
Wasserhahn (*vah*-serr-haan) *m* (pl ¨~e) faucet *nAm*
Wasserlauf (*vah*-serr-louf) *m* (pl ¨~e) stream
Wassermelone (*vah*-serr-may-lōā-ner) *f* (pl ~n) watermelon
Wasserpumpe (*vah*-serr-poom-per) *f* (pl ~n) water pump
Wasserschi (*vah*-serr-shee) *m* (pl ~er) water ski
Wasserstoff (*vah*-serr-shtof) *m* hydrogen
Wasserstoffsuperoxyd (vah-serr-shtof-*zōō*-pehr-o-ksēwt) *nt* peroxide
Wasserstraße (*vah*-serr-shtraa-ser) *f* (pl ~n) waterway
Wasserwaage (*vah*-serr-vaa-ger) *f* (pl ~n) level
waten (*vaa*-tern) *v* wade
Watte (*vah*-ter) *f* cotton-wool
weben (*vāy*-bern) *v* *weave
Weber (*vāy*-berr) *m* (pl ~) weaver
Wechsel (*vehk*-serl) *m* (pl ~) transition, change; exchange
Wechselgeld (*veh*-kserl-gehlt) *nt* change
Wechselkurs (*veh*-kserl-koors) *m* (pl ~e) exchange rate
wechseln (*veh*-kserln) *v* change, exchange; switch; vary
wechselseitig (*veh*-kserl-zigh-tikh) *adj* mutual
Wechselstrom (*veh*-kserl-shtrōām) *m* alternating current
Wechselstube (*veh*-kserl-shtōō-ber) *f* (pl ~n) money exchange, exchange office
wecken (*veh*-kern) *v* *wake, *awake
Wecker (*veh*-kerr) *m* (pl ~) alarm-

clock
Weg (vāyk) *m* (pl ~e) way; drive
weg (vehk) *adv* away; lost; off
Wegegeld (*vāy*-ger-gehlt) *nt* toll
wegen (*vāy*-gern) *prep* because of; for, on account of
***weggehen** (*vehk*-gāy-ern) *v* depart, *leave; *go away
weglegen (*vehk*-lāy-gern) *v* *put away
***wegnehmen** (*vehk*-nāy-mern) *v* *take away
Wegrand (*vāyk*-rahnt) *m* (pl ¨~er) wayside
Wegweiser (*vāyk*-vigh-zerr) *m* (pl ~) milepost, signpost
wegwerfbar (*vehk*-vehrf-baar) *adj* disposable
Wehen (*vāy*-ern) *fpl* labour
wehen (*vāy*-ern) *v* *blow
weh *tun (vāy tōōn) *hurt
weiblich (*vighp*-likh) *adj* female; feminine
weich (vighkh) *adj* soft
weichen (*vigh*-khern) *v* soak
Weide (*vigh*-der) *f* (pl ~n) pasture
weiden (*vigh*-dern) *v* graze
Weihnachten (*vigh*-nahkh-tern) Xmas, Christmas
Weihrauch (*vigh*-roukh) *m* incense
weil (vighl) *conj* because; as
Weile (*vigh*-ler) *f* while
Weiler (*vigh*-lerr) *m* (pl ~) hamlet
Wein (vighn) *m* (pl ~e) wine
Weinberg (*vighn*-behrk) *m* (pl ~e) vineyard
weinen (*vigh*-nern) *v* *weep, cry
Weinhändler (*vighn*-hehn-dlerr) *m* (pl ~) wine-merchant
Weinkarte (*vighn*-kahr-ter) *f* (pl ~n) wine-list
Weinkeller (*vighn*-keh-lerr) *m* (pl ~) wine-cellar
Weinlese (*vighn*-lāy-zer) *f* vintage
Weinrebe (*vighn*-rāy-ber) *f* (pl ~n) vine
Weise (*vigh*-zer) *f* (pl ~n) way, fashion, manner
weise (*vigh*-zer) *adj* wise
***weisen** (*vigh*-zern) *v* direct
Weisheit (*vighss*-hight) *f* (pl ~en) wisdom
weiß (vighss) *adj* white
Weißfisch (*vighss*-fish) *m* (pl ~e) whiting
weit (vight) *adj* broad; wide, vast; **bei weitem** by far
weiter (*vigh*-terr) *adj* further; **und so ~** and so on
***weitergehen** (*vigh*-terr-gāy-ern) *v* *go on
Weizen (*vigh*-tsern) *m* wheat
welcher (*vehl*-kherr) *pron* who; which; ~ **auch immer** whichever
Welle (*veh*-ler) *f* (pl ~n) wave
Wellenlänge (*veh*-lern-lehng-er) *f* (pl ~n) wave-length
Wellenreiterbrett (*veh*-lern-righ-terr-breht) *nt* (pl ~er) surf-board
wellig (*veh*-likh) *adj* wavy, undulating
Welt (vehlt) *f* world
Weltall (*vehlt*-ahl) *nt* universe
weltberühmt (*vehlt*-ber-rēwmt) *adj* world-famous
Weltkrieg (*vehlt*-kreek) *m* (pl ~e) world war
weltumfassend (*vehlt*-oom-fah-sernt) *adj* global
weltweit (*vehlt*-vight) *adj* world-wide
wem (vāym) *pron* whom
***wenden** (*vehn*-dern) *v* turn
Wendepunkt (*vehn*-der-poongkt) *m* (pl ~e) turning-point
Wendung (*vehn*-doong) *f* (pl ~en) turn
wenig (*vāy*-nikh) *adj* little; few
weniger (*vāy*-ni-gerr) *adj* minus; *adv* less
wenigstens (*vāy*-nikhs-terns) *adv* at

least

wenn (vehn) *conj* if; when; ~ **auch** though

wer (vāyr) *pron* who; ~ **auch immer** whoever

Werbesendung (*vehr*-ber-zehn-doong) *f* (pl ~en) commercial

Werbung (*vehr*-boong) *f* (pl ~en) advertising

***werden** (*vāyr*-dern) *v* *will, *shall; *become; *go, *get, *grow

***werfen** (*vehr*-fern) *v* *throw; toss, *cast

Werk (vehrk) *nt* (pl ~e) deed; work; works *pl*

Werkmeister (*vehrk*-mighss-terr) *m* (pl ~) foreman

Werkstatt (*vehrk*-shtaht) *f* (pl ¨~en) workshop

Werktag (*vehrk*-taak) *m* (pl ~e) working day

Werkzeug (*vehrk*-tsoik) *nt* (pl ~e) tool; utensil, implement

Werkzeugtasche (*vehrk*-tsoik-tah-sher) *f* (pl ~n) tool kit

Wert (vāyrt) *m* (pl ~e) worth, value

wert (vāyrt) *adj* dear; ~ ***sein** *be worth

wertlos (*vāyrt*-lōass) *adj* worthless

Wertsachen (*vāyrt*-zah-khern) *fpl* valuables *pl*

wertvoll (*vāyrt*-fol) *adj* valuable

Wesen (*vāy*-zern) *nt* (pl ~) being; essence

Wesensart (*vāy*-zerns-aart) *f* nature

wesentlich (*vāy*-zernt-likh) *adj* essential; vital

Wespe (*vehss*-per) *f* (pl ~n) wasp

Weste (*vehss*-ter) *f* (pl ~n) waistcoat, vest *nAm*

Westen (*vehss*-tern) *m* west

westlich (*vehst*-likh) *adj* westerly; western

Wettbewerb (*veht*-ber-vehrp) *m* (pl ~e) competition, contest

Wette (*veh*-ter) *f* (pl ~n) bet

wetteifern (*veht*-igh-ferrn) *v* compete

wetten (*veh*-tern) *v* *bet

Wetter (*veh*-terr) *nt* weather

Wetterbericht (*veh*-terr-ber-rikht) *m* (pl ~e) weather forecast

Wettlauf (*veht*-louf) *m* (pl ¨~e) race

wichtig (*vikh*-tikh) *adj* important; **wichtigste** principal, main

Wichtigkeit (*vikh*-tikh-kight) *f* importance

Wichtigtuerei (vikh-tikh-tōō-er-*righ*) *f* fuss

Widerhall (*vee*-derr-hahl) *m* echo

widerlich (*vee*-derr-likh) *adj* disgusting

***widerrufen** (vee-derr-*rōō*-fern) *v* recall; cancel

sich widersetzen (vee-derr-*zeh*-tsern) oppose

widersinnig (*vee*-derr-zi-nikh) *adj* absurd

widerspiegeln (*vee*-derr-shpee-gerln) *v* reflect

***widersprechen** (vee-derr-*shpreh*-khern) *v* contradict; **widersprechend** contradictory

Widerspruch (*vee*-derr-shprookh) *m* (pl ¨~e) objection

Widerstand (*vee*-derr-shtahnt) *m* resistance

Widerstandsfähigkeit (*vee*-derr-shtahnts-fai-ikh-kight) *f* stamina

widerwärtig (*vee*-derr-vehr-tikh) *adj* revolting, repulsive, repellent

Widerwille (*vee*-derr-vi-ler) *m* aversion, dislike

widmen (*vit*-mern) *v* dedicate; devote

widrig (*vee*-drikh) *adj* nasty

wie (vee) *adv* how; *conj* like, like, such as; as; ~ **auch immer** any way

wieder (*vee*-derr) *adv* again; **hin und** ~ now and then

***wiederaufnehmen** (vee-derr-*ouf*-nāy-mern) *v* resume
wiedererlangen (*vee*-derr-ehr-lahng-ern) *v* recover
wiedererstatten (*vee*-derr-ehr-shtah-tern) *v* reimburse
Wiederherstellung (vee-derr-*hāyr*-shteh-loong) *f* reparation; revival
wiederholen (vee-derr-*hōā*-lern) *v* repeat
Wiederholung (vee-derr-*hōā*-loong) *f* (pl ~en) repetition
auf Wiedersehen! (ouf *vee*-derr-zāy-ern) good-bye!
wiedervereinigen (*vee*-derr-fehr-igh-ni-gern) *v* reunite
Wiederverkäufer (*vee*-derr-fehr-koi-ferr) *m* (pl ~) retailer
wiederverwerten (*vee*-derr-fehr-verr-tern) *v* recycle
Wiege (*vee*-ger) *f* (pl ~n) cradle
***wiegen** (*vee*-gern) *v* weigh
Wiese (*vee*-zer) *f* (pl ~n) meadow
wieviel (vi-*feel*) *adv* how much; how many
Wild (vilt) *nt* game
wild (vilt) *adj* wild; savage, fierce
wildern (*vil*-derrn) *v* poach
Wildleder (*vilt*-lāy-derr) *nt* suede
Wildpark (*vilt*-pahrk) *m* (pl ~s) game reserve
Wille (*vi*-ler) *m* will
willig (*vi*-likh) *adj* willing, co-operative
Willkommen (vil-*ko*-mern) *nt* welcome
willkommen (vil-*ko*-mern) *adj* welcome
willkürlich (*vil*-kew̄r-likh) *adj* arbitrary
Wimperntusche (*vim*-perrn-too-sher) *f* (pl ~n) mascara
Wind (vint) *m* (pl ~e) wind
Windel (*vin*-derl) *f* (pl ~n) nappy, diaper *nAm*
***winden** (*vin*-dern) *v* *wind; twist
Windhund (*vint*-hoont) *m* (pl ~e) greyhound
windig (*vin*-dikh) *adj* windy, gusty
Windmühle (*vint*-mew̄-ler) *f* (pl ~n) windmill
Windpocken (*vint*-po-kern) *fpl* chickenpox
Windschutzscheibe (*vint*-shoots-shigh-ber) *f* (pl ~n) windscreen; windshield *nAm*
Windstoß (*vint*-shtōass) *m* (pl ̈~e) gust, blow
Wink (vingk) *m* (pl ~e) sign
Winkel (*ving*-kerl) *m* (pl ~) angle
winken (*ving*-kern) *v* wave
Winker (*ving*-kerr) *m* (pl ~) trafficator; directional signal *Am*
Winter (*vin*-terr) *m* (pl ~) winter
Wintersport (*vin*-terr-shport) *m* winter sports
winzig (*vin*-tsikh) *adj* tiny, minute
Wippe (*vi*-per) *f* (pl ~n) seesaw
wir (veer) *pron* we
wirbeln (*veer*-berln) *v* *spin
Wirbelsturm (*veer*-berl-shtoorm) *m* (pl ̈~e) hurricane
wirken (*veer*-kern) *v* operate
wirklich (*veerk*-likh) *adj* actual, real; true, substantial, very; *adv* indeed, really
Wirklichkeit (*veerk*-likh-kight) *f* reality
wirksam (*veerk*-zaam) *adj* effective
Wirkung (*veer*-koong) *f* (pl ~en) effect; consequence
wirkungsvoll (*veer*-koongs-fol) *adj* effective
Wirkwaren (*veerk*-vaa-rern) *fpl* hosiery
Wirrwarr (*veer*-vahr) *m* muddle
Wirt (veert) *m* (pl ~e) landlord
Wirtin (*veer*-tin) *f* (pl ~nen) landlady
Wirtschaft (*veert*-shahft) *f* economy
wirtschaftlich (*veert*-shahft-likh) *adj*

economic
Wirtshaus (*veerts*-houss) *nt* (pl ¨~er) public house; pub
* **wissen** (*vi*-sern) *v* *know
Wissenschaft (*vi*-sern-shahft) *f* (pl ~en) science
Wissenschaftler (*vi*-sern-shahft-lerr) *m* (pl ~) scientist
wissenschaftlich (*vi*-sern-shahft-likh) *adj* scientific
Witwe (*vit*-ver) *f* (pl ~n) widow
Witwer (*vit*-verr) *m* (pl ~) widower
Witz (vits) *m* (pl ~e) joke
witzig (*vi*-tsikh) *adj* humorous
wo (vōa) *adv* where; *conj* where; ~ **auch immer** anywhere; ~ **immer** wherever
Woche (*vo*-kher) *f* (pl ~n) week
Wochenende (*vo*-khern-ehn-der) *nt* (pl ~n) weekend
Wochenschau (*vo*-khern-shou) *f* (pl ~en) newsreel
Wochentag (*vo*-khern-taak) *m* (pl ~e) weekday
wöchentlich (*vur*-khernt-likh) *adj* weekly
Wohlbefinden (*vōal*-ber-fin-dern) *nt* welfare; ease
wohlbegründet (*vōal*-ber-grewn-dert) *adj* well-founded
wohlhabend (*vōal*-haa-bernt) *adj* prosperous; well-to-do
wohlschmeckend (*vōal*-shmeh-kernt) *adj* nice
Wohlstand (*vōal*-shtahnt) *m* prosperity
Wohltätigkeit (*vōal*-tai-tikh-kight) *f* charity
Wohlwollen (*vōal*-vo-lern) *nt* goodwill
Wohnblock (*vōan*-blok) *m* (pl ¨~e) block of flats
Wohnboot (*vōan*-bōat) *nt* (pl ~e) houseboat
wohnen (*vōa*-nern) *v* live, reside
Wohngebäude (*vōan*-ger-boi-der) *nt* (pl ~) apartment house *Am*
wohnhaft (*vōan*-hahft) *adj* resident
Wohnsitz (*vōan*-zits) *m* (pl ~e) domicile, residence
Wohnung (*vōa*-noong) *f* (pl ~en) house; flat; apartment *nAm*
Wohnwagen (*vōan*-vaa-gern) *m* (pl ~) trailer *nAm*, caravan
Wohnzimmer (*vōan*-tsi-merr) *nt* (pl ~) living-room, sitting-room
Wolf (volf) *m* (pl ¨~e) wolf
Wolke (*vol*-ker) *f* (pl ~n) cloud
Wolkenbruch (*vol*-kern-brookh) *m* (pl ¨~e) cloud-burst
Wolkenkratzer (*vol*-kern-krah-tserr) *m* (pl ~) skyscraper
Wolle (*vo*-ler) *f* wool
wollen (*vo*-lern) *adj* woollen
* **wollen** (*vo*-lern) *v* want, *will
Wolljacke (*vol*-Yah-ker) *f* (pl ~n) cardigan
Wollpullover (*vol*-poo-lōa-verr) *m* (pl ~) jersey
Wollust (*vo*-loost) *f* lust
Wonne (*vo*-ner) *f* (pl ~n) delight, joy
Wort (vort) *nt* (pl ¨~er) word
Wörterbuch (*vurr*-terr-bōokh) *nt* (pl ¨~er) dictionary
Wörterverzeichnis (*vurr*-terr-fehr-tsighkh-niss) *nt* (pl ~se) vocabulary
Wortschatz (*vort*-shahts) *m* vocabulary
Wortwechsel (*vort*-veh-kserl) *m* (pl ~) argument
wozu (vōa-*tsōo*) *adv* what for
Wrack (vrahk) *nt* (pl ~s) wreck
Wuchs (vōoks) *m* growth
wund (voont) *adj* sore
Wunde (*voon*-der) *f* (pl ~n) wound
Wunder (*voon*-derr) *nt* (pl ~) miracle; wonder, marvel
wunderbar (*voon*-derr-baar) *adj* marvellous; lovely, wonderful, swell;

miraculous
wunderlich (*voon*-derr-likh) *adj* queer
sich wundern (*voon*-derrn) marvel
Wunsch (voonsh) *m* (pl ¨~e) wish ; desire
wünschen (*vewn*-shern) *v* wish ; want, desire
wünschenswert (*vewn*-sherns-vāyrt) *adj* desirable
würdevoll (*vewr*-der-fol) *adj* dignified
würdig (*vewr*-dikh) *adj* worthy of
Wurf (voorf) *m* (pl ¨~e) throw ; cast ; litter
Würfel (*vewr*-ferl) *m* (pl ~) cube
Wurm (voorm) *m* (pl ¨~er) worm
Wurst (voorst) *f* (pl ¨~e) sausage
Wurzel (*voor*-tserl) *f* (pl ~n) root
würzen (*vewr*-tsern) *v* flavour
wüst (vēwst) *adj* desert ; wild, fierce
Wüste (*vēwss*-ter) *f* (pl ~n) desert
Wut (vōōt) *f* anger, rage, temper ; passion
wüten (*vēw*-tern) *v* rage
wütend (*vēw*-ternt) *adj* furious, mad

Z

zäh (tsai) *adj* tough
Zahl (tsaal) *f* (pl ~en) number ; figure
zahlen (*tsaa*-lern) *v* *pay
zählen (*tsai*-lern) *v* count
Zähler (*tsai*-lerr) *m* (pl ~) meter
Zahlmeister (*tsaal*-mighss-terr) *m* (pl ~) treasurer
zahlreich (*tsaal*-righkh) *adj* numerous
Zahlungsempfänger (*tsaa*-loongs-ehm-pfehng-err) *m* (pl ~) payee
zahlungsunfähig (*tsaa*-loongs-oon-fai-ikh) *adj* bankrupt
Zahlwort (*tsaal*-vort) *nt* (pl ¨~er) numeral
zahm (tsaam) *adj* tame
zähmen (*tsai*-mern) *v* tame
Zahn (tsaan) *m* (pl ¨~e) tooth
Zahnarzt (*tsaan*-ahrtst) *m* (pl ¨~e) dentist
Zahnbürste (*tsaan*-bewrs-ter) *f* (pl ~n) toothbrush
Zahnfleisch (*tsaan*-flighsh) *nt* gum
Zahnpaste (*tsaan*-pahss-ter) *f* (pl ~n) toothpaste
Zahnpulver (*tsaan*-pool-ferr) *nt* toothpowder
Zahnstocher (*tsaan*-shto-kherr) *m* (pl ~) toothpick
Zahnweh (*tsaan*-vāy) *nt* toothache
Zange (*tsahng*-er) *f* (pl ~n) pliers *pl* ; tongs *pl*
Zank (tsahngk) *m* quarrel, dispute
zanken (*tsahng*-kern) *v* quarrel
Zäpfchen (*tsehpf*-khern) *nt* (pl ~) suppository
zart (tsaart) *adj* gentle, delicate, tender
zärtlich (*tsairt*-likh) *adj* tender ; affectionate
Zauber (*tsou*-berr) *m* spell ; **Zauber-** magic
Zauberei (tsou-ber-*righ*) *f* magic
Zauberer (*tsou*-ber-rerr) *m* (pl ~) magician
zauberhaft (*tsou*-berr-hahft) *adj* enchanting
Zaun (tsoun) *m* (pl ¨~e) fence
Zebra (*tsāy*-brah) *nt* (pl ~s) zebra
Zebrastreifen (*tsāy*-brah-shtrigh-fern) *m* (pl ~) crosswalk *nAm*
Zehe (*tsāy*-er) *f* (pl ~n) toe
zehn (tsāyn) *num* ten
zehnte (*tsāyn*-ter) *num* tenth
Zeichen (*tsigh*-khern) *nt* (pl ~) sign ; signal ; mark ; token
Zeichentrickfilm (*tsigh*-khern-trik-film) *m* (pl ~e) cartoon
zeichnen (*tsighkh*-nern) *v* *draw, sketch ; mark

Zeichnung (*tsighkh*-noong) *f* (pl ~en) drawing, sketch
Zeigefinger (*tsigh*-ger-fing-err) *m* (pl ~) index finger
zeigen (*tsigh*-gern) *v* *show; display; point, point out, indicate; prove; **sich** ~ appear
Zeile (*tsigh*-ler) *f* (pl ~n) line
Zeit (tsight) *f* (pl ~en) time; **in letzter** ~ lately
Zeitabschnitt (*tsight*-ahp-shnit) *m* (pl ~e) period
Zeitgenosse (*tsight*-ger-no-ser) *m* (pl ~n) contemporary
zeitgenössisch (*tsight*-ger-nur-sish) *adj* contemporary
Zeitraum (*tsight*-roum) *m* (pl ¨~e) period
Zeitschrift (*tsight*-shrift) *f* (pl ~en) periodical; magazine, journal, review
zeitsparend (*tsight*-shpaa-rernt) *adj* time-saving
Zeitung (*tsigh*-toong) *f* (pl ~en) newspaper, paper
Zeitungshändler (*tsigh*-toongs-hehn-dlerr) *m* (pl ~) newsagent
Zeitungsstand (*tsigh*-toongs-shtahnt) *m* (pl ¨~e) newsstand
zeitweilig (*tsight*-vigh-likh) *adj* temporary
Zeitwort (*tsight*-vort) *nt* (pl ¨~er) verb
Zelle (*tseh*-ler) *f* (pl ~n) cell; booth
Zellophan (tseh-loa-*faan*) *nt* cellophane
Zelt (tsehlt) *nt* (pl ~e) tent
zelten (*tsehl*-tern) *v* camp
Zeltplatz (*tsehlt*-plahts) *m* (pl ¨~e) camping site
Zement (tsay-*mehnt*) *m* cement
Zenit (tsay-*neet*) *m* zenith
Zensur (tsehn-*zōōr*) *f* (pl ~en) mark; censorship
Zentimeter (tsehn-ti-*māy*-terr) *m* (pl ~) centimetre
zentral (tsehn-*traal*) *adj* central
Zentralheizung (tsehn-*traal*-high-tsoong) *f* (pl ~en) central heating
zentralisieren (tsehn-trah-li-*zee*-rern) *v* centralize
Zentrum (*tsehn*-troom) *nt* (pl -tren) centre
zerbrechlich (tsehr-*brehkh*-likh) *adj* fragile
zerfasern (tsehr-*faa*-zerrn) *v* fray
zerhacken (tsehr-*hah*-kern) *v* mince
zerknittern (tsehr-*kni*-terrn) *v* crease
zerlegen (tsehr-*lāy*-gern) *v* carve; analyse
***zerreiben** (tsehr-*righ*-bern) *v* *grind
***zerreißen** (tsehr-*righ*-sern) *v* rip
zerstampfen (tsehr-*shtahm*-pfern) *v* mash
Zerstäuber (tsehr-*shtoi*-berr) *m* (pl ~) atomizer
zerstören (tsehr-*shtūr*-rern) *v* destroy
Zerstörung (tsehr-*shtūr*-roong) *f* destruction
Zettel (*tseh*-terl) *m* (pl ~) piece of paper; ticket, note; form
Zeuge (*tsoi*-ger) *m* (pl ~n) witness
Zeugnis (*tsoik*-niss) *nt* (pl ~se) certificate
Ziege (*tsee*-ger) *f* (pl ~n) goat
Ziegel (*tsee*-gerl) *m* (pl ~) brick
Ziegelstein (*tsee*-gerl-shtighn) *m* (pl ~e) brick
Ziegenbock (*tsee*-gern-bok) *m* (pl ¨~e) goat
Ziegenleder (*tsee*-gern-lāy-derr) *nt* kid
***ziehen** (*tsee*-ern) *v* pull; *draw
Ziehung (*tsee*-oong) *f* (pl ~en) draw
Ziel (tseel) *nt* (pl ~e) aim; goal, object, target
zielen auf (*tsee*-lern) *v* aim at
Ziellinie (*tseel*-lee-n^y^er) *f* (pl ~n) finish
Zielscheibe (*tseel*-shigh-ber) *f* (pl ~n)

mark; target
ziemlich (*tseem*-likh) *adv* pretty, fairly, rather; somewhat, quite
Ziffer (*tsi*-ferr) *f* (pl ~n) digit; number
Zigarette (tsi-gah-*reh*-ter) *f* (pl ~n) cigarette
Zigarettenetui (tsi-gah-*reh*-tern-eht-vi) *nt* (pl ~s) cigarette-case
Zigarettenspitze (tsi-gah-*reh*-tern-shpi-tser) *f* (pl ~n) cigarette-holder
Zigarettentabak (tsi-gah-*reh*-tern-taa-bahk) *m* cigarette tobacco
Zigarre (tsi-*gah*-rer) *f* (pl ~n) cigar
Zigarrenladen (tsi-*gah*-rern-laa-dern) *m* (pl ¨~) cigar shop
Zigeuner (tsi-*goi*-nerr) *m* (pl ~) gipsy
Zimmer (*tsi*-merr) *nt* (pl ~) room; chamber; ~ **mit Frühstück** bed and breakfast; ~ **mit Vollpension** room and board
Zimmerbedienung (*tsi*-merr-ber-dee-noong) *f* room service
Zimmerflucht (*tsi*-merr-flookht) *f* suite
Zimmermädchen (*tsi*-merr-mait-khern) *nt* (pl ~) chambermaid
Zimmertemperatur (*tsi*-merr-tehm-pay-rah-tōōr) *f* room temperature
Zimt (tsimt) *m* cinnamon
Zink (tsingk) *nt* zinc
Zinn (tsin) *nt* tin, pewter
Zins (tsins) *m* (pl ~en) interest
Zirkus (*tseer*-kooss) *m* (pl ~se) circus
Zirkusarena (*tseer*-kooss-ah-rāy-nah) *f* (pl -arenen) ring
Zitat (tsi-*taat*) *nt* (pl ~e) quotation
zitieren (tsi-*tee*-rern) *v* quote
Zitrone (tsi-*trōā*-ner) *f* (pl ~n) lemon
zittern (*tsi*-terrn) *v* tremble, shiver
zivil (tsi-*veel*) *adj* civil
Zivilisation (tsi-vi-li-zah-*tsʸōān*) *f* (pl ~en) civilization
zivilisiert (tsi-vi-li-*zeert*) *adj* civilized
Zivilist (tsi-vi-*list*) *m* (pl ~en) civilian
Zivilrecht (tsi-*veel*-rehkht) *nt* civil law
zögern (*tsūr*-gerrn) *v* hesitate
Zölibat (tsur-li-*baat*) *nt* celibacy
Zoll (tsol) *m* (pl ¨~e) Customs duty
Zollbehörde (*tsol*-ber-hūrr-der) *f* (pl ~n) Customs *pl*
zollfrei (*tsol*-frigh) *adj* duty-free
Zöllner (*tsurl*-nerr) *m* (pl ~) Customs officer
zollpflichtig (*tsol*-pflikh-tikh) *adj* dutiable
Zone (*tsōā*-ner) *f* (pl ~n) zone
Zoo (tsōā) *m* (pl ~s) zoo
Zoologie (tsoa-oa-loa-*gee*) *f* zoology
Zorn (tsorn) *m* anger
zornig (*tsor*-nikh) *adj* angry
zu (tsōō) *prep* to; towards; *adv* too; closed, shut
Zubehör (*tsōō*-ber-hūrr) *nt* (pl ~e) accessories *pl*
zubereiten (*tsōō*-ber-righ-tern) *v* cook
züchten (*tsewkh*-tern) *v* *breed, raise; *grow
Zucker (*tsoo*-kerr) *m* sugar; **Stück** ~ lump of sugar
Zuckerkrankheit (*tsoo*-kerr-krahngk-hight) *f* diabetes
***zuerkennen** (*tsōō*-ehr-keh-nern) *v* award
zuerst (tsoo-*āyrst*) *adv* at first
Zufall (*tsōō*-fahl) *m* (pl ¨~e) chance; luck
zufällig (*tsōō*-feh-likh) *adj* accidental, casual, incidental; *adv* by chance
zufrieden (tsoo-*free*-dern) *adj* satisfied; happy, content
zufriedenstellen (tsoo-*free*-dern-shteh-lern) *v* satisfy
Zufuhr (*tsōō*-fōōr) *f* supply
Zug (tsōōk) *m* (pl ¨~e) train; procession; move; trait; **durchgehender** ~ through train
Zugang (*tsōō*-gahng) *m* entry; approach
zugänglich (*tsōō*-gehng-likh) *adj* ac-

cessible
Zugbrücke (*tsōōk*-brew-ker) *f* (pl ~n) drawbridge
***zugeben** (*tsōō*-gāy-bern) *v* admit, acknowledge
zügeln (*tsēw*-gerln) *v* curb
Zugeständnis (*tsōō*-ger-shtehnt-niss) *nt* (pl ~se) concession
zugetan (*tsōō*-ger-taan) *adj* attached to
zugleich (tsoo-*glighkh*) *adv* at the same time
zugunsten (tsoo-*goons*-tern) *prep* on behalf of
zuhören (*tsōō*-hūr-rern) *v* listen
Zuhörer (*tsōō*-hūr-rerr) *m* (pl ~) listener, auditor
Zuhörerraum (*tsōō*-hūr-rerr-roum) *m* (pl ¨~e) auditorium
zujubeln (*tsōō*-ʸōō-berln) *v* cheer
Zukunft (*tsōō*-koonft) *f* future
zukünftig (*tsōō*-kewnf-tikh) *adj* future
Zulage (*tsōō*-laa-ger) *f* (pl ~n) allowance
Zulassung (*tsōō*-lah-soong) *f* (pl ~en) admission
zuletzt (tsoo-*lehtst*) *adv* at last
zumachen (*tsōō*-mah-khern) *v* close
zumindest (tsoo-*min*-derst) *adv* at least
Zunahme (*tsōō*-naa-mer) *f* increase
Zündkerze (*tsewnt*-kehr-tser) *f* (pl ~n) sparking-plug
Zündung (*tsewn*-doong) *f* (pl ~en) ignition; ignition coil
***zunehmen** (*tsōō*-nāy-mern) *v* increase; **zunehmend** progressive
Zuneigung (*tsōō*-nigh-goong) *f* affection
Zunge (*tsoong*-er) *f* (pl ~n) tongue
zurichten (*tsōō*-rikh-tern) *v* cook
zurück (tsoo-*rewk*) *adv* back
***zurückbringen** (tsoo-*rewk*-bring-ern) *v* *bring back
***zurückgehen** (tsoo-*rewk*-gāy-ern) *v* *go back; *get back
***zurückhalten** (tsoo-*rewk*-hahl-tern) *v* restrain
zurückkehren (tsoo-*rewk*-kāy-rern) *v* return
***zurückkommen** (tsoo-*rewk*-ko-mern) *v* return
***zurücklassen** (tsoo-*rewk*-lah-sern) *v* *leave behind
***zurückrufen** (tsoo-*rewk*-rōō-fern) *v* recall
zurückschicken (tsoo-*rewk*-shi-kern) *v* *send back
***zurücksenden** (tsoo-*rewk*-zehn-dern) *v* *send back
***zurücktreten** (tsoo-*rewk*-trāy-tern) *v* resign
***zurückweisen** (tsoo-*rewk*-vigh-zern) *v* reject
zurückzahlen (tsoo-*rewk*-tsaa-lern) *v* *repay, reimburse
***zurückziehen** (tsoo-*rewk*-tsee-ern) *v* *withdraw
zusammen (tsoo-*zah*-mern) *adv* together
Zusammenarbeit (tsoo-*zah*-mern-ahr-bight) *f* co-operation
***zusammenbinden** (tsoo-*zah*-mern-bin-dern) *v* bundle
***zusammenbrechen** (tsoo-*zah*-mern-breh-khern) *v* collapse
***zusammenfallen** (tsoo-*zah*-mern-fah-lern) *v* coincide
zusammenfalten (tsoo-*zah*-mern-fahl-tern) *v* fold
Zusammenfassung (tsoo-*zah*-mern-fah-soong) *f* (pl ~en) résumé, summary
zusammenfügen (tsoo-*zah*-mern-fēw-gern) *v* join
Zusammenhang (tsoo-*zah*-mern-hahng) *m* (pl ¨~e) connection; coherence

Zusammenkunft (tsoo-*zah*-mern-koonft) *f* (pl ¨~e) assembly
zusammensetzen (tsoo-*zah*-mern-zeh-tsern) *v* assemble
Zusammensetzung (tsoo-*zah*-mern-zeh-tsoong) *f* (pl ~en) composition
zusammenstellen (tsoo-*zah*-mern-shteh-lern) *v* compile; compose, *make up
Zusammenstoß (tsoo-*zah*-mern-shtōass) *m* (pl ¨~e) collision; crash
***zusammenstoßen** (tsoo-*zah*-mern-shtōa-sern) *v* bump; crash, collide
Zusammensturz (tsoo-*zah*-mern-shtoorts) *m* ruination
Zusammentreffen (tsoo-*zah*-mern-treh-fern) *nt* concurrence
***zusammenziehen** (tsoo-*zah*-mern-tsee-ern) *v* tighten
zusätzlich (*tsōō*-zehts-likh) *adj* additional, extra
Zuschauer (*tsōō*-shou-err) *m* (pl ~) spectator
Zuschlag (*tsōō*-shlaak) *m* (pl ¨~e) surcharge
***zuschlagen** (*tsōō*-shlaa-gern) *v* slam; *strike
zuschreiben (*tsōō*-shrigh-bern) *v* assign to
Zuschuß (*tsōō*-shooss) *m* (pl Zuschüsse) grant
Zustand (*tsōō*-shtahnt) *m* (pl ¨~e) state, condition
zustande *bringen (tsoo-*shtahn*-der *bring*-ern) effect; accomplish
Zustellung (*tsōō*-shteh-loong) *f* delivery
zustimmen (*tsōō*-shti-mern) *v* agree; consent
Zustimmung (*tsōō*-shti-moong) *f* consent; approval
Zutat (*tsōō*-taat) *f* (pl ~en) ingredient
zuteilen (*tsōō*-tigh-lern) *v* allot
Zutritt (*tsōō*-trit) *m* entrance, admittance, access
zuverlässig (*tsōō*-fehr-leh-sikh) *adj* trustworthy, reliable; sound
zuversichtlich (*tsōō*-fehr-zikht-likh) *adj* confident
zuviel (tsoo-*feel*) *pron* too much
zuvor (tsoo-*fōar*) *adv* before
***zuvorkommen** (tsoo-*fōar*-ko-mern) *v* anticipate
zuvorkommend (tsoo-*fōar*-ko-mernt) *adj* thoughtful
***zuweisen** (*tsōō*-vigh-zern) *v* assign to
Zuweisung (*tsōō*-vigh-zoong) *f* (pl ~en) assignment
sich *zuziehen (*tsōō*-tsee-ern) contract
zwanglos (*tsvahng*-lōass) *adj* casual
zwangsweise (*tsvahngs*-vigh-zer) *adv* by force
zwanzig (*tsvahn*-tsikh) *num* twenty
zwanzigste (*tsvahn*-tsikhs-ter) *num* twentieth
Zweck (tsvehk) *m* (pl ~e) purpose; objective, design
zweckmäßig (*tsvehk*-mai-sikh) *adj* appropriate; efficient
zwei (tsvigh) *num* two
zweideutig (*tsvigh*-doi-tikh) *adj* ambiguous
Zweifel (*tsvigh*-ferl) *m* (pl ~) doubt; **ohne ~** without doubt
zweifelhaft (*tsvigh*-ferl-hahft) *adj* doubtful
zweifellos (*tsvigh*-ferl-lōass) *adv* undoubtedly
zweifeln (*tsvigh*-ferln) *v* doubt
Zweig (tsvighk) *m* (pl ~e) twig
Zweigstelle (*tsvighk*-shteh-ler) *f* (pl ~n) branch
zweimal (*tsvigh*-maal) *adv* twice
zweisprachig (*tsvigh*-shpraa-khikh) *adj* bilingual
zweite (*tsvigh*-ter) *num* second
zweiteilig (*tsvigh*-tigh-likh) *adj* two-

piece

Zwerg (tsvehrk) *m* (pl ~e) dwarf

Zwiebel (*tsvee*-berl) *f* (pl ~n) onion; bulb

Zwielicht (*tsvee*-likht) *nt* twilight

Zwillinge (*tsvi*-li-nger) *mpl* twins *pl*

***zwingen** (*tsving*-ern) *v* force; compel

Zwirn (tsveern) *m* thread

zwischen (*tsvi*-shern) *prep* between; among, amid

Zwischenfall (*tsvi*-shern-fahl) *m* (pl ¨~e) incident

Zwischenraum (*tsvi*-shern-roum) *m* (pl ¨~e) space

Zwischenspiel (*tsvi*-shern-shpeel) *nt* (pl ~e) interlude

Zwischenstock (*tsvi*-shern-shtok) *m* (pl ¨~e) mezzanine

Zwischenzeit (*tsvi*-shern-tsight) *f* interim

zwölf (tsvurlf) *num* twelve

zwölfte (*tsvurlf*-ter) *num* twelfth

Zyklus (*tsew̄*-klooss) *m* (pl Zyklen) cycle

Zylinder (tsi-*lin*-derr) *m* (pl ~) cylinder

Zylinderkopf (tsi-*lin*-derr-kopf) *m* (pl ¨~e) cylinder head

Menu Reader

Food

Aal eel
Abendbrot, Abendessen evening meal, supper
Allgäuer Bergkäse hard cheese from Bavaria resembling *Emmentaler*
Allgäuer Rahmkäse a mild and creamy Bavarian cheese
Altenburger a mild, soft goat's milk cheese
Ananas pineapple
Anis aniseed
~**brot** aniseed-flavoured cake or biscuit
Apfel apple
Apfelsine orange
Appenzeller (Käse) slightly bitter, fully flavoured cheese
Appetithäppchen, Appetitschnittchen appetizer, canapé
Aprikose apricot
Artischocke artichoke
Artischockenboden artichoke bottom
Aubergine aubergine (US eggplant)
Auflauf 1) soufflé 2) a meat, fish, fowl, fruit or vegetable dish which is oven-browned
Aufschnitt cold meat (US cold cuts)
Auster oyster
Backforelle baked trout
Backhähnchen, Backhendl, Backhuhn fried chicken
Backobst dried fruit
Backpflaume prune
Backsteinkäse strong cheese from Bavaria resembling *Limburger*
Banane banana
Barsch perch
Bauernbrot rye or wholemeal bread
Bauernfrühstück breakfast usually consisting of eggs, bacon and potatoes
Bauernomelett diced bacon and onion omelet
Bauernschmaus sauerkraut garnished with bacon, smoked pork, sausages and dumplings or potatoes
Bauernsuppe a thick soup of sliced frankfurters and cabbage
Baumnuß walnut
Bayerische Leberknödel veal-liver dumplings, served with sauerkraut
Bedienung (nicht) (e)inbegriffen service (not) included

Beere berry
Beilage side dish, sometimes a garnish
belegtes Brot/Brötchen roll with any of a variety of garnishes
Berliner (Pfannkuchen) jam-filled doughnut (US jelly donut)
Berliner Luft dessert made of eggs and lemon, served with raspberry juice
Berner Platte a mound of sauerkraut or French beans liberally garnished with smoked pork chops, boiled bacon and beef, sausages, tongue, ham and boiled potatoes
Beuschel heart, kidney and liver of calf or lamb in a slightly sour sauce
Bienenstich cake with honey and almonds
Bierrettich black radish, generally cut, salted and served with beer
Biersuppe a sweet, spicy soup made on beer
Birchermus, Birchermüsli uncooked oats with raw, shredded fruit, chopped nuts in milk or yoghurt
Birne pear
Bischofsbrot fruit-nut cake
Biskuitrolle Swiss roll; jelly and butter-cream roll
Bismarckhering pickled herring, seasoned with onions
blau word to designate fish freshly poached
Blaubeere bilberry (US blueberry)
Blaukraut red cabbage
Blumenkohl cauliflower
Blutwurst black pudding (US blood sausage)
Bockwurst boiled sausage
Bohne bean
Bouillon broth, consommé
Brachse, Brasse bream
Bratapfel baked apple
Braten roast, joint
~**soße** gravy
Bratfisch fried fish
Brathähnchen, Brathendl, Brathuhn roast chicken
Bratkartoffel fried potato
Bratwurst fried sausage
Braunschweiger Kuchen rich cake with fruit and almonds
Brei porridge, mash, purée
Brezel salted, knot-shaped roll (US pretzel)
Bries, Brieschen, Briesel sweetbread
Brombeere blackberry
Brot bread
~**suppe** broth with stale bread
Brötchen roll
Brühe broth, consommé
Brunnenkresse watercress
Brüsseler Endivie chicory (US endive)
Brust breast
~**stück** brisket
Bückling bloater
Bulette meat- or fishball
Bündnerfleisch cured, dried beef served in very thin slices
Butt(e) brill
Champignon button mushroom
Chicorée chicory (US endive)
Cornichon small gherkin (US pickle)
Dampfnudel steamed sweet dumpling, served warm with vanilla sauce
Dattel date
deutsches Beefsteak hamburger, sometimes topped with a fried egg
doppeltes Lendenstück a thick fil-

let of beef (US tenderloin)
Dörrobst dried fruit
Dorsch cod
Dotterkäse cheese made from skimmed milk and egg-yolk
durchgebraten well-done
Egli perch
Ei egg
~**dotter,** ~**gelb** egg-yolk
~**schnee** beaten egg-white
~**weiß** egg-white
Eierauflauf egg soufflé
Eierkuchen pancake
Eierschwamm(erl) chanterelle mushroom
eingemacht preserved (of fruit or vegetables)
Eintopf stew, usually of meat and vegetables
Eis ice, ice-cream
~**bombe** ice-cream dessert
~**krem** ice-cream
Eisbein mit Sauerkraut pickled pig's knuckle with sauerkraut
Emmentaler (Käse) a semi-hard, robust Swiss cheese with holes
Endivie endive (US chicory)
Ente duck
Erbse pea
Erdbeere strawberry
Erdnuß peanut
errötende Jungfrau raspberries with cream
Essig vinegar
~**gurke** gherkin (US pickle)
Eßkastanie chestnut
Extraaufschlag extra charge, supplementary charge
Fadennudel thin noodle, vermicelli
falscher Hase a meat loaf of beef and pork
Fasan pheasant
Faschiertes minced meat
faschiertes Laibchen meatball
Feige fig
Felchen variety of lake trout
Fenchel fennel
fester Preis, zu festem Preis fixed price
Filet fillet
~ **Stroganoff** thin slices of beef cooked in a sauce of sour cream, mustard and onions
Fisch fish
~**klößchen** fishball
~**schüssel** casserole of fish and diced bacon
Fladen pancake
Flädle, Flädli thin strips of pancake added to soup
flambiert flambé (food set aflame with brandy)
Flammeri a pudding made of rice or semolina and served with stewed fruit or vanilla custard
Fleisch meat
~**käse** seasoned meat loaf made of beef and other minced meats
~**kloß** meat dumpling
~**roulade,** ~**vogel** slice of meat rolled around a stuffing and braised; veal bird
Flunder flounder
Forelle trout
Frankfurter (Würstchen) frankfurter (sausage)
Frikadelle a meat, fowl or fish dumpling
Frikassee fricassée, stew
frisch fresh
Frischling young wild boar
Froschschenkel frogs' legs
Frucht fruit
Frühlingssuppe soup with diced spring vegetables
Frühstück breakfast

Frühstückskäse a strong cheese with a smooth texture
Frühstücksspeck smoked bacon
Füllung stuffing, filling, forcemeat
Fürst-Pückler-Eis(bombe) chocolate, vanilla and strawberry ice-cream dessert
Gabelfrühstück brunch
Gans goose
Gänseklein goose giblets
Garnele shrimp
Garnitur garnish
Gebäck pastry
gebacken baked
gebraten roasted, fried
gedämpft steamed
Gedeck meal at a set price
gedünstet braised, steamed
Geflügel fowl
~**klein** giblets
Gefrorenes ice-cream
gefüllt stuffed
gegrillt grilled
gehackt minced or chopped
Gehacktes minced meat
gekocht cooked, boiled
Gelee 1) aspic 2) jelly 3) jam
gemischt mixed
Gemüse vegetable
gepökelt pickled
geräuchert smoked
Gericht dish
geröstet roasted
Gerste barley
gesalzen salted
geschmort stewed, braised
Geschnetzeltes meat cut into thin, small slices
Geselchtes cured and smoked pork
gesotten simmered, boiled
gespickt larded
gesülzt jellied, in aspic
Gewürz spice
~**gurke** gherkin (US pickle)
~**kuchen** spice cake
~**nelke** clove
gewürzt spiced, hot
Gipfel crescent-shaped roll
Gittertorte almond cake or tart with a raspberry topping
Gitzi kid
Glace ice-cream
Glattbutt brill
Gnagi cured pig's knuckle
Götterspeise fruit jelly dessert (US Jell-O)
Granat prawn
~**apfel** pomegranate
gratiniert oven-browned, gratinéed
Graubrot brown bread (US black bread)
Graupensuppe barley soup
Greyerzer (Käse) Gruyère, a cheese rich in flavour, smooth in texture
Griebenwurst a larded frying sausage
Grieß semolina
grilliert grilled
Gröstl grated, fried potatoes with pieces of meat
Gründling gudgeon
grüne Bohne French bean (US green bean)
Grünkohl kale
Gugelhopf, Gugelhupf a moulded cake with a hole in the centre; usually with almonds and raisins
Güggeli spring chicken
Gulasch goulash
Gurke cucumber, gherkin
Hachse knuckle, shank
Hackbraten meat loaf of beef and pork
Hackfleisch minced meat

Haferbrei oatmeal, porridge
Haferflocken rolled oats
Hähnchen spring chicken
halb half
~ **gar** rare (US underdone)
Hamme ham
Hammel(fleisch) mutton
Handkäse cheese made from sour milk, with a pungent aroma
Haschee hash
Hase hare
Hasenpfeffer jugged hare
Haselnuß hazelnut
Hauptgericht main course
hausgemacht, von Haus home-made
Hausmannskost plain food
Haxe knuckle, shank
Hecht pike
Hefekranz ring-shaped cake
Heidelbeere bilberry (US blueberry)
Heilbutt halibut
heiß very warm (hot)
Hering herring
~ **Hausfrauenart** herring fillets with onions in sour cream
Heringskartoffeln a casserole of layers of herring and potatoes
Heringskönig John Dory (fish)
Herz heart
Himbeere raspberry
Himmel und Erde slices of black pudding served with mashed potatoes and apple sauce
Hirn brains
Hirsch stag (venison)
Hirse millet
hohe Rippe roast ribs of beef
Holsteiner Schnitzel breaded veal cutlet served with vegetables and topped with a fried egg
Honig honey
Hörnchen crescent-shaped roll
Huhn chicken
Hühnchen chicken
Hühnerklein chicken giblets
Hummer lobster
Husarenfleisch braised beef, veal and pork fillets, with sweet peppers, onions and sour cream
Hutzelbrot bread made of prunes and other dried fruit
Imbiß snack
Ingwer ginger
italienischer Salat finely sliced veal, salami, tomatoes, anchovies, cucumber and celery in mayonnaise
(nach) Jägerart sautéed with mushrooms and sometimes onions
Jakobsmuschel scallop
Johannisbeere redcurrant
jung young, spring
Jungfernbraten roast pork with bacon
Kabeljau cod
Kaisergranat Norway lobster, Dublin Bay prawn
Kaiserschmarren delicious, fluffy pancakes with raisins served with a compote or chocolate sauce
Kalb(fleisch) veal
Kalbsbries veal sweetbread
Kalbskopf calf's head
Kalbsmilch veal sweetbread
Kalbsnierenbraten roast veal stuffed with kidneys
Kaldaunen tripe
kalt cold
Kaltschale chilled fruit soup
Kammuschel scallop
kandierte Frucht crystallized fruit (US candied fruit)
Kaninchen rabbit
Kapaun capon

Kaper caper
Karamelkrem caramel custard
Karfiol cauliflower
Karotte carrot
Karpfen carp
Kartoffel potato
~**puffer** potato fritter
Käse cheese
~**platte** cheese board
~**stange** cheese straw, cheese stick
Kasseler Rippenspeer smoked pork chops, often served with sauerkraut
Kastanie chestnut
Katenrauchschinken country-style smoked ham
Katenwurst country-style smoked sausage
Katzenjammer cold slices of beef in mayonnaise with cucumbers or gherkins
Kaviar caviar
Keks biscuit (US cookie)
Kerbel chervil
Kesselfleisch boiled pork served with vegetables
Keule leg, haunch
Kieler Sprotte smoked sprat
Kipfel crescent-shaped roll
Kirsche cherry
Kitz kid
Kliesche dab
Klops meatball
Kloß dumpling
Klößchen small dumpling
Kluftsteak rumpsteak
Knackwurst a lightly garlic-flavoured sausage, generally boiled
Knoblauch garlic
Knochen bone
~**schinken** cured ham
Knödel dumpling
Knöpfli thick noodle
Kohl cabbage
~**rabi,** ~**rübe** turnip
~**roulade** cabbage leaves stuffed with minced meat
Kompott stewed fruit, compote
Konfitüre jam
Königinpastetchen vol-au-vent; puff-pastry shell filled with diced chicken and mushrooms
Königinsuppe creamy chicken soup with pieces of chicken breast
Königsberger Klops cooked meatball in white caper sauce
Kopfsalat green salad, lettuce
Korinthe currant
Kotelett chop, cutlet
Krabbe crab
Kraftbrühe broth, consommé
Krainer spiced pork sausage
Kranzkuchen ring-shaped cake
Krapfen 1) fritter 2) jam-filled doughnut (US jelly donut)
Krauskohl kale
Kraut cabbage
Kräutersoße herb dressing
Krautsalat coleslaw
Krautstiel white beet, Swiss chard
Krautwickel stuffed cabbage
Krebs freshwater crayfish
Krem cream, custard
~**schnitte** custard slice (US napoleon)
Kren horse-radish
~**fleisch** pork stew with vegetables and horse-radish
Kresse cress
Krustentier shellfish
Kuchen cake
Kukuruz maize (US corn)
Kümmel caraway
Kürbis pumpkin
Kuttelfleck, Kutteln tripe

Labskaus thick stew of minced, marinated meat with mashed potatoes
Lachs salmon
~**forelle** salmon trout
Lamm(fleisch) lamb
Languste spiny lobster, crawfish
Lattich lettuce
Lauch leek
Leber liver
~**käse** seasoned meat loaf made of minced liver, pork and bacon
Lebkuchen gingerbread
Leckerli honey-flavoured ginger biscuit
legiert thickened, usually with egg-yolk (refers to sauces or soups)
Leipziger Allerlei spring carrots, peas and asparagus (sometimes with mushrooms)
Lende loin
Lendenbraten roast tenderloin
Lendenstück fillet of beef (US tenderloin)
Limburger (Käse) a semi-soft, strong-smelling whole-milk cheese
Linse lentil
Linzer Torte almond cake or tart with a raspberry-jam topping
Löwenzahn young dandelion green, usually prepared as salad
Lunge light (lung of an animal)
Mahlzeit meal
Mainauer (Käse) semi-hard, full-cream round cheese with a red rind and yellow interior
Mainzer Rippchen pork chop
Mais maize (US corn)
Makrele mackerel
Makrone macaroon
Mandarine mandarin
Mandel almond
Mangold white beet, Swiss chard
Marille apricot
mariniert marinated, pickled
Mark (bone) marrow
Marmelade jam
Marone chestnut
Mastente fattened duckling
Masthühnchen broiler, spring chicken
Matjeshering slightly salted young herring
Matrosenbrot a sandwich with chopped, hard-boiled eggs, anchovies and seasoning
Maulbeere mulberry
Maultasche a kind of ravioli filled with meat, vegetables and seasoning
Meerrettich horse-radish
Mehlnockerl small dumpling
Mehlsuppe brown-flour soup
Melone melon
Menü meal at a set price
Meringe(l) meringue
Mettwurst spiced and smoked pork sausage, usually for spreading on bread
Miesmuschel mussel
Milke sweetbread
Mirabelle small yellow plum
Mittagessen midday meal, lunch
Mohn poppy
Möhre, Mohrrübe carrot
Mondseer (Käse) whole-milk yellow cheese with a moist texture
Morchel morel mushroom
Morgenessen breakfast
Morgenrötesuppe thick soup of meat, tapioca, tomatoes and chicken stock
Mostrich mustard
Mus stewed fruit, purée, mash
Muschel mussel

Muskat(nuß) nutmeg
Nachspeise, Nachtisch dessert, sweet
naturell plain
Nelke clove
Nidel, Nidle cream
Niere kidney
Nierenstück loin
Nockerl small dumpling
Nudel noodle
Nürnberger Bratwurst frying sausage made of veal and pork
Nuß 1) nut 2) approx. rumpsteak
Obst fruit
~**salat** fruit salad
Ochs(enfleisch) beef
Ochsenauge fried egg (US sunny side up)
Ochsenmaulsalat ox muzzle salad
Ochsenschwanz oxtail
Ohr ear
Öl oil
Omelett(e) omelet
Palatschinken pancake usually filled with jam or cheese, sometimes served with a hot chocolate and nut topping
Pampelmuse grapefruit
paniert breaded
Paprikaschote sweet pepper
Paradeis(er), Paradiesapfel tomato
Pastetchen filled puff-pastry case
Pastete pastry, pie
Patisserie pastry
Pellkartoffel potato boiled in its jacket
Perlgraupe pearl barley
Petersilie parsley
Pfahlmuschel mussel
Pfannkuchen pancake
Pfeffer pepper
~**kuchen** very spicy gingerbread
~**nuß** ginger(bread)-nut
~**schote** hot pepper
Pfifferling chanterelle mushroom
Pfirsich peach
~ **Melba** peach-halves poached in syrup, served over vanilla ice-cream, topped with raspberry sauce and whipped cream
Pflaume plum
Pichelsteiner (Fleisch) meat and vegetable stew
pikant spiced, highly seasoned
Pilz mushroom
Platte platter
Plätzchen biscuit (US cookie)
Plätzli scallop, cutlet
pochiert poached
Pökelfleisch marinated meat
Pomeranzensoße sauce of bitter oranges, wine and brandy, usually served with duck
Pommes frites chips (US french fries)
Porree leek
Poulet chicken
Praline praline; chocolate with a sweet filling
Preiselbeere cranberry
Preßkopf brawn (US headcheese)
Printe honey-flavoured biscuit (US cookie)
Pudding custard, pudding
Püree mash, purée
Puter turkey
Quargel a small, round cheese, slightly acid and salty
Quark(käse) fresh white cheese
Quitte quince
Radieschen radish
Ragout stew
Rahm cream
Rande beetroot
Räucheraal smoked eel

Räucherhering smoked herring
Räucherlachs smoked salmon
Räucherspeck smoked bacon
Rebhuhn partridge
Rechnung bill (US check)
Regensburger a highly spiced and smoked sausage
Reh deer, venison
~**pfeffer** jugged venison, fried and braised in its marinade, served with sour cream
Reibekuchen potato pancake
Reibkäse grated cheese
Reis rice
~**fleisch** veal braised with rice, tomatoes and other vegetables
Rettich black radish
Rhabarber rhubarb
Ribisel redcurrant
Rinderbrust brisket of beef
Rind(fleisch) beef
Rippe rib
Rippchen, Rippenspeer, Rippenstück, Rippli chop (usually smoked pork)
Rochen skate, ray
Rogen roe (generally cod's roe)
Roggenbrot rye bread
roh raw
Rohkost uncooked vegetables, vegetarian food
Rohschinken cured ham
Rollmops soused herring fillet rolled around chopped onions or gherkins
Rosenkohl brussels sprout
Rosine raisin
Rosmarin rosemary
Rostbraten rumpsteak
Rösti grated, fried (US hashed-brown) potatoes
Röstkartoffel roast potato
rote Beete/Rübe beetroot
rote Grütze fruit jelly served with cream
Rotkohl, Rotkraut red cabbage
Rotzunge lemon sole
Roulade beef olives; usually thin slices of beef, stuffed, rolled and braised
Rücken chine, saddle
Rüebli carrot
Rührei scrambled egg
russische Eier Russian eggs; egg-halves topped with caviar, served with remoulade sauce
Sachertorte rich chocolate layer cake with jam filling
Safran saffron
Saft juice
Sahne cream
Saibling char
Saitenwurst a variety of frankfurter or wiener sausage
Salat salad
Salbei sage
Salm salmon
Salz salt
~**fleisch** salted meat
~**gurke** pickled cucumber
~**kartoffel** boiled potato
Salzburger Nockerl dumpling made of beaten egg-yolks, egg-whites, sugar and flour, fried in butter
Sandmuschel clam
Sardelle anchovy
Sardellenring rolled anchovy
Sardine sardine, pilchard
Sattel chine, saddle
Saubohne broad bean
sauer sour
Sauerampfer sorrel
Sauerbraten pot roast marinated with herbs
Schalentier shellfish
Schalotte shallot
Schaschlik chunks of meat, slices

of kidneys and bacon, grilled then braised in a spicy sauce of tomatoes, onions and bacon
Schaumrolle puff-pastry rolls filled with whipped cream or custard
Scheibe slice
Schellfisch haddock
Schildkrötensuppe turtle soup
Schillerlocke pastry cornet with vanilla cream filling
Schinken ham
~**brot** ham sandwich, usually open(-faced)
Schlachtplatte cold meat, liver sausage and sauerkraut
Schlagobers, Schlagrahm, Schlagsahne whipped cream
Schlegel leg, haunch
Schleie tench
Schmelzkäse a soft and pungent cheese, usually for spreading on bread
Schmorbraten pot roast
Schmorfleisch meat stew
Schnecke 1) cinnamon roll 2) snail
Schnepfe snipe
Schnittbohne sliced French bean
Schnitte slice, cut
Schnittlauch chive
Schnitzel cutlet
Schokolade chocolate
Scholle plaice
Schulter shoulder
Schwamm(erl) mushroom
schwarze Johannisbeere/Ribisel blackcurrant
Schwarzwälder Kirschtorte a chocolate layer cake filled with cream and cherries, flavoured with *Kirsch*
Schwarzwälder Schinken a variety of smoked ham from the Black Forest
Schwarzwurzel salsify
Schwein(efleisch) pork
Seezunge sole
Selchfleisch smoked pork
Sellerie celery
Semmel roll
~**brösel** breadcrumbs
~**knödel** dumpling made of diced white bread
Senf mustard
Siedfleisch boiled meat
Soße sauce, gravy
Spanferkel suck(l)ing pig
spanische Soße a brown sauce with herbs
Spargel asparagus
Spätzle, Spätzli thick noodle
Speck bacon
~**knödel** dumpling made with bacon, eggs and white bread
Speise food
~**eis** ice-cream
~**karte** menu, bill of fare
Spekulatius spiced biscuit (US cookie)
Spezialität speciality
~ **des Hauses** chef's speciality
~ **des Tages** day's speciality
Spiegelei fried egg (US sunny side up)
(am) Spieß (on the) spit
Spinat spinach
Sprossenkohl brussels sprout
Sprotte sprat
Stachelbeere gooseberry
Steckrübe turnip
Steinbuscher (Käse) semi-hard creamy cheese; strong and slightly bitter
Steinbutt turbot
Steingarnele prawn
Steinpilz boletus mushroom
Stelze knuckle of pork

Stierenauge fried egg (US sunny side up)
Stock mashed potatoes
~**fisch** stockfish, dried cod
Stollen loaf cake with raisins, almonds, nuts and candied lemon peel
Stoßsuppe caraway soup
Stotzen leg, haunch
Strammer Max slice of bread or sandwich with spiced minced pork (sometimes sausage or ham) served with fried eggs and onions
Streichkäse any soft cheese spread, with different flavours
Streuselkuchen coffee cake with a topping made of butter, sugar, flour and cinnamon
Strudel paper-thin layers of pastry filled with apple slices, nuts, raisins and jam or honey
Stück piece, slice
Sülze 1) jellied, in aspic 2) brawn (US headcheese)
Suppe soup
süß sweet
~**sauer** sweet-and-sour (of sauces)
Süßigkeit sweet (US candy)
Süßspeise dessert, pudding
Tagesgericht day's special
Tagessuppe day's soup
Tascherl pastry turnover with meat, cheese or jam filling
Tatar raw, spiced minced beef
Tatarenbrot open(-faced) sandwich with *Tatar*
Taube pigeon (US squab)
Teigwaren macaroni, noodles, spaghetti
Teller plate, dish
~**gericht** one-course meal
Thunfisch tunny (US tuna)
Thymian thyme
Tilsiter (Käse) semi-hard cheese, mildly pungent
Tomate tomato
Topfen fresh white cheese
~**strudel** flaky pastry filled with creamed, vanilla-flavoured white cheese, rolled and baked
Topfkuchen moulded cake with raisins
Törtchen small tart or cake
Torte layer cake, usually rich
Traube grape
Trüffel truffle
Truthahn turkey
Tunke sauce, gravy
Türkenkorn maize (US corn)
Vanille vanilla
verlorenes Ei poached egg
Voressen meat stew
Vorspeise starter, first course
Wacholderbeere juniper berry
Wachtel quail
Waffel waffle
Walnuß walnut
Wassermelone watermelon
Weinbeere, Weintraube grape
Weinkarte wine list
Weinkraut white cabbage, often braised with apples and simmered in wine
weiße Bohne haricot bean (US navy bean)
Weißbrot white bread
Weißkäse fresh white cheese
Weißkohl, Weißkraut white cabbage
Weißwurst sausage made of veal and bacon, flavoured with parsley, onion and lemon peel
Weizen wheat
Welschkorn maize (US corn)
Westfälischer Schinken a well-known variety of cured and

smoked ham

Wiener Schnitzel breaded veal cutlet

Wiener Würstchen, Wienerli wiener, frankfurter (sausage)

Wild(bret) game, venison

Wildente wild duck

Wildschwein wild boar

Wilstermarschkäse semi-hard cheese, similar to *Tilsiter*

Windbeutel cream puff

Wirsing(kohl) savoy cabbage

Wittling whiting

Wurst sausage

Würstchen small sausage

würzig spiced

Zander pike-perch

Zervelat(wurst) a seasoned and smoked sausage made of pork, beef and bacon

Zichorie chicory (US endive)

Ziege goat

Zimt cinnamon

Zitrone lemon

Zucker sugar

Zunge tongue

Zutat (added) ingredient

Zwetsch(g)e plum

Zwiebel onion

~**fleisch** beef sautéed with onions

~**wurst** liver and onion sausage

Zwischenrippenstück approx. rib-eye steak, entrecôte

Drinks

Abfüllung bottled, from wine brought directly from the grower

Abzug wine bottled on the estate or at the vineyard where the grapes were grown, e.g., *Schloßabzug, Kellerabzug*

Ahr the region, named after its tributary of the Rhine, has the continent's northernmost vineyards; the red wine—pale, delicious with a fine aroma—is the best in Germany, which produces little red wine; try it around the towns of Ahrweiler, Neuenahr and Walporzheim

Apfelmost apple cider

Apfelsaft apple juice

Apfelwein apple cider with a high alcoholic content

Aprikosenlikör apricot liqueur

Auslese wine produced from choice grapes

Baden this wine-producing region is situated in the southwestern part of Germany with Switzerland to the south and Alsace, France, to the west; vineyards are especially found on the outskirts of the Black Forest facing the valley of the Rhine; some examples of the wine are *Kaiserstuhl*, produced at the foot of a one-time volcano to the west of Freiburg, *Markgräfler*, *Mauerwein* and *Seewein* from the Lake of Constance

Beerenauslese wine produced

from choice, very mature grapes resulting in a dessert wine

Bier beer
 dunkles ~ dark
 helles ~ light, lager

Bock(bier) a beer with a high malt content

Branntwein brandy, spirits

Brauner coffee with milk
 kleiner ~ small cup of coffee with milk

Danziger Goldwasser a caraway seed-flavoured liqueur flecked with tiny golden leaves

Doppelkorn spirit distilled from grain

Dornkaat a grain-distilled spirit, slightly flavoured with juniper berries

Eierlikör egg liqueur

Eiskaffee iced coffee

Enzian spirit distilled from gentian root

Exportbier a beer with a higher hops content than lager beer

Flasche bottle

Flaschenbier bottled beer

Franken Franconia; the best vineyards of this wine-producing region around the River Main are situated in the vicinity of Iphofen, Escherndorf, Randersacker, Rödelsee and Würzburg; Franconian white wine is dry, strong and full-bodied; Würzburg produces one of the area's best wines under the name *Steinwein*

Fruchtsaft fruit juice

Gewächs used together with the year on the label of quality wines

gezuckert sugar added, sweetened

Glühwein mulled wine

Himbeergeist spirit distilled from raspberries

Kabinett a term indicating that a wine is of high quality

Kaffee coffee
 ~ **Hag** caffeine-free
 ~ **mit Sahne (und Zucker)** with cream (and sugar)
 ~ **mit Schlag(obers)** served with whipped cream
 schwarzer ~ black

Kakao cocoa

Kapuziner coffee with whipped cream and grated chocolate

Kirsch(wasser) spirit distilled from cherries

Klosterlikör herb liqueur

Kognak cognac

Korn(branntwein) spirit distilled from grain

Kümmel(branntwein) caraway-flavoured spirit

Likör liqueur, cordial

Limonade 1) soft drink 2) lemon drink

Lindenblütentee lime-blossom tea

Malzbier malt beer, with a low alcoholic content

Märzenbier beer with a high alcoholic content, brewed in March

Maß(krug) a large beer mug holding 1 litre (about 1 quart)

Milch milk
 ~**kaffee** half coffee and half hot milk
 ~**mix** milk shake

Mineralwasser mineral water

Mosel(–Saar–Ruwer) the official name of the Moselle region; the best Moselle wine is produced in only a part of the region, the mid-Moselle Valley which runs from Trittenheim to Traben-Trarbach; the best vineyards are those of Bernkastel, Brauneberg, Graach, Piesport, Wehlen and Zeltingen

Most must, young wine

Nahe a wine-producing region, named after its tributary of the River Rhine, in the vicinity of Bad Kreuznach; its white wine is full-bodied and may be compared to the best wine of Rhenish Hesse; the most celebrated vineyard is Schloß Böckelheim, owned by the state; other excellent wine is produced in the vicinity of Bad Kreuznach, Bretzenheim, Münster, Niederhausen, Norheim, Roxheim, Winzerheim

Naturwein unblended, unsweetened wine

Österreich Austria; very little of its wine is exported; the red—mainly from Burgenland—is not especially notable and is usually drunk only locally; probably the best-known Austrian wine is *Gumpoldskirchner*, produced to the south of Vienna, a good white wine which generations of Viennese have enjoyed; along the banks of the River Danube to the west of Vienna, good white wine is produced in the Wachau area (e.g., *Dürnsteiner, Loibner, Kremser);* in the immediate vicinity of the Austrian capital, table wine is produced (e.g., *Nußberger, Grinzinger, Badener)* of which the best is sometimes exported

Perlwein white, semi-sparkling wine

Pfalz Palatinate; in good years this region is often first among West Germany's wine-producing regions in terms of production, predominantly of white wine; in medieval times, the Palatinate gained a reputation for being "the wine cellar of the Holy Roman Empire"; today's Palatinate is bounded on the north by Rhenish Hesse, to the east by the River Rhine, to the south and west by Alsace, and Saarland; some examples *Dürkheimer, Forster, Deidesheimer, Ruppertsberger* for white, *Dürkheimer* also for red

Pils(e)ner beer with a particularly strong aroma of hops

Pfefferminztee peppermint tea

Pflümli(wasser) spirit distilled from plums

Portwein port (wine)

Rhein Rhine wine is produced in five regions in the Rhine valley offering the country's best white wines

Rheingau region situated at the foot of the Taunus Mountains facing the River Rhine; its best wines are dessert wines which can be compared to fine Sauternes; a good red wine is produced in Aßmannshausen

Rheinhessen Rhenish Hesse, of which Mainz is the capital; no less than 155 villages are dedicated to wine production; some produce wines of exceptional quality (Alsheim, Bingen, Bodenheim, Dienheim, Guntersblum, Ingelheim, Nackenheim, Nierstein, Oppenheim and Worms); wine of lesser quality is sold under the name of *Liebfrau(en)milch*

Schillerwein rosé wine
Schloß castle, denotes a wine estate
Schnaps brandy, spirits
Schokolade chocolate
Schweiz Switzerland; the most notable wines (both red and white) are produced in French- and Italian-speaking cantons; German-speaking cantons produce mostly light red wines
Sekt sparkling wine similar to Champagne
Sirup syrup
Sodawasser soda water
Spätlese wine produced from grapes picked late in the season, often resulting in full-bodied wine
Spezialbier more strongly brewed beer than *Vollbier*
Sprudel(wasser) soda water
Starkbier strong beer with a high malt content
Steinhäger juniper-flavoured spirit
Tee tea
~ **mit Milch** with milk
~ **mit Zitrone** with lemon
trocken dry
Trockenbeerenauslese wine produced from specially selected overripe grapes; usually results in a rich, full-bodied dessert wine
ungezuckert unsweetened
verbessert in reference to wine, "improved" or sweetened
Viertel ¼ litre (about ½ pint) of wine
Vollbier the typical German beer with an alcoholic content of 3–4%
Wachstum used on a wine label with the name of the grower, guarantees natural wine
Wasser water
Wein wine
Rot~ red
Schaum~ sparkling
Süß~ dessert
Weiß~ white
Weinbrand brandy distilled from wine
Weißbier light beer brewed from wheat
Wermut vermouth
Württemberg wine from this region, rarely exported, must be drunk very young; the term *Schillerwein* is employed in the region to denote rosé wine; best wine is produced at Cannstatt, Feuerbach, Untertürckheim; *Stettener Brotwasser* is a noted wine
Zitronensaft lemon squash (US lemon soda)
Zwetschgenwasser spirit distilled from plums

Mini-Grammar

Here is a brief outline of some essential features of German grammar.

Articles

All nouns in German are either masculine, feminine or neuter, and they are classified by the article which precedes them.

1. **Definite article** (the):

			Plural:
masc.	*der* **Mann**	the man	*die* **Männer**
fem.	*die* **Frau**	the woman	*die* **Frauen**
neut.	*das* **Kind**	the child	*die* **Kinder**

2. **Indefinite article** (a/an):

masc.	*ein* **Zug**	a train
fem.	*eine* **Reise**	a trip
neut.	*ein* **Flugzeug**	a plane

Nouns and adjectives

1. All nouns are written with a capital letter. The rules for constructing the plural are very complex.

2. **Declension:** According to their use in the sentence, German articles, nouns and modifying adjectives undergo related changes. The tables below show the declension of all three parts of speech.

	masc. sing.	masc. plur.
subject	**der reiche Mann**	**die reichen Männer**
direct object	**den reichen Mann**	**die reichen Männer**
possessive	**des reichen Mannes**	**der reichen Männer**
indirect object	**dem reichen Mann**	**den reichen Männern**

	fem. sing.	fem. plur.
subject	**die schöne Frau**	**die schönen Frauen**
direct object	**die schöne Frau**	**die schönen Frauen**
possessive	**der schönen Frau**	**der schönen Frauen**
indirect object	**der schönen Frau**	**den schönen Frauen**

	neuter sing.	neuter plur.
subject	**das kleine Kind**	**die kleinen Kinder**
direct object	**das kleine Kind**	**die kleinen Kinder**
possessive	**des kleinen Kindes**	**der kleinen Kinder**
indirect object	**dem kleinen Kind**	**den kleinen Kindern**

The indefinite article is declined in a slightly different way, as is the modifying adjective.

	masc.	fem.
subject	**ein reicher Mann**	**eine schöne Frau**
direct object	**einen reichen Mann**	**eine schöne Frau**
possessive	**eines reichen Mannes**	**einer schönen Frau**
indirect object	**einem reichen Mann**	**einer schönen Frau**

	neuter	plur.
subject	**ein kleines Kind**	**keine* großen Leute**
direct object	**einen kleines Kind**	**keine großen Leute**
possessive	**eines kleinen Kindes**	**keiner großen Leute**
indirect object	**einem kleinen Kind**	**keinen großen Leuten**

If declined without an article the adjectives take the endings of the definite article, except in the possessive, which you'll hardly use: **guter Wein** (good wine), **kalte Milch** (cold milk), **warmes Wasser** (hot water).

3. **Demonstrative adjectives:** In spoken German "that" is usually expressed by the definite article, but contrary to the article, it is stressed. "This" **dieser, diese, dieses** and plural **diese** is declined like the definite article.

das Buch (that book) **dieser Platz** (this seat)

4. **Possessive adjectives:** These agree in number and gender with the noun they modify, i.e., with the thing possessed and not the possessor. In singular they are declined like the indefinite article, and in plural like the definite. Note that **Ihr** meaning "your" in the polite form is capitalized.

	masc. or neut.	fem. or plur.
my	**mein**	**meine**
your	**dein**	**deine**
his/its	**sein**	**seine**
her	**ihr**	**ihre**
our	**unser**	**unsere**
your	**euer**	**eure**
their	**ihr**	**ihre**
your (pol.)	**Ihr**	**Ihre**

5. **Comparatives and superlatives:** These are formed by adding **-er (-r)** and **-est (-st)** respectively, very often together with an umlaut.

alt (old)
älter (older)
ältest (oldest)

kurz (short)
kürzer (shorter)
kürzest (shortest)

Adverbs

Many adjectives are used in their undeclined form as adverbs.

schnell quick, quickly
gut good, well

---

* **ein** has no plural, but the negative **kein** (declined in singular like **ein**) does.

There are a few irregularities:

glücklich—glücklicherweise	happy—happily
anders	differently
besonders	especially
gleichfalls	as well, (the) same

Viel indicates quantity and **sehr** intensity:

Er arbeitet viel.	He works a lot.
Er ist sehr müde.	He's very tired.

Personal pronouns

	subject	direct object	indirect object
I	**ich**	**mich**	**mir**
you	**du**	**dich**	**dir**
he	**er**	**ihn**	**ihm**
she	**sie**	**sie**	**ihr**
it	**es**	**es**	**ihm**
we	**wir**	**uns**	**uns**
you	**ihr**	**euch**	**euch**
they	**sie**	**sie**	**ihnen**
you	**Sie**	**Sie**	**Ihnen**

Note: There are two forms for "you" in German: **du** and **Sie; du** (plur.: **ihr)** is used when talking to relatives, close friends and children (and between young people); **Sie** (both sing. and plur.) in all other cases. **Sie** is written with a capital **S.** The verb has the same form as that of the 3rd person plural.

Verbs

These are two important **auxiliary verbs:**

sein (to be)	**haben** (to have)
ich bin (I am)	**ich habe** (I have)
du bist (you are)	**du hast** (you have)
er, sie, es ist (he, she, it is)	**er, sie, es hat** (he, she, it has)
wir sind (we are)	**wir haben** (we have)
ihr seid (you are)	**ihr habt** (you have)
sie sind (they are)	**sie haben** (they have)
Sie sind (you are)	**Sie haben** (you have)

The infinitive of practically all verbs ends in **-en.** Here are the endings for the present tense and past tense of a regular weak verb:

ich lieb*e*	I love	**ich lieb***te*	I loved
du lieb*st*	you love	**du lieb***test*	you loved
er, sie, es lieb*t*	he, she, it loves	**er, sie, es lieb***te*	he, she, it loved
wir lieb*en*	we love	**wir lieb***ten*	we loved
ihr lieb*t*	you love	**ihr lieb***tet*	you loved
sie, Sie lieb*en*	they, you love	**sie, Sie lieb***ten*	they, you loved

Irregular Verbs

The following list contains the most common strong and irregular verbs. In parentheses, we have given the irregular forms of the present tense, generally the second and the third persons singular (when they change their stem). If a compound verb or a verb with a prefix (*ab-, an-, auf-, aus-, be-, bei-, ein-, emp-, ent-, er-, mit-, nach-, um-, ver-, vor-, zer-, zu-*, etc.) is not listed, its forms may be found by looking up the simple verb.

Infinitive	*Past*	*Past Participle*	
backen (bäckst, bäckt)	backte/buk	gebacken	*bake*
befehlen (befiehlst, befiehlt)	befahl	befohlen	*(give an) order*
beginnen	begann	begonnen	*begin*
beißen	biß	gebissen	*bite*
bergen (birgst, birgt)	barg	geborgen	*salvage*
bersten (birst, birst)	barst	geborsten	*burst*
bewegen	bewog	bewogen	*induce*
biegen	bog	gebogen	*bend*
bieten	bot	geboten	*offer*
binden	band	gebunden	*bind*
bitten	bat	gebeten	*request*
blasen (bläst, bläst)	blies	geblasen	*blow*
bleiben	blieb	geblieben	*remain*
braten (brätst, brät)	briet	gebraten	*roast*
brechen (brichst, bricht)	brach	gebrochen	*break*
brennen	brannte	gebrannt	*burn*
bringen	brachte	gebracht	*bring*
denken	dachte	gedacht	*think*
dringen	drang	gedrungen	*penetrate*
dürfen (darf, darfst, darf)	durfte	gedurft	*be allowed*
empfehlen (empfiehlst, empfiehlt)	empfahl	empfohlen	*recommend*
essen (ißt, ißt)	aß	gegessen	*eat*
fahren (fährst, fährt)	fuhr	gefahren	*go, drive*
fallen (fällst, fällt)	fiel	gefallen	*fall*
fangen (fängst, fängt)	fing	gefangen	*catch*
fechten (fichst, ficht)	focht	gefochten	*fence*
finden	fand	gefunden	*find*
flechten (flichtst, flicht)	flocht	geflochten	*plait*
fliegen	flog	geflogen	*fly*
fliehen	floh	geflohen	*flee*
fließen	floß	geflossen	*flow*
fressen (frißt, frißt)	fraß	gefressen	*eat (animals)*
frieren	fror	gefroren	*freeze*
gären	gor/ gärte	gegoren/ gegärt	*ferment*
geben (gibst, gibt)	gab	gegeben	*give*
gedeihen	gedieh	gediehen	*prosper*
gehen	ging	gegangen	*go*

gelingen[1]	gelang	gelungen	*succeed*
gelten (giltst, gilt)	galt	gegolten	*be valid*
genesen	genas	genesen	*convalesce*
genießen	genoß	genossen	*enjoy*
geschehen[1] (geschieht)	geschah	geschehen	*happen*
gewinnen	gewann	gewonnen	*win*
gießen	goß	gegossen	*pour*
gleichen	glich	geglichen	*resemble*
gleiten	glitt	geglitten	*glide*
graben (gräbst, gräbt)	grub	gegraben	*dig*
greifen	griff	gegriffen	*seize*
haben (hast, hat)	hatte	gehabt	*have*
halten (hältst, hält)	hielt	gehalten	*hold*
hängen	hing	gehangen	*be suspended*
hauen	hieb	gehauen	*hit, cut*
heben	hob	gehoben	*lift*
heißen	hieß	geheißen	*be called*
helfen (hilfst, hilft)	half	geholfen	*help*
kennen	kannte	gekannt	*know*
klingen	klang	geklungen	*sound*
kneifen	kniff	gekniffen	*pinch*
kommen	kam	gekommen	*come*
können (kann, kannst, kann)	konnte	gekonnt	*can*
kriechen	kroch	gekrochen	*crawl*
laden (lädst, lädt)	lud	geladen	*load*
lassen (läßt, läßt)	ließ	gelassen	*let, leave*
laufen (läufst, läuft)	lief	gelaufen	*run*
leiden	litt	gelitten	*suffer*
leihen	lieh	geliehen	*lend*
lesen (liest, liest)	las	gelesen	*read*
liegen	lag	gelegen	*lie, rest*
lügen	log	gelogen	*tell a lie*
mahlen	mahlte	gemahlen	*grind*
meiden	mied	gemieden	*avoid*
messen (mißt, mißt)	maß	gemessen	*measure*
mißlingen	mißlang	mißlungen	*fail*
mögen (mag, magst, mag)	mochte	gemocht	*want, like*
müssen (muß, mußt, muß)	mußte	gemußt	*must*
nehmen (nimmst, nimmt)	nahm	genommen	*take*
nennen	nannte	genannt	*name*
pfeifen	pfiff	gepfiffen	*whistle*
raten (rätst, rät)	riet	geraten	*counsel*
reiben	rieb	gerieben	*rub*
reißen	riß	gerissen	*tear*
reiten	ritt	geritten	*ride*
rennen	rannte	gerannt	*run*
riechen	roch	gerochen	*smell*
ringen	rang	gerungen	*struggle*

[1] impersonal

rinnen	rann	geronnen	*flow, run*
rufen	rief	gerufen	*call*
saufen (säufst, säuft)	soff	gesoffen	*drink (animals*
schaffen	schuf	geschaffen	*create*
schallen	schallte/ scholl	geschallt	*resound*
scheiden	schied	geschieden	*separate*
scheinen	schien	geschienen	*shine, seem*
schieben	schob	geschoben	*push*
schießen	schoß	geschossen	*shoot*
schlafen (schläfst, schläft)	schlief	geschlafen	*sleep*
schlagen (schlägst, schlägt)	schlug	geschlagen	*beat*
schleichen	schlich	geschlichen	*creep*
schleifen	schliff	geschliffen	*sharpen*
schließen	schloß	geschlossen	*close*
schlingen	schlang	geschlungen	*twine*
schmeißen	schmiß	geschmissen	*hurl*
schmelzen (schmilzt, schmilzt)	schmolz	geschmolzen	*melt*
schneiden	schnitt	geschnitten	*cut*
schrecken[1] (schrickst, schrickt)	schrak	geschrocken	*frighten*
schreiben	schrieb	geschrieben	*write*
schreien	schrie	geschrie(e)n	*scream*
schreiten	schritt	geschritten	*stride*
schweigen	schwieg	geschwiegen	*be silent*
schwellen (schwillst, schwillt)	schwoll	geschwollen	*swell*
schwimmen	schwamm	geschwommen	*swim*
schwinden	schwand	geschwunden	*diminish*
schwingen	schwang	geschwungen	*swing*
schwören	schwor	geschworen	*swear*
sehen	sah	gesehen	*see*
sein (bin, bist, ist, sind, seid, sind)	war	gewesen	*be*
senden	sandte	gesandt	*send*
sieden	sott	gesotten	*boil*
singen	sang	gesungen	*sing*
sinken	sank	gesunken	*sink*
sinnen	sann	gesonnen	*meditate*
sitzen	saß	gesessen	*sit*
sollen (soll, sollst, soll)	sollte	gesollt	*must, shall*
spinnen	spann	gesponnen	*spin*
sprechen (sprichst, spricht)	sprach	gesprochen	*speak*
springen	sprang	gesprungen	*jump*
stechen (stichst, sticht)	stach	gestochen	*prick*
stehen	stand	gestanden	*stand*
stehlen (stiehlst, stiehlt)	stahl	gestohlen	*steal*
steigen	stieg	gestiegen	*mount*
sterben (stirbst, stirbt)	starb	gestorben	*die*
stinken	stank	gestunken	*stink*

[1] only used with prefixes

stoßen (stößt, stößt)	stieß	gestoßen	*push*
streichen	strich	gestrichen	*stroke*
streiten	stritt	gestritten	*quarrel*
tragen (trägst, trägt)	trug	getragen	*carry*
treffen (triffst, trifft)	traf	getroffen	*het, meet*
treiben	trieb	getrieben	*drive, push*
treten (trittst, tritt)	trat	getreten	*tread*
triefen	troff/triefte	getroffen/ getrieft	*drip*
trinken	trank	getrunken	*drink*
trügen	trog	getrogen	*deceive*
tun (tue, tust, tut)	tat	getan	*do*
verderben (verdirbst, verdirbt)	verdarb	verdorben	*spoil*
verdrießen	verdroß	verdrossen	*annoy*
vergessen (vergißt, vergißt)	vergaß	vergessen	*forget*
verlieren	verlor	verloren	*lose*
verzeihen	verzieh	verziehen	*forgive*
wachsen (wächst, wächst)	wuchs	gewachsen	*grow*
wägen	wog	gewogen	*consider*
waschen (wäschst, wäscht)	wusch	gewaschen	*wash*
weben	wob/webte	gewoben/ gewebt	*weave*
weichen	wich	gewichen	*yield*
weisen	wies	gewiesen	*indicate*
wenden	wandte/ wendete	gewandt/ gewendet	*turn*
werben (wirbst, wirbt)	warb	geworben	*recruit*
werden (wirst, wird)	wurde	geworden	*become*
werfen (wirfst, wirft)	warf	geworfen	*throw*
wiegen	wog	gewogen	*weigh*
winden	wand	gewunden	*wind, twist*
wissen (weiß, weißt, weiß)	wußte	gewußt	*know*
wollen (will, willst, will)	wollte	gewollt	*want*
ziehen	zog	gezogen	*pull*
zwingen	zwang	gezwungen	*force*

German Abbreviations

Abf.	*Abfahrt*	departure
Abs.	*Absender*	sender
ACS	*Automobil-Club der Schweiz*	Automobile Association of Switzerland
ADAC	*Allgemeiner Deutscher Automobil-Club*	German Automobile Association
AG	*Aktiengesellschaft*	Ltd., Inc.
a.M.	*am Main*	on the river Main
Ank.	*Ankunft*	arrival
Anm.	*Anmerkung*	remark
a.Rh.	*am Rhein*	on the river Rhine
AvD	*Automobilclub von Deutschland*	Automobile Association of Germany
Bhf.	*Bahnhof*	train station
Bez.	*Bezirk*	district
BRD	*Bundesrepublik Deutschland*	Federal Republic of Germany
b.w.	*bitte wenden*	please turn over
bzw.	*beziehungsweise*	respectively
DB	*Deutsche Bundesbahn*	German Federal Railways
DBP	*Deutsche Bundespost*	German Federal Post Office
d.h.	*das heißt*	i.e.
DIN	*Deutsche Industrie-Norm*	German Industrial Standards
DM	*Deutsche Mark*	(West) German mark
d.M.	*dieses Monats*	inst., of this month
D-Zug	*Durchgangszug*	through train
EG	*Europäische Gemeinschaften*	EC, European Community
EU	*Europäische Union*	EU, European Union
E-Zug	*Eilzug*	express train
Ffm.	*Frankfurt am Main*	Frankfurt, West Germany
fl.W.	*fließendes Wasser*	running water
Fr.	*Franken; Frau*	franc; Mrs.
Frl.	*Fräulein*	Miss
g	*Groschen*	$^1/_{100}$ of a schilling
G	*Gasse*	lane
Gebr.	*Gebrüder*	brothers
gefl.	*gefälligst*	please, kindly
GmbH	*Gesellschaft mit beschränkter Haftung*	limited liability company
Hbf.	*Hauptbahnhof*	main railway station

Hr.	*Herr*	Mr.
Ing.	*Ingenieur*	engineer
Inh.	*Inhaber; Inhalt*	proprietor; contents
Kfm.	*Kaufmann*	merchant
Kfz	*Kraftfahrzeug*	motor vehicle
KG	*Kommanditgesellschaft*	limited partnership
Lkw	*Lastkraftwagen*	lorry, truck
MEZ	*Mitteleuropäische Zeit*	Central European Time
MwSt	*Mehrwertsteuer*	VAT, value added tax
n. Chr.	*nach Christus*	A.D.
ÖAMTC	*Österreichischer Automobil-, Motorrad- und Touringclub*	Austrian Automobile, Motorcycle and Touring Association
OB	*Oberbürgermeister*	mayor (of a large city)
ÖBB	*Österreichische Bundesbahnen*	Austrian Federal Railways
OHG	*Offene Handelsgesellschaft*	ordinary partnership
Pf	*Pfennig*	1/100 of a mark
Pfd.	*Pfund*	pound (weight)
Pkw	*Personenkraftwagen*	automobile
PS	*Pferdestärke*	hp, horsepower
PTT	*Post, Telefon, Telegraf*	Post and Telecommunications
Rp.	*Rappen*	1/100 of a franc
S	*Schilling*	Austrian schilling
SBB	*Schweizerische Bundesbahnen*	Swiss Federal Railways
Str.	*Straße*	street
TCS	*Touring-Club der Schweiz*	Swiss Touring Association
u. a.	*unter anderem*	among other things
U-Bahn	*Untergrundbahn*	underground (GB), subway (US
ü. d. M.	*über dem Meeresspiegel*	above sea level
UKW	*Ultrakurzwelle*	FM (radio)
ung.	*ungefähr*	approximately
UNO	*Vereinte Nationen*	United Nations
usw.	*und so weiter*	etc., and so on
u. U.	*unter Umständen*	in certain cases
v. Chr.	*vor Christus*	B.C.
vgl.	*vergleiche*	compare
v. H.	*vom Hundert*	per cent
Wwe.	*Witwe*	widow
z. B.	*zum Beispiel*	e.g.
z. H.	*zu Händen*	to the attention of
z. Z.	*zur Zeit*	at present

Numerals

Cardinal numbers

0	null
1	eins
2	zwei
3	drei
4	vier
5	fünf
6	sechs
7	sieben
8	acht
9	neun
10	zehn
11	elf
12	zwölf
13	dreizehn
14	vierzehn
15	fünfzehn
16	sechzehn
17	siebzehn
18	achtzehn
19	neunzehn
20	zwanzig
21	einundzwanzig
22	zweiundzwanzig
23	dreiundzwanzig
30	dreißig
40	vierzig
50	fünfzig
60	sechzig
70	siebzig
80	achtzig
90	neunzig
100	(ein)hundert
101	hundert(und)eins
230	zweihundert(und)dreißig
538	fünfhundert(und) achtunddreißig
1 000	(ein)tausend
10 000	zehntausend
100 000	(ein)hunderttausend
1 000 000	eine Million

Ordinal numbers

1.	erste
2.	zweite
3.	dritte
4.	vierte
5.	fünfte
6.	sechste
7.	sieb(en)te
8.	achte
9.	neunte
10.	zehnte
11.	elfte
12.	zwölfte
13.	dreizehnte
14.	vierzehnte
15.	fünfzehnte
16.	sechzehnte
17.	siebzehnte
18.	achtzehnte
19.	neunzehnte
20.	zwanzigste
21.	einundzwanzigste
22.	zweiundzwanzigste
23.	dreiundzwanzigste
24.	vierundzwanzigste
25.	fünfundzwanzigste
26.	sechsundzwanzigste
27.	siebenundzwanzigste
28.	achtundzwanzigste
29.	neunundzwanzigste
30.	dreißigste
40.	vierzigste
50.	fünfzigste
60.	sechzigste
70.	siebzigste
80.	achtzigste
90.	neunzigste
100.	(ein)hundertste
230.	zweihundert(und)-dreißigste
1 000.	(ein)tausendste

Time

Although official time in Germany, Austria and Switzerland is based on the 24-hour clock, the 12-hour system is used in conversation.

If you want to indicate a.m. or p.m., add *morgens, nachmittags* or *abends*.

Thus:

acht Uhr morgens	8 a.m.
zwei Uhr nachmittags	2 p.m.
acht Uhr abends	8 p.m.

Days of the Week

Sonntag	Sunday	*Donnerstag*	Thursday
Montag	Monday	*Freitag*	Friday
Dienstag	Tuesday	*Samstag, Sonnabend*	Saturday
Mittwoch	Wednesday		

Some Basic Phrases	Nützliche Redewendungen
Please.	Bitte.
Thank you very much.	Vielen Dank.
Don't mention it.	Gern geschehen.
Good morning.	Guten Morgen.
Good afternoon.	Guten Tag *(nachmittags)*.
Good evening.	Guten Abend.
Good night.	Gute Nacht.
Good-bye.	Auf Wiedersehen.
See you later.	Bis bald.
Where is/Where are...?	Wo ist/Wo sind...?
What do you call this?	Wie heißt dies?
What does that mean?	Was bedeutet das?
Do you speak English?	Sprechen Sie Englisch?
Do you speak German?	Sprechen Sie Deutsch?
Do you speak French?	Sprechen Sie Französisch?
Do you speak Spanish?	Sprechen Sie Spanisch?
Do you speak Italian?	Sprechen Sie Italienisch?
Could you speak more slowly, please?	Könnten Sie bitte etwas langsamer sprechen?
I don't understand.	Ich verstehe nicht.
Can I have...?	Kann ich... haben?
Can you show me...?	Können Sie mir... zeigen?
Can you tell me...?	Können Sie mir sagen...?
Can you help me, please?	Können Sie mir bitte helfen?
I'd like...	Ich hätte gern...
We'd like...	Wir hätten gern...
Please give me...	Geben Sie mir bitte...
Please bring me...	Bringen Sie mir bitte...
I'm hungry.	Ich habe Hunger.
I'm thirsty.	Ich habe Durst.
I'm lost.	Ich habe mich verirrt.
Hurry up!	Beeilen Sie sich!

There is/There are…	Es gibt . . .
There isn't/There aren't…	Es gibt keinen, keine, kein/Es gibt keine . . .

Arrival	**Ankunft**
Your passport, please.	Ihren Paß, bitte.
Have you anything to declare?	Haben Sie etwas zu verzollen?
No, nothing at all.	Nein, gar nichts.
Can you help me with my luggage, please?	Können Sie mir mit meinem Gepäck helfen, bitte?
Where's the bus to the centre of town, please?	Wo ist der Bus zum Stadtzentrum, bitte?
This way, please.	Hier durch, bitte.
Where can I get a taxi?	Wo finde ich ein Taxi?
What's the fare to…?	Was kostet es bis . . . ?
Take me to this address, please.	Fahren Sie mich bitte zu dieser Adresse.
I'm in a hurry.	Ich habe es eilig.

Hotel	**Hotel**
My name is…	Mein Name ist . . .
Have you a reservation?	Haben Sie vorbestellt?
I'd like a room with a bath.	Ich hätte gern ein Zimmer mit Bad.
What's the price per night?	Wieviel kostet es pro Nacht?
May I see the room?	Kann ich das Zimmer sehen?
What's my room number, please?	Welche Zimmernummer habe ich, bitte?
There's no hot water.	Es kommt kein warmes Wasser.
May I see the manager, please?	Kann ich bitte den Direktor sprechen?
Did anyone telephone me?	Hat mich jemand angerufen?
Is there any mail for me?	Ist Post für mich da?
May I have my bill (check), please?	Kann ich bitte meine Rechnung haben?

Eating out	**Gaststätten**
Do you have a fixed-price menu?	Haben Sie ein Menü?
May I see the menu?	Kann ich die Speisekarte sehen?
May we have an ashtray, please?	Können wir bitte einen Aschenbecher haben?
Where's the toilet, please?	Wo ist die Toilette, bitte?
I'd like an hors d'œuvre (starter).	Ich hätte gern eine Vorspeise.
Have you any soup?	Haben Sie Suppe?
I'd like some fish.	Ich hätte gern Fisch.
What kind of fish do you have?	Was für Fisch haben Sie?
I'd like a steak.	Ich hätte gern ein Beefsteak.
What vegetables have you got?	Was für Gemüse haben Sie?
Nothing more, thanks.	Nein danke, nichts mehr.
What would you like to drink?	Was möchten Sie gern trinken?
I'll have a beer, please.	Ich nehme ein Bier, bitte.
I'd like a bottle of wine.	Ich möchte eine Flasche Wein.
May I have the bill (check), please?	Die Rechnung, bitte.
Is service included?	Ist Bedienung inbegriffen?
Thank you, that was a very good meal.	Danke, das Essen war sehr gut.

Travelling	**Reisen**
Where's the railway station, please?	Wo ist der Bahnhof, bitte?
Where's the ticket office, please?	Wo ist der Fahrkartenschalter, bitte?
I'd like a ticket to...	Ich möchte eine Fahrkarte nach..
First or second class?	Erste oder zweite Klasse?
First class, please.	Erste Klasse, bitte.
Single or return (one way or roundtrip)?	Einfach oder hin und zurück?
Do I have to change trains?	Muß ich umsteigen?
What platform does the train for... leave from?	Auf welchem Bahnsteig fährt der Zug nach... ab?

Where's the nearest underground (subway) station?	Wo ist die nächste U-Bahn-Station?
Where's the bus station, please?	Wo ist der Busbahnhof, bitte?
When's the first bus to…?	Wann fährt der erste Bus nach…?
Please let me off at the next stop.	Bitte lassen Sie mich an der nächsten Haltestelle aussteigen.

Relaxing	**Unterhaltung**
What's on at the cinema (movies)?	Was gibt es im Kino zu sehen?
What time does the film begin?	Wann beginnt der Film?
Are there any tickets for tonight?	Gibt es noch Karten für heute abend?
Where can we go dancing?	Wohin können wir tanzen gehen?

Meeting people	**Bekanntschaft schließen**
How do you do.	Guten Tag.
How are you?	Wie geht es Ihnen?
Very well, thank you And you?	Sehr gut, danke. Und Ihnen?
May I introduce…?	Darf ich Ihnen… vorstellen?
My name is…	Ich heiße…
I'm very pleased to meet you.	Sehr erfreut.
How long have you been here?	Wie lange sind Sie schon hier?
It was nice meeting you.	Es war mir ein Vergnügen.
Do you mind if I smoke?	Stört es Sie, wenn ich rauche?
Do you have a light, please?	Haben Sie Feuer, bitte?
May I get you a drink?	Darf ich Ihnen etwas zu trinken bestellen?
May I invite you for dinner tonight?	Darf ich Sie heute abend zum Essen einladen?
Where shall we meet?	Wo treffen wir uns?

Shops, stores and services	**Läden, Geschäfte usw.**
Where's the nearest bank, please?	Wo ist die nächste Bank, bitte?
Where can I cash some travellers' cheques?	Wo kann ich Reiseschecks einlösen?

Can you give me some small change, please?	Können Sie mir bitte Kleingeld geben?
Where's the nearest chemist's (pharmacy)?	Wo ist die nächste Apotheke?
How do I get there?	Wie komme ich dorthin?
Is it within walking distance?	Kann man zu Fuß gehen?
Can you help me, please?	Können Sie mir helfen, bitte?
How much is this? And that?	Wieviel kostet dies? Und das?
It's not quite what I want.	Es ist nicht ganz das, was ich möchte.
I like it.	Es gefällt mir.
Can you recommend something for sunburn?	Können Sie mir etwas gegen Sonnenbrand empfehlen?
I'd like a haircut, please.	Ich möchte mir das Haar schneiden lassen, bitte.
I'd like a manicure, please.	Ich möchte eine Maniküre, bitte.

Street directions	**Wo? Wohin?**
Can you show me on the map where I am?	Können Sie mir auf der Karte zeigen, wo ich bin?
You are on the wrong road.	Sie sind auf der falschen Straße.
Go/Walk straight ahead.	Fahren/Gehen Sie geradeaus.
It's on the left/on the right.	Es ist linker Hand/rechter Hand.

Emergencies	**Im Notfall**
Call a doctor quickly.	Rufen Sie schnell einen Arzt.
Call an ambulance.	Rufen Sie einen Krankenwagen.
Please call the police.	Rufen Sie bitte die Polizei.

englisch-deutsch

english-german

Erläuterungen

Die Gestaltung des Wörterverzeichnisses wird allen praktischen Anforderungen gerecht. Unnötige sprachwissenschaftliche Angaben wurden weggelassen. Alle Eintragungen sind alphabetisch geordnet, egal ob das Stichwort in einem Wort, mit Bindestrich oder als zwei oder mehr Wörter geschrieben wird. Die einzige Ausnahme von dieser Regel bilden einige idiomatische Wendungen, deren wichtigstes Wortglied als Stichwort dient. Untergeordnete Eintragungen wie übliche Redewendungen oder festgelegte Ausdrücke sind ebenfalls alphabetisch geordnet.

Jedem Stichwort folgt eine Aussprachebezeichnung (siehe Erklärung der Lautschrift). Der Umschrift folgt gegebenenfalls die Angabe der Wortart. Kann eine Vokabel mehreren Wortarten angehören, so stehen die Wortbedeutungen nach der Angabe der entsprechenden Wortart.

Die unregelmäßige Pluralform der Substantive wird im gegebenen Falle angeführt. Der Plural steht außerdem nach einigen Wörtern, deren Mehrzahlbildung nicht offensichtlich ist.

Soll eine Eintragung wiederholt werden (auch in unregelmäßigen Pluralformen), so vertritt die Tilde (~) die ganze vorangegangene Eintragung.

Ein waagrechter Strich vertritt den Teil einer Eintragung vor der abweichenden, ausgeschriebenen Wortendung.

Ein Sternchen (*) vor einem Verb bedeutet, daß es unregelmäßig konjugiert wird (siehe Tabelle der unregelmäßigen Verben).

Dieses Wörterbuch folgt der britischen Rechtschreibung. Alle Wörter und Wortbedeutungen, die in erster Linie dem amerikanischen Sprachkreis zugerechnet werden, sind entsprechend gekennzeichnet (siehe Tabelle der im Wörterverzeichnis verwandten Abkürzungen).

Abkürzungen

adj	Adjektiv
adv	Adverb
Am	Amerikanisch
art	Artikel
conj	Konjunktion
f	Femininum
fpl	Femininum Plural
m	Maskulinum
mpl	Maskulinum Plural
n	Substantiv
nAm	Substantiv (amerikanisch)
nt	Neutrum
ntpl	Neutrum Plural
num	Numerale
p	Präteritum
pl	Plural
plAm	Plural (amerikanisch)
pp	Partizip Perfekt
pr	Präsens
pref	Präfix
prep	Präposition
pron	Pronomen
v	Verb
vAm	Verb (amerikanisch)

Aussprache

In diesem Teil des Wörterbuchs ist zu jedem Stichwort die Aussprache in Internationaler Lautschrift (IPA) angegeben. Jedes einzelne Zeichen dieser Umschrift steht für einen ganz bestimmten Laut. Zeichen, die hier nicht erklärt sind, werden ungefähr wie die entsprechenden Buchstaben im Deutschen ausgesprochen.

Konsonanten

ð	wie **s** in Rose, aber gelispelt
ŋ	wie **ng** in Ring
r	schwer zu beschreiben! Die Zunge ist ungefähr in der gleichen Stellung wie bei **ʒ** (siehe unten), aber viel tiefer, und die Lippen sind eher in einer neutralen Stellung
s	immer wie in **es**
ʃ	wie **sch** in ra**sch**
θ	wie **s** in es, aber gelispelt
v	wie **w** in **wo**
w	ein flüchtiger **u**-Laut, ungefähr wie in Rit**u**al
z	wie **s** in Rose
ʒ	wie **g** in Etage

Vokale

ɑ:	wie **aa** in Saal
æ	zwischen **a** in h**a**t und **ä** in n**ä**chste
ʌ	ähnlich wie **a** in h**a**t
e	wie **e** in fest
ɛ	wie **e** in b**e**st, aber mit der Zunge etwas tiefer
ə	wie **e** in hab**e**n, aber mit gedehnten Lippen (ungerundet)
ə:	eher wie **ö** in l**ö**sen, aber mit gedehnten Lippen (ungerundet)
ɔ	wie **o** in Post

1) Ein Doppelpunkt (:) bezeichnet die Länge des vorhergehenden Vokals.

2) Einige aus dem Französischen entlehnte Wörter enthalten nasale Vokale, die durch eine Tilde über dem Vokal bezeichnet werden (z.B. ɑ̃). Sie werden gleichzeitig durch Mund und Nase ausgesprochen.

Diphthonge

Ein Diphthong besteht aus zwei Vokalen, von denen der eine stärker (betont) und der andere schwächer (unbetont) ist und die zusammen als »gleitender« Laut ausgesprochen werden, wie z.B. **ai** in M**ai**. Im Englischen ist der zweite Vokal immer der schwächere. Manchmal folgt auf einen Diphthong noch ein [ə], wodurch der zweite Vokal etwas weiter abgeschwächt wird. Folgende Diphthonge sind zu beachten:

ei nicht wie in **ei**ns! Der erste Laut ist **e** wie in fest

ou ungerundetes **ö** mit folgendem flüchtigem **u**-Laut

Betonung

Das Zeichen (ˈ) steht vor der Silbe mit Hauptton, (ˌ) vor einer Silbe mit Nebenton.

Amerikanische Aussprache

Unsere Umschrift gibt die übliche britische Aussprache an. Die amerikanische weicht davon in einigen Punkten ab (wobei es noch bedeutende regionale Unterschiede gibt). Hier einige der auffallendsten Abweichungen:

1) Im Gegensatz zum britischen Englisch wird **r** auch vor einem Konsonanten und am Wortende ausgesprochen.

2) In vielen Wörtern (z.B. *ask*, *castle*, *laugh* usw.) wird [**ɑ:**] zu [**æ:**].

3) Den [ɔ]-Laut spricht der Amerikaner [ɑ], vielfach auch [ɔ:].

4) In Wörtern wie *duty*, *tune*, *new* usw. entfällt oft der [j]-Laut vor [**u:**].

5) Schließlich werden eine Anzahl von Wörtern anders betont.

A

a [ei,ə] *art* (an) ein *art*
abbey ['æbi] *n* Abtei *f*
abbreviation [ə,bri:vi'eiʃən] *n* Abkürzung *f*
aberration [,æbə'reiʃən] *n* Abweichung *f*
ability [ə'biləti] *n* Fähigkeit *f*; Vermögen *nt*
able ['eibəl] *adj* imstande; fähig; ***be ~ to** imstande *sein zu; *können
abnormal [æb'nɔ:məl] *adj* abnorm
aboard [ə'bɔ:d] *adv* an Bord
abolish [ə'bɔliʃ] *v* abschaffen
abortion [ə'bɔ:ʃən] *n* Abortus *m*
about [ə'baut] *prep* über; betreffs, hinsichtlich; um; *adv* etwa; umher, herum
above [ə'bʌv] *prep* über; *adv* oben
abroad [ə'brɔ:d] *adv* ins Ausland, im Ausland
abscess ['æbses] *n* Abszeß *m*
absence ['æbsəns] *n* Abwesenheit *f*
absent ['æbsənt] *adj* abwesend
absolutely ['æbsəlu:tli] *adv* völlig
abstain from [əb'stein] sich *enthalten
abstract ['æbstrækt] *adj* abstrakt
absurd [əb'sə:d] *adj* absurd, widersinnig
abundance [ə'bʌndəns] *n* Überfluß *m*
abundant [ə'bʌndənt] *adj* reichlich
abuse [ə'bju:s] *n* Mißbrauch *m*
abyss [ə'bis] *n* Abgrund *m*
academy [ə'kædəmi] *n* Akademie *f*
accelerate [ək'seləreit] *v* beschleunigen
accelerator [ək'seləreitə] *n* Gaspedal *nt*
accent ['æksənt] *n* Akzent *m*; Betonung *f*
accept [ək'sept] *v* *annehmen; akzeptieren
access ['ækses] *n* Zutritt *m*
accessary [ək'sesəri] *n* Mitschuldige *m*
accessible [ək'sesəbəl] *adj* zugänglich
accessories [ək'sesəriz] *pl* Zubehör *nt*
accident ['æksidənt] *n* Unglück *nt*, Unfall *m*
accidental [,æksi'dentəl] *adj* zufällig
accommodate [ə'kɔmədeit] *v* *unterbringen
accommodation [ə,kɔmə'deiʃən] *n* Unterkunft *f*
accompany [ə'kʌmpəni] *v* begleiten
accomplish [ə'kʌmpliʃ] *v* vollenden; zustande *bringen
in accordance with [in ə'kɔ:dəns wið] gemäß
according to [ə'kɔ:diŋ tu:] gemäß; in Übereinstimmung mit
account [ə'kaunt] *n* Konto *nt*; Bericht *m*; **~ for** Rechenschaft ablegen über; **on ~ of** wegen
accountable [ə'kauntəbəl] *adj* erklär-

bar
accurate ['ækjurət] *adj* genau
accuse [ə'kju:z] *v* beschuldigen; anklagen
accused [ə'kju:zd] *n* Angeklagte *m*
accustom [ə'kʌstəm] *v* gewöhnen; **accustomed** gewöhnt, gewohnt
ache [eik] *v* schmerzen; *n* Schmerz *m*
achieve [ə'tʃi:v] *v* erreichen; leisten
achievement [ə'tʃi:vmənt] *n* Leistung *f*
acid ['æsid] *n* Säure *f*
acknowledge [ək'nɔlidʒ] *v* *erkennen; *zugeben; bestätigen
acne ['ækni] *n* Akne *f*
acorn ['eikɔ:n] *n* Eichel *f*
acquaintance [ə'kweintəns] *n* Bekanntschaft *f*, Bekannte *m*
acquire [ə'kwaiə] *v* *erwerben
acquisition [ˌækwi'ziʃən] *n* Neuerwerbung *f*
acquittal [ə'kwitəl] *n* Freispruch *m*
across [ə'krɔs] *prep* über; jenseits; *adv* drüben
act [ækt] *n* Tat *f*; Akt *m*; Nummer *f*; *v* *vorgehen, handeln; sich *benehmen; spielen
action ['ækʃən] *n* Aktion *f*, Handlung *f*
active ['æktiv] *adj* aktiv; lebhaft
activity [æk'tivəti] *n* Aktivität *f*
actor ['æktə] *n* Schauspieler *m*
actress ['æktris] *n* Schauspielerin *f*
actual ['æktʃuəl] *adj* tatsächlich, wirklich
actually ['æktʃuəli] *adv* tatsächlich
acute [ə'kju:t] *adj* akut
adapt [ə'dæpt] *v* anpassen
adapter [ə'dæptə] *n* Adapter *m*; Mehrfachstecker *m*
add [æd] *v* addieren; hinzufügen
addition [ə'diʃən] *n* Addition *f*; Hinzufügung *f*
additional [ə'diʃənəl] *adj* zusätzlich; nebensächlich
address [ə'dres] *n* Anschrift *f*; *v* adressieren; *ansprechen
addressee [ˌædre'si:] *n* Adressat *m*
adequate ['ædikwət] *adj* angemessen; entsprechend, passend
adjective ['ædʒiktiv] *n* Eigenschaftswort *nt*
adjourn [ə'dʒə:n] *v* *verschieben
adjust [ə'dʒʌst] *v* regulieren; anpassen
administer [əd'ministə] *v* verabreichen
administration [ədˌmini'streiʃən] *n* Verwaltung *f*
administrative [əd'ministrətiv] *adj* administrativ; Verwaltungs-; ~ **law** Verwaltungsrecht *nt*
admiral ['ædmərəl] *n* Admiral *m*
admiration [ˌædmə'reiʃən] *n* Bewunderung *f*
admire [əd'maiə] *v* bewundern
admission [əd'miʃən] *n* Eintritt *m*; Zulassung *f*
admit [əd'mit] *v* *einlassen; einräumen, *zugeben
admittance [əd'mitəns] *n* Zutritt *m*; **no** ~ kein Eingang
adopt [ə'dɔpt] *v* adoptieren; *annehmen
adorable [ə'dɔ:rəbəl] *adj* reizend
adult ['ædʌlt] *n* Erwachsene *m*; *adj* erwachsen
advance [əd'vɑ:ns] *n* Fortschritt *m*; Vorschuß *m*; *v* *fortschreiten; *vorschießen; **in** ~ im voraus, vorher
advanced [əd'vɑ:nst] *adj* fortgeschritten
advantage [əd'vɑ:ntidʒ] *n* Vorteil *m*
advantageous [ˌædvən'teidʒəs] *adj* vorteilhaft
adventure [əd'ventʃə] *n* Abenteuer *nt*
adverb ['ædvə:b] *n* Adverb *nt*
advertisement [əd'və:tismənt] *n* Anzeige *f*

advertising ['ædvətaiziŋ] *n* Werbung *f*
advice [əd'vais] *n* Empfehlung *f*, Rat *m*
advise [əd'vaiz] *v* *empfehlen, *raten
advocate ['ædvəkət] *n* Anhänger *m*
aerial ['ɛəriəl] *n* Antenne *f*
aeroplane ['ɛərəplein] *n* Flugzeug *nt*
affair [ə'fɛə] *n* Angelegenheit *f*; Verhältnis *nt*, Liebschaft *f*
affect [ə'fekt] *v* beeinflussen; sich *beziehen auf
affected [ə'fektid] *adj* geziert
affection [ə'fekʃən] *n* Erkrankung *f*; Zuneigung *f*
affectionate [ə'fekʃənit] *adj* lieb, zärtlich
affiliated [ə'filieitid] *adj* angegliedert
affirmative [ə'fə:mətiv] *adj* bejahend
affliction [ə'flikʃən] *n* Leid *nt*
afford [ə'fɔ:d] *v* sich leisten
afraid [ə'freid] *adj* ängstlich, bange; ***be** ~ Angst *haben
Africa ['æfrikə] Afrika
African ['æfrikən] *adj* afrikanisch; *n* Afrikaner *m*
after ['ɑ:ftə] *prep* nach; hinter; *conj* nachdem
afternoon [ˌɑ:ftə'nu:n] *n* Nachmittag *m*; **this** ~ heute nachmittag
afterwards ['ɑ:ftəwədz] *adv* später; hernach, nachher
again [ə'gen] *adv* wieder; nochmals; ~ **and again** immer wieder
against [ə'genst] *prep* gegen
age [eidʒ] *n* Alter *nt*; **of** ~ mündig; **under** ~ minderjährig
aged ['eidʒid] *adj* bejahrt; alt
agency ['eidʒənsi] *n* Agentur *f*; Dienststelle *f*; Vertretung *f*
agenda [ə'dʒendə] *n* Tagesordnung *f*
agent ['eidʒənt] *n* Agent *m*, Vertreter *m*
aggressive [ə'gresiv] *adj* aggressiv
ago [ə'gou] *adv* her
agrarian [ə'grɛəriən] *adj* agrarisch, Landwirtschafts-
agree [ə'gri:] *v* übereinstimmen; zustimmen
agreeable [ə'gri:əbəl] *adj* angenehm
agreement [ə'gri:mənt] *n* Vertrag *m*; Akkord *m*, Abkommen *nt*
agriculture ['ægrikʌltʃə] *n* Landwirtschaft *f*
ahead [ə'hed] *adv* vorwärts; ~ **of** vor; ***go** ~ *fortfahren; **straight** ~ geradeaus
aid [eid] *n* Hilfe *f*; *v* unterstützen, *helfen
Aids [eidz] *n* Aids *nt*
ailment ['eilmənt] *n* Leiden *nt*; Krankheit *f*
aim [eim] *n* Ziel *nt*; ~ **at** richten auf, zielen auf; beabsichtigen, bezwecken
air [ɛə] *n* Luft *f*; *v* lüften
air-conditioning ['ɛəkənˌdiʃəniŋ] *n* Klimaanlage *f*; **air-conditioned** *adj* klimatisiert
aircraft ['ɛəkrɑ:ft] *n* (pl ~) Flugzeug *nt*; Maschine *f*
airfield ['ɛəfi:ld] *n* Flugplatz *m*
air-filter ['ɛəˌfiltə] *n* Luftfilter *m*
airline ['ɛəlain] *n* Fluglinie *f*
airmail ['ɛəmeil] *n* Luftpost *f*
airplane ['ɛəplein] *nAm* Flugzeug *nt*
airport ['ɛəpɔ:t] *n* Flughafen *m*
air-sickness ['ɛəˌsiknəs] *n* Luftkrankheit *f*
airtight ['ɛətait] *adj* luftdicht
airy ['ɛəri] *adj* luftig
aisle [ail] *n* Seitenschiff *nt*; Gang *m*
alarm [ə'lɑ:m] *n* Alarm *m*; *v* alarmieren
alarm-clock [ə'lɑ:mklɔk] *n* Wecker *m*
album ['ælbəm] *n* Album *nt*
alcohol ['ælkəhɔl] *n* Alkohol *m*
alcoholic [ˌælkə'hɔlik] *adj* alkoholisch
ale [eil] *n* Bier *nt*

algebra ['ældʒibrə] *n* Algebra *f*
Algeria [æl'dʒiəriə] Algerien
Algerian [æl'dʒiəriən] *adj* algerisch; *n* Algerier *m*
alien ['eiliən] *n* Ausländer *m*; Fremdling *m*; *adj* ausländisch
alike [ə'laik] *adj* gleich, ähnlich
alimony ['æliməni] *n* Alimente *ntpl*
alive [ə'laiv] *adj* am Leben, lebend
all [ɔ:l] *adj* all, alle; ~ **in** alles inbegriffen; ~ **right!** gut!; **at** ~ überhaupt
allergy ['ælədʒi] *n* Allergie *f*
alley ['æli] *n* Gasse *f*
alliance [ə'laiəns] *n* Bündnis *nt*
ally ['ælai] *n* Allierte *m*
allot [ə'lɔt] *v* zuteilen
allow [ə'lau] *v* gestatten, bewilligen, erlauben; ~ **to** *lassen; ***be allowed** erlaubt *sein; ***be allowed to** *dürfen
allowance [ə'lauəns] *n* Zulage *f*
all-round [,ɔ:l'raund] *adj* vielseitig
almanac ['ɔ:lmənæk] *n* Almanach *m*
almond ['ɑ:mənd] *n* Mandel *f*
almost ['ɔ:lmoust] *adv* beinahe; fast
alone [ə'loun] *adv* allein
along [ə'lɔŋ] *prep* entlang
aloud [ə'laud] *adv* laut
alphabet ['ælfəbet] *n* Alphabet *nt*
already [ɔ:l'redi] *adv* bereits, schon
also ['ɔ:lsou] *adv* auch; gleichfalls, ebenfalls
altar ['ɔ:ltə] *n* Altar *m*
alter ['ɔ:ltə] *v* ändern, verändern
alteration [,ɔ:ltə'reiʃən] *n* Veränderung *f*, Änderung *f*
alternate [ɔ:l'tə:nət] *adj* abwechselnd
alternative [ɔ:l'tə:nətiv] *n* Alternative *f*
although [ɔ:l'ðou] *conj* obgleich, obwohl
altitude ['æltitju:d] *n* Höhe *f*
alto ['æltou] *n* (pl ~s) Alt *m*
altogether [,ɔ:ltə'geðə] *adv* gänzlich; insgesamt
always ['ɔ:lweiz] *adv* immer
am [æm] *v* (pr be)
amaze [ə'meiz] *v* verwundern, erstaunen
amazement [ə'meizmənt] *n* Erstaunen *nt*
ambassador [æm'bæsədə] *n* Botschafter *m*
amber ['æmbə] *n* Bernstein *m*
ambiguous [æm'bigjuəs] *adj* doppelsinnig; zweideutig
ambitious [æm'biʃəs] *adj* strebsam; ehrgeizig
ambulance ['æmbjuləns] *n* Krankenwagen *m*, Ambulanz *f*
ambush ['æmbuʃ] *n* Hinterhalt *m*
America [ə'merikə] Amerika
American [ə'merikən] *adj* amerikanisch; *n* Amerikaner *m*
amethyst ['æmiθist] *n* Amethyst *m*
amid [ə'mid] *prep* unter; zwischen, inmitten
ammonia [ə'mouniə] *n* Salmiakgeist *m*
amnesty ['æmnisti] *n* Amnestie *f*
among [ə'mʌŋ] *prep* unter; zwischen, inmitten; ~ **other things** unter anderem
amount [ə'maunt] *n* Menge *f*; Summe *f*, Betrag *m*; ~ **to** *betragen
amuse [ə'mju:z] *v* *unterhalten, amüsieren
amusement [ə'mju:zmənt] *n* Vergnügen *nt*, Unterhaltung *f*
amusing [ə'mju:ziŋ] *adj* unterhaltsam
anaemia [ə'ni:miə] *n* Blutarmut *f*
anaesthesia [,ænis'θi:ziə] *n* Betäubung *f*
anaesthetic [,ænis'θetik] *n* Betäubungsmittel *nt*
analyse ['ænəlaiz] *v* zerlegen, analysieren
analysis [ə'næləsis] *n* (pl -ses) Analyse

f

analyst ['ænəlist] *n* Analytiker *m*; Psychoanalytiker *m*

anarchy ['ænəki] *n* Anarchie *f*

anatomy [ə'nætəmi] *n* Anatomie *f*

ancestor ['ænsestə] *n* Vorfahr *m*

anchor ['æŋkə] *n* Anker *m*

anchovy ['æntʃəvi] *n* Sardelle *f*

ancient ['einʃənt] *adj* alt; altmodisch, veraltet; uralt

and [ænd, ənd] *conj* und

angel ['eindʒəl] *n* Engel *m*

anger ['æŋgə] *n* Ärger *m*, Zorn *m*; Wut *f*

angle ['æŋgəl] *v* angeln; *n* Winkel *m*

angry ['æŋgri] *adj* zornig, böse

animal ['æniməl] *n* Tier *nt*

ankle ['æŋkəl] *n* Fußknöchel *m*

annex[1] ['æneks] *n* Nebengebäude *nt*; Anhang *m*

annex[2] [ə'neks] *v* einverleiben

anniversary [,æni'və:səri] *n* Jahrestag *m*

announce [ə'nauns] *v* bekanntmachen, ankündigen

announcement [ə'naunsmənt] *n* Bekanntmachung *f*, Ankündigung *f*

annoy [ə'nɔi] *v* irritieren, ärgern; langweilen

annoyance [ə'nɔiəns] *n* Verdruß *m*

annoying [ə'nɔiiŋ] *adj* lästig, ärgerlich

annual ['ænjuəl] *adj* jährlich; *n* Jahrbuch *nt*

per annum [pər 'ænəm] jährlich

anonymous [ə'nɔniməs] *adj* anonym

another [ə'nʌðə] *adj* noch ein; ein anderer

answer ['ɑ:nsə] *v* antworten; beantworten; *n* Antwort *f*

ant [ænt] *n* Ameise *f*

anthology [æn'θɔlədʒi] *n* Anthologie *f*

antibiotic [,æntibai'ɔtik] *n* Antibiotikum *nt*

anticipate [æn'tisipeit] *v* erwarten, *vorhersehen; *zuvorkommen

antifreeze ['æntifri:z] *n* Gefrierschutzmittel *nt*

antipathy [æn'tipəθi] *n* Abneigung *f*

antique [æn'ti:k] *adj* antik; *n* Antiquität *f*; ~ **dealer** Antiquitätenhändler *m*

antiquity [æn'tikwəti] *n* Altertum *nt*; **antiquities** *pl* Altertümer

antiseptic [,ænti'septik] *n* antiseptisches Mittel

antlers ['æntləz] *pl* Geweih *nt*

anxiety [æŋ'zaiəti] *n* Besorgtheit *f*

anxious ['æŋkʃəs] *adj* bestrebt; besorgt

any ['eni] *adj* irgendein

anybody ['enibɔdi] *pron* irgend jemand

anyhow ['enihau] *adv* irgendwie

anyone ['eniwʌn] *pron* jedermann

anything ['eniθiŋ] *pron* irgend etwas

anyway ['eniwei] *adv* ohnehin

anywhere ['eniwεə] *adv* wo auch immer; überall

apart [ə'pɑ:t] *adv* gesondert, getrennt; ~ **from** abgesehen von

apartment [ə'pɑ:tmənt] *nAm* Appartement *nt*, Wohnung *f*; Etage *f*; ~ **house** *Am* Wohngebäude *nt*

aperitif [ə'perətiv] *n* Aperitif *m*

apologize [ə'pɔlədʒaiz] *v* sich entschuldigen

apology [ə'pɔlədʒi] *n* Entschuldigung *f*

apparatus [,æpə'reitəs] *n* Vorrichtung *f*, Apparat *m*

apparent [ə'pærənt] *adj* scheinbar; offensichtlich

apparently [ə'pærəntli] *adv* anscheinend; offensichtlich

apparition [,æpə'riʃən] *n* Erscheinung *f*

appeal [ə'pi:l] *n* Appell *m*

appear [ə'piə] *v* *scheinen; sich zeigen; *erscheinen; *auftreten

appearance [ə'piərəns] *n* Erscheinung *f*; Erscheinen *nt*; Auftritt *m*
appendicitis [əˌpendi'saitis] *n* Blinddarmentzündung *f*
appendix [ə'pendiks] *n* (pl -dices, -dixes) Blinddarm *m*
appetite ['æpətait] *n* Eßlust *f*, Appetit *m*
appetizer ['æpətaizə] *n* Appetithappen *m*
appetizing ['æpətaiziŋ] *adj* lecker
applause [ə'plɔ:z] *n* Beifall *m*
apple ['æpəl] *n* Apfel *m*
appliance [ə'plaiəns] *n* Vorrichtung *f*, Gerät *nt*
application [ˌæpli'keiʃən] *n* Anwendung *f*; Gesuch *nt*; Bewerbung *f*
apply [ə'plai] *v* *verwenden; gebrauchen; sich *bewerben; *gelten
appoint [ə'pɔint] *v* anstellen, *ernennen
appointment [ə'pɔintmənt] *n* Verabredung *f*; Ernennung *f*
appreciate [ə'pri:ʃieit] *v* schätzen
appreciation [əˌpri:ʃi'eiʃən] *n* Schätzung *f*
approach [ə'proutʃ] *v* sich nähern; *n* Behandlungsweise *f*; Zugang *m*
appropriate [ə'proupriət] *adj* richtig, zweckmäßig, geeignet, angemessen
approval [ə'pru:vəl] *n* Billigung *f*; Zustimmung *f*, Einverständnis *nt*; **on** ~ zur Ansicht
approve [ə'pru:v] *v* genehmigen, bejahen; ~ **of** billigen
approximate [ə'prɔksimət] *adj* annähernd
approximately [ə'prɔksimətli] *adv* etwa, ungefähr
apricot ['eiprikɔt] *n* Aprikose *f*
April ['eiprəl] April
apron ['eiprən] *n* Schürze *f*
Arab ['ærəb] *adj* arabisch; *n* Araber *m*
arbitrary ['ɑ:bitrəri] *adj* willkürlich
arcade [ɑ:'keid] *n* Bogengang *m*, Arkade *f*
arch [ɑ:tʃ] *n* Bogen *m*; Gewölbe *nt*
archaeologist [ˌɑ:ki'ɔlədʒist] *n* Archäologe *m*
archaeology [ˌɑ:ki'ɔlədʒi] *n* Altertumskunde *f*, Archäologie *f*
archbishop [ˌɑ:tʃ'biʃəp] *n* Erzbischof *m*
arched [ɑ:tʃt] *adj* bogenförmig
architect ['ɑ:kitekt] *n* Architekt *m*
architecture ['ɑ:kitektʃə] *n* Baukunst *f*, Architektur *f*
archives ['ɑ:kaivz] *pl* Archiv *nt*
are [ɑ:] *v* (pr be)
area ['ɛəriə] *n* Gegend *f*; Gebiet *nt*; Fläche *f*; ~ **code** Ortsnetzkennzahl *f*
Argentina [ˌɑ:dʒən'ti:nə] Argentinien
Argentinian [ˌɑ:dʒən'tiniən] *adj* argentinisch; *n* Argentinier *m*
argue ['ɑ:gju:] *v* argumentieren, erörtern, diskutieren; *streiten
argument ['ɑ:gjumənt] *n* Argument *nt*; Auseinandersetzung *f*; Wortwechsel *m*
arid ['ærid] *adj* dürr
***arise** [ə'raiz] *v* sich *erheben, *entstehen
arithmetic [ə'riθmətik] *n* Rechnen *nt*
arm [ɑ:m] *n* Arm *m*; Waffe *f*; Armlehne *f*; *v* bewaffnen
armchair ['ɑ:mtʃɛə] *n* Sessel *m*, Lehnstuhl *m*
armed [ɑ:md] *adj* bewaffnet; ~ **forces** Streitkräfte *pl*
armour ['ɑ:mə] *n* Rüstung *f*
army ['ɑ:mi] *n* Armee *f*
aroma [ə'roumə] *n* Aroma *nt*
around [ə'raund] *prep* um, um … herum; *adv* rundherum
arrange [ə'reindʒ] *v* ordnen; vorbereiten

arrangement [ə'reindʒmənt] *n* Regelung *f*
arrest [ə'rest] *v* verhaften; *n* Festnahme *f*, Verhaftung *f*
arrival [ə'raivəl] *n* Ankunft *f*; Eintreffen *nt*
arrive [ə'raiv] *v* *ankommen, *eintreffen
arrow ['ærou] *n* Pfeil *m*
art [ɑ:t] *n* Kunst *f*; Fertigkeit *f*; ~ **collection** Kunstsammlung *f*; ~ **exhibition** Kunstausstellung *f*; ~ **gallery** Kunstgalerie *f*; ~ **history** Kunstgeschichte *f*; **arts and crafts** Kunstgewerbe *nt*; ~ **school** Kunstakademie *f*
artery ['ɑ:təri] *n* Arterie *f*
artichoke ['ɑ:titʃouk] *n* Artischocke *f*
article ['ɑ:tikəl] *n* Gegenstand *m*; Artikel *m*
artifice ['ɑ:tifis] *n* List *f*
artificial [,ɑ:ti'fiʃəl] *adj* künstlich
artist ['ɑ:tist] *n* Künstler *m*; Künstlerin *f*
artistic [ɑ:'tistik] *adj* künstlerisch
as [æz] *conj* wie; ebenso; da, weil; ~ **from** von ... an; ab; ~ **if** als ob
asbestos [æz'bestɔs] *n* Asbest *m*
ascend [ə'send] *v* *aufsteigen; *hinaufsteigen; *besteigen
ascent [ə'sent] *n* Steigung *f*; Aufstieg *m*
ascertain [,æsə'tein] *v* feststellen; sich vergewissern, ermitteln
ash [æʃ] *n* Asche *f*
ashamed [ə'ʃeimd] *adj* beschämt; ***be** ~ sich schämen
ashore [ə'ʃɔ:] *adv* ans Land, an Land
ashtray ['æʃtrei] *n* Aschenbecher *m*
Asia ['eiʃə] Asien
Asian ['eiʃən] *adj* asiatisch; *n* Asiate *m*
aside [ə'said] *adv* zur Seite, beiseite
ask [ɑ:sk] *v* fragen; *bitten; *einladen
asleep [ə'sli:p] *adj* im Schlaf
asparagus [ə'spærəgəs] *n* Spargel *m*
aspect ['æspekt] *n* Aspekt *m*
asphalt ['æsfælt] *n* Asphalt *m*
aspire [ə'spaiə] *v* streben
aspirin ['æspərin] *n* Aspirin *nt*
ass [æs] *n* Esel *m*
assassination [ə,sæsi'neiʃən] *n* Mord *m*
assault [ə'sɔ:lt] *v* *angreifen; vergewaltigen
assemble [ə'sembəl] *v* versammeln; zusammensetzen, montieren
assembly [ə'sembli] *n* Versammlung *f*, Zusammenkunft *f*
assignment [ə'sainmənt] *n* Zuweisung *f*
assign to [ə'sain] *zuweisen; zuschreiben
assist [ə'sist] *v* unterstützen, *helfen; ~ **at** beiwohnen
assistance [ə'sistəns] *n* Hilfe *f*; Unterstützung *f*, Beistand *m*
assistant [ə'sistənt] *n* Assistent *m*
associate [ə'souʃiət] *n* Partner *m*, Teilhaber *m*; Verbündete *m*; Mitglied *nt*; *v* assoziieren; ~ **with** *umgehen mit
association [ə,sousi'eiʃən] *n* Vereinigung *f*
assort [ə'sɔ:t] *v* sortieren
assortment [ə'sɔ:tmənt] *n* Auswahl *f*, Sortiment *nt*
assume [ə'sju:m] *v* *annehmen, voraussetzen
assure [ə'ʃuə] *v* versichern
asthma ['æsmə] *n* Asthma *nt*
astonish [ə'stɔniʃ] *v* verblüffen
astonishing [ə'stɔniʃiŋ] *adj* erstaunlich
astonishment [ə'stɔniʃmənt] *n* Erstaunen *nt*
astronomy [ə'strɔnəmi] *n* Astronomie *f*
asylum [ə'sailəm] *n* Asyl *nt*; Anstalt *f*,

Heim *nt*
at [æt] *prep* in, bei, auf; nach
ate [et] *v* (p eat)
atheist ['eiθiist] *n* Atheist *m*
athlete ['æθli:t] *n* Athlet *m*
athletics [æθ'letiks] *pl* Athletik *f*
Atlantic [ət'læntik] Atlantik *m*
atmosphere ['ætməsfiə] *n* Atmosphäre *f*; Stimmung *f*
atom ['ætəm] *n* Atom *nt*
atomic [ə'tɔmik] *adj* atomar; Atom-
atomizer ['ætəmaizə] *n* Zerstäuber *m*; Spray *nt*
attach [ə'tætʃ] *v* befestigen; anheften; beifügen; **attached to** zugetan
attack [ə'tæk] *v* *angreifen; *n* Angriff *m*
attain [ə'tein] *v* erreichen
attainable [ə'teinəbəl] *adj* erreichbar
attempt [ə'tempt] *v* probieren, versuchen; *n* Versuch *m*
attend [ə'tend] *v* beiwohnen; ~ **on** bedienen; ~ **to** sorgen für, sich beschäftigen mit; beachten, *achtgeben auf
attendance [ə'tendəns] *n* Teilnahme *f*
attendant [ə'tendənt] *n* Wärter *m*
attention [ə'tenʃən] *n* Aufmerksamkeit *f*; ***pay** ~ aufpassen
attentive [ə'tentiv] *adj* aufmerksam
attic ['ætik] *n* Boden *m*
attitude ['ætitju:d] *n* Einstellung *f*
attorney [ə'tə:ni] *n* Anwalt *m*
attract [ə'trækt] *v* *anziehen
attraction [ə'trækʃən] *n* Attraktion *f*; Anziehung *f*, Reiz *m*
attractive [ə'træktiv] *adj* anziehend
auburn ['ɔ:bən] *adj* kastanienbraun
auction ['ɔ:kʃən] *n* Versteigerung *f*
audible ['ɔ:dibəl] *adj* hörbar
audience ['ɔ:diəns] *n* Publikum *nt*
auditor ['ɔ:ditə] *n* Zuhörer *m*
auditorium [,ɔ:di'tɔ:riəm] *n* Zuhörerraum *m*
August ['ɔ:gəst] August
aunt [ɑ:nt] *n* Tante *f*
Australia [ɔ'streiliə] Australien
Australian [ɔ'streiliən] *adj* australisch; *n* Australier *m*
Austria ['ɔstriə] Österreich
Austrian ['ɔstriən] *adj* österreichisch; *n* Österreicher *m*
authentic [ɔ:'θentik] *adj* authentisch; echt
author ['ɔ:θə] *n* Verfasser *m*, Autor *m*
authoritarian [ɔ:,θɔri'tεəriən] *adj* autoritär
authority [ɔ:'θɔrəti] *n* Befugnis *f*; Machtbefugnis *f*; **authorities** *pl* Behörde *f*
authorization [,ɔ:θərai'zeiʃən] *n* Ermächtigung *f*; Genehmigung *f*
automatic [,ɔ:tə'mætik] *adj* automatisch; ~ **teller** Geldautomat *m*
automation [,ɔ:tə'meiʃən] *n* Automatisierung *f*
automobile ['ɔ:təməbi:l] *n* Auto *nt*; ~ **club** Automobilklub *m*
autonomous [ɔ:'tɔnəməs] *adj* autonom
autopsy ['ɔ:tɔpsi] *n* Autopsie *f*
autumn ['ɔ:təm] *n* Herbst *m*
available [ə'veiləbəl] *adj* vorrätig, vorhanden, verfügbar
avalanche ['ævəlɑ:nʃ] *n* Lawine *f*
avaricious [,ævə'riʃəs] *adj* geizig
avenue ['ævənju:] *n* Allee *f*
average ['ævəridʒ] *adj* durchschnittlich; *n* Durchschnitt *m*; **on the** ~ durchschnittlich
averse [ə'və:s] *adj* abgeneigt
aversion [ə'və:ʃən] *n* Widerwille *m*
avert [ə'və:t] *v* abwenden
avoid [ə'vɔid] *v* *vermeiden; *meiden
await [ə'weit] *v* warten auf, erwarten
awake [ə'weik] *adj* wach
***awake** [ə'weik] *v* wecken
award [ə'wɔ:d] *n* Preis *m*; *v* *zuerkennen

aware [ə'wɛə] *adj* bewußt
away [ə'wei] *adv* weg; ***go** ~ *weggehen
awful ['ɔ:fəl] *adj* furchtbar, schrecklich
awkward ['ɔ:kwəd] *adj* peinlich; ungeschickt
awning ['ɔ:niŋ] *n* Markise *f*
axe [æks] *n* Beil *nt*
axle ['æksəl] *n* Achse *f*

B

baby ['beibi] *n* Baby *nt*; ~ **carriage** *Am* Kinderwagen *m*
babysitter ['beibi,sitə] *n* Babysitter *m*
bachelor ['bætʃələ] *n* Junggeselle *m*
back [bæk] *n* Rücken *m*; *adv* zurück; ***go** ~ *zurückgehen
backache ['bækeik] *n* Rückenschmerzen *mpl*
backbone ['bækboun] *n* Rückgrat *nt*
background ['bækgraund] *n* Hintergrund *m*; Vorbildung *f*
backwards ['bækwədz] *adv* rückwärts
bacon ['beikən] *n* Speck *m*
bacterium [bæk'ti:riəm] *n* (pl -ria) Bakterie *f*
bad [bæd] *adj* schlecht; ernsthaft, schlimm; ungezogen
bag [bæg] *n* Sack *m*; Tasche *f*, Handtasche *f*; Koffer *m*
baggage ['bægidʒ] *n* Gepäck *nt*; ~ **deposit office** *Am* Gepäckaufbewahrung *f*; **hand** ~ *Am* Handgepäck *nt*
bail [beil] *n* Kaution *f*
bailiff ['beilif] *n* Gerichtsvollzieher *m*
bait [beit] *n* Köder *m*
bake [beik] *v* backen
baker ['beikə] *n* Bäcker *m*
bakery ['beikəri] *n* Bäckerei *f*
balance ['bæləns] *n* Gleichgewicht *nt*; Bilanz *f*; Saldo *m*
balcony ['bælkəni] *n* Balkon *m*
bald [bɔ:ld] *adj* kahl
ball [bɔ:l] *n* Ball *m*
ballet ['bælei] *n* Ballett *nt*
balloon [bə'lu:n] *n* Ballon *m*
ballpoint-pen ['bɔ:lpɔintpen] *n* Kugelschreiber *m*
ballroom ['bɔ:lru:m] *n* Ballsaal *m*
bamboo [bæm'bu:] *n* (pl ~s) Bambus *m*
banana [bə'nɑ:nə] *n* Banane *f*
band [bænd] *n* Kapelle *f*; Band *nt*
bandage ['bændidʒ] *n* Verband *m*
bandit ['bændit] *n* Bandit *m*
bangle ['bæŋgəl] *n* Armreif *m*
banisters ['bænistəz] *pl* Treppengeländer *nt*
bank [bæŋk] *n* Ufer *nt*; Bank *f*; *v* deponieren; ~ **account** Bankkonto *nt*
banknote ['bæŋknout] *n* Banknote *f*
bank-rate ['bæŋkreit] *n* Diskontsatz *m*
bankrupt ['bæŋkrʌpt] *adj* zahlungsunfähig, bankrott
banner ['bænə] *n* Banner *nt*
banquet ['bæŋkwit] *n* Festmahl *nt*
banqueting-hall ['bæŋkwitiŋhɔ:l] *n* Bankettsaal *m*
baptism ['bæptizəm] *n* Taufe *f*
baptize [bæp'taiz] *v* taufen
bar [bɑ:] *n* Bar *f*; Stange *f*
barber ['bɑ:bə] *n* Friseur *m*
bare [bɛə] *adj* nackt, bloß; kahl
barely ['bɛəli] *adv* kaum
bargain ['bɑ:gin] *n* Gelegenheitskauf *m*; *v* handeln
baritone ['bæritoun] *n* Bariton *m*
bark [bɑ:k] *n* Rinde *f*; *v* bellen
barley ['bɑ:li] *n* Gerste *f*
barmaid ['bɑ:meid] *n* Bardame *f*
barman ['bɑ:mən] *n* (pl -men) Kellner *m*
barn [bɑ:n] *n* Scheune *f*

barometer [bə'rɔmitə] *n* Barometer *nt*
baroque [bə'rɔk] *adj* barock
barracks ['bærəks] *pl* Kaserne *f*
barrel ['bærəl] *n* Tonne *f*, Faß *nt*
barrier ['bæriə] *n* Schranke *f*
barrister ['bæristə] *n* Rechtsanwalt *m*
bartender ['bɑ:ˌtendə] *n* Kellner *m*
base [beis] *n* Basis *f*; Grundlage *f*; *v* gründen
baseball ['beisbɔ:l] *n* Baseball *m*
basement ['beismənt] *n* Untergeschoß *nt*
basic ['beisik] *adj* grundlegend
basilica [bə'zilikə] *n* Basilika *f*
basin ['beisən] *n* Schüssel *f*, Becken *nt*
basis ['beisis] *n* (pl bases) Grundlage *f*, Basis *f*
basket ['bɑ:skit] *n* Korb *m*
bass[1] [beis] *n* Baß *m*
bass[2] [bæs] *n* (pl ~) Barsch *m*
bastard ['bɑ:stəd] *n* Bastard *m*; Schuft *m*
batch [bætʃ] *n* Partie *f*
bath [bɑ:θ] *n* Bad *nt*; ~ **salts** Badesalz *nt*; ~ **towel** Badetuch *nt*
bathe [beið] *v* baden
bathing-cap ['beiðiŋkæp] *n* Bademütze *f*
bathing-suit ['beiðiŋsu:t] *n* Badeanzug *m*; Badehose *f*
bathing-trunks ['beiðiŋtrʌŋks] *n* Badehose *f*
bathrobe ['bɑ:θroub] *n* Bademantel *m*
bathroom ['bɑ:θru:m] *n* Badezimmer *nt*; Toilettenraum *m*
batter ['bætə] *n* Teig *m*
battery ['bætəri] *n* Batterie *f*; Akku *m*
battle ['bætəl] *n* Schlacht *f*; Streit *m*, Kampf *m*; *v* kämpfen
bay [bei] *n* Bucht *f*; *v* bellen
***be** [bi:] *v* *sein
beach [bi:tʃ] *n* Strand *m*; **nudist** ~ FKK-Strand *m*
bead [bi:d] *n* Perle *f*; **beads** *pl* Halsband *nt*; Rosenkranz *m*
beak [bi:k] *n* Schnabel *m*
beam [bi:m] *n* Strahl *m*; Balken *m*
bean [bi:n] *n* Bohne *f*
bear [bɛə] *n* Bär *m*
***bear** [bɛə] *v* *tragen; dulden; *ertragen
beard [biəd] *n* Bart *m*
bearer ['bɛərə] *n* Inhaber *m*
beast [bi:st] *n* Tier *nt*; ~ **of prey** Raubtier *nt*
***beat** [bi:t] *v* *schlagen; besiegen
beautiful ['bju:tifəl] *adj* schön
beauty ['bju:ti] *n* Schönheit *f*; ~ **parlour** Schönheitssalon *m*; ~ **salon** Schönheitssalon *m*; ~ **treatment** kosmetische Behandlung
beaver ['bi:və] *n* Biber *m*
because [bi'kɔz] *conj* weil; da; ~ **of** aufgrund, wegen
***become** [bi'kʌm] *v* *werden; gut *stehen
bed [bed] *n* Bett *nt*; ~ **and board** Vollpension *f*; ~ **and breakfast** Zimmer mit Frühstück
bedding ['bediŋ] *n* Bettzeug *nt*
bedroom ['bedru:m] *n* Schlafzimmer *nt*
bee [bi:] *n* Biene *f*
beech [bi:tʃ] *n* Buche *f*
beef [bi:f] *n* Rindfleisch *nt*
beehive ['bi:haiv] *n* Bienenkorb *m*
been [bi:n] *v* (pp be)
beer [biə] *n* Bier *nt*
beet [bi:t] *n* Rübe *f*
beetle ['bi:təl] *n* Käfer *m*
beetroot ['bi:tru:t] *n* Bete *f*
before [bi'fɔ:] *prep* vor; *conj* bevor; *adv* vorher; eher, zuvor
beg [beg] *v* betteln; anflehen; *bitten
beggar ['begə] *n* Bettler *m*
***begin** [bi'gin] *v* *beginnen; *anfangen
beginner [bi'ginə] *n* Anfänger *m*

beginning [bi'giniŋ] *n* Beginn *m*; Anfang *m*
on behalf of [ɔn bi'hɑ:f ɔv] im Namen von; zugunsten
behave [bi'heiv] *v* sich *benehmen
behaviour [bi'heivjə] *n* Betragen *nt*
behind [bi'haind] *prep* hinter; *adv* hinten
beige [beiʒ] *adj* beige
being ['bi:iŋ] *n* Wesen *nt*
Belgian ['beldʒən] *adj* belgisch; *n* Belgier *m*
Belgium ['beldʒəm] Belgien
belief [bi'li:f] *n* Glaube *m*
believe [bi'li:v] *v* glauben
bell [bel] *n* Glocke *f*; Klingel *f*
bellboy ['belbɔi] *n* Hotelpage *m*
belly ['beli] *n* Bauch *m*
belong [bi'lɔŋ] *v* gehören
belongings [bi'lɔŋiŋz] *pl* Habe *f*
beloved [bi'lʌvd] *adj* geliebt
below [bi'lou] *prep* unterhalb; unter; *adv* unten
belt [belt] *n* Gürtel *m*; **garter** ~ *Am* Hüfthalter *m*
bench [bentʃ] *n* Bank *f*
bend [bend] *n* Kurve *f*, Biegung *f*; Krümmung *f*
***bend** [bend] *v* *biegen; ~ **down** sich bücken
beneath [bi'ni:θ] *prep* unter; *adv* unten
benefit ['benifit] *n* Gewinn *m*, Nutzen *m*; Vorteil *m*; *v* profitieren
bent [bent] *adj* (pp bend) krumm
beret ['berei] *n* Baskenmütze *f*
berry ['beri] *n* Beere *f*
berth [bə:θ] *n* Schlafwagenbett *nt*; Koje *f*
beside [bi'said] *prep* neben
besides [bi'saidz] *adv* überdies; übrigens; *prep* außer
best [best] *adj* best
bet [bet] *n* Wette *f*; Einsatz *m*
***bet** [bet] *v* wetten
betray [bi'trei] *v* *verraten
better ['betə] *adj* besser
between [bi'twi:n] *prep* zwischen
beverage ['bevəridʒ] *n* Getränk *nt*
beware [bi'wɛə] *v* sich in Acht *nehmen, sich hüten
bewitch [bi'witʃ] *v* behexen, verzaubern
beyond [bi'jɔnd] *prep* über ... hinaus; jenseits; außer; *adv* jenseits
bible ['baibəl] *n* Bibel *f*
bicycle ['baisikəl] *n* Fahrrad *nt*; Rad *nt*
big [big] *adj* groß; umfangreich; dick; bedeutend
bile [bail] *n* Galle *f*
bilingual [bai'liŋgwəl] *adj* zweisprachig
bill [bil] *n* Rechnung *f*; *v* fakturieren
billiards ['biljədz] *pl* Billard *nt*
***bind** [baind] *v* *binden
binding ['baindiŋ] *n* Einband *m*
binoculars [bi'nɔkjələz] *pl* Feldstecher *m*; Opernglas *nt*
biology [bai'ɔlədʒi] *n* Biologie *f*
birch [bə:tʃ] *n* Birke *f*
bird [bə:d] *n* Vogel *m*
Biro ['bairou] *n* Kugelschreiber *m*
birth [bə:θ] *n* Geburt *f*
birthday ['bə:θdei] *n* Geburtstag *m*
biscuit ['biskit] *n* Keks *m*
bishop ['biʃəp] *n* Bischof *m*
bit [bit] *n* Stückchen *nt*; bißchen
bitch [bitʃ] *n* Hündin *f*
bite [bait] *n* Bissen *m*; Biß *m*; Stich *m*
***bite** [bait] *v* *beißen
bitter ['bitə] *adj* bitter
black [blæk] *adj* schwarz; ~ **market** Schwarzmarkt *m*
blackberry ['blækbəri] *n* Brombeere *f*
blackbird ['blækbə:d] *n* Amsel *f*
blackboard ['blækbɔ:d] *n* Wandtafel *f*
black-currant [,blæk'kʌrənt] *n* Johan-

nisbeere *f*
blackmail ['blækmeil] *n* Erpressung *f*; *v* erpressen
blacksmith ['blæksmiθ] *n* Schmied *m*
bladder ['blædə] *n* Blase *f*
blade [bleid] *n* Klinge *f*; ~ **of grass** Grashalm *m*
blame [bleim] *n* Schuld *f*; Vorwurf *m*; *v* *vorwerfen, beschuldigen
blank [blæŋk] *adj* leer
blanket ['blæŋkit] *n* Decke *f*
blast [blɑ:st] *n* Explosion *f*
blazer ['bleizə] *n* Sportjacke *f*, Blazer *m*
bleach [bli:tʃ] *v* bleichen
bleak [bli:k] *adj* rauh
***bleed** [bli:d] *v* bluten; aussaugen
bless [bles] *v* segnen
blessing ['blesiŋ] *n* Segen *m*
blind [blaind] *n* Jalousie *f*; *adj* blind; *v* blenden
blister ['blistə] *n* Blase *f*
blizzard ['blizəd] *n* Schneesturm *m*
block [blɔk] *v* versperren, blockieren, sperren; *n* Klotz *m*; ~ **of flats** Wohnblock *m*
blonde [blɔnd] *n* Blondine *f*
blood [blʌd] *n* Blut *nt*; ~ **pressure** Blutdruck *m*
blood-poisoning ['blʌd,pɔizəniŋ] *n* Blutvergiftung *f*
blood-vessel ['blʌd,vesəl] *n* Blutgefäß *nt*
blot [blɔt] *n* Klecks *m*; Makel *m*; **blotting paper** Löschpapier *nt*
blouse [blauz] *n* Bluse *f*
blow [blou] *n* Schlag *m*; Windstoß *m*
***blow** [blou] *v* *blasen; wehen
blow-out ['blouaut] *n* Reifenpanne *f*
blue [blu:] *adj* blau; niedergeschlagen
blunt [blʌnt] *adj* stumpf
blush [blʌʃ] *v* erröten
board [bɔ:d] *n* Brett *nt*; Tafel; Pension *f*; Rat *m*; ~ **and lodging** Vollpension *f*
boarder ['bɔ:də] *n* Kostgänger *m*
boarding-house ['bɔ:diŋhaus] *n* Pension *f*
boarding-school ['bɔ:diŋsku:l] *n* Internat *nt*
boast [boust] *v* prahlen
boat [bout] *n* Schiff *nt*, Boot *nt*
body ['bɔdi] *n* Körper *m*; Leib *m*
bodyguard ['bɔdigɑ:d] *n* Leibwache *f*
bog [bɔg] *n* Sumpf *m*
boil [bɔil] *v* kochen; *n* Furunkel *m*
bold [bould] *adj* kühn; frech
Bolivia [bə'liviə] Bolivien
Bolivian [bə'liviən] *adj* bolivianisch; *n* Bolivianer *m*
bolt [boult] *n* Riegel *m*; Bolzen *m*
bomb [bɔm] *n* Bombe *f*; *v* bombardieren
bond [bɔnd] *n* Obligation *f*
bone [boun] *n* Bein *nt*, Knochen *m*; Gräte *f*; *v* entbeinen
bonnet ['bɔnit] *n* Motorhaube *f*
book [buk] *n* Buch *nt*; *v* reservieren, buchen; *einschreiben, *eintragen
booking ['bukiŋ] *n* Einschreibung *f*, Reservierung *f*
bookseller ['buk,selə] *n* Buchhändler *m*
bookstand ['bukstænd] *n* Bücherstand *m*
bookstore ['bukstɔ:] *n* Buchladen *m*, Buchhandlung *f*
boot [bu:t] *n* Stiefel *m*; Kofferraum *m*
booth [bu:ð] *n* Bude *f*; Zelle *f*
border ['bɔ:də] *n* Grenze *f*; Rand *m*
bore[1] [bɔ:] *v* langweilen; bohren; *n* Langweiler *m*
bore[2] [bɔ:] *v* (p bear)
boring ['bɔ:riŋ] *adj* langweilig
born [bɔ:n] *adj* geboren
borrow ['bɔrou] *v* borgen; *entleihen
bosom ['buzəm] *n* Brust *f*; Busen *m*

boss [bɔs] *n* Chef *m*
botany ['bɔtəni] *n* Botanik *f*
both [bouθ] *adj* beide; **both ... and** sowohl ... als auch
bother ['bɔðə] *v* belästigen; sich Mühe *geben; *n* Belästigung *f*
bottle ['bɔtəl] *n* Flasche *f*; ~ **opener** Flaschenöffner *m*; **hot-water** ~ Wärmflasche *f*
bottleneck ['bɔtəlnek] *n* Engpaß *m*
bottom ['bɔtəm] *n* Boden *m*; Hintern *m*, Gesäß *nt*; *adj* unterst
bough [bau] *n* Ast *m*
bought [bɔ:t] *v* (p, pp buy)
boulder ['bouldə] *n* Felsblock *m*
bound [baund] *n* Grenze *f*; ***be** ~ **to** *müssen; ~ **for** unterwegs nach
boundary ['baundəri] *n* Grenze *f*; Landesgrenze *f*
bouquet [bu'kei] *n* Strauß *m*
bourgeois ['buəʒwɑ:] *adj* spießbürgerlich
boutique [bu'ti:k] *n* Boutique *f*
bow¹ [bau] *v* beugen
bow² [bou] *n* Bogen *m*; ~ **tie** Fliege *f*
bowels [bauəlz] *pl* Därme, Eingeweide *pl*
bowl [boul] *n* Schale *f*
bowling ['bouliŋ] *n* Bowling *nt*, Kegeln *nt*; ~ **alley** Kegelbahn *f*
box¹ [bɔks] *v* boxen; **boxing match** Boxkampf *m*
box² [bɔks] *n* Schachtel *f*
box-office ['bɔks,ɔfis] *n* Vorverkaufskasse *f*, Kasse *f*
boy [bɔi] *n* Junge *m*; Bursche *m*, Bub *m*; Diener *m*; ~ **scout** Pfadfinder *m*
bra [brɑ:] *n* BH *m*, Büstenhalter *m*
bracelet ['breislit] *n* Armband *nt*
braces ['breisiz] *pl* Hosenträger *mpl*
brain [brein] *n* Gehirn *nt*; Verstand *m*
brain-wave ['breinweiv] *n* Geistesblitz *m*
brake [breik] *n* Bremse *f*; ~ **drum** Bremstrommel *f*; ~ **lights** Bremslichter *ntpl*
branch [brɑ:ntʃ] *n* Ast *m*; Zweigstelle *f*
brand [brænd] *n* Marke *f*; Brandmarke *f*
brand-new [,brænd'nju:] *adj* nagelneu
brass [brɑ:s] *n* Messing *nt*; ~ **band** *n* Blaskapelle *f*
brassiere ['bræziə] *n* Beha *m*, Büstenhalter *m*
brassware ['brɑ:sweə] *n* Messingwaren *fpl*
brave [breiv] *adj* mutig, tapfer; beherzt
Brazil [brə'zil] Brasilien
Brazilian [brə'ziljən] *adj* brasilianisch; *n* Brasilianer *m*
breach [bri:tʃ] *n* Bresche *f*
bread [bred] *n* Brot *nt*; **wholemeal** ~ Vollkornbrot *nt*
breadth [bredθ] *n* Breite *f*
break [breik] *n* Bruch *m*; Pause *f*
***break** [breik] *v* *brechen; ~ **down** eine Panne *haben; aufgliedern
breakdown ['breikdaun] *n* Betriebsstörung *f*, Panne *f*
breakfast ['brekfəst] *n* Frühstück *nt*
bream [bri:m] *n* (pl ~) Brassen *m*
breast [brest] *n* Brust *f*
breaststroke ['breststrouk] *n* Brustschwimmen *nt*
breath [breθ] *n* Atem *m*; Luft *f*
breathe [bri:ð] *v* atmen
breathing ['bri:ðiŋ] *n* Atmung *f*
breed [bri:d] *n* Rasse *f*; Gattung *f*
***breed** [bri:d] *v* züchten
breeze [bri:z] *n* Brise *f*
brew [bru:] *v* brauen
brewery ['bru:əri] *n* Brauerei *f*
bribe [braib] *v* *bestechen
bribery ['braibəri] *n* Bestechung *f*
brick [brik] *n* Ziegelstein *m*, Ziegel *m*

bricklayer ['brikleiə] *n* Maurer *m*
bride [braid] *n* Braut *f*
bridegroom ['braidgru:m] *n* Bräutigam *m*
bridge [bridʒ] *n* Brücke *f*; Bridge *nt*
brief [bri:f] *adj* kurz; bündig
briefcase ['bri:fkeis] *n* Aktentasche *f*
briefs [bri:fs] *pl* Slip *m*, Unterhose *f*
bright [brait] *adj* hell; leuchtend; schlau, klug
brill [bril] *n* Glattbutt *m*
brilliant ['briljənt] *adj* glänzend; brillant
brim [brim] *n* Rand *m*
***bring** [briŋ] *v* *bringen; *mitbringen; ~ **back** *zurückbringen; ~ **up** *erziehen, *großziehen; *vorbringen
brisk [brisk] *adj* lebhaft
Britain ['britən] England
British ['britiʃ] *adj* britisch; englisch
Briton ['britən] *n* Brite *m*; Engländer *m*
broad [brɔ:d] *adj* breit; ausgedehnt, weit; global
broadcast ['brɔ:dkɑ:st] *n* Sendung *f*
***broadcast** ['brɔ:dkɑ:st] *v* *senden
brochure ['brouʃuə] *n* Broschüre *f*
broke[1] [brouk] *v* (p break)
broke[2] [brouk] *adj* blank
broken ['broukən] *adj* (pp break) kaputt, entzwei
broker ['broukə] *n* Makler *m*
bronchitis [brɔŋ'kaitis] *n* Bronchitis *f*
bronze [brɔnz] *n* Bronze *f*; *adj* bronzen
brooch [broutʃ] *n* Brosche *f*
brook [bruk] *n* Bach *m*
broom [bru:m] *n* Besen *m*
brothel ['brɔθəl] *n* Bordell *nt*
brother ['brʌðə] *n* Bruder *m*
brother-in-law ['brʌðərinlɔ:] *n* (pl brothers-) Schwager *m*
brought [brɔ:t] *v* (p, pp bring)
brown [braun] *adj* braun
bruise [bru:z] *n* blauer Fleck, Quetschung *f*; *v* quetschen
brunette [bru:'net] *n* Brünette *f*
brush [brʌʃ] *n* Bürste *f*; Pinsel *m*; *v* putzen, bürsten
brutal ['bru:təl] *adj* brutal
bubble ['bʌbəl] *n* Blase *f*
bucket ['bʌkit] *n* Eimer *m*
buckle ['bʌkəl] *n* Schnalle *f*
bud [bʌd] *n* Knospe *f*
budget ['bʌdʒit] *n* Voranschlag *m*, Budget *nt*
buffet ['bufei] *n* Büfett *nt*
bug [bʌg] *n* Wanze *f*; Käfer *m*; *nAm* Insekt *nt*
***build** [bild] *v* bauen
building ['bildiŋ] *n* Gebäude *nt*
bulb [bʌlb] *n* Zwiebel *f*; Blumenzwiebel *f*; **light** ~ Glühbirne *f*
Bulgaria [bʌl'gɛəriə] Bulgarien
Bulgarian [bʌl'gɛəriən] *adj* bulgarisch; *n* Bulgare *m*
bulk [bʌlk] *n* Umfang *m*; Masse *f*; Mehrheit *f*
bulky ['bʌlki] *adj* dick, umfangreich
bull [bul] *n* Stier *m*
bullet ['bulit] *n* Kugel *f*
bullfight ['bulfait] *n* Stierkampf *m*
bullring ['bulriŋ] *n* Stierkampfarena *f*
bump [bʌmp] *v* *stoßen; *zusammenstoßen; *schlagen; *n* Schlag *m*, Stoß *m*
bumper ['bʌmpə] *n* Stoßstange *f*
bumpy ['bʌmpi] *adj* holperig
bun [bʌn] *n* Brötchen *nt*
bunch [bʌntʃ] *n* Strauß *m*; Haufen *m*
bundle ['bʌndəl] *n* Bündel *nt*; *v* *zusammenbinden, bündeln
bunk [bʌŋk] *n* Koje *f*
buoy [bɔi] *n* Boje *f*
burden ['bə:dən] *n* Last *f*
bureau ['bjuərou] *n* (pl ~x, ~s) Schreibtisch *m*; *nAm* Kommode *f*

bureaucracy [bjuə'rɔkrəsi] *n* Bürokratie *f*
burglar ['bə:glə] *n* Einbrecher *m*
burgle ['bə:gəl] *v* *einbrechen
burial ['beriəl] *n* Bestattung *f*, Begräbnis *nt*
burn [bə:n] *n* Brandwunde *f*
***burn** [bə:n] *v* *brennen; *verbrennen; *anbrennen
***burst** [bə:st] *v* *bersten
bury ['beri] *v* beerdigen; *begraben
bus [bʌs] *n* Bus *m*
bush [buʃ] *n* Busch *m*
business ['biznəs] *n* Handel *m*, Gewerbe *nt*; Unternehmen *nt*, Geschäft *nt*; Beschäftigung *f*; Angelegenheit *f*; ~ **hours** Öffnungszeiten *fpl*, Geschäftszeit *f*; ~ **trip** Geschäftsreise *f*; **on** ~ geschäftlich
business-like ['biznislaik] *adj* geschäftsmäßig
businessman ['biznəsmən] *n* (pl -men) Geschäftsmann *m*
bust [bʌst] *n* Büste *f*
bustle ['bʌsəl] *n* Geschäftigkeit *f*
busy ['bizi] *adj* beschäftigt; verkehrsreich
but [bʌt] *conj* aber; jedoch; *prep* außer
butcher ['butʃə] *n* Fleischer *m*
butter ['bʌtə] *n* Butter *f*
butterfly ['bʌtəflai] *n* Schmetterling *m*; ~ **stroke** Schmetterlingsstil *m*
buttock ['bʌtək] *n* Hinterbacke *f*
button ['bʌtən] *n* Knopf *m*; *v* knöpfen
buttonhole ['bʌtənhoul] *n* Knopfloch *nt*
***buy** [bai] *v* kaufen; *erwerben
buyer ['baiə] *n* Käufer *m*
by [bai] *prep* von, durch; mit; bei
by-pass ['baipɑ:s] *n* Umgehungsstraße *f*; *v* *umgehen

C

cab [kæb] *n* Taxi *nt*
cabaret ['kæbərei] *n* Kabarett *nt*; Nachtklub *m*
cabbage ['kæbidʒ] *n* Kohl *m*
cab-driver ['kæb,draivə] *n* Taxifahrer *m*
cabin ['kæbin] *n* Kabine *f*; Hütte *f*; Umkleidekabine *f*; Kajüte *f*
cabinet ['kæbinət] *n* Kabinett *nt*
cable ['keibəl] *n* Kabel *nt*; Telegramm *nt*; *v* telegraphieren; ~ **television** Kabelfernsehen *nt*
café ['kæfei] *n* Café *nt*
cafeteria [,kæfə'tiəriə] *n* Selbstbedienungsrestaurant *nt*
caffeine ['kæfi:n] *n* Koffein *nt*
cage [keidʒ] *n* Käfig *m*
cake [keik] *n* Kuchen *m*; Torte *f*, Gebäck *nt*
calamity [kə'læməti] *n* Unglück *nt*, Kalamität *f*
calcium ['kælsiəm] *n* Kalzium *nt*
calculate ['kælkjuleit] *v* berechnen, ausrechnen
calculation [,kælkju'leiʃən] *n* Kalkulation *f*
calculator ['kælkju'leitə] *n* Rechner *m*
calendar ['kæləndə] *n* Kalender *m*
calf [kɑ:f] *n* (pl calves) Kalb *nt*; Wade *f*; ~ **skin** Kalbleder *nt*
call [kɔ:l] *v* *rufen; *nennen; *anrufen; *n* Ruf *m*; Besuch *m*; Anruf *m*; ***be called** *heißen; ~ **names** ausschimpfen; ~ **on** besuchen; ~ **up** *Am* *anrufen
callus ['kæləs] *n* Schwiele *f*
calm [kɑ:m] *adj* ruhig, still; ~ **down** beruhigen
calorie ['kæləri] *n* Kalorie *f*

came [keim] *v* (p come)
camel ['kæməl] *n* Kamel *nt*
cameo ['kæmiou] *n* (pl ~s) Kamee *f*
camera ['kæmərə] *n* Kamera *f*; ~ **shop** Photogeschäft *nt*
camp [kæmp] *n* Lager *nt*; *v* zelten
campaign [kæm'pein] *n* Kampagne *f*
camp-bed [,kæmp'bed] *n* Liege *f*, Feldbett *nt*
camper ['kæmpə] *n* Camper *m*
camping ['kæmpiŋ] *n* Camping *nt*; ~ **site** Zeltplatz *m*, Campingplatz *m*
camshaft ['kæmʃa:ft] *n* Nockenwelle *f*
can [kæn] *n* Büchse *f*; ~ **opener** Büchsenöffner *m*
***can** [kæn] *v* *können
Canada ['kænədə] Kanada
Canadian [kə'neidiən] *adj* kanadisch; *n* Kanadier *m*
canal [kə'næl] *n* Kanal *m*
canary [kə'nɛəri] *n* Kanarienvogel *m*
cancel ['kænsəl] *v* annullieren; *widerrufen
cancellation [,kænsə'leiʃən] *n* Annullierung *f*
cancer ['kænsə] *n* Krebs *m*
candelabrum [,kændə'la:brəm] *n* (pl -bra) Armleuchter *m*
candidate ['kændidət] *n* Kandidat *m*, Bewerber *m*
candle ['kændəl] *n* Kerze *f*
candy ['kændi] *nAm* Bonbon *m*; Süßigkeiten *fpl*, Nascherei *f*; ~ **store** *Am* Süßwarengeschäft *nt*
cane [kein] *n* Rohr *nt*; Stock *m*
canister ['kænistə] *n* Dose *f*
canoe [kə'nu:] *n* Kanu *nt*
canteen [kæn'ti:n] *n* Kantine *f*
canvas ['kænvəs] *n* Segeltuch *nt*
cap [kæp] *n* Mütze *f*
capable ['keipəbəl] *adj* tüchtig, fähig
capacity [kə'pæsəti] *n* Fähigkeit *f*; Leistungsfähigkeit *f*; Kompetenz *f*
cape [keip] *n* Umhang *m*; Kap *nt*
capital ['kæpitəl] *n* Hauptstadt *f*; Kapital *nt*; *adj* bedeutend, Haupt-; ~ **letter** Großbuchstabe *m*
capitalism ['kæpitəlizəm] *n* Kapitalismus *m*
capitulation [kə,pitju'leiʃən] *n* Kapitulation *f*
capsule ['kæpsju:l] *n* Kapsel *f*
captain ['kæptin] *n* Kapitän *m*; Flugkapitän *m*
capture ['kæptʃə] *v* *gefangennehmen, *fangen; *einnehmen; *n* Festnahme *f*; Einnahme *f*
car [ka:] *n* Wagen *m*; ~ **hire** Autovermietung *f*; ~ **park** Parkplatz *m*; ~ **rental** *Am* Autovermietung *f*
carafe [kə'ræf] *n* Karaffe *f*
caramel ['kærəməl] *n* Karamelle *f*
carat ['kærət] *n* Karat *nt*
caravan ['kærəvæn] *n* Wohnwagen *m*
carburettor [,ka:bju'retə] *n* Vergaser *m*
card [ka:d] *n* Karte *f*; Postkarte *f*
cardboard ['ka:dbɔ:d] *n* Pappe *f*; *adj* Papp-
cardigan ['ka:digən] *n* Wolljacke *f*
cardinal ['ka:dinəl] *n* Kardinal *m*; *adj* Kardinal-, hauptsächlich
care [kɛə] *n* Pflege *f*; Sorge *f*; ~ **about** sich sorgen um; ~ **for** gern *haben; ***take ~ of** sorgen für, sich kümmern um
career [kə'riə] *n* Laufbahn *f*, Karriere *f*
carefree ['kɛəfri:] *adj* unbekümmert
careful ['kɛəfəl] *adj* vorsichtig; sorgfältig, genau
careless ['kɛələs] *adj* gedankenlos, nachlässig
caretaker ['kɛə,teikə] *n* Hausmeister *m*
cargo ['ka:gou] *n* (pl ~es) Ladung *f*, Fracht *f*
carnival ['ka:nivəl] *n* Karneval *m*
carp [ka:p] *n* (pl ~) Karpfen *m*

carpenter ['kɑ:pintə] *n* Tischler *m*
carpet ['kɑ:pit] *n* Teppich *m*
carriage ['kæridʒ] *n* Wagen *m*; Kutsche *f*
carrot ['kærət] *n* Mohrrübe *f*, Karotte *f*
carry ['kæri] *v* *tragen; führen; ~ **on** verfolgen; *fortfahren; ~ **out** durchführen
carry-cot ['kærikɔt] *n* Baby-Tragetasche *f*
cart [kɑ:t] *n* Karren *m*, Wagen *m*
cartilage ['kɑ:tilidʒ] *n* Knorpel *m*
carton ['kɑ:tən] *n* Karton *m*; Stange *f*
cartoon [kɑ:'tu:n] *n* Zeichentrickfilm *m*
cartridge ['kɑ:tridʒ] *n* Patrone *f*
carve [kɑ:v] *v* zerlegen; einkerben, schnitzen
carving ['kɑ:viŋ] *n* Schnitzerei *f*
case [keis] *n* Fall *m*; Koffer *m*; Etui *nt*; **attaché** ~ Aktentasche *f*; **in** ~ falls; **in** ~ **of** im Fall
cash [kæʃ] *n* Bargeld *nt*; *v* zu Gelde machen, *einnehmen, einkassieren
cash dispenser [kæʃ di'spɔnsə] *n* Geldautomat *m*
cashier [kæ'ʃiə] *n* Kassierer *m*; Kassiererin *f*
cashmere ['kæʃmiə] *n* Kaschmir *m*
casino [kə'si:nou] *n* (pl ~s) Kasino *nt*
cask [kɑ:sk] *n* Tonne *f*, Faß *nt*
cast [kɑ:st] *n* Wurf *m*
***cast** [kɑ:st] *v* *werfen; **cast iron** Gußeisen *nt*
castle ['kɑ:səl] *n* Schloß *nt*, Burg *f*
casual ['kæʒuəl] *adj* zwanglos; beiläufig, zufällig
casualty ['kæʒuəlti] *n* Opfer *nt*
cat [kæt] *n* Katze *f*
catacomb ['kætəkoum] *n* Katakombe *f*
catalogue ['kætəlɔg] *n* Katalog *m*
catarrh [kə'tɑ:] *n* Katarrh *m*
catastrophe [kə'tæstrəfi] *n* Katastrophe *f*
***catch** [kætʃ] *v* *fangen; *ergreifen; erwischen; *nehmen, erreichen
category ['kætigəri] *n* Kategorie *f*
cathedral [kə'θi:drəl] *n* Dom *m*, Kathedrale *f*
catholic ['kæθəlik] *adj* katholisch
cattle ['kætəl] *pl* Vieh *nt*
caught [kɔ:t] *v* (p, pp catch)
cauliflower ['kɔliflauə] *n* Blumenkohl *m*
cause [kɔ:z] *v* verursachen; anrichten; *n* Ursache *f*; Grund *m*, Anlaß *m*; Sache *f*; ~ **to** machen
causeway ['kɔ:zwei] *n* Chaussee *f*
caution ['kɔ:ʃən] *n* Vorsicht *f*; *v* warnen
cautious ['kɔ:ʃəs] *adj* vorsichtig
cave [keiv] *n* Höhle *f*; Riß *m*
cavern ['kævən] *n* Höhle *f*
caviar ['kæviɑ:] *n* Kaviar *m*
cavity ['kævəti] *n* Höhlung *f*
cease [si:s] *v* aufhören
ceiling ['si:liŋ] *n* Decke *f*
celebrate ['selibreit] *v* feiern
celebration [,seli'breiʃən] *n* Feier *f*
celebrity [si'lebrəti] *n* Ruhm *m*
celery ['seləri] *n* Sellerie *m*
celibacy ['selibəsi] *n* Zölibat *nt*
cell [sel] *n* Zelle *f*
cellar ['selə] *n* Keller *m*
cellophane ['seləfein] *n* Zellophan *nt*
cement [si'ment] *n* Zement *m*
cemetery ['semitri] *n* Friedhof *m*
censorship ['sensəʃip] *n* Zensur *f*
centigrade ['sentigreid] *adj* Celsius
centimetre ['sentimi:tə] *n* Zentimeter *m*
central ['sentrəl] *adj* zentral; ~ **heating** Zentralheizung *f*; ~ **station** Hauptbahnhof *m*
centralize ['sentrəlaiz] *v* zentralisieren
centre ['sentə] *n* Zentrum *nt*; Mittelpunkt *m*

century ['sentʃəri] *n* Jahrhundert *nt*
ceramics [si'ræmiks] *pl* Töpferware *f*, Keramik *f*
ceremony ['serəməni] *n* Feierlichkeit *f*
certain ['sə:tən] *adj* bestimmt; gewiß
certificate [sə'tifikət] *n* Bescheinigung *f*; Attest *nt*, Urkunde *f*, Diplom *nt*, Zeugnis *nt*
chain [tʃein] *n* Kette *f*
chair [tʃɛə] *n* Stuhl *m*; Sessel *m*
chairman ['tʃɛəmən] *n* (pl -men) Vorsitzende *m*
chalet ['ʃælei] *n* Chalet *nt*
chalk [tʃɔ:k] *n* Kreide *f*
challenge ['tʃæləndʒ] *v* herausfordern; *n* Herausforderung *f*
chamber ['tʃeimbə] *n* Zimmer *nt*
chambermaid ['tʃeimbəmeid] *n* Zimmermädchen *nt*
champagne [ʃæm'pein] *n* Sekt *m*
champion ['tʃæmpjən] *n* Meister *m*; Verfechter *m*
chance [tʃɑ:ns] *n* Zufall *m*; Chance *f*, Gelegenheit *f*; Risiko *nt*; **by ~** zufällig
change [tʃeindʒ] *v* abändern, ändern; wechseln; sich *umziehen; *umsteigen; *n* Änderung *f*; Kleingeld *nt*, Wechselgeld *nt*
channel ['tʃænəl] *n* Kanal *m*; **English Channel** Ärmelkanal *m*
chaos ['keiɔs] *n* Chaos *nt*
chaotic [kei'ɔtik] *adj* chaotisch
chap [tʃæp] *n* Kerl *m*
chapel ['tʃæpəl] *n* Kirche *f*, Kapelle *f*
chaplain ['tʃæplin] *n* Kaplan *m*
character ['kærəktə] *n* Charakter *m*
characteristic [ˌkærəktə'ristik] *adj* bezeichnend, charakteristisch; *n* Kennzeichen *nt*; Charakterzug *m*
characterize ['kærəktəraiz] *v* charakterisieren
charcoal ['tʃɑ:koul] *n* Holzkohle *f*
charge [tʃɑ:dʒ] *v* verlangen; belasten; anklagen; *laden; *n* Gebühr *f*; Belastung *f*, Ladung *f*, Last *f*; Anklage *f*; **~ plate** *Am* Kreditkarte *f*; **free of ~** unentgeltlich; **in ~ of** beauftragt mit; ***take ~ of** *übernehmen
charity ['tʃærəti] *n* Wohltätigkeit *f*
charm [tʃɑ:m] *n* Liebreiz *m*, Scharm *m*; Amulett *nt*
charming ['tʃɑ:miŋ] *adj* charmant
chart [tʃɑ:t] *n* Tabelle *f*; Diagramm *nt*; Seekarte *f*; **conversion ~** Umrechnungstabelle *f*
chase [tʃeis] *v* verfolgen; *vertreiben, verjagen; *n* Jagd *f*
chasm ['kæzəm] *n* Spalt *m*
chassis ['ʃæsi] *n* (pl ~) Fahrgestell *nt*
chaste [tʃeist] *adj* keusch
chat [tʃæt] *v* plaudern, schwatzen; *n* Geschwätz *nt*, Geplauder *nt*
chatterbox ['tʃætəbɔks] *n* Plappermaul *nt*
chauffeur ['ʃoufə] *n* Chauffeur *m*
cheap [tʃi:p] *adj* billig; vorteilhaft
cheat [tʃi:t] *v* *betrügen; beschwindeln
check [tʃek] *v* kontrollieren, prüfen; *n* Karo *nt*; *nAm* Rechnung *f*; Scheck *m*; **check!** Schach!; **~ in** sich anmelden; **~ out** sich abmelden
check-book ['tʃekbuk] *nAm* Scheckbuch *nt*
checkerboard ['tʃekəbɔ:d] *nAm* Schachbrett *nt*
checkers ['tʃekəz] *plAm* Damespiel *nt*
checkroom ['tʃekru:m] *nAm* Garderobe *f*
check-up ['tʃekʌp] *n* Untersuchung *f*
cheek [tʃi:k] *n* Wange *f*
cheek-bone ['tʃi:kboun] *n* Backenknochen *m*
cheer [tʃiə] *v* zujubeln; **~ up** aufheitern
cheerful ['tʃiəfəl] *adj* fröhlich, heiter

cheese [tʃi:z] *n* Käse *m*
chef [ʃef] *n* Küchenchef *m*
chemical ['kemikəl] *adj* chemisch
chemist ['kemist] *n* Apotheker *m*; **chemist's** Apotheke *f*; Drogerie *f*
chemistry ['kemistri] *n* Chemie *f*
cheque [tʃek] *n* Scheck *m*
cheque-book ['tʃekbuk] *n* Scheckbuch *nt*
chequered ['tʃekəd] *adj* kariert, gewürfelt
cherry ['tʃeri] *n* Kirsche *f*
chess [tʃes] *n* Schach *nt*
chest [tʃest] *n* Brust *f*; Brustkasten *m*; Truhe *f*; ~ **of drawers** Kommode *f*
chestnut ['tʃesnʌt] *n* Kastanie *f*
chew [tʃu:] *v* kauen
chewing-gum ['tʃu:iŋgʌm] *n* Kaugummi *m*
chicken ['tʃikin] *n* Huhn *nt*; Küken *nt*
chickenpox ['tʃikinpɔks] *n* Windpocken *fpl*
chief [tʃi:f] *n* Haupt *nt*; *adj* Ober-, Haupt-
chieftain ['tʃi:ftən] *n* Häuptling *m*
chilblain ['tʃilblein] *n* Frostbeule *f*
child [tʃaild] *n* (pl children) Kind *nt*
childbirth ['tʃaildbə:θ] *n* Entbindung *f*
childhood ['tʃaildhud] *n* Jugend *f*
Chile ['tʃili] Chile
Chilean ['tʃiliən] *adj* chilenisch; *n* Chilene *m*
chill [tʃil] *n* Frösteln *nt*
chilly ['tʃili] *adj* kühl
chimes [tʃaimz] *pl* Glockenspiel *nt*
chimney ['tʃimni] *n* Schornstein *m*
chin [tʃin] *n* Kinn *nt*
China ['tʃainə] China
china ['tʃainə] *n* Porzellan *nt*
Chinese [tʃai'ni:z] *adj* chinesisch; *n* Chinese *m*
chink [tʃiŋk] *n* Spalt *m*
chip [tʃip] *n* Splitter *m*; Spielmarke *f*; *v* *abschneiden, absplittern; **chips** Pommes frites
chiropodist [ki'rɔpədist] *n* Fußpfleger *m*
chisel ['tʃizəl] *n* Meißel *m*
chives [tʃaivz] *pl* Schnittlauch *m*
chlorine ['klɔ:ri:n] *n* Chlor *nt*
chock-full [tʃɔk'ful] *adj* übervoll, brechend voll
chocolate ['tʃɔklət] *n* Schokolade *f*; Praline *f*
choice [tʃɔis] *n* Wahl *f*; Auswahl *f*
choir [kwaiə] *n* Chor *m*
choke [tʃouk] *v* ersticken; erwürgen; *n* Choke *m*
***choose** [tʃu:z] *v* wählen
chop [tʃɔp] *n* Kotelett *nt*; *v* hacken
Christ [kraist] Christus
christen ['krisən] *v* taufen
christening ['krisəniŋ] *n* Taufe *f*
Christian ['kristʃən] *adj* christlich; *n* Christ *m*; ~ **name** Vorname *m*
Christmas ['krisməs] Weihnachten
chromium ['kroumiəm] *n* Chrom *nt*
chronic ['krɔnik] *adj* chronisch
chronological [,krɔnə'lɔdʒikəl] *adj* chronologisch
chuckle ['tʃʌkəl] *v* kichern
chunk [tʃʌŋk] *n* Klumpen *m*
church [tʃə:tʃ] *n* Kirche *f*
churchyard ['tʃə:tʃjɑ:d] *n* Kirchhof *m*
cigar [si'gɑ:] *n* Zigarre *f*; ~ **shop** Zigarrenladen *m*
cigarette [,sigə'ret] *n* Zigarette *f*
cigarette-case [,sigə'retkeis] *n* Zigarettenetui *nt*
cigarette-holder [,sigə'ret,houldə] *n* Zigarettenspitze *f*
cigarette-lighter [,sigə'ret,laitə] *n* Feuerzeug *nt*
cinema ['sinəmə] *n* Kino *nt*
cinnamon ['sinəmən] *n* Zimt *m*
circle ['sə:kəl] *n* Kreis *m*; Balkon *m*;

v *einschließen, umkreisen
circulation [ˌsə:kju'leiʃən] *n* Kreislauf *m*; Umlauf *m*
circumstance ['sə:kəmstæns] *n* Umstand *m*
circus ['sə:kəs] *n* Zirkus *m*
citizen ['sitizən] *n* Bürger *m*
citizenship ['sitizənʃip] *n* Staatsangehörigkeit *f*
city ['siti] *n* Stadt *f*
civic ['sivik] *adj* Bürger-
civil ['sivəl] *adj* zivil; höflich; ~ **law** Zivilrecht *nt*; ~ **servant** Staatsbeamte *m*
civilian [si'viljən] *adj* Bürger-; *n* Zivilist *m*
civilization [ˌsivəlai'zeiʃən] *n* Zivilisation *f*
civilized ['sivəlaizd] *adj* zivilisiert
claim [kleim] *v* fordern, beanspruchen; behaupten; *n* Forderung *f*, Anspruch *m*
clamp [klæmp] *n* Klemme *f*; Klammer *f*
clap [klæp] *v* klatschen
clarify ['klærifai] *v* klarstellen, klären
class [klɑ:s] *n* Klasse *f*
classical ['klæsikəl] *adj* klassisch
classify ['klæsifai] *v* einteilen
class-mate ['klɑ:smeit] *n* Klassenkamerad *m*
classroom ['klɑ:sru:m] *n* Klassenzimmer *nt*
clause [klɔ:z] *n* Klausel *f*
claw [klɔ:] *n* Klaue *f*
clay [klei] *n* Ton *m*
clean [kli:n] *adj* rein, sauber; *v* säubern, reinigen
cleaning ['kli:niŋ] *n* Reinemachen *nt*, Reinigung *f*; ~ **fluid** Reinigungsmittel *nt*
clear [kliə] *adj* klar; deutlich; *v* aufräumen
clearing ['kliəriŋ] *n* Lichtung *f*
cleft [kleft] *n* Spalte *f*
clergyman ['klə:dʒimən] *n* (pl -men) Pastor *m*, Pfarrer *m*; Geistliche *m*
clerk [klɑ:k] *n* Büroangestellte *m*, Beamte *m*; Schreiber *m*; Sekretär *m*
clever ['klevə] *adj* intelligent; schlau, gescheit, klug
client ['klaiənt] *n* Kunde *m*; Klient *m*
cliff [klif] *n* Klippe *f*
climate ['klaimit] *n* Klima *nt*
climb [klaim] *v* klettern; *steigen; *n* Aufstieg *m*
clinic ['klinik] *n* Klinik *f*
cloak [klouk] *n* Umhang *m*
cloakroom ['kloukru:m] *n* Garderobe *f*
clock [klɔk] *n* Uhr *f*; **at … o'clock** um … Uhr
cloister ['klɔistə] *n* Kloster *nt*
close[1] [klouz] *v* zumachen, *schließen; **closed** *adj* zu, geschlossen
close[2] [klous] *adj* nahe
closet ['klɔzit] *n* Wandschrank *m*; *nAm* Garderobenschrank *m*
cloth [klɔθ] *n* Tuch *nt*; Lappen *m*
clothes [klouðz] *pl* Kleidung *f*, Kleider
clothes-brush ['klouðzbrʌʃ] *n* Kleiderbürste *f*
clothing ['klouðiŋ] *n* Kleidung *f*
cloud [klaud] *n* Wolke *f*; **clouds** Bewölkung *f*
cloud-burst ['klaudbə:st] *n* Wolkenbruch *m*
cloudy ['klaudi] *adj* bewölkt
clover ['klouvə] *n* Klee *m*
clown [klaun] *n* Clown *m*
club [klʌb] *n* Klub *m*; Verein *m*; Keule *f*, Knüppel *m*
clumsy ['klʌmzi] *adj* ungeschickt
clutch [klʌtʃ] *n* Kupplung *f*; Griff *m*
coach [koutʃ] *n* Reisebus *m*; Wagen *m*; Kutsche *f*; Trainer *m*
coachwork ['koutʃwə:k] *n* Karosserie *f*
coagulate [kou'ægjuleit] *v* *gerinnen

coal [koul] *n* Kohle *f*
coarse [kɔ:s] *adj* grob; gemein
coast [koust] *n* Küste *f*
coat [kout] *n* Überzieher *m*, Mantel *m*
coat-hanger ['kout,hæŋə] *n* Kleiderbügel *m*
cobweb ['kɔbweb] *n* Spinnwebe *f*
cocaine [kou'kein] *n* Kokain *nt*
cock [kɔk] *n* Hahn *m*
cocktail ['kɔkteil] *n* Cocktail *m*
coconut ['koukənʌt] *n* Kokosnuß *f*
cod [kɔd] *n* (pl ~) Kabeljau *m*
code [koud] *n* Kode *m*
coffee ['kɔfi] *n* Kaffee *m*
cognac ['kɔnjæk] *n* Kognak *m*
coherence [kou'hiərəns] *n* Zusammenhang *m*
coin [kɔin] *n* Münze *f*
coincide [,kouin'said] *v* *zusammenfallen
cold [kould] *adj* kalt; *n* Kälte *f*; Erkältung *f*; **catch a** ~ sich erkälten
collapse [kə'læps] *v* *zusammenbrechen
collar ['kɔlə] *n* Halsband *nt*; Kragen *m*; ~ **stud** Kragenknopf *m*
collarbone ['kɔləboun] *n* Schlüsselbein *nt*
colleague ['kɔli:g] *n* Kollege *m*
collect [kə'lekt] *v* sammeln; holen, abholen; einsammeln
collection [kə'lekʃən] *n* Kollektion *f*, Sammlung *f*; Leerung *f*
collective [kə'lektiv] *adj* kollektiv
collector [kə'lektə] *n* Sammler *m*; Kollekteur *m*
college ['kɔlidʒ] *n* höhere Lehranstalt; Schule *f*
collide [kə'laid] *v* *zusammenstoßen
collision [kə'liʒən] *n* Zusammenstoß *m*
Colombia [kə'lɔmbiə] Kolumbien
Colombian [kə'lɔmbiən] *adj* kolumbianisch; *n* Kolumbianer *m*
colonel ['kə:nəl] *n* Oberst *m*
colony ['kɔləni] *n* Kolonie *f*
colour ['kʌlə] *n* Farbe *f*; *v* färben; ~ **film** Farbfilm *m*
colourant ['kʌlərənt] *n* Färbemittel *nt*
colour-blind ['kʌləblaind] *adj* farbenblind
coloured ['kʌləd] *adj* farbig
colourful ['kʌləfəl] *adj* bunt, farbenfroh
column ['kɔləm] *n* Pfeiler *m*, Säule *f*; Spalte *f*; Rubrik *f*; Kolonne *f*
coma ['koumə] *n* Koma *nt*
comb [koum] *v* kämmen; *n* Kamm *m*
combat ['kɔmbæt] *n* Kampf *m*, Gefecht *nt*; *v* bekämpfen, kämpfen
combination [,kɔmbi'neiʃən] *n* Kombination *f*
combine [kəm'bain] *v* kombinieren; *verbinden
***come** [kʌm] *v* *kommen; ~ **across** begegnen; *finden
comedian [kə'mi:diən] *n* Schauspieler *m*; Komiker *m*
comedy ['kɔmədi] *n* Lustspiel *nt*, Komödie *f*; **musical** ~ Musical *nt*
comfort ['kʌmfət] *n* Bequemlichkeit *f*, Behaglichkeit *f*, Komfort *m*; Trost *m*; *v* trösten
comfortable ['kʌmfətəbəl] *adj* bequem
comic ['kɔmik] *adj* komisch
comics ['kɔmiks] *pl* Comics *pl*
coming ['kʌmiŋ] *n* Ankunft *f*
comma ['kɔmə] *n* Komma *nt*
command [kə'mɑ:nd] *v* *befehlen; *n* Befehl *m*
commander [kə'mɑ:ndə] *n* Befehlshaber *m*
commemoration [kə,memə'reiʃən] *n* Gedenkfeier *f*
commence [kə'mens] *v* *anfangen
comment ['kɔment] *n* Kommentar *m*; *v* kommentieren

commerce ['kɔmə:s] *n* Handel *m*
commercial [kə'mə:ʃəl] *adj* Handels-, kommerziell; *n* Werbesendung *f*; ~ **law** Handelsrecht *m*
commission [kə'miʃən] *n* Kommission *f*
commit [kə'mit] *v* *übergeben, anvertrauen; verüben, *begehen
committee [kə'miti] *n* Kommission *f*, Ausschuß *m*
common ['kɔmən] *adj* gemeinsam; üblich, allgemein; gewöhnlich
commune ['kɔmju:n] *n* Kommune *f*
communicate [kə'mju:nikeit] *v* mitteilen
communication [kə,mju:ni'keiʃən] *n* Kommunikation *f*; Mitteilung *f*
communiqué [kə'mju:nikei] *n* Bekanntmachung *f*
communism ['kɔmjunizəm] *n* Kommunismus *m*
community [kə'mju:nəti] *n* Gemeinschaft *f*, Gemeinde *f*
commuter [kə'mju:tə] *n* Pendler *m*
compact ['kɔmpækt] *adj* kompakt
compact disc ['kɔmpækt disk] *n* Compact Disk *f*; ~ **player** CD-Spieler *m*
companion [kəm'pænjən] *n* Gefährte *m*
company ['kʌmpəni] *n* Gesellschaft *f*; Firma *f*, Unternehmen *nt*
comparative [kəm'pærətiv] *adj* relativ
compare [kəm'pɛə] *v* *vergleichen
comparison [kəm'pærisən] *n* Vergleich *m*
compartment [kəm'pɑ:tmənt] *n* Abteil *nt*
compass ['kʌmpəs] *n* Kompaß *m*
compel [kəm'pel] *v* *zwingen
compensate ['kɔmpənseit] *v* *ausgleichen
compensation [,kɔmpən'seiʃən] *n* Ausgleich *m*; Schadenersatz *m*
compete [kəm'pi:t] *v* wetteifern
competition [,kɔmpə'tiʃən] *n* Wettbewerb *m*; Konkurrenz *f*
competitor [kəm'petitər] *n* Konkurrent *m*
compile [kəm'pail] *v* zusammenstellen
complain [kəm'plein] *v* sich beschweren
complaint [kəm'pleint] *n* Beschwerde *f*
complete [kəm'pli:t] *adj* ganz, vollständig; *v* vollenden
completely [kəm'pli:tli] *adv* vollkommen, gänzlich, völlig
complex ['kɔmpleks] *n* Komplex *m*; *adj* verwickelt
complexion [kəm'plekʃən] *n* Teint *m*
complicated ['kɔmplikeitid] *adj* kompliziert, verwickelt
compliment ['kɔmplimənt] *n* Kompliment *nt*; *v* gratulieren, beglückwünschen
compose [kəm'pouz] *v* zusammenstellen
composer [kəm'pouzə] *n* Komponist *m*
composition [,kɔmpə'ziʃən] *n* Komposition *f*; Zusammensetzung *f*
comprehensive [,kɔmpri'hensiv] *adj* umfassend
comprise [kəm'praiz] *v* umfassen, *einschließen
compromise ['kɔmprəmaiz] *n* Vergleich *m*
compulsory [kəm'pʌlsəri] *adj* obligatorisch
computer [kəm'pjutə] *n* Computer *m*
comrade ['kɔmreid] *n* Genosse *m*
conceal [kən'si:l] *v* *verbergen
conceited [kən'si:tid] *adj* eingebildet
conceive [kən'si:v] *v* auffassen, *verstehen; sich vorstellen
concentrate ['kɔnsəntreit] *v* konzentrieren
concentration [,kɔnsən'treiʃən] *n* Kon-

zentration *f*
conception [kən'sepʃən] *n* Vorstellung *f*; Empfängnis *f*
concern [kən'sə:n] *v* *angehen, *betreffen; *n* Sorge *f*; Angelegenheit *f*; Unternehmen *nt*, Konzern *m*
concerned [kən'sə:nd] *adj* besorgt; beteiligt
concerning [kən'sə:niŋ] *prep* hinsichtlich, betreffs
concert ['kɔnsət] *n* Konzert *nt*; ~ **hall** Konzertsaal *m*
concession [kən'seʃən] *n* Konzession *f*; Zugeständnis *nt*
concise [kən'sais] *adj* kurzgefaßt, knapp
conclusion [kəŋ'klu:ʒən] *n* Schlußfolgerung *f*, Schluß *m*
concrete ['kɔŋkri:t] *adj* konkret; *n* Beton *m*
concussion [kəŋ'kʌʃən] *n* Gehirnerschütterung *f*
condition [kən'diʃən] *n* Bedingung *f*; Zustand *m*, Verfassung *f*
conditional [kən'diʃənəl] *adj* bedingt
conditioner [kən'diʃənə] *n* Pflegespülung *f*; Weichspüler *m*
condom ['kɔndɔm] *n* Kondom *m*, Präservativ *nt*
conduct[1] ['kɔndʌkt] *n* Betragen *nt*
conduct[2] [kən'dʌkt] *v* führen; begleiten; dirigieren
conductor [kən'dʌktə] *n* Schaffner *m*; Dirigent *m*
confectioner [kən'fekʃənə] *n* Konditor *m*
conference ['kɔnfərəns] *n* Konferenz *f*
confess [kən'fes] *v* *gestehen; beichten; *bekennen
confession [kən'feʃən] *n* Geständnis *nt*; Beichte *f*
confidence ['kɔnfidəns] *n* Vertrauen *nt*
confident ['kɔnfidənt] *adj* zuversichtlich
confidential [,kɔnfi'denʃəl] *adj* vertraulich
confirm [kən'fə:m] *v* bestätigen
confirmation [,kɔnfə'meiʃən] *n* Bestätigung *f*
confiscate ['kɔnfiskeit] *v* *einziehen, beschlagnahmen
conflict ['kɔnflikt] *n* Konflikt *m*
confuse [kən'fju:z] *v* verwirren
confusion [kən'fju:ʒən] *n* Verwirrung *f*
congratulate [kəŋ'grætʃuleit] *v* gratulieren, beglückwünschen
congratulation [kəŋ,grætʃu'leiʃən] *n* Beglückwünschung *f*, Glückwunsch *m*
congregation [,kɔŋgri'geiʃən] *n* Gemeinde *f*; Orden *m*, Bruderschaft *f*
congress ['kɔŋgres] *n* Kongreß *m*; Tagung *f*
connect [kə'nekt] *v* *verbinden; *anschließen
connection [kə'nekʃən] *n* Beziehung *f*; Zusammenhang *m*; Verbindung *f*, Anschluß *m*
connoisseur [,kɔnə'sə:] *n* Kenner *m*
connotation [,kɔnə'teiʃən] *n* Nebenbedeutung *f*
conquer ['kɔŋkə] *v* erobern; besiegen
conqueror ['kɔŋkərə] *n* Eroberer *m*
conquest ['kɔŋkwest] *n* Eroberung *f*
conscience ['kɔnʃəns] *n* Gewissen *nt*
conscious ['kɔnʃəs] *adj* bewußt
consciousness ['kɔnʃəsnəs] *n* Bewußtsein *nt*
conscript ['kɔnskript] *n* Dienstpflichtige *m*
consent [kən'sent] *v* einwilligen; zustimmen; *n* Einwilligung *f*, Zustimmung *f*
consequence ['kɔnsikwəns] *n* Wirkung *f*, Folge *f*
consequently ['kɔnsikwəntli] *adv* folglich
conservative [kən'sə:vətiv] *adj* erhal-

tend, konservativ
consider [kən'sidə] *v* betrachten; *erwägen; der Ansicht *sein, *finden
considerable [kən'sidərəbəl] *adj* beträchtlich; beachtlich, bedeutend
considerate [kən'sidərət] *adj* rücksichtsvoll
consideration [kən,sidə'reiʃən] *n* Erwägung *f*; Rücksicht *f*, Beachtung *f*
considering [kən'sidəriŋ] *prep* in Anbetracht
consignment [kən'sainmənt] *n* Sendung *f*
consist of [kən'sist] *bestehen aus
conspire [kən'spaiə] *v* sich *verschwören
constant ['kɔnstənt] *adj* beständig
constipated ['kɔnstipeitid] *adj* verstopft
constipation [,kɔnsti'peiʃən] *n* Obstipation *f*, Verstopfung *f*
constituency [kən'stitʃuənsi] *n* Wahlkreis *m*
constitution [,kɔnsti'tju:ʃən] *n* Grundgesetz *nt*
construct [kən'strʌkt] *v* bauen; aufbauen, errichten
construction [kən'strʌkʃən] *n* Konstruktion *f*; Bau *m*; Gebäude *nt*
consul ['kɔnsəl] *n* Konsul *m*
consulate ['kɔnsjulət] *n* Konsulat *nt*
consult [kən'sʌlt] *v* konsultieren
consultation [,kɔnsəl'teiʃən] *n* Konsultation *f*; ~ **hours** *n* Sprechstunde *f*
consumer [kən'sju:mə] *n* Verbraucher *m*, Konsument *m*
contact ['kɔntækt] *n* Kontakt *m*; Berührung *f*; *v* sich in Verbindung setzen mit; ~ **lenses** Kontaktlinsen *fpl*
contagious [kən'teidʒəs] *adj* ansteckend
contain [kən'tein] *v* *enthalten; umfassen
container [kən'teinə] *n* Behälter *m*; Container *m*
contemporary [kən'tempərəri] *adj* zeitgenössisch; damalig; *n* Zeitgenosse *m*
contempt [kən'tempt] *n* Verachtung *f*, Geringschätzung *f*
content [kən'tent] *adj* zufrieden
contents ['kɔntents] *pl* Inhalt *m*
contest ['kɔntest] *n* Streit *m*; Wettbewerb *m*
continent ['kɔntinənt] *n* Kontinent *m*, Erdteil *m*; Festland *nt*
continental [,kɔnti'nentəl] *adj* kontinental
continual [kən'tinjuəl] *adj* unaufhörlich; **continually** *adv* fortwährend
continue [kən'tinju:] *v* fortsetzen; *fortfahren, fortdauern
continuous [kən'tinjuəs] *adj* fortlaufend, anhaltend, ununterbrochen
contour ['kɔntuə] *n* Umriß *m*
contraceptive [,kɔntrə'septiv] *n* empfängnisverhütendes Mittel
contract[1] ['kɔntrækt] *n* Vertrag *m*
contract[2] [kən'trækt] *v* sich *zuziehen
contractor [kən'træktə] *n* Unternehmer *m*
contradict [,kɔntrə'dikt] *v* *widersprechen
contradictory [,kɔntrə'diktəri] *adj* widersprechend
contrary ['kɔntrəri] *n* Gegenteil *nt*; *adj* entgegengesetzt; **on the** ~ im Gegenteil
contrast ['kɔntrɑ:st] *n* Kontrast *m*; Unterschied *m*, Gegensatz *m*
contribution [,kɔntri'bju:ʃən] *n* Beitrag *m*
control [kən'troul] *n* Kontrolle *f*; *v* kontrollieren
controversial [,kɔntrə'və:ʃəl] *adj* Streit-, umstritten
convenience [kən'vi:njəns] *n* Bequem-

lichkeit *f*
convenient [kən'vi:njənt] *adj* bequem; angemessen, geeignet, passend
convent ['kɔnvənt] *n* Kloster *nt*
conversation [ˌkɔnvə'seiʃən] *n* Unterhaltung *f*, Gespräch *nt*
convert [kən'və:t] *v* bekehren; umrechnen, konvertieren
convict[1] [kən'vikt] *v* überführen
convict[2] ['kɔnvikt] *n* Verurteilte *m*
conviction [kən'vikʃən] *n* Überzeugung *f*; Überführung *f*
convince [kən'vins] *v* überzeugen
convulsion [kən'vʌlʃən] *n* Krampf *m*
cook [kuk] *n* Koch *m*; *v* kochen; zubereiten, zurichten
cookbook ['kukbuk] *nAm* Kochbuch *nt*
cooker ['kukə] *n* Kocher *m*; **gas ~** Gasherd *m*
cookery-book ['kukəribuk] *n* Kochbuch *nt*
cookie ['kuki] *nAm* Keks *m*
cool [ku:l] *adj* kühl; **cooling system** Kühlsystem *nt*
co-operation [kouˌɔpə'reiʃən] *n* Zusammenarbeit *f*; Mitarbeit *f*
co-operative [kou'ɔpərətiv] *adj* kooperativ; willig, bereitwillig; *n* Genossenschaft *f*
co-ordinate [kou'ɔ:dineit] *v* koordinieren
co-ordination [kouˌɔ:di'neiʃən] *n* Koordinierung *f*
copper ['kɔpə] *n* Kupfer *nt*
copy ['kɔpi] *n* Kopie *f*; Abschrift *f*; Exemplar *nt*; *v* kopieren; nachahmen; **carbon ~** Durchschlag *m*
coral ['kɔrəl] *n* Koralle *f*
cord [kɔ:d] *n* Seil *nt*; Leine *f*
cordial ['kɔ:diəl] *adj* herzlich
corduroy ['kɔ:dərɔi] *n* Kordsamt *m*
core [kɔ:] *n* Kern *m*; Kerngehäuse *nt*
cork [kɔ:k] *n* Korken *m*; Stöpsel *m*
corkscrew ['kɔ:kskru:] *n* Korkenzieher *m*
corn [kɔ:n] *n* Korn *nt*; Getreide *nt*; Hühnerauge *nt*; **~ on the cob** Maiskolben *m*
corner ['kɔ:nə] *n* Ecke *f*
cornfield ['kɔ:nfi:ld] *n* Kornfeld *nt*
corpse [kɔ:ps] *n* Leiche *f*
corpulent ['kɔ:pjulənt] *adj* korpulent; beleibt, dick
correct [kə'rekt] *adj* genau, korrekt, richtig; *v* korrigieren, verbessern
correction [kə'rekʃən] *n* Berichtigung *f*; Verbesserung *f*
correctness [kə'rektnəs] *n* Richtigkeit *f*
correspond [ˌkɔri'spɔnd] *v* korrespondieren; übereinstimmen
correspondence [ˌkɔri'spɔndəns] *n* Korrespondenz *f*, Briefwechsel *m*
correspondent [ˌkɔri'spɔndənt] *n* Korrespondent *m*
corridor ['kɔridɔ:] *n* Flur *m*
corrupt [kə'rʌpt] *adj* korrupt; *v* *bestechen
corruption [kə'rʌpʃən] *n* Bestechung *f*
corset ['kɔ:sit] *n* Korsett *nt*
cosmetics [kɔz'metiks] *pl* Kosmetika *ntpl*, Schönheitsmittel *ntpl*
cost [kɔst] *n* Kosten *pl*; Preis *m*
***cost** [kɔst] *v* kosten
cosy ['kouzi] *adj* gemütlich, behaglich
cot [kɔt] *nAm* Liege *f*
cottage ['kɔtidʒ] *n* Sommerhaus *nt*
cotton ['kɔtən] *n* Baumwolle *f*; Baumwoll-
cotton-wool ['kɔtənwul] *n* Watte *f*
couch [kautʃ] *n* Couch *f*
cough [kɔf] *n* Husten *m*; *v* husten
could [kud] *v* (p can)
council ['kaunsəl] *n* Rat *m*
councillor ['kaunsələ] *n* Ratsmitglied *nt*
counsel ['kaunsəl] *n* Rat *m*

counsellor ['kaunsələ] *n* Ratgeber *m*
count [kaunt] *v* zählen; addieren; mitzählen; *halten für; *n* Graf *m*
counter ['kauntə] *n* Ladentisch *m*; Schalter *m*
counterfeit ['kauntəfi:t] *v* fälschen
counterfoil ['kauntəfɔil] *n* Kontrollabschnitt *m*
counterpane ['kauntəpein] *n* Bettdecke *f*
countess ['kauntis] *n* Gräfin *f*
country ['kʌntri] *n* Land *nt*; Gegend *f*; ~ **house** Landhaus *nt*
countryman ['kʌntrimən] *n* (pl -men) Landsmann *m*
countryside ['kʌntrisaid] *n* Landschaft *f*
county ['kaunti] *n* Grafschaft *f*
couple ['kʌpəl] *n* Paar *nt*
coupon ['ku:pɔn] *n* Kupon *m*, Bezugsschein *m*
courage ['kʌridʒ] *n* Tapferkeit *f*, Mut *m*
courageous [kə'reidʒəs] *adj* tapfer, mutig
course [kɔ:s] *n* Kurs *m*; Gang *m*; Lauf *m*; Lehrgang *m*, Kursus *m*; **intensive** ~ Kurzlehrgang *m*; **of** ~ allerdings, selbstverständlich
court [kɔ:t] *n* Gericht *nt*; Hof *m*
courteous ['kə:tiəs] *adj* höflich
cousin ['kʌzən] *n* Base *f*, Vetter *m*
cover ['kʌvə] *v* bedecken, verdecken; *n* Obdach *nt*, Schutz *m*; Deckel *m*; Umschlag *m*; ~ **charge** Gedeckkosten *pl*
cow [kau] *n* Kuh *f*
coward ['kauəd] *n* Feigling *m*
cowardly ['kauədli] *adj* feige
cow-hide ['kauhaid] *n* Kuhhaut *f*
crab [kræb] *n* Krabbe *f*
crack [kræk] *n* Krachen *nt*; Riß *m*; *v* krachen; *brechen, *bersten
cracker ['krækə] *nAm* Keks *m*
cradle ['kreidəl] *n* Wiege *f*
cramp [kræmp] *n* Krampf *m*
crane [krein] *n* Kran *m*
crankcase ['kræŋkkeis] *n* Kurbelgehäuse *nt*
crankshaft ['kræŋkʃɑ:ft] *n* Kurbelwelle *f*
crash [kræʃ] *n* Zusammenstoß *m*; *v* *zusammenstoßen; abstürzen; ~ **barrier** Leitplanke *f*
crate [kreit] *n* Kiste *f*
crater ['kreitə] *n* Krater *m*
crawl [krɔ:l] *v* *kriechen; *n* Kraul *m*
craze [kreiz] *n* Fimmel *m*
crazy ['kreizi] *adj* verrückt; wahnsinnig
creak [kri:k] *v* knirschen
cream [kri:m] *n* Krem *f*; Sahne *f*; *adj* kremfarben
creamy ['kri:mi] *adj* sahnig
crease [kri:s] *v* zerknittern; *n* Falte *f*
create [kri'eit] *v* *schaffen; erschaffen
creature ['kri:tʃə] *n* Geschöpf *nt*
credible ['kredibəl] *adj* glaubwürdig
credit ['kredit] *n* Kredit *m*; *v* kreditieren; ~ **card** Kreditkarte *f*
creditor ['kreditə] *n* Gläubiger *m*
credulous ['kredjuləs] *adj* gutgläubig
creek [kri:k] *n* Bucht *f*
***creep** [kri:p] *v* *kriechen
creepy ['kri:pi] *adj* unheimlich, gruselig
cremate [kri'meit] *v* *verbrennen
cremation [kri'meiʃən] *n* Einäscherung *f*
crew [kru:] *n* Besatzung *f*
cricket ['krikit] *n* Kricket *nt*; Grille *f*
crime [kraim] *n* Verbrechen *nt*
criminal ['kriminəl] *n* Delinquent *m*, Verbrecher *m*; *adj* verbrecherisch, kriminell; ~ **law** Strafrecht *nt*
criminality [,krimi'næləti] *n* Kriminalität *f*
crimson ['krimzən] *adj* karmesinrot

crippled ['kripəld] *adj* verkrüppelt
crisis ['kraisis] *n* (pl crises) Krise *f*
crisp [krisp] *adj* knusprig
critic ['kritik] *n* Kritiker *m*
critical ['kritikəl] *adj* kritisch; entscheidend, heikel, bedenklich
criticism ['kritisizəm] *n* Kritik *f*
criticize ['kritisaiz] *v* kritisieren
crochet ['krouʃei] *v* häkeln
crockery ['krɔkəri] *n* Steingut *nt*, Töpferware *f*
crocodile ['krɔkədail] *n* Krokodil *nt*
crooked ['krukid] *adj* verdreht, krumm; unehrlich
crop [krɔp] *n* Ernte *f*
cross [krɔs] *v* *hinübergehen; *adj* ungehalten, böse; *n* Kreuz *nt*
cross-eyed ['krɔsaid] *adj* schielend
crossing ['krɔsiŋ] *n* Überfahrt *f*; Kreuzung *f*; Übergang *m*; Bahnübergang *m*
crossroads ['krɔsroudz] *n* Kreuzung *f*
crosswalk ['krɔswɔ:k] *nAm* Zebrastreifen *m*
crow [krou] *n* Krähe *f*
crowbar ['kroubɑ:] *n* Brecheisen *nt*
crowd [kraud] *n* Masse *f*, Menge *f*
crowded ['kraudid] *adj* voll; überfüllt
crown [kraun] *n* Krone *f*; *v* krönen; bekrönen
crucifix ['kru:sifiks] *n* Kruzifix *nt*
crucifixion [ˌkru:si'fikʃən] *n* Kreuzigung *f*
crucify ['kru:sifai] *v* kreuzigen
cruel [kruəl] *adj* grausam
cruise [kru:z] *n* Kreuzfahrt *f*, Seereise *f*
crumb [krʌm] *n* Krümel *m*
crusade [kru:'seid] *n* Kreuzzug *m*
crust [krʌst] *n* Kruste *f*
crutch [krʌtʃ] *n* Krücke *f*
cry [krai] *v* weinen; *schreien; *rufen; *n* Aufschrei *m*, Schrei *m*; Ruf *m*
crystal ['kristəl] *n* Kristall *nt*; *adj* kristallen
Cuba ['kju:bə] Kuba
Cuban ['kju:bən] *adj* kubanisch; *n* Kubaner *m*
cube [kju:b] *n* Kubus *m*; Würfel *m*
cuckoo ['kuku:] *n* Kuckuck *m*
cucumber ['kju:kəmbə] *n* Gurke *f*
cuddle ['kʌdəl] *v* verhätscheln
cudgel ['kʌdʒəl] *n* Knüppel *m*
cuff [kʌf] *n* Manschette *f*
cuff-links ['kʌfliŋks] *pl* Manschettenknöpfe *mpl*
cul-de-sac ['kʌldəsæk] *n* Sackgasse *f*
cultivate ['kʌltiveit] *v* bebauen; anbauen, kultivieren
culture ['kʌltʃə] *n* Kultur *f*
cultured ['kʌltʃəd] *adj* kultiviert
cunning ['kʌniŋ] *adj* listig
cup [kʌp] *n* Tasse *f*; Pokal *m*
cupboard ['kʌbəd] *n* Schrank *m*
curb [kə:b] *n* Randstein *m*; *v* zügeln
cure [kjuə] *v* heilen; *n* Kur *f*; Genesung *f*
curio ['kjuəriou] *n* (pl ~s) Rarität *f*
curiosity [ˌkjuəri'ɔsəti] *n* Neugier *f*
curious ['kjuəriəs] *adj* gespannt, neugierig; seltsam
curl [kə:l] *v* locken; *n* Locke *f*
curler ['kə:lə] *n* Lockenwickler *m*
curling-tongs ['kə:liŋtɔŋz] *pl* Brennschere *f*
curly ['kə:li] *adj* lockig
currant ['kʌrənt] *n* Korinthe *f*; Beere *f*
currency ['kʌrənsi] *n* Währung *f*; **foreign** ~ fremde Währung
current ['kʌrənt] *n* Strömung *f*; Strom *m*; *adj* gangbar, gegenwärtig; **alternating** ~ Wechselstrom *m*; **direct** ~ Gleichstrom *m*
curry ['kʌri] *n* Curry *m*
curse [kə:s] *v* fluchen; verfluchen; *n* Fluch *m*
curtain ['kə:tən] *n* Vorhang *m*

curve [kə:v] *n* Kurve *f*; Biegung *f*
curved [kə:vd] *adj* krumm, gekrümmt
cushion ['kuʃən] *n* Kissen *nt*
custodian [kʌ'stoudiən] *n* Saalwärter *m*
custody ['kʌstədi] *n* Haft *f*; Obhut *f*; Vormundschaft *f*
custom ['kʌstəm] *n* Gewohnheit *f*; Sitte *f*
customary ['kʌstəməri] *adj* üblich, gewöhnlich
customer ['kʌstəmə] *n* Kunde *m*; Klient *m*
Customs ['kʌstəmz] *pl* Zollbehörde *f*; ~ **duty** Zoll *m*; ~ **officer** Zöllner *m*
cut [kʌt] *n* Einschnitt *m*; Schnitt *m*
***cut** [kʌt] *v* *schneiden; senken; ~ **off** *abschneiden; abschalten
cutlery ['kʌtləri] *n* Besteck *nt*
cutlet ['kʌtlət] *n* Kotelett *nt*
cycle ['saikəl] *n* Rad *nt*; Fahrrad *nt*; Kreislauf *m*, Zyklus *m*
cyclist ['saiklist] *n* Radfahrer *m*
cylinder ['silində] *n* Zylinder *m*; ~ **head** Zylinderkopf *m*
cystitis [si'staitis] *n* Blasenentzündung *f*
Czech [tʃek] *adj* tschechisch; *n* Tscheche *m*
Czech Republic [tʃek ri'pʌblik] *n* Tschechien

D

dad [dæd] *n* Vater *m*
daddy ['dædi] *n* Vati *m*
daffodil ['dæfədil] *n* Narzisse *f*
daily ['deili] *adj* alltäglich, täglich; *n* Tageszeitung *f*
dairy ['dɛəri] *n* Molkerei *f*
dam [dæm] *n* Damm *m*; Deich *m*
damage ['dæmidʒ] *n* Schaden *m*; *v* beschädigen
damp [dæmp] *adj* feucht; naß; *n* Feuchtigkeit *f*; *v* befeuchten
dance [dɑ:ns] *v* tanzen; *n* Tanz *m*
dandelion ['dændilaiən] *n* Löwenzahn *m*
dandruff ['dændrəf] *n* Schuppen
Dane [dein] *n* Däne *m*
danger ['deindʒə] *n* Gefahr *f*
dangerous ['deindʒərəs] *adj* gefährlich
Danish ['deiniʃ] *adj* dänisch
dare [dɛə] *v* sich trauen, wagen; herausfordern
daring ['dɛəriŋ] *adj* wagehalsig
dark [dɑ:k] *adj* finster, dunkel; *n* Dunkelheit *f*, Finsternis *f*
darling ['dɑ:liŋ] *n* Schatz *m*, Liebling *m*
darn [dɑ:n] *v* stopfen
dash [dæʃ] *v* stürmen; *n* Gedankenstrich *m*
dashboard ['dæʃbɔ:d] *n* Armaturenbrett *nt*
data ['deitə] *pl* Angabe *f*
date[1] [deit] *n* Datum *nt*; Verabredung *f*; *v* datieren; **out of** ~ veraltet
date[2] [deit] *n* Dattel *f*
daughter ['dɔ:tə] *n* Tochter *f*
dawn [dɔ:n] *n* Morgendämmerung *f*; Tagesanbruch *m*
day [dei] *n* Tag *m*; **by** ~ bei Tage; ~ **trip** Tagesausflug *m*; **per** ~ pro Tag; **the** ~ **before yesterday** vorgestern
daybreak ['deibreik] *n* Tagesanbruch *m*
daylight ['deilait] *n* Tageslicht *nt*
dead [ded] *adj* tot; verstorben
deaf [def] *adj* taub
deal [di:l] *n* Transaktion *f*, Geschäft *nt*
***deal** [di:l] *v* austeilen; ~ **with** *v* sich

befassen mit; Geschäfte machen mit
dealer ['di:lə] *n* Kaufmann *m*, Händler *m*
dear [diə] *adj* lieb; teuer; wert
death [deθ] *n* Tod *m*; ~ **penalty** Todesstrafe *f*
debate [di'beit] *n* Debatte *f*
debit ['debit] *n* Soll *nt*
debt [det] *n* Schuld *f*
decaffeinated [di:'kæfineitid] *adj* koffeinfrei
deceit [di'si:t] *n* Betrug *m*
deceive [di'si:v] *v* *betrügen
December [di'sembə] Dezember
decency ['di:sənsi] *n* Anstand *m*
decent ['di:sənt] *adj* anständig
decide [di'said] *v* *beschließen, sich *entschließen, *entscheiden
decision [di'siʒən] *n* Beschluß *m*, Entscheidung *f*
deck [dek] *n* Deck *nt*; ~ **cabin** Deckkajüte *f*; ~ **chair** Liegestuhl *m*
declaration [ˌdeklə'reiʃən] *n* Erklärung *f*
declare [di'klɛə] *v* erklären; *angeben; verzollen
decoration [ˌdekə'reiʃən] *n* Dekoration *f*
decrease [di:'kri:s] *v* vermindern; *abnehmen; *n* Abnahme *f*
dedicate ['dedikeit] *v* widmen
deduce [di'dju:s] *v* ableiten
deduct [di'dʌkt] *v* *abziehen
deed [di:d] *n* Handlung *f*, Tat *f*
deep [di:p] *adj* tief
deep-freeze [ˌdi:p'fri:z] *n* Tiefkühltruhe *f*
deer [diə] *n* (pl ~) Rotwild *nt*
defeat [di'fi:t] *v* besiegen; *n* Niederlage *f*
defective [di'fektiv] *adj* schadhaft, mangelhaft
defence [di'fens] *n* Verteidigung *f*; Abwehr *f*
defend [di'fend] *v* verteidigen
deficiency [di'fiʃənsi] *n* Mangel *m*
deficit ['defisit] *n* Defizit *nt*
define [di'fain] *v* definieren, bestimmen
definite ['definit] *adj* bestimmt
definition [ˌdefi'niʃən] *n* Bestimmung *f*, Definition *f*
deformed [di'fɔ:md] *adj* mißgestaltet, entstellt
degree [di'gri:] *n* Grad *m*; Titel *m*
delay [di'lei] *v* verzögern; *aufschieben; *n* Aufenthalt *m*, Verzögerung *f*; Aufschub *m*
delegate ['deligət] *n* Abgesandte *m*
delegation [ˌdeli'geiʃən] *n* Delegation *f*, Abordnung *f*
deliberate[1] [di'libəreit] *v* beratschlagen, überlegen
deliberate[2] [di'libərət] *adj* absichtlich
deliberation [diˌlibə'reiʃən] *n* Erörterung *f*, Beratung *f*
delicacy ['delikəsi] *n* Leckerbissen *m*
delicate ['delikət] *adj* fein; zart; mißlich
delicatessen [ˌdelikə'tesən] *n* Feinkost *f*; Feinkostgeschäft *nt*
delicious [di'liʃəs] *adj* lecker, köstlich
delight [di'lait] *n* Genuß *m*, Wonne *f*; *v* entzücken
delightful [di'laitfəl] *adj* köstlich, entzückend
deliver [di'livə] *v* abliefern, ausliefern; erlösen
delivery [di'livəri] *n* Zustellung *f*, Lieferung *f*; Entbindung *f*; Erlösung *f*; ~ **van** Lieferwagen *m*
demand [di'mɑ:nd] *v* verlangen, fordern; *n* Forderung *f*; Nachfrage *f*
democracy [di'mɔkrəsi] *n* Demokratie *f*
democratic [ˌdemə'krætik] *adj* demokratisch

demolish [di'mɔliʃ] *v* *niederreißen
demolition [ˌdemə'liʃən] *n* Abbruch *m*
demonstrate ['demənstreit] *v* *beweisen; demonstrieren
demonstration [ˌdemən'streiʃən] *n* Demonstration *f*; Kundgebung *f*
den [den] *n* Höhle *f*
Denmark ['denmɑ:k] Dänemark
denomination [diˌnɔmi'neiʃən] *n* Benennung *f*
dense [dens] *adj* dicht
dent [dent] *n* Beule *f*
dentist ['dentist] *n* Zahnarzt *m*
denture ['dentʃə] *n* Gebiß *nt*
deny [di'nai] *v* leugnen; versagen, verweigern, *enthalten
deodorant [di:'oudərənt] *n* Deodorant *nt*
depart [di'pɑ:t] *v* *weggehen, abreisen; *sterben
department [di'pɑ:tmənt] *n* Abteilung *f*; ~ **store** Kaufhaus *nt*
departure [di'pɑ:tʃə] *n* Abreise *f*, Abfahrt *f*
dependant [di'pendənt] *adj* abhängig
depend on [di'pend] *abhängen von
deposit [di'pɔzit] *n* Bank-Einlage *f*; Pfand *nt*; Sediment *nt*, Ablagerung *f*; *v* hinterlegen
depository [di'pɔzitəri] *n* Lagerraum *m*
depot ['depou] *n* Lager *nt*; *nAm* Bahnhof *m*
depress [di'pres] *v* deprimieren
depressed [di'prest] *adj* niedergeschlagen
depression [di'preʃən] *n* Niedergeschlagenheit *f*; Tief *nt*; Rückgang *m*
deprive of [di'praiv] *entnehmen
depth [depθ] *n* Tiefe *f*
deputy ['depjuti] *n* Abgeordnete *m*; Stellvertreter *m*
descend [di'send] *v* *herabsteigen
descendant [di'sendənt] *n* Nachkomme *m*
descent [di'sent] *n* Abstieg *m*
describe [di'skraib] *v* *beschreiben
description [di'skripʃən] *n* Beschreibung *f*; Personalbeschreibung *f*
desert[1] ['dezət] *n* Wüste *f*; *adj* wüst, verlassen
desert[2] [di'zə:t] *v* desertieren; *verlassen
deserve [di'zə:v] *v* verdienen
design [di'zain] *v* *entwerfen; *n* Entwurf *m*; Zweck *m*
designate ['dezigneit] *v* *anweisen
desirable [di'zaiərəbəl] *adj* begehrenswert, wünschenswert
desire [di'zaiə] *n* Wunsch *m*; Lust *f*, Verlangen *nt*; *v* begehren, verlangen, wünschen
desk [desk] *n* Schreibtisch *m*; Pult *nt*; Schulbank *f*
despair [di'spɛə] *n* Verzweiflung *f*; *v* verzweifeln
despatch [di'spætʃ] *v* *versenden
desperate ['despərət] *adj* verzweifelt
despise [di'spaiz] *v* verachten
despite [di'spait] *prep* trotz
dessert [di'zə:t] *n* Nachtisch *m*
destination [ˌdesti'neiʃən] *n* Bestimmungsort *m*
destine ['destin] *v* bestimmen
destiny ['destini] *n* Verhängnis *nt*, Schicksal *nt*
destroy [di'strɔi] *v* zerstören, vernichten
destruction [di'strʌkʃən] *n* Zerstörung *f*; Untergang *m*
detach [di'tætʃ] *v* losmachen
detail ['di:teil] *n* Einzelheit *f*
detailed ['di:teild] *adj* ausführlich, eingehend
detect [di'tekt] *v* entdecken
detective [di'tektiv] *n* Detektiv *m*; ~ **story** Kriminalroman *m*

detergent [di'tə:dʒənt] *n* Reinigungsmittel *nt*
determine [di'tə:min] *v* festsetzen, bestimmen
determined [di'tə:mind] *adj* entschlossen
detour ['di:tuə] *n* Umweg *m*; Umleitung *f*
devaluation [,di:vælju'eiʃən] *n* Abwertung *f*
devalue [,di:'vælju:] *v* entwerten
develop [di'veləp] *v* entwickeln
development [di'veləpmənt] *n* Entwicklung *f*
deviate ['di:vieit] *v* *abweichen
devil ['devəl] *n* Teufel *m*
devise [di'vaiz] *v* *ausdenken
devote [di'vout] *v* widmen
dew [dju:] *n* Tau *m*
diabetes [,daiə'bi:ti:z] *n* Diabetes *m*, Zuckerkrankheit *f*
diabetic [,daiə'betik] *n* Diabetiker *m*
diagnose [,daiəg'nouz] *v* diagnostizieren; feststellen
diagnosis [,daiəg'nousis] *n* (pl -ses) Diagnose *f*
diagonal [dai'ægənəl] *n* Diagonale *f*; *adj* diagonal
diagram ['daiəgræm] *n* Schema *nt*; graphische Darstellung
dialect ['daiəlekt] *n* Mundart *f*
diamond ['daiəmənd] *n* Diamant *m*
diaper ['daiəpə] *nAm* Windel *f*
diaphragm ['daiəfræm] *n* Membran *f*
diarrhoea [daiə'riə] *n* Durchfall *m*
diary ['daiəri] *n* Merkbuch *nt*; Tagebuch *nt*
dictaphone ['diktəfoun] *n* Diktiergerät *nt*
dictate [dik'teit] *v* diktieren
dictation [dik'teiʃən] *n* Diktat *nt*
dictator [dik'teitə] *n* Diktator *m*
dictionary ['dikʃənəri] *n* Wörterbuch *nt*
did [did] *v* (p do)
die [dai] *v* *sterben
diesel ['di:zəl] *n* Diesel *m*
diet ['daiət] *n* Diät *f*
differ ['difə] *v* sich *unterscheiden
difference ['difərəns] *n* Unterschied *m*
different ['difərənt] *adj* verschieden; ander
difficult ['difikəlt] *adj* schwierig; schwer
difficulty ['difikəlti] *n* Schwierigkeit *f*; Mühe *f*
***dig** [dig] *v* *graben
digest [di'dʒest] *v* verdauen
digestible [di'dʒestəbəl] *adj* verdaulich
digestion [di'dʒestʃən] *n* Verdauung *f*
digit ['didʒit] *n* Ziffer *f*
digital ['didʒitəl] *adj* digital
dignified ['dignifaid] *adj* würdevoll
dike [daik] *n* Deich *m*; Damm *m*
dilapidated [di'læpideitid] *adj* baufällig
diligence ['dilidʒəns] *n* Fleiß *m*, Eifer *m*
diligent ['dilidʒənt] *adj* fleißig, eifrig
dilute [dai'lju:t] *v* verdünnen
dim [dim] *adj* trübe, matt; dunkel
dine [dain] *v* zu Abend *essen
dinghy ['diŋgi] *n* Jolle *f*
dining-car ['dainiŋka:] *n* Speisewagen *m*
dining-room ['dainiŋru:m] *n* Speisezimmer *nt*; Speisesaal *m*
dinner ['dinə] *n* Hauptmahlzeit *f*; Abendessen *nt*, Mittagessen *nt*
dinner-jacket ['dinə,dʒækit] *n* Smoking *m*
dinner-service ['dinə,sə:vis] *n* Eßservice *nt*
diphtheria [dif'θiəriə] *n* Diphtherie *f*
diploma [di'ploumə] *n* Diplom *nt*
diplomat ['dipləmæt] *n* Diplomat *m*
direct [di'rekt] *adj* unmittelbar, direkt; *v* richten; *weisen; führen
direction [di'rekʃən] *n* Richtung *f*;

Anweisung *f*; Regie *f*; Verwaltung *f*, Vorstand *m*; **directional signal** *Am* Winker *m*; **directions for use** Gebrauchsanweisung *f*
directive [di'rektiv] *n* Richtlinie *f*
director [di'rektə] *n* Direktor *m*; Regisseur *m*
dirt [də:t] *n* Schmutz *m*
dirty ['də:ti] *adj* schmierig, dreckig, schmutzig
disabled [di'seibəld] *adj* körperbehindert, invalide
disadvantage [ˌdisəd'vɑ:ntidʒ] *n* Nachteil *m*
disagree [ˌdisə'gri:] *v* uneins *sein, nicht übereinstimmen
disagreeable [ˌdisə'gri:əbəl] *adj* unangenehm
disappear [ˌdisə'piə] *v* *verschwinden
disappoint [ˌdisə'pɔint] *v* enttäuschen
disappointment [ˌdisə'pɔintmənt] *n* Enttäuschung *f*
disapprove [ˌdisə'pru:v] *v* mißbilligen
disaster [di'zɑ:stə] *n* Katastrophe *f*; Mißgeschick *nt*, Unheil *nt*
disastrous [di'zɑ:strəs] *adj* verheerend
disc [disk] *n* Scheibe *f*; Schallplatte *f*; **slipped** ~ Hernie *f*
discard [di'skɑ:d] *v* ausrangieren
discharge [dis'tʃɑ:dʒ] *v* *entladen, *ausladen; ~ **of** *entbinden von
discipline ['disiplin] *n* Disziplin *f*
discolour [di'skʌlə] *v* sich verfärben
disconnect [ˌdiskə'nekt] *v* trennen; ausschalten
discontented [ˌdiskən'tentid] *adj* unzufrieden
discontinue [ˌdiskən'tinju:] *v* einstellen, aufhören mit
discount ['diskaunt] *n* Rabatt *m*
discover [di'skʌvə] *v* entdecken
discovery [di'skʌvəri] *n* Entdeckung *f*
discuss [di'skʌs] *v* erörtern; diskutieren
discussion [di'skʌʃən] *n* Diskussion *f*; Gespräch *nt*, Besprechung *f*, Auseinandersetzung *f*
disease [di'zi:z] *n* Krankheit *f*
disembark [ˌdisim'bɑ:k] *v* an Land *gehen, landen
disgrace [dis'greis] *n* Schande *f*
disguise [dis'gaiz] *v* sich verkleiden; *n* Verkleidung *f*
disgusting [dis'gʌstiŋ] *adj* widerlich, ekelhaft
dish [diʃ] *n* Teller *m*; Platte *f*, Schüssel *f*; Gericht *nt*
dishonest [di'sɔnist] *adj* unehrlich
disinfect [ˌdisin'fekt] *v* desinfizieren
disinfectant [ˌdisin'fektənt] *n* Desinfektionsmittel *nt*
dislike [di'slaik] *v* nicht ausstehen *können, nicht *mögen; *n* Abneigung *f*, Widerwille *m*, Antipathie *f*
dislocated ['disləkeitid] *adj* verrenkt
dismiss [dis'mis] *v* fortschicken; *entlassen
disorder [di'sɔ:də] *n* Unordnung *f*
dispatch [di'spætʃ] *v* verschicken, abfertigen
display [di'splei] *v* auslegen; zeigen; *n* Ausstellung *f*, Auslage *f*
displease [di'spli:z] *v* verstimmen, *mißfallen
disposable [di'spouzəbəl] *adj* wegwerfbar
disposal [di'spouzəl] *n* Verfügung *f*
dispose of [di'spouz] verfügen über
dispute [di'spju:t] *n* Auseinandersetzung *f*; Zank *m*, Streitigkeit *f*; *v* *streiten, *bestreiten
dissatisfied [di'sætisfaid] *adj* unzufrieden
dissolve [di'zɔlv] *v* auflösen
dissuade from [di'sweid] *abraten
distance ['distəns] *n* Entfernung *f*; ~ **in kilometres** Kilometerzahl *f*
distant ['distənt] *adj* entfernt

distinct [di'stiŋkt] *adj* deutlich; verschieden
distinction [di'stiŋkʃən] *n* Unterscheidung *f*, Unterschied *m*
distinguish [di'stiŋgwiʃ] *v* *unterscheiden
distinguished [di'stiŋgwiʃt] *adj* vornehm
distress [di'stres] *n* Not *f*; ~ **signal** Notsignal *nt*
distribute [di'stribju:t] *v* verteilen
distributor [di'stribjutə] *n* Generalvertreter *m*; Stromverteiler *m*
district ['distrikt] *n* Bezirk *m*; Gegend *f*
disturb [di'stə:b] *v* stören
disturbance [di'stə:bəns] *n* Störung *f*; Verwirrung *f*
ditch [ditʃ] *n* Graben *m*
dive [daiv] *v* tauchen
diversion [dai'və:ʃən] *n* Umleitung *f*; Ablenkung *f*
divide [di'vaid] *v* teilen; verteilen; trennen
divine [di'vain] *adj* göttlich
division [di'viʒən] *n* Teilung *f*; Trennung *f*; Abteilung *f*
divorce [di'vɔ:s] *n* Scheidung *f*; *v* *scheiden
dizziness ['dizinəs] *n* Schwindel *m*
dizzy ['dizi] *adj* schwindlig
***do** [du:] *v* *tun; genügen
dock [dɔk] *n* Dock *nt*; Kai *m*; *v* anlegen
docker ['dɔkə] *n* Hafenarbeiter *m*
doctor ['dɔktə] *n* Doktor *m*, Arzt *m*
document ['dɔkjumənt] *n* Urkunde *f*
dog [dɔg] *n* Hund *m*
dogged ['dɔgid] *adj* hartnäckig
doll [dɔl] *n* Puppe *f*
dome [doum] *n* Kuppel *f*
domestic [də'mestik] *adj* häuslich; inländisch; *n* Diener *m*
domicile ['dɔmisail] *n* Wohnsitz *m*
domination [,dɔmi'neiʃən] *n* Herrschaft *f*
dominion [də'minjən] *n* Herrschaft *f*
donate [dou'neit] *v* spenden
donation [dou'neiʃən] *n* Spende *f*, Schenkung *f*
done [dʌn] *v* (pp do)
donkey ['dɔŋki] *n* Esel *m*
donor ['dounə] *n* Donator *m*
door [dɔ:] *n* Tür *f*; **revolving** ~ Drehtür *f*; **sliding** ~ Schiebetür *f*
doorbell ['dɔ:bel] *n* Türklingel *f*
door-keeper ['dɔ:,ki:pə] *n* Portier *m*
doorman ['dɔ:mən] *n* (pl -men) Portier *m*
dormitory ['dɔ:mitri] *n* Schlafsaal *m*
dose [dous] *n* Dosis *f*
dot [dɔt] *n* Punkt *m*
double ['dʌbəl] *adj* doppelt
doubt [daut] *v* bezweifeln, zweifeln; *n* Zweifel *m*; **without** ~ ohne Zweifel
doubtful ['dautfəl] *adj* zweifelhaft; ungewiß
dough [dou] *n* Teig *m*
down[1] [daun] *adv* herab; hinab, herunter, nieder; *adj* niedergeschlagen; *prep* entlang, hinab; ~ **payment** Anzahlung *f*
down[2] [daun] *n* Daune *f*
downpour ['daunpɔ:] *n* Regenguß *m*
downstairs [,daun'stεəz] *adv* hinunter, unten
downstream [,daun'stri:m] *adv* stromabwärts
down-to-earth [,dauntu'ə:θ] *adj* sachlich
downwards ['daunwədz] *adv* nach unten, abwärts
dozen ['dʌzən] *n* (pl ~, ~s) Dutzend *nt*
draft [drɑ:ft] *n* Tratte *f*
drag [dræg] *v* schleppen
dragon ['drægən] *n* Drache *m*
drain [drein] *v* trockenlegen; entwäs-

sern; *n* Abfluß *m*
drama ['drɑ:mə] *n* Drama *nt*; Trauerspiel *nt*; Theater *nt*
dramatic [drə'mætik] *adj* dramatisch
dramatist ['dræmətist] *n* Dramatiker *m*
drank [dræŋk] *v* (p drink)
draper ['dreipə] *n* Tuchhändler *m*
drapery ['dreipəri] *n* Tuchwaren *fpl*
draught [drɑ:ft] *n* Luftzug *m*; **draughts** Damespiel *nt*
draught-board ['drɑ:ftbɔ:d] *n* Damebrett *nt*
draw [drɔ:] *n* Ziehung *f*
***draw** [drɔ:] *v* zeichnen; *ziehen; *abheben; ~ **up** abfassen
drawbridge ['drɔ:bridʒ] *n* Zugbrücke *f*
drawer ['drɔ:ə] *n* Schublade *f*; **drawers** Unterhose *f*
drawing ['drɔ:iŋ] *n* Zeichnung *f*
drawing-pin ['drɔ:iŋpin] *n* Reißzwecke *f*
drawing-room ['drɔ:iŋru:m] *n* Empfangszimmer *nt*
dread [dred] *v* befürchten; *n* Angst *f*
dreadful ['dredfəl] *adj* schrecklich, furchtbar
dream [dri:m] *n* Traum *m*
***dream** [dri:m] *v* träumen
dress [dres] *v* ankleiden; sich kleiden, sich ankleiden; *verbinden; *n* Kleid *nt*
dressing-gown ['dresiŋgaun] *n* Morgenrock *m*
dressing-room ['dresiŋru:m] *n* Ankleideraum *nt*
dressing-table ['dresiŋ,teibəl] *n* Frisierkommode *f*
dressmaker ['dres,meikə] *n* Schneiderin *f*
drill [dril] *v* bohren; trainieren; *n* Bohrer *m*
drink [driŋk] *n* Aperitif *m*, Drink *m*
***drink** [driŋk] *v* *trinken
drinking-water ['driŋkiŋ,wɔ:tə] *n* Trinkwasser *nt*
drip-dry [,drip'drai] *adj* bügelfrei
drive [draiv] *n* Weg *m*; Fahrt *f*
***drive** [draiv] *v* *fahren
driver ['draivə] *n* Fahrer *m*
drizzle ['drizəl] *n* Sprühregen *m*
drop [drɔp] *v* fallen *lassen; *n* Tropfen *m*
drought [draut] *n* Dürre *f*
drown [draun] *v* *ertrinken; ***be drowned** *ertrinken
drug [drʌg] *n* Droge *f*; Arznei *f*
drugstore ['drʌgstɔ:] *nAm* Drogerie *f*, Apotheke *f*; Warenhaus *nt*
drum [drʌm] *n* Trommel *f*
drunk [drʌŋk] *adj* (pp drink) betrunken
dry [drai] *adj* trocken; *v* trocknen; abtrocknen
dry-clean [,drai'kli:n] *v* chemisch reinigen
dry-cleaner's [,drai'kli:nəz] *n* chemische Reinigung
dryer ['draiə] *n* Trockner *m*
duchess [dʌtʃis] *n* Herzogin *f*
duck [dʌk] *n* Ente *f*
due [dju:] *adj* erwartet; schuldig; fällig
dues [dju:z] *pl* Gebühren
dug [dʌg] *v* (p, pp dig)
duke [dju:k] *n* Herzog *m*
dull [dʌl] *adj* langweilig; matt; stumpf
dumb [dʌm] *adj* stumm; blöde, dumm
dune [dju:n] *n* Düne *f*
dung [dʌŋ] *n* Dünger *m*
dunghill ['dʌŋhil] *n* Misthaufen *m*
duration [dju'reiʃən] *n* Dauer *f*
during ['djuəriŋ] *prep* während
dusk [dʌsk] *n* Abenddämmerung *f*
dust [dʌst] *n* Staub *m*
dustbin ['dʌstbin] *n* Abfalleimer *m*
dusty ['dʌsti] *adj* staubig
Dutch [dʌtʃ] *adj* niederländisch, hol-

ländisch
Dutchman ['dʌtʃmən] *n* (pl -men) Niederländer *m*, Holländer *m*
dutiable ['dju:tiəbəl] *adj* zollpflichtig
duty ['dju:ti] *n* Pflicht *f*; Aufgabe *f*; Einfuhrzoll *m*; **Customs** ~ Zoll *m*
duty-free [ˌdju:ti'fri:] *adj* zollfrei
dwarf [dwɔ:f] *n* Zwerg *m*
dye [dai] *v* färben; *n* Farbe *f*
dynamo ['dainəmou] *n* (pl ~s) Dynamo *m*
dysentery ['disəntri] *n* Ruhr *f*

E

each [i:tʃ] *adj* jeder; ~ **other** einander
eager ['i:gə] *adj* begierig
eagle ['i:gəl] *n* Adler *m*
ear [iə] *n* Ohr *nt*
earache ['iəreik] *n* Ohrenschmerzen *mpl*
ear-drum ['iədrʌm] *n* Trommelfell *nt*
earl [ə:l] *n* Graf *m*
early ['ə:li] *adj* früh
earn [ə:n] *v* verdienen
earnest ['ə:nist] *n* Ernst *m*
earnings ['ə:niŋz] *pl* Einnahmen, Verdienst *m*
earring ['iəriŋ] *n* Ohrring *m*
earth [ə:θ] *n* Erde *f*; Boden *m*
earthenware ['ə:θənwɛə] *n* Steingut *nt*
earthquake ['ə:θkweik] *n* Erdbeben *nt*
ease [i:z] *n* Ungezwungenheit *f*, Leichtigkeit *f*; Wohlbefinden *nt*
east [i:st] *n* Osten *m*
Easter ['i:stə] Ostern
easterly ['i:stəli] *adj* östlich
eastern ['i:stən] *adj* östlich
easy ['i:zi] *adj* bequem; behaglich; ~ **chair** Lehnstuhl *m*
easy-going ['i:ziˌgouiŋ] *adj* lässig
***eat** [i:t] *v* *essen; speisen
eavesdrop ['i:vzdrɔp] *v* abhorchen
ebony ['ebəni] *n* Ebenholz *nt*
eccentric [ik'sentrik] *adj* überspannt
echo ['ekou] *n* (pl ~es) Widerhall *m*, Echo *nt*
eclipse [i'klips] *n* Finsternis *f*
economic [ˌi:kə'nɔmik] *adj* wirtschaftlich
economical [ˌi:kə'nɔmikəl] *adj* sparsam
economist [i'kɔnəmist] *n* Volkswirt *m*
economize [i'kɔnəmaiz] *v* sparen
economy [i'kɔnəmi] *n* Wirtschaft *f*
ecstasy ['ekstəzi] *n* Verzückung *f*
Ecuador ['ekwədɔ:] Ekuador
Ecuadorian [ˌekwə'dɔ:riən] *n* Ekuadorianer *m*
eczema ['eksimə] *n* Ekzem *nt*
edge [edʒ] *n* Kante *f*, Rand *m*
edible ['edibəl] *adj* eßbar
edition [i'diʃən] *n* Ausgabe *f*; **morning** ~ Morgenausgabe *f*
editor ['editə] *n* Redakteur *m*
educate ['edʒukeit] *v* ausbilden
education [ˌedʒu'keiʃən] *n* Erziehung *f*
eel [i:l] *n* Aal *m*
effect [i'fekt] *n* Ergebnis *nt*, Wirkung *f*; *v* zustande *bringen; **in** ~ tatsächlich
effective [i'fektiv] *adj* wirksam, wirkungsvoll
efficient [i'fiʃənt] *adj* leistungsfähig, zweckmäßig
effort ['efət] *n* Anstrengung *f*; Bemühung *f*
egg [eg] *n* Ei *nt*
egg-cup ['egkʌp] *n* Eierbecher *m*
eggplant ['egplɑ:nt] *n* Aubergine *f*
egg-yolk ['egjouk] *n* Eidotter *nt*
egoistic [ˌegou'istik] *adj* egoistisch
Egypt ['i:dʒipt] Ägypten
Egyptian [i'dʒipʃən] *adj* ägyptisch; *n* Agypter *m*
eiderdown ['aidədaun] *n* Daunendecke *f*

eight [eit] *num* acht
eighteen [ˌei'ti:n] *num* achtzehn
eighteenth [ˌei'ti:nθ] *num* achtzehnte
eighth [eitθ] *num* achte
eighty ['eiti] *num* achtzig
either ['aiðə] *pron* einer von beiden; **either ... or** entweder ... oder
elaborate [i'læbəreit] *v* ausarbeiten
elastic [i'læstik] *adj* elastisch; dehnbar; Gummiband *nt*
elasticity [ˌelæ'stisəti] *n* Spannkraft *f*
elbow ['elbou] *n* Ellbogen *m*
elder ['eldə] *adj* älter
elderly ['eldəli] *adj* ältlich
eldest ['eldist] *adj* ältest
elect [i'lekt] *v* wählen
election [i'lekʃən] *n* Wahl *f*
electric [i'lektrik] *adj* elektrisch; ~ **razor** Rasierapparat *m*; ~ **cord** Kabel *nt*
electrician [ˌilek'triʃən] *n* Elektriker *m*
electricity [ˌilek'trisəti] *n* Elektrizität *f*
electronic [ilek'trɔnik] *adj* elektronisch
elegance ['eligəns] *n* Eleganz *f*
elegant ['eligənt] *adj* elegant
element ['elimənt] *n* Bestandteil *m*, Element *nt*
elephant ['elifənt] *n* Elefant *m*
elevator ['eliveitə] *nAm* Aufzug *m*
eleven [i'levən] *num* elf
eleventh [i'levənθ] *num* elfte
elf [elf] *n* (pl elves) Elfe *f*
eliminate [i'limineit] *v* beseitigen
elm [elm] *n* Ulme *f*
else [els] *adv* sonst
elsewhere [ˌel'swɛə] *adv* anderswo
elucidate [i'lu:sideit] *v* erläutern
emancipation [iˌmænsi'peiʃən] *n* Emanzipation *f*
embankment [im'bæŋkmənt] *n* Damm *m*
embargo [em'bɑ:gou] *n* (pl ~es) Embargo *nt*
embark [im'bɑ:k] *v* sich einschiffen; *einsteigen
embarkation [ˌembɑ:'keiʃən] *n* Einschiffung *f*
embarrass [im'bærəs] *v* verwirren; in Verlegenheit *bringen; hindern; **embarrassed** verlegen; **embarrassing** peinlich
embassy ['embəsi] *n* Botschaft *f*
emblem ['embləm] *n* Emblem *nt*
embrace [im'breis] *v* umarmen; *n* Umarmung *f*
embroider [im'brɔidə] *v* sticken
embroidery [im'brɔidəri] *n* Stickerei *f*
emerald ['emərəld] *n* Smaragd *m*
emergency [i'mə:dʒənsi] *n* Notfall *m*; Notlage *f*; ~ **exit** Notausgang *m*
emigrant ['emigrənt] *n* Auswanderer *m*
emigrate ['emigreit] *v* auswandern
emigration [ˌemi'greiʃən] *n* Auswanderung *f*
emotion [i'mouʃən] *n* Rührung *f*, Erregung *f*
emperor ['empərə] *n* Kaiser *m*
emphasize ['emfəsaiz] *v* betonen
empire ['empaiə] *n* Kaiserreich *nt*, Reich *nt*
employ [im'plɔi] *v* beschäftigen; *verwenden
employee [ˌemplɔi'i:] *n* Arbeitnehmer *m*, Angestellte *m*
employer [im'plɔiə] *n* Arbeitgeber *m*
employment [im'plɔimənt] *n* Beschäftigung *f*, Tätigkeit *f*; ~ **exchange** Arbeitsamt *nt*
empress ['empris] *n* Kaiserin *f*
empty ['empti] *adj* leer; *v* leeren
enable [i'neibəl] *v* befähigen
enamel [i'næməl] *n* Email *f*
enamelled [i'næməld] *adj* emailliert
enchanting [in'tʃɑ:ntiŋ] *adj* zauberhaft, bezaubernd
encircle [in'sə:kəl] *v* einkreisen, *umschließen; *einschließen

enclose [iŋ'klouz] *v* *beischließen, beilegen
enclosure [iŋ'klouʒə] *n* Beilage *f*
encounter [iŋ'kauntə] *v* begegnen; *n* Begegnung *f*
encourage [iŋ'kʌridʒ] *v* ermutigen
encyclopaedia [en,saiklə'pi:diə] *n* Enzyklopädie *f*
end [end] *n* Schluß *m*, Ende *nt*; *v* beenden; enden
ending ['endiŋ] *n* Ende *nt*
endless ['endləs] *adj* unendlich
endorse [in'dɔ:s] *v* abzeichnen, indossieren
endure [in'djuə] *v* *ertragen
enemy ['enəmi] *n* Feind *m*
energetic [,enə'dʒetik] *adj* energisch
energy ['enədʒi] *n* Energie *f*; Kraft *f*
engage [iŋ'geidʒ] *v* anstellen; mieten; sich verpflichten; **engaged** verlobt; beschäftigt, besetzt
engagement [iŋ'geidʒmənt] *n* Verlobung *f*; Verpflichtung *f*; Verabredung *f*; ~ **ring** Verlobungsring *m*
engine ['endʒin] *n* Maschine *f*, Motor *m*; Lokomotive *f*
engineer [,endʒi'niə] *n* Ingenieur *m*
England ['iŋglənd] England
English ['iŋgliʃ] *adj* englisch
Englishman ['iŋgliʃmən] *n* (pl -men) Engländer *m*
engrave [iŋ'greiv] *v* gravieren
engraver [iŋ'greivə] *n* Graveur *m*
engraving [iŋ'greiviŋ] *n* Stich *m*
enigma [i'nigmə] *n* Rätsel *nt*
enjoy [in'dʒɔi] *v* *genießen
enjoyable [in'dʒɔiəbəl] *adj* erfreulich, gefällig, angenehm; schmackhaft
enjoyment [in'dʒɔimənt] *n* Genuß *m*
enlarge [in'lɑ:dʒ] *v* vergrößern; erweitern
enlargement [in'lɑ:dʒmənt] *n* Vergrößerung *f*
enormous [i'nɔ:məs] *adj* riesig, ungeheuer
enough [i'nʌf] *adv* genug; *adj* genügend
enquire [iŋ'kwaiə] *v* sich erkundigen; untersuchen
enquiry [iŋ'kwaiəri] *n* Erkundigung *f*; Untersuchung *f*; Umfrage *f*
enter ['entə] *v* *betreten, *eintreten; *einschreiben
enterprise ['entəpraiz] *n* Unternehmen *nt*
entertain [,entə'tein] *v* *unterhalten, amüsieren; bewirten
entertainer [,entə'teinə] *n* Conférencier *m*
entertaining [,entə'teiniŋ] *adj* unterhaltsam, amüsant
entertainment [,entə'teinmənt] *n* Amüsement *nt*, Unterhaltung *f*
enthusiasm [in'θju:ziæzəm] *n* Begeisterung *f*
enthusiastic [in,θju:zi'æstik] *adj* begeistert
entire [in'taiə] *adj* ganz
entirely [in'taiəli] *adv* ganz
entrance ['entrəns] *n* Eingang *m*; Zutritt *m*; Eintritt *m*
entrance-fee ['entrənsfi:] *n* Eintrittsgeld *nt*
entry ['entri] *n* Eingang *m*, Eintritt *m*; Zugang *m*; Eintragung *f*; **no** ~ Eintritt verboten
envelope ['envəloup] *n* Briefumschlag *m*
envious ['enviəs] *adj* neidisch, eifersüchtig
environment [in'vaiərənmənt] *n* Umwelt *f*; Umgebung *f*
envoy ['envɔi] *n* Abgesandte *m*
envy ['envi] *n* Neid *m*; *v* beneiden
epic ['epik] *n* Epos *nt*; *adj* episch
epidemic [,epi'demik] *n* Epidemie *f*
epilepsy ['epilepsi] *n* Epilepsie *f*
epilogue ['epilɔg] *n* Epilog *m*

episode ['episoud] *n* Episode *f*
equal ['i:kwəl] *adj* gleich; *v* *gleichkommen
equality [i'kwɔləti] *n* Gleichheit *f*
equalize ['i:kwəlaiz] *v* *ausgleichen
equally ['i:kwəli] *adv* ebenso
equator [i'kweitə] *n* Äquator *m*
equip [i'kwip] *v* ausrüsten, ausstatten
equipment [i'kwipmənt] *n* Ausrüstung *f*
equivalent [i'kwivələnt] *adj* entsprechend, gleichwertig
eraser [i'reizə] *n* Radiergummi *m*
erect [i'rekt] *v* aufbauen, errichten, aufrichten; *adj* aufgerichtet, aufrecht
err [ə:] *v* sich irren; irren
errand ['erənd] *n* Botengang *m*
error ['erə] *n* Fehler *m*, Irrtum *m*
escalator ['eskəleitə] *n* Rolltreppe *f*
escape [i'skeip] *v* *entkommen; *fliehen, flüchten, *entgehen; *n* Flucht *f*
escort[1] ['eskɔ:t] *n* Geleit *nt*
escort[2] [i'skɔ:t] *v* eskortieren
especially [i'speʃəli] *adv* hauptsächlich, besonders
esplanade [ˌesplə'neid] *n* Promenade *f*
essay ['esei] *n* Essay *m*; Abhandlung *f*, Aufsatz *m*
essence ['esəns] *n* Essenz *f*; Kern *m*, Wesen *nt*
essential [i'senʃəl] *adj* unentbehrlich; grundlegend, wesentlich
essentially [i'senʃəli] *adv* vor allem
establish [i'stæbliʃ] *v* gründen; feststellen
estate [i'steit] *n* Landsitz *m*
esteem [i'sti:m] *n* Respekt *m*, Achtung *f*; *v* schätzen
estimate[1] ['estimeit] *v* veranschlagen, schätzen
estimate[2] ['estimət] *n* Voranschlag *m*
estuary ['estʃuəri] *n* Trichtermündung *f*
etcetera [et'setərə] und so weiter
etching ['etʃiŋ] *n* Radierung *f*
eternal [i'tə:nəl] *adj* ewig
eternity [i'tə:nəti] *n* Ewigkeit *f*
ether ['i:θə] *n* Äther *m*
Ethiopia [iθi'oupiə] Äthiopien
Ethiopian [iθi'oupiən] *adj* äthiopisch; *n* Äthiopier *m*
Europe ['juərəp] Europa
European [ˌjuərə'pi:ən] *adj* europäisch; *n* Europäer *m*
evacuate [i'vækjueit] *v* evakuieren
evaluate [i'væljueit] *v* veranschlagen
evaporate [i'væpəreit] *v* verdampfen
even ['i:vən] *adj* glatt, eben, gleich; stetig; gerade; *adv* sogar
evening ['i:vniŋ] *n* Abend *m*; ~ **dress** Gesellschaftsanzug *m*
event [i'vent] *n* Ereignis *nt*; Vorfall *m*
eventual [i'ventʃuəl] *adj* möglich; endgültig
ever ['evə] *adv* jemals; immer
every ['evri] *adj* jeder
everybody ['evri,bɔdi] *pron* jedermann
everyday ['evridei] *adj* alltäglich
everyone ['evriwʌn] *pron* jeder, jedermann
everything ['evriθiŋ] *pron* alles
everywhere ['evriwɛə] *adv* überall
evidence ['evidəns] *n* Beweis *m*
evident ['evidənt] *adj* offensichtlich
evil ['i:vəl] *n* Übel *nt*; *adj* böse, schlecht
evolution [ˌi:və'lu:ʃən] *n* Evolution *f*
exact [ig'zækt] *adj* präzis, genau
exactly [ig'zæktli] *adv* genau
exaggerate [ig'zædʒəreit] *v* *übertreiben
examination [igˌzæmi'neiʃən] *n* Examen *nt*; Untersuchung *f*; Verhör *nt*
examine [ig'zæmin] *v* prüfen
example [ig'zɑ:mpəl] *n* Beispiel *nt*; **for**

~ zum Beispiel
excavation [ˌekskəˈveiʃən] *n* Ausgrabung *f*
exceed [ikˈsi:d] *v* *überschreiten; *übertreffen
excel [ikˈsel] *v* sich auszeichnen
excellent [ˈeksələnt] *adj* ausgezeichnet, hervorragend
except [ikˈsept] *prep* ausgenommen, außer
exception [ikˈsepʃən] *n* Ausnahme *f*
exceptional [ikˈsepʃənəl] *adj* ungewöhnlich, außergewöhnlich
excerpt [ˈeksə:pt] *n* Auszug *m*
excess [ikˈses] *n* Ausschreitung *f*
excessive [ikˈsesiv] *adj* übertrieben
exchange [iksˈtʃeindʒ] *v* auswechseln, wechseln, austauschen; *n* Tausch *m*; Börse *f*; ~ **office** Wechselstube *f*; ~ **rate** Wechselkurs *m*
excite [ikˈsait] *v* aufregen, erregen
excitement [ikˈsaitmənt] *n* Erregung *f*, Aufregung *f*
exciting [ikˈsaitiŋ] *adj* aufregend
exclaim [ikˈskleim] *v* *ausrufen
exclamation [ˌekskləˈmeiʃən] *n* Ausruf *m*
exclude [ikˈsklu:d] *v* *ausschließen
exclusive [ikˈsklu:siv] *adj* exklusiv
exclusively [ikˈsklu:sivli] *adv* ausschließlich, nur
excursion [ikˈskə:ʃən] *n* Ausflug *m*
excuse¹ [ikˈskju:s] *n* Entschuldigung *f*
excuse² [ikˈskju:z] *v* *verzeihen, entschuldigen
execute [ˈeksikju:t] *v* ausführen, *vollziehen
execution [ˌeksiˈkju:ʃən] *n* Hinrichtung *f*
executioner [ˌeksiˈkju:ʃənə] *n* Scharfrichter *m*
executive [igˈzekjutiv] *adj* vollziehend; *n* vollziehende Gewalt; Geschäftsführer *m*
exempt [igˈzempt] *v* befreien, *ausnehmen; *adj* befreit
exemption [igˈzempʃən] *n* Befreiung *f*
exercise [ˈeksəsaiz] *n* Übung *f*; Aufgabe *f*; *v* üben; ausüben
exhale [eksˈheil] *v* ausatmen
exhaust [igˈzɔ:st] *n* Auspuff *m*; *v* erschöpfen; ~ **gases** Auspuffgase *ntpl*
exhibit [igˈzibit] *v* ausstellen; vorführen
exhibition [ˌeksiˈbiʃən] *n* Ausstellung *f*
exile [ˈeksail] *n* Verbannung *f*; Verbannte *m*
exist [igˈzist] *v* *bestehen
existence [igˈzistəns] *n* Dasein *nt*
exit [ˈeksit] *n* Ausgang *m*; Ausfahrt *f*
exotic [igˈzɔtik] *adj* exotisch
expand [ikˈspænd] *v* ausbreiten; ausdehnen; entfalten
expect [ikˈspekt] *v* erwarten
expectation [ˌekspekˈteiʃən] *n* Erwartung *f*
expedition [ˌekspəˈdiʃən] *n* Versand *m*; Expedition *f*
expel [ikˈspel] *v* *ausweisen
expenditure [ikˈspenditʃə] *n* Aufwand *m*
expense [ikˈspens] *n* Ausgabe *f*; **expenses** *pl* Unkosten *pl*
expensive [ikˈspensiv] *adj* kostspielig, teuer; kostbar
experience [ikˈspiəriəns] *n* Erfahrung *f*; *v* *erfahren, erleben; **experienced** erfahren
experiment [ikˈsperimənt] *n* Versuch *m*, Experiment *nt*; *v* experimentieren
expert [ˈekspə:t] *n* Fachmann *m*, Sachverständige *m*; *adj* fachkundig
expire [ikˈspaiə] *v* *verfallen, aufhören, *ablaufen; ausatmen; **expired** verfallen
expiry [ikˈspaiəri] *n* Fälligkeitstermin

m

explain [ik'splein] *v* erläutern, erklären

explanation [ˌeksplə'neiʃən] *n* Erläuterung *f*, Auslegung *f*, Erklärung *f*

explicit [ik'splisit] *adj* ausdrücklich

explode [ik'sploud] *v* explodieren

exploit [ik'splɔit] *v* ausbeuten, ausnutzen

explore [ik'splɔ:] *v* erforschen

explosion [ik'splouʒən] *n* Explosion *f*

explosive [ik'splousiv] *adj* explosiv; *n* Sprengstoff *m*

export[1] [ik'spɔ:t] *v* ausführen, exportieren

export[2] ['ekspɔ:t] *n* Export *m*

exportation [ˌekspɔ:'teiʃən] *n* Ausfuhr *f*

exports ['ekspɔ:ts] *pl* Ausfuhr *f*

exposition [ˌekspə'ziʃən] *n* Ausstellung *f*

exposure [ik'spouʒə] *n* Aussetzung *f*; Belichtung *f*; ~ **meter** Belichtungsmesser *m*

express [ik'spres] *v* ausdrücken; Ausdruck *geben, äußern; *adj* Eil-; ausdrücklich; ~ **train** Schnellzug *m*

expression [ik'spreʃən] *n* Ausdruck *m*; Äußerung *f*

exquisite [ik'skwizit] *adj* auserlesen

extend [ik'stend] *v* verlängern; erweitern; gewähren

extension [ik'stenʃən] *n* Verlängerung *f*; Ausdehnung *f*; Nebenanschluß *m*; ~ **cord** Verlängerungsschnur *f*

extensive [ik'stensiv] *adj* umfangreich; umfassend, ausgedehnt

extent [ik'stent] *n* Ausmaß *nt*

exterior [ek'stiəriə] *adj* äußerlich; *n* Außenseite *f*

external [ek'stə:nəl] *adj* äußerlich

extinguish [ik'stiŋgwiʃ] *v* löschen, auslöschen

extort [ik'stɔ:t] *v* erpressen

extortion [ik'stɔ:ʃən] *n* Erpressung *f*

extra ['ekstrə] *adj* zusätzlich

extract[1] [ik'strækt] *v* *ausziehen, *ausreißen

extract[2] ['ekstrækt] *n* Abschnitt *m*

extradite ['ekstrədait] *v* ausliefern

extraordinary [ik'strɔ:dənri] *adj* außerordentlich

extravagant [ik'strævəgənt] *adj* übertrieben, extravagant

extreme [ik'stri:m] *adj* extrem; höchst, äußerst; *n* Extrem *nt*

exuberant [ig'zju:bərənt] *adj* überschwenglich

eye [ai] *n* Auge *nt*

eyebrow ['aibrau] *n* Augenbraue *f*

eyelash ['ailæʃ] *n* Augenwimper *f*

eyelid ['ailid] *n* Augenlid *nt*

eye-pencil ['aiˌpensəl] *n* Augenbrauenstift *m*

eye-shadow ['aiˌʃædou] *n* Augenschminke *f*

eye-witness ['aiˌwitnəs] *n* Augenzeuge *m*

F

fable ['feibəl] *n* Fabel *f*

fabric ['fæbrik] *n* Stoff *m*; Struktur *f*

façade [fə'sa:d] *n* Fassade *f*

face [feis] *n* Gesicht *nt*; *v* *gegenüberstehen; ~ **massage** Gesichtsmassage *f*; **facing** gegenüber

face-cream ['feiskri:m] *n* Gesichtskrem *f*

face-pack ['feispæk] *n* Gesichtspackung *f*

facility [fə'siləti] *n* Fazilität *f*

fact [fækt] *n* Tatsache *f*; **in** ~ tatsächlich

factor ['fæktə] *n* Faktor *m*

factory ['fæktəri] *n* Fabrik *f*

factual ['fæktʃuəl] *adj* tatsächlich

faculty ['fækəlti] *n* Gabe *f*; Begabung *f*, Talent *nt*, Fähigkeit *f*; Fakultät *f*
fad [fæd] *n* Torheit *f*
fade [feid] *v* verblassen, *verschießen
faience [fai'ɑ̃:s] *n* Steingut *nt*, Fayence *f*
fail [feil] *v* versagen; fehlen; mangeln; versäumen; *durchfallen; **without** ~ unbedingt
failure ['feiljə] *n* Mißerfolg *m*; Fehlschlag *m*
faint [feint] *v* ohnmächtig *werden; *adj* schwach, vage
fair [fɛə] *n* Kirmes *f*; Messe *f*; *adj* redlich, gerecht; blond; hübsch
fairly ['fɛəli] *adv* recht, leidlich, ziemlich
fairy ['fɛəri] *n* Fee *f*
fairytale ['fɛəriteil] *n* Märchen *nt*
faith [feiθ] *n* Glaube *m*; Vertrauen *nt*
faithful ['feiθful] *adj* treu
fake [feik] *n* Fälschung *f*
fall [fɔ:l] *n* Sturz *m*; *nAm* Herbst *m*
***fall** [fɔ:l] *v* *fallen
false [fɔ:ls] *adj* falsch; verkehrt, unwahr, unecht; ~ **teeth** künstliches Gebiß
falter ['fɔ:ltə] *v* wanken; stammeln
fame [feim] *n* Name *m*, Ruhm *m*; Ruf *m*
familiar [fə'miljə] *adj* vertraut; vertraulich
family ['fæməli] *n* Familie *f*; Verwandtschaft *f*; ~ **name** Nachname *m*
famous ['feiməs] *adj* berühmt
fan [fæn] *n* Ventilator *m*; Fächer *m*; Fan *m*; ~ **belt** Ventilatorriemen *m*
fanatical [fə'nætikəl] *adj* fanatisch
fancy ['fænsi] *v* *mögen, Lust *haben zu; sich einbilden, sich vorstellen; *n* Laune *f*; Phantasie *f*
fantastic [fæn'tæstik] *adj* phantastisch
fantasy ['fæntəzi] *n* Einbildung *f*
far [fɑ:] *adj* fern; *adv* viel; **by** ~ bei weitem; **so** ~ bis jetzt
far-away ['fɑ:rəwei] *adj* entfernt
farce [fɑ:s] *n* Posse *f*
fare [fɛə] *n* Fahrgeld *nt*; Kost *f*, Speise *f*
farm [fɑ:m] *n* Bauernhof *m*
farmer ['fɑ:mə] *n* Bauer *m*; **farmer's wife** Bäuerin *f*
farmhouse ['fɑ:mhaus] *n* Bauernhaus *nt*
far-off ['fɑ:rɔf] *adj* abgelegen
fascinate ['fæsineit] *v* fesseln
fascism ['fæʃizəm] *n* Faschismus *m*
fascist ['fæʃist] *adj* faschistisch; *n* Faschist *m*
fashion ['fæʃən] *n* Mode *f*; Weise *f*
fashionable ['fæʃənəbəl] *adj* modern
fast [fɑ:st] *adj* rasch, schnell; fest
fast-dyed [,fɑ:st'daid] *adj* waschecht, farbecht
fasten ['fɑ:sən] *v* festmachen, befestigen; *schließen
fastener ['fɑ:sənə] *n* Verschluß *m*
fat [fæt] *adj* fett, dick; *n* Fett *nt*
fatal ['feitəl] *adj* unheilvoll, tödlich, verhängnisvoll
fate [feit] *n* Schicksal *nt*
father ['fɑ:ðə] *n* Vater *m*; Pater *m*
father-in-law ['fɑ:ðərinlɔ:] *n* (pl fathers-) Schwiegervater *m*
fatherland ['fɑ:ðələnd] *n* Vaterland *nt*
fatness ['fætnəs] *n* Fettheit *f*
fatty ['fæti] *adj* fettig
faucet ['fɔ:sit] *nAm* Wasserhahn *m*
fault [fɔ:lt] *n* Fehler *m*; Mangel *m*, Defekt *m*
faultless ['fɔ:ltləs] *adj* tadellos; einwandfrei
faulty ['fɔ:lti] *adj* mangelhaft, fehlerhaft
favour ['feivə] *n* Gefälligkeit *f*; *v* bevorrechten, begünstigen
favourable ['feivərəbəl] *adj* günstig

favourite ['feivərit] *n* Liebling *m*, Favorit *m*; *adj* Lieblings-
fawn [fɔ:n] *adj* rehbraun; *n* Rehkalb *nt*
fax [fæks] *n* Fax *nt*; *v* faxen
fear [fiə] *n* Furcht *f*, Angst *f*; *v* fürchten
feasible ['fi:zəbəl] *adj* durchführbar
feast [fi:st] *n* Fest *nt*
feat [fi:t] *n* Glanzleistung *f*
feather ['feðə] *n* Feder *f*
feature ['fi:tʃə] *n* Kennzeichen *nt*; Gesichtszug *m*
February ['februəri] Februar
federal ['fedərəl] *adj* Bundes-
federation [,fedə'reiʃən] *n* Föderation *f*; Verband *m*
fee [fi:] *n* Honorar *nt*
feeble ['fi:bəl] *adj* schwach
***feed** [fi:d] *v* ernähren; **fed up with** überdrüssig
***feel** [fi:l] *v* fühlen; betasten; ~ **like** Lust *haben zu
feeling ['fi:liŋ] *n* Gefühl *nt*
fell [fel] *v* (p fall)
felt¹ [felt] *n* Filz *m*
felt² [felt] *v* (p, pp feel)
female ['fi:meil] *adj* weiblich
feminine ['feminin] *adj* weiblich
fence [fens] *n* Zaun *m*; Gatter *nt*; *v* *fechten
fender ['fendə] *n* Stoßstange *f*
ferment [fə:'ment] *v* *gären
ferry ['feri] *n* Fährboot *nt*
fertile ['fə:tail] *adj* fruchtbar
festival ['festivəl] *n* Festival *nt*
festive ['festiv] *adj* festlich
fetch [fetʃ] *v* holen; abholen
feudal ['fju:dəl] *adj* feudal
fever ['fi:və] *n* Fieber *nt*
feverish ['fi:vəriʃ] *adj* fiebrig
few [fju:] *adj* wenig
fiancé [fi'ɑ̃:sei] *n* Verlobte *m*
fiancée [fi'ɑ̃:sei] *n* Verlobte *f*
fibre ['faibə] *n* Faser *f*
fiction ['fikʃən] *n* Fiktion *f*, Erdichtung *f*
field [fi:ld] *n* Acker *m*, Feld *nt*; Gebiet *nt*; ~ **glasses** Feldstecher *m*
fierce [fiəs] *adj* wild; wüst, heftig
fifteen [,fif'ti:n] *num* fünfzehn
fifteenth [,fif'ti:nθ] *num* fünfzehnte
fifth [fifθ] *num* fünfte
fifty ['fifti] *num* fünfzig
fig [fig] *n* Feige *f*
fight [fait] *n* Streit *m*, Kampf *m*
***fight** [fait] *v* sich *schlagen, kämpfen
figure ['figə] *n* Figur *f*, Gestalt *f*; Zahl *f*
file [fail] *n* Feile *f*; Akten; Reihe *f*
Filipino [,fili'pi:nou] *n* Philippine *m*
fill [fil] *v* füllen; ~ **in** ausfüllen; **filling station** Tankstelle *f*; ~ **out** *Am* ausfüllen; ~ **up** vollfüllen
filling ['filiŋ] *n* Plombe *f*; Füllung *f*
film [film] *n* Film *m*; *v* filmen
filter ['filtə] *n* Filter *m*
filthy ['filθi] *adj* dreckig, schmutzig
final ['fainəl] *adj* letzt
finance [fai'næns] *v* finanzieren
finances [fai'nænsiz] *pl* Finanzen *pl*
financial [fai'nænʃəl] *adj* finanziell
finch [fintʃ] *n* Fink *m*
***find** [faind] *v* *finden
fine [fain] *n* Geldstrafe *f*; *adj* fein; schön; ausgezeichnet, prächtig; ~ **arts** die schönen Künste
finger ['fiŋgə] *n* Finger *m*
fingerprint ['fiŋgəprint] *n* Fingerabdruck *m*
finish ['finiʃ] *v* fertigmachen, beenden; enden; *n* Schluß *m*; Ziellinie *f*; **finished** fertig; alle
Finland ['finlənd] Finnland
Finn [fin] *n* Finne *m*
Finnish ['finiʃ] *adj* finnisch
fire [faiə] *n* Feuer *nt*; Brand *m*; *v* *schießen; *entlassen

fire-alarm ['faiərə,lɑ:m] *n* Feueralarm *m*
fire-brigade ['faiəbri,geid] *n* Feuerwehr *f*
fire-escape ['faiəri,skeip] *n* Nottreppe *f*
fire-extinguisher ['faiərik,stiŋgwiʃə] *n* Feuerlöscher *m*
fireplace ['faiəpleis] *n* Kamin *m*
fireproof ['faiəpru:f] *adj* feuersicher; feuerfest
firm [fə:m] *adj* fest; solide; *n* Firma *f*
first [fə:st] *num* erste; **at ~** zuerst; anfangs; **~ name** Vorname *m*
first-aid [,fə:st'eid] *n* erste Hilfe; **~ kit** Verbandskasten *m*; **~ post** Unfallstation *f*
first-class [,fə:st'klɑ:s] *adj* erstklassig
first-rate [,fə:st'reit] *adj* vorzüglich, erstrangig
fir-tree ['fə:tri:] *n* Tanne *f*
fish[1] [fiʃ] *n* (pl ~, ~es) Fisch *m*; **~ shop** Fischhandlung *f*
fish[2] [fiʃ] *v* fischen; angeln; **fishing gear** Angelgeräte *ntpl*; **fishing hook** Angelhaken *m*; **fishing industry** Fischerei *f*; **fishing licence** Angelschein *m*; **fishing line** Angelschnur *f*; **fishing net** Fischnetz *nt*; **fishing rod** Angelrute *f*; **fishing tackle** Angelgeräte *ntpl*
fishbone ['fiʃboun] *n* Gräte *f*, Fischgräte *f*
fisherman ['fiʃəmən] *n* (pl -men) Fischer *m*
fist [fist] *n* Faust *f*
fit [fit] *adj* tauglich; *n* Anfall *m*; *v* passen; **fitting room** Anproberaum *m*
five [faiv] *num* fünf
fix [fiks] *v* richten
fixed [fikst] *adj* fest
fizz [fiz] *n* Brause *f*
fjord [fjɔ:d] *n* Fjord *m*
flag [flæg] *n* Fahne *f*
flame [fleim] *n* Flamme *f*
flamingo [flə'miŋgou] *n* (pl ~s, ~es) Flamingo *m*
flannel ['flænəl] *n* Flanell *m*
flash [flæʃ] *n* Blitz *m*
flash-bulb ['flæʃbʌlb] *n* Blitzlicht *nt*
flash-light ['flæʃlait] *n* Taschenlampe *f*
flask [flɑ:sk] *n* Flakon *nt*; **thermos ~** Thermosflasche *f*
flat [flæt] *adj* eben, flach; *n* Wohnung *f*; **~ tyre** Reifenpanne *f*
flavour ['fleivə] *n* Geschmack *m*; *v* würzen
fleet [fli:t] *n* Flotte *f*
flesh [fleʃ] *n* Fleisch *nt*
flew [flu:] *v* (p fly)
flex [fleks] *n* Kabel *nt*
flexible ['fleksibəl] *adj* geschmeidig; biegsam
flight [flait] *n* Flug *m*; **charter ~** Charterflug *m*
flint [flint] *n* Feuerstein *m*
float [flout] *v* *schwimmen; *n* Schwimmer *m*
flock [flɔk] *n* Herde *f*
flood [flʌd] *n* Überschwemmung *f*; Flut *f*
floor [flɔ:] *n* Fußboden *m*; Geschoß *nt*, Stockwerk *nt*; **~ show** Kabarett *nt*
florist ['flɔrist] *n* Blumenhändler *m*
flour [flauə] *n* Mehl *nt*
flow [flou] *v* strömen, *fließen
flower [flauə] *n* Blume *f*
flowerbed ['flauəbed] *n* Blumenbeet *nt*
flower-shop ['flauəʃɔp] *n* Blumenhandlung *f*
flown [floun] *v* (pp fly)
flu [flu:] *n* Grippe *f*
fluent ['flu:ənt] *adj* fließend
fluid ['flu:id] *adj* flüssig; *n* Flüssigkeit *f*
flute [flu:t] *n* Flöte *f*
fly [flai] *n* Fliege *f*; Schlitz *m*

***fly** [flai] *v* *fliegen
foam [foum] *n* Schaum *m*; *v* schäumen
foam-rubber ['foum,rʌbə] *n* Schaumgummi *m*
focus ['foukəs] *n* Brennpunkt *m*
fog [fɔg] *n* Nebel *m*
foggy ['fɔgi] *adj* nebelig
foglamp ['fɔglæmp] *n* Nebellampe *f*
fold [fould] *v* falten; zusammenfalten; *n* Falte *f*
folk [fouk] *n* Volk *nt*; ~ **song** Volkslied *nt*
folk-dance ['foukdɑ:ns] *n* Volkstanz *m*
folklore ['fouklɔ:] *n* Folklore *f*
follow ['fɔlou] *v* folgen; **following** *adj* nächst, folgend
***be fond of** [bi: fɔnd ɔv] gern *mögen
food [fu:d] *n* Nahrung *f*; Kost *f*, Essen *nt*; ~ **poisoning** Nahrungsmittelvergiftung *f*
foodstuffs ['fu:dstʌfs] *pl* Nahrungsmittel *ntpl*
fool [fu:l] *n* Tor *m*, Narr *m*; *v* zum besten *haben
foolish ['fu:liʃ] *adj* albern, töricht; närrisch
foot [fut] *n* (pl feet) Fuß *m*; ~ **powder** Fußpuder *m*; **on** ~ zu Fuß
football ['futbɔ:l] *n* Fußball *m*; ~ **match** Fußballspiel *nt*
foot-brake ['futbreik] *n* Fußbremse *f*
footpath ['futpɑ:θ] *n* Fußweg *m*
footwear ['futweə] *n* Schuhwerk *nt*
for [fɔ:, fə] *prep* für; während; nach; wegen, aus; *conj* denn
***forbid** [fə'bid] *v* *verbieten
force [fɔ:s] *v* *zwingen; forcieren; *n* Macht *f*, Kraft *f*; Gewalt *f*; **by** ~ zwangsweise; **driving** ~ Treibkraft *f*
ford [fɔ:d] *n* Furt *f*
forecast ['fɔ:kɑ:st] *n* Vorhersage *f*; *v* voraussagen
foreground ['fɔ:graund] *n* Vordergrund *m*
forehead ['fɔred] *n* Stirn *f*
foreign ['fɔrin] *adj* ausländisch; fremd
foreigner ['fɔrinə] *n* Fremde *m*; Ausländer *m*
foreman ['fɔ:mən] *n* (pl -men) Werkmeister *m*
foremost ['fɔ:moust] *adj* erste
foresail ['fɔ:seil] *n* Focksegel *nt*
forest ['fɔrist] *n* Forst *m*, Wald *m*
forester ['fɔristə] *n* Förster *m*
forge [fɔ:dʒ] *v* fälschen
***forget** [fə'get] *v* *vergessen
forgetful [fə'getfəl] *adj* vergeßlich
***forgive** [fə'giv] *v* entschuldigen, *verzeihen
fork [fɔ:k] *n* Gabel *f*; Gabelung *f*; *v* sich gabeln
form [fɔ:m] *n* Form *f*; Formular *nt*; Klasse *f*; *v* formen
formal ['fɔ:məl] *adj* förmlich
formality [fɔ:'mæləti] *n* Formalität *f*
former ['fɔ:mə] *adj* ehemalig; früher; **formerly** vormals, früher
formula ['fɔ:mjulə] *n* (pl ~e, ~s) Formel *f*
fort [fɔ:t] *n* Fort *nt*
fortnight ['fɔ:tnait] *n* vierzehn Tage
fortress ['fɔ:tris] *n* Festung *f*
fortunate ['fɔ:tʃənət] *adj* glücklich
fortune ['fɔ:tʃu:n] *n* Vermögen *nt*; Geschick *nt*, Glück *nt*
forty ['fɔ:ti] *num* vierzig
forward ['fɔ:wəd] *adv* voraus, vorwärts; *v* *nachsenden
foster-parents ['fɔstə,peərənts] *pl* Pflegeeltern *pl*
fought [fɔ:t] *v* (p, pp fight)
foul [faul] *adj* schmutzig; niederträchtig
found[1] [faund] *v* (p, pp find)
found[2] [faund] *v* gründen, errichten, stiften

foundation [faun'deiʃən] *n* Stiftung *f*; ~ **cream** Make-up-Unterlage
fountain ['fauntin] *n* Springbrunnen *m*; Quelle *f*
fountain-pen ['fauntinpen] *n* Füller *m*
four [fɔ:] *num* vier
fourteen [ˌfɔ:'ti:n] *num* vierzehn
fourteenth [ˌfɔ:'ti:nθ] *num* vierzehnte
fourth [fɔ:θ] *num* vierte
fowl [faul] *n* (pl ~s, ~) Geflügel *nt*
fox [fɔks] *n* Fuchs *m*
foyer ['fɔiei] *n* Foyer *nt*
fraction ['frækʃən] *n* Bruchstück *nt*
fracture ['fræktʃə] *v* *brechen; *n* Bruch *m*
fragile ['frædʒail] *adj* zerbrechlich
fragment ['frægmənt] *n* Fragment *nt*; Bruchstück *nt*
frame [freim] *n* Rahmen *m*; Gestell *nt*
France [frɑ:ns] Frankreich
franchise ['fræntʃaiz] *n* Wahlrecht *nt*
fraternity [frə'tə:nəti] *n* Brüderschaft *f*
fraud [frɔ:d] *n* Schwindel *m*, Betrug *m*
fray [frei] *v* zerfasern
free [fri:] *adj* frei; gratis; ~ **of charge** kostenlos; ~ **ticket** Freikarte *f*
freedom ['fri:dəm] *n* Freiheit *f*
***freeze** [fri:z] *v* *frieren; *gefrieren
freezing ['fri:ziŋ] *adj* eisig
freezing-point ['fri:ziŋpɔint] *n* Gefrierpunkt *m*
freight [freit] *n* Ladung *f*, Fracht *f*
freight-train ['freittrein] *nAm* Güterzug *m*
French [frentʃ] *adj* französisch
Frenchman ['frentʃmən] *n* (pl -men) Franzose *m*
frequency ['fri:kwənsi] *n* Frequenz *f*; Häufigkeit *f*
frequent ['fri:kwənt] *adj* üblich, häufig; **frequently** oft
fresh [freʃ] *adj* frisch; erfrischend; ~ **water** Süßwasser *nt*
friction ['frikʃən] *n* Reibung *f*
Friday ['fraidi] Freitag *m*
fridge [fridʒ] *n* Kühlschrank *m*
friend [frend] *n* Freund *m*; Freundin *f*
friendly ['frendli] *adj* freundlich; freundschaftlich
friendship ['frendʃip] *n* Freundschaft *f*
fright [frait] *n* Angst *f*, Schreck *m*
frighten ['fraitən] *v* *erschrecken
frightened ['fraitənd] *adj* verängstigt; ***be** ~ *erschrecken
frightful ['fraitfəl] *adj* fürchterlich, schrecklich
fringe [frindʒ] *n* Franse *f*
frock [frɔk] *n* Kleid *nt*
frog [frɔg] *n* Frosch *m*
from [frɔm] *prep* von; aus; von ... an
front [frʌnt] *n* Vorderseite *f*; **in** ~ **of** vor
frontier ['frʌntiə] *n* Grenze *f*
frost [frɔst] *n* Frost *m*
froth [frɔθ] *n* Schaum *m*
frozen ['frouzən] *adj* gefroren; ~ **food** Gefrierwaren *fpl*
fruit [fru:t] *n* Obst *nt*; Frucht *f*
fry [frai] *v* *braten
frying-pan ['fraiiŋpæn] *n* Bratpfanne *f*
fuel ['fju:əl] *n* Brennstoff *m*; Benzin *nt*; ~ **pump** *Am* Benzinpumpe *f*
full [ful] *adj* voll; ~ **board** Vollpension *f*; ~ **stop** Punkt *m*; ~ **up** vollbesetzt
fun [fʌn] *n* Vergnügen *nt*, Spaß *m*; Ulk *m*
function ['fʌŋkʃən] *n* Funktion *f*
fund [fʌnd] *n* Fonds *m*
fundamental [ˌfʌndə'mentəl] *adj* grundlegend
funeral ['fju:nərəl] *n* Begräbnis *nt*
funnel ['fʌnəl] *n* Trichter *m*
funny ['fʌni] *adj* spaßig, komisch; sonderbar
fur [fə:] *n* Pelz *m*; ~ **coat** Pelzmantel

m; **furs** Pelzwerk *nt*
furious ['fjuəriəs] *adj* rasend, wütend
furnace ['fə:nis] *n* Ofen *m*
furnish ['fə:niʃ] *v* liefern, verschaffen; möblieren, einrichten; ~ **with** *versehen mit
furniture ['fə:nitʃə] *n* Möbel *ntpl*
furrier ['fʌriə] *n* Kürschner *m*
further ['fə:ðə] *adj* ferner; weiter
furthermore ['fə:ðəmɔ:] *adv* überdies
furthest ['fə:ðist] *adj* entferntest
fuse [fju:z] *n* Sicherung *f*; Lunte *f*
fuss [fʌs] *n* Getue *nt*; Wichtigtuerei *f*
future ['fju:tʃə] *n* Zukunft *f*; *adj* zukünftig

G

gable ['geibəl] *n* Giebel *m*
gaiety ['geiəti] *n* Heiterkeit *f*, Fröhlichkeit *f*
gain [gein] *v* *gewinnen; *n* Gewinn *m*
gait [geit] *n* Gang *m*
gale [geil] *n* Sturm *m*
gall [gɔ:l] *n* Galle *f*; ~ **bladder** Gallenblase *f*
gallery ['gæləri] *n* Galerie *f*
gallop ['gæləp] *n* Galopp *m*
gallows ['gælouz] *pl* Galgen *m*
gallstone ['gɔ:lstoun] *n* Gallenstein *m*
game [geim] *n* Spiel *nt*; Wild *nt*; ~ **reserve** Wildpark *m*
gang [gæŋ] *n* Bande *f*; Schicht *f*
gangway ['gæŋwei] *n* Laufplanke *f*
gaol [dʒeil] *n* Gefängnis *nt*
gap [gæp] *n* Lücke *f*
garage ['gærɑ:ʒ] *n* Garage *f*; *v* einstellen
garbage ['gɑ:bidʒ] *n* Müll *m*, Abfall *m*
garden ['gɑ:dən] *n* Garten *m*; **public** ~ Anlage *f*; **zoological gardens** zoologischer Garten
gardener ['gɑ:dənə] *n* Gärtner *m*
gargle ['gɑ:gəl] *v* gurgeln
garlic ['gɑ:lik] *n* Knoblauch *m*
gas [gæs] *n* Gas *nt*; *nAm* Benzin *nt*; ~ **cooker** Gasherd *m*; ~ **pump** *Am* Benzinpumpe *f*; ~ **station** *Am* Tankstelle *f*; ~ **stove** Gasofen *m*
gasoline ['gæsəli:n] *nAm* Benzin *nt*
gastric ['gæstrik] *adj* gastrisch; ~ **ulcer** Magengeschwür *nt*
gasworks ['gæswə:ks] *n* Gaswerk *nt*
gate [geit] *n* Tor *nt*
gather ['gæðə] *v* sammeln; sich versammeln; einholen
gauge [geidʒ] *n* Messer *m*
gauze [gɔ:z] *n* Gaze *f*
gave [geiv] *v* (p give)
gay [gei] *adj* lustig; bunt
gaze [geiz] *v* starren
gazetteer [ˌgæzə'tiə] *n* geographisches Lexikon
gear [giə] *n* Gang *m*; Ausrüstung *f*; **change** ~ schalten; ~ **lever** Gangschaltung *f*
gear-box ['giəbɔks] *n* Getriebe *nt*
gem [dʒem] *n* Juwel *nt*, Edelstein *m*; Kleinod *nt*
gender ['dʒendə] *n* Geschlecht *nt*
general ['dʒenərəl] *adj* allgemein; *n* General *m*; ~ **practitioner** praktischer Arzt; **in** ~ im allgemeinen
generate ['dʒenəreit] *v* erzeugen
generation [ˌdʒenə'reiʃən] *n* Generation *f*
generator ['dʒenəreitər] *n* Generator *m*
generosity [ˌdʒenə'rɔsəti] *n* Großmut *m*
generous ['dʒenərəs] *adj* freigebig, großzügig
genital ['dʒenitəl] *adj* geschlechtlich
genius ['dʒi:niəs] *n* Genie *nt*
gentle ['dʒentəl] *adj* sanft; zart, leicht;

behutsam
gentleman ['dʒentəlmən] *n* (pl -men) Herr *m*
genuine ['dʒenjuin] *adj* echt
geography [dʒi'ɔgrəfi] *n* Erdkunde *f*
geology [dʒi'ɔlədʒi] *n* Geologie *f*
geometry [dʒi'ɔmətri] *n* Geometrie *f*
germ [dʒə:m] *n* Bazille *f*; Keim *m*
German ['dʒə:mən] *adj* deutsch; *n* Deutsche *m*
Germany ['dʒə:məni] Deutschland
gesticulate [dʒi'stikjuleit] *v* gestikulieren
***get** [get] *v* *bekommen; holen; *werden; ~ **back** *zurückgehen; ~ **off** *aussteigen; ~ **on** *einsteigen; *vorwärtskommen; ~ **up** *aufstehen
ghost [goust] *n* Geist *m*
giant ['dʒaiənt] *n* Riese *m*
giddiness ['gidinəs] *n* Schwindelgefühl *nt*
giddy ['gidi] *adj* schwindlig
gift [gift] *n* Geschenk *nt*; Gabe *f*
gifted ['giftid] *adj* begabt
gigantic [dʒai'gæntik] *adj* riesenhaft
giggle ['gigəl] *v* kichern
gill [gil] *n* Kieme *f*
gilt [gilt] *adj* vergoldet
ginger ['dʒindʒə] *n* Ingwer *m*
gipsy ['dʒipsi] *n* Zigeuner *m*
girdle ['gə:dəl] *n* Hüfthalter *m*
girl [gə:l] *n* Mädchen *nt*; ~ **guide** Pfadfinderin *f*
***give** [giv] *v* *geben; überreichen; ~ **away** *verraten; ~ **in** *nachgeben; ~ **up** *aufgeben
glacier ['glæsiə] *n* Gletscher *m*
glad [glæd] *adj* erfreut, froh; **gladly** mit Vergnügen, gerne
gladness ['glædnəs] *n* Freude *f*
glamorous ['glæmərəs] *adj* bezaubernd
glamour ['glæmə] *n* Reiz *m*
glance [glɑ:ns] *n* Blick *m*; *v* erblicken
gland [glænd] *n* Drüse *f*
glare [glɛə] *n* grelles Licht; Glanz *m*
glaring ['glɛəriŋ] *adj* blendend
glass [glɑ:s] *n* Glas *nt*; gläsern; **glasses** Brille *f*; **magnifying** ~ Vergrößerungsglas *nt*
glaze [gleiz] *v* glasieren
glen [glen] *n* Bergschlucht *f*
glide [glaid] *v* *gleiten
glider ['glaidə] *n* Segelflugzeug *nt*
glimpse [glimps] *n* Blick *m*; *v* erblicken
global ['gloubəl] *adj* weltumfassend
globe [gloub] *n* Globus *m*, Erdball *m*
gloom [glu:m] *n* Düsterkeit *f*
gloomy ['glu:mi] *adj* düster
glorious ['glɔ:riəs] *adj* prächtig
glory ['glɔ:ri] *n* Ehre *f*, Ruhm *m*; Lob *nt*
gloss [glɔs] *n* Glanz *m*
glossy ['glɔsi] *adj* glänzend
glove [glʌv] *n* Handschuh *m*
glow [glou] *v* glühen; *n* Glut *f*
glue [glu:] *n* Leim *m*
***go** [gou] *v* *gehen; *werden; ~ **ahead** *fortfahren; ~ **away** *weggehen; ~ **back** *zurückgehen; ~ **home** *heimgehen; ~ **in** *hineingehen; ~ **on** *weitergehen, *fortfahren; ~ **out** *ausgehen; ~ **through** durchmachen
goal [goul] *n* Ziel *nt*, Tor *nt*
goalkeeper ['goul,ki:pə] *n* Torwart *m*
goat [gout] *n* Ziegenbock *m*, Ziege *f*
god [gɔd] *n* Gott *m*
goddess ['gɔdis] *n* Göttin *f*
godfather ['gɔd,fɑ:ðə] *n* Pate *m*
goggles ['gɔgəlz] *pl* Schutzbrille *f*
gold [gould] *n* Gold *nt*; ~ **leaf** Blattgold *nt*
golden ['gouldən] *adj* golden
goldmine ['gouldmain] *n* Goldgrube *f*
goldsmith ['gouldsmiθ] *n* Goldschmied *m*

golf [gɔlf] *n* Golf *nt*
golf-club ['gɔlfklʌb] *n* Golfklub *m*
golf-course ['gɔlfkɔ:s] *n* Golfplatz *m*
golf-links ['gɔlfliŋks] *n* Golfplatz *m*
gondola ['gɔndələ] *n* Gondel *f*
gone [gɔn] *adv* (pp go) fort
good [gud] *adj* gut; lecker; brav, artig
good-bye! [,gud'bai] auf Wiedersehen!
good-humoured [,gud'hju:məd] *adj* gutgelaunt
good-looking [,gud'lukiŋ] *adj* hübsch
good-natured [,gud'neitʃəd] *adj* gutmütig
goods [gudz] *pl* Waren, Güter *ntpl*; ~ **train** Güterzug *m*
good-tempered [,gud'tempəd] *adj* gutgelaunt
goodwill [,gud'wil] *n* Wohlwollen *nt*
goose [gu:s] *n* (pl geese) Gans *f*
gooseberry ['guzbəri] *n* Stachelbeere *f*
goose-flesh ['gu:sfleʃ] *n* Gänsehaut *f*
gorge [gɔ:dʒ] *n* Schlucht *f*
gorgeous ['gɔ:dʒəs] *adj* prächtig
gospel ['gɔspəl] *n* Evangelium *nt*
gossip ['gɔsip] *n* Tratsch *m*; *v* tratschen
got [gɔt] *v* (p, pp get)
gourmet ['guəmei] *n* Feinschmecker *m*
gout [gaut] *n* Gicht *f*
govern ['gʌvən] *v* regieren
governess ['gʌvənis] *n* Gouvernante *f*
government ['gʌvənmənt] *n* Verwaltung *f*, Regierung *f*
governor ['gʌvənə] *n* Gouverneur *m*
gown [gaun] *n* Kleid *nt*
grace [greis] *n* Anmut *f*; Gunst *f*, Gnade *f*
graceful ['greisfəl] *adj* reizend, anmutig
grade [greid] *n* Rang *m*; *v* einstufen
gradient ['greidiənt] *n* Gefälle *nt*
gradual ['grædʒuəl] *adj* allmählich
graduate ['grædʒueit] *v* ein Diplom erlangen
grain [grein] *n* Korn *nt*, Getreide *nt*
gram [græm] *n* Gramm *nt*
grammar ['græmə] *n* Grammatik *f*
grammatical [grə'mætikəl] *adj* grammatikalisch
gramophone ['græməfoun] *n* Grammophon *nt*
grand [grænd] *adj* großartig
granddad ['grændæd] *n* Opa *m*
granddaughter ['græn,dɔ:tə] *n* Enkelin *f*
grandfather ['græn,fɑ:ðə] *n* Großvater *m*; Großpapa *m*, Opa *m*
grandmother ['græn,mʌðə] *n* Großmutter *f*; Großmama *f*, Oma *f*
grandparents ['græn,peərənts] *pl* Großeltern *pl*
grandson ['grænsʌn] *n* Enkel *m*
granite ['grænit] *n* Granit *m*
grant [grɑ:nt] *v* bewilligen, *verleihen; gewähren; *n* Zuschuß *m*, Stipendium *nt*
grapefruit ['greipfru:t] *n* Pampelmuse *f*
grapes [greips] *pl* Trauben *fpl*
graph [græf] *n* Graphik *f*
graphic ['græfik] *adj* graphisch
grasp [grɑ:sp] *v* *ergreifen; *n* Griff *m*
grass [grɑ:s] *n* Gras *nt*
grasshopper ['grɑ:s,hɔpə] *n* Heuschrecke *f*
grate [greit] *n* Rost *m*; *v* raspeln
grateful ['greitfəl] *adj* erkenntlich, dankbar
grater ['greitə] *n* Reibe *f*
gratis ['grætis] *adj* umsonst
gratitude ['grætitju:d] *n* Dankbarkeit *f*
gratuity [grə'tju:əti] *n* Trinkgeld *nt*
grave [greiv] *n* Grab *nt*; *adj* ernst
gravel ['grævəl] *n* Kies *m*
gravestone ['greivstoun] *n* Grabstein *m*
graveyard ['greivjɑ:d] *n* Kirchhof *m*
gravity ['grævəti] *n* Schwerkraft *f*;

Ernst *m*
gravy ['greivi] *n* Bratensoße *f*
graze [greiz] *v* weiden; *n* Schramme *f*
grease [gri:s] *n* Fett *nt*; *v* schmieren
greasy ['gri:si] *adj* fett, fettig
great [greit] *adj* groß; **Great Britain** Großbritannien
Greece [gri:s] Griechenland
greed [gri:d] *n* Gier *f*
greedy ['gri:di] *adj* gierig; gefräßig
Greek [gri:k] *adj* griechisch; *n* Grieche *m*
green [gri:n] *adj* grün; ~ **card** grüne Versicherungskarte
greengrocer ['gri:n,grousə] *n* Gemüsehändler *m*
greenhouse ['gri:nhaus] *n* Treibhaus *nt*, Gewächshaus *nt*
greens [gri:nz] *pl* Gemüse *nt*
greet [gri:t] *v* grüßen
greeting ['gri:tiŋ] *n* Gruß *m*
grey [grei] *adj* grau
greyhound ['greihaund] *n* Windhund *m*
grief [gri:f] *n* Leid *nt*; Betrübnis *f*, Kummer *m*
grieve [gri:v] *v* sich grämen
grill [gril] *n* Bratrost *m*; *v* grillen
grill-room ['grilru:m] *n* Grillroom *m*
grin [grin] *v* grinsen; *n* Grinsen *nt*
***grind** [graind] *v* mahlen; *zerreiben
grip [grip] *v* fassen; *n* Halt *m*, Griff *m*; *nAm* Handköfferchen *nt*
grit [grit] *n* Grus *m*
groan [groun] *v* stöhnen
grocer ['grousə] *n* Lebensmittelhändler *m*; **grocer's** Lebensmittelgeschäft *nt*
groceries ['grousəriz] *pl* Lebensmittel *pl*
groin [grɔin] *n* Leiste *f*
groove [gru:v] *n* Rille *f*
gross[1] [grous] *n* (pl ~) Gros *nt*
gross[2] [grous] *adj* grob; brutto
grotto ['grɔtou] *n* (pl ~es, ~s) Grotte *f*
ground[1] [graund] *n* Boden *m*, Grund *m*; ~ **floor** Erdgeschoß *nt*; **grounds** Grundstück *nt*
ground[2] [graund] *v* (p, pp grind)
group [gru:p] *n* Gruppe *f*
grouse [graus] *n* (pl ~) Moorhuhn *nt*
grove [grouv] *n* Hain *m*
***grow** [grou] *v* *wachsen; züchten; *werden
growl [graul] *v* brummen
grown-up ['grounʌp] *adj* erwachsen; *n* Erwachsene *m*
growth [grouθ] *n* Wuchs *m*; Geschwulst *f*
grudge [grʌdʒ] *v* mißgönnen
grumble ['grʌmbəl] *v* murren
guarantee [,gærən'ti:] *n* Garantie *f*; Bürgschaft *f*; *v* garantieren
guarantor [,gærən'tɔ:] *n* Bürge *m*
guard [gɑ:d] *n* Wache *f*; *v* bewachen
guardian ['gɑ:diən] *n* Vormund *m*
guess [ges] *v* *raten; *denken, vermuten; *n* Vermutung *f*
guest [gest] *n* Gast *m*
guest-house ['gesthaus] *n* Fremdenheim *nt*
guest-room ['gestru:m] *n* Gästezimmer *nt*
guide [gaid] *n* Führer *m*; *v* führen
guidebook ['gaidbuk] *n* Führer *m*
guide-dog ['gaiddɔg] *n* Blindenhund *m*
guilt [gilt] *n* Schuld *f*
guilty ['gilti] *adj* schuldig
guinea-pig ['ginipig] *n* Meerschweinchen *nt*
guitar [gi'tɑ:] *n* Gitarre *f*
gulf [gʌlf] *n* Golf *m*
gull [gʌl] *n* Möwe *f*
gum [gʌm] *n* Zahnfleisch *nt*; Gummi *m*; Klebstoff *m*
gun [gʌn] *n* Gewehr *nt*, Revolver *m*; Kanone *f*
gunpowder ['gʌn,paudə] *n* Schießpul-

ver *nt*
gust [gʌst] *n* Windstoß *m*
gusty ['gʌsti] *adj* windig
gut [gʌt] *n* Darm *m*; **guts** Mumm *m*
gutter ['gʌtə] *n* Gosse *f*
guy [gai] *n* Bursche *m*
gymnasium [dʒim'neiziəm] *n* (pl ~s, -sia) Turnhalle *f*
gymnast ['dʒimnæst] *n* Turner *m*
gymnastics [dʒim'næstiks] *pl* Turnen *nt*
gynaecologist [,gainə'kɔlədʒist] *n* Gynäkologe *m*, Frauenarzt *m*

H

haberdashery ['hæbədæʃəri] *n* Kurzwarengeschäft *nt*
habit ['hæbit] *n* Gewohnheit *f*
habitable ['hæbitəbəl] *adj* bewohnbar
habitual [hə'bitʃuəl] *adj* gewohnt
had [hæd] *v* (p, pp have)
haddock ['hædək] *n* (pl ~) Schellfisch *m*
haemorrhage ['hemərid3] *n* Blutsturz *m*
haemorrhoids ['hemərɔidz] *pl* Hämorrhoiden *fpl*
hail [heil] *n* Hagel *m*
hair [hɛə] *n* Haar *nt*; ~ **cream** Haarkrem *f*; ~ **piece** Toupet *nt*; ~ **tonic** Haartonikum *nt*
hairbrush ['hɛəbrʌʃ] *n* Haarbürste *f*
haircut ['hɛəkʌt] *n* Haarschnitt *m*
hair-do ['hɛədu:] *n* Haartracht *f*, Frisur *f*
hairdresser ['hɛə,dresə] *n* Friseur *m*
hair-dryer ['hɛədraiə] *n* Fön *m*
hair-grip ['hɛəgrip] *n* Haarklemme *f*
hair-net ['hɛənet] *n* Haarnetz *nt*
hair-oil ['hɛərɔil] *n* Haaröl *nt*
hairpin ['hɛəpin] *n* Haarnadel *f*
hair-spray ['hɛəsprei] *n* Haarlack *m*
hairy ['hɛəri] *adj* haarig
half[1] [hɑ:f] *adj* halb
half[2] [hɑ:f] *n* (pl halves) Hälfte *f*
half-time [,hɑ:f'taim] *n* Halbzeit *f*
halfway [,hɑ:f'wei] *adv* halbwegs
halibut ['hælibət] *n* (pl ~) Heilbutt *m*
hall [hɔ:l] *n* Halle *f*; Saal *m*
halt [hɔ:lt] *v* *anhalten
halve [hɑ:v] *v* halbieren
ham [hæm] *n* Schinken *m*
hamlet ['hæmlət] *n* Weiler *m*
hammer ['hæmə] *n* Hammer *m*
hammock ['hæmək] *n* Hängematte *f*
hamper ['hæmpə] *n* Packkorb *m*
hand [hænd] *n* Hand *f*; *v* *übergeben; ~ **cream** Handkrem *f*
handbag ['hændbæg] *n* Handtasche *f*
handbook ['hændbuk] *n* Handbuch *nt*
hand-brake ['hændbreik] *n* Handbremse *f*
handcuffs ['hændkʌfs] *pl* Handschellen *fpl*
handful ['hændful] *n* Handvoll *f*
handicraft ['hændikrɑ:ft] *n* Handarbeit *f*; Handwerk *nt*
handkerchief ['hæŋkətʃif] *n* Taschentuch *nt*
handle ['hændəl] *n* Stiel *m*, Handgriff *m*; *v* handhaben; behandeln
hand-made [,hænd'meid] *adj* handgearbeitet
handshake ['hændʃeik] *n* Händedruck *m*
handsome ['hænsəm] *adj* stattlich
handwork ['hændwə:k] *n* Handarbeit *f*
handwriting ['hænd,raitiŋ] *n* Handschrift *f*
handy ['hændi] *adj* handlich
***hang** [hæŋ] *v* aufhängen; *hängen
hanger ['hæŋə] *n* Aufhänger *m*
hangover ['hæŋ,ouvə] *n* Kater *m*
happen ['hæpən] *v* *geschehen, passieren, sich ereignen

happening ['hæpəniŋ] *n* Ereignis *nt*
happiness ['hæpinəs] *n* Glück *nt*
happy ['hæpi] *adj* zufrieden, glücklich
harbour ['hɑ:bə] *n* Hafen *m*
hard [hɑ:d] *adj* hart; schwierig; **hardly** kaum
hardware ['hɑ:dwɛə] *n* Eisenwaren *fpl*; ~ **store** Eisenwarenhandlung *f*
hare [hɛə] *n* Hase *m*
harm [hɑ:m] *n* Schaden *m*; Übel *nt*, Böse *nt*; *v* schaden
harmful ['hɑ:mfəl] *adj* nachteilig, schädlich
harmless ['hɑ:mləs] *adj* harmlos
harmony ['hɑ:məni] *n* Harmonie *f*
harp [hɑ:p] *n* Harfe *f*
harpsichord ['hɑ:psikɔ:d] *n* Cembalo *nt*
harsh [hɑ:ʃ] *adj* rauh; streng; grausam
harvest ['hɑ:vist] *n* Ernte *f*
has [hæz] *v* (pr have)
haste [heist] *n* Hast *f*, Eile *f*
hasten ['heisən] *v* eilen
hasty ['heisti] *adj* hastig
hat [hæt] *n* Hut *m*; ~ **rack** Garderobenständer *m*
hatch [hætʃ] *n* Luke *f*
hate [heit] *v* hassen; *n* Haß *m*
hatred ['heitrid] *n* Haß *m*
haughty ['hɔ:ti] *adj* hochmütig
haul [hɔ:l] *v* schleppen
***have** [hæv] *v* *haben; machen; ~ **to** *müssen
haversack ['hævəsæk] *n* Brotbeutel *m*
hawk [hɔ:k] *n* Habicht *m*; Falke *m*
hay [hei] *n* Heu *nt*; ~ **fever** Heuschnupfen *m*
hazard ['hæzəd] *n* Risiko *nt*
haze [heiz] *n* Dunst *m*; Nebel *m*
hazelnut ['heizəlnʌt] *n* Haselnuß *f*
hazy ['heizi] *adj* diesig
he [hi:] *pron* er
head [hed] *n* Kopf *m*; Haupt *nt*; *v* leiten; ~ **of state** Staatsoberhaupt *nt*; ~ **teacher** Schulleiter *m*, Schuldirektor *m*
headache ['hedeik] *n* Kopfschmerzen *mpl*
heading ['hediŋ] *n* Überschrift *f*
headlamp ['hedlæmp] *n* Scheinwerfer *m*
headland ['hedlənd] *n* Landzunge *f*
headlight ['hedlait] *n* Scheinwerfer *m*
headline ['hedlain] *n* Schlagzeile *f*
headmaster [ˌhed'mɑ:stə] *n* Schulleiter *m*; Direktor *m*, Schuldirektor *m*
headquarters [ˌhed'kwɔ:təz] *pl* Hauptquartier *nt*
head-strong ['hedstrɔŋ] *adj* starrköpfig
head-waiter [ˌhed'weitə] *n* Oberkellner *m*
heal [hi:l] *v* heilen
health [helθ] *n* Gesundheit *f*; ~ **centre** Beratungsstelle *f*; ~ **certificate** Gesundheitsattest *nt*
healthy ['helθi] *adj* gesund
heap [hi:p] *n* Stapel *m*, Haufen *m*
***hear** [hiə] *v* hören
hearing ['hiəriŋ] *n* Gehör *nt*
heart [hɑ:t] *n* Herz *nt*; Kern *m*; **by** ~ auswendig; ~ **attack** Herzschlag *m*
heartburn ['hɑ:tbə:n] *n* Sodbrennen *nt*
hearth [hɑ:θ] *n* Herd *m*
heartless ['hɑ:tləs] *adj* herzlos
hearty ['hɑ:ti] *adj* herzlich
heat [hi:t] *n* Wärme *f*, Hitze *f*; *v* heizen; **heating pad** Heizkissen *nt*
heater ['hi:tə] *n* Heizofen *m*; **immersion** ~ Tauchsieder *m*
heath [hi:θ] *n* Heide *f*
heathen ['hi:ðən] *n* Heide *m*; heidnisch
heather ['heðə] *n* Heidekraut *nt*
heating ['hi:tiŋ] *n* Heizung *f*
heaven ['hevən] *n* Himmel *m*
heavy ['hevi] *adj* schwer

Hebrew ['hi:bru:] *n* Hebräisch *nt*
hedge [hedʒ] *n* Hecke *f*
hedgehog ['hedʒhɔg] *n* Igel *m*
heel [hi:l] *n* Ferse *f*; Absatz *m*
height [hait] *n* Höhe *f*; Gipfel *m*, Höhepunkt *m*
hell [hel] *n* Hölle *f*
hello! [he'lou] hallo!; guten Tag!
helm [helm] *n* Ruder *nt*
helmet ['helmit] *n* Helm *m*
helmsman ['helmzmən] *n* Steuermann *m*
help [help] *v* *helfen; *n* Hilfe *f*
helper ['helpə] *n* Helfer *m*
helpful ['helpfəl] *adj* hilfreich
helping ['helpiŋ] *n* Portion *f*
hem [hem] *n* Saum *m*
hemp [hemp] *n* Hanf *m*
hen [hen] *n* Henne *f*; Huhn *nt*
henceforth [ˌhens'fɔ:θ] *adv* von nun an
her [hə:] *pron* sie, ihr
herb [hə:b] *n* Kraut *nt*
herd [hə:d] *n* Herde *f*
here [hiə] *adv* hier; ~ **you are** bitte
hereditary [hi'reditəri] *adj* erblich
hernia ['hə:niə] *n* Bruch *m*
hero ['hiərou] *n* (pl ~es) Held *m*
heron ['herən] *n* Reiher *m*
herring ['heriŋ] *n* (pl ~, ~s) Hering *m*
herself [hə:'self] *pron* sich; selbst
hesitate ['heziteit] *v* zögern
heterosexual [ˌhetərə'sekʃuəl] *adj* heterosexuell
hiccup ['hikʌp] *n* Schluckauf *m*
hide [haid] *n* Haut *f*
***hide** [haid] *v* verstecken; *verbergen
hideous ['hidiəs] *adj* abscheulich
hierarchy ['haiərɑ:ki] *n* Hierarchie *f*
high [hai] *adj* hoch
highway ['haiwei] *n* Landstraße *f*; *nAm* Autobahn *f*
hijack ['haidʒæk] *v* kapern
hijacker ['haidʒækə] *n* Kaper *m*
hike [haik] *v* wandern
hill [hil] *n* Hügel *m*
hillock ['hilək] *n* Erhebung *f*
hillside ['hilsaid] *n* Hang *m*
hilly ['hili] *adj* hügelig
him [him] *pron* ihn, ihm
himself [him'self] *pron* sich; selbst
hinder ['hində] *v* hindern
hinge [hindʒ] *n* Scharnier *nt*
hip [hip] *n* Hüfte *f*
hire [haiə] *v* mieten; **for** ~ zu vermieten
hire-purchase [ˌhaiə'pə:tʃəs] *n* Teilzahlungskauf *m*
his [hiz] *adj* sein
historian [hi'stɔ:riən] *n* Historiker *m*
historic [hi'stɔrik] *adj* historisch
historical [hi'stɔrikəl] *adj* geschichtlich
history ['histəri] *n* Geschichte *f*
hit [hit] *n* Schlager *m*
***hit** [hit] *v* *schlagen; *treffen
hitchhike ['hitʃhaik] *v* per Anhalter *fahren
hitchhiker ['hitʃˌhaikə] *n* Anhalter *m*
hoarse [hɔ:s] *adj* rauh, heiser
hobby ['hɔbi] *n* Liebhaberei *f*, Steckenpferd *nt*
hobby-horse ['hɔbihɔ:s] *n* Steckenpferd *nt*
hockey ['hɔki] *n* Hockey *nt*
hoist [hɔist] *v* *hochziehen
hold [hould] *n* Laderaum *m*
***hold** [hould] *v* *festhalten, *halten; *freihalten; ~ **on** sich *festhalten; ~ **up** stützen
hold-up ['houldʌp] *n* Überfall *m*
hole [houl] *n* Grube *f*, Loch *nt*
holiday ['hɔlədi] *n* Urlaub *m*; Feiertag *m*; ~ **camp** Ferienlager *nt*; ~ **resort** Erholungsort *m*; **on** ~ auf Urlaub
Holland ['hɔlənd] Holland
hollow ['hɔlou] *adj* hohl
holy ['houli] *adj* heilig
homage ['hɔmidʒ] *n* Huldigung *f*

home [houm] *n* Heim *nt*; Haus *nt*; *adv* zu Hause, nach Hause; **at ~** zu Hause
home-made [ˌhoum'meid] *adj* selbstgemacht
homesickness ['houmˌsiknəs] *n* Heimweh *nt*
homosexual [ˌhoumə'sekʃuəl] *adj* homosexuell
honest ['ɔnist] *adj* ehrlich; aufrichtig
honesty ['ɔnisti] *n* Ehrlichkeit *f*
honey ['hʌni] *n* Honig *m*
honeymoon ['hʌnimu:n] *n* Hochzeitsreise *f*, Flitterwochen *fpl*
honk [hʌŋk] *vAm* hupen
honour ['ɔnə] *n* Ehre *f*; *v* ehren, huldigen
honourable ['ɔnərəbəl] *adj* ehrenwert; rechtschaffen
hood [hud] *n* Kapuze *f*; *nAm* Motorhaube *f*
hoof [hu:f] *n* Huf *m*
hook [huk] *n* Haken *m*
hoot [hu:t] *v* hupen
hooter ['hu:tə] *n* Hupe *f*
hoover ['hu:və] *v* staubsaugen
hop[1] [hɔp] *v* hüpfen; *n* Hupf *m*
hop[2] [hɔp] *n* Hopfen *m*
hope [houp] *n* Hoffnung *f*; *v* hoffen
hopeful ['houpfəl] *adj* hoffnungsvoll
hopeless ['houpləs] *adj* hoffnungslos
horizon [hə'raizən] *n* Horizont *m*
horizontal [ˌhɔri'zɔntəl] *adj* waagerecht
horn [hɔ:n] *n* Horn *nt*; Horn *f*; Hupe *f*
horrible ['hɔribəl] *adj* entsetzlich; schrecklich, grauenhaft, scheußlich
horror ['hɔrə] *n* Schauder *m*, Entsetzen *nt*
hors-d'œuvre [ɔ:'də:vr] *n* Horsd'œuvre *nt*, Vorspeise *f*
horse [hɔ:s] *n* Pferd *nt*
horseman ['hɔ:smən] *n* (pl -men) Reiter *m*
horsepower ['hɔ:sˌpauə] *n* Pferdestärke *f*
horserace ['hɔ:sreis] *n* Pferderennen *nt*
horseradish ['hɔ:sˌrædiʃ] *n* Meerrettich *m*
horseshoe ['hɔ:sʃu:] *n* Hufeisen *nt*
horticulture ['hɔ:tikʌltʃə] *n* Gartenbau *m*
hosiery ['houʒəri] *n* Wirkwaren *fpl*
hospitable ['hɔspitəbəl] *adj* gastfreundlich
hospital ['hɔspitəl] *n* Klinik *f*, Krankenhaus *nt*
hospitality [ˌhɔspi'tæləti] *n* Gastfreundschaft *f*
host [houst] *n* Gastgeber *m*
hostage ['hɔstidʒ] *n* Geisel *f*
hostel ['hɔstəl] *n* Herberge *f*
hostess ['houstis] *n* Gastgeberin *f*
hostile ['hɔstail] *adj* feindlich
hot [hɔt] *adj* warm, heiß
hotel [hou'tel] *n* Hotel *nt*
hot-tempered [ˌhɔt'tempəd] *adj* jähzornig
hour [auə] *n* Stunde *f*
hourly ['auəli] *adj* stündlich
house [haus] *n* Haus *nt*; Wohnung *f*; Gebäude *nt*; **~ agent** Häusermakler *m*; **~ block** *Am* Häuserblock *m*; **public ~** Wirtshaus *nt*
houseboat ['hausbout] *n* Wohnboot *nt*
household ['haushould] *n* Haushalt *m*
housekeeper ['hausˌki:pə] *n* Haushälterin *f*
housekeeping ['hausˌki:piŋ] *n* Hausarbeit *f*, Haushalt *m*
housemaid ['hausmeid] *n* Hausangestellte *f*
housewife ['hauswaif] *n* Hausfrau *f*
housework ['hauswə:k] *n* Haushaltsarbeiten *fpl*
how [hau] *adv* wie; **~ many** wieviel; **~ much** wieviel

however [hau'evə] *conj* dennoch, jedoch
hug [hʌg] *v* umarmen; liebkosen; *n* Umarmung *f*
huge [hju:dʒ] *adj* gewaltig, ungeheuer, riesig
hum [hʌm] *v* summen
human ['hju:mən] *adj* menschlich; ~ **being** Mensch *m*
humanity [hju'mænəti] *n* Menschheit *f*
humble ['hʌmbəl] *adj* bescheiden
humid ['hju:mid] *adj* feucht
humidity [hju'midəti] *n* Feuchtigkeit *f*
humorous ['hju:mərəs] *adj* spaßig, witzig, humorvoll
humour ['hju:mə] *n* Humor *m*
hundred ['hʌndrəd] *n* hundert
Hungarian [hʌŋ'gɛəriən] *adj* ungarisch; *n* Ungar *m*
Hungary ['hʌŋgəri] Ungarn
hunger ['hʌŋgə] *n* Hunger *m*
hungry ['hʌŋgri] *adj* hungrig
hunt [hʌnt] *v* jagen; *n* Jagd *f*; ~ **for** suchen
hunter ['hʌntə] *n* Jäger *m*
hurricane ['hʌrikən] *n* Wirbelsturm *m*; ~ **lamp** Sturmlaterne *f*
hurry ['hʌri] *v* sich beeilen, eilen; *n* Eile *f*; **in a** ~ eilig
***hurt** [hə:t] *v* weh *tun, verletzen; kränken
hurtful ['hə:tfəl] *adj* schädlich
husband ['hʌzbənd] *n* Gatte *m*, Mann *m*
hut [hʌt] *n* Hütte *f*
hydrogen ['haidrədʒən] *n* Wasserstoff *m*
hygiene ['haidʒi:n] *n* Hygiene *f*
hygienic [hai'dʒi:nik] *adj* hygienisch
hymn [him] *n* Hymne *f*
hyphen ['haifən] *n* Bindestrich *m*
hypocrisy [hi'pɔkrəsi] *n* Heuchelei *f*
hypocrite ['hipəkrit] *n* Heuchler *m*
hypocritical [,hipə'kritikəl] *adj* heuchlerisch, hypokritisch, scheinheilig
hysterical [hi'sterikəl] *adj* hysterisch

I

I [ai] *pron* ich
ice [ais] *n* Eis *nt*
ice-bag ['aisbæg] *n* Eisbeutel *m*
ice-cream ['aiskri:m] *n* Eis *nt*
Iceland ['aislənd] Island
Icelander ['aisləndə] *n* Isländer *m*
Icelandic [ais'lændik] *adj* isländisch
icon ['aikɔn] *n* Ikone *f*
idea [ai'diə] *n* Idee *f*; Einfall *m*, Gedanke *m*; Vorstellung *f*, Anschauung *f*
ideal [ai'diəl] *adj* ideal; *n* Ideal *nt*
identical [ai'dentikəl] *adj* identisch
identification [ai,dentifi'keiʃən] *n* Identifizierung *f*
identify [ai'dentifai] *v* identifizieren
identity [ai'dentəti] *n* Identität *f*; ~ **card** Ausweis *m*
idiom ['idiəm] *n* Idiom *nt*
idiomatic [,idiə'mætik] *adj* idiomatisch
idiot ['idiət] *n* Idiot *m*
idiotic [,idi'ɔtik] *adj* verrückt
idle ['aidəl] *adj* müßig; faul; nutzlos
idol ['aidəl] *n* Abgott *m*; Idol *nt*
if [if] *conj* wenn; falls
ignition [ig'niʃən] *n* Zündung *f*; ~ **coil** Zündung *f*
ignorant ['ignərənt] *adj* unwissend
ignore [ig'nɔ:] *v* ignorieren
ill [il] *adj* krank; schlecht; böse
illegal [i'li:gəl] *adj* illegal, ungesetzlich
illegible [i'ledʒəbəl] *adj* unleserlich
illiterate [i'litərət] *n* Analphabet *m*
illness ['ilnəs] *n* Krankheit *f*
illuminate [i'lu:mineit] *v* erleuchten
illumination [i,lu:mi'neiʃən] *n* Beleuchtung *f*

illusion [i'lu:ʒən] *n* Illusion *f*; Täuschung *f*
illustrate ['iləstreit] *v* illustrieren
illustration [ˌilə'streiʃən] *n* Illustration *f*
image ['imidʒ] *n* Bild *nt*
imaginary [i'mædʒinəri] *adj* imaginär
imagination [iˌmædʒi'neiʃən] *n* Einbildung *f*
imagine [i'mædʒin] *v* sich vorstellen; sich einbilden; sich *denken
imitate ['imiteit] *v* nachmachen, nachahmen
imitation [ˌimi'teiʃən] *n* Nachahmung *f*, Imitation *f*
immediate [i'mi:djət] *adj* unmittelbar
immediately [i'mi:djətli] *adv* unverzüglich, sogleich, sofort
immense [i'mens] *adj* unendlich, ungeheuer, unermeßlich
immigrant ['imigrənt] *n* Einwanderer *m*
immigrate ['imigreit] *v* einwandern
immigration [ˌimi'greiʃən] *n* Einwanderung *f*
immodest [i'mɔdist] *adj* unbescheiden
immunity [i'mju:nəti] *n* Immunität *f*
immunize ['imjunaiz] *v* immunisieren
impartial [im'pɑ:ʃəl] *adj* unparteiisch
impassable [im'pɑ:səbəl] *adj* ungangbar
impatient [im'peiʃənt] *adj* ungeduldig
impede [im'pi:d] *v* hindern
impediment [im'pedimənt] *n* Hindernis *nt*
imperfect [im'pə:fikt] *adj* unvollkommen
imperial [im'piəriəl] *adj* kaiserlich; Reichs-
impersonal [im'pə:sənəl] *adj* unpersönlich
impertinence [im'pə:tinəns] *n* Unverschämtheit *f*
impertinent [im'pə:tinənt] *adj* frech, flegelhaft, unverschämt
implement¹ ['implimənt] *n* Werkzeug *nt*, Gerät *nt*
implement² ['impliment] *v* ausführen
imply [im'plai] *v* besagen; in sich *schließen
impolite [ˌimpə'lait] *adj* unhöflich
import¹ [im'pɔ:t] *v* einführen, importieren
import² ['impɔ:t] *n* Importware *f*, Einfuhr *f*, Import *m*; ~ **duty** Einfuhrzoll *m*
importance [im'pɔ:təns] *n* Bedeutung *f*, Wichtigkeit *f*
important [im'pɔ:tənt] *adj* bedeutend, wichtig
importer [im'pɔ:tə] *n* Importeur *m*
imposing [im'pouziŋ] *adj* imposant
impossible [im'pɔsəbəl] *adj* unmöglich
impotence ['impətəns] *n* Impotenz *f*
impotent ['impətənt] *adj* impotent
impound [im'paund] *v* beschlagnahmen
impress [im'pres] *v* imponieren, beeindrucken
impression [im'preʃən] *n* Eindruck *m*
impressive [im'presiv] *adj* eindrucksvoll
imprison [im'prizən] *v* inhaftieren
imprisonment [im'prizənmənt] *n* Haft *f*
improbable [im'prɔbəbəl] *adj* unwahrscheinlich
improper [im'prɔpə] *adj* unpassend
improve [im'pru:v] *v* verbessern
improvement [im'pru:vmənt] *n* Verbesserung *f*
improvise ['imprəvaiz] *v* improvisieren
impudent ['impjudənt] *adj* unverschämt
impulse ['impʌls] *n* Impuls *m*; Anregung *f*
impulsive [im'pʌlsiv] *adj* impulsiv
in [in] *prep* in; *adv* hinein

inaccessible [i,næk'sesəbəl] *adj* unzugänglich
inaccurate [i'nækjurət] *adj* ungenau
inadequate [i'nædikwət] *adj* unzulänglich
incapable [iŋ'keipəbəl] *adj* unfähig
incense ['insens] *n* Weihrauch *m*
incident ['insidənt] *n* Zwischenfall *m*
incidental [,insi'dentəl] *adj* zufällig
incite [in'sait] *v* anregen
inclination [,iŋkli'neiʃən] *n* Neigung *f*
incline [iŋ'klain] *n* Neigung *f*
inclined [iŋ'klaind] *adj* gewillt, geneigt; ***be ~ to** *v* neigen
include [iŋ'klu:d] *v* *enthalten, *einschließen
inclusive [iŋ'klu:siv] *adj* einschließlich
income ['iŋkəm] *n* Einkommen *nt*
income-tax ['iŋkəmtæks] *n* Einkommenssteuer *f*
incompetent [iŋ'kɔmpətənt] *adj* unfähig
incomplete [,inkəm'pli:t] *adj* unvollständig
inconceivable [,iŋkən'si:vəbəl] *adj* unfaßbar
inconspicuous [,iŋkən'spikjuəs] *adj* unauffällig
inconvenience [,iŋkən'vi:njəns] *n* Unbequemlichkeit *f*, Unannehmlichkeit *f*
inconvenient [,iŋkən'vi:njənt] *adj* ungelegen; lästig
incorrect [,iŋkə'rekt] *adj* ungenau, unrichtig
increase[1] [iŋ'kri:s] *v* vergrößern; *anwachsen, *zunehmen
increase[2] ['iŋkri:s] *n* Zunahme *f*; Erhöhung *f*
incredible [iŋ'kredəbəl] *adj* unglaublich
incurable [iŋ'kjuərəbəl] *adj* unheilbar
indecent [in'di:sənt] *adj* unanständig
indeed [in'di:d] *adv* wirklich
indefinite [in'definit] *adj* unbestimmt
indemnity [in'demnəti] *n* Entschädigung *f*, Schadenersatz *m*
independence [,indi'pendəns] *n* Unabhängigkeit *f*
independent [,indi'pendənt] *adj* unabhängig; selbständig
index ['indeks] *n* Verzeichnis *nt*, Index *m*; ~ **finger** Zeigefinger *m*
India ['indiə] Indien
Indian ['indiən] *adj* indisch; indianisch; *n* Inder *m*; Indianer *m*
indicate ['indikeit] *v* *angeben, zeigen
indication [,indi'keiʃən] *n* Merkmal *nt*, Anzeichen *nt*
indicator ['indikeitə] *n* Blinker *m*
indifferent [in'difərənt] *adj* gleichgültig
indigestion [,indi'dʒestʃən] *n* Magenverstimmung *f*
indignation [,indig'neiʃən] *n* Entrüstung *f*
indirect [,indi'rekt] *adj* indirekt
individual [,indi'vidʒuəl] *adj* einzeln, individuell; *n* Einzelne *m*, Individuum *nt*
Indonesia [,ində'ni:ziə] Indonesien
Indonesian [,ində'ni:ziən] *adj* indonesisch; *n* Indonesier *m*
indoor ['indɔ:] *adj* im Haus
indoors [,in'dɔ:z] *adv* im Haus
indulge [in'dʌldʒ] *v* *nachgeben
industrial [in'dʌstriəl] *adj* industriell; ~ **area** Industriegebiet *nt*
industrious [in'dʌstriəs] *adj* fleißig
industry ['indəstri] *n* Industrie *f*
inedible [i'nedibəl] *adj* ungenießbar
inefficient [,ini'fiʃənt] *adj* unzweckmäßig
inevitable [i'nevitəbəl] *adj* unvermeidlich
inexpensive [,inik'spensiv] *adj* billig
inexperienced [,inik'spiəriənst] *adj* unerfahren

infant ['infənt] *n* Säugling *m*
infantry ['infəntri] *n* Infanterie *f*
infect [in'fekt] *v* anstecken
infection [in'fekʃən] *n* Infektion *f*
infectious [in'fekʃəs] *adj* ansteckend
infer [in'fə:] *v* ableiten
inferior [in'fiəriə] *adj* geringer, minderwertig; unter
infinite ['infinət] *adj* unendlich
infinitive [in'finitiv] *n* Infinitiv *m*
infirmary [in'fə:məri] *n* Krankensaal *m*
inflammable [in'flæməbəl] *adj* entzündbar
inflammation [,inflə'meiʃən] *n* Entzündung *f*
inflatable [in'fleitəbəl] *adj* aufblasbar
inflate [in'fleit] *v* aufblähen
inflation [in'fleiʃən] *n* Inflation *f*
influence ['influəns] *n* Einfluß *m*; *v* beeinflussen
influential [,influ'enʃəl] *adj* einflußreich
influenza [,influ'enzə] *n* Grippe *f*
inform [in'fɔ:m] *v* informieren; berichten, mitteilen
informal [in'fɔ:məl] *adj* informell
information [,infə'meiʃən] *n* Auskunft *f*; Nachricht *f*, Mitteilung *f*; ~ **bureau** Auskunftsbüro *nt*
infra-red [,infrə'red] *adj* infrarot
infrequent [in'fri:kwənt] *adj* selten
ingredient [iŋ'gri:diənt] *n* Zutat *f*, Bestandteil *m*
inhabit [in'hæbit] *v* bewohnen
inhabitable [in'hæbitəbəl] *adj* bewohnbar
inhabitant [in'hæbitənt] *n* Einwohner *m*; Bewohner *m*
inhale [in'heil] *v* einatmen
inherit [in'herit] *v* erben
inheritance [in'heritəns] *n* Erbschaft *f*
initial [i'niʃəl] *adj* Anfangs-, erste; *n* Anfangsbuchstabe *m*; *v* abzeichnen
initiative [i'niʃətiv] *n* Initiative *f*
inject [in'dʒekt] *v* einspritzen
injection [in'dʒekʃən] *n* Injektion *f*
injure ['indʒə] *v* verletzen; kränken
injury ['indʒəri] *n* Verletzung *f*; Verwundung *f*
injustice [in'dʒʌstis] *n* Unrecht *nt*
ink [iŋk] *n* Tinte *f*
inlet ['inlet] *n* Bucht *f*
inn [in] *n* Gasthof *m*
inner ['inə] *adj* inwendig; ~ **tube** Schlauch *m*
inn-keeper ['in,ki:pə] *n* Gastwirt *m*
innocence ['inəsəns] *n* Unschuld *f*
innocent ['inəsənt] *adj* unschuldig
inoculate [i'nɔkjuleit] *v* impfen
inoculation [i,nɔkju'leiʃən] *n* Impfung *f*
inquire [iŋ'kwaiə] *v* nachfragen, sich erkundigen
inquiry [iŋ'kwaiəri] *n* Frage *f*, Nachfrage *f*; Untersuchung *f*; ~ **office** Auskunftsbüro *nt*
inquisitive [iŋ'kwizətiv] *adj* neugierig
insane [in'sein] *adj* wahnsinnig
inscription [in'skripʃən] *n* Inschrift *f*
insect ['insekt] *n* Insekt *nt*; ~ **repellent** Insektenschutzmittel *nt*
insecticide [in'sektisaid] *n* Insektengift *nt*
insensitive [in'sensətiv] *adj* unempfindlich
insert [in'sə:t] *v* einfügen
inside [,in'said] *n* Innenseite *f*; *adj* inner; *adv* drinnen; im Innern; *prep* in, innerhalb; ~ **out** verkehrt; **insides** Eingeweide *pl*
insight ['insait] *n* Einsicht *f*
insignificant [,insig'nifikənt] *adj* unbedeutend; unerheblich, nichtssagend; belanglos
insist [in'sist] *v* *bestehen; beharren
insolence ['insələns] *n* Unverschämtheit *f*
insolent ['insələnt] *adj* frech, unver-

schämt
insomnia [in'sɔmniə] *n* Schlaflosigkeit *f*
inspect [in'spekt] *v* inspizieren
inspection [in'spekʃən] *n* Inspektion *f*; Kontrolle *f*
inspector [in'spektə] *n* Aufsichtsbeamte *m*
inspire [in'spaiə] *v* begeistern
install [in'stɔ:l] *v* installieren
installation [,instə'leiʃən] *n* Einrichtung *f*
instalment [in'stɔ:lmənt] *n* Ratenzahlung *f*
instance ['instəns] *n* Beispiel *nt*; Fall *m*; **for** ~ zum Beispiel
instant ['instənt] *n* Augenblick *m*
instantly ['instəntli] *adv* unverzüglich, augenblicklich, sofort
instead of [in'sted ɔv] anstatt
instinct ['instiŋkt] *n* Instinkt *m*
institute ['institju:t] *n* Institut *nt*; Anstalt *f*; *v* einrichten
institution [,insti'tju:ʃən] *n* Einrichtung *f*, Institution *f*
instruct [in'strʌkt] *v* *unterweisen
instruction [in'strʌkʃən] *n* Unterweisung *f*
instructive [in'strʌktiv] *adj* lehrreich
instructor [in'strʌktə] *n* Lehrer *m*
instrument ['instrumənt] *n* Instrument *nt*; **musical** ~ Musikinstrument *nt*
insufficient [,insə'fiʃənt] *adj* ungenügend
insulate ['insjuleit] *v* isolieren
insulation [,insju'leiʃən] *n* Isolation *f*
insulator ['insjuleitə] *n* Isolator *m*
insult[1] [in'sʌlt] *v* beleidigen
insult[2] ['insʌlt] *n* Beleidigung *f*
insurance [in'ʃuərəns] *n* Versicherung *f*; ~ **policy** Versicherungspolice *f*
insure [in'ʃuə] *v* versichern
intact [in'tækt] *adj* unversehrt
intellect ['intəlekt] *n* Intellekt *m*, Verstand *m*
intellectual [,intə'lektʃuəl] *adj* intellektuell
intelligence [in'telidʒəns] *n* Intelligenz *f*
intelligent [in'telidʒənt] *adj* intelligent
intend [in'tend] *v* beabsichtigen
intense [in'tens] *adj* intensiv; heftig
intention [in'tenʃən] *n* Absicht *f*
intentional [in'tenʃənəl] *adj* absichtlich
intercourse ['intəkɔ:s] *n* Umgang *m*
interest ['intrəst] *n* Interesse *nt*; Nutzen *m*; Zins *m*; *v* interessieren
interesting ['intrəstiŋ] *adj* interessant
interfere [,intə'fiə] *v* *einschreiten; ~ **with** sich einmischen
interference [,intə'fiərəns] *n* Eingreifen *nt*
interim ['intərim] *n* Zwischenzeit *f*
interior [in'tiəriə] *n* Innere *nt*
interlude ['intəlu:d] *n* Zwischenspiel *nt*
intermediary [,intə'mi:djəri] *n* Vermittler *m*
intermission [,intə'miʃən] *n* Pause *f*
internal [in'tə:nəl] *adj* inner, intern
international [,intə'næʃənəl] *adj* international
interpret [in'tə:prit] *v* dolmetschen; darstellen
interpreter [in'tə:pritə] *n* Dolmetscher *m*
interrogate [in'terəgeit] *v* verhören
interrogation [in,terə'geiʃən] *n* Verhör *nt*
interrogative [,intə'rɔgətiv] *adj* fragend
interrupt [,intə'rʌpt] *v* *unterbrechen
interruption [,intə'rʌpʃən] *n* Unterbrechung *f*
intersection [,intə'sekʃən] *n* Kreuzung *f*
interval ['intəvəl] *n* Pause *f*; Intervall *nt*
intervene [,intə'vi:n] *v* sich einmischen

interview ['intəvju:] *n* Unterredung *f*, Interview *nt*
intestine [in'testin] *n* Darm *m*; **intestines** Eingeweide *pl*
intimate ['intimət] *adj* intim
into ['intu] *prep* in
intolerable [in'tɔlərəbəl] *adj* unerträglich
intoxicated [in'tɔksikeitid] *adj* berauscht
intrigue [in'tri:g] *n* Komplott *nt*
introduce [,intrə'dju:s] *v* vorstellen; einführen
introduction [,intrə'dʌkʃən] *n* Vorstellung *f*; Einführung *f*
invade [in'veid] *v* *eindringen
invalid[1] ['invəli:d] *n* Invalide *m*; *adj* invalide
invalid[2] [in'vælid] *adj* ungültig
invasion [in'veiʒən] *n* Einfall *m*, Invasion *f*
invent [in'vent] *v* *erfinden; *ersinnen
invention [in'venʃən] *n* Erfindung *f*
inventive [in'ventiv] *adj* erfinderisch
inventor [in'ventə] *n* Erfinder *m*
inventory ['invəntri] *n* Inventar *nt*
invert [in'və:t] *v* umdrehen
invest [in'vest] *v* investieren; anlegen
investigate [in'vestigeit] *v* untersuchen
investigation [in,vesti'geiʃən] *n* Untersuchung *f*
investment [in'vestmənt] *n* Investition *f*; Anlage *f*, Geldanlage *f*
investor [in'vestə] *n* Kapitalgeber *m*
invisible [in'vizəbəl] *adj* unsichtbar
invitation [,invi'teiʃən] *n* Einladung *f*
invite [in'vait] *v* auffordern, *einladen
invoice ['invɔis] *n* Faktur *f*
involve [in'vɔlv] *v* *einschließen; **involved** beteiligt
inwards ['inwədz] *adv* nach innen
iodine ['aiədi:n] *n* Jod *nt*
Iran [i'rɑ:n] Iran
Iranian [i'reiniən] *adj* iranisch; *n* Iranier *m*
Iraq [i'rɑ:k] Irak
Iraqi [i'rɑ:ki] *adj* irakisch
irascible [i'ræsibəl] *adj* jähzornig
Ireland ['aiələnd] Irland
Irish ['aiəriʃ] *adj* irisch
Irishman ['aiəriʃmən] *n* (pl -men) Ire *m*
iron ['aiən] *n* Eisen *nt*; Bügeleisen *nt*; eisern; *v* bügeln
ironical [ai'rɔnikəl] *adj* ironisch
ironworks ['aiənwə:ks] *n* Eisenhütte *f*
irony ['aiərəni] *n* Ironie *f*
irregular [i'regjulə] *adj* unregelmäßig
irreparable [i'repərəbəl] *adj* irreparabel
irrevocable [i'revəkəbəl] *adj* unwiderruflich
irritable ['iritəbəl] *adj* reizbar
irritate ['iriteit] *v* reizen, irritieren
is [iz] *v* (pr be)
island ['ailənd] *n* Insel *f*
isolate ['aisəleit] *v* isolieren
isolation [,aisə'leiʃən] *n* Isolation *f*; Isolierung *f*
Israel ['izreil] Israel
Israeli [iz'reili] *adj* israelisch; *n* Israeli *m*
issue ['iʃu:] *v* *ausgeben; *n* Ausgabe *f*, Auflage *f*; Frage *f*, Punkt *m*; Ergebnis *nt*, Resultat *nt*, Folge *f*, Abschluß *m*, Ende *nt*; Ausweg *m*
isthmus ['isməs] *n* Landenge *f*
it [it] *pron* es
Italian [i'tæljən] *adj* italienisch; *n* Italiener *m*
italics [i'tæliks] *pl* Kursivschrift *f*
Italy ['itəli] Italien
itch [itʃ] *n* Jucken *nt*; *v* jucken
item ['aitəm] *n* Posten *m*; Punkt *m*
itinerant [ai'tinərənt] *adj* umherziehend
itinerary [ai'tinərəri] *n* Reiseplan *m*
ivory ['aivəri] *n* Elfenbein *nt*
ivy ['aivi] *n* Efeu *m*

J

jack [dʒæk] *n* Wagenheber *m*
jacket ['dʒækit] *n* Jacke *f*, Jackett *nt*; Umschlag *m*
jade [dʒeid] *n* Jade *m*
jail [dʒeil] *n* Gefängnis *nt*
jailer ['dʒeilə] *n* Gefängniswärter *m*
jam [dʒæm] *n* Marmelade *f*; Verkehrsstauung *f*
janitor ['dʒænitə] *n* Hausmeister *m*
January ['dʒænjuəri] Januar
Japan [dʒə'pæn] Japan
Japanese [ˌdʒæpə'ni:z] *adj* japanisch; *n* Japaner *m*
jar [dʒɑ:] *n* Krug *m*
jaundice ['dʒɔ:ndis] *n* Gelbsucht *f*
jaw [dʒɔ:] *n* Kiefer *m*
jealous ['dʒeləs] *adj* eifersüchtig
jealousy ['dʒeləsi] *n* Eifersucht *f*
jeans [dʒi:nz] *pl* Bluejeans *pl*
jelly ['dʒeli] *n* Gelee *nt*
jelly-fish ['dʒelifiʃ] *n* Qualle *f*
jersey ['dʒə:zi] *n* Jersey *m*; Wollpullover *m*
jet [dʒet] *n* Strahl *m*; Düsenflugzeug *nt*
jetty ['dʒeti] *n* Pier *m*
Jew [dʒu:] *n* Jude *m*
jewel ['dʒu:əl] *n* Juwel *nt*
jeweller ['dʒu:ələ] *n* Juwelier *m*
jewellery ['dʒu:əlri] *n* Schmuck *m*
Jewish ['dʒu:iʃ] *adj* jüdisch
job [dʒɔb] *n* Arbeit *f*; Stellung *f*, Beschäftigung *f*
jockey ['dʒɔki] *n* Jockei *m*
join [dʒɔin] *v* *verbinden; sich beteiligen an, sich *anschließen; zusammenfügen, vereinigen
joint [dʒɔint] *n* Gelenk *nt*; Lötstelle *f*; *adj* verbunden, gemeinschaftlich
jointly ['dʒɔintli] *adv* gemeinsam
joke [dʒouk] *n* Witz *m*
jolly ['dʒɔli] *adj* fröhlich
Jordan ['dʒɔ:dən] Jordanien
Jordanian [dʒɔ:'deiniən] *adj* jordanisch; *n* Jordanier *m*
journal ['dʒə:nəl] *n* Zeitschrift *f*
journalism ['dʒə:nəlizəm] *n* Journalismus *m*
journalist ['dʒə:nəlist] *n* Journalist *m*
journey ['dʒə:ni] *n* Reise *f*
joy [dʒɔi] *n* Wonne *f*, Freude *f*
joyful ['dʒɔifəl] *adj* froh, freudig
jubilee ['dʒu:bili:] *n* Jubiläum *nt*
judge [dʒʌdʒ] *n* Richter *m*; *v* urteilen; beurteilen
judgment ['dʒʌdʒmənt] *n* Urteil *nt*
jug [dʒʌg] *n* Krug *m*
juggle ['dʒʌgəl] *v* jonglieren
juggler ['dʒʌglə] *n* Jongleur *m*
juice [dʒu:s] *n* Saft *m*
juicy ['dʒusi] *adj* saftig
July [dʒu'lai] Juli
jump [dʒʌmp] *v* *springen; *n* Sprung *m*
jumper ['dʒʌmpə] *n* Jumper *m*
junction ['dʒʌŋkʃən] *n* Straßenkreuzung *f*; Knotenpunkt *m*
June [dʒu:n] Juni
jungle ['dʒʌŋgəl] *n* Urwald *m*, Dschungel *m*
junior ['dʒu:njə] *adj* jünger
junk [dʒʌŋk] *n* Plunder *m*
jury ['dʒuəri] *n* Preisgericht *nt*
just [dʒʌst] *adj* berechtigt, gerecht; richtig; *adv* gerade; genau
justice ['dʒʌstis] *n* Recht *nt*; Gerechtigkeit *f*
juvenile ['dʒu:vənail] *adj* jugendlich

K

kangaroo [ˌkæŋgəˈruː] *n* Känguruh *nt*
keel [kiːl] *n* Kiel *m*
keen [kiːn] *adj* begeistert; scharf
***keep** [kiːp] *v* *halten; bewahren; *bleiben; ~ **away from** sich *fernhalten von; ~ **off** nicht anrühren; ~ **on** *fortfahren mit; ~ **quiet** *schweigen; ~ **up** ausharren; ~ **up with** Schritt *halten mit
keg [keg] *n* Fäßchen *nt*
kennel [ˈkenəl] *n* Hundehütte *f*; Hundezwinger *m*
Kenya [ˈkenjə] Kenia
kerosene [ˈkerəsiːn] *n* Kerosin *nt*
kettle [ˈketəl] *n* Kessel *m*
key [kiː] *n* Schlüssel *m*
keyhole [ˈkiːhoul] *n* Schlüsselloch *nt*
khaki [ˈkɑːki] *n* Khaki *nt*
kick [kik] *v* *stoßen, *treten; *n* Tritt *m*, Fußtritt *m*
kick-off [ˌkiˈkɔf] *n* Anstoß *m*
kid [kid] *n* Kind *nt*; Ziegenleder *nt*; *v* foppen
kidney [ˈkidni] *n* Niere *f*
kill [kil] *v* *umbringen, töten
kilogram [ˈkiləgræm] *n* Kilo *nt*
kilometre [ˈkiləˌmiːtə] *n* Kilometer *m*
kind [kaind] *adj* nett, freundlich; gütig; *n* Sorte *f*
kindergarten [ˈkindəˌgɑːtən] *n* Kindergarten *m*
king [kiŋ] *n* König *m*
kingdom [ˈkiŋdəm] *n* Königreich *nt*; Reich *nt*
kiosk [ˈkiːɔsk] *n* Kiosk *m*
kiss [kis] *n* Kuß *m*; *v* küssen
kit [kit] *n* Ausrüstung *f*
kitchen [ˈkitʃin] *n* Küche *f*; ~ **garden** Gemüsegarten *m*
knapsack [ˈnæpsæk] *n* Rucksack *m*
knave [neiv] *n* Bube *m*
knee [niː] *n* Knie *nt*
kneecap [ˈniːkæp] *n* Kniescheibe *f*
***kneel** [niːl] *v* knien
knew [njuː] *v* (p know)
knickers [ˈnikəz] *pl* Unterhose *f*
knife [naif] *n* (pl knives) Messer *nt*
knight [nait] *n* Ritter *m*
***knit** [nit] *v* stricken
knob [nɔb] *n* Knopf *m*
knock [nɔk] *v* klopfen; *n* Klopfen *nt*; ~ **against** *zusammenstoßen mit; ~ **down** *niederschlagen
knot [nɔt] *n* Knoten *m*; *v* knoten
***know** [nou] *v* *wissen, *kennen
knowledge [ˈnɔlidʒ] *n* Kenntnis *f*
knuckle [ˈnʌkəl] *n* Fingergelenk *nt*

L

label [ˈleibəl] *n* Etikett *nt*; *v* beschriften
laboratory [ləˈbɔrətəri] *n* Laboratorium *nt*
labour [ˈleibə] *n* Arbeit *f*; Wehen *fpl*; *v* sich abmühen; **labor permit** *Am* Arbeitsbewilligung *f*
labourer [ˈleibərə] *n* Arbeiter *m*
labour-saving [ˈleibəˌseiviŋ] *adj* arbeitssparend
labyrinth [ˈlæbərinθ] *n* Labyrinth *nt*
lace [leis] *n* Spitze *f*; Schnürsenkel *m*
lack [læk] *n* Mangel *m*; *v* mangeln
lacquer [ˈlækə] *n* Lack *m*
lad [læd] *n* Junge *m*, Bursche *m*
ladder [ˈlædə] *n* Leiter *f*
lady [ˈleidi] *n* Dame *f*; **ladies' room** Damentoilette *f*
lagoon [ləˈguːn] *n* Lagune *f*
lake [leik] *n* See *m*

lamb [læm] *n* Lamm *nt*; Lammfleisch *nt*
lame [leim] *adj* gelähmt, lahm
lamentable ['læməntəbəl] *adj* jämmerlich
lamp [læmp] *n* Lampe *f*
lamp-post ['læmppoust] *n* Laternenpfahl *m*
lampshade ['læmpʃeid] *n* Lampenschirm *m*
land [lænd] *n* Land *nt*; *v* landen; an Land *gehen
landlady ['lænd,leidi] *n* Wirtin *f*
landlord ['lændlɔ:d] *n* Hausbesitzer *m*; Wirt *m*
landmark ['lændmɑ:k] *n* Landmarke *f*; Markstein *m*
landscape ['lændskeip] *n* Landschaft *f*
lane [lein] *n* Gasse *f*, Pfad *m*; Fahrbahn *f*
language ['læŋgwidʒ] *n* Sprache *f*; ~ **laboratory** Sprachlabor *nt*
lantern ['læntən] *n* Laterne *f*
lapel [lə'pel] *n* Rockaufschlag *m*
larder ['lɑ:də] *n* Speisekammer *f*
large [lɑ:dʒ] *adj* groß; geräumig
lark [lɑ:k] *n* Lerche *f*
laryngitis [,lærin'dʒaitis] *n* Halsentzündung *f*
last [lɑ:st] *adj* letzt; vorhergehend; *v* dauern; **at** ~ endlich; schließlich, zuletzt
lasting ['lɑ:stiŋ] *adj* bleibend, dauerhaft
latchkey ['lætʃki:] *n* Hausschlüssel *m*
late [leit] *adj* spät; verspätet
lately ['leitli] *adv* in letzter Zeit, kürzlich, unlängst
lather ['lɑ:ðə] *n* Schaum *m*
Latin America ['lætin ə'merikə] Lateinamerika
Latin-American [,lætinə'merikən] *adj* lateinamerikanisch
latitude ['lætitju:d] *n* Breitengrad *m*
laugh [lɑ:f] *v* lachen; *n* Lachen *nt*
laughter ['lɑ:ftə] *n* Gelächter *nt*
launch [lɔ:ntʃ] *v* in Gang *bringen; *abschießen; *n* Motorschiff *nt*
launching ['lɔ:ntʃiŋ] *n* Stapellauf *m*
launderette [,lɔ:ndə'ret] *n* Münzwäscherei *f*
laundry ['lɔ:ndri] *n* Wäscherei *f*; Wäsche *f*
lavatory ['lævətəri] *n* Toilette *f*
lavish ['læviʃ] *adj* verschwenderisch
law [lɔ:] *n* Gesetz *nt*; Recht *nt*; ~ **court** Gerichtshof *m*
lawful ['lɔ:fəl] *adj* gesetzlich
lawn [lɔ:n] *n* Rasen *m*
lawsuit ['lɔ:su:t] *n* Prozeß *m*, Gerichtsverfahren *nt*
lawyer ['lɔ:jə] *n* Rechtsanwalt *m*; Jurist *m*
laxative ['læksətiv] *n* Abführmittel *nt*
***lay** [lei] *v* stellen, setzen, legen; ~ **bricks** mauern
layer [leiə] *n* Schicht *f*
layman ['leimən] *n* Laie *m*
lazy ['leizi] *adj* faul
lead[1] [li:d] *n* Vorsprung *m*; Leitung *f*; Leine *f*
lead[2] [led] *n* Blei *nt*
***lead** [li:d] *v* führen
leader ['li:də] *n* Anführer *m*, Leiter *m*
leadership ['li:dəʃip] *n* Führung *f*
leading ['li:diŋ] *adj* Haupt-, führend
leaf [li:f] *n* (pl leaves) Blatt *nt*
league [li:g] *n* Bund *m*
leak [li:k] *v* lecken; *n* Leck *nt*
leaky ['li:ki] *adj* leck
lean [li:n] *adj* mager
***lean** [li:n] *v* lehnen
leap [li:p] *n* Sprung *m*
***leap** [li:p] *v* *springen
leap-year ['li:pjiə] *n* Schaltjahr *nt*
***learn** [lə:n] *v* lernen
learner ['lə:nə] *n* Anfänger *m*
lease [li:s] *n* Mietvertrag *m*; Pacht *f*;

v verpachten, vermieten; mieten
leash [li:ʃ] *n* Leine *f*
least [li:st] *adj* geringst, mindest; kleinst; **at** ~ wenigstens; zumindest
leather ['leðə] *n* Leder *nt*; Leder-, ledern
leave [li:v] *n* Urlaub *m*
***leave** [li:v] *v* *weggehen, *verlassen; *lassen; ~ **behind** *zurücklassen; ~ **out** *auslassen
Lebanese [ˌlebə'ni:z] *adj* libanesisch; *n* Libanese *m*
Lebanon ['lebənən] Libanon
lecture ['lektʃə] *n* Vorlesung *f*, Vortrag *m*
left[1] [left] *adj* linke
left[2] [left] *v* (p, pp leave)
left-hand ['lefthænd] *adj* linke
left-handed [ˌleft'hændid] *adj* linkshändig
leg [leg] *n* Bein *nt*
legacy ['legəsi] *n* Erbschaft *f*
legal ['li:gəl] *adj* gesetzmäßig, gesetzlich; rechtlich
legalization [ˌli:gəlai'zeiʃən] *n* Legalisierung *f*
legation [li'geiʃən] *n* Gesandtschaft *f*
legible ['ledʒibəl] *adj* leserlich
legitimate [li'dʒitimət] *adj* rechtmäßig
leisure ['leʒə] *n* Muße *f*
lemon ['lemən] *n* Zitrone *f*
lemonade [ˌlemə'neid] *n* Limonade *f*
***lend** [lend] *v* *leihen
length [leŋθ] *n* Länge *f*
lengthen ['leŋθən] *v* verlängern
lengthways ['leŋθweiz] *adv* der Länge nach
lens [lenz] *n* Linse *f*; **telephoto** ~ Teleobjektiv *nt*; **zoom** ~ Gummilinse *f*
leprosy ['leprəsi] *n* Lepra *f*
less [les] *adv* weniger
lessen ['lesən] *v* vermindern
lesson ['lesən] *n* Lektion *f*
***let** [let] *v* *lassen; vermieten; ~ **down** enttäuschen
letter ['letə] *n* Brief *m*; Buchstabe *m*; ~ **of credit** Akkreditiv *nt*; ~ **of recommendation** Empfehlungsschreiben *nt*
letter-box ['letəbɔks] *n* Briefkasten *m*
lettuce ['letis] *n* Salat *m*
level ['levəl] *adj* gleich; platt, flach, eben; *n* Stand *m*, Niveau *nt*; Wasserwaage *f*; *v* gleichmachen, nivellieren; ~ **crossing** Bahnübergang *m*
lever ['li:və] *n* Hebel *m*
Levis ['li:vaiz] *pl* Bluejeans *pl*
liability [ˌlaiə'biləti] *n* Verantwortlichkeit *f*
liable ['laiəbəl] *adj* verantwortlich; ~ **to** unterworfen
liberal ['libərəl] *adj* liberal; großzügig, freigebig
liberation [ˌlibə'reiʃən] *n* Befreiung *f*
Liberia [lai'biəriə] Liberia
Liberian [lai'biəriən] *adj* liberisch; *n* Liberier *m*
liberty ['libəti] *n* Freiheit *f*
library ['laibrəri] *n* Bibliothek *f*
licence ['laisəns] *n* Lizenz *f*; Konzession *f*; **driving** ~ Führerschein *m*; ~ **number** *Am* Kennzeichen *nt*; ~ **plate** *Am* Nummernschild *nt*
license ['laisəns] *v* konzessionieren
lick [lik] *v* lecken
lid [lid] *n* Deckel *m*
lie [lai] *v* *lügen; *n* Lüge *f*
***lie** [lai] *v* *liegen; ~ **down** sich niederlegen
life [laif] *n* (pl lives) Leben *nt*; ~ **insurance** Lebensversicherung *f*
lifebelt ['laifbelt] *n* Rettungsgürtel *m*
lifetime ['laiftaim] *n* Leben *nt*
lift [lift] *v* *aufheben, *heben; *n* Aufzug *m*
light [lait] *n* Licht *nt*; *adj* leicht; hell;

~ **bulb** Birne *f*
***light** [lait] *v* anzünden
lighter ['laitə] *n* Anzünder *m*
lighthouse ['laithaus] *n* Leuchtturm *m*
lighting ['laitiŋ] *n* Beleuchtung *f*
lightning ['laitniŋ] *n* Blitz *m*
like [laik] *v* gern *mögen; gern *haben, *mögen; *adj* egal; *conj* wie
likely ['laikli] *adj* wahrscheinlich
like-minded [,laik'maindid] *adj* gleichgesinnt
likewise ['laikwaiz] *adv* ebenso, ebenfalls
lily ['lili] *n* Lilie *f*
limb [lim] *n* Glied *nt*
lime [laim] *n* Kalk *m*; Linde *f*; Limone *f*
limetree ['laimtri:] *n* Lindenbaum *m*
limit ['limit] *n* Grenze *f*; *v* beschränken
limp [limp] *v* hinken; *adj* schlaff
line [lain] *n* Zeile *f*; Strich *m*; Schnur *f*; Linie *f*; Reihe *f*; **stand in ~** *Am* Schlange *stehen
linen ['linin] *n* Leinen *nt*; Wäsche *f*
liner ['lainə] *n* Linienschiff *nt*
lingerie ['lɔ̃ʒəri:] *n* Damenunterwäsche *f*
lining ['lainiŋ] *n* Futter *nt*
link [liŋk] *v* *verbinden; *n* Verbindung *f*; Glied *nt*
lion ['laiən] *n* Löwe *m*
lip [lip] *n* Lippe *f*
lipsalve ['lipsɑ:v] *n* Lippensalbe *f*
lipstick ['lipstik] *n* Lippenstift *m*
liqueur [li'kjuə] *n* Likör *m*
liquid ['likwid] *adj* flüssig; *n* Flüssigkeit *f*
liquor ['likə] *n* Spirituosen *pl*
liquorice ['likəris] *n* Lakritze *f*
list [list] *n* Liste *f*; *v* *eintragen
listen ['lisən] *v* anhören, zuhören
listener ['lisnə] *n* Zuhörer *m*
literary ['litrəri] *adj* literarisch
literature ['litrətʃə] *n* Literatur *f*
litre ['li:tə] *n* Liter *m*
litter ['litə] *n* Abfall *m*; Schutt *m*; Wurf *m*
little ['litəl] *adj* klein; wenig
live¹ [liv] *v* leben; wohnen
live² [laiv] *adj* lebend
livelihood ['laivlihud] *n* Unterhalt *m*
lively ['laivli] *adj* lebhaft
liver ['livə] *n* Leber *f*
living-room ['liviŋru:m] *n* Wohnzimmer *nt*
load [loud] *n* Last *f*; *v* *laden
loaf [louf] *n* (pl loaves) Laib *m*
loan [loun] *n* Anleihe *f*
lobby ['lɔbi] *n* Vestibül *nt*; Foyer *nt*
lobster ['lɔbstə] *n* Hummer *m*
local ['loukəl] *adj* lokal, örtlich; **~ call** Ortsgespräch *nt*; **~ train** Nahverkehrszug *m*
locality [lou'kæləti] *n* Örtlichkeit *f*
locate [lou'keit] *v* ausfindig machen
location [lou'keiʃən] *n* Lage *f*
lock [lɔk] *v* *verschließen; *n* Schloß *nt*; Schleuse *f*; **~ up** einsperren
locomotive [,loukə'moutiv] *n* Lokomotive *f*
lodge [lɔdʒ] *v* beherbergen; *n* Jagdhaus *nt*
lodger ['lɔdʒə] *n* Untermieter *m*
lodgings ['lɔdʒiŋz] *pl* Unterkunft *f*
log [lɔg] *n* Klotz *m*
logic ['lɔdʒik] *n* Logik *f*
logical ['lɔdʒikəl] *adj* logisch
lonely ['lounli] *adj* einsam
long [lɔŋ] *adj* lang; langwierig; **~ for** sich sehnen nach; **no longer** nicht mehr
longing ['lɔŋiŋ] *n* Sehnsucht *f*
longitude ['lɔndʒitju:d] *n* Längengrad *m*
look [luk] *v* gucken, schauen; *scheinen, *aussehen; *n* Blick *m*; Aussehen *nt*, Anblick *m*; **~ after** versor-

gen, aufpassen auf, sich kümmern um; ~ **at** anschauen, *ansehen; ~ **for** suchen; ~ **out** *achtgeben, sich *vorsehen; ~ **up** nachsuchen
looking-glass ['lukiŋglɑ:s] *n* Spiegel *m*
loop [lu:p] *n* Schlinge *f*
loose [lu:s] *adj* lose
loosen ['lu:sən] *v* lockern
lord [lɔ:d] *n* Lord *m*
lorry ['lɔri] *n* Lastwagen *m*
***lose** [lu:z] *v* einbüßen, *verlieren
loss [lɔs] *n* Verlust *m*
lost [lɔst] *adj* verirrt; weg; ~ **and found** Fundsachen *fpl*; ~ **property office** Fundbüro *nt*
lot [lɔt] *n* Los *nt*; Haufen *m*, Menge *f*
aftershave lotion Rasierwasser *nt*
lottery ['lɔtəri] *n* Lotterie *f*
loud [laud] *adj* laut
loud-speaker [ˌlaud'spi:kə] *n* Lautsprecher *m*
lounge [laundʒ] *n* Gesellschaftsraum *m*
louse [laus] *n* (pl lice) Laus *f*
love [lʌv] *v* gern *haben, lieben; *n* Liebe *f*; **in** ~ verliebt
lovely ['lʌvli] *adj* herrlich, wunderbar, hübsch
lover ['lʌvə] *n* Liebhaber *m*
love-story ['lʌvˌstɔ:ri] *n* Liebesgeschichte *f*
low [lou] *adj* niedrig; tief; niedergeschlagen; ~ **tide** Ebbe *f*
lower ['louə] *v* *herunterlassen; herabsetzen; *streichen; *adj* unter, niedrig
lowlands ['louləndz] *pl* Tiefland *nt*
loyal ['lɔiəl] *adj* loyal
lubricate ['lu:brikeit] *v* ölen, schmieren
lubrication [ˌlu:bri'keiʃən] *n* Schmierung *f*; ~ **oil** Schmieröl *nt*; ~ **system** Schmiersystem *nt*
luck [lʌk] *n* Glück *nt*; Zufall *m*; **bad** ~ Pech *nt*
lucky ['lʌki] *adj* glücklich; ~ **charm** Amulett *nt*
ludicrous ['lu:dikrəs] *adj* lächerlich, lachhaft
luggage ['lʌgidʒ] *n* Gepäck *nt*; **hand** ~ Handgepäck *nt*; **left ~ office** Gepäckaufbewahrung *f*; ~ **rack** Gepäcknetz *nt*; ~ **van** Gepäckwagen *m*
lukewarm ['lu:kwɔ:m] *adj* lauwarm
lumbago [lʌm'beigou] *n* Hexenschuß *m*
luminous ['lu:minəs] *adj* leuchtend
lump [lʌmp] *n* Brocken *m*, Klumpen *m*, Stück *nt*; Beule *f*; ~ **of sugar** Stück Zucker; ~ **sum** Pauschalsumme *f*
lumpy ['lʌmpi] *adj* klumpig
lunacy ['lu:nəsi] *n* Irrsinn *m*
lunatic ['lu:nətik] *adj* irrsinnig; *n* Irre *m*
lunch [lʌntʃ] *n* Imbiß *m*, Mittagessen *nt*
luncheon ['lʌntʃən] *n* Mittagessen *nt*
lung [lʌŋ] *n* Lunge *f*
lust [lʌst] *n* Wollust *f*
luxurious [lʌg'ʒuəriəs] *adj* luxuriös
luxury ['lʌkʃəri] *n* Luxus *m*

M

machine [mə'ʃi:n] *n* Apparat *m*, Maschine *f*
machinery [mə'ʃi:nəri] *n* Mechanismus *m*
mackerel ['mækrəl] *n* (pl ~) Makrele *f*
mackintosh ['mækintɔʃ] *n* Regenmantel *m*
mad [mæd] *adj* irre, toll, verrückt; wütend
madam ['mædəm] *n* gnädige Frau
madness ['mædnəs] *n* Wahnsinn *m*

magazine [ˌmægə'zi:n] *n* Zeitschrift *f*
magic ['mædʒik] *n* Zauberei *f*, Magie *f*; *adj* Zauber-
magician [mə'dʒiʃən] *n* Zauberer *m*
magistrate ['mædʒistreit] *n* Richter *m*
magnetic [mæg'netik] *adj* magnetisch
magneto [mæg'ni:tou] *n* (pl ~s) Magnet *m*
magnificent [mæg'nifisənt] *adj* prächtig; großartig, glänzend
magpie ['mægpai] *n* Elster *f*
maid [meid] *n* Dienstmädchen *nt*
maiden name ['meidən neim] Mädchenname *m*
mail [meil] *n* Post *f*; *v* *aufgeben; ~ **order** *Am* Postanweisung *f*
mailbox ['meilbɔks] *nAm* Briefkasten *m*
main [mein] *adj* Haupt-, wichtigste; größt; ~ **deck** Oberdeck *nt*; ~ **line** Hauptstrecke *f*; ~ **road** Hauptstraße *f*; ~ **street** Hauptstraße *f*
mainland ['meinlənd] *n* Festland *nt*
mainly ['meinli] *adv* hauptsächlich
mains [meinz] *pl* Hauptleitung *f*
maintain [mein'tein] *v* *aufrechterhalten
maintenance ['meintənəns] *n* Instandhaltung *f*
maize [meiz] *n* Mais *m*
major ['meidʒə] *adj* groß; Haupt-; größer; *n* Major *m*
majority [mə'dʒɔrəti] *n* Mehrheit *f*
***make** [meik] *v* machen; verdienen; *schaffen; ~ **do with** sich *behelfen mit; ~ **good** vergüten; ~ **up** zusammenstellen
make-up ['meikʌp] *n* Schminke *f*
malaria [mə'lɛəriə] *n* Malaria *f*
Malaysia [mə'leiziə] Malaysia
Malaysian [mə'leiziən] *adj* malaiisch
male [meil] *adj* männlich
malicious [mə'liʃəs] *adj* boshaft
malignant [mə'lignənt] *adj* bösartig
mallet ['mælit] *n* Holzhammer *m*
malnutrition [ˌmælnju'triʃən] *n* Unterernährung *f*
mammal ['mæməl] *n* Säugetier *nt*
mammoth ['mæməθ] *n* Mammut *nt*
man [mæn] *n* (pl men) Mann *m*; Mensch *m*; **men's room** Herrentoilette *f*
manage ['mænidʒ] *v* verwalten; *gelingen
manageable ['mænidʒəbəl] *adj* handlich
management ['mænidʒmənt] *n* Verwaltung *f*; Führung *f*
manager ['mænidʒə] *n* Chef *m*, Direktor *m*
mandarin ['mændərin] *n* Mandarine *f*
mandate ['mændeit] *n* Mandat *nt*
manger ['meindʒə] *n* Krippe *f*
manicure ['mænikjuə] *n* Maniküre *f*; *v* maniküren
mankind [mæn'kaind] *n* Menschheit *f*
mannequin ['mænəkin] *n* Mannequin *nt*
manner ['mænə] *n* Art *f*, Weise *f*; **manners** *pl* Manieren *fpl*
man-of-war [ˌmænəv'wɔ:] *n* Kriegsschiff *nt*
manor-house ['mænəhaus] *n* Herrschaftshaus *nt*
mansion ['mænʃən] *n* Herrschaftshaus *nt*
manual ['mænjuəl] *adj* Hand-
manufacture [ˌmænju'fæktʃə] *v* herstellen, fabrizieren
manufacturer [ˌmænju'fæktʃərə] *n* Fabrikant *m*
manure [mə'njuə] *n* Dünger *m*
manuscript ['mænjuskript] *n* Manuskript *nt*
many ['meni] *adj* viel
map [mæp] *n* Karte *f*; Landkarte *f*; Plan *m*
maple ['meipəl] *n* Ahorn *m*

marble ['mɑ:bəl] *n* Marmor *m*; Murmel *f*
March [mɑ:tʃ] März
march [mɑ:tʃ] *v* marschieren; *n* Marsch *m*
mare [mɛə] *n* Stute *f*
margarine [ˌmɑ:dʒə'ri:n] *n* Margarine *f*
margin ['mɑ:dʒin] *n* Rand *m*
maritime ['mæritaim] *adj* maritim
mark [mɑ:k] *v* ankreuzen; bezeichnen, zeichnen; kennzeichnen; *n* Zeichen *nt*; Zensur *f*; Zielscheibe *f*
market ['mɑ:kit] *n* Markt *m*
market-place ['mɑ:kitpleis] *n* Marktplatz *m*
marmalade ['mɑ:məleid] *n* Marmelade *f*
marriage ['mæridʒ] *n* Ehe *f*
marrow ['mærou] *n* Mark *nt*
marry ['mæri] *v* heiraten; **married couple** Ehepaar *nt*
marsh [mɑ:ʃ] *n* Sumpf *m*
marshy ['mɑ:ʃi] *adj* sumpfig
martyr ['mɑ:tə] *n* Märtyrer *m*
marvel ['mɑ:vəl] *n* Wunder *nt*; *v* sich wundern
marvellous ['mɑ:vələs] *adj* wunderbar
mascara [mæ'skɑ:rə] *n* Wimperntusche *f*
masculine ['mæskjulin] *adj* männlich
mash [mæʃ] *v* zerstampfen
mask [mɑ:sk] *n* Maske *f*
Mass [mæs] *n* Messe *f*
mass [mæs] *n* Menge *f*; ~ **production** Massenproduktion *f*
massage ['mæsɑ:ʒ] *n* Massage *f*; *v* massieren
masseur [mæ'sə:] *n* Masseur *m*
massive ['mæsiv] *adj* massiv
mast [mɑ:st] *n* Mast *m*
master ['mɑ:stə] *n* Meister *m*; Studienrat *m*, Lehrer *m*; *v* beherrschen
masterpiece ['mɑ:stəpi:s] *n* Meisterstück *nt*
mat [mæt] *n* Matte *f*; *adj* matt, glanzlos
match [mætʃ] *n* Streichholz *nt*; Spiel *nt*; *v* passen zu
match-box ['mætʃbɔks] *n* Streichholzschachtel *f*
material [mə'tiəriəl] *n* Material *nt*; *adj* stofflich, materiell
mathematical [ˌmæθə'mætikəl] *adj* mathematisch
mathematics [ˌmæθə'mætiks] *n* Mathematik *f*
matrimonial [ˌmætri'mouniəl] *adj* ehelich
matrimony ['mætriməni] *n* Ehe *f*
matter ['mætə] *n* Stoff *m*, Materie *f*; Sache *f*, Frage *f*; *v* von Bedeutung *sein; **as a ~ of fact** tatsächlich
matter-of-fact [ˌmætərəv'fækt] *adj* nüchtern
mattress ['mætrəs] *n* Matratze *f*
mature [mə'tjuə] *adj* reif
maturity [mə'tjuərəti] *n* Reife *f*
mausoleum [ˌmɔ:sə'li:əm] *n* Mausoleum *nt*
mauve [mouv] *adj* hellviolett
May [mei] Mai
***may** [mei] *v* *mögen; *dürfen
maybe ['meibi:] *adv* vielleicht
mayor [mɛə] *n* Bürgermeister *m*
maze [meiz] *n* Irrgarten *m*
me [mi:] *pron* mich; mir
meadow ['medou] *n* Wiese *f*
meal [mi:l] *n* Mahl *nt*, Mahlzeit *f*
mean [mi:n] *adj* niederträchtig; *n* Durchschnitt *m*
***mean** [mi:n] *v* bedeuten; meinen
meaning ['mi:niŋ] *n* Bedeutung *f*
meaningless ['mi:niŋləs] *adj* sinnlos
means [mi:nz] *n* Mittel *nt*; **by no ~** keineswegs, keinesfalls
in the meantime [in ðə 'mi:ntaim] mittlerweile, inzwischen

meanwhile ['mi:nwail] *adv* inzwischen, mittlerweile
measles ['mi:zəlz] *n* Masern *pl*
measure ['meʒə] *v* *messen; *n* Maß *nt*; Maßnahme *f*
meat [mi:t] *n* Fleisch *nt*
mechanic [mi'kænik] *n* Monteur *m*, Mechaniker *m*
mechanical [mi'kænikəl] *adj* mechanisch
mechanism ['mekənizəm] *n* Mechanismus *m*
medal ['medəl] *n* Medaille *f*
mediaeval [ˌmedi'i:vəl] *adj* mittelalterlich
mediate ['mi:dieit] *v* vermitteln
mediator ['mi:dieitə] *n* Vermittler *m*
medical ['medikəl] *adj* ärztlich, medizinisch
medicine ['medsin] *n* Medizin *f*
meditate ['mediteit] *v* meditieren
Mediterranean [ˌmeditə'reiniən] Mittelmeer *nt*
medium ['mi:diəm] *adj* mittelmäßig, durchschnittlich, mittler
***meet** [mi:t] *v* *treffen; begegnen
meeting ['mi:tiŋ] *n* Versammlung *f*, Treffen *nt*
meeting-place ['mi:tiŋpleis] *n* Treffpunkt *m*
melancholy ['meləŋkəli] *n* Schwermut *f*
mellow ['melou] *adj* mild
melodrama ['meləˌdrɑ:mə] *n* Melodrama *nt*
melody ['melədi] *n* Melodie *f*
melon ['melən] *n* Melone *f*
melt [melt] *v* *schmelzen
member ['membə] *n* Mitglied *nt*; **Member of Parliament** Abgeordnete *m*
membership ['membəʃip] *n* Mitgliedschaft *f*
memo ['memou] *n* (pl ~s) Memorandum *nt*
memorable ['memərəbəl] *adj* denkwürdig
memorial [mə'mɔ:riəl] *n* Denkmal *nt*
memorize ['meməraiz] *v* auswendig lernen
memory ['meməri] *n* Gedächtnis *nt*; Erinnerung *f*; Andenken *nt*
mend [mend] *v* flicken, ausbessern
menstruation [ˌmenstru'eiʃən] *n* Menstruation *f*
mental ['mentəl] *adj* geistig
mention ['menʃən] *v* *nennen, erwähnen; *n* Meldung *f*, Erwähnung *f*
menu ['menju:] *n* Speisekarte *f*
merchandise ['mə:tʃəndaiz] *n* Handelsware *f*, Ware *f*
merchant ['mə:tʃənt] *n* Händler *m*, Kaufmann *m*
merciful ['mə:sifəl] *adj* barmherzig
mercury ['mə:kjuri] *n* Quecksilber *nt*
mercy ['mə:si] *n* Gnade *f*, Barmherzigkeit *f*
mere [miə] *adj* bloß
merely ['miəli] *adv* nur
merger ['mə:dʒə] *n* Fusion *f*
merit ['merit] *v* verdienen; *n* Verdienst *nt*
mermaid ['mə:meid] *n* Seejungfrau *f*
merry ['meri] *adj* fröhlich
merry-go-round ['merigouˌraund] *n* Karussell *nt*
mesh [meʃ] *n* Masche *f*
mess [mes] *n* Durcheinander *nt*, Unordnung *f*; ~ **up** in Unordnung *bringen
message ['mesidʒ] *n* Nachricht *f*, Bescheid *m*
messenger ['mesindʒə] *n* Bote *m*
metal ['metəl] *n* Metall *nt*; metallisch
meter ['mi:tə] *n* Zähler *m*
method ['meθəd] *n* Methode *f*; Ordnung *f*
methodical [mə'θɔdikəl] *adj* metho-

disch
methylated spirits ['meθəleitid 'spirits] Brennspiritus *m*
metre ['mi:tə] *n* Meter *nt*
metric ['metrik] *adj* metrisch
Mexican ['meksikən] *adj* mexikanisch; *n* Mexikaner *m*
Mexico ['meksikou] Mexiko
mezzanine ['mezəni:n] *n* Zwischenstock *m*
microphone ['maikrəfoun] *n* Mikrophon *nt*
microwave oven ['maikrouweiv 'ʌvən] *n* Mikrowellenherd *m*
midday ['middei] *n* Mittag *m*
middle ['midəl] *n* Mitte *f*; *adj* mittler; **Middle Ages** Mittelalter *nt*; ~ **class** Mittelstand *m*; **middle-class** *adj* bürgerlich
midnight ['midnait] *n* Mitternacht *f*
midsummer ['mid,sʌmə] *n* Hochsommer *m*
midwife ['midwaif] *n* (pl -wives) Hebamme *f*
might [mait] *n* Macht *f*
***might** [mait] *v* *können
mighty ['maiti] *adj* mächtig
migraine ['migrein] *n* Migräne *f*
mild [maild] *adj* mild
mildew ['mildju] *n* Schimmel *m*
mile [mail] *n* Meile *f*
mileage ['mailidʒ] *n* Meilenstand *m*
milestone ['mailstoun] *n* Meilenstein *m*
milieu ['mi:ljə:] *n* Milieu *nt*
military ['militəri] *adj* militärisch; ~ **force** Kriegsmacht *f*
milk [milk] *n* Milch *f*
milkman ['milkmən] *n* (pl -men) Milchmann *m*
milk-shake ['milkʃeik] *n* Milkshake *m*
milky ['milki] *adj* milchig
mill [mil] *n* Mühle *f*; Fabrik *f*
miller ['milə] *n* Müller *m*
milliner ['milinə] *n* Modistin *f*
million ['miljən] *n* Million *f*
millionaire [,miljə'nɛə] *n* Millionär *m*
mince [mins] *v* zerhacken
mind [maind] *n* Geist *m*; *v* etwas einzuwenden *haben gegen; *achtgeben auf, kümmern, achten auf
mine [main] *n* Bergwerk *nt*
miner ['mainə] *n* Bergmann *m*
mineral ['minərəl] *n* Mineral *nt*; ~ **water** Mineralwasser *nt*
miniature ['minjətʃə] *n* Miniatur *f*
minimum ['minimәm] *n* Minimum *nt*
mining ['mainiŋ] *n* Bergbau *m*
minister ['ministə] *n* Minister *m*; Geistliche *m*; **Prime Minister** Ministerpräsident *m*
ministry ['ministri] *n* Ministerium *nt*
mink [miŋk] *n* Nerz *m*
minor ['mainə] *adj* klein, gering, kleiner; untergeordnet; *n* Minderjährige *m*
minority [mai'nɔrəti] *n* Minderheit *f*
mint [mint] *n* Minze *f*
minus ['mainəs] *prep* weniger
minute[1] ['minit] *n* Minute *f*; **minutes** Protokoll *nt*
minute[2] [mai'nju:t] *adj* winzig
miracle ['mirəkəl] *n* Wunder *nt*
miraculous [mi'rækjuləs] *adj* wunderbar
mirror ['mirə] *n* Spiegel *m*
misbehave [,misbi'heiv] *v* sich schlecht *benehmen
miscarriage [mis'kæridʒ] *n* Fehlgeburt *f*
miscellaneous [,misə'leiniəs] *adj* vermischt
mischief ['mistʃif] *n* Unfug *m*; Unheil *nt*, Schaden *m*
mischievous ['mistʃivəs] *adj* schelmisch
miserable ['mizərəbəl] *adj* erbärmlich, elend

misery ['mizəri] *n* Jammer *m*, Elend *nt*; Not *f*
misfortune [mis'fɔ:tʃen] *n* Unglück *nt*, Mißgeschick *nt*
* **mislay** [mis'lei] *v* verlegen
misplaced [mis'pleist] *adj* unangebracht
mispronounce [ˌmisprə'nauns] *v* falsch *aussprechen
miss[1] [mis] Fräulein *nt*
miss[2] [mis] *v* verpassen
missing ['misiŋ] *adj* fehlend; ~ **person** Vermißte *m*
mist [mist] *n* Nebel *m*
mistake [mi'steik] *n* Versehen *nt*, Irrtum *m*, Fehler *m*
* **mistake** [mi'steik] *v* verwechseln
mistaken [mi'steikən] *adj* falsch; * **be** ~ sich täuschen, sich irren
mister ['mistə] Herr *m*
mistress ['mistrəs] *n* Hausherrin *f*; Herrin *f*; Mätresse *f*
mistrust [mis'trʌst] *v* mißtrauen
misty ['misti] *adj* nebelig
* **misunderstand** [ˌmisʌndə'stænd] *v* *mißverstehen
misunderstanding [ˌmisʌndə'stændiŋ] *n* Mißverständnis *nt*
misuse [mis'ju:s] *n* Mißbrauch *m*
mittens ['mitənz] *pl* Fausthandschuhe *mpl*
mix [miks] *v* mischen; ~ **with** verkehren mit
mixed [mikst] *adj* meliert, gemischt
mixer ['miksə] *n* Mixer *m*
mixture ['mikstʃə] *n* Mischung *f*
moan [moun] *v* stöhnen
moat [mout] *n* Wallgraben *m*
mobile ['moubail] *adj* mobil, beweglich
mock [mɔk] *v* verspotten
mockery ['mɔkəri] *n* Spott *m*
model ['mɔdəl] *n* Modell *nt*; Mannequin *nt*; *v* formen, modellieren
moderate ['mɔdərət] *adj* gemäßigt, mäßig; mittelmäßig
modern ['mɔdən] *adj* modern
modest ['mɔdist] *adj* bescheiden
modesty ['mɔdisti] *n* Bescheidenheit *f*
modify ['mɔdifai] *v* modifizieren
mohair ['mouhɛə] *n* Mohair *m*
moist [mɔist] *adj* naß, feucht
moisten ['mɔisən] *v* anfeuchten
moisture ['mɔistʃə] *n* Feuchtigkeit *f*; **moisturizing cream** Feuchtigkeitskrem *f*
molar ['moulə] *n* Backenzahn *m*
moment ['moumənt] *n* Moment *m*, Augenblick *m*
monarch ['mɔnək] *n* Monarch *m*
monarchy ['mɔnəki] *n* Monarchie *f*
monastery ['mɔnəstri] *n* Kloster *nt*
Monday ['mʌndi] Montag *m*
monetary ['mʌnitəri] *adj* monetär; ~ **unit** Währungseinheit *f*
money ['mʌni] *n* Geld *nt*; ~ **exchange** Wechselstube *f*; ~ **order** Anweisung *f*
monk [mʌŋk] *n* Mönch *m*
monkey ['mʌŋki] *n* Affe *m*
monologue ['mɔnəlɔg] *n* Monolog *m*
monopoly [mə'nɔpəli] *n* Monopol *nt*
monotonous [mə'nɔtənəs] *adj* monoton
month [mʌnθ] *n* Monat *m*
monthly ['mʌnθli] *adj* monatlich; ~ **magazine** Monatsheft *nt*
monument ['mɔnjumənt] *n* Monument *nt*, Denkmal *nt*
mood [mu:d] *n* Laune *f*, Stimmung *f*
moon [mu:n] *n* Mond *m*
moonlight ['mu:nlait] *n* Mondlicht *nt*
moor [muə] *n* Heide *f*, Moor *nt*
moose [mu:s] *n* (pl ~, ~s) Elch *m*
moped ['mouped] *n* Moped *nt*
moral ['mɔrəl] *n* Moral *f*; *adj* sittlich, moralisch; **morals** Sitten
morality [mə'ræləti] *n* Moral *f*
more [mɔ:] *adj* mehr; **once** ~ noch

einmal
moreover [mɔ:'rouvə] *adv* ferner, außerdem
morning ['mɔ:niŋ] *n* Morgen *m*; ~ **paper** Morgenzeitung *f*; **this** ~ heute morgen
Moroccan [mə'rɔkən] *adj* marokkanisch; *n* Marokkaner *m*
Morocco [mə'rɔkou] Marokko
morphia ['mɔ:fiə] *n* Morphium *nt*
morphine ['mɔ:fi:n] *n* Morphium *nt*
morsel ['mɔ:səl] *n* Stück *nt*
mortal ['mɔ:təl] *adj* tödlich, sterblich
mortgage ['mɔ:gidʒ] *n* Hypothek *f*
mosaic [mə'zeiik] *n* Mosaik *nt*
mosque [mɔsk] *n* Moschee *f*
mosquito [mə'ski:tou] *n* (pl ~es) Mücke *f*; Moskito *m*
mosquito-net [mə'ski:tounet] *n* Moskitonetz *nt*
moss [mɔs] *n* Moos *nt*
most [moust] *adj* meist; **at** ~ allenfalls, höchstens; ~ **of all** besonders
mostly ['moustli] *adv* meistens
motel [mou'tel] *n* Motel *nt*
moth [mɔθ] *n* Motte *f*
mother ['mʌðə] *n* Mutter *f*; ~ **tongue** Muttersprache *f*
mother-in-law ['mʌðərinlɔ:] *n* (pl mothers-) Schwiegermutter *f*
mother-of-pearl [ˌmʌðərəv'pə:l] *n* Perlmutt *nt*
motion ['mouʃən] *n* Bewegung *f*; Antrag *m*
motive ['moutiv] *n* Motiv *nt*
motor ['moutə] *n* Motor *m*; *v* im Auto *fahren; ~ **body** *Am* Karosserie *f*; **starter** ~ Anlasser *m*
motorbike ['moutəbaik] *nAm* Moped *nt*
motor-boat ['moutəbout] *n* Motorboot *nt*
motor-car ['moutəka:] *n* Kraftwagen *m*
motor-cycle ['moutəˌsaikəl] *n* Motorrad *nt*
motoring ['moutəriŋ] *n* Automobilismus *m*
motorist ['moutərist] *n* Autofahrer *m*
motorway ['moutəwei] *n* Autobahn *f*
motto ['mɔtou] *n* (pl ~es, ~s) Devise *f*
mouldy ['mouldi] *adj* schimmelig
mound [maund] *n* Erhebung *f*
mount [maunt] *v* *besteigen; *n* Berg *m*
mountain ['mauntin] *n* Berg *m*; ~ **pass** Gebirgspaß *m*; ~ **range** Bergkette *f*
mountaineering [ˌmaunti'niəriŋ] *n* Bergsteigen *nt*
mountainous ['mauntinəs] *adj* gebirgig
mourning ['mɔ:niŋ] *n* Trauer *f*
mouse [maus] *n* (pl mice) Maus *f*
moustache [mə'sta:ʃ] *n* Schnurrbart *m*
mouth [mauθ] *n* Mund *m*; Maul *nt*; Mündung *f*
mouthwash ['mauθwɔʃ] *n* Mundwasser *nt*
movable ['mu:vəbəl] *adj* beweglich
move [mu:v] *v* bewegen; versetzen; *umziehen; rühren; *n* Zug *m*, Schritt *m*; Umzug *m*
movement ['mu:vmənt] *n* Bewegung *f*
movie ['mu:vi] *n* Film *m*; **movies** *Am* Kino *nt*; ~ **theater** *Am* Kino *nt*
much [mʌtʃ] *adj* viel; **as** ~ ebensoviel; ebensosehr
muck [mʌk] *n* Dreck *m*
mud [mʌd] *n* Schlamm *m*
muddle ['mʌdəl] *n* Wirrwarr *m*, Durcheinander *m*, Durcheinander *nt*; *v* *durcheinanderbringen
muddy ['mʌdi] *adj* schlammig
mud-guard ['mʌdga:d] *n* Kotflügel *m*
muffler ['mʌflə] *nAm* Auspufftopf *m*
mug [mʌg] *n* Becher *m*
mulberry ['mʌlbəri] *n* Maulbeere *f*

mule [mju:l] *n* Maultier *nt*, Maulesel *m*
mullet ['mʌlit] *n* Meeräsche *f*
multiplication [,mʌltipli'keiʃən] *n* Multiplikation *f*
multiply ['mʌltiplai] *v* multiplizieren
mumps [mʌmps] *n* Mumps *m*
municipal [mju:'nisipəl] *adj* städtisch
municipality [mju:,nisi'pæləti] *n* Stadtverwaltung *f*
murder ['mə:də] *n* Mord *m*; *v* morden
murderer ['mə:dərə] *n* Mörder *m*
muscle ['mʌsəl] *n* Muskel *m*
muscular ['mʌskjulə] *adj* muskulös
museum [mju:'zi:əm] *n* Museum *nt*
mushroom ['mʌʃru:m] *n* Champignon *m*; Pilz *m*
music ['mju:zik] *n* Musik *f*; ~ **academy** Konservatorium *f*
musical ['mju:zikəl] *adj* musikalisch; *n* Musical *nt*
music-hall ['mju:zikhɔ:l] *n* Varietétheater *nt*
musician [mju:'ziʃən] *n* Musiker *m*
muslin ['mʌzlin] *n* Musselin *m*
mussel ['mʌsəl] *n* Muschel *f*
***must** [mʌst] *v* *müssen
mustard ['mʌstəd] *n* Senf *m*
mute [mju:t] *adj* stumm
mutiny ['mju:tini] *n* Meuterei *f*
mutton ['mʌtən] *n* Hammelfleisch *nt*
mutual ['mju:tʃuəl] *adj* wechselseitig, gegenseitig
my [mai] *adj* mein
myself [mai'self] *pron* mich; selbst
mysterious [mi'stiəriəs] *adj* rätselhaft, geheimnisvoll
mystery ['mistəri] *n* Rätsel *nt*, Geheimnis *nt*
myth [miθ] *n* Mythos *m*

N

nail [neil] *n* Nagel *m*
nailbrush ['neilbrʌʃ] *n* Nagelbürste *f*
nail-file ['neilfail] *n* Nagelfeile *f*
nail-polish ['neil,pɔliʃ] *n* Nagellack *m*
nail-scissors ['neil,sizəz] *pl* Nagelschere *f*
naïve [nɑ:'i:v] *adj* naiv
naked ['neikid] *adj* bloß, nackt; kahl
name [neim] *n* Name *m*; *v* *nennen; **in the ~ of** im Namen von
namely ['neimli] *adv* nämlich
nap [næp] *n* Schläfchen *nt*
napkin ['næpkin] *n* Serviette *f*
nappy ['næpi] *n* Windel *f*
narcosis [nɑ:'kousis] *n* (pl -ses) Narkose *f*
narcotic [nɑ:'kɔtik] *n* Rauschgift *nt*
narrow ['nærou] *adj* eng, schmal
narrow-minded [,nærou'maindid] *adj* engstirnig
nasty ['nɑ:sti] *adj* unangenehm, widrig; garstig
nation ['neiʃən] *n* Nation *f*; Volk *nt*
national ['næʃənəl] *adj* national; Volks-; Staats-; ~ **anthem** Nationalhymne *f*; ~ **dress** Tracht *f*; ~ **park** Naturschutzpark *m*
nationality [,næʃə'næləti] *n* Staatsangehörigkeit *f*
nationalize ['næʃənəlaiz] *v* nationalisieren
native ['neitiv] *n* Eingeborene *m*; *adj* einheimisch; ~ **country** Vaterland *nt*, Heimatland *nt*; ~ **language** Muttersprache *f*
natural ['nætʃərəl] *adj* natürlich; angeboren
naturally ['nætʃərəli] *adv* natürlich, selbstverständlich
nature ['neitʃə] *n* Natur *f*; Wesensart

f
naughty ['nɔ:ti] *adj* ungezogen, unartig
nausea ['nɔ:siə] *n* Übelkeit *f*
naval ['neivəl] *adj* Marine-
navel ['neivəl] *n* Nabel *m*
navigable ['nævigəbəl] *adj* befahrbar
navigate ['nævigeit] *v* steuern
navigation [ˌnævi'geiʃən] *n* Navigation *f*; Schiffahrt *f*
navy ['neivi] *n* Marine *f*
near [niə] *prep* bei; *adj* nahe
nearby ['niəbai] *adj* nahe
nearly ['niəli] *adv* fast, beinahe
neat [ni:t] *adj* nett, sorgfältig
necessary ['nesəsəri] *adj* nötig, notwendig
necessity [nə'sesəti] *n* Notwendigkeit *f*
neck [nek] *n* Hals *m*; **nape of the ~** Nacken *m*
necklace ['nekləs] *n* Halskette *f*
necktie ['nektai] *n* Krawatte *f*
need [ni:d] *v* brauchen, nötig *haben; *n* Not *f*, Bedürfnis *nt*; Notwendigkeit *f*; ~ **to** *müssen
needle ['ni:dəl] *n* Nadel *f*
needlework ['ni:dəlwə:k] *n* Handarbeit *f*
negative ['negətiv] *adj* verneinend, negativ; *n* Negativ *nt*
neglect [ni'glekt] *v* vernachlässigen; *n* Vernachlässigung *f*
neglectful [ni'glektfəl] *adj* nachlässig
negligee ['negliʒei] *n* Negligé *nt*
negotiate [ni'gouʃieit] *v* verhandeln
negotiation [niˌgouʃi'eiʃən] *n* Verhandlung *f*
Negro ['ni:grou] *n* (pl ~es) Neger *m*
neighbour ['neibə] *n* Nachbar *m*
neighbourhood ['neibəhud] *n* Nachbarschaft *f*
neighbouring ['neibəriŋ] *adj* benachbart
neither ['naiðə] *pron* keiner von beiden; **neither ... nor** weder ... noch
neon ['ni:ɔn] *n* Neon *nt*
nephew ['nefju:] *n* Neffe *m*
nerve [nə:v] *n* Nerv *m*; Kühnheit *f*
nervous ['nə:vəs] *adj* nervös
nest [nest] *n* Nest *nt*
net [net] *n* Netz *nt*; *adj* netto
the Netherlands ['neðələndz] Niederlande *fpl*
network ['netwə:k] *n* Netz *nt*
neuralgia [njuə'rældʒə] *n* Neuralgie *f*
neurosis [njuə'rousis] *n* Neurose *f*
neuter ['nju:tə] *adj* sächlich
neutral ['nju:trəl] *adj* neutral
never ['nevə] *adv* nie, niemals
nevertheless [ˌnevəðə'les] *adv* nichtsdestoweniger
new [nju:] *adj* neu; **New Year** Neujahr
news [nju:z] *n* Nachrichten, Neuigkeit *f*
newsagent ['nju:ˌzeidʒənt] *n* Zeitungshändler *m*
newspaper ['nju:zˌpeipə] *n* Zeitung *f*
newsreel ['nju:zri:l] *n* Wochenschau *f*
newsstand ['nju:zstænd] *n* Zeitungsstand *m*
New Zealand [nju: 'zi:lənd] Neuseeland
next [nekst] *adj* nächst; ~ **to** neben
next-door [ˌnekst'dɔ:] *adv* nebenan
nice [nais] *adj* nett, hübsch; wohlschmeckend; sympathisch
nickel ['nikəl] *n* Nickel *m*
nickname ['nikneim] *n* Spitzname *m*
nicotine ['nikəti:n] *n* Nikotin *nt*
niece [ni:s] *n* Nichte *f*
Nigeria [nai'dʒiəriə] Nigeria
Nigerian [nai'dʒiəriən] *adj* nigerianisch; *n* Nigerianer *m*
night [nait] *n* Nacht *f*; Abend *m*; **by** ~ bei Nacht; ~ **flight** Nachtflug *m*; ~ **rate** Nachttarif *m*; ~ **train**

Nachtzug *m*
nightclub ['naitklʌb] *n* Nachtlokal *nt*
night-cream ['naitkri:m] *n* Nachtkrem *f*
nightdress ['naitdres] *n* Nachthemd *nt*
nightingale ['naitiŋgeil] *n* Nachtigall *f*
nightly ['naitli] *adj* nächtlich
nil [nil] nichts
nine [nain] *num* neun
nineteen [ˌnain'ti:n] *num* neunzehn
nineteenth [ˌnain'ti:nθ] *num* neunzehnte
ninety ['nainti] *num* neunzig
ninth [nainθ] *num* neunte
nitrogen ['naitrədʒən] *n* Stickstoff *m*
no [nou] nein; *adj* kein; ~ **one** niemand
nobility [nou'biləti] *n* Adel *m*
noble ['noubəl] *adj* adlig; edel
nobody ['noubɔdi] *pron* niemand
nod [nɔd] *n* Nicken *nt*; *v* nicken
noise [nɔiz] *n* Geräusch *nt*; Krach *m*, Lärm *m*
noisy ['nɔizi] *adj* lärmend; hellhörig
nominal ['nɔminəl] *adj* nominell
nominate ['nɔmineit] *v* *ernennen
nomination [ˌnɔmi'neiʃən] *n* Ernennung *f*
none [nʌn] *pron* keiner
nonsense ['nɔnsəns] *n* Unsinn *m*
noon [nu:n] *n* Mittag *m*
normal ['nɔ:məl] *adj* gewohnt, normal
north [nɔ:θ] *n* Norden *m*; *adj* nördlich; **North Pole** Nordpol *m*
north-east [ˌnɔ:θ'i:st] *n* Nordosten *m*
northerly ['nɔ:ðəli] *adj* nördlich
northern ['nɔ:ðən] *adj* nördlich
north-west [ˌnɔ:θ'west] *n* Nordwesten *m*
Norway ['nɔ:wei] Norwegen
Norwegian [nɔ:'wi:dʒən] *adj* norwegisch; *n* Norweger *m*
nose [nouz] *n* Nase *f*
nosebleed ['nouzbli:d] *n* Nasenbluten *nt*
nostril ['nɔstril] *n* Nasenloch *nt*
not [nɔt] *adv* nicht
notary ['noutəri] *n* Notar *m*
note [nout] *n* Aufzeichnung *f*, Notiz *f*; Vermerk *m*; Ton *m*; *v* anmerken; *wahrnehmen, bemerken
notebook ['noutbuk] *n* Notizbuch *nt*
noted ['noutid] *adj* berühmt
notepaper ['nout,peipə] *n* Schreibpapier *nt*, Briefpapier *nt*
nothing ['nʌθiŋ] *n* nichts
notice ['noutis] *v* feststellen, merken, bemerken; *sehen; *n* Anzeige *f*, Bericht *m*; Aufmerksamkeit *f*, Acht *f*
noticeable ['noutisəbəl] *adj* wahrnehmbar; bemerkenswert
notify ['noutifai] *v* mitteilen; benachrichtigen
notion ['nouʃən] *n* Begriff *m*, Ahnung *f*
notorious [nou'tɔ:riəs] *adj* berüchtigt
nougat ['nu:gɑ:] *n* Nougat *m*
nought [nɔ:t] *n* Null *f*
noun [naun] *n* Hauptwort *nt*, Substantiv *nt*
nourishing ['nʌriʃiŋ] *adj* nahrhaft
novel ['nɔvəl] *n* Roman *m*
novelist ['nɔvəlist] *n* Romanschriftsteller *m*
November [nou'vembə] November
now [nau] *adv* jetzt; ~ **and then** hin und wieder
nowadays ['nauədeiz] *adv* heutzutage
nowhere ['nouwεə] *adv* nirgends
nozzle ['nɔzəl] *n* Schnabel *m*
nuance [nju:'ɑ̃:s] *n* Nuance *f*
nuclear ['nju:kliə] *adj* Kern-, nuklear; ~ **energy** Kernenergie *f*
nucleus ['nju:kliəs] *n* Kern *m*
nude [nju:d] *adj* nackt; *n* Akt *m*
nuisance ['nju:səns] *n* Unfug *m*
numb [nʌm] *adj* starr; erstarrt
number ['nʌmbə] *n* Nummer *f*; Ziffer

f, Zahl *f*; Anzahl *f*
numeral ['nju:mərəl] *n* Zahlwort *nt*
numerous ['nju:mərəs] *adj* zahlreich
nun [nʌn] *n* Nonne *f*
nunnery ['nʌnəri] *n* Nonnenkloster *nt*
nurse [nə:s] *n* Schwester *f*, Krankenschwester *f*; Kindermädchen *nt*; *v* pflegen; stillen
nursery ['nə:səri] *n* Kinderzimmer *nt*; Kinderkrippe *f*; Baumschule *f*
nut [nʌt] *n* Nuß *f*; Schraubenmutter *f*
nutcrackers ['nʌt,krækəz] *pl* Nußknacker *m*
nutmeg ['nʌtmeg] *n* Muskatnuß *f*
nutritious [nju:'triʃəs] *adj* nahrhaft
nutshell ['nʌtʃel] *n* Nußschale *f*
nylon ['nailɔn] *n* Nylon *nt*

O

oak [ouk] *n* Eiche *f*
oar [ɔ:] *n* Ruder *nt*
oasis [ou'eisis] *n* (pl oases) Oase *f*
oath [ouθ] *n* Eid *m*
oats [outs] *pl* Hafer *m*
obedience [ə'bi:diəns] *n* Gehorsam *m*
obedient [ə'bi:diənt] *adj* gehorsam
obey [ə'bei] *v* gehorchen
object[1] ['ɔbdʒikt] *n* Objekt *nt*; Gegenstand *m*; Ziel *nt*
object[2] [əb'dʒekt] *v* *einwenden; **~ to** Einwand *erheben gegen
objection [əb'dʒekʃən] *n* Widerspruch *m*, Einwand *m*
objective [əb'dʒektiv] *adj* objektiv; *n* Zweck *m*
obligatory [ə'bligətəri] *adj* obligatorisch
oblige [ə'blaidʒ] *v* verpflichten; ***be obliged to** verpflichtet *sein zu; *müssen
obliging [ə'blaidʒiŋ] *adj* gefällig
oblong ['ɔblɔŋ] *adj* länglich; *n* Rechteck *nt*
obscene [əb'si:n] *adj* obszön
obscure [əb'skjuə] *adj* obskur, unklar, dunkel
observation [,ɔbzə'veiʃən] *n* Observation *f*, Beobachtung *f*
observatory [əb'zə:vətri] *n* Observatorium *nt*
observe [əb'zə:v] *v* observieren, beachten
obsession [əb'seʃən] *n* Besessenheit *f*
obstacle ['ɔbstəkəl] *n* Hindernis *nt*
obstinate ['ɔbstinət] *adj* starrköpfig; hartnäckig
obtain [əb'tein] *v* erlangen, *erhalten
obtainable [əb'teinəbəl] *adj* erhältlich
obvious ['ɔbviəs] *adj* offensichtlich
occasion [ə'keiʒən] *n* Gelegenheit *f*; Anlaß *m*
occasionally [ə'keiʒənəli] *adv* ab und zu, gelegentlich
occupant ['ɔkjupənt] *n* Inhaber *m*
occupation [,ɔkju'peiʃən] *n* Beschäftigung *f*; Besetzung *f*
occupy ['ɔkjupai] *v* *einnehmen, besetzen; **occupied** *adj* besetzt
occur [ə'kə:] *v* *geschehen, *vorkommen, sich ereignen
occurrence [ə'kʌrəns] *n* Ereignis *nt*
ocean ['ouʃən] *n* Ozean *m*
October [ɔk'toubə] Oktober
octopus ['ɔktəpəs] *n* Polyp *m*
oculist ['ɔkjulist] *n* Augenarzt *m*
odd [ɔd] *adj* seltsam, sonderbar; ungerade
odour ['oudə] *n* Geruch *m*
of [ɔv, əv] *prep* von
off [ɔf] *adv* ab; weg; *prep* von
offence [ə'fens] *n* Vergehen *nt*; Beleidigung *f*, Verstoß *m*
offend [ə'fend] *v* kränken, beleidigen; sich *vergehen
offensive [ə'fensiv] *adj* offensiv; belei-

digend, anstößig; *n* Offensive *f*
offer ['ɔfə] *v* *anbieten; leisten; *n* Angebot *nt*
office ['ɔfis] *n* Dienstraum *m*, Büro *nt*; Amt *nt*; ~ **hours** Bürostunden *fpl*
officer ['ɔfisə] *n* Offizier *m*
official [ə'fiʃəl] *adj* offiziell
off-licence ['ɔf,laisəns] *n* Spirituosenladen *m*
often ['ɔfən] *adv* häufig, oft
oil [ɔil] *n* Öl *nt*; Petroleum *nt*; **fuel** ~ Heizöl *nt*; ~ **filter** Ölfilter *nt*; ~ **pressure** Öldruck *m*
oil-painting [,ɔil'peintiŋ] *n* Ölgemälde *nt*
oil-refinery ['ɔilri,fainəri] *n* Ölraffinerie *f*
oil-well ['ɔilwel] *n* Ölquelle *f*
oily ['ɔili] *adj* ölig
ointment ['ɔintmənt] *n* Salbe *f*
okay! [,ou'kei] in Ordnung!
old [ould] *adj* alt; ~ **age** Alter *nt*
old-fashioned [,ould'fæʃənd] *adj* altmodisch
olive ['ɔliv] *n* Olive *f*; ~ **oil** Olivenöl *nt*
omelette ['ɔmlət] *n* Eierkuchen *m*
ominous ['ɔminəs] *adj* verhängnisvoll
omit [ə'mit] *v* *auslassen
omnipotent [ɔm'nipətənt] *adj* allmächtig
on [ɔn] *prep* auf; an
once [wʌns] *adv* einst, einmal; **at** ~ sofort; ~ **more** noch einmal
oncoming ['ɔn,kʌmiŋ] *adj* entgegenkommend, herannahend
one [wʌn] *num* eins; *pron* man
oneself [wʌn'self] *pron* selbst
onion ['ʌnjən] *n* Zwiebel *f*
only ['ounli] *adj* einzig; *adv* nur, bloß; *conj* jedoch
onwards ['ɔnwədz] *adv* vorwärts
onyx ['ɔniks] *n* Onyx *m*
opal ['oupəl] *n* Opal *m*
open ['oupən] *v* öffnen; *adj* offen; offenherzig
opening ['oupəniŋ] *n* Öffnung *f*
opera ['ɔpərə] *n* Oper *f*; ~ **house** Opernhaus *nt*
operate ['ɔpəreit] *v* wirken, arbeiten; operieren
operation [,ɔpə'reiʃən] *n* Funktion *f*; Operation *f*
operator ['ɔpəreitə] *n* Telephonistin *f*
operetta [,ɔpə'retə] *n* Operette *f*
opinion [ə'pinjən] *n* Ansicht *f*, Meinung *f*
opponent [ə'pounənt] *n* Gegner *m*
opportunity [,ɔpə'tju:nəti] *n* Gelegenheit *f*
oppose [ə'pouz] *v* sich widersetzen
opposite ['ɔpəzit] *prep* gegenüber; *adj* gegensätzlich, entgegengesetzt
opposition [,ɔpə'ziʃən] *n* Opposition *f*
oppress [ə'pres] *v* bedrücken, unterdrücken
optician [ɔp'tiʃən] *n* Optiker *m*
optimism ['ɔptimizəm] *n* Optimismus *m*
optimist ['ɔptimist] *n* Optimist *m*
optimistic [,ɔpti'mistik] *adj* optimistisch
optional ['ɔpʃənəl] *adj* beliebig
or [ɔ:] *conj* oder
oral ['ɔ:rəl] *adj* mündlich
orange ['ɔrindʒ] *n* Apfelsine *f*; *adj* orange
orchard ['ɔ:tʃəd] *n* Obstgarten *m*
orchestra ['ɔ:kistrə] *n* Orchester *nt*
order ['ɔ:də] *v* *befehlen; bestellen; *n* Reihenfolge *f*, Ordnung *f*; Auftrag *m*, Befehl *m*; Bestellung *f*; **in** ~ in Ordnung; **in** ~ **to** um zu; **made to** ~ auf Bestellung gemacht; **out of** ~ funktionsunfähig; **postal** ~ Postanweisung *f*
order-form ['ɔ:dəfɔ:m] *n* Bestellzettel

m
ordinary ['ɔ:dənri] *adj* alltäglich, gewöhnlich
ore [ɔ:] *n* Erz *nt*
organ ['ɔ:gən] *n* Organ *nt*; Orgel *f*
organic [ɔ:'gænik] *adj* organisch
organization [ˌɔ:gənai'zeiʃən] *n* Organisation *f*
organize ['ɔ:gənaiz] *v* organisieren
Orient ['ɔ:riənt] *n* Orient *m*
oriental [ˌɔ:ri'entəl] *adj* orientalisch
orientate ['ɔ:riənteit] *v* sich orientieren
origin ['ɔridʒin] *n* Abstammung *f*, Ursprung *m*; Herkunft *f*
original [ə'ridʒinəl] *adj* ursprünglich, originell
originally [ə'ridʒinəli] *adv* anfänglich
orlon ['ɔ:lɔn] *n* Orlon *nt*
ornament ['ɔ:nəmənt] *n* Verzierung *f*
ornamental [ˌɔ:nə'mentəl] *adj* ornamental
orphan ['ɔ:fən] *n* Waise *f*
orthodox ['ɔ:θədɔks] *adj* orthodox
ostrich ['ɔstritʃ] *n* Strauß *m*
other ['ʌðə] *adj* ander
otherwise ['ʌðəwaiz] *conj* sonst; *adv* anders
***ought to** [ɔ:t] sollen
our [auə] *adj* unser
ourselves [auə'selvz] *pron* uns; selbst
out [aut] *adv* heraus, hinaus; ~ **of** außer, aus
outbreak ['autbreik] *n* Ausbruch *m*
outcome ['autkʌm] *n* Ergebnis *nt*
***outdo** [ˌaut'du:] *v* *übertreffen
outdoors [ˌaut'dɔ:z] *adv* draußen
outer ['autə] *adj* äußer
outfit ['autfit] *n* Ausrüstung *f*
outline ['autlain] *n* Umriß *m*; *v* *umreißen
outlook ['autluk] *n* Aussicht *f*; Anschauung *f*
output ['autput] *n* Ausstoß *m*
outrage ['autreidʒ] *n* Gewaltakt *m*
outside [ˌaut'said] *adv* draußen; *prep* außerhalb; *n* Äußere *nt*, Außenseite *f*
outsize ['autsaiz] *n* Übergröße *f*
outskirts ['autskə:ts] *pl* Außenbezirke *mpl*
outstanding [ˌaut'stændiŋ] *adj* eminent, hervorragend
outward ['autwəd] *adj* äußer
outwards ['autwədz] *adv* nach draußen
oval ['ouvəl] *adj* oval
oven ['ʌvən] *n* Backofen *m*
over ['ouvə] *prep* oberhalb, über; *adv* über; nieder; *adj* vorbei; ~ **there** drüben
overall ['ouvərɔ:l] *adj* gesamt
overalls ['ouvərɔ:lz] *pl* Arbeitsanzug *m*
overcast ['ouvəkɑ:st] *adj* bewölkt
overcoat ['ouvəkout] *n* Mantel *m*
***overcome** [ˌouvə'kʌm] *v* *überwinden
overdue [ˌouvə'dju:] *adj* überfällig; rückständig
overgrown [ˌouvə'groun] *adj* überwachsen
overhaul [ˌouvə'hɔ:l] *v* überholen
overhead [ˌouvə'hed] *adv* oben
overlook [ˌouvə'luk] *v* *übersehen
overnight [ˌouvə'nait] *adv* über Nacht
overseas [ˌouvə'si:z] *adj* überseeisch
oversight ['ouvəsait] *n* Versehen *nt*
***oversleep** [ˌouvə'sli:p] *v* *verschlafen
overstrung [ˌouvə'strʌŋ] *adj* überspannt
***overtake** [ˌouvə'teik] *v* überholen; **no overtaking** Überholen verboten
over-tired [ˌouvə'taiəd] *adj* übermüdet
overture ['ouvətʃə] *n* Ouvertüre *f*
overweight ['ouvəweit] *n* Übergewicht *nt*
overwhelm [ˌouvə'welm] *v* verblüffen, überwältigen
overwork [ˌouvə'wə:k] *v* sich überar-

beiten
owe [ou] *v* schuldig *sein, schulden; verdanken; **owing to** aufgrund, infolge
owl [aul] *n* Eule *f*
own [oun] *v* *besitzen; *adj* eigen
owner ['ounə] *n* Besitzer *m*, Eigentümer *m*
ox [ɔks] *n* (pl oxen) Ochse *m*
oxygen ['ɔksidʒən] *n* Sauerstoff *m*
oyster ['ɔistə] *n* Auster *f*

P

pace [peis] *n* Gang *m*; Schritt *m*; Tempo *nt*
Pacific Ocean [pə'sifik 'ouʃən] Stille Ozean
pacifism ['pæsifizəm] *n* Pazifismus *m*
pacifist ['pæsifist] *n* Pazifist *m*; pazifistisch
pack [pæk] *v* packen; ~ **up** einpacken
package ['pækidʒ] *n* Paket *nt*
packet ['pækit] *n* Päckchen *nt*
packing ['pækiŋ] *n* Verpackung *f*
pad [pæd] *n* Polster *nt*; Schreibblock *m*
paddle ['pædəl] *n* Paddel *nt*
padlock ['pædlɔk] *n* Vorhängeschloß *nt*
pagan ['peigən] *adj* heidnisch; *n* Heide *m*
page [peidʒ] *n* Blatt *nt*, Seite *f*
page-boy ['peidʒbɔi] *n* Hotelpage *m*
pail [peil] *n* Eimer *m*
pain [pein] *n* Schmerz *m*; **pains** Mühe *f*
painful ['peinfəl] *adj* schmerzhaft
painless ['peinləs] *adj* schmerzlos
paint [peint] *n* Farbe *f*; *v* malen; *anstreichen
paint-box ['peintbɔks] *n* Malkasten *m*
paint-brush ['peintbrʌʃ] *n* Pinsel *m*
painter ['peintə] *n* Maler *m*
painting ['peintiŋ] *n* Gemälde *nt*
pair [pɛə] *n* Paar *nt*
Pakistan [,pɑ:ki'stɑ:n] Pakistan
Pakistani [,pɑ:ki'stɑ:ni] *adj* pakistanisch; *n* Pakistaner *m*
palace ['pæləs] *n* Palast *m*
pale [peil] *adj* bleich; hell
palm [pɑ:m] *n* Palme *f*; Handfläche *f*
palpable ['pælpəbəl] *adj* fühlbar
palpitation [,pælpi'teiʃən] *n* Herzklopfen *nt*
pan [pæn] *n* Pfanne *f*
pane [pein] *n* Scheibe *f*
panel ['pænəl] *n* Paneel *nt*
panelling ['pænəliŋ] *n* Täfelung *f*
panic ['pænik] *n* Panik *f*
pant [pænt] *v* keuchen
panties ['pæntiz] *pl* Schlüpfer *m*
pants [pænts] *pl* Unterhose *f*; *plAm* Hose *f*
pant-suit ['pæntsu:t] *n* Hosenanzug *m*
panty-hose ['pæntihouz] *n* Strumpfhose *f*
paper ['peipə] *n* Papier *nt*; Zeitung *f*; papieren; **carbon** ~ Kohlepapier *nt*; ~ **bag** Tüte *f*; ~ **napkin** Papierserviette *f*; **typing** ~ Schreibmaschinenpapier *nt*; **wrapping** ~ Packpapier *nt*
paperback ['peipəbæk] *n* Taschenbuch *nt*
paper-knife ['peipənaif] *n* Brieföffner *m*
parade [pə'reid] *n* Parade *f*, Umzug *m*
paraffin ['pærəfin] *n* Petroleum *nt*
paragraph ['pærəgrɑ:f] *n* Absatz *m*
parakeet ['pærəki:t] *n* Sittich *m*
paralise ['pærəlaiz] *v* lähmen
parallel ['pærəlel] *adj* gleichlaufend, parallel; *n* Parallele *f*
parcel ['pɑ:səl] *n* Paket *nt*
pardon ['pɑ:dən] *n* Verzeihung *f*; Be-

gnadigung *f*
parents ['pεərənts] *pl* Eltern *pl*
parents-in-law ['pεərəntsinlɔ:] *pl* Schwiegereltern *pl*
parish ['pæriʃ] *n* Kirchspiel *nt*
park [pɑ:k] *n* Park *m*; *v* parken; **no parking** Parken verboten; **parking** Parkplatz *m*; **parking fee** Parkgebühr *f*; **parking light** Parkleuchte *f*; **parking lot** *Am* Parkplatz *m*; **parking meter** Parkuhr *f*; **parking zone** Parkzone *f*
parliament ['pɑ:ləmənt] *n* Parlament *nt*
parliamentary [,pɑ:lə'mentəri] *adj* parlamentarisch
parrot ['pærət] *n* Papagei *m*
parsley ['pɑ:sli] *n* Petersilie *f*
parson ['pɑ:sən] *n* Pfarrer *m*
parsonage ['pɑ:sənidʒ] *n* Pfarrhaus *nt*
part [pɑ:t] *n* Teil *m*; Stück *nt*; *v* trennen; **spare** ~ Ersatzteil *nt*
partial ['pɑ:ʃəl] *adj* teilweise; parteiisch
participant [pɑ:'tisipənt] *n* Teilnehmer *m*
participate [pɑ:'tisipeit] *v* *teilnehmen
particular [pə'tikjulə] *adj* besonder; wählerisch; **in** ~ speziell
parting ['pɑ:tiŋ] *n* Abschied *m*; Scheitel *m*
partition [pɑ:'tiʃən] *n* Scheidewand *f*
partly ['pɑ:tli] *adv* teils, teilweise
partner ['pɑ:tnə] *n* Partner *m*; Teilhaber *m*
partridge ['pɑ:tridʒ] *n* Rebhuhn *nt*
party ['pɑ:ti] *n* Partei *f*; Party *f*; Gruppe *f*
pass [pɑ:s] *v* *vergehen, passieren, überholen; reichen; *bestehen; *vAm* *vorbeifahren; **no passing** *Am* Überholen verboten; ~ **by** *vorbeigehen; ~ **through** durchqueren
passage ['pæsidʒ] *n* Durchgang *m*; Überfahrt *f*; Stelle *f*; Durchfahrt *f*
passenger ['pæsəndʒə] *n* Passagier *m*; ~ **car** *Am* Wagen *m*; ~ **train** Personenzug *m*
passer-by [,pɑ:sə'bai] *n* Passant *m*
passion ['pæʃən] *n* Leidenschaft *f*, Passion *f*; Wut *f*
passionate ['pæʃənət] *adj* leidenschaftlich
passive ['pæsiv] *adj* passiv
passport ['pɑ:spɔ:t] *n* Paß *m*; ~ **control** Paßkontrolle *f*; ~ **photograph** Paßphoto *nt*
password ['pɑ:swə:d] *n* Losungswort *nt*
past [pɑ:st] *n* Vergangenheit *f*; *adj* vorig, letzt, vergangen; *prep* entlang, an ... vorbei
paste [peist] *n* Paste *f*; *v* kleben
pastry ['peistri] *n* Gebäck *nt*; ~ **shop** Konditorei *f*
pasture ['pɑ:stʃə] *n* Weide *f*
patch [pætʃ] *v* flicken
patent ['peitənt] *n* Patent *nt*
path [pɑ:θ] *n* Pfad *m*
patience ['peiʃəns] *n* Geduld *f*
patient ['peiʃənt] *adj* geduldig; *n* Patient *m*
patriot ['peitriət] *n* Patriot *m*
patrol [pə'troul] *n* Streife *f*; *v* patrouillieren; überwachen
pattern ['pætən] *n* Motiv *nt*, Muster *nt*
pause [pɔ:z] *n* Pause *f*; *v* pausieren
pave [peiv] *v* pflastern
pavement ['peivmənt] *n* Bürgersteig *m*; Pflaster *nt*
pavilion [pə'viljən] *n* Pavillon *m*
paw [pɔ:] *n* Pfote *f*
pawn [pɔ:n] *v* verpfänden; *n* Bauer *m*
pawnbroker ['pɔ:n,broukə] *n* Pfandleiher *m*
pay [pei] *n* Gehalt *nt*, Lohn *m*

***pay** [pei] *v* bezahlen, zahlen; sich lohnen; ~ **attention to** achten auf; **paying** rentabel; ~ **off** tilgen; ~ **on account** abzahlen
pay-desk ['peidesk] *n* Kasse *f*
payee [pei'i:] *n* Zahlungsempfänger *m*
payment ['peimənt] *n* Bezahlung *f*
pea [pi:] *n* Erbse *f*
peace [pi:s] *n* Frieden *m*
peaceful ['pi:sfəl] *adj* friedlich
peach [pi:tʃ] *n* Pfirsich *m*
peacock ['pi:kɔk] *n* Pfau *m*
peak [pi:k] *n* Gipfel *m*; Spitze *f*; ~ **hour** Hauptverkehrszeit *f*; ~ **season** Hochsaison *f*
peanut ['pi:nʌt] *n* Erdnuß *f*
pear [pɛə] *n* Birne *f*
pearl [pə:l] *n* Perle *f*
peasant ['pezənt] *n* Bauer *m*
pebble ['pebəl] *n* Kieselstein *m*
peculiar [pi'kju:ljə] *adj* eigentümlich; speziell, sonderbar
peculiarity [pi,kju:li'ærəti] *n* Eigentümlichkeit *f*
pedal ['pedəl] *n* Pedal *nt*
pedestrian [pi'destriən] *n* Fußgänger *m*; **no pedestrians** Fußgänger verboten; ~ **crossing** Fußgängerübergang *m*
pedicure ['pedikjuə] *n* Fußpfleger *m*
peel [pi:l] *v* schälen; *n* Schale *f*
peep [pi:p] *v* spähen
peg [peg] *n* Kleiderhaken *m*
pelican ['pelikən] *n* Pelikan *m*
pelvis ['pelvis] *n* Becken *nt*
pen [pen] *n* Feder *f*
penalty ['penəlti] *n* Buße *f*; Strafe *f*; ~ **kick** Strafstoß *m*
pencil ['pensəl] *n* Bleistift *m*
pencil-sharpener ['pensəl,ʃɑ:pnə] *n* Bleistiftspitzer *m*
pendant ['pendənt] *n* Anhänger *m*
penetrate ['penitreit] *v* *durchdringen
penguin ['peŋgwin] *n* Pinguin *m*
penicillin [,peni'silin] *n* Penicillin *nt*
peninsula [pə'ninsjulə] *n* Halbinsel *f*
penknife ['pennaif] *n* (pl -knives) Taschenmesser *nt*
pension[1] ['pɑ̃:siɔ̃:] *n* Pension *f*
pension[2] ['penʃən] *n* Rente *f*
people ['pi:pəl] *pl* Leute *pl*; *n* Volk *nt*
pepper ['pepə] *n* Pfeffer *m*
peppermint ['pepəmint] *n* Pfefferminze *f*
perceive [pə'si:v] *v* *wahrnehmen
percent [pə'sent] *n* Prozent *nt*
percentage [pə'sentidʒ] *n* Prozentsatz *m*
perceptible [pə'septibəl] *adj* wahrnehmbar
perception [pə'sepʃən] *n* Empfindung *f*
perch [pə:tʃ] (pl ~) Barsch *m*
percolator ['pə:kəleitə] *n* Kaffeemaschine *f*
perfect ['pə:fikt] *adj* vollkommen
perfection [pə'fekʃən] *n* Perfektion *f*, Vollkommenheit *f*
perform [pə'fɔ:m] *v* ausführen, verrichten
performance [pə'fɔ:məns] *n* Aufführung *f*
perfume ['pə:fju:m] *n* Parfüm *nt*
perhaps [pə'hæps] *adv* vielleicht
peril ['peril] *n* Gefahr *f*
perilous ['periləs] *adj* gefährlich
period ['piəriəd] *n* Zeitraum *m*, Zeitabschnitt *m*; Punkt *m*
periodical [,piəri'ɔdikəl] *n* Zeitschrift *f*; *adj* periodisch
perish ['periʃ] *v* *umkommen
perishable ['periʃəbəl] *adj* leicht verderblich
perjury ['pə:dʒəri] *n* Meineid *m*
permanent ['pə:mənənt] *adj* dauerhaft, dauernd; beständig, fest; ~ **press** mit Dauerbügelfalte; ~ **wave** Dauerwelle *f*

permission [pə'miʃən] *n* Erlaubnis *f*, Genehmigung *f*; Bewilligung *f*, Konzession *f*
permit¹ [pə'mit] *v* gestatten, erlauben
permit² ['pə:mit] *n* Genehmigung *f*
peroxide [pə'rɔksaid] *n* Wasserstoffsuperoxyd *nt*
perpendicular [,pə:pən'dikjulə] *adj* senkrecht
Persia ['pə:ʃə] Persien
Persian ['pə:ʃən] *adj* persisch; *n* Perser *m*
person ['pə:sən] *n* Person *f*; **per** ~ pro Person
personal ['pə:sənəl] *adj* persönlich
personality [,pə:sə'næləti] *n* Persönlichkeit *f*
personnel [,pə:sə'nel] *n* Personal *nt*
perspective [pə'spektiv] *n* Perspektive *f*
perspiration [,pə:spə'reiʃən] *n* Transpiration *f*, Schweiß *m*
perspire [pə'spaiə] *v* transpirieren, schwitzen
persuade [pə'sweid] *v* bereden, überreden; überzeugen
persuasion [pə'sweiʒən] *n* Überzeugung *f*
pessimism ['pesimizəm] *n* Pessimismus *m*
pessimist ['pesimist] *n* Pessimist *m*
pessimistic [,pesi'mistik] *adj* pessimistisch
pet [pet] *n* Haustier *nt*; Liebling *m*
petal ['petəl] *n* Blumenblatt *nt*
petition [pi'tiʃən] *n* Bittschrift *f*
petrol ['petrəl] *n* Benzin *nt*; ~ **pump** Benzinpumpe *f*; ~ **station** Tankstelle *f*; ~ **tank** Benzintank *m*
petroleum [pi'trouliəm] *n* Petroleum *nt*
petty ['peti] *adj* klein, unbedeutend, geringfügig; ~ **cash** Kleingeld *nt*
pewit ['pi:wit] *n* Kiebitz *m*
pewter ['pju:tə] *n* Zinn *nt*
phantom ['fæntəm] *n* Gespenst *nt*
pharmacology [,fɑ:mə'kɔlədʒi] *n* Arzneimittellehre *f*
pharmacy ['fɑ:məsi] *n* Apotheke *f*; Drogerie *f*
phase [feiz] *n* Phase *f*
pheasant ['fezənt] *n* Fasan *m*
Philippine ['filipain] *adj* philippinisch
Philippines ['filipi:nz] *pl* Philippinen *pl*
philosopher [fi'lɔsəfə] *n* Philosoph *m*
philosophy [fi'lɔsəfi] *n* Philosophie *f*
phone [foun] *n* Fernsprecher *m*; *v* *anrufen, telephonieren
phonetic [fə'netik] *adj* phonetisch
photo ['foutou] *n* (pl ~s) Foto *nt*
photocopy ['foutəkɔpi] *n* Fotokopie *f*; *v* fotokopieren
photograph ['foutəgrɑ:f] *n* Lichtbild *nt*; *v* fotographieren
photographer [fə'tɔgrəfə] *n* Fotograph *m*
photography [fə'tɔgrəfi] *n* Photographie *f*
phrase [freiz] *n* Redewendung *f*
phrase-book ['freizbuk] *n* Sprachführer *m*
physical ['fizikəl] *adj* physisch
physician [fi'ziʃən] *n* Arzt *m*
physicist ['fizisist] *n* Physiker *m*
physics ['fiziks] *n* Physik *f*, Naturwissenschaft *f*
physiology [,fizi'ɔlədʒi] *n* Physiologie *f*
pianist ['pi:ənist] *n* Pianist *m*
piano [pi'ænou] *n* Klavier *nt*; **grand** ~ Flügel *m*
pick [pik] *v* pflücken; wählen; *n* Wahl *f*; ~ **up** *aufnehmen; abholen; **pick-up van** Lieferwagen *m*
pick-axe ['pikæks] *n* Spitzhacke *f*
picnic ['piknik] *n* Picknick *nt*; *v* picknicken
picture ['piktʃə] *n* Gemälde *nt*; Abbil-

dung *f*, Stich *m*; Bild *nt*; ~ **postcard** Ansichtskarte *f*; **pictures** Kino *nt*
picturesque [ˌpiktʃəˈresk] *adj* pittoresk, malerisch
piece [pi:s] *n* Stück *nt*
pier [piə] *n* Pier *m*
pierce [piəs] *v* durchbohren
pig [pig] *n* Schwein *nt*
pigeon [ˈpidʒən] *n* Taube *f*
pig-headed [ˌpigˈhedid] *adj* starrköpfig
piglet [ˈpiglət] *n* Ferkel *nt*
pigskin [ˈpigskin] *n* Schweinsleder *nt*
pike [paik] (pl ~) Hecht *m*
pile [pail] *n* Haufen *m*; *v* anhäufen; **piles** *pl* Hämorrhoiden *fpl*
pilgrim [ˈpilgrim] *n* Pilger *m*
pilgrimage [ˈpilgrimidʒ] *n* Pilgerfahrt *f*
pill [pil] *n* Pille *f*
pillar [ˈpilə] *n* Pfeiler *m*, Säule *f*
pillar-box [ˈpiləbɔks] *n* Briefkasten *m*
pillow [ˈpilou] *n* Kissen *nt*, Kopfkissen *nt*
pillow-case [ˈpiloukeis] *n* Kissenbezug *m*
pilot [ˈpailət] *n* Pilot *m*; Lotse *m*
pimple [ˈpimpəl] *n* Pickel *m*
pin [pin] *n* Stecknadel *f*; *v* feststecken; **bobby** ~ *Am* Haarklemme *f*
pincers [ˈpinsəz] *pl* Kneifzange *f*
pinch [pintʃ] *v* *kneifen
pineapple [ˈpaiˌnæpəl] *n* Ananas *f*
ping-pong [ˈpiŋpɔŋ] *n* Tischtennis *nt*
pink [piŋk] *adj* rosa
pioneer [ˌpaiəˈniə] *n* Pionier *m*
pious [ˈpaiəs] *adj* fromm
pip [pip] *n* Kern *m*
pipe [paip] *n* Pfeife *f*; Rohr *nt*; ~ **cleaner** Pfeifenreiniger *m*; ~ **tobacco** Tabak *m*
pirate [ˈpaiərət] *n* Seeräuber *m*
pistol [ˈpistəl] *n* Pistole *f*
piston [ˈpistən] *n* Kolben *m*; ~ **ring** Kolbenring *m*
piston-rod [ˈpistənrɔd] *n* Kolbenstange *f*
pit [pit] *n* Grube *f*
pitcher [ˈpitʃə] *n* Krug *m*
pity [ˈpiti] *n* Mitleid *nt*; *v* Mitleid *haben mit, bemitleiden; **what a pity!** schade!
placard [ˈplækɑ:d] *n* Plakat *nt*
place [pleis] *n* Ort *m*; *v* setzen, stellen; ~ **of birth** Geburtsort *m*; ***take** ~ *stattfinden
plague [pleig] *n* Plage *f*
plaice [pleis] (pl ~) Scholle *f*
plain [plein] *adj* deutlich; gewöhnlich, schlicht; *n* Ebene *f*
plan [plæn] *n* Plan *m*; Grundriß *m*; *v* planen
plane [plein] *adj* flach; *n* Flugzeug *nt*; ~ **crash** Flugzeugabsturz *m*
planet [ˈplænit] *n* Planet *m*
planetarium [ˌplæniˈtɛəriəm] *n* Planetarium *nt*
plank [plæŋk] *n* Brett *nt*
plant [plɑ:nt] *n* Pflanze *f*; Betriebsanlage *f*; *v* pflanzen
plantation [plænˈteiʃən] *n* Plantage *f*
plaster [ˈplɑ:stə] *n* Putz *m*, Gips *m*; Pflaster *nt*, Heftpflaster *nt*
plastic [ˈplæstik] *adj* Kunststoff-; *n* Kunststoff *m*
plate [pleit] *n* Teller *m*; Platte *f*
plateau [ˈplætou] *n* (pl ~x, ~s) Hochebene *f*
platform [ˈplætfɔ:m] *n* Bahnsteig *m*; ~ **ticket** Bahnsteigkarte *f*
platinum [ˈplætinəm] *n* Platin *nt*
play [plei] *v* spielen; *n* Spiel *nt*; Schauspiel *nt*; **one-act** ~ Einakter *m*; ~ **truant** schwänzen
player [pleiə] *n* Spieler *m*
playground [ˈpleigraund] *n* Spielplatz *m*
playing-card [ˈpleiiŋkɑ:d] *n* Spielkarte

f
playwright ['pleirait] *n* Bühnenautor *m*
plea [pli:] *n* Verteidigungsrede *f*
plead [pli:d] *v* plädieren
pleasant ['plezənt] *adj* angenehm, nett
please [pli:z] bitte; *v* *gefallen; **pleased** erfreut; **pleasing** angenehm
pleasure ['pleʒə] *n* Vergnügen *nt*, Spaß *m*, Freude *f*
plentiful ['plentifəl] *adj* reichlich
plenty ['plenti] *n* Fülle *f*; Menge *f*
pliers [plaiəz] *pl* Zange *f*
plimsolls ['plimsəlz] *pl* Turnschuhe *mpl*
plot [plɔt] *n* Verschwörung *f*, Komplott *nt*; Handlung *f*; Parzelle *f*
plough [plau] *n* Pflug *m*; *v* pflügen
plucky ['plʌki] *adj* mutig
plug [plʌg] *n* Stecker *m*; ~ **in** einstöpseln
plum [plʌm] *n* Pflaume *f*
plumber ['plʌmə] *n* Installateur *m*
plump [plʌmp] *adj* mollig
plural ['pluərəl] *n* Mehrzahl *f*
plus [plʌs] *prep* plus
pneumatic [nju:'mætik] *adj* pneumatisch
pneumonia [nju:'mouniə] *n* Lungenentzündung *f*
poach [poutʃ] *v* wildern
pocket ['pɔkit] *n* Tasche *f*
pocket-book ['pɔkitbuk] *n* Brieftasche *f*
pocket-comb ['pɔkitkoum] *n* Taschenkamm *m*
pocket-knife ['pɔkitnaif] *n* (pl -knives) Taschenmesser *nt*
pocket-watch ['pɔkitwɔtʃ] *n* Taschenuhr *f*
poem ['pouim] *n* Gedicht *nt*
poet ['pouit] *n* Dichter *m*
poetry ['pouitri] *n* Dichtung *f*
point [pɔint] *n* Punkt *m*; Spitze *f*; *v* zeigen; ~ **of view** Standpunkt *m*
pointed ['pɔintid] *adj* spitz
poison ['pɔizən] *n* Gift *nt*; *v* vergiften
poisonous ['pɔizənəs] *adj* giftig
Poland ['poulənd] Polen
Pole [poul] *n* Pole *m*
pole [poul] *n* Pfosten *m*
police [pə'li:s] *pl* Polizei *f*
policeman [pə'li:smən] *n* (pl -men) Schutzmann *m*, Polizist *m*
police-station [pə'li:s,steiʃən] *n* Polizeiwache *f*
policy ['pɔlisi] *n* Vorgehen *nt*, Politik *f*; Police *f*
polio ['pouliou] *n* Polio *f*, Kinderlähmung *f*
Polish ['pouliʃ] *adj* polnisch
polish ['pɔliʃ] *v* polieren
polite [pə'lait] *adj* höflich
political [pə'litikəl] *adj* politisch
politician [,pɔli'tiʃən] *n* Politiker *m*
politics ['pɔlitiks] *n* Politik *f*
pollution [pə'lu:ʃən] *n* Verschmutzung *f*, Verunreinigung *f*
pond [pɔnd] *n* Teich *m*
pony ['pouni] *n* Pony *nt*
poor [puə] *adj* arm; ärmlich; schwach
pope [poup] *n* Papst *m*
poplin ['pɔplin] *n* Popelin *m*
pop music [pɔp 'mju:zik] Popmusik *f*
poppy ['pɔpi] *n* Klatschmohn *m*; Mohn *m*
popular ['pɔpjulə] *adj* beliebt; Volks-
population [,pɔpju'leiʃən] *n* Bevölkerung *f*
populous ['pɔpjuləs] *adj* dicht bevölkert
porcelain ['pɔ:səlin] *n* Porzellan *nt*
porcupine ['pɔ:kjupain] *n* Stachelschwein *m*
pork [pɔ:k] *n* Schweinefleisch *nt*
port [pɔ:t] *n* Hafen *m*; Backbord *nt*
portable ['pɔ:təbəl] *adj* tragbar

porter ['pɔ:tə] *n* Träger *m*; Pförtner *m*
porthole ['pɔ:thoul] *n* Luke *f*
portion ['pɔ:ʃən] *n* Portion *f*
portrait ['pɔ:trit] *n* Porträt *nt*
Portugal ['pɔ:tjugəl] Portugal
Portuguese [,pɔ:tju'gi:z] *adj* portugiesisch; *n* Portugiese *m*
position [pə'ziʃən] *n* Position *f*; Lage *f*; Haltung *f*; Stellung *f*
positive ['pɔzətiv] *adj* positiv; *n* Positiv *nt*
possess [pə'zes] *v* *besitzen; **possessed** *adj* besessen
possession [pə'zeʃən] *n* Besitz *m*; **possessions** Habe *f*
possibility [,pɔsə'biləti] *n* Möglichkeit *f*
possible ['pɔsəbəl] *adj* möglich; eventuell
post [poust] *n* Pfosten *m*; Posten *m*; Post *f*; *v* *aufgeben; **post-office** Postamt *nt*
postage ['poustidʒ] *n* Porto *nt*; ~ **paid** portofrei; ~ **stamp** Briefmarke *f*
postcard ['poustkɑ:d] *n* Postkarte *f*; Ansichtskarte *f*
poster ['poustə] *n* Anschlagzettel *m*, Plakat *nt*
poste restante [poust re'stɑ̃:t] postlagernd
postman ['poustmən] *n* (pl -men) Postbote *m*
post-paid [,poust'peid] *adj* franko
postpone [pə'spoun] *v* *aufschieben
pot [pɔt] *n* Topf *m*
potato [pə'teitou] *n* (pl ~es) Kartoffel *f*
pottery ['pɔtəri] *n* Töpferware *f*
pouch [pautʃ] *n* Beutel *m*
poulterer ['poultərə] *n* Geflügelhändler *m*
poultry ['poultri] *n* Geflügel *nt*
pound [paund] *n* Pfund *nt*
pour [pɔ:] *v* einschenken, schenken, *gießen
poverty ['pɔvəti] *n* Armut *f*
powder ['paudə] *n* Puder *m*; ~ **compact** Puderdose *f*; **talc** ~ Talkpuder *m*
powder-puff ['paudəpʌf] *n* Puderquaste *f*
powder-room ['paudəru:m] *n* Damentoilette *f*
power [pauə] *n* Kraft *f*; Energie *f*; Macht *f*
powerful ['pauəfəl] *adj* mächtig; stark
powerless ['pauələs] *adj* machtlos
power-station ['pauə,steiʃən] *n* Kraftwerk *nt*
practical ['præktikəl] *adj* praktisch
practically ['præktikli] *adv* nahezu
practice ['præktis] *n* Praxis *f*
practise ['præktis] *v* ausüben; sich üben
praise [preiz] *v* loben; *n* Lob *nt*
pram [præm] *n* Kinderwagen *m*
prawn [prɔ:n] *n* Krabbe *f*, Steingarnele *f*
pray [prei] *v* beten
prayer [prɛə] *n* Gebet *nt*
preach [pri:tʃ] *v* predigen
precarious [pri'kɛəriəs] *adj* heikel
precaution [pri'kɔ:ʃən] *n* Vorsicht *f*; Vorsichtsmaßnahme *f*
precede [pri'si:d] *v* *vorangehen
preceding [pri'si:diŋ] *adj* vorhergehend
precious ['preʃəs] *adj* teuer
precipice ['presipis] *n* Abgrund *m*
precipitation [pri,sipi'teiʃən] *n* Niederschläge *mpl*
precise [pri'sais] *adj* präzis, exakt, genau
predecessor ['pri:disesə] *n* Vorgänger *m*
predict [pri'dikt] *v* vorhersagen
prefer [pri'fə:] *v* *vorziehen

preferable ['prefərəbəl] *adj* vorzuziehend
preference ['prefərəns] *n* Vorzug *m*
prefix ['pri:fiks] *n* Präfix *nt*
pregnant ['pregnənt] *adj* schwanger
prejudice ['predʒədis] *n* Vorurteil *nt*
preliminary [pri'liminəri] *adj* einleitend; vorläufig
premature ['premətʃuə] *adj* vorzeitig
premier ['premiə] *n* Premierminister *m*
premises ['premisiz] *pl* Gebäude *nt*
premium ['pri:miəm] *n* Prämie *f*
prepaid [,pri:'peid] *adj* vorausbezahlt
preparation [,prepə'reiʃən] *n* Vorbereitung *f*
prepare [pri'pɛə] *v* vorbereiten; fertigmachen
prepared [pri'pɛəd] *adj* bereit
preposition [,prepə'ziʃən] *n* Präposition *f*
prescribe [pri'skraib] *v* *verschreiben
prescription [pri'skripʃən] *n* Rezept *nt*
presence ['prezəns] *n* Anwesenheit *f*; Gegenwart *f*
present[1] ['prezənt] *n* Präsent *nt*, Geschenk *nt*; Gegenwart *f*; *adj* gegenwärtig; anwesend
present[2] [pri'zent] *v* vorstellen; *anbieten
presently ['prezəntli] *adv* sofort, sogleich
preservation [,prezə'veiʃən] *n* Bewahrung *f*
preserve [pri'zə:v] *v* bewahren; einmachen
president ['prezidənt] *n* Präsident *m*; Vorsitzende *m*
press [pres] *n* Presse *f*; *v* drücken; bügeln; ~ **conference** Pressekonferenz *f*
pressing ['presiŋ] *adj* dringlich, dringend
pressure ['preʃə] *n* Druck *m*; Spannung *f*; **atmospheric** ~ Luftdruck *m*
pressure-cooker ['preʃə,kukə] *n* Schnellkochtopf *m*
prestige [pre'sti:ʒ] *n* Prestige *nt*
presumable [pri'zju:məbəl] *adj* vermutlich
presumptuous [pri'zʌmpʃəs] *adj* übermütig; überheblich
pretence [pri'tens] *n* Vorwand *m*
pretend [pri'tend] *v* sich verstellen, *vorgeben
pretext ['pri:tekst] *n* Vorwand *m*
pretty ['priti] *adj* schön, hübsch; *adv* ziemlich, beträchtlich
prevent [pri'vent] *v* *anhalten, verhindern; verhüten
preventive [pri'ventiv] *adj* vorbeugend
previous ['pri:viəs] *adj* vorig, früher, vorhergehend
pre-war [,pri:'wɔ:] *adj* Vorkriegs-
price [prais] *v* den Preis festsetzen; ~ **list** Preisliste *f*
priceless ['praisləs] *adj* unschätzbar
price-list ['prais,list] *n* Preis *m*
prick [prik] *v* *stechen
pride [praid] *n* Stolz *m*
priest [pri:st] *n* Priester *m*
primary ['praiməri] *adj* Grund-; Anfangs-, hauptsächlich; elementar
prince [prins] *n* Prinz *m*
princess [prin'ses] *n* Prinzessin *f*
principal ['prinsəpəl] *adj* wichtigste; *n* Schulleiter *m*, Direktor *m*
principle ['prinsəpəl] *n* Grundsatz *m*, Prinzip *nt*
print [print] *v* drucken; *n* Abzug *m*; Stich *m*; **printed matter** Drucksache *f*
prior [praiə] *adj* früher
priority [prai'ɔrəti] *n* Priorität *f*, Vorrang *m*
prison ['prizən] *n* Gefängnis *nt*
prisoner ['prizənə] *n* Häftling *m*, Gefangene *m*; ~ **of war** Kriegsgefan-

gene *m*
privacy ['praivəsi] *n* Privatleben *nt*
private ['praivit] *adj* privat; persönlich
privilege ['privilidʒ] *n* Vorrecht *nt*
prize [praiz] *n* Preis *m*; Belohnung *f*
probable ['prɔbəbəl] *adj* vermutlich, wahrscheinlich
probably ['prɔbəbli] *adv* wahrscheinlich
problem ['prɔbləm] *n* Problem *nt*; Frage *f*
procedure [prə'si:dʒə] *n* Verfahren *nt*
proceed [prə'si:d] *v* *fortfahren; *verfahren
process ['prouses] *n* Verfahren *nt*, Vorgang *m*; Prozeß *m*
procession [prə'seʃən] *n* Prozession *f*, Zug *m*
proclaim [prə'kleim] *v* proklamieren
produce[1] [prə'dju:s] *v* herstellen
produce[2] ['prɔdju:s] *n* Erlös *m*, Ertrag *m*
producer [prə'dju:sə] *n* Produzent *m*
product ['prɔdʌkt] *n* Produkt *nt*
production [prə'dʌkʃən] *n* Produktion *f*
profession [prə'feʃən] *n* Fach *nt*, Beruf *m*
professional [prə'feʃənəl] *adj* beruflich
professor [prə'fesə] *n* Professor *m*
profit ['prɔfit] *n* Vorteil *m*, Gewinn *m*; Nutzen *m*; *v* profitieren
profitable ['prɔfitəbəl] *adj* einträglich
profound [prə'faund] *adj* tiefsinnig
programme ['prougræm] *n* Programm *nt*
progress[1] ['prougres] *n* Fortschritt *m*
progress[2] [prə'gres] *v* *weiterkommen
progressive [prə'gresiv] *adj* fortschrittlich, progressiv; zunehmend
prohibit [prə'hibit] *v* *verbieten
prohibition [,proui'biʃən] *n* Verbot *nt*
prohibitive [prə'hibitiv] *adj* unerschwinglich
project ['prɔdʒekt] *n* Plan *m*, Projekt *nt*
promenade [,prɔmə'nɑ:d] *n* Promenade *f*
promise ['prɔmis] *n* Versprechen *nt*; *v* *versprechen
promote [prə'mout] *v* fördern, befördern
promotion [prə'mouʃən] *n* Beförderung *f*
prompt [prɔmpt] *adj* sofortig, unverzüglich
pronoun ['prounaun] *n* Fürwort *nt*
pronounce [prə'nauns] *v* *aussprechen
pronunciation [,prənʌnsi'eiʃən] *n* Aussprache *f*
proof [pru:f] *n* Beweis *m*
propaganda [,prɔpə'gændə] *n* Propaganda *f*
propel [prə'pel] *v* *antreiben
propeller [prə'pelə] *n* Schraube *f*, Propeller *m*
proper ['prɔpə] *adj* richtig; gebührend, passend, angebracht, geeignet
property ['prɔpəti] *n* Besitz *m*, Eigentum *nt*; Eigenschaft *f*
prophet ['prɔfit] *n* Prophet *m*
proportion [prə'pɔ:ʃən] *n* Verhältnis *nt*
proportional [prə'pɔ:ʃənəl] *adj* proportional
proposal [prə'pouzəl] *n* Vorschlag *m*
propose [prə'pouz] *v* *vorschlagen
proposition [,prɔpə'ziʃən] *n* Vorschlag *m*
proprietor [prə'praiətə] *n* Eigentümer *m*
prospect ['prɔspekt] *n* Aussicht *f*
prospectus [prə'spektəs] *n* Prospekt *m*
prosperity [prɔ'sperəti] *n* Wohlstand *m*
prosperous ['prɔspərəs] *adj* wohlhabend
prostitute ['prɔstitju:t] *n* Prostituierte *f*
protect [prə'tekt] *v* schützen

protection [prə'tekʃən] *n* Schutz *m*
protein ['prouti:n] *n* Protein *nt*
protest¹ ['proutest] *n* Protest *m*
protest² [prə'test] *v* protestieren
Protestant ['prɔtistənt] *adj* protestantisch
proud [praud] *adj* stolz; hochmütig
prove [pru:v] *v* zeigen, *beweisen; sich herausstellen
proverb ['prɔvə:b] *n* Sprichwort *nt*
provide [prə'vaid] *v* liefern, beschaffen; **provided that** vorausgesetzt daß
province ['prɔvins] *n* Provinz *f*
provincial [prə'vinʃəl] *adj* provinziell
provisional [prə'viʒənəl] *adj* vorläufig
provisions [prə'viʒənz] *pl* Vorrat *m*
prune [pru:n] *n* Backpflaume *f*
psychiatrist [sai'kaiətrist] *n* Psychiater *m*
psychic ['saikik] *adj* psychisch
psychoanalyst [,saikou'ænəlist] *n* Psychoanalytiker *m*
psychological [,saikɔ'lɔdʒikəl] *adj* psychologisch
psychologist [sai'kɔlədʒist] *n* Psychologe *m*
psychology [sai'kɔlədʒi] *n* Psychologie *f*
pub [pʌb] *n* Wirtshaus *nt*; Kneipe *f*
public ['pʌblik] *adj* öffentlich; allgemein; *n* Publikum *nt*; ~ **garden** Anlage *f*; ~ **house** Wirtshaus *nt*
publication [,pʌbli'keiʃən] *n* Veröffentlichung *f*
publicity [pʌ'blisəti] *n* Reklame *f*
publish ['pʌbliʃ] *v* veröffentlichen, *herausgeben
publisher ['pʌbliʃə] *n* Verleger *m*
puddle ['pʌdəl] *n* Pfütze *f*
pull [pul] *v* *ziehen; ~ **out** *abfahren; ~ **up** *anhalten
pulley ['puli] *n* (pl ~s) Rolle *f*
Pullman ['pulmən] *n* Pullmanwagen *m*
pullover ['pu,louvə] *n* Pullover *m*
pulpit ['pulpit] *n* Kanzel *f*
pulse [pʌls] *n* Pulsschlag *m*, Puls *m*
pump [pʌmp] *n* Pumpe *f*; *v* pumpen
punch [pʌntʃ] *v* knuffen; *n* Faustschlag *m*
punctual ['pʌŋktʃuəl] *adj* genau, pünktlich
puncture ['pʌŋktʃə] *n* Reifenpanne *f*
punctured ['pʌŋktʃəd] *adj* durchstochen
punish ['pʌniʃ] *v* strafen
punishment ['pʌniʃmənt] *n* Strafe *f*
pupil ['pju:pəl] *n* Schüler *m*
puppet-show ['pʌpitʃou] *n* Kasperletheater *nt*
purchase ['pə:tʃəs] *v* kaufen; *n* Erwerb *m*, Kauf *m*; ~ **price** Kaufpreis *m*; ~ **tax** Verbrauchssteuer *f*
purchaser ['pə:tʃəsə] *n* Käufer *m*
pure [pjuə] *adj* klar, rein
purple ['pə:pəl] *adj* purpur
purpose ['pə:pəs] *n* Absicht *f*, Zweck *m*; **on** ~ absichtlich
purse [pə:s] *n* Börse *f*, Geldbeutel *m*
pursue [pə'sju:] *v* verfolgen; nachstreben
pus [pʌs] *n* Eiter *m*
push [puʃ] *n* Schub *m*, Stoß *m*; *v* *stoßen; *schieben; drängen
push-button ['puʃ,bʌtən] *n* Druckknopf *m*
***put** [put] *v* setzen, legen, stellen; stecken; ~ **away** weglegen; ~ **off** *verschieben; ~ **on** *anziehen; ~ **out** auslöschen
puzzle ['pʌzəl] *n* Rätsel *nt*; *v* verwirren; **jigsaw** ~ Puzzlespiel *nt*
puzzling ['pʌzliŋ] *adj* unbegreiflich
pyjamas [pə'dʒɑ:məz] *pl* Pyjama *m*

Q

quack [kwæk] *n* Kurpfuscher *m*, Scharlatan *m*
quail [kweil] *n* (pl ~, ~s) Wachtel *f*
quaint [kweint] *adj* seltsam; altmodisch
qualification [ˌkwɔlifi'keiʃən] *n* Befähigung *f*; Vorbehalt *m*, Einschränkung *f*
qualified ['kwɔlifaid] *adj* qualifiziert; befugt
qualify ['kwɔlifai] *v* sich eignen
quality ['kwɔləti] *n* Qualität *f*; Eigenschaft *f*
quantity ['kwɔntəti] *n* Quantität *f*; Anzahl *f*
quarantine ['kwɔrənti:n] *n* Quarantäne *f*
quarrel ['kwɔrəl] *v* zanken, *streiten; *n* Streit *m*, Zank *m*
quarry ['kwɔri] *n* Steinbruch *m*
quarter ['kwɔ:tə] *n* Viertel *nt*; Quartal *nt*; Stadtviertel *nt*; ~ **of an hour** Viertelstunde *f*
quarterly ['kwɔ:təli] *adj* vierteljährlich
quay [ki:] *n* Kai *m*
queen [kwi:n] *n* Königin *f*
queer [kwiə] *adj* wunderlich, sonderbar; komisch
query ['kwiəri] *n* Frage *f*; *v* befragen; bezweifeln
question ['kwestʃən] *n* Frage *f*; Problem *nt*; *v* befragen; in Zweifel *ziehen; ~ **mark** Fragezeichen *nt*
queue [kju:] *n* Schlange *f*; *v* Schlange *stehen
quick [kwik] *adj* schnell
quick-tempered [ˌkwik'tempəd] *adj* reizbar
quiet ['kwaiət] *adj* still, ruhig, gelassen; *n* Stille *f*, Ruhe *f*
quilt [kwilt] *n* Steppdecke *f*
quinine [kwi'ni:n] *n* Chinin *nt*
quit [kwit] *v* aufhören mit, *aufgeben
quite [kwait] *adv* völlig, durchaus; leidlich, ziemlich, beträchtlich; sehr, ganz
quiz [kwiz] *n* (pl ~zes) Quiz *nt*
quota ['kwoutə] *n* Quote *f*
quotation [kwou'teiʃən] *n* Zitat *nt*; ~ **marks** Anführungszeichen *ntpl*
quote [kwout] *v* zitieren

R

rabbit ['ræbit] *n* Kaninchen *nt*
rabies ['reibiz] *n* Tollwut *f*
race [reis] *n* Wettlauf *m*, Rennen *nt*; Rasse *f*
race-course ['reiskɔ:s] *n* Rennbahn *f*
race-horse ['reishɔ:s] *n* Rennpferd *nt*
race-track ['reistræk] *n* Rennbahn *f*
racial ['reiʃəl] *adj* Rassen-
racket ['rækit] *n* Tumult *m*
racquet ['rækit] *n* Schläger *m*
radiator ['reidieitə] *n* Heizkörper *m*
radical ['rædikəl] *adj* radikal
radio ['reidiou] *n* Radio *nt*
radish ['rædiʃ] *n* Rettich *m*
radius ['reidiəs] *n* (pl radii) Umkreis *m*
raft [rɑ:ft] *n* Floß *nt*
rag [ræg] *n* Lumpen *m*
rage [reidʒ] *n* Toben *nt*, Wut *f*; *v* rasen, wüten
raid [reid] *n* Einfall *m*
rail [reil] *n* Brüstung *f*, Geländer *nt*
railing ['reiliŋ] *n* Gitter *nt*
railroad ['reilroud] *nAm* Schienenweg *m*, Eisenbahn *f*
railway ['reilwei] *n* Bahn *f*, Eisenbahn *f*
rain [rein] *n* Regen *m*; *v* regnen
rainbow ['reinbou] *n* Regenbogen *m*

raincoat ['reinkout] *n* Regenmantel *m*
rainproof ['reinpru:f] *adj* wasserdicht
rainy ['reini] *adj* regnerisch
raise [reiz] *v* *heben; erhöhen; *aufziehen, anbauen, züchten; *erheben; *nAm* Lohnerhöhung *f*, Erhöhung *f*
raisin ['reizən] *n* Rosine *f*
rake [reik] *n* Harke *f*
rally ['ræli] *n* Versammlung *f*
ramp [ræmp] *n* Rampe *f*
ramshackle ['ræm,ʃækəl] *adj* wacklig
rancid ['rænsid] *adj* ranzig
rang [ræŋ] *v* (p ring)
range [reindʒ] *n* Bereich *m*
range-finder ['reindʒ,faində] *n* Entfernungsmesser *m*
rank [ræŋk] *n* Rang *m*; Reihe *f*
ransom ['rænsəm] *n* Lösegeld *nt*
rape [reip] *v* vergewaltigen
rapid ['ræpid] *adj* schnell
rapids ['ræpidz] *pl* Stromschnelle *f*
rare [rɛə] *adj* selten
rarely ['rɛəli] *adv* selten
rascal ['rɑ:skəl] *n* Schalk *m*, Schelm *m*
rash [ræʃ] *n* Hautausschlag *m*, Ausschlag *m*; *adj* übereilt, unbesonnen
raspberry ['rɑ:zbəri] *n* Himbeere *f*
rat [ræt] *n* Ratte *f*
rate [reit] *n* Satz *m*, Tarif *m*; Geschwindigkeit *f*; **at any ~** jedenfalls, auf jeden Fall; **~ of exchange** Kurs *m*
rather ['rɑ:ðə] *adv* recht, ziemlich, vielmehr; lieber, eher
ration ['ræʃən] *n* Ration *f*
rattan [ræ'tæn] *n* Peddigrohr *nt*
raven ['reivən] *n* Rabe *m*
raw [rɔ:] *adj* roh; **~ material** Rohmaterial *nt*
ray [rei] *n* Strahl *m*
rayon ['reiɔn] *n* Kunstseide *f*
razor ['reizə] *n* Rasierapparat *m*
razor-blade ['reizəbleid] *n* Rasierklinge *f*
reach [ri:tʃ] *v* erreichen; *n* Bereich *m*
reaction [ri'ækʃən] *n* Reaktion *f*
***read** [ri:d] *v* *lesen
reading-lamp ['ri:diŋlæmp] *n* Leselampe *f*
reading-room ['ri:diŋru:m] *n* Lesesaal *m*
ready ['redi] *adj* fertig, bereit
ready-made [,redi'meid] *adj* Konfektions-
real [riəl] *adj* wirklich
reality [ri'æləti] *n* Wirklichkeit *f*
realizable ['riəlaizəbəl] *adj* ausführbar
realize ['riəlaiz] *v* sich vergegenwärtigen; realisieren, verwirklichen
really ['riəli] *adv* tatsächlich, wirklich; eigentlich
rear [riə] *n* Hinterseite *f*; *v* *großziehen
rear-light [riə'lait] *n* Schlußlicht *nt*
reason ['ri:zən] *n* Ursache *f*, Grund *m*; Verstand *m*, Vernunft *f*; *v* logisch *durchdenken
reasonable ['ri:zənəbəl] *adj* vernünftig; billig
reassure [,ri:ə'ʃuə] *v* beruhigen
rebate ['ri:beit] *n* Ermäßigung *f*, Rabatt *m*
rebellion [ri'beljən] *n* Aufstand *m*, Aufruhr *m*
recall [ri'kɔ:l] *v* sich erinnern; *zurückrufen; *widerrufen
receipt [ri'si:t] *n* Empfangsschein *m*, Quittung *f*; Empfang *m*
receive [ri'si:v] *v* *bekommen, *empfangen
receiver [ri'si:və] *n* Telephonhörer *m*
recent ['ri:sənt] *adj* jüngst
recently ['ri:səntli] *adv* kürzlich, neulich
reception [ri'sepʃən] *n* Empfang *m*; Aufnahme *f*; **~ office** Rezeption *f*
receptionist [ri'sepʃənist] *n* Empfangs-

dame *f*
recession [ri'seʃən] *n* Rückgang *m*
recipe ['resipi] *n* Rezept *nt*
recital [ri'saitəl] *n* Solistenkonzert *nt*
reckon ['rekən] *v* rechnen; *halten für; *denken
recognition [ˌrekəg'niʃən] *n* Anerkennung *f*
recognize ['rekəgnaiz] *v* *erkennen; *anerkennen
recollect [ˌrekə'lekt] *v* sich *entsinnen
recommence [ˌri:kə'mens] *v* wieder *beginnen
recommend [ˌrekə'mend] *v* *anempfehlen, *empfehlen; *anraten
recommendation [ˌrekəmen'deiʃən] *n* Empfehlung *f*
reconciliation [ˌrekənsili'eiʃən] *n* Versöhnung *f*
record[1] ['rekɔ:d] *n* Schallplatte *f*; Rekord *m*; Akte *f*; **long-playing ~** Langspielplatte *f*
record[2] [ri'kɔ:d] *v* aufzeichnen
recorder [ri'kɔ:də] *n* Tonbandgerät *nt*
recording [ri'kɔ:diŋ] *n* Aufnahme *f*
record-player ['rekɔ:dˌpleiə] *n* Grammophon *nt*, Plattenspieler *m*
recover [ri'kʌvə] *v* wiedererlangen; sich erholen, *genesen
recovery [ri'kʌvəri] *n* Genesung *f*
recreation [ˌrekri'eiʃən] *n* Erholung *f*; **~ ground** Spielplatz *m*
recruit [ri'kru:t] *n* Rekrut *m*
rectangle ['rektæŋgəl] *n* Rechteck *nt*
rectangular [rek'tæŋgjulə] *adj* rechteckig
rector ['rektə] *n* Pfarrer *m*, Pastor *m*
rectory ['rektəri] *n* Pfarre *f*
rectum ['rektəm] *n* Mastdarm *m*
recycle [ˌri'saikəl] *v* wiederverwerten
red [red] *adj* rot
redeem [ri'di:m] *v* erlösen
reduce [ri'dju:s] *v* reduzieren, vermindern, herabsetzen
reduction [ri'dʌkʃən] *n* Rabatt *m*, Preisnachlaß *m*
redundant [ri'dʌndənt] *adj* überflüssig
reed [ri:d] *n* Schilfrohr *nt*
reef [ri:f] *n* Riff *nt*
reference ['refrəns] *n* Referenz *f*, Verweis *m*; Beziehung *f*; **with ~ to** hinsichtlich
refer to [ri'fə:] *verweisen auf
refill ['ri:fil] *n* Ersatzfüllung *f*
refinery [ri'fainəri] *n* Raffinerie *f*
reflect [ri'flekt] *v* widerspiegeln
reflection [ri'flekʃən] *n* Spiegelung *f*; Spiegelbild *nt*
reflector [ri'flektə] *n* Reflektor *m*
reformation [ˌrefə'meiʃən] *n* Reformation *f*
refresh [ri'freʃ] *v* erfrischen
refreshment [ri'freʃmənt] *n* Erfrischung *f*
refrigerator [ri'fridʒəreitə] *n* Eisschrank *m*, Kühlschrank *m*
refund[1] [ri'fʌnd] *v* rückvergüten
refund[2] ['ri:fʌnd] *n* Rückvergütung *f*
refusal [ri'fju:zəl] *n* Verweigerung *f*
refuse[1] [ri'fju:z] *v* verweigern
refuse[2] ['refju:s] *n* Abfall *m*
regard [ri'gɑ:d] *v* *ansehen; betrachten; *n* Respekt *m*; **as regards** hinsichtlich, in Bezug auf, was … betrifft
regarding [ri'gɑ:diŋ] *prep* betreffs, hinsichtlich; in Anbetracht
regatta [ri'gætə] *n* Regatta *f*
régime [rei'ʒi:m] *n* Regime *nt*
region ['ri:dʒən] *n* Gegend *f*; Gebiet *nt*
regional ['ri:dʒənəl] *adj* örtlich
register ['redʒistə] *v* sich *einschreiben; *einschreiben; **registered letter** eingeschriebener Brief
registration [ˌredʒi'streiʃən] *n* Eintragung *f*; **~ form** Anmeldebogen *m*; **~ number** Kennzeichen *nt*; ~

plate Nummernschild *nt*
regret [ri'gret] *v* bedauern; *n* Bedauern *nt*
regular ['regjulə] *adj* regelmäßig; gewohnt, normal
regulate ['regjuleit] *v* regeln
regulation [ˌregju'leiʃən] *n* Vorschrift *f*; Regelung *f*
rehabilitation [ˌri:həˌbili'teiʃən] *n* Rehabilitation *f*
rehearsal [ri'hə:səl] *n* Probe *f*
rehearse [ri'hə:s] *v* proben
reign [rein] *n* Herrschaft *f*; *v* regieren
reimburse [ˌri:im'bə:s] *v* zurückzahlen, wiedererstatten
reindeer ['reindiə] *n* (pl ~) Ren *nt*
reject [ri'dʒekt] *v* ablehnen, *zurückweisen; *verwerfen
relate [ri'leit] *v* erzählen
related [ri'leitid] *adj* verwandt
relation [ri'leiʃən] *n* Beziehung *f*, Verbindung *f*; Verwandte *m*
relative ['relətiv] *n* Verwandte *m*; *adj* verhältnismäßig, relativ
relax [ri'læks] *v* sich entspannen
relaxation [ˌrilæk'seiʃən] *n* Entspannung *f*
reliable [ri'laiəbəl] *adj* zuverlässig
relic ['relik] *n* Reliquie *f*
relief [ri'li:f] *n* Erleichterung *f*; Unterstützung *f*; Relief *nt*
relieve [ri'li:v] *v* erleichtern; ablösen
religion [ri'lidʒən] *n* Religion *f*
religious [ri'lidʒəs] *adj* religiös
rely on [ri'lai] sich *verlassen auf
remain [ri'mein] *v* *bleiben; *übrigbleiben
remainder [ri'meində] *n* Restbestand *m*, Überbleibsel *nt*, Rest *m*
remaining [ri'meiniŋ] *adj* übrig
remark [ri'mɑ:k] *n* Bemerkung *f*; *v* bemerken
remarkable [ri'mɑ:kəbəl] *adj* merkwürdig
remedy ['remədi] *n* Heilmittel *nt*; Mittel *nt*
remember [ri'membə] *v* sich erinnern; *behalten
remembrance [ri'membrəns] *n* Andenken *nt*, Erinnerung *f*
remind [ri'maind] *v* erinnern
remit [ri'mit] *v* *überweisen
remittance [ri'mitəns] *n* Überweisung *f*
remnant ['remnənt] *n* Überbleibsel *nt*, Rest *m*, Überrest *m*
remote [ri'mout] *adj* abgelegen, entfernt
removal [ri'mu:vəl] *n* Beseitigung *f*
remove [ri'mu:v] *v* beseitigen
remunerate [ri'mju:nəreit] *v* entschädigen
remuneration [riˌmju:nə'reiʃən] *n* Entlohnung *f*
renew [ri'nju:] *v* erneuern; verlängern
rent [rent] *v* mieten; *n* Miete *f*
repair [ri'pɛə] *v* reparieren; *n* Instandsetzung *f*
reparation [ˌrepə'reiʃən] *n* Wiederherstellung *f*, Reparatur *f*
***repay** [ri'pei] *v* zurückzahlen
repayment [ri'peimənt] *n* Rückzahlung *f*
repeat [ri'pi:t] *v* wiederholen
repellent [ri'pelənt] *adj* widerwärtig, abstoßend
repentance [ri'pentəns] *n* Reue *f*
repertory ['repətəri] *n* Repertoire *nt*
repetition [ˌrepə'tiʃən] *n* Wiederholung *f*
replace [ri'pleis] *v* ersetzen
reply [ri'plai] *v* antworten; *n* Antwort *f*; **in** ~ als Antwort
report [ri'pɔ:t] *v* berichten; melden; sich melden; *n* Meldung *f*, Bericht *m*
reporter [ri'pɔ:tə] *n* Berichterstatter *m*
represent [ˌrepri'zent] *v* *vertreten;

vorstellen
representation [ˌreprizen'teiʃən] *n* Vertretung *f*
representative [ˌrepri'zentətiv] *adj* repräsentativ
reprimand ['reprimɑ:nd] *v* tadeln
reproach [ri'proutʃ] *n* Vorwurf *m*; *v* *vorwerfen
reproduce [ˌri:prə'dju:s] *v* reproduzieren
reproduction [ˌri:prə'dʌkʃən] *n* Reproduktion *f*
reptile ['reptail] *n* Reptil *nt*
republic [ri'pʌblik] *n* Republik *f*
republican [ri'pʌblikən] *adj* republikanisch
repulsive [ri'pʌlsiv] *adj* widerwärtig
reputation [ˌrepju'teiʃən] *n* Ruf *m*; Ansehen *nt*
request [ri'kwest] *n* Bitte *f*; Gesuch *nt*; *v* *bitten
require [ri'kwaiə] *v* erfordern
requirement [ri'kwaiəmənt] *n* Erfordernis *nt*
requisite ['rekwizit] *adj* erforderlich
rescue ['reskju:] *v* retten; *n* Rettung *f*
research [ri'sə:tʃ] *n* Forschung *f*
resemblance [ri'zembləns] *n* Ähnlichkeit *f*
resemble [ri'zembəl] *v* *gleichen
resent [ri'zent] *v* *übelnehmen
reservation [ˌrezə'veiʃən] *n* Reservierung *f*
reserve [ri'zə:v] *v* reservieren; vorbestellen; *n* Reserve *f*
reserved [ri'zə:vd] *adj* reserviert
reservoir ['rezəvwɑ:] *n* Reservoir *nt*
reside [ri'zaid] *v* wohnen
residence ['rezidəns] *n* Wohnsitz *m*; ~ **permit** Aufenthaltsgenehmigung *f*
resident ['rezidənt] *n* Ortsansässige *m*; *adj* wohnhaft; intern
resign [ri'zain] *v* *zurücktreten
resignation [ˌrezig'neiʃən] *n* Rücktritt *m*
resin ['rezin] *n* Harz *m*
resist [ri'zist] *v* sich widersetzen
resistance [ri'zistəns] *n* Widerstand *m*
resolute ['rezəlu:t] *adj* resolut, entschlossen
respect [ri'spekt] *n* Respekt *m*; Ehrfurcht *f*, Achtung *f*, Ehrerbietung *f*; *v* achten
respectable [ri'spektəbəl] *adj* achtbar, ehrbar
respectful [ri'spektfəl] *adj* ehrerbietig
respective [ri'spektiv] *adj* jeweilig
respiration [ˌrespə'reiʃən] *n* Atmung *f*
respite ['respait] *n* Aufschub *m*
responsibility [riˌspɔnsə'biləti] *n* Verantwortlichkeit *f*; Haftbarkeit *f*
responsible [ri'spɔnsəbəl] *adj* verantwortlich; haftbar
rest [rest] *n* Rast *f*; Rest *m*; *v* ausruhen, ruhen
restaurant ['restərɔ̃:] *n* Restaurant *nt*
restful ['restfəl] *adj* ruhig
rest-home ['resthoum] *n* Erholungsheim *nt*
restless ['restləs] *adj* unruhig; ruhelos
restrain [ri'strein] *v* in Schranken *halten, *zurückhalten
restriction [ri'strikʃən] *n* Einschränkung *f*
result [ri'zʌlt] *n* Ergebnis *nt*; Folge *f*; *v* sich *ergeben
resume [ri'zju:m] *v* *wiederaufnehmen
résumé ['rezjumei] *n* Zusammenfassung *f*
retail ['ri:teil] *v* im kleinen verkaufen; ~ **trade** Einzelhandel *m*, Kleinhandel *m*
retailer ['ri:teilə] *n* Einzelhändler *m*, Kleinhändler *m*; Wiederverkäufer *m*
retina ['retinə] *n* Netzhaut *f*
retired [ri'taiəd] *adj* pensioniert

return [ri'tə:n] *v* *zurückkommen, zurückkehren; *n* Rückkehr *f*; ~ **flight** Rückflug *m*; ~ **journey** Rückreise *f*, Rückfahrt *f*
reunite [ˌri:ju:'nait] *v* wiedervereinigen
reveal [ri'vi:l] *v* offenbaren, enthüllen
revelation [ˌrevə'leiʃən] *n* Enthüllung *f*
revenge [ri'vendʒ] *n* Rache *f*
revenue ['revənju:] *n* Einkünfte *fpl*, Einkommen *nt*
reverse [ri'və:s] *n* Gegenteil *nt*; Kehrseite *f*; Rückwärtsgang *m*; Umschwung *m*, Rückschlag *m*; *adj* umgekehrt; *v* rückwärts *fahren
review [ri'vju:] *n* Besprechung *f*; Zeitschrift *f*
revise [ri'vaiz] *v* überarbeiten
revision [ri'viʒən] *n* Überarbeitung *f*
revival [ri'vaivəl] *n* Wiederherstellung *f*
revolt [ri'voult] *v* rebellieren; *n* Aufstand *m*, Aufruhr *m*
revolting [ri'voultiŋ] *adj* widerwärtig, empörend, abstoßend
revolution [ˌrevə'lu:ʃən] *n* Revolution *f*; Umdrehung *f*
revolutionary [ˌrevə'lu:ʃənəri] *adj* revolutionär
revolver [ri'vɔlvə] *n* Revolver *m*
revue [ri'vju:] *n* Kabarett *nt*
reward [ri'wɔ:d] *n* Belohnung *f*; *v* belohnen
rheumatism ['ru:mətizəm] *n* Rheumatismus *m*
rhinoceros [rai'nɔsərəs] *n* (pl ~, ~es) Nashorn *nt*
rhubarb ['ru:bɑ:b] *n* Rhabarber *m*
rhyme [raim] *n* Reim *m*
rhythm ['riðəm] *n* Rhythmus *m*
rib [rib] *n* Rippe *f*
ribbon ['ribən] *n* Band *nt*
rice [rais] *n* Reis *m*
rich [ritʃ] *adj* reich
riches ['ritʃiz] *pl* Reichtum *m*
riddle ['ridəl] *n* Rätsel *nt*
ride [raid] *n* Fahrt *f*
***ride** [raid] *v* *fahren; *reiten
rider ['raidə] *n* Reiter *m*
ridge [ridʒ] *n* Grat *m*
ridicule ['ridikju:l] *v* bespötteln
ridiculous [ri'dikjuləs] *adj* lächerlich
riding ['raidiŋ] *n* Reitsport *m*
riding-school ['raidiŋsku:l] *n* Reitschule *f*
rifle ['raifəl] *v* Gewehr *nt*
right [rait] *n* Recht *nt*; *adj* gut, richtig; recht; redlich, gerecht; **all right**! einverstanden!; * **be** ~ recht *haben; ~ **of way** Vorfahrtsrecht *nt*
righteous ['raitʃəs] *adj* gerecht
right-hand ['raithænd] *adj* recht
rightly ['raitli] *adv* mit Recht
rim [rim] *n* Felge *f*; Rand *m*
ring [riŋ] *n* Ring *m*; Kreis *m*; Zirkusarena *f*
***ring** [riŋ] *v* läuten; ~ **up** *anrufen
rinse [rins] *v* spülen; *n* Spülung *f*
riot ['raiət] *n* Aufruhr *m*
rip [rip] *v* *zerreißen
ripe [raip] *adj* reif
rise [raiz] *n* Gehaltserhöhung *f*, Erhöhung *f*; Anhöhe *f*; Steigung *f*; Aufstieg *m*
***rise** [raiz] *v* *aufstehen; *aufgehen; *steigen
rising ['raiziŋ] *n* Aufstand *m*
risk [risk] *n* Risiko *nt*; Gefahr *f*; *v* wagen
risky ['riski] *adj* gewagt, riskant
rival ['raivəl] *n* Rivale *m*; Konkurrent *m*; *v* rivalisieren
rivalry ['raivəlri] *n* Rivalität *f*; Konkurrenz *f*
river ['rivə] *n* Fluß *m*; ~ **bank** Flußufer *nt*
riverside ['rivəsaid] *n* Flußufer *nt*
roach [routʃ] *n* (pl ~) Plötze *f*

road [roud] *n* Straße *f*; ~ **fork** *n* Scheideweg *m*; ~ **map** Autokarte *f*; ~ **system** Straßennetz *nt*; ~ **up** Straßenarbeiten *fpl*
roadhouse ['roudhaus] *n* Gaststätte *f*
roadside ['roudsaid] *n* Straßenseite *f*; ~ **restaurant** Gaststätte *f*
roadway ['roudwei] *nAm* Fahrbahn *f*
roam [roum] *v* umherschweifen
roar [rɔ:] *v* heulen, brüllen; *n* Brüllen *nt*, Dröhnen *nt*
roast [roust] *v* *braten, rösten
rob [rɔb] *v* rauben
robber ['rɔbə] *n* Räuber *m*
robbery ['rɔbəri] *n* Raub *m*, Diebstahl *m*
robe [roub] *n* Kleid *nt*; Gewand *nt*
robin ['rɔbin] *n* Rotkehlchen *nt*
robust [rou'bʌst] *adj* robust
rock [rɔk] *n* Felsen *m*; *v* schaukeln
rocket ['rɔkit] *n* Rakete *f*
rocky ['rɔki] *adj* felsig
rod [rɔd] *n* Stange *f*
roe [rou] *n* Rogen *m*
roll [roul] *v* rollen; *n* Rolle *f*; Brötchen *nt*
Roman Catholic ['roumən 'kæθəlik] römisch-katholisch
romance [rə'mæns] *n* Romanze *f*
romantic [rə'mæntik] *adj* romantisch
roof [ru:f] *n* Dach *nt*; **thatched** ~ Strohdach *nt*
room [ru:m] *n* Raum *m*, Zimmer *nt*; Platz *m*; ~ **and board** Zimmer mit Vollpension; ~ **service** Zimmerbedienung *f*; ~ **temperature** Zimmertemperatur *f*
roomy ['ru:mi] *adj* geräumig
root [ru:t] *n* Wurzel *f*
rope [roup] *n* Seil *nt*
rosary ['rouzəri] *n* Rosenkranz *m*
rose [rouz] *n* Rose *f*; *adj* rosa
rotten ['rɔtən] *adj* verdorben
rouge [ru:ʒ] *n* Rouge *nt*
rough [rʌf] *adj* holperig
roulette [ru:'let] *n* Roulett *nt*
round [raund] *adj* rund; *prep* um … herum, um; *n* Runde *f*; ~ **trip** *Am* Hin- und Rückfahrt
rounded ['raundid] *adj* abgerundet
route [ru:t] *n* Route *f*
routine [ru:'ti:n] *n* Routine *f*
row¹ [rou] *n* Reihe *f*; *v* rudern
row² [rau] *n* Krach *m*
rowdy ['raudi] *adj* streitsüchtig
rowing-boat ['rouiŋbout] *n* Ruderboot *nt*
royal ['rɔiəl] *adj* königlich
rub [rʌb] *v* *reiben
rubber ['rʌbə] *n* Gummi *m*; Radiergummi *m*; ~ **band** Gummiband *nt*
rubbish ['rʌbiʃ] *n* Abfall *m*; Quatsch *m*, Unsinn *m*; **talk** ~ quatschen
rubbish-bin ['rʌbiʃbin] *n* Abfalleimer *m*
ruby ['ru:bi] *n* Rubin *m*
rucksack ['rʌksæk] *n* Rucksack *m*
rudder ['rʌdə] *n* Steuerruder *nt*
rude [ru:d] *adj* grob
rug [rʌg] *n* Vorleger *m*
ruin ['ru:in] *v* ruinieren; *n* Untergang *m*; **ruins** Ruine *f*
ruination [,ru:i'neiʃən] *n* Zusammensturz *m*
rule [ru:l] *n* Regel *f*; Verwaltung *f*, Regierung *f*, Herrschaft *f*; *v* regieren, herrschen; **as a** ~ gewöhnlich, in der Regel
ruler ['ru:lə] *n* Monarch *m*, Herrscher *m*; Lineal *nt*
Rumania [ru:'meiniə] Rumänien
Rumanian [ru:'meiniən] *adj* rumänisch; *n* Rumäne *m*
rumour ['ru:mə] *n* Gerücht *nt*
***run** [rʌn] *v* *laufen; ~ **into** zufällig begegnen
runaway ['rʌnəwei] *n* Ausreißer *m*
rung [rʌŋ] *v* (pp ring)

runway ['rʌnwei] *n* Startbahn *f*
rural ['ruərəl] *adj* ländlich
ruse [ru:z] *n* List *f*
rush [rʌʃ] *v* eilen; *n* Binse *f*
rush-hour ['rʌʃauə] *n* Hauptverkehrszeit *f*
Russia ['rʌʃə] Rußland
Russian ['rʌʃən] *adj* russisch; *n* Russe *m*
rust [rʌst] *n* Rost *m*
rustic ['rʌstik] *adj* ländlich
rusty ['rʌsti] *adj* rostig

S

saccharin ['sækərin] *n* Saccharin *nt*
sack [sæk] *n* Sack *m*
sacred ['seikrid] *adj* heilig
sacrifice ['sækrifais] *n* Opfer *nt*; *v* aufopfern
sacrilege ['sækrilidʒ] *n* Entheiligung *f*
sad [sæd] *adj* traurig; niedergeschlagen, betrübt, trübsinnig
saddle ['sædəl] *n* Sattel *m*
sadness ['sædnəs] *n* Traurigkeit *f*
safe [seif] *adj* sicher; *n* Geldschrank *m*, Safe *m*
safety ['seifti] *n* Sicherheit *f*
safety-belt ['seiftibelt] *n* Sicherheitsgurt *m*
safety-pin ['seiftipin] *n* Sicherheitsnadel *f*
safety-razor ['seifti,reizə] *n* Rasierapparat *m*
sail [seil] *v* *befahren, *fahren; *n* Segel *nt*
sailing-boat ['seiliŋbout] *n* Segelboot *nt*
sailor ['seilə] *n* Matrose *m*
saint [seint] *n* Heilige *m*
salad ['sæləd] *n* Salat *m*
salad-oil ['sælədɔil] *n* Salatöl *nt*
salary ['sæləri] *n* Lohn *m*, Gehalt *nt*
sale [seil] *n* Verkauf *m*; **clearance** ~ Ausverkauf *m*; **for** ~ zu verkaufen; **sales** Schlußverkauf *m*; **sales tax** Verbrauchssteuer *f*
saleable ['seiləbəl] *adj* verkäuflich
salesgirl ['seilzgə:l] *n* Verkäuferin *f*
salesman ['seilzmən] *n* (pl -men) Verkäufer *m*
salmon ['sæmən] *n* (pl ~) Lachs *m*
salon ['sælɔ̃:] *n* Salon *m*
saloon [sə'lu:n] *n* Bar *f*
salt [sɔ:lt] *n* Salz *nt*
salt-cellar ['sɔ:lt,selə] *n* Salzfäßchen *nt*
salty ['sɔ:lti] *adj* salzig
salute [sə'lu:t] *v* grüßen
salve [sɑ:v] *n* Salbe *f*
same [seim] *adj* selb
sample ['sɑ:mpəl] *n* Muster *nt*
sanatorium [,sænə'tɔ:riəm] *n* (pl ~s, -ria) Sanatorium *nt*
sand [sænd] *n* Sand *m*
sandal ['sændəl] *n* Sandale *f*
sandpaper ['sænd,peipə] *n* Schmirgelpapier *nt*
sandwich ['sænwidʒ] *n* Sandwich *nt*; Butterbrot *nt*
sandy ['sændi] *adj* sandig
sanitary ['sænitəri] *adj* sanitär; ~ **towel** Damenbinde *f*
sapphire ['sæfaiə] *n* Saphir *m*
sardine [sɑ:'di:n] *n* Sardine *f*
satellite ['sætəlait] *n* Satellit *m*; ~ **television** Satellitenfernsehen *nt*
satin ['sætin] *n* Satin *m*
satisfaction [,sætis'fækʃən] *n* Befriedigung *f*, Genugtuung *f*
satisfy ['sætisfai] *v* zufriedenstellen, befriedigen; **satisfied** satt, zufrieden
Saturday ['sætədi] Sonnabend *m*
sauce [sɔ:s] *n* Soße *f*
saucepan ['sɔ:spən] *n* Pfanne *f*
saucer ['sɔ:sə] *n* Untertasse *f*

Saudi Arabia [ˌsaudiəˈreibiə] Saudi-Arabien
Saudi Arabian [ˌsaudiəˈreibiən] *adj* saudiarabisch
sauna [ˈsɔːnə] *n* Sauna *f*
sausage [ˈsɔsidʒ] *n* Wurst *f*
savage [ˈsævidʒ] *adj* wild
save [seiv] *v* retten; sparen
savings [ˈseiviŋz] *pl* Ersparnisse *fpl*; ~ **bank** Sparkasse *f*
saviour [ˈseivjə] *n* Retter *m*
savoury [ˈseivəri] *adj* schmackhaft; pikant
saw¹ [sɔː] *v* (p see)
saw² [sɔː] *n* Säge *f*
sawdust [ˈsɔːdʌst] *n* Sägemehl *nt*
saw-mill [ˈsɔːmil] *n* Sägemühle *f*
***say** [sei] *v* sagen
scaffolding [ˈskæfəldiŋ] *n* Gerüst *nt*
scale [skeil] *n* Maßstab *m*; Tonleiter *f*; Schuppe *f*; **scales** *pl* Waage *f*
scandal [ˈskændəl] *n* Skandal *m*
Scandinavia [ˌskændiˈneiviə] Skandinavien
Scandinavian [ˌskændiˈneiviən] *adj* skandinavisch; *n* Skandinavier *m*
scapegoat [ˈskeipgout] *n* Sündenbock *m*
scar [skɑː] *n* Narbe *f*
scarce [skɛəs] *adj* knapp
scarcely [ˈskɛəsli] *adv* kaum
scarcity [ˈskɛəsəti] *n* Mangel *m*
scare [skɛə] *v* *erschrecken; *n* Schreck *m*
scarf [skɑːf] *n* (pl ~s, scarves) Schal *m*
scarlet [ˈskɑːlət] *adj* scharlachrot
scary [ˈskɛəri] *adj* unheimlich
scatter [ˈskætə] *v* verstreuen
scene [siːn] *n* Szene *f*
scenery [ˈsiːnəri] *n* Landschaft *f*
scenic [ˈsiːnik] *adj* malerisch
scent [sent] *n* Parfüm *nt*
schedule [ˈʃedjuːl] *n* Fahrplan *m*, Plan *m*
scheme [skiːm] *n* Schema *nt*; Plan *m*
scholar [ˈskɔlə] *n* Gelehrte *m*; Schüler *m*
scholarship [ˈskɔləʃip] *n* Stipendium *nt*
school [skuːl] *n* Schule *f*
schoolboy [ˈskuːlbɔi] *n* Schüler *m*
schoolgirl [ˈskuːlgəːl] *n* Schülerin *f*
schoolmaster [ˈskuːlˌmɑːstə] *n* Lehrer *m*, Volksschullehrer *m*
schoolteacher [ˈskuːlˌtiːtʃə] *n* Lehrer *m*
science [ˈsaiəns] *n* Wissenschaft *f*
scientific [ˌsaiənˈtifik] *adj* wissenschaftlich
scientist [ˈsaiəntist] *n* Wissenschaftler *m*
scissors [ˈsizəz] *pl* Schere *f*
scold [skould] *v* schimpfen
scooter [ˈskuːtə] *n* Motorroller *m*; Roller *m*
score [skɔː] *n* Spielstand *m*; *v* *anschreiben
scorn [skɔːn] *n* Hohn *m*, Verachtung *f*; *v* verachten
Scot [skɔt] *n* Schotte *m*
Scotch [skɔtʃ] *adj* schottisch; **scotch tape** Selbstklebeband *nt*
Scotland [ˈskɔtlənd] Schottland
Scottish [ˈskɔtiʃ] *adj* schottisch
scout [skaut] *n* Pfadfinder *m*
scrap [skræp] *n* Stückchen *nt*
scrap-book [ˈskræpbuk] *n* Klebealbum *nt*
scrape [skreip] *v* schaben
scrap-iron [ˈskræpaiən] *n* Alteisen *nt*
scratch [skrætʃ] *v* kratzen; *n* Kratzer *m*, Schramme *f*
scream [skriːm] *v* kreischen, *schreien; *n* Ruf *m*, Schrei *m*
screen [skriːn] *n* Schirm *m*; Bildschirm *m*, Filmleinwand *f*
screw [skruː] *n* Schraube *f*; *v* schrauben

screw-driver ['skru:ˌdraivə] *n* Schraubenzieher *m*
scrub [skrʌb] *v* scheuern; *n* Gestrüpp *nt*
sculptor ['skʌlptə] *n* Bildhauer *m*
sculpture ['skʌlptʃə] *n* Skulptur *f*
sea [si:] *n* Meer *nt*
sea-bird ['si:bə:d] *n* Seevogel *m*
sea-coast ['si:koust] *n* Meeresküste *f*
seagull ['si:gʌl] *n* Seemöwe *f*
seal [si:l] *n* Siegel *nt*; Robbe *f*, Seehund *m*
seam [si:m] *n* Naht *f*
seaman ['si:mən] *n* (pl -men) Matrose *m*
seamless ['si:mləs] *adj* nahtlos
seaport ['si:pɔ:t] *n* Seehafen *m*
search [sə:tʃ] *v* suchen; visitieren, durchsuchen; *n* Suche *f*
searchlight ['sə:tʃlait] *n* Scheinwerfer *m*
sea-shell ['si:ʃel] *n* Muschel *f*
seashore ['si:ʃɔ:] *n* Meeresküste *f*
seasick ['si:sik] *adj* seekrank
seasickness ['si:ˌsiknəs] *n* Seekrankheit *f*
seaside ['si:said] *n* Küste *f*; ~ **resort** Seebad *nt*
season ['si:zən] *n* Jahreszeit *f*, Saison *f*; **high** ~ Hochsaison *f*; **low** ~ Nachsaison *f*; **off** ~ außer Saison
season-ticket ['si:zənˌtikit] *n* Dauerkarte *f*
seat [si:t] *n* Sitz *m*; Platz *m*
seat-belt ['si:tbelt] *n* Sicherheitsgurt *m*
sea-urchin ['si:ˌə:tʃin] *n* Seeigel *m*
sea-water ['si:ˌwɔ:tə] *n* Meerwasser *nt*
second ['sekənd] *num* zweite; *n* Sekunde *f*; Augenblick *m*
secondary ['sekəndəri] *adj* untergeordnet; ~ **school** höhere Schule
second-hand [ˌsekənd'hænd] *adj* gebraucht
secret ['si:krət] *n* Geheimnis *nt*; *adj* geheim
secretary ['sekrətri] *n* Sekretärin *f*; Sekretär *m*
section ['sekʃən] *n* Abschnitt *m*; Fach *nt*, Abteilung *f*
secure [si'kjuə] *adj* sicher; *v* sich bemächtigen
security [si'kjuərəti] *n* Sicherheit *f*; Pfand *nt*
sedate [si'deit] *adj* gesetzt
sedative ['sedətiv] *n* Beruhigungsmittel *nt*
seduce [si'dju:s] *v* verführen
***see** [si:] *v* *sehen; *begreifen, *einsehen; ~ **to** sorgen für
seed [si:d] *n* Samen *m*
***seek** [si:k] *v* suchen
seem [si:m] *v* *erscheinen, *scheinen
seen [si:n] *v* (pp see)
seesaw ['si:sɔ:] *n* Wippe *f*
seize [si:z] *v* *ergreifen
seldom ['seldəm] *adv* selten
select [si'lekt] *v* *auslesen, auswählen; *adj* auserlesen, erlesen
selection [si'lekʃən] *n* Wahl *f*, Auswahl *f*
self-centred [ˌself'sentəd] *adj* ichbezogen
self-employed [ˌselfim'plɔid] *adj* selbständig
self-evident [ˌsel'fevidənt] *adj* selbstverständlich
self-government [ˌself'gʌvəmənt] *n* Selbstverwaltung *f*
selfish ['selfiʃ] *adj* selbstsüchtig
selfishness ['selfiʃnəs] *n* Selbstsucht *f*
self-service [ˌself'sə:vis] *n* Selbstbedienung *f*; ~ **restaurant** Selbstbedienungsrestaurant *nt*
***sell** [sel] *v* verkaufen
semblance ['sembləns] *n* Anschein *m*
semi- ['semi] Halb-
semicircle ['semiˌsə:kəl] *n* Halbkreis *m*
semi-colon [ˌsemi'koulən] *n* Strich-

punkt *m*
senate ['senət] *n* Senat *m*
senator ['senətə] *n* Senator *m*
***send** [send] *v* schicken, *senden; ~ **back** zurückschicken, *zurücksenden; ~ **for** kommen *lassen; ~ **off** *absenden
senile ['si:nail] *adj* senil
sensation [sen'seiʃən] *n* Sensation *f*; Eindruck *m*, Empfindung *f*
sensational [sen'seiʃənəl] *adj* aufsehenerregend, sensationell
sense [sens] *n* Sinn *m*; Verstand *m*, Vernunft *f*; Bedeutung *f*; *v* spüren; ~ **of honour** Ehrgefühl *nt*
senseless ['sensləs] *adj* unsinnig
sensible ['sensəbəl] *adj* verständig
sensitive ['sensitiv] *adj* empfindlich
sentence ['sentəns] *n* Satz *m*; Urteil *nt*; *v* verurteilen
sentimental [ˌsenti'mentəl] *adj* sentimental
separate[1] ['sepəreit] *v* trennen
separate[2] ['sepərət] *adj* besonder, getrennt
separately ['sepərətli] *adv* apart
September [sep'tembə] September
septic ['septik] *adj* septisch; ***become** ~ entzünden
sequel ['si:kwəl] *n* Folge *f*
sequence ['si:kwəns] *n* Reihenfolge *f*; Folge *f*
serene [sə'ri:n] *adj* ruhig; klar
serial ['siəriəl] *n* Feuilleton *nt*
series ['siəri:z] *n* (pl ~) Folge *f*, Serie *f*
serious ['siəriəs] *adj* seriös, ernst
seriousness ['siəriəsnəs] *n* Ernst *m*
sermon ['sə:mən] *n* Predigt *f*
serum ['siərəm] *n* Serum *nt*
servant ['sə:vənt] *n* Diener *m*
serve [sə:v] *v* bedienen
service ['sə:vis] *n* Dienst *m*; Bedienung *f*; ~ **charge** Bedienung *f*; ~ **station** Tankstelle *f*
serviette [ˌsə:vi'et] *n* Serviette *f*
session ['seʃən] *n* Sitzung *f*
set [set] *n* Satz *m*, Gruppe *f*
***set** [set] *v* stellen; ~ **menu** festes Menü; ~ **out** abreisen
setting ['setiŋ] *n* Umgebung *f*; ~ **lotion** Haarfixativ *nt*
settle ['setəl] *v* erledigen, regeln; ~ **down** sich *niederlassen
settlement ['setəlmənt] *n* Regelung *f*, Vergleich *m*, Übereinkunft *f*
seven ['sevən] *num* sieben
seventeen [ˌsevən'ti:n] *num* siebzehn
seventeenth [ˌsevən'ti:nθ] *num* siebzehnte
seventh ['sevənθ] *num* siebente
seventy ['sevənti] *num* siebzig
several ['sevərəl] *adj* etliche, mehrere
severe [si'viə] *adj* heftig, streng, ernst
sew [sou] *v* nähen; ~ **up** nähen
sewer ['su:ə] *n* Abwasserkanal *m*
sewing-machine ['souiŋməʃi:n] *n* Nähmaschine *f*
sex [seks] *n* Geschlecht *nt*; Sex *m*
sexton ['sekstən] *n* Küster *m*
sexual ['sekʃuəl] *adj* sexuell
sexuality [ˌsekʃu'æləti] *n* Sexualität *f*
shade [ʃeid] *n* Schatten *m*; Farbton *m*
shadow ['ʃædou] *n* Schatten *m*
shady ['ʃeidi] *adj* schattig
***shake** [ʃeik] *v* schütteln
shaky ['ʃeiki] *adj* wacklig
***shall** [ʃæl] *v* *werden; sollen
shallow ['ʃælou] *adj* seicht
shame [ʃeim] *n* Schande *f*; **shame!** pfui!
shampoo [ʃæm'pu:] *n* Shampoo *nt*
shamrock ['ʃæmrɔk] *n* Kleeblatt *nt*
shape [ʃeip] *n* Form *f*; *v* bilden
share [ʃɛə] *v* teilen; *n* Teil *m*; Aktie *f*
shark [ʃɑ:k] *n* Hai *m*
sharp [ʃɑ:p] *adj* scharf
sharpen ['ʃɑ:pən] *v* *schleifen, schär-

fen
shave [ʃeiv] *v* sich rasieren
shaver ['ʃeivə] *n* Rasierapparat *m*
shaving-brush ['ʃeiviŋbrʌʃ] *n* Rasierpinsel *m*
shaving-cream ['ʃeiviŋkri:m] *n* Rasierkrem *f*
shaving-soap ['ʃeiviŋsoup] *n* Rasierseife *f*
shawl [ʃɔ:l] *n* Umschlagtuch *nt*, Schal *m*
she [ʃi:] *pron* sie
shed [ʃed] *n* Schuppen *m*
***shed** [ʃed] *v* *vergießen; verbreiten
sheep [ʃi:p] *n* (pl ~) Schaf *nt*
sheer [ʃiə] *adj* absolut, rein; dünn, durchscheinend
sheet [ʃi:t] *n* Laken *nt*; Blatt *nt*; Platte *f*
shelf [ʃelf] *n* (pl shelves) Regal *nt*
shell [ʃel] *n* Muschel *f*; Schale *f*
shellfish ['ʃelfiʃ] *n* Schalentier *nt*
shelter ['ʃeltə] *n* Schutz *m*; *v* schützen
shepherd ['ʃepəd] *n* Hirt *m*
shift [ʃift] *n* Schicht *f*
***shine** [ʃain] *v* strahlen; leuchten, glänzen
ship [ʃip] *n* Schiff *nt*; *v* *versenden; **shipping line** Schiffahrtslinie *f*
shipowner ['ʃi,pounə] *n* Reeder *m*
shipyard ['ʃipja:d] *n* Schiffswerft *f*
shirt [ʃə:t] *n* Hemd *nt*
shiver ['ʃivə] *v* zittern, frösteln; *n* Frösteln *nt*
shivery ['ʃivəri] *adj* fröstelnd
shock [ʃɔk] *n* Schock *m*; *v* schockieren; ~ **absorber** Stoßdämpfer *m*
shocking ['ʃɔkiŋ] *adj* empörend
shoe [ʃu:] *n* Schuh *m*; **gym shoes** Turnschuhe *mpl*; ~ **polish** Schuhkrem *f*
shoe-lace ['ʃu:leis] *n* Schnürsenkel *m*
shoemaker ['ʃu:,meikə] *n* Schuhmacher *m*
shoe-shop ['ʃu:ʃɔp] *n* Schuhgeschäft *nt*
shook [ʃuk] *v* (p shake)
***shoot** [ʃu:t] *v* *schießen
shop [ʃɔp] *n* Geschäft *nt*; *v* einkaufen; ~ **assistant** Verkäufer *m*; **shopping bag** Einkaufstasche *f*; **shopping centre** Einkaufszentrum *nt*
shopkeeper ['ʃɔp,ki:pə] *n* Ladeninhaber *m*
shop-window [,ʃɔp'windou] *n* Schaufenster *nt*
shore [ʃɔ:] *n* Ufer *nt*, Küste *f*
short [ʃɔ:t] *adj* kurz; klein; ~ **circuit** Kurzschluß *m*
shortage ['ʃɔ:tidʒ] *n* Mangel *m*, Knappheit *f*
shortcoming ['ʃɔ:t,kʌmiŋ] *n* Unzulänglichkeit *f*
shorten ['ʃɔ:tən] *v* verkürzen
shorthand ['ʃɔ:thænd] *n* Stenographie *f*
shortly ['ʃɔ:tli] *adv* in kurzem, bald
shorts [ʃɔ:ts] *pl* kurze Hose; *plAm* Unterhose *f*
short-sighted [,ʃɔ:t'saitid] *adj* kurzsichtig
shot [ʃɔt] *n* Schuß *m*; Spritze *f*; Aufnahme *f*
***should** [ʃud] *v* *müssen
shoulder ['ʃouldə] *n* Schulter *f*
shout [ʃaut] *v* *schreien, *rufen; *n* Schrei *m*
shovel ['ʃʌvəl] *n* Schaufel *f*
show [ʃou] *n* Aufführung *f*, Vorstellung *f*; Ausstellung *f*
***show** [ʃou] *v* zeigen; sehen *lassen, ausstellen; *beweisen
show-case ['ʃoukeis] *n* Vitrine *f*
shower [ʃauə] *n* Dusche *f*; Schauer *m*, Regenschauer *m*
showroom ['ʃouru:m] *n* Ausstellungs-

raum *m*
shriek [ʃri:k] *v* kreischen; *n* Gekreisch *nt*
shrimp [ʃrimp] *n* Garnele *f*
shrine [ʃrain] *n* Heiligtum *nt*, Schrein *m*
***shrink** [ʃriŋk] *v* schrumpfen
shrinkproof ['ʃriŋkpru:f] *adj* nicht einlaufend
shrub [ʃrʌb] *n* Strauch *m*
shudder ['ʃʌdə] *n* Schauder *m*
shuffle ['ʃʌfəl] *v* mischen
***shut** [ʃʌt] *v* *abschließen, *schließen; **shut** zu, geschlossen; ~ **in** *einschließen
shutter ['ʃʌtə] *n* Jalousie *f*, Fensterladen *m*
shy [ʃai] *adj* scheu, schüchtern
shyness ['ʃainəs] *n* Schüchternheit *f*
Siam [sai'æm] Siam
Siamese [ˌsaiə'mi:z] *adj* siamesisch; *n* Siamese *m*
sick [sik] *adj* krank; übel
sickness ['siknəs] *n* Krankheit *f*; Übelkeit *f*
side [said] *n* Seite *f*; Partei *f*; **one-sided** *adj* einseitig
sideburns ['saidbə:nz] *pl* Koteletten
sidelight ['saidlait] *n* Seitenlicht *nt*
side-street ['saidstri:t] *n* Seitenstraße *f*
sidewalk ['saidwɔ:k] *nAm* Gehweg *m*, Bürgersteig *m*
sideways ['saidweiz] *adv* seitwärts
siege [si:dʒ] *n* Belagerung *f*
sieve [siv] *n* Sieb *nt*; *v* sieben
sift [sift] *v* sieben
sight [sait] *n* Aussicht *f*; Sicht *f*, Anblick *m*; Sehenswürdigkeit *f*
sign [sain] *n* Zeichen *nt*; Gebärde *f*, Wink *m*; *v* unterzeichnen, *unterschreiben
signal ['signəl] *n* Signal *nt*; Zeichen *nt*; *v* signalisieren
signature ['signətʃə] *n* Unterschrift *f*
significant [sig'nifikənt] *adj* bedeutungsvoll
signpost ['sainpoust] *n* Wegweiser *m*
silence ['sailəns] *n* Stille *f*; *v* zum Schweigen *bringen
silencer ['sailənsə] *n* Auspufftopf *m*
silent ['sailənt] *adj* schweigend, still; ***be** ~ *schweigen
silk [silk] *n* Seide *f*
silken ['silkən] *adj* seiden
silly ['sili] *adj* töricht, albern
silver ['silvə] *n* Silber *nt*; silbern
silversmith ['silvəsmiθ] *n* Silberschmied *m*
silverware ['silvəwεə] *n* Silber *nt*
similar ['similə] *adj* derartig, ähnlich
similarity [ˌsimi'lærəti] *n* Ähnlichkeit *f*
simple ['simpəl] *adj* schlicht, einfach; üblich
simply ['simpli] *adv* einfach
simulate ['simjuleit] *v* heucheln
simultaneous [ˌsiməl'teiniəs] *adj* gleichzeitig
sin [sin] *n* Sünde *f*
since [sins] *prep* seit; *adv* seither; *conj* seitdem; da
sincere [sin'siə] *adj* aufrichtig
sinew ['sinju:] *n* Sehne *f*
***sing** [siŋ] *v* *singen
singer ['siŋə] *n* Sänger *m*; Sängerin *f*
single ['siŋgəl] *adj* einzig; ledig
singular ['siŋgjulə] *n* Einzahl *f*; *adj* merkwürdig
sinister ['sinistə] *adj* unheilvoll
sink [siŋk] *n* Ausguß *m*
***sink** [siŋk] *v* *sinken
sip [sip] *n* Schlückchen *nt*
siphon ['saifən] *n* Siphon *m*
sir [sə:] mein Herr
siren ['saiərən] *n* Sirene *f*
sister ['sistə] *n* Schwester *f*
sister-in-law ['sistərinlɔ:] *n* (pl sisters-) Schwägerin *f*
***sit** [sit] *v* *sitzen; ~ **down** sich set-

zen
site [sait] *n* Gelände *nt*; Lage *f*
sitting-room ['sitiŋru:m] *n* Wohnzimmer *nt*
situated ['sitʃueitid] *adj* gelegen
situation [,sitʃu'eiʃən] *n* Lage *f*
six [siks] *num* sechs
sixteen [,siks'ti:n] *num* sechzehn
sixteenth [,siks'ti:nθ] *num* sechzehnte
sixth [siksθ] *num* sechste
sixty ['siksti] *num* sechzig
size [saiz] *n* Größe *f*, Nummer *f*; Ausmaß *nt*; Format *nt*
skate [skeit] *v* *eislaufen; *n* Schlittschuh *m*
skating-rink ['skeitiŋriŋk] *n* Schlittschuhbahn *f*, Eisbahn *f*
skeleton ['skelitən] *n* Gerippe *nt*, Skelett *nt*
sketch [sketʃ] *n* Zeichnung *f*, Skizze *f*; *v* zeichnen, skizzieren
sketch-book ['sketʃbuk] *n* Skizzenbuch *nt*
ski[1] [ski:] *v* Schi *laufen
ski[2] [ski:] *n* (pl ~, ~s) Schi *m*; ~ **boots** Schischuhe *mpl*; ~ **pants** Schihose *f*; ~ **poles** *Am* Schistöcke *mpl*; ~ **sticks** Schistöcke *mpl*
skid [skid] *v* schleudern
skier ['ski:ə] *n* Schiläufer *m*
skiing ['ski:iŋ] *n* Schilauf *m*
ski-jump ['ski:dʒʌmp] *n* Schisprung *m*
skilful ['skilfəl] *adj* geschickt, behende, gewandt
ski-lift ['ski:lift] *n* Schilift *m*
skill [skil] *n* Fertigkeit *f*
skilled [skild] *adj* geübt, geschickt; erfahren
skin [skin] *n* Fell *nt*, Haut *f*; Schale *f*; ~ **cream** Hautkrem *f*
skip [skip] *v* hüpfen; *übergehen
skirt [skə:t] *n* Rock *m*
skull [skʌl] *n* Schädel *m*
sky [skai] *n* Himmel *m*; Luft *f*
skyscraper ['skai,skreipə] *n* Wolkenkratzer *m*
slack [slæk] *adj* träge
slacks [slæks] *pl* Hose *f*
slam [slæm] *v* *zuschlagen
slander ['sla:ndə] *n* Verleumdung *f*
slant [slɑ:nt] *v* sich neigen
slanting ['sla:ntiŋ] *adj* schief, abschüssig, schräg
slap [slæp] *v* *schlagen; *n* Schlag *m*
slate [sleit] *n* Schiefer *m*
slave [sleiv] *n* Sklave *m*
sledge [sledʒ] *n* Schlitten *m*
sleep [sli:p] *n* Schlaf *m*
***sleep** [sli:p] *v* *schlafen
sleeping-bag ['sli:piŋbæg] *n* Schlafsack *m*
sleeping-car ['sli:piŋka:] *n* Schlafwagen *m*
sleeping-pill ['sli:piŋpil] *n* Schlafmittel *nt*
sleepless ['sli:pləs] *adj* schlaflos
sleepy ['sli:pi] *adj* schläfrig
sleeve [sli:v] *n* Ärmel *m*; Hülle *f*
sleigh [slei] *n* Schlitten *m*
slender ['slendə] *adj* schlank
slice [slais] *n* Schnitte *f*
slide [slaid] *n* Rutschbahn *f*; Dia *nt*
***slide** [slaid] *v* *gleiten
slight [slait] *adj* leicht; geringfügig
slim [slim] *adj* schlank; *v* *abnehmen
slip [slip] *v* *ausgleiten *f*, ausrutschen; entwischen; *n* Fehltritt *m*; Unterrock *m*
slipper ['slipə] *n* Hausschuh *m*, Pantoffel *m*
slippery ['slipəri] *adj* glitschig, schlüpfrig
slogan ['slougən] *n* Wahlspruch *m*, Schlagwort *nt*
slope [sloup] *n* Abhang *m*; *v* *abfallen
sloping ['sloupiŋ] *adj* abschüssig
sloppy ['slɔpi] *adj* schlampig

slot [slɔt] *n* Schlitz *m*
slot-machine ['slɔt,məʃi:n] *n* Automat *m*
slovenly ['slʌvənli] *adj* unordentlich
slow [slou] *adj* schwerfällig, langsam; ~ **down** verzögern, verlangsamen; abbremsen
sluice [slu:s] *n* Schleuse *f*
slum [slʌm] *n* Elendsviertel *nt*
slump [slʌmp] *n* Preissenkung *f*
slush [slʌʃ] *n* Matsch *m*
sly [slai] *adj* listig
smack [smæk] *v* *schlagen; *n* Klaps *m*
small [smɔ:l] *adj* klein; gering
smallpox ['smɔ:lpɔks] *n* Pocken *fpl*
smart [smɑ:t] *adj* elegant; gewandt, gescheit
smell [smel] *n* Geruch *m*
***smell** [smel] *v* *riechen; *stinken
smelly ['smeli] *adj* übelriechend
smile [smail] *v* lächeln; *n* Lächeln *nt*
smith [smiθ] *n* Schmied *m*
smoke [smouk] *v* rauchen; *n* Rauch *m*; **no smoking** Rauchen verboten
smoker ['smoukə] *n* Raucher *m*; Raucherabteil *nt*
smoking-compartment ['smoukiŋkəm,pa:tmənt] *n* Raucherabteil *nt*
smoking-room ['smoukiŋru:m] *n* Rauchzimmer *nt*
smooth [smu:ð] *adj* eben, flach, glatt; geschmeidig
smuggle ['smʌgəl] *v* schmuggeln
snack [snæk] *n* Imbiß *m*
snack-bar ['snækbɑ:] *n* Snackbar *f*
snail [sneil] *n* Schnecke *f*
snake [sneik] *n* Schlange *f*
snapshot ['snæpʃɔt] *n* Schnappschuß *m*
sneakers ['sni:kəz] *plAm* Turnschuhe *mpl*
sneeze [sni:z] *v* niesen
sniper ['snaipə] *n* Heckenschütze *m*
snooty ['snu:ti] *adj* hochnäsig
snore [snɔ:] *v* schnarchen
snorkel ['snɔ:kəl] *n* Schnorchel *m*
snout [snaut] *n* Schnauze *f*
snow [snou] *n* Schnee *m*; *v* schneien
snowstorm ['snoustɔ:m] *n* Schneesturm *m*
snowy ['snoui] *adj* schneebedeckt
so [sou] *conj* also; *adv* so; dermaßen; **and ~ on** und so weiter; ~ **far** bisher; ~ **that** so daß, damit
soak [souk] *v* einweichen, weichen, durchnässen
soap [soup] *n* Seife *f*; ~ **powder** Seifenpulver *nt*
sober ['soubə] *adj* nüchtern; besonnen
so-called [,sou'kɔ:ld] *adj* sogenannt
soccer ['sɔkə] *n* Fußball *m*; ~ **team** Elf *f*
social ['souʃəl] *adj* Gesellschafts-, sozial
socialism ['souʃəlizəm] *n* Sozialismus *m*
socialist ['souʃəlist] *adj* sozialistisch; *n* Sozialist *m*
society [sə'saiəti] *n* Gesellschaft *f*; Verein *m*
sock [sɔk] *n* Socke *f*
socket ['sɔkit] *n* Fassung *f*
soda-water ['soudə,wɔ:tə] *n* Selterswasser *nt*, Sodawasser *nt*
sofa ['soufə] *n* Sofa *nt*
soft [sɔft] *adj* weich; ~ **drink** alkoholfreies Getränk
soften ['sɔfən] *v* mildern
soil [sɔil] *n* Erde *f*; Erdboden *m*, Boden *m*
soiled [sɔild] *adj* beschmutzt
sold [sould] *v* (p, pp sell); ~ **out** ausverkauft
solder ['sɔldə] *v* löten
soldering-iron ['sɔldəriŋaiən] *n* Lötkolben *m*
soldier ['souldʒə] *n* Soldat *m*

sole[1] [soul] *adj* einzig
sole[2] [soul] *n* Sohle *f*; Seezunge *f*
solely ['soulli] *adv* ausschließlich
solemn ['sɔləm] *adj* feierlich
solicitor [sə'lisitə] *n* Anwalt *m*
solid ['sɔlid] *adj* stark, fest; massiv; *n* Festkörper *m*
soluble ['sɔljubəl] *adj* löslich
solution [sə'lu:ʃən] *n* Lösung *f*
solve [sɔlv] *v* lösen
sombre ['sɔmbə] *adj* düster
some [sʌm] *adj* einige; *pron* manche; was; ~ **day** eines Tages; ~ **more** etwas mehr; ~ **time** einmal
somebody ['sʌmbədi] *pron* jemand
somehow ['sʌmhau] *adv* irgendwie
someone ['sʌmwʌn] *pron* jemand
something ['sʌmθiŋ] *pron* etwas
sometimes ['sʌmtaimz] *adv* manchmal
somewhat ['sʌmwɔt] *adv* ziemlich
somewhere ['sʌmwɛə] *adv* irgendwo
son [sʌn] *n* Sohn *m*
song [sɔŋ] *n* Lied *nt*
son-in-law ['sʌninlɔ:] *n* (pl sons-) Schwiegersohn *m*
soon [su:n] *adv* in Kürze, bald, alsbald; **as** ~ **as** sobald als
sooner ['su:nə] *adv* lieber
sore [sɔ:] *adj* schmerzhaft, wund; *n* wunde Stelle; Geschwür *nt*; ~ **throat** Halsschmerzen *mpl*
sorrow ['sɔrou] *n* Betrübnis *f*, Leid *nt*, Kummer *m*
sorry ['sɔri] *adj* bekümmert; **sorry!** Verzeihung!, Entschuldigung!
sort [sɔ:t] *v* sortieren, ordnen; *n* Art *f*, Sorte *f*; **all sorts of** allerlei
soul [soul] *n* Seele *f*; Geist *m*
sound [saund] *n* Klang *m*, Schall *m*; *v* *klingen, erschallen; *adj* zuverlässig
soundproof ['saundpru:f] *adj* schalldicht
soup [su:p] *n* Suppe *f*
soup-plate ['su:ppleit] *n* Suppenteller *m*
soup-spoon ['su:pspu:n] *n* Suppenlöffel *m*
sour [sauə] *adj* sauer
source [sɔ:s] *n* Quelle *f*
south [sauθ] *n* Süden *m*; **South Pole** Südpol *m*
South Africa [sauθ 'æfrikə] Südafrika
south-east [ˌsauθ'i:st] *n* Südosten *m*
southerly ['sʌðəli] *adj* südlich
southern ['sʌðən] *adj* südlich
south-west [ˌsauθ'west] *n* Südwesten *m*
souvenir ['su:vəniə] *n* Andenken *nt*
sovereign ['sɔvrin] *n* Herrscher *m*
***sow** [sou] *v* säen
spa [spɑ:] *n* Heilbad *nt*
space [speis] *n* Raum *m*; Abstand *m*, Zwischenraum *m*; *v* in Abständen anordnen
spacious ['speiʃəs] *adj* geräumig
spade [speid] *n* Schaufel *f*, Spaten *m*
Spain [spein] Spanien
Spaniard ['spænjəd] *n* Spanier *m*
Spanish ['spæniʃ] *adj* spanisch
spanking ['spæŋkiŋ] *n* Prügel *pl*
spanner ['spænə] *n* Schraubenschlüssel *m*
spare [spɛə] *adj* Reserve-, überschüssig; *v* entbehren; ~ **part** Ersatzteil *nt*; ~ **room** Gästezimmer *nt*; ~ **time** Freizeit *f*; ~ **tyre** Ersatzreifen *m*; ~ **wheel** Reserverad *nt*
spark [spɑ:k] *n* Funken *m*
sparking-plug ['spɑ:kiŋplʌg] *n* Zündkerze *f*
sparkling ['spɑ:kliŋ] *adj* funkelnd; perlend
sparrow ['spærou] *n* Sperling *m*
spasm ['spæʒəm] *n* Krampf *m*, Spasmus *m*
speak [spi:k] *v* *sprechen
speaker ['spi:kə] *n* Sprecher *m*

spear [spiə] *n* Speer *m*
special ['speʃəl] *adj* besonder, speziell; ~ **delivery** Eilpost
specialist ['speʃəlist] *n* Spezialist *m*
speciality [ˌspeʃi'æləti] *n* Spezialität *f*
specialize ['speʃəlaiz] *v* sich spezialisieren
specially ['speʃəli] *adv* im einzelnen
species ['spi:ʃi:z] *n* (pl ~) Art *f*
specific [spə'sifik] *adj* spezifisch
specimen ['spesimən] *n* Exemplar *nt*
speck [spek] *n* Fleck *m*
spectacle ['spektəkəl] *n* Schauspiel *nt*; **spectacles** Brille *f*
spectator [spek'teitə] *n* Zuschauer *m*
speculate ['spekjuleit] *v* spekulieren
speech [spi:tʃ] *n* Sprache *f*; Ansprache *f*, Rede *f*
speechless ['spi:tʃləs] *adj* sprachlos
speed [spi:d] *n* Geschwindigkeit *f*; Schnelligkeit *f*, Eile *f*; **cruising** ~ Reisegeschwindigkeit *f*; ~ **limit** Höchstgeschwindigkeit *f*, Geschwindigkeitsbegrenzung *f*
***speed** [spi:d] *v* rasen; zu schnell *fahren
speeding ['spi:diŋ] *n* Geschwindigkeitsübertretung *f*
speedometer [spi:'dɔmitə] *n* Geschwindigkeitsmesser *m*
spell [spel] *n* Zauber *m*
***spell** [spel] *v* buchstabieren
spelling ['speliŋ] *n* Rechtschreibung *f*
***spend** [spend] *v* verausgaben, *ausgeben; *verbringen
sphere [sfiə] *n* Kugel *f*; Kreis *m*
spice [spais] *n* Gewürz *nt*
spiced [spaist] *adj* gewürzt
spicy ['spaisi] *adj* pikant
spider ['spaidə] *n* Spinne *f*; **spider's web** Spinnwebe *f*
***spill** [spil] *v* verschütten
***spin** [spin] *v* *spinnen; wirbeln
spinach ['spinidʒ] *n* Spinat *m*
spine [spain] *n* Rückgrat *nt*
spinster ['spinstə] *n* alte Jungfer
spire [spaiə] *n* Spitze *f*
spirit ['spirit] *n* Geist *m*; Laune *f*; **spirits** alkoholische Getränke, Spirituosen *pl*; Stimmung *f*; ~ **stove** Spirituskocher *m*
spiritual ['spiritʃuəl] *adj* geistig
spit [spit] *n* Speichel *m*, Spucke *f*; Bratspieß *m*
***spit** [spit] *v* spucken
in spite of [in spait ɔv] ungeachtet, trotz
spiteful ['spaitfəl] *adj* gehässig
splash [splæʃ] *v* bespritzen
splendid ['splendid] *adj* prächtig, herrlich
splendour ['splendə] *n* Pracht *f*
splint [splint] *n* Schiene *f*
splinter ['splintə] *n* Splitter *m*
***split** [split] *v* spalten
***spoil** [spɔil] *v* *verderben; verwöhnen
spoke¹ [spouk] *v* (p speak)
spoke² [spouk] *n* Speiche *f*
sponge [spʌndʒ] *n* Schwamm *m*
spook [spu:k] *n* Gespenst *nt*, Geist *m*
spool [spu:l] *n* Spule *f*
spoon [spu:n] *n* Löffel *m*
spoonful ['spu:nful] *n* Löffel voll
sport [spɔ:t] *n* Sport *m*
sports-car ['spɔ:tska:] *n* Sportwagen *m*
sports-jacket ['spɔ:tsˌdʒækit] *n* Sportjacke *f*
sportsman ['spɔ:tsmən] *n* (pl -men) Sportler *m*
sportswear ['spɔ:tswεə] *n* Sportkleidung *f*
spot [spɔt] *n* Klecks *m*, Fleck *m*; Stelle *f*, Platz *m*
spotless ['spɔtləs] *adj* fleckenlos
spotlight ['spɔtlait] *n* Scheinwerfer *m*
spotted ['spɔtid] *adj* gesprenkelt
spout [spaut] *n* Strahl *m*

sprain [sprein] *v* verstauchen; *n* Verstauchung *f*
***spread** [spred] *v* ausbreiten
spring [spriŋ] *n* Lenz *m*, Frühling *m*; Feder *f*; Quelle *f*
springtime ['spriŋtaim] *n* Frühling *m*
sprouts [sprauts] *pl* Rosenkohl *m*
spy [spai] *n* Spion *m*
squadron ['skwɔdrən] *n* Geschwader *nt*
square [skwεə] *adj* quadratisch; *n* Quadrat *nt*; Platz *m*
squash [skwɔʃ] *n* Fruchtsaft *m*
squirrel ['skwirəl] *n* Eichhörnchen *nt*
squirt [skwə:t] *n* Strahl *m*
stable ['steibəl] *adj* stabil; *n* Stall *m*
stack [stæk] *n* Stapel *m*
stadium ['steidiəm] *n* Stadion *nt*
staff [stɑ:f] *n* Personal *nt*
stage [steidʒ] *n* Bühne *f*; Phase *f*, Stadium *nt*; Etappe *f*
stain [stein] *v* beflecken; *n* Klecks *m*, Fleck *m*; **stained glass** buntes Glas; ~ **remover** Fleckenreinigungsmittel *nt*
stainless ['steinləs] *adj* fleckenlos; ~ **steel** nichtrostender Stahl
staircase ['stεəkeis] *n* Treppe *f*
stairs [stεəz] *pl* Treppe *f*
stale [steil] *adj* altbacken
stall [stɔ:l] *n* Stand *m*; Sperrsitz *m*
stamina ['stæminə] *n* Widerstandsfähigkeit *f*
stamp [stæmp] *n* Briefmarke *f*; Stempel *m*; *v* frankieren; stampfen; ~ **machine** Markenautomat *m*
stand [stænd] *n* Stand *m*; Tribüne *f*
***stand** [stænd] *v* *stehen
standard ['stændəd] *n* Norm *f*, Maßstab *m*; Standard-; ~ **of living** Lebensstandard *m*
stanza ['stænzə] *n* Strophe *f*
staple ['steipəl] *n* Heftklammer *f*
star [stɑ:] *n* Stern *m*
starboard ['stɑ:bəd] *n* Steuerbord *nt*
starch [stɑ:tʃ] *n* Stärke *f*; *v* stärken
stare [stεə] *v* starren
starling ['stɑ:liŋ] *n* Star *m*
start [stɑ:t] *v* *anfangen; *n* Anfang *m*; **starter motor** Anlasser *m*
starting-point ['stɑ:tiŋpɔint] *n* Ausgangspunkt *m*
state [steit] *n* Staat *m*; Zustand *m*; *v* darlegen
the States Vereinigte Staaten
statement ['steitmənt] *n* Erklärung *f*
statesman ['steitsmən] *n* (pl -men) Staatsmann *m*
station ['steiʃən] *n* Bahnhof *m*; Stelle *f*
stationary ['steiʃənəri] *adj* stillstehend
stationer's ['steiʃənəz] *n* Schreibwarenhandlung *f*
stationery ['steiʃənəri] *n* Schreibwaren *fpl*
station-master ['steiʃən,mɑ:stə] *n* Stationsvorsteher *m*
statistics [stə'tistiks] *pl* Statistik *f*
statue ['stætʃu:] *n* Standbild *nt*
stay [stei] *v* *bleiben; verweilen, sich *aufhalten; *n* Aufenthalt *m*
steadfast ['stedfɑ:st] *adj* standhaft
steady ['stedi] *adj* beständig
steak [steik] *n* Steak *nt*
***steal** [sti:l] *v* *stehlen
steam [sti:m] *n* Dampf *m*
steamer ['sti:mə] *n* Dampfer *m*
steel [sti:l] *n* Stahl *m*
steep [sti:p] *adj* schroff, steil
steeple ['sti:pəl] *n* Kirchturm *m*
steering-column ['stiəriŋ,kɔləm] *n* Lenksäule *f*
steering-wheel ['stiəriŋwi:l] *n* Steuerrad *nt*
steersman ['stiəzmən] *n* (pl -men) Steuermann *m*
stem [stem] *n* Stiel *m*
stenographer [ste'nɔgrəfə] *n* Steno-

graph *m*
step [step] *n* Schritt *m*, Tritt *m*; Stufe *f*; *v* *treten
stepchild ['steptʃaild] *n* (pl -children) Stiefkind *nt*
stepfather ['step,fa:ðə] *n* Stiefvater *m*
stepmother ['step,mʌðə] *n* Stiefmutter *f*
sterile ['sterail] *adj* steril
sterilize ['sterilaiz] *v* sterilisieren
steward ['stju:əd] *n* Steward *m*
stewardess ['stju:ədes] *n* Stewardeß *f*
stick [stik] *n* Stock *m*
***stick** [stik] *v* kleben, ankleben
sticky ['stiki] *adj* klebrig
stiff [stif] *adj* steif
still [stil] *adv* noch; dennoch; *adj* still
stillness ['stilnəs] *n* Stille *f*
stimulant ['stimjulənt] *n* Reizmittel *nt*
stimulate ['stimjuleit] *v* anspornen
sting [stiŋ] *n* Stich *m*
***sting** [stiŋ] *v* *stechen
stingy ['stindʒi] *adj* kleinlich
***stink** [stiŋk] *v* *stinken
stipulate ['stipjuleit] *v* abmachen, festsetzen
stipulation [,stipju'leiʃən] *n* Klausel *f*
stir [stə:] *v* bewegen; rühren
stirrup ['stirəp] *n* Steigbügel *m*
stitch [stitʃ] *n* Stich *m*, Stechen *nt*
stock [stɔk] *n* Vorrat *m*; *v* vorrätig *haben; ~ **exchange** Effektenbörse *f*, Börse *f*; ~ **market** Börse *f*; **stocks and shares** Aktien
stocking ['stɔkiŋ] *n* Strumpf *m*
stole[1] [stoul] *v* (p steal)
stole[2] [stoul] *n* Stola *f*
stomach ['stʌmək] *n* Magen *m*
stomach-ache ['stʌməkeik] *n* Bauchschmerzen *mpl*, Magenschmerzen *mpl*
stone [stoun] *n* Stein *m*; Edelstein *m*; Kern *m*; steinern; **pumice** ~ Bimsstein *m*
stood [stud] *v* (p, pp stand)
stop [stɔp] *v* aufhören; aufhören mit, einstellen; *n* Haltestelle *f*; **stop**! halt!
stopper ['stɔpə] *n* Stöpsel *m*
storage ['stɔ:ridʒ] *n* Lagerung *f*
store [stɔ:] *n* Vorrat *m*; Laden *m*; *v* lagern
store-house ['stɔ:haus] *n* Lagerhaus *nt*
storey ['stɔ:ri] *n* Etage *f*, Stockwerk *nt*
stork [stɔ:k] *n* Storch *m*
storm [stɔ:m] *n* Sturm *m*
stormy ['stɔ:mi] *adj* stürmisch
story ['stɔ:ri] *n* Geschichte *f*
stout [staut] *adj* dick, stämmig, korpulent
stove [stouv] *n* Ofen *m*; Herd *m*
straight [streit] *adj* gerade; ehrlich; *adv* geradewegs; ~ **ahead** geradeaus; ~ **away** sofort; ~ **on** geradeaus
strain [strein] *n* Anstrengung *f*; Anspannung *f*; *v* forcieren; sieben
strainer ['streinə] *n* Durchschlag *m*
strange [streindʒ] *adj* fremd; komisch
stranger ['streindʒə] *n* Fremde *m*; Unbekannte *m*
strangle ['stræŋgəl] *v* erwürgen
strap [stræp] *n* Riemen *m*
straw [strɔ:] *n* Stroh *nt*
strawberry ['strɔ:bəri] *n* Erdbeere *f*
stream [stri:m] *n* Bach *m*; Wasserlauf *m*; *v* strömen
street [stri:t] *n* Straße *f*
streetcar ['stri:tkɑ:] *nAm* Straßenbahn *f*
street-organ ['stri:,tɔ:gən] *n* Leierkasten *m*
strength [streŋθ] *n* Stärke *f*, Kraft *f*
stress [stres] *n* Spannung *f*; Betonung *f*; *v* betonen
stretch [stretʃ] *v* dehnen; *n* Strecke *f*
strict [strikt] *adj* streng
strife [straif] *n* Streit *m*

strike [straik] *n* Streik *m*
***strike** [straik] *v* *schlagen; *zuschlagen; *auffallen; streiken; *streichen
striking ['straikiŋ] *adj* treffend, erstaunlich, auffallend
string [striŋ] *n* Schnur *f*; Saite *f*
strip [strip] *n* Streifen *m*
stripe [straip] *n* Streifen *m*
striped [straipt] *adj* gestreift
stroke [strouk] *n* Schlaganfall *m*
stroll [stroul] *v* bummeln; *n* Bummel *m*
strong [strɔŋ] *adj* stark; kräftig
stronghold ['strɔŋhould] *n* Burg *f*
structure ['strʌktʃə] *n* Struktur *f*
struggle ['strʌgəl] *n* Kampf *m*, Ringen *nt*; *v* *ringen, kämpfen
stub [stʌb] *n* Kontrollabschnitt *m*
stubborn ['stʌbən] *adj* hartnäckig
student ['stju:dənt] *n* Student *m*; Studentin *f*
study ['stʌdi] *v* studieren; *n* Studium *nt*; Arbeitszimmer *nt*
stuff [stʌf] *n* Stoff *m*; Zeug *nt*
stuffed [stʌft] *adj* gefüllt
stuffing ['stʌfiŋ] *n* Füllung *f*
stuffy ['stʌfi] *adj* stickig
stumble ['stʌmbəl] *v* stolpern
stung [stʌŋ] *v* (p, pp sting)
stupid ['stju:pid] *adj* dumm
style [stail] *n* Stil *m*
subject[1] ['sʌbdʒikt] *n* Subjekt *nt*; Staatsangehörige *m*; ~ **to** ausgesetzt
subject[2] [səb'dʒekt] *v* *unterwerfen
submit [səb'mit] *v* sich *unterwerfen
subordinate [sə'bɔ:dinət] *adj* Unter-; untergeordnet
subscriber [səb'skraibə] *n* Abonnent *m*
subscription [səb'skripʃən] *n* Abonnement *nt*
subsequent ['sʌbsikwənt] *adj* folgend
subsidy ['sʌbsidi] *n* Subvention *f*
substance ['sʌbstəns] *n* Substanz *f*
substantial [səb'stænʃəl] *adj* sachlich; wirklich; bedeutend
substitute ['sʌbstitju:t] *v* ersetzen; *n* Ersatz *m*; Stellvertreter *m*
subtitle ['sʌb,taitəl] *n* Untertitel *m*
subtle ['sʌtəl] *adj* subtil
subtract [səb'trækt] *v* subtrahieren
suburb ['sʌbə:b] *n* Vorort *m*, Vorstadt *f*
suburban [sə'bə:bən] *adj* vorstädtisch
subway ['sʌbwei] *nAm* Untergrundbahn *f*
succeed [sək'si:d] *v* *gelingen; nachfolgen
success [sək'ses] *n* Erfolg *m*
successful [sək'sesfəl] *adj* erfolgreich
succumb [sə'kʌm] *v* *erliegen
such [sʌtʃ] *adj* solch; *adv* so; ~ **as** wie
suck [sʌk] *v* lutschen
sudden ['sʌdən] *adj* plötzlich
suddenly ['sʌdənli] *adv* plötzlich
suede [sweid] *n* Wildleder *nt*
suffer ['sʌfə] *v* *leiden; *erleiden
suffering ['sʌfəriŋ] *n* Leiden *nt*
suffice [sə'fais] *v* reichen
sufficient [sə'fiʃənt] *adj* hinreichend, genügend
suffrage ['sʌfridʒ] *n* Wahlrecht *nt*
sugar ['ʃugə] *n* Zucker *m*
suggest [sə'dʒest] *v* *vorschlagen
suggestion [sə'dʒestʃən] *n* Vorschlag *m*
suicide ['su:isaid] *n* Selbstmord *m*
suit [su:t] *v* passen; anpassen an; kleiden; *n* Anzug *m*
suitable ['su:təbəl] *adj* angemessen, geeignet
suitcase ['su:tkeis] *n* Handkoffer *m*
suite [swi:t] *n* Zimmerflucht *f*
sum [sʌm] *n* Summe *f*
summary ['sʌməri] *n* Zusammenfassung *f*

summer ['sʌmə] *n* Sommer *m*; ~ **time** Sommerzeit *f*
summit ['sʌmit] *n* Gipfel *m*
summons ['sʌmənz] *n* (pl ~es) Vorladung *f*
sun [sʌn] *n* Sonne *f*
sunbathe ['sʌnbeið] *v* sich sonnen
sunburn ['sʌnbə:n] *n* Sonnenbrand *m*
Sunday ['sʌndi] Sonntag *m*
sun-glasses ['sʌn,glɑ:siz] *pl* Sonnenbrille *f*
sunlight ['sʌnlait] *n* Sonnenlicht *nt*
sunny ['sʌni] *adj* sonnig
sunrise ['sʌnraiz] *n* Sonnenaufgang *m*
sunset ['sʌnset] *n* Sonnenuntergang *m*
sunshade ['sʌnʃeid] *n* Sonnenschirm *m*
sunshine ['sʌnʃain] *n* Sonnenschein *m*
sunstroke ['sʌnstrouk] *n* Sonnenstich *m*
suntan oil ['sʌntænɔil] Sonnenöl *nt*
superb [su'pə:b] *adj* großartig, prächtig
superficial [,su:pə'fiʃəl] *adj* oberflächlich
superfluous [su'pə:fluəs] *adj* überflüssig
superior [su'piəriə] *adj* überlegen, besser, überragend, ober
superlative [su'pə:lətiv] *adj* überragend; *n* Superlativ *m*
supermarket ['su:pə,ma:kit] *n* Supermarkt *m*
superstition [,su:pə'stiʃən] *n* Aberglaube *m*
supervise ['su:pəvaiz] *v* beaufsichtigen
supervision [,su:pə'viʒən] *n* Kontrolle *f*, Aufsicht *f*
supervisor ['su:pəvaizə] *n* Aufseher *m*
supper ['sʌpə] *n* Abendessen *nt*
supple ['sʌpəl] *adj* biegsam, geschmeidig, gelenkig
supplement ['sʌplimənt] *n* Beilage *f*
supply [sə'plai] *n* Zufuhr *f*, Lieferung *f*; Vorrat *m*; Angebot *nt*; *v* liefern
support [sə'pɔ:t] *v* unterstützen, stützen; *n* Unterstützung *f*; ~ **hose** elastische Strümpfe
supporter [sə'pɔ:tə] *n* Anhänger *m*
suppose [sə'pouz] *v* vermuten, *annehmen; **supposing that** angenommen daß
suppository [sə'pɔzitəri] *n* Zäpfchen *nt*
suppress [sə'pres] *v* unterdrücken
surcharge ['sə:tʃɑ:dʒ] *n* Zuschlag *m*
sure [ʃuə] *adj* sicher
surely ['ʃuəli] *adv* sicherlich
surface ['sə:fis] *n* Oberfläche *f*
surf-board ['sə:fbɔ:d] *n* Wellenreiterbrett *nt*
surgeon ['sə:dʒən] *n* Chirurg *m*; **veterinary** ~ Tierarzt *m*
surgery ['sə:dʒəri] *n* Operation *f*; Sprechzimmer *nt*
surname ['sə:neim] *n* Familienname *m*
surplus ['sə:pləs] *n* Überschuß *m*
surprise [sə'praiz] *n* Überraschung *f*; *v* überraschen; erstaunen
surrender [sə'rendə] *v* sich *ergeben; *n* Übergabe *f*
surround [sə'raund] *v* umringen, *umgeben
surrounding [sə'raundiŋ] *adj* umliegend
surroundings [sə'raundiŋz] *pl* Umgebung *f*
survey ['sə:vei] *n* Übersicht *f*
survival [sə'vaivəl] *n* Überleben *nt*
survive [sə'vaiv] *v* überleben
suspect[1] [sə'spekt] *v* verdächtigen; vermuten
suspect[2] ['sʌspekt] *n* Verdächtige *m*
suspend [sə'spend] *v* suspendieren
suspenders [sə'spendəz] *plAm* Hosenträger *mpl*; **suspender belt** Hüfthalter *m*
suspension [sə'spenʃən] *n* Federung *f*,

Aufhängung *f*; ~ **bridge** Hängebrücke *f*
suspicion [sə'spiʃən] *n* Verdacht *m*; Argwohn *m*, Mißtrauen *nt*
suspicious [sə'spiʃəs] *adj* verdächtig; argwöhnisch, mißtrauisch
sustain [sə'stein] *v* *aushalten
Swahili [swə'hi:li] *n* Suaheli *nt*
swallow ['swɔlou] *v* *verschlingen, schlucken; *n* Schwalbe *f*
swam [swæm] *v* (p swim)
swamp [swɔmp] *n* Morast *m*
swan [swɔn] *n* Schwan *m*
swap [swɔp] *v* tauschen
***swear** [swɛə] *v* *schwören; fluchen
sweat [swet] *n* Schweiß *m*; *v* schwitzen
sweater ['swetə] *n* Sweater *m*
Swede [swi:d] *n* Schwede *m*
Sweden ['swi:dən] Schweden
Swedish ['swi:diʃ] *adj* schwedisch
***sweep** [swi:p] *v* fegen
sweet [swi:t] *adj* süß; lieb; *n* Bonbon *m*; Nachtisch *m*; **sweets** Süßigkeiten *fpl*
sweeten ['swi:tən] *v* süßen
sweetheart ['swi:thɑ:t] *n* Schatz *m*, Liebling *m*
sweetshop ['swi:tʃɔp] *n* Süßwarengeschäft *nt*
swell [swel] *adj* wunderbar
***swell** [swel] *v* *schwellen
swelling ['sweliŋ] *n* Geschwulst *f*
swift [swift] *adj* geschwind
***swim** [swim] *v* *schwimmen
swimmer ['swimə] *n* Schwimmer *m*
swimming ['swimiŋ] *n* Schwimmsport *m*; ~ **pool** Schwimmbad *nt*
swimming-trunks ['swimiŋtrʌŋks] *n* Badehose *f*
swim-suit ['swimsu:t] *n* Badeanzug *m*
swindle ['swindəl] *v* *betrügen; *n* Betrug *m*
swindler ['swindlə] *n* Betrüger *m*
swing [swiŋ] *n* Schaukel *f*
***swing** [swiŋ] *v* schaukeln
Swiss [swis] *adj* schweizerisch; *n* Schweizer *m*
switch [switʃ] *n* Schalter *m*; *v* wechseln; ~ **off** ausschalten; ~ **on** einschalten
switchboard ['switʃbɔ:d] *n* Schaltbrett *nt*
Switzerland ['switsələnd] Schweiz *f*
sword [sɔ:d] *n* Schwert *nt*
swum [swʌm] *v* (pp swim)
syllable ['siləbəl] *n* Silbe *f*
symbol ['simbəl] *n* Symbol *nt*
sympathetic [ˌsimpə'θetik] *adj* sympathisch, mitfühlend
sympathy ['simpəθi] *n* Sympathie *f*; Mitgefühl *nt*
symphony ['simfəni] *n* Symphonie *f*
symptom ['simtəm] *n* Symptom *nt*
synagogue ['sinəgɔg] *n* Synagoge *f*
synonym ['sinənim] *n* Synonym *nt*
synthetic [sin'θetik] *adj* synthetisch
syphon ['saifən] *n* Siphon *m*
Syria ['siriə] Syrien
Syrian ['siriən] *adj* syrisch; *n* Syrer *m*
syringe [si'rindʒ] *n* Spritze *f*
syrup ['sirəp] *n* Sirup *m*
system ['sistəm] *n* System *nt*; Ordnung *f*; **decimal** ~ Dezimalsystem *nt*
systematic [ˌsistə'mætik] *adj* systematisch

T

table ['teibəl] *n* Tisch *m*; Tabelle *f*; ~ **of contents** Inhaltsverzeichnis *nt*; ~ **tennis** Tischtennis *nt*
table-cloth ['teibəlklɔθ] *n* Tischtuch *nt*
tablespoon ['teibəlspu:n] *n* Eßlöffel *m*
tablet ['tæblit] *n* Tablette *f*

taboo [tə'bu:] *n* Tabu *nt*
tactics ['tæktiks] *pl* Taktik *f*
tag [tæg] *n* Etikett *nt*
tail [teil] *n* Schwanz *m*
tail-light ['teillait] *n* Rücklicht *nt*
tailor ['teilə] *n* Schneider *m*
tailor-made ['teiləmeid] *adj* nach Maß
***take** [teik] *v* *nehmen; *greifen; *bringen; *verstehen, kapieren; ~ **away** entfernen; *abnehmen, *wegnehmen; ~ **off** starten; ~ **out** *herausnehmen; ~ **over** *übernehmen; ~ **place** *stattfinden; ~ **up** *einnehmen
take-off ['teikɔf] *n* Start *m*
tale [teil] *n* Geschichte *f*, Erzählung *f*
talent ['tælənt] *n* Begabung *f*, Talent *nt*
talented ['tæləntid] *adj* begabt
talk [tɔ:k] *v* reden, *sprechen; *n* Gespräch *nt*
talkative ['tɔ:kətiv] *adj* gesprächig
tall [tɔ:l] *adj* hoch; lang, groß
tame [teim] *adj* zahm; *v* zähmen
tampon ['tæmpən] *n* Tampon *m*
tangerine [,tændʒə'ri:n] *n* Mandarine *f*
tangible ['tændʒibəl] *adj* greifbar
tank [tæŋk] *n* Tank *m*
tanker ['tæŋkə] *n* Tankschiff *nt*
tanned [tænd] *adj* braun
tap [tæp] *n* Hahn *m*; Klopfen *nt*; *v* pochen
tape [teip] *n* Band *nt*; Kordel *f*; **adhesive** ~ Klebestreifen *m*; Heftpflaster *nt*
tape-measure ['teip,meʒə] *n* Bandmaß *nt*
tape-recorder ['teipri,kɔ:də] *n* Tonbandgerät *nt*
tapestry ['tæpistri] *n* Wandteppich *m*, Gobelin *m*
tar [ta:] *n* Teer *m*
target ['ta:git] *n* Ziel *nt*, Zielscheibe *f*
tariff ['tærif] *n* Tarif *m*
tarpaulin [tɑ:'pɔ:lin] *n* Plane *f*
task [tɑ:sk] *n* Aufgabe *f*
taste [teist] *n* Geschmack *m*; *v* schmecken; kosten
tasteless ['teistləs] *adj* geschmacklos
tasty ['teisti] *adj* lecker, schmackhaft
taught [tɔ:t] *v* (p, pp teach)
tavern ['tævən] *n* Schenke *f*
tax [tæks] *n* Steuer *f*; *v* besteuern
taxation [tæk'seiʃən] *n* Besteuerung *f*
tax-free ['tæksfri:] *adj* steuerfrei
taxi ['tæksi] *n* Taxi *nt*; ~ **rank** Taxistand *m*; ~ **stand** *Am* Taxistand *m*
taxi-driver ['tæksi,draivə] *n* Taxichauffeur *m*
taxi-meter ['tæksi,mi:tə] *n* Taxameter *m*
tea [ti:] *n* Tee *m*; Teestunde *f*
***teach** [ti:tʃ] *v* lehren, unterrichten
teacher ['ti:tʃə] *n* Lehrer *m*; Lehrerin *f*; Volksschullehrer *m*, Schullehrer *m*
teachings ['ti:tʃiŋz] *pl* Lehre *f*
tea-cloth ['ti:klɔθ] *n* Geschirrtuch *nt*
teacup ['ti:kʌp] *n* Teetasse *f*
team [ti:m] *n* Team *nt*, Mannschaft *f*
teapot ['ti:pɔt] *n* Teekanne *f*
tear[1] [tiə] *n* Träne *f*
tear[2] [tɛə] *n* Riß *m*; ***tear** *v* *reißen
tear-jerker ['tiə,dʒə:kə] *n* Schmalz *m*
tease [ti:z] *v* necken
tea-set ['ti:set] *n* Teeservice *nt*
tea-shop ['ti:ʃɔp] *n* Teestube *f*
teaspoon ['ti:spu:n] *n* Teelöffel *m*
teaspoonful ['ti:spu:n,ful] *n* Teelöffel voll *m*
technical ['teknikəl] *adj* technisch
technician [tek'niʃən] *n* Techniker *m*
technique [tek'ni:k] *n* Technik *f*
technology [tek'nɔlədʒi] *n* Technologie *f*
teenager ['ti:,neidʒə] *n* Teenager *m*
teetotaller [ti:'toutələ] *n* Abstinenzler *m*

telegram ['teligræm] *n* Telegramm *nt*
telegraph ['teligra:f] *v* telegraphieren
telepathy [ti'lepəθi] *n* Telepathie *f*
telephone ['telifoun] *n* Telephon *nt*; ~ **book** *Am* Fernsprechverzeichnis *nt*, Telephonbuch *nt*; ~ **booth** Fernsprechzelle *f*; ~ **call** Anruf *m*, Telephonanruf *m*; ~ **directory** Telephonbuch *nt*; ~ **exchange** Telephonzentrale *f*; ~ **operator** Telephonistin *f*
telephonist [ti'lefənist] *n* Telephonistin *f*
television ['teliviʒən] *n* Fernsehen *nt*; ~ **set** Fernsehgerät *nt*
telex ['teleks] *n* Telex *nt*
***tell** [tel] *v* sagen; erzählen
temper ['tempə] *n* Wut *f*
temperature ['temprətʃə] *n* Temperatur *f*
tempest ['tempist] *n* Unwetter *nt*
temple ['tempəl] *n* Tempel *m*; Schläfe *f*
temporary ['tempərəri] *adj* vorläufig, zeitweilig
tempt [tempt] *v* versuchen
temptation [temp'teiʃən] *n* Versuchung *f*
ten [ten] *num* zehn
tenant ['tenənt] *n* Mieter *m*
tend [tend] *v* neigen; pflegen; ~ **to** neigen zu
tendency ['tendənsi] *n* Neigung *f*, Tendenz *f*
tender ['tendə] *adj* zärtlich, zart
tendon ['tendən] *n* Sehne *f*
tennis ['tenis] *n* Tennis *nt*; ~ **shoes** Tennisschuhe *mpl*
tennis-court ['tenisko:t] *n* Tennisplatz *m*
tense [tens] *adj* gespannt
tension ['tenʃən] *n* Spannung *f*
tent [tent] *n* Zelt *nt*
tenth [tenθ] *num* zehnte
tepid ['tepid] *adj* lauwarm
term [tə:m] *n* Ausdruck *m*; Termin *m*, Frist *f*; Bedingung *f*
terminal ['tə:minəl] *n* Endstation *f*
terrace ['terəs] *n* Terrasse *f*
terrain [te'rein] *n* Gelände *nt*
terrible ['teribəl] *adj* abscheulich, furchtbar, schrecklich
terrific [tə'rifik] *adj* großartig
terrify ['terifai] *v* *erschrecken; **terrifying** furchterregend
territory ['teritəri] *n* Gebiet *nt*
terror ['terə] *n* Furcht *f*
terrorism ['terərizəm] *n* Terrorismus *m*, Terror *m*
terrorist ['terərist] *n* Terrorist *m*
terylene ['terəli:n] *n* Terylene *nt*
test [test] *n* Probe *f*, Test *m*; *v* testen, prüfen
testify ['testifai] *v* bezeugen
text [tekst] *n* Text *m*
textbook ['teksbuk] *n* Lehrbuch *nt*
textile ['tekstail] *n* Textilien *pl*
texture ['tekstʃə] *n* Struktur *f*
Thai [tai] *adj* thailändisch; *n* Thailänder *m*
Thailand ['tailænd] Thailand
than [ðæn] *conj* als
thank [θæŋk] *v* danken; ~ **you** danke schön
thankful ['θæŋkfəl] *adj* dankbar
that [ðæt] *adj* jener; *pron* das; der; *conj* daß
thaw [θo:] *v* tauen, auftauen; *n* Tauwetter *nt*
the [ðə,ði] *art* der *art*; **the** ... **the** je ... je
theatre ['θiətə] *n* Schauspielhaus *nt*, Theater *nt*
theft [θeft] *n* Diebstahl *m*
their [ðεə] *adj* ihr
them [ðem] *pron* sie; ihnen
theme [θi:m] *n* Thema *nt*, Stoff *m*
themselves [ðəm'selvz] *pron* sich;

selbst
then [ðen] *adv* damals; darauf, dann
theology [θi'ɔlədʒi] *n* Theologie *f*
theoretical [θiə'retikəl] *adj* theoretisch
theory ['θiəri] *n* Theorie *f*
therapy ['θerəpi] *n* Therapie *f*
there [ðɛə] *adv* dort; dorthin
therefore ['ðɛəfɔ:] *conj* darum
thermometer [θə'mɔmitə] *n* Thermometer *nt*
thermostat ['θə:məstæt] *n* Thermostat *m*
these [ði:z] *adj* diese
thesis ['θi:sis] *n* (pl theses) These *f*
they [ðei] *pron* sie
thick [θik] *adj* dick; dicht
thicken ['θikən] *v* verdicken
thickness ['θiknəs] *n* Dicke *f*
thief [θi:f] *n* (pl thieves) Dieb *m*
thigh [θai] *n* Oberschenkel *m*
thimble ['θimbəl] *n* Fingerhut *m*
thin [θin] *adj* dünn; mager
thing [θiŋ] *n* Ding *nt*
***think** [θiŋk] *v* *denken; *nachdenken; ~ **of** *denken an; ~ **over** überlegen
thinker ['θiŋkə] *n* Denker *m*
third [θə:d] *num* dritte
thirst [θə:st] *n* Durst *m*
thirsty ['θə:sti] *adj* durstig
thirteen [ˌθə:'ti:n] *num* dreizehn
thirteenth [ˌθə:'ti:nθ] *num* dreizehnte
thirtieth ['θə:tiəθ] *num* dreißigste
thirty ['θə:ti] *num* dreißig
this [ðis] *adj* dieser; *pron* dies
thistle ['θisəl] *n* Distel *f*
thorn [θɔ:n] *n* Dorn *m*
thorough ['θʌrə] *adj* gründlich, sorgfältig
thoroughbred ['θʌrəbred] *adj* vollblütig
thoroughfare ['θʌrəfɛə] *n* Durchgangsstraße *f*, Hauptverkehrsstraße *f*
those [ðouz] *adj* jene
though [ðou] *conj* obwohl, wenn auch, obgleich; *adv* jedoch
thought[1] [θɔ:t] *v* (p, pp think)
thought[2] [θɔ:t] *n* Gedanke *m*
thoughtful ['θɔ:tfəl] *adj* nachdenklich; zuvorkommend
thousand ['θauzənd] *num* tausend
thread [θred] *n* Faden *m*; Zwirn *m*; *v* aufreihen
threadbare ['θredbɛə] *adj* verschlissen
threat [θret] *n* Drohung *f*, Bedrohung *f*
threaten ['θretən] *v* drohen, bedrohen; **threatening** bedrohlich
three [θri:] *num* drei
three-quarter [ˌθri:'kwɔ:tə] *adj* dreiviertel
threshold ['θreʃould] *n* Schwelle *f*
threw [θru:] *v* (p throw)
thrifty ['θrifti] *adj* sparsam
throat [θrout] *n* Kehle *f*; Hals *m*
throne [θroun] *n* Thron *m*
through [θru:] *prep* durch
throughout [θru:'aut] *adv* überall
throw [θrou] *n* Wurf *m*
***throw** [θrou] *v* schleudern, *werfen
thrush [θrʌʃ] *n* Drossel *f*
thumb [θʌm] *n* Daumen *m*
thumbtack ['θʌmtæk] *nAm* Reißnagel *m*
thump [θʌmp] *v* *schlagen
thunder ['θʌndə] *n* Donner *m*; *v* donnern
thunderstorm ['θʌndəstɔ:m] *n* Gewitter *nt*
thundery ['θʌndəri] *adj* gewitterschwül
Thursday ['θə:zdi] Donnerstag *m*
thus [ðʌs] *adv* so
thyme [taim] *n* Thymian *m*
tick [tik] *n* Vermerkhäkchen *nt*; ~ **off** anhaken
ticket ['tikit] *n* Karte *f*; Anzeige *f*; ~ **collector** Schaffner *m*; ~ **machine**

Fahrkartenautomat *m*
tickle ['tikəl] *v* kitzeln
tide [taid] *n* Tide *f*; **high** ~ Flut *f*; **low** ~ Ebbe *f*
tidings ['taidiŋz] *pl* Nachrichten
tidy ['taidi] *adj* ordentlich; ~ **up** aufräumen
tie [tai] *v* knoten, *binden; *n* Krawatte *f*
tiger ['taigə] *n* Tiger *m*
tight [tait] *adj* stramm; eng, knapp; *adv* fest
tighten ['taitən] *v* *zusammenziehen, straffen, spannen; enger machen; enger *werden
tights [taits] *pl* Trikot *nt*
tile [tail] *n* Kachel *f*; Dachziegel *m*
till [til] *prep* bis zu, bis; *conj* bis
timber ['timbə] *n* Bauholz *nt*
time [taim] *n* Zeit *f*; Mal *nt*; **all the** ~ immerzu; **in** ~ rechtzeitig; ~ **of arrival** Ankunftszeit *f*; ~ **of departure** Abfahrtszeit *f*
time-saving ['taim,seiviŋ] *adj* zeitsparend
timetable ['taim,teibəl] *n* Fahrplan *m*
timid ['timid] *adj* schüchtern
timidity [ti'midəti] *n* Schüchternheit *f*
tin [tin] *n* Zinn *nt*; Büchse *f*; **tinned food** Konserven *fpl*
tinfoil ['tinfɔil] *n* Stanniol *nt*
tin-opener ['ti,noupənə] *n* Dosenöffner *m*
tiny ['taini] *adj* winzig
tip [tip] *n* Spitze *f*; Trinkgeld *nt*
tire[1] [taiə] *n* Reifen *m*
tire[2] [taiə] *v* ermüden
tired [taiəd] *adj* erschöpft, müde; ~ **of** überdrüssig
tiring ['taiəriŋ] *adj* ermüdend
tissue ['tiʃu:] *n* Gewebe *nt*; Papiertaschentuch *nt*
title ['taitəl] *n* Titel *m*
to [tu:] *prep* bis; zu, vor, nach; um zu
toad [toud] *n* Kröte *f*
toadstool ['toudstu:l] *n* Pilz *m*
toast [toust] *n* Toast *m*; Trinkspruch *m*
tobacco [tə'bækou] *n* (pl ~s) Tabak *m*; ~ **pouch** Tabaksbeutel *m*
tobacconist [tə'bækənist] *n* Tabakhändler *m*; **tobacconist's** Tabakladen *m*
today [tə'dei] *adv* heute
toddler ['tɔdlə] *n* Kleinkind *nt*
toe [tou] *n* Zehe *f*
toffee ['tɔfi] *n* Sahnebonbon *m*
together [tə'geðə] *adv* zusammen
toilet ['tɔilət] *n* Toilette *f*; ~ **case** Toilettennecessaire *nt*
toilet-paper ['tɔilət,peipə] *n* Toilettenpapier *nt*
toiletry ['tɔilətri] *n* Toilettenartikel *mpl*
token ['toukən] *n* Zeichen *nt*; Beweis *m*; Münze *f*
told [tould] *v* (p, pp tell)
tolerable ['tɔlərəbəl] *adj* erträglich
toll [toul] *n* Wegegeld *nt*
tomato [tə'ma:tou] *n* (pl ~es) Tomate *f*
tomb [tu:m] *n* Grab *nt*
tombstone ['tu:mstoun] *n* Grabstein *m*
tomorrow [tə'mɔrou] *adv* morgen
ton [tʌn] *n* Tonne *f*
tone [toun] *n* Ton *m*; Klang *m*
tongs [tɔŋz] *pl* Zange *f*
tongue [tʌŋ] *n* Zunge *f*
tonic ['tɔnik] *n* Stärkungsmittel *nt*
tonight [tə'nait] *adv* heute nacht, heute abend
tonsilitis [,tɔnsə'laitis] *n* Mandelentzündung *f*
tonsils ['tɔnsəlz] *pl* Mandeln
too [tu:] *adv* zu; auch
took [tuk] *v* (p take)
tool [tu:l] *n* Gerät *nt*, Werkzeug *nt*;

~ **kit** Werkzeugtasche *f*
toot [tu:t] *vAm* hupen
tooth [tu:θ] *n* (pl teeth) Zahn *m*
toothache ['tu:θeik] *n* Zahnweh *nt*
toothbrush ['tu:θbrʌʃ] *n* Zahnbürste *f*
toothpaste ['tu:θpeist] *n* Zahnpaste *f*
toothpick ['tu:θpik] *n* Zahnstocher *m*
toothpowder ['tu:θ,paudə] *n* Zahnpulver *nt*
top [tɔp] *n* Gipfel *m*; Spitze *f*; Deckel *m*; oberst; **on ~ of** oben auf; ~ **side** Oberseite *f*
topcoat ['tɔpkout] *n* Überrock *m*
topic ['tɔpik] *n* Thema *nt*
topical ['tɔpikəl] *adj* aktuell
torch [tɔ:tʃ] *n* Fackel *f*; Taschenlampe *f*
torment¹ [tɔ:'ment] *v* quälen
torment² ['tɔ:ment] *n* Qual *f*
torture ['tɔ:tʃə] *n* Marter *f*; *v* martern
toss [tɔs] *v* *werfen
tot [tɔt] *n* kleines Kind
total ['toutəl] *adj* total; ganz, gänzlich; *n* Gesamtsumme *f*
totalitarian [,toutæli'tɛəriən] *adj* totalitär
totalizator ['toutəlaizeitə] *n* Totalisator *m*
touch [tʌtʃ] *v* berühren, anrühren; *betreffen; *n* Kontakt *m*, Berührung *f*; Tastsinn *m*
touching ['tʌtʃiŋ] *adj* rührend
tough [tʌf] *adj* zäh
tour [tuə] *n* Rundreise *f*
tourism ['tuərizəm] *n* Fremdenverkehr *m*
tourist ['tuərist] *n* Tourist *m*; ~ **class** Touristenklasse *f*; ~ **office** Verkehrsverein *m*
tournament ['tuənəmənt] *n* Turnier *nt*
tow [tou] *v* schleppen
towards [tə'wɔ:dz] *prep* nach; zu
towel [tauəl] *n* Handtuch *nt*
towelling ['tauəliŋ] *n* Frottierstoff *m*
tower [tauə] *n* Turm *m*
town [taun] *n* Stadt *f*; ~ **centre** Stadtzentrum *nt*; ~ **hall** Rathaus *nt*
townspeople ['taunz,pi:pəl] *pl* Städter *mpl*
toxic ['tɔksik] *adj* toxisch
toy [tɔi] *n* Spielzeug *nt*
toyshop ['tɔiʃɔp] *n* Spielwarenladen *m*
trace [treis] *n* Spur *f*; *v* nachspüren
track [træk] *n* Gleis *nt*; Bahn *f*
tractor ['træktə] *n* Traktor *m*
trade [treid] *n* Gewerbe *nt*, Handel *m*; Fach *nt*, Beruf *m*; *v* handeln
trademark ['treidma:k] *n* Schutzmarke *f*
trader ['treidə] *n* Händler *m*
tradesman ['treidzmən] *n* (pl -men) Geschäftsmann *m*
trade-union [,treid'ju:njən] *n* Gewerkschaft *f*
tradition [trə'diʃən] *n* Tradition *f*
traditional [trə'diʃənəl] *adj* traditionell
traffic ['træfik] *n* Verkehr *m*; ~ **jam** Verkehrsstauung *f*; ~ **light** Verkehrsampel *f*
trafficator ['træfikeitə] *n* Winker *m*
tragedy ['trædʒədi] *n* Tragödie *f*
tragic ['trædʒik] *adj* tragisch
trail [treil] *n* Fährte *f*, Pfad *m*
trailer ['treilə] *n* Anhänger *m*; *nAm* Wohnwagen *m*
train [trein] *n* Zug *m*; *v* dressieren, ausbilden; **stopping** ~ Bummelzug *m*; **through** ~ durchgehender Zug; ~ **ferry** Eisenbahnfähre *f*
training ['treiniŋ] *n* Ausbildung *f*
trait [treit] *n* Zug *m*
traitor ['treitə] *n* Verräter *m*
tram [træm] *n* Straßenbahn *f*
tramp [træmp] *n* Landstreicher *m*, Vagabund *m*; *v* wandern
tranquil ['træŋkwil] *adj* ruhig
tranquillizer ['træŋkwilaizə] *n* Beruhi-

gungsmittel *nt*
transaction [træn'zækʃən] *n* Transaktion *f*
transatlantic [ˌtrænzət'læntik] *adj* transatlantisch
transfer [træns'fə:] *v* *übertragen
transform [træns'fɔ:m] *v* verwandeln
transformer [træns'fɔ:mə] *n* Transformator *m*
transition [træn'siʃən] *n* Übergang *m*
translate [træns'leit] *v* übersetzen
translation [træns'leiʃən] *n* Übersetzung *f*
translator [træns'leitə] *n* Übersetzer *m*
transmission [trænz'miʃən] *n* Sendung *f*
transmit [trænz'mit] *v* *senden
transmitter [trænz'mitə] *n* Sender *m*
transparent [træn'spεərənt] *adj* durchsichtig
transport¹ ['trænspɔ:t] *n* Beförderung *f*
transport² [træn'spɔ:t] *v* transportieren
transportation [ˌtrænspɔ:'teiʃən] *n* Transport *m*
trap [træp] *n* Falle *f*
trash [træʃ] *n* Müll *m*; ~ **can** *Am* Abfalleimer *m*
travel ['trævəl] *v* reisen; ~ **agency** Reisebüro *nt*; ~ **insurance** Reiseversicherung *f*; **travelling expenses** Reisespesen *pl*
traveller ['trævələ] *n* Reisende *m*; **traveller's cheque** Reisescheck *m*
tray [trei] *n* Tablett *nt*
treason ['tri:zən] *n* Verrat *m*
treasure ['treʒə] *n* Schatz *m*
treasurer ['treʒərə] *n* Zahlmeister *m*
treasury ['treʒəri] *n* Schatzamt *nt*
treat [tri:t] *v* behandeln
treatment ['tri:tmənt] *n* Behandlung *f*
treaty ['tri:ti] *n* Vertrag *m*
tree [tri:] *n* Baum *m*
tremble ['trembəl] *v* zittern; beben
tremendous [tri'mendəs] *adj* ungeheuer
trespass ['trespəs] *v* *eindringen
trespasser ['trespəsə] *n* Eindringling *m*
trial [traiəl] *n* Gerichtsverfahren *nt*; Versuch *m*
triangle ['traiæŋgəl] *n* Dreieck *nt*
triangular [trai'æŋgjulə] *adj* dreieckig
tribe [traib] *n* Stamm *m*
tributary ['tribjutəri] *n* Nebenfluß *m*
tribute ['tribju:t] *n* Huldigung *f*
trick [trik] *n* Kniff *m*; Trick *m*
trigger ['trigə] *n* Abzug *m*
trim [trim] *v* stutzen
trip [trip] *n* Ausflug *m*, Reise *f*
triumph ['traiəmf] *n* Triumph *m*; *v* triumphieren
triumphant [trai'ʌmfənt] *adj* triumphierend
trolley-bus ['trɔlibʌs] *n* Obus *m*
troops [tru:ps] *pl* Truppen *fpl*
tropical ['trɔpikəl] *adj* tropisch
tropics ['trɔpiks] *pl* Tropen *pl*
trouble ['trʌbəl] *n* Sorge *f*, Mühe *f*, Last *f*; *v* bemühen
troublesome ['trʌbəlsəm] *adj* lästig
trousers ['trauzəz] *pl* Hose *f*
trout [traut] *n* (pl ~) Forelle *f*
truck [trʌk] *nAm* Lastwagen *m*
true [tru:] *adj* wahr; wirklich, echt; treu, aufrichtig
trumpet ['trʌmpit] *n* Trompete *f*
trunk [trʌŋk] *n* Koffer *m*; Stamm *m*; *nAm* Kofferraum *m*; **trunks** *pl* Turnhose *f*
trunk-call ['trʌŋkkɔ:l] *n* Ferngespräch *nt*
trust [trʌst] *v* vertrauen; *n* Vertrauen *nt*
trustworthy ['trʌstˌwə:ði] *adj* zuverlässig
truth [tru:θ] *n* Wahrheit *f*

truthful ['tru:θfəl] *adj* wahrhaft
try [trai] *v* versuchen; probieren, sich bemühen; *n* Versuch *m*; ~ **on** anprobieren
tube [tju:b] *n* Röhre *f*, Rohr *nt*; Tube *f*
tuberculosis [tju:ˌbə:kju'lousis] *n* Tuberkulose *f*
Tuesday ['tju:zdi] Dienstag *m*
tug [tʌg] *v* schleppen; *n* Schlepper *m*; Ruck *m*
tuition [tju:'iʃən] *n* Unterricht *m*
tulip ['tju:lip] *n* Tulpe *f*
tumbler ['tʌmblə] *n* Becher *m*
tumour ['tju:mə] *n* Geschwulst *f*, Tumor *m*
tuna ['tju:nə] *n* (pl ~, ~s) Thunfisch *m*
tune [tju:n] *n* Lied *nt*, Melodie *f*; ~ **in** einstellen
tuneful ['tju:nfəl] *adj* melodisch
tunic ['tju:nik] *n* Tunika *f*
Tunisia [tju:'niziə] Tunesien
Tunisian [tju:'niziən] *adj* tunesisch; *n* Tunesier *m*
tunnel ['tʌnəl] *n* Tunnel *m*
turbine ['tə:bain] *n* Turbine *f*
turbojet [ˌtə:bou'dʒet] *n* Strahlturbine *f*
Turk [tə:k] *n* Türke *m*
Turkey ['tə:ki] Türkei
turkey ['tə:ki] *n* Truthahn *m*
Turkish ['tə:kiʃ] *adj* türkisch; ~ **bath** Schwitzbad *nt*
turn [tə:n] *v* *wenden; kehren, umdrehen; *n* Wendung *f*, Drehung *f*; Biegung *f*; Reihe *f*; ~ **back** umkehren; ~ **down** *verwerfen; ~ **into** sich verwandeln in; ~ **off** abdrehen; ~ **on** einschalten; andrehen; ~ **over** *umwenden; ~ **round** umkehren; sich umdrehen
turning ['tə:niŋ] *n* Kurve *f*
turning-point ['tə:niŋpɔint] *n* Wendepunkt *m*
turnover ['tə:ˌnouvə] *n* Umsatz *m*; ~ **tax** Umsatzsteuer *f*
turnpike ['tə:npaik] *nAm* gebührenpflichtige Verkehrsstraße
turpentine ['tə:pəntain] *n* Terpentin *nt*
turtle ['tə:təl] *n* Schildkröte *f*
tutor ['tju:tə] *n* Hauslehrer *m*; Vormund *m*
tuxedo [tʌk'si:dou] *nAm* (pl ~s, ~es) Smoking *m*
tweed [twi:d] *n* Tweed *m*
tweezers ['twi:zəz] *pl* Pinzette *f*
twelfth [twelfθ] *num* zwölfte
twelve [twelv] *num* zwölf
twentieth ['twentiəθ] *num* zwanzigste
twenty ['twenti] *num* zwanzig
twice [twais] *adv* zweimal
twig [twig] *n* Zweig *m*
twilight ['twailait] *n* Zwielicht *nt*
twine [twain] *n* Schnur *f*
twins [twinz] *pl* Zwillinge *mpl*; **twin beds** Doppelbett *nt*
twist [twist] *v* *winden; drehen; *n* Drehung *f*
two [tu:] *num* zwei
two-piece [ˌtu:'pi:s] *adj* zweiteilig
type [taip] *v* tippen, Maschine *schreiben; *n* Typ *m*
typewriter ['taipraitə] *n* Schreibmaschine *f*
typewritten ['taipritən] maschinengeschrieben
typhoid ['taifɔid] *n* Typhus *m*
typical ['tipikəl] *adj* bezeichnend, typisch
typist ['taipist] *n* Stenotypistin *f*
tyrant ['taiərənt] *n* Tyrann *m*
tyre [taiə] *n* Reifen *m*; ~ **pressure** Reifendruck *m*

U

ugly ['ʌgli] *adj* häßlich
ulcer ['ʌlsə] *n* Geschwür *nt*
ultimate ['ʌltimət] *adj* letzt
ultraviolet [,ʌltrə'vaiələt] *adj* ultraviolett
umbrella [ʌm'brelə] *n* Regenschirm *m*
umpire ['ʌmpaiə] *n* Schiedsrichter *m*
unable [ʌ'neibəl] *adj* unfähig
unacceptable [,ʌnək'septəbəl] *adj* unannehmbar
unaccountable [,ʌnə'kauntəbəl] *adj* unerklärlich
unaccustomed [,ʌnə'kʌstəmd] *adj* ungewohnt
unanimous [ju:'nænimǝs] *adj* einstimmig
unanswered [,ʌ'nɑ:nsəd] *adj* unbeantwortet
unauthorized [,ʌ'nɔ:θəraizd] *adj* unbefugt
unavoidable [,ʌnə'vɔidəbəl] *adj* unvermeidlich
unaware [,ʌnə'wɛə] *adj* unbewußt
unbearable [ʌn'bɛərəbəl] *adj* unerträglich
unbreakable [,ʌn'breikəbəl] *adj* unzerbrechlich
unbroken [,ʌn'broukən] *adj* unversehrt
unbutton [,ʌn'bʌtən] *v* aufknöpfen
uncertain [ʌn'sə:tən] *adj* unsicher
uncle ['ʌŋkəl] *n* Onkel *m*
unclean [,ʌn'kli:n] *adj* unrein
uncomfortable [ʌn'kʌmfətəbəl] *adj* ungemütlich
uncommon [ʌn'kɔmən] *adj* ungewöhnlich, selten
unconditional [,ʌnkən'diʃənəl] *adj* bedingungslos
unconscious [ʌn'kɔnʃəs] *adj* bewußtlos
uncork [,ʌn'kɔ:k] *v* entkorken
uncover [ʌn'kʌvə] *v* aufdecken
uncultivated [,ʌn'kʌltiveitid] *adj* unkultiviert
under ['ʌndə] *prep* unterhalb, unter
undercurrent ['ʌndə,kʌrənt] *n* Unterströmung *f*
underestimate [,ʌndə'restimeit] *v* unterschätzen
underground ['ʌndəgraund] *adj* unterirdisch; *n* U-Bahn *f*
underline [,ʌndə'lain] *v* *unterstreichen
underneath [,ʌndə'ni:θ] *adv* unten
underpants ['ʌndəpænts] *plAm* Unterhose *f*
undershirt ['ʌndəʃə:t] *n* Unterhemd *nt*
undersigned ['ʌndəsaind] *n* Unterzeichnete *m*
***understand** [,ʌndə'stænd] *v* *begreifen, *verstehen
understanding [,ʌndə'stændiŋ] *n* Verständigung *f*
***undertake** [,ʌndə'teik] *v* *unternehmen
undertaking [,ʌndə'teikiŋ] *n* Unternehmung *f*
underwater ['ʌndə,wɔ:tə] *adj* Unterwasser-
underwear ['ʌndəwɛə] *n* Unterwäsche *fpl*
undesirable [,ʌndi'zaiərəbəl] *adj* unerwünscht
***undo** [,ʌn'du:] *v* aufmachen
undoubtedly [ʌn'dautidli] *adv* zweifellos
undress [,ʌn'dres] *v* sich entkleiden
undulating ['ʌndjuleitiŋ] *adj* wellig
unearned [,ʌ'nə:nd] *adj* unverdient
uneasy [ʌ'ni:zi] *adj* unruhig
uneducated [,ʌ'nedjukeitid] *adj* ungebildet
unemployed [,ʌnim'plɔid] *adj* arbeitslos
unemployment [,ʌnim'plɔimənt] *n* Ar-

beitslosigkeit *f*
unequal [ˌʌ'ni:kwəl] *adj* ungleich
uneven [ˌʌ'ni:vən] *adj* ungleich, uneben
unexpected [ˌʌnik'spektid] *adj* unvorhergesehen, unerwartet
unfair [ˌʌn'fɛə] *adj* unbillig, ungerecht
unfaithful [ˌʌn'feiθfəl] *adj* untreu
unfamiliar [ˌʌnfə'miljə] *adj* unbekannt
unfasten [ˌʌn'fɑ:sən] *v* aufmachen
unfavourable [ˌʌn'feivərəbəl] *adj* ungünstig
unfit [ˌʌn'fit] *adj* untauglich
unfold [ʌn'fould] *v* entfalten
unfortunate [ʌn'fɔ:tʃənət] *adj* unglücklich
unfortunately [ʌn'fɔ:tʃənətli] *adv* unglücklicherweise, leider
unfriendly [ˌʌn'frendli] *adj* unfreundlich
unfurnished [ˌʌn'fə:niʃt] *adj* unmöbliert
ungrateful [ʌn'greitfəl] *adj* undankbar
unhappy [ʌn'hæpi] *adj* unglücklich
unhealthy [ʌn'helθi] *adj* ungesund
unhurt [ˌʌn'hə:t] *adj* unverletzt
uniform ['ju:nifɔ:m] *n* Uniform *f*; *adj* gleichförmig
unimportant [ˌʌnim'pɔ:tənt] *adj* unwichtig
uninhabitable [ˌʌnin'hæbitəbəl] *adj* unbewohnbar
uninhabited [ˌʌnin'hæbitid] *adj* unbewohnt
unintentional [ˌʌnin'tenʃənəl] *adj* unabsichtlich
union ['ju:njən] *n* Vereinigung *f*; Union *f*
unique [ju:'ni:k] *adj* einzigartig
unit ['ju:nit] *n* Einheit *f*
unite [ju:'nait] *v* vereinigen
United States [ju:'naitid steits] Vereinigte Staaten
unity ['ju:nəti] *n* Einheit *f*
universal [ˌju:ni'və:səl] *adj* allgemein, universal
universe ['ju:nivə:s] *n* Weltall *nt*
university [ˌju:ni'və:səti] *n* Universität *f*
unjust [ˌʌn'dʒʌst] *adj* ungerecht
unkind [ʌn'kaind] *adj* unliebenswürdig, unfreundlich
unknown [ˌʌn'noun] *adj* unbekannt
unlawful [ˌʌn'lɔ:fəl] *adj* rechtswidrig
unleaded [ˌʌn'ledid] *adj* bleifrei
unlearn [ˌʌn'lə:n] *v* verlernen
unless [ən'les] *conj* außer wenn
unlike [ˌʌn'laik] *adj* unähnlich
unlikely [ʌn'laikli] *adj* unwahrscheinlich
unlimited [ʌn'limitid] *adj* unbegrenzt, unbeschränkt
unload [ˌʌn'loud] *v* *ausladen, *abladen
unlock [ˌʌn'lɔk] *v* *aufschließen
unlucky [ʌn'lʌki] *adj* unglücklich
unnecessary [ʌn'nesəsəri] *adj* unnötig
unoccupied [ˌʌ'nɔkjupaid] *adj* unbesetzt
unofficial [ˌʌnə'fiʃəl] *adj* offiziös
unpack [ˌʌn'pæk] *v* auspacken
unpleasant [ʌn'plezənt] *adj* langweilig, unangenehm; unerfreulich
unpopular [ˌʌn'pɔpjulə] *adj* unpopulär, unbeliebt
unprotected [ˌʌnprə'tektid] *adj* ungeschützt
unqualified [ˌʌn'kwɔlifaid] *adj* unqualifiziert
unreal [ˌʌn'riəl] *adj* irreal
unreasonable [ʌn'ri:zənəbəl] *adj* unvernünftig
unreliable [ˌʌnri'laiəbəl] *adj* unzuverlässig
unrest [ˌʌn'rest] *n* Unruhe *f*; Ruhelosigkeit *f*
unsafe [ˌʌn'seif] *adj* unsicher
unsatisfactory [ˌʌnsætis'fæktəri] *adj*

unbefriedigend
unscrew [ˌʌn'skru:] *v* abschrauben
unselfish [ˌʌn'selfiʃ] *adj* selbstlos
unskilled [ˌʌn'skild] *adj* ungelernt
unsound [ˌʌn'saund] *adj* ungesund
unstable [ˌʌn'steibəl] *adj* labil
unsteady [ˌʌn'stedi] *adj* wacklig, unstet; wankelmütig
unsuccessful [ˌʌnsək'sesfəl] *adj* erfolglos
unsuitable [ˌʌn'su:təbəl] *adj* ungeeignet
unsurpassed [ˌʌnsə'pɑ:st] *adj* unübertroffen
untidy [ʌn'taidi] *adj* unordentlich
untie [ˌʌn'tai] *v* aufknoten
until [ən'til] *prep* bis
untrue [ˌʌn'tru:] *adj* unwahr
untrustworthy [ˌʌn'trʌstˌwə:ði] *adj* unzuverlässig
unusual [ʌn'ju:ʒuəl] *adj* ungebräuchlich, ungewöhnlich
unwell [ˌʌn'wel] *adj* unwohl
unwilling [ˌʌn'wiliŋ] *adj* unwillig
unwise [ˌʌn'waiz] *adj* unüberlegt
unwrap [ˌʌn'ræp] *v* auspacken
up [ʌp] *adv* nach oben, empor, hinauf
upholster [ʌp'houlstə] *v* polstern, *überziehen
upkeep ['ʌpki:p] *n* Unterhalt *m*
uplands ['ʌpləndz] *pl* Hochland *nt*
upon [ə'pɔn] *prep* auf
upper ['ʌpə] *adj* höher, ober
upright ['ʌprait] *adj* aufrecht; *adv* aufrecht
upset [ʌp'set] *v* stören; *adj* bestürzt
upside-down [ˌʌpsaid'daun] *adv* umgekehrt
upstairs [ˌʌp'stɛəz] *adv* oben; nach oben
upstream [ˌʌp'stri:m] *adv* stromaufwärts
upwards ['ʌpwədz] *adv* aufwärts
urban ['ə:bən] *adj* städtisch
urge [ə:dʒ] *v* drängen; *n* Impuls *m*
urgency ['ə:dʒənsi] *n* Dringlichkeit *f*
urgent ['ə:dʒənt] *adj* dringend
urine ['juərin] *n* Urin *m*
Uruguay ['juərəgwai] Uruguay
Uruguayan [ˌjuərə'gwaiən] *adj* uruguayisch
us [ʌs] *pron* uns
usable ['ju:zəbəl] *adj* brauchbar
usage ['ju:zidʒ] *n* Brauch *m*
use¹ [ju:z] *v* benutzen, gebrauchen; ***be used to** gewohnt *sein; ~ **up** verbrauchen
use² [ju:s] *n* Gebrauch *m*; Nutzen *m*; ***be of** ~ nützen
useful ['ju:sfəl] *adj* brauchbar, nützlich
useless ['ju:sləs] *adj* nutzlos
user ['ju:zə] *n* Benutzer *m*
usher ['ʌʃə] *n* Platzanweiser *m*
usherette [ˌʌʃə'ret] *n* Platzanweiserin *f*
usual ['ju:ʒuəl] *adj* gewöhnlich
usually ['ju:ʒuəli] *adv* gewöhnlich
utensil [ju:'tensəl] *n* Werkzeug *nt*, Gerät *nt*; Gebrauchsgegenstand *m*
utility [ju:'tiləti] *n* Nutzen *m*
utilize ['ju:tilaiz] *v* benutzen
utmost ['ʌtmoust] *adj* äußerst
utter ['ʌtə] *adj* völlig, gänzlich; *v* äußern

V

vacancy ['veikənsi] *n* Vakanz *f*
vacant ['veikənt] *adj* frei
vacate [və'keit] *v* räumen
vacation [və'keiʃən] *n* Ferien *pl*
vaccinate ['væksineit] *v* impfen
vaccination [ˌvæksi'neiʃən] *n* Impfung *f*
vacuum ['vækjuəm] *n* Vakuum *nt*;

vAm staubsaugen; ~ **cleaner** Staubsauger *m*; ~ **flask** Thermosflasche *f*

vagrancy ['veigrənsi] *n* Landstreicherei *f*

vague [veig] *adj* undeutlich

vain [vein] *adj* eitel; unnütz; **in** ~ vergebens, umsonst

valet ['vælit] *n* Diener *m*

valid ['vælid] *adj* gültig

valley ['væli] *n* Tal *nt*

valuable ['væljubəl] *adj* wertvoll, kostbar; **valuables** *pl* Wertsachen *fpl*

value ['vælju:] *n* Wert *m*; *v* schätzen

valve [vælv] *n* Ventil *nt*

van [væn] *n* Lieferauto *nt*

vanilla [və'nilə] *n* Vanille *f*

vanish ['væniʃ] *v* *verschwinden

vapour ['veipə] *n* Dunst *m*

variable ['vɛəriəbəl] *adj* veränderlich

variation [ˌvɛəri'eiʃən] *n* Abwechslung *f*; Veränderung *f*

varied ['vɛərid] *adj* verschieden

variety [və'raiəti] *n* Auswahl *f*; ~ **show** Varietévorstellung *f*; ~ **theatre** Varietétheater *nt*

various ['vɛəriəs] *adj* allerlei, verschiedene

varnish ['vɑ:niʃ] *n* Lack *m*, Firnis *m*; *v* lackieren

vary ['vɛəri] *v* variieren, wechseln; verändern; verschieden *sein

vase [vɑ:z] *n* Vase *f*

vaseline ['væsəli:n] *n* Vaseline *f*

vast [vɑ:st] *adj* unermeßlich, weit

vault [vɔ:lt] *n* Gewölbe *nt*; Stahlkammer *f*

veal [vi:l] *n* Kalbfleisch *nt*

vegetable ['vedʒətəbəl] *n* Gemüse *nt*; ~ **merchant** Gemüsehändler *m*

vegetarian [ˌvedʒi'tɛəriən] *n* Vegetarier *m*

vegetation [ˌvedʒi'teiʃən] *n* Vegetation *f*

vehicle ['vi:əkəl] *n* Fahrzeug *nt*

veil [veil] *n* Schleier *m*

vein [vein] *n* Ader *f*; **varicose** ~ Krampfader *f*

velvet ['velvit] *n* Samt *m*

velveteen [ˌvelvi'ti:n] *n* Baumwollsamt *m*

venerable ['venərəbəl] *adj* ehrwürdig

venereal disease [vi'niəriəl di'zi:z] Geschlechtskrankheit *f*

Venezuela [ˌveni'zweilə] Venezuela

Venezuelan [ˌveni'zweilən] *adj* venezolanisch; *n* Venezolaner *m*

ventilate ['ventileit] *v* ventilieren; lüften

ventilation [ˌventi'leiʃən] *n* Ventilation *f*; Lüftung *f*

ventilator ['ventileitə] *n* Ventilator *m*

venture ['ventʃə] *v* wagen

veranda [və'rændə] *n* Veranda *f*

verb [və:b] *n* Zeitwort *nt*

verbal ['və:bəl] *adj* mündlich

verdict ['və:dikt] *n* Urteil *nt*, Urteilsspruch *m*

verge [və:dʒ] *n* Rand *m*

verify ['verifai] *v* nachprüfen

verse [və:s] *n* Vers *m*

version ['və:ʃən] *n* Darstellung *f*; Übersetzung *f*

versus ['və:səs] *prep* gegen

vertical ['və:tikəl] *adj* senkrecht

vertigo ['və:tigou] *n* Schwindelanfall *m*

very ['veri] *adv* sehr; *adj* wahr, wirklich, exakt; äußerst

vessel ['vesəl] *n* Schiff *nt*; Gefäß *nt*

vest [vest] *n* Hemd *nt*; *nAm* Weste *f*

veterinary surgeon ['vetrinəri 'sə:dʒən] Tierarzt *m*

via [vaiə] *prep* über

viaduct ['vaiədʌkt] *n* Viadukt *m*

vibrate [vai'breit] *v* vibrieren

vibration [vai'breiʃən] *n* Schwingung *f*

vicar ['vikə] *n* Vikar *m*

vice-president [ˌvaisˈprezidənt] *n* Vizepräsident *m*
vicinity [viˈsinəti] *n* Nähe *f*, Nachbarschaft *f*
vicious [ˈviʃəs] *adj* bösartig
victim [ˈviktim] *n* Opfer *nt*; Geschädigte *m*
victory [ˈviktəri] *n* Sieg *m*
video cassette [ˈvidiou kæˈset] *n* Videokassette *f*
video recorder [ˈvidiou riˈkɔ:də] *n* Videorekorder *m*
view [vju:] *n* Aussicht *f*; Meinung *f*, Ansicht *f*; *v* besichtigen
view-finder [ˈvju:ˌfaində] *n* Sucher *m*
vigilant [ˈvidʒilənt] *adj* wachsam
villa [ˈvilə] *n* Villa *f*
village [ˈvilidʒ] *n* Dorf *nt*
villain [ˈvilən] *n* Schuft *m*
vine [vain] *n* Weinrebe *f*
vinegar [ˈvinigə] *n* Essig *m*
vineyard [ˈvinjəd] *n* Weinberg *m*
vintage [ˈvintidʒ] *n* Weinlese *f*
violation [vaiəˈleiʃən] *n* Verletzung *f*
violence [ˈvaiələns] *n* Gewalt *f*
violent [ˈvaiələnt] *adj* gewaltsam; heftig
violet [ˈvaiələt] *n* Veilchen *nt*; *adj* violett
violin [vaiəˈlin] *n* Geige *f*
virgin [ˈvə:dʒin] *n* Jungfrau *f*
virtue [ˈvə:tʃu:] *n* Tugend *f*
visa [ˈvi:zə] *n* Visum *nt*
visibility [ˌvizəˈbiləti] *n* Sichtweite *f*
visible [ˈvizəbəl] *adj* sichtbar
vision [ˈviʒən] *n* Einsicht *f*
visit [ˈvizit] *v* besuchen; *n* Besuch *m*; **visiting hours** Besuchsstunden *fpl*
visitor [ˈvizitə] *n* Gast *m*
vital [ˈvaitəl] *adj* wesentlich
vitamin [ˈvitəmin] *n* Vitamin *nt*
vivid [ˈvivid] *adj* lebhaft
vocabulary [vəˈkæbjuləri] *n* Vokabular *nt*, Wortschatz *m*
vocal [ˈvoukəl] *adj* vokal
vocalist [ˈvoukəlist] *n* Sänger *m*
voice [vɔis] *n* Stimme *f*
void [vɔid] *adj* nichtig
volcano [vɔlˈkeinou] *n* (pl ~es, ~s) Vulkan *m*
volt [voult] *n* Volt *nt*
voltage [ˈvoultidʒ] *n* Spannung *f*
volume [ˈvɔljum] *n* Volumen *nt*; Teil *m*, Band *m*
voluntary [ˈvɔləntəri] *adj* freiwillig
volunteer [ˌvɔlənˈtiə] *n* Freiwillige *m*
vomit [ˈvɔmit] *v* sich *übergeben, *erbrechen
vote [vout] *v* stimmen; *n* Stimme *f*; Abstimmung *f*
voucher [ˈvautʃə] *n* Beleg *m*, Gutschein *m*
vow [vau] *n* Gelübde *nt*, Eid *m*; *v* *schwören
vowel [vauəl] *n* Selbstlaut *m*
voyage [ˈvɔiidʒ] *n* Reise *f*
vulgar [ˈvʌlgə] *adj* gemein; Volks-, ordinär
vulnerable [ˈvʌlnərəbəl] *adj* verletzbar
vulture [ˈvʌltʃə] *n* Geier *m*

W

wade [weid] *v* waten
wafer [ˈweifə] *n* Oblate *f*
waffle [ˈwɔfəl] *n* Waffel *f*
wages [ˈweidʒiz] *pl* Lohn *m*
waggon [ˈwægən] *n* Waggon *m*
waist [weist] *n* Taille *f*
waistcoat [ˈweiskout] *n* Weste *f*
wait [weit] *v* warten; ~ **on** bedienen
waiter [ˈweitə] *n* Ober *m*, Kellner *m*
waiting *n* das Warten
waiting-list [ˈweitiŋlist] *n* Warteliste *f*
waiting-room [ˈweitiŋru:m] *n* Wartezimmer *nt*

waitress ['weitris] *n* Kellnerin *f*
***wake** [weik] *v* wecken; ~ **up** aufwachen, wach *werden
walk [wɔ:k] *v* *gehen; spazieren; *n* Spaziergang *m*; Gang *m*; **walking** zu Fuß
walker ['wɔ:kə] *n* Spaziergänger *m*
walking-stick ['wɔ:kiŋstik] *n* Spazierstock *m*
wall [wɔ:l] *n* Mauer *f*; Wand *f*
wallet ['wɔlit] *n* Brieftasche *f*
wallpaper ['wɔ:l,peipə] *n* Tapete *f*
walnut ['wɔ:lnʌt] *n* Walnuß *f*
waltz [wɔ:ls] *n* Walzer *m*
wander ['wɔndə] *v* umherschweifen, umherwandern
want [wɔnt] *v* *wollen; wünschen; *n* Bedarf *m*; Mangel *m*, Fehlen *nt*
war [wɔ:] *n* Krieg *m*
warden ['wɔ:dən] *n* Wächter *m*, Aufseher *m*
wardrobe ['wɔ:droub] *n* Kleiderschrank *m*, Garderobe *f*
warehouse ['wɛəhaus] *n* Lager *nt*, Depot *nt*
wares [wɛəz] *pl* Waren
warm [wɔ:m] *adj* heiß, warm; *v* wärmen
warmth [wɔ:mθ] *n* Wärme *f*
warn [wɔ:n] *v* warnen
warning ['wɔ:niŋ] *n* Warnung *f*
wary ['wɛəri] *adj* bedächtig
was [wɔz] *v* (p be)
wash [wɔʃ] *v* *waschen; ~ **and wear** bügelfrei; ~ **up** *abwaschen
washable ['wɔʃəbəl] *adj* waschbar
wash-basin ['wɔʃ,beisən] *n* Waschbecken *nt*
washing ['wɔʃiŋ] *n* Waschen *nt*; Wäsche *f*
washing-machine ['wɔʃiŋmə,ʃi:n] *n* Waschmaschine *f*
washing-powder ['wɔʃiŋ,paudə] *n* Waschpulver *nt*
washroom ['wɔʃru:m] *nAm* Toilette *f*
wash-stand ['wɔʃstænd] *n* Waschtisch *m*
wasp [wɔsp] *n* Wespe *f*
waste [weist] *v* vergeuden; *n* Verschwendung *f*; *adj* brach
wasteful ['weistfəl] *adj* verschwenderisch
wastepaper-basket [weist'peipə,bɑ:skit] *n* Papierkorb *m*
watch [wɔtʃ] *v* *achtgeben auf, beobachten; überwachen; *n* Uhr *f*; ~ **for** auflauern; ~ **out** aufpassen
watch-maker ['wɔtʃ,meikə] *n* Uhrmacher *m*
watch-strap ['wɔtʃstræp] *n* Uhrband *nt*
water ['wɔ:tə] *n* Wasser *nt*; **iced** ~ Eiswasser *nt*; **running** ~ fließendes Wasser; ~ **pump** Wasserpumpe *f*; ~ **ski** Wasserschi *m*
water-colour ['wɔ:tə,kʌlə] *n* Wasserfarbe *f*; Aquarell *nt*
watercress ['wɔ:təkres] *n* Brunnenkresse *f*
waterfall ['wɔ:təfɔ:l] *n* Wasserfall *m*
watermelon ['wɔ:tə,melən] *n* Wassermelone *f*
waterproof ['wɔ:təpru:f] *adj* wasserdicht
water-softener [,wɔ:tə,sɔfnə] *n* Enthärtungsmittel *nt*
waterway ['wɔ:təwei] *n* Wasserstraße *f*
watt [wɔt] *n* Watt *nt*
wave [weiv] *n* Welle *f*; *v* winken
wave-length ['weivleŋθ] *n* Wellenlänge *f*
wavy ['weivi] *adj* wellig
wax [wæks] *n* Wachs *nt*
waxworks ['wækswɔ:ks] *pl* Wachsfigurenkabinett *nt*
way [wei] *n* Art *f*, Weise *f*; Weg *m*; Seite *f*, Richtung *f*; Entfernung *f*; **any** ~ wie auch immer; **by the** ~

übrigens; **one-way traffic** Einbahnverkehr *m*; **out of the ~** entlegen; **the other ~ round** andersherum; **~ back** Rückweg *m*; **~ in** Eingang *m*; **~ out** Ausgang *m*
wayside ['weisaid] *n* Wegrand *m*
we [wi:] *pron* wir
weak [wi:k] *adj* schwach; dünn
weakness ['wi:knəs] *n* Schwäche *f*
wealth [welθ] *n* Reichtum *m*
wealthy ['welθi] *adj* reich
weapon ['wepən] *n* Waffe *f*
***wear** [wɛə] *v* *anhaben, *tragen; **~ out** *abtragen
weary ['wiəri] *adj* überdrüssig, müde
weather ['weðə] *n* Wetter *nt*; **~ forecast** Wetterbericht *m*
***weave** [wi:v] *v* weben
weaver ['wi:və] *n* Weber *m*
wedding ['wediŋ] *n* Heirat *f*, Hochzeit *f*
wedding-ring ['wediŋriŋ] *n* Ehering *m*
wedge [wedʒ] *n* Keil *m*
Wednesday ['wenzdi] Mittwoch *m*
weed [wi:d] *n* Unkraut *nt*
week [wi:k] *n* Woche *f*
weekday ['wi:kdei] *n* Wochentag *m*
weekend ['wi:kend] *n* Wochenende *nt*
weekly ['wi:kli] *adj* wöchentlich
***weep** [wi:p] *v* weinen
weigh [wei] *v* *wiegen
weighing-machine ['weiiŋməʃi:n] *n* Waage *f*
weight [weit] *n* Gewicht *nt*
welcome ['welkəm] *adj* willkommen; *n* Willkommen *nt*; *v* bewillkommnen
weld [weld] *v* schweißen
welfare ['welfɛə] *n* Wohlbefinden *nt*
well[1] [wel] *adv* gut; *adj* gesund; **as ~** auch, ebenfalls; **as ~ as** ebenso wie; **well!** gut!
well[2] [wel] *n* Quelle *f*, Brunnen *m*
well-founded [,wel'faundid] *adj* wohlbegründet
well-known ['welnoun] *adj* bekannt
well-to-do [,weltə'du:] *adj* wohlhabend
went [went] *v* (p go)
were [wə:] *v* (p be)
west [west] *n* Westen *m*
westerly ['westəli] *adj* westlich
western ['westən] *adj* westlich
wet [wet] *adj* naß; feucht
whale [weil] *n* Wal *m*
wharf [wɔ:f] *n* (pl ~s, wharves) Kai *m*
what [wɔt] *pron* was; **~ for** wozu
whatever [wɔ'tevə] *pron* was auch immer
wheat [wi:t] *n* Weizen *m*
wheel [wi:l] *n* Rad *nt*
wheelbarrow ['wi:l,bærou] *n* Schubkarren *m*
wheelchair ['wi:ltʃɛə] *n* Rollstuhl *m*
when [wen] *adv* wann; *conj* als, wenn
whenever [we'nevə] *conj* wann immer
where [wɛə] *adv* wo; *conj* wo
wherever [wɛə'revə] *conj* wo immer
whether ['weðə] *conj* ob; **whether … or** ob … oder
which [witʃ] *pron* welcher; der
whichever [wi'tʃevə] *adj* welcher auch immer
while [wail] *conj* während; *n* Weile *f*
whilst [wailst] *conj* indem
whim [wim] *n* Grille *f*, Laune *f*
whip [wip] *n* Peitsche *f*; *v* *schlagen
whiskers ['wiskəz] *pl* Backenbart *m*
whisper ['wispə] *v* flüstern; *n* Geflüster *nt*
whistle ['wisəl] *v* *pfeifen; *n* Pfeife *f*
white [wait] *adj* weiß
whitebait ['waitbeit] *n* Breitling *m*
whiting ['waitiŋ] *n* (pl ~) Weißfisch *m*
Whitsun ['witsən] Pfingsten
who [hu:] *pron* wer; welcher
whoever [hu:'evə] *pron* wer auch immer
whole [houl] *adj* vollständig, ganz;

unbeschädigt; *n* Ganze *nt*
wholesale ['houlseil] *n* Großhandel *m*; ~ **dealer** Großhändler *m*
wholesome ['houlsəm] *adj* bekömmlich
wholly ['houlli] *adv* gänzlich
whom [hu:m] *pron* wem
whore [hɔ:] *n* Hure *f*
whose [hu:z] *pron* dessen; wessen
why [wai] *adv* warum
wicked ['wikid] *adj* böse
wide [waid] *adj* weit, breit
widen ['waidən] *v* erweitern
widow ['widou] *n* Witwe *f*
widower ['widouə] *n* Witwer *m*
width [widθ] *n* Breite *f*
wife [waif] *n* (pl wives) Gattin *f*, Frau *f*
wig [wig] *n* Perücke *f*
wild [waild] *adj* wild; wüst
will [wil] *n* Wille *m*; Testament *nt*
***will** [wil] *v* *wollen; *werden
willing ['wiliŋ] *adj* willig
willingly ['wiliŋli] *adv* gern
will-power ['wilpauə] *n* Willenskraft *f*
***win** [win] *v* *gewinnen
wind [wind] *n* Wind *m*
***wind** [waind] *v* sich *winden; *aufziehen, *winden
winding ['waindiŋ] *adj* gewunden
windmill ['windmil] *n* Windmühle *f*
window ['windou] *n* Fenster *nt*
window-sill ['windousil] *n* Fensterbrett *nt*
windscreen ['windskri:n] *n* Windschutzscheibe *f*; ~ **wiper** Scheibenwischer *m*
windshield ['windʃi:ld] *nAm* Windschutzscheibe *f*; ~ **wiper** *Am* Scheibenwischer *m*
windy ['windi] *adj* windig
wine [wain] *n* Wein *m*
wine-cellar ['wain,selə] *n* Weinkeller *m*
wine-list ['wainlist] *n* Weinkarte *f*
wine-merchant ['wain,mə:tʃənt] *n* Weinhändler *m*
wine-waiter ['wain,weitə] *n* Kellermeister *m*
wing [wiŋ] *n* Flügel *m*
winkle ['wiŋkəl] *n* Uferschnecke *f*
winner ['winə] *n* Sieger *m*
winning ['winiŋ] *adj* gewinnend; **winnings** *pl* Gewinn *m*
winter ['wintə] *n* Winter *m*; ~ **sports** Wintersport *m*
wipe [waip] *v* abwischen; auswischen
wire [waiə] *n* Draht *m*
wireless ['waiələs] *n* Rundfunk *m*
wisdom ['wizdəm] *n* Weisheit *f*
wise [waiz] *adj* weise
wish [wiʃ] *v* begehren, wünschen; *n* Begehren *nt*, Wunsch *m*
witch [witʃ] *n* Hexe *f*
with [wið] *prep* mit; bei; von
***withdraw** [wið'drɔ:] *v* *zurückziehen
within [wi'ðin] *prep* innerhalb; *adv* im Innern
without [wi'ðaut] *prep* ohne
witness ['witnəs] *n* Zeuge *m*
wits [wits] *pl* Verstand *m*
witty ['witi] *adj* geistreich
wolf [wulf] *n* (pl wolves) Wolf *m*
woman ['wumən] *n* (pl women) Frau *f*
womb [wu:m] *n* Gebärmutter *f*
won [wʌn] *v* (p, pp win)
wonder ['wʌndə] *n* Wunder *nt*; Verwunderung *f*; *v* sich fragen
wonderful ['wʌndəfəl] *adj* prächtig, wunderbar; herrlich
wood [wud] *n* Holz *nt*; Wald *m*
wood-carving ['wud,kɑ:viŋ] *n* Holzschnitzerei *f*
wooded ['wudid] *adj* bewaldet
wooden ['wudən] *adj* hölzern; ~ **shoe** Holzschuh *m*
woodland ['wudlənd] *n* Waldung *f*
wool [wul] *n* Wolle *f*; **darning** ~

Stopfgarn *nt*
woollen ['wulən] *adj* wollen
word [wə:d] *n* Wort *nt*
wore [wɔ:] *v* (p wear)
work [wə:k] *n* Arbeit *f*; Tätigkeit *f*; *v* arbeiten; funktionieren; **working day** Werktag *m*; ~ **of art** Kunstwerk *nt*; ~ **permit** Arbeitsbewilligung *f*
worker ['wə:kə] *n* Arbeiter *m*
working ['wə:kiŋ] *n* Betrieb *m*
workman ['wə:kmən] *n* (pl -men) Arbeiter *m*
works [wə:ks] *pl* Fabrik *f*
workshop ['wə:kʃɔp] *n* Werkstatt *f*
world [wə:ld] *n* Welt *f*; ~ **war** Weltkrieg *m*
world-famous [,wə:ld'feiməs] *adj* weltberühmt
world-wide ['wə:ldwaid] *adj* weltweit
worm [wə:m] *n* Wurm *m*
worn [wɔ:n] *adj* (pp wear) abgetragen
worn-out [,wɔ:n'aut] *adj* abgenutzt
worried ['wʌrid] *adj* beunruhigt
worry ['wʌri] *v* sich beunruhigen; *n* Sorge *f*, Besorgtheit *f*
worse [wə:s] *adj* schlechter; *adv* schlechter
worship ['wə:ʃip] *v* verehren; *n* Gottesdienst *m*
worst [wə:st] *adj* schlechtest; *adv* am schlechtesten
worsted ['wustid] *n* Kammgarn *nt*
worth [wə:θ] *n* Wert *m*; ***be** ~ wert *sein; ***be worth-while** sich lohnen
worthless ['wə:θləs] *adj* wertlos
worthy of ['wə:ði əv] würdig
would [wud] *v* (p will) pflegen
wound[1] [wu:nd] *n* Wunde *f*; *v* verletzen, verwunden
wound[2] [waund] *v* (p, pp wind)
wrap [ræp] *v* einwickeln
wreck [rek] *n* Wrack *nt*; *v* vernichten
wrench [rentʃ] *n* Schraubenschlüssel *m*; Ruck *m*; *v* verdrehen
wrinkle ['riŋkəl] *n* Falte *f*
wrist [rist] *n* Handgelenk *nt*
wrist-watch ['ristwɔtʃ] *n* Armbanduhr *f*
***write** [rait] *v* *schreiben; **in writing** schriftlich; ~ **down** *aufschreiben
writer ['raitə] *n* Schriftsteller *m*
writing-pad ['raitiŋpæd] *n* Notizblock *m*, Schreibblock *m*
writing-paper ['raitiŋ,peipə] *n* Schreibpapier *nt*
written ['ritən] *adj* (pp write) schriftlich
wrong [rɔŋ] *adj* unrecht, falsch; *n* Unrecht *nt*; *v* Unrecht *tun; ***be** ~ unrecht *haben
wrote [rout] *v* (p write)

X

Xmas ['krisməs] Weihnachten
X-ray ['eksrei] *n* Röntgenbild *nt*; *v* röntgen

Y

yacht [jɔt] *n* Jacht *f*
yacht-club ['jɔtklʌb] *n* Segelklub *m*
yachting ['jɔtiŋ] *n* Segelsport *m*
yard [jɑ:d] *n* Hof *m*
yarn [jɑ:n] *n* Garn *nt*
yawn [jɔ:n] *v* gähnen
year [jiə] *n* Jahr *nt*
yearly ['jiəli] *adj* jährlich
yeast [ji:st] *n* Hefe *f*
yell [jel] *v* *schreien; *n* Schrei *m*
yellow ['jelou] *adj* gelb
yes [jes] ja
yesterday ['jestədi] *adv* gestern

yet [jet] *adv* noch; *conj* dennoch, jedoch, doch
yield [ji:ld] *v* *einbringen; *nachgeben
yoke [jouk] *n* Joch *nt*
yolk [jouk] *n* Dotter *nt*
you [ju:] *pron* du; dir; Sie; Ihnen; ihr; euch
young [jʌŋ] *adj* jung
your [jɔ:] *adj* Ihr; dein; euer
yourself [jɔ:'self] *pron* dich; selbst
yourselves [jɔ:'selvz] *pron* euch; selbst
youth [ju:θ] *n* Jugend *f*; ~ **hostel** Jugendherberge *f*

Z

zeal [zi:l] *n* Eifer *m*
zealous ['zeləs] *adj* eifrig
zebra ['zi:brə] *n* Zebra *nt*
zenith ['zeniθ] *n* Zenit *m*; Hohepunkt *m*
zero ['ziərou] *n* (pl ~s) Null *f*
zest [zest] *n* Lust *f*
zinc [ziŋk] *n* Zink *nt*
zip [zip] *n* Reißverschluß *m*; ~ **code** *Am* Postleitzahl *f*
zipper ['zipə] *n* Reißverschluß *m*
zodiac ['zoudiæk] *n* Tierkreis *m*
zone [zoun] *n* Zone *f*; Gebiet *nt*
zoo [zu:] *n* (pl ~s) Zoo *m*
zoology [zou'ɔlədʒi] *n* Zoologie *f*

Aus der Speisekarte

Speisen

almond Mandel
anchovy Sardelle
angel food cake Kuchen aus Eiweißschnee
angels on horseback auf Toast servierte, in Speck eingerollte und gegrillte Austern
appetizer Appetithäppchen
apple Apfel
~ **dumpling** Apfel im Schlafrock
~ **sauce** Apfelmus
apricot Aprikose
Arbroath smoky geräucherter Schellfisch
artichoke Artischocke
asparagus Spargel
~ **tip** Spargelspitze
aspic Aspik, Gelee, Sülze
assorted gemischt
avocado (pear) Avocato(birne)
bacon Speck
~ **and eggs** Spiegeleier und Speck
bagel Brötchen in Kranzform
baked im Ofen gebacken
~ **Alaska** norwegisches Omelett
~ **beans** gebackene weiße Bohnen mit Tomatensoße
~ **potato** gebackene Pellkartoffel
Bakewell tart Kuchen aus gemahlenen Mandeln und Marmelade
baloney eine Art Mortadella
banana Banane
~ **split** halbierte Banane, verschiedene Eiskremsorten, Nüsse und Sirup oder Schokolade
barbecue 1) Rindfleischgehacktes, mit pikanter Tomatensoße in einem Brötchen serviert 2) Grillparty
~ **sauce** pikante Tomatensoße
barbecued über offenem Holzfeuer gegrillt
basil Basilikum
bass Barsch
bean Bohne
beef Rindfleisch
~ **olive** Rinderroulade
beefburger gehacktes Beefsteak, gegrillt und in einem Brötchen serviert
beet, beetroot rote Rübe
bilberry Heidel-, Blaubeere
bill Rechnung
~ **of fare** Speisekarte
biscuit 1) Kleingebäck, Keks (GB) 2) kleines Brötchen (US)

blackberry Brombeere
blackcurrant schwarze Johannisbeere
black pudding Blutwurst
bloater Bückling
blood sausage Blutwurst
blueberry Heidel-, Blaubeere
boiled gekocht, gesotten
Bologna (sausage) eine Art Mortadella
bone Knochen
boned ausgebeint
Boston baked beans weiße Bohnen, Speckwürfel und Melasse im Ofen gebacken
Boston cream pie mehrschichtige Torte mit Kremfüllung und Schokoladenglasur
brains Hirn
braised gedämpft, geschmort
bramble pudding Brombeerpudding, oft mit Apfelscheiben
braunschweiger Leberwurst
bread Brot
breaded paniert
breakfast Frühstück
bream Brasse
breast Brust, Brüstchen
brisket Bruststück
broad bean Saubohne
broth Fleischbrühe, Bouillon
brown Betty eine Art Charlotte aus Äpfeln und Gewürzen, mit Paniermehl bestreut
brunch spätes, reichhaltiges Frühstück, das zugleich das Mittagessen ersetzt; Gabelfrühstück
brussels sprout Rosenkohl
bubble and squeak eine Art Pfannkuchen aus Kartoffeln und Weißkohl
bun 1) süßes Milchbrötchen mit Rosinen oder anderen getrockneten Früchten (GB) 2) Hefebrötchen (US)
buttered gebuttert
cabbage Weißkohl
Caesar salad Salat mit Brotwürfeln, Sardellen, Knoblauch und geriebenem Käse
cake Kuchen
cakes Kekse
calf Kalb
Canadian bacon geräucherter Lendenspeck
canapé Appetitschnittchen, belegtes Brötchen
cantaloupe Melone
caper Kaper
capercaillie, capercailzie Auerhahn
carp Karpfen
carrot Mohrrübe, Karotte
cashew Cashewnuß, Elefantenlaus
casserole in der Kasserolle serviertes Gericht
catfish 1) Steinbeißer, Seewolf 2) Katzenwels
catsup Ketchup
cauliflower Blumenkohl
celery Sellerie
cereal Getreideflocken
  hot ~ Haferbrei
check Rechnung
Cheddar (cheese) fetter, orangegelber Hartkäse
cheese Käse
  ~ board Käseplatte
  ~ cake Käsekuchen
cheeseburger eine Art deutsches Beefsteak, mit geschmolzenem Käse in einem Brötchen serviert
chef's salad Salat mit Schinken, Rindfleisch, Hühnerfleisch, Eiern, Tomaten und Käse
cherry Kirsche
chestnut Eßkastanie, Marone

chicken Huhn, Hühnchen
chicory 1) Brüsseler Endivie, Chicorée (GB) 2) Endivie (US)
chili con carne dicker Eintopf aus Rindfleisch mit roten Bohnen, Zwiebeln und Chilipfeffer
chili pepper Chilipfeffer
chips 1) Pommes frites (GB) 2) Kartoffelchips (US)
chitt(er)lings Schweinskaldaunen, -kutteln
chive Schnittlauch
chocolate Schokolade
choice Auswahl
chop Kotelett
~ **suey** Gericht aus fein geschnittenem Hühner- oder Schweinefleisch, Gemüse und Reis
chopped gehackt, feingeschnitten
chowder dicke Suppe mit Meeresfrüchten
Christmas pudding englischer Weihnachtspudding aus getrockneten Früchten, Paniermehl, Gewürzen; manchmal flambiert
chutney scharfgewürzte indische Tafelsoße
cinnamon Zimt
clam Sandmuschel
club sandwich doppeltes Sandwich mit gebratenem Frühstücksspeck, Hühnerfleisch, Tomaten, Salat und Mayonnaise
cobbler eine Art gedeckter Obstkuchen
cock-a-leekie soup Hühnerbrühe mit Porree
coconut Kokosnuß
cod Kabeljau, Dorsch
Colchester oyster die beste englische Auster
cold cuts/meat Aufschnitt
coleslaw Weißkohlsalat
compote Kompott
condiment Gewürz
consommé Fleischbrühe, Bouillon
cooked gekocht
cookie Keks
corn 1) Korn, Weizen (GB) 2) Mais (US)
~ **on the cob** Maiskolben
cornflakes geröstete Maisflocken
corned beef gepökeltes Rindfleisch
cottage cheese Bauernkäse aus Quark
cottage pie Auflauf aus Hackfleisch, Zwiebeln und Kartoffelpüree
course Gericht, Gang
cover charge Gedeck extra
crab Krabbe
cracker kleines knuspriges Salzgebäck
cranberry Kranbeere, nordamerikanische Preiselbeere
~ **sauce** Kranbeersoße
crawfish, crayfish 1) Krebs 2) Languste (GB) 3) Kaisergranat (US)
cream 1) Sahne 2) Krem 3) Kremsuppe
~ **cheese** Rahmkäse
~ **puff** Windbeutel
creamed potatoes Sahnekartoffeln
creole Kreolenart; meistens mit Tomaten, Paprikaschoten und Zwiebeln gewürzt, mit Reis serviert
cress Kresse
crisps Kartoffelchips
crumpet rundes, mit Butter bestrichenes Hefebrötchen, wird warm gegessen
cucumber Gurke
Cumberland ham bekannter eng-

lischer Räucherschinken
Cumberland sauce pikante Tafelsoße aus rotem Johannisbeergelee, Orangensaft und Wein
cupcake kleiner, runder Kuchen
cured geräuchert, gebeizt, gepökelt
currant 1) Korinthe 2) Johannisbeere
curried mit Curry
custard 1) englische Krem 2) Puddingtörtchen
cutlet Schnitzel, Kotelett
dab Kliesche, rauhe Scholle
Danish pastry Plundergebäck
date Dattel
Derby cheese blaßgelber Schnittkäse von mildem bis würzigem Geschmack
devilled sehr stark gewürzt
devil's food cake Schokoladentorte
devils on horseback in Rotwein gekochte Backpflaumen, mit Mandeln und Sardellen gefüllt, in Speck eingerollt und gegrillt
Devonshire cream dicke Sahne
diced gewürfelt
diet food Diätkost
dinner (großes) Abendessen
dish Gericht, Gang
donut, doughnut süßer Krapfen, Berliner Pfannkuchen in Ringform
double cream Doppelrahm
Dover sole Dover-Seezunge, gilt als die beste Englands
dressing 1) Salatsoße 2) Füllung für Geflügel (US)
Dublin Bay prawn Kaisergranat
duck Ente
duckling junge Ente
dumpling Teigkloß, Knödel
Dutch apple pie Apfeltorte mit Streusel aus Rohzucker, Zimt und Butter
éclair Blitzkuchen, gefüllte Brandteigstange
eel Aal
egg Ei
boiled ~ gekocht
fried ~ Spiegelei
hard-boiled ~ hartgekocht
poached ~ pochiert, verloren
scrambled ~ Rührei
soft-boiled ~ weichgekocht
eggplant Aubergine
endive 1) Endivie (GB) 2) Brüsseler Endivie, Chicorée (US)
entrée 1) Vorspeise (GB) 2) Hauptgericht (US)
escalope Schnitzel
fennel Fenchel
fig Feige
fillet Fleisch- oder Fischfilet
finnan haddock geräucherter Schellfisch
fish Fisch
~ **and chips** fritierter Fisch und Pommes frites
~ **cake** Frikadelle aus Fisch und Kartoffelpüree
flan Obst-, Käsekuchen
flapjack kleiner, dicker Pfannkuchen
flounder Flunder
forcemeat gehacktes Füllfleisch
fowl Geflügel
French bean grüne Bohne
French bread Pariser Brot
French dressing 1) würzige kalte Kräutersoße (GB) 2) sahnige Salatsoße mit Ketchup (US)
french fries Pommes frites
French toast armer Ritter, Goldschnitte
fresh frisch
fried gebraten oder in Öl gebacken

fritter Krapfen
frogs' legs Froschschenkel
frosting Zuckerguß, Glasur
fruit Obst
fry Fritüre
galantine Rollpastete
game Wild
gammon Räucherschinken
garfish Hornhecht
garlic Knoblauch
garnish Garnierung, Beilage
gherkin Essig-, Gewürzgurke
giblets Geflügelklein
ginger Ingwer
goose Gans
~**berry** Stachelbeere
grape Weintraube
~**fruit** Pampelmuse
grated gerieben
gravy Bratensaft, -soße
grayling Äsche
green bean grüne Bohne
green pepper grüne Paprikaschote
green salad grüner Salat, Gartensalat
greens grünes Gemüse
grilled gegrillt
grilse junger Lachs
grouse schottisches Moorhuhn
gumbo 1) Gombo (unreife Frucht einer mittelelamerikanischen Eibischart) 2) kreolisches Fleisch- oder Fischgericht mit *okra*
haddock Schellfisch
haggis Hammelmagen mit einer Füllung aus gehackten Innereien und Haferflocken
hake Seehecht
half Hälfte, halb
halibut Heilbutt
ham Schinken
~ **and eggs** Spiegeleier mit Schinken
hare Hase
haricot bean weiße Bohne
hash 1) gehacktes oder feingeschnittenes Fleisch 2) Gericht aus feingeschnittenem Fleisch, Kartoffeln und Gemüse
hazelnut Haselnuß
heart Herz
herb Gewürzkraut
herring Hering
home-made hausgemacht
hominy grits Maisbrei
honey Honig
~**dew melon** Honigmelone, sehr süß, mit gelbgrünem Fruchtfleisch
hors-d'œuvre Vorspeise
horse-radish Meerrettich
hot 1) warm, heiß 2) scharf
~ **cross bun** Rosinenbrötchen mit kreuzförmiger Verzierung (zur Fastenzeit)
~ **dog** heißes Würstchen in einem aufgeschnittenen Brötchen
huckleberry Heidel-, Blaubeere
hush puppy Krapfen aus Maismehl
ice-cream Speiseeis
iced eisgekühlt
icing Zuckerguß, Glasur
Idaho baked potato im Ofen gebackene Pellkartoffel
Irish stew Eintopfgericht mit Hammelfleisch, Kartoffeln und Zwiebeln
Italian dressing würzige kalte Kräutersoße
jam Marmelade
jellied in Gelee
Jell-O Geleenachspeise, Götterspeise
jelly Gelee, Sülze
Jerusalem artichoke Erdartischocke, Topinambur

John Dory Heringskönig, Petersfisch
jugged hare Hasenpfeffer
juice Saft
juniper berry Wacholderbeere
junket gezuckerte Dickmilch
kale Kraus-, Grünkohl
kedgeree stark gewürztes Frühstücksgericht aus feingeschnittenem Fisch mit Reis, Eiern und Butter
kidney Niere
kipper geräucherter Hering
lamb Lamm
Lancashire hot pot Eintopf aus Lammkoteletts und -nieren, Kartoffeln und Zwiebeln
larded gespickt
lean mager
leek Porree, Lauch
leg Keule, Schlegel
lemon Zitrone
~ **sole** Rotzunge
lentil Linse
lettuce Kopfsalat, Lattich
lima bean Limabohne
lime Limetta, Zitrusfrucht mit grüner Schale
liver Leber
loaf Brotlaib
lobster Hummer
loin Filet, Lendenstück
Long Island duck Long-Island-Ente, besonders wohlschmekkend
low-calorie kalorienarm
lox Räucherlachs
lunch Mittagessen
macaroon Makrone
mackerel Makrele
maize Mais
mandarin Mandarine
maple syrup Ahornsirup
marinated mariniert, eingelegt
marjoram Majoran
marmalade Marmelade aus Zitrusfrüchten (besonders Apfelsinen)
marrow Mark
~ **bone** Markknochen
marshmallow eine Art türkischer Honig
mashed potatoes Kartoffelpüree
meal Mahlzeit
meat Fleisch
~ **ball** Fleischkloß
~ **loaf** Hackbraten
medium (done) halb durchgebraten, halbgar
melon Melone
melted geschmolzen
Melton Mowbray pie eine englische Fleischpastete, wird kalt gegessen
menu Speisekarte
meringue Baiser, Meringe
milk Milch
mince Gehacktes, Hackfleisch
~ **meat** Hackfleisch
~ **pie** Kuchen oder Pastete mit Füllung aus Äpfeln, Rosinen, feingehacktes Orangeat und Zitronat, Gewürze; mit oder ohne Fleisch
minced gehackt
mint Minze
mixed gemischt
~ **grill** verschiedene Fleischstücke mit Bratwürstchen, Speckscheibchen, Tomaten, Pilzen und Zwiebeln; gegrillt
molasses Melasse
morel Morchel
mousse eine Art Kremeis
mulberry Maulbeere
mullet Meerbarbe
mulligatawny soup stark gewürzte indische Hühnersuppe

mushroom Pilz
muskmelon Melone
mussel Miesmuschel
mustard Senf
mutton Hammelfleisch
noodle Nudel
nut Nuß
oatmeal (porridge) Haferbrei
oil Öl
okra schlanke Gomboschote
omelet Omelett
onion Zwiebel
orange Apfelsine
ox tongue Ochsenzunge
oxtail Ochsenschwanz
oyster Auster
pancake Eierkuchen
parsley Petersilie
parsnip Pastinake, Hirschmöhre
partridge Rebhuhn
pastry feines Backwerk
pasty Pastetchen, Fleischpastete
pea Erbse
peach Pfirsich
peanut Erdnuß
pear Birne
pearl barley Perlgraupen
pepper Pfeffer
~ **mint** Pfefferminze
perch Barsch
persimmon Dattel-, Kakipflaume
pheasant Fasan
pickerel junger Hecht
pickle 1) mit Kräutern und Gewürzen in Essig eingelegte Gemüse und Frucht 2) kleine Gewürzgurke (US)
pickled in Essig eingelegt, gepökelt
pie englische Pastete (mit würziger oder süßer Füllung und meistens mit Teigdeckel)
pig Schwein
pigeon Taube
pike Hecht
pineapple Ananas
plaice Scholle
plain einfach, naturell
plate Teller, Platte, Gang
plum Pflaume
~ **pudding** englischer Weihnachtspudding aus getrockneten Früchten, Paniermehl, Gewürzen; manchmal flambiert
poached pochiert
popcorn Puffmais
popover kleines, stark aufgegangenes Brötchen
pork Schweinefleisch
porridge Haferbrei
porterhouse steak doppeltes Lendensteak (vom Rind)
pot roast Schmorbraten mit Gemüsebeilage
potato Kartoffel
~ **chips** 1) Pommes frites (GB) 2) Kartoffelchips (US)
~ **in its jacket** Pellkartoffel
potted shrimps in Butter eingemachte Garnelen
poultry Geflügel
prawn Steingarnele
prune Backpflaume
ptarmigan Schneehuhn
pudding meist eine weiche oder feste Mehlspeise, entweder mit Fleisch, Fisch, Gemüse oder Früchten, gebacken oder gedämpft
pumpkin Kürbis
quail Wachtel
quince Quitte
rabbit Kaninchen
radish Rettich, Radieschen
rainbow trout Regenbogenforelle
raisins Rosinen
rare halbgar
raspberry Himbeere

raw roh
red mullet Rotbarbe
red (sweet) pepper rote Paprikaschote
redcurrant rote Johannisbeere
relish Würzsoße
rhubarb Rhabarber
rib (of beef) Rippenstück (vom Rind)
rice Reis
rissole Fleisch- oder Fischfrikadelle
river trout Bachforelle
roast Braten
roasted gebraten
Rock Cornish hen Masthühnchen
roe Rogen, Fischeier
roll Brötchen, Semmel
rollmop herring Rollmops
round steak Steak aus der Rinderkeule
Rubens sandwich gepökeltes Rindfleisch auf Toast mit Sauerkraut, Käse und Salatsoße; heiß serviert
rump steak Steak aus der Rinderhüfte
rusk Zwieback
rye bread Roggenbrot
saddle Rücken
saffron Safran
sage Salbei
salad Salat
~ **bar** Auswahl an Salaten
~ **cream** leicht gezuckerte sahnige Salatsoße
~ **dressing** Salatsoße
salmon Lachs
~ **trout** Lachsforelle
salt Salz
salted gesalzen
sauce Soße
sausage Wurst
sauté(ed) schnell gebraten, geschwenkt
scallop 1) Jakobsmuschel 2) Kalbsschnitzel
scone weicher Gersten- oder Weizenmehlkuchen
Scotch broth Lammfleischbrühe mit Gemüse
Scotch woodcock Toast mit fein gehackten Eiern, Gewürzen und Sardellenpaste
sea bass Wolfs-, Seebarsch
sea kale Meer-, Strandkohl
seafood Fisch und Meeresfrüchte
(in) season (je nach) Jahreszeit
seasoning Gewürz, Würze
service charge Bedienungszuschlag
service (not) included Bedienung (nicht) inbegriffen
set menu Gedeck, Menü
shad Alse, Maifisch
shallot Schalotte
shellfish Krusten- und Schalentiere
sherbet Sorbet, Schnee-Eis, Scherbett
shoulder Schulter
shredded wheat Weizenschrot (zum Frühstück)
shrimp Garnele, Krevette
silverside (of beef) bester Teil der Rinderkeule
sirloin steak Lendensteak (vom Rind)
skewer Bratspießchen
slice Scheibe
sliced aufgeschnitten
sloppy Joe gehacktes Rindfleisch mit Chilisoße, in einem Brötchen serviert
smelt Stint, Spierling (ein Lachsfisch)
smoked geräuchert

snack Imbiß
sole Seezunge
soup Suppe
sour sauer
soused herring in Essig und Gewürzen eingelegter Hering
spare rib Schweinerippchen
spice Gewürz
spinach Spinat
spiny lobster Languste
(on a) spit (am) Spieß
sponge cake leichter Hefekuchen
sprat Sprotte
squash Kürbis
starter Vorspeise
steak and kidney pie englische Rindfleisch- und Nierenpastete
steamed gedämpft
stew Ragout, Eintopf
Stilton (cheese) englischer Edelpilzkäse, weiß und mild oder blaugeädert und scharf
strawberry Erdbeere
string bean grüne Bohne
stuffed gefüllt
stuffing Füllung
suck(l)ing pig Spanferkel
sugar Zucker
sugarless ungezuckert
sundae Eisbecher mit Früchten, Nüssen, Schlagsahne und manchmal Sirup
supper Abendbrot
swede gelbe Kohlrübe
sweet 1) süß 2) Nachspeise
~ **corn** Zuckermais
~ **potato** Süßkartoffel
sweetbread Kalbsbries, -milch
Swiss cheese Schweizer Käse, Emmentaler
Swiss roll Biskuitrolle
Swiss steak mit Gemüse und Gewürzen geschmorte Rindfleischscheibe
T-bone steak Lendensteak (vom Rind)
table d'hôte Gedeck, Menü
tangerine Mandarinenart
tarragon Estragon
tart Törtchen, Torte, Obstkuchen
tenderloin Lendenstück (vom Rind oder Schwein)
Thousand Island dressing würzige Salatsoße aus Mayonnaise und feingehackten Paprikaschoten
thyme Thymian
toad-in-the-hole Fleischstücke oder Würste, in Teig eingehüllt und gebacken
toasted geröstet
~ **cheese** Toast mit geschmolzenem Käse
tomato Tomate
tongue Zunge
treacle Melasse
trifle mit Sherry oder Branntwein getränkte leichte Biskuitmasse, mit Mandeln, Marmelade, Schlagsahne und englischer Krem
tripe Kaldaunen, Kutteln
trout Forelle
truffle Trüffel
tuna, tunny Thunfisch
turbot Steinbutt
turkey Truthahn
turnip Kohlrübe
turnover gefülltes Törtchen, Tasche
turtle Schildkröte
underdone halbgar
vanilla Vanille
veal Kalbfleisch
~ **bird** Kalbsroulade
vegetable Gemüse
~ **marrow** Kürbischen, Zucchini
venison Wildbret

vichyssoise kalte Suppe mit Porree, Kartoffeln und Sahne
vinegar Essig
Virginia baked ham im Ofen gebackener Schinken, mit Gewürznelken gespickt, mit Ananasscheiben und Kirschen dekoriert und mit dem Saft dieser Früchte glasiert
wafer Oblate, Waffel
waffle heiße Waffel, mit Melasse oder Ahornsirup serviert
walnut Walnuß
water ice Fruchteis
watercress Brunnenkresse
watermelon Wassermelone
well-done durchgebraten, gar
Welsh rabbit/rarebit eine Art warme Käseschnitte
whelk Wellhorn(schnecke)
whipped cream Schlagsahne
whitebait Weißfischchen
wine list Weinkarte
woodcock Waldschnepfe
Worcestershire sauce aromatische Würzsoße
York ham bekannter englischer Räucherschinken
Yorkshire pudding eine Art Eierkuchen, im Ofen gebacken und als Beilage zu Roastbeef serviert

Getränke

ale obergäriges, kohlensäurearmes Bier, nicht zu kühl ausgeschenkt
bitter ~ goldgelbes, stark gehopftes Faßbier
brown ~ dunkles, süßliches Flaschenbier
light ~ helles Flaschenbier
mild ~ dunkles, süßliches Faßbier
pale ~ helles Flaschenbier
applejack amerikanischer Apfelbranntwein
Athol Brose schottisches Getränk aus Whisky, Honig und manchmal Hafermehl
Bacardi cocktail Mischgetränk aus Rum, Zucker, Granatapfelsirup und Limettensaft
barley water ein Getränk aus Gerste mit Zitronengeschmack
barley wine starkes Bier
beer Bier
bottled ~ Flaschenbier
draft, draught ~ Faßbier
bitters aus Bitterextrakten hergestellte Aperitifs, Magenliköre usw.
black velvet Mischgetränk aus Champagner und *stout* (wird oft zu Austern serviert)
bloody Mary Wodka, Tomatensaft und Gewürze
bourbon amerikanischer Whisky, hauptsächlich aus Mais gebrannt
brandy 1) Branntwein 2) Weinbrand, Kognak

~ **Alexander** Weinbrand, Kakaolikör und Sahne
British wines Weine, die aus importierten Trauben oder Traubensäften in Großbritannien hergestellt werden
cherry brandy Kirschlikör
chocolate Schokolade
cider Apfelwein
~ **cup** Mischgetränk aus Apfelwein, Gewürzen, Zucker und Eis
claret roter Bordeauxwein
cobbler ein *long drink* aus Fruchtsaft mit Wein oder Likör und Eis
cocktail alkoholisches Mischgetränk, vor den Mahlzeiten serviert
coffee Kaffee
~ **with cream** Kaffee mit Sahne
black ~ schwarzer Kaffee
cafeine-free ~ koffeinfreier Kaffee
white ~ Milchkaffee
cordial magen- oder herzstärkender Likör
cream 1) Krem 2) Sahne
cup Erfrischungsgetränk aus eisgekühltem Wein, Sodawasser und einem Likör oder Alkohol, mit einer Apfelsinen- oder Zitronenscheibe garniert
daiquiri Mischgetränk aus Rum, Limetten- und Ananassaft
double doppeltes Maß
Drambuie Likör aus Whisky und Honig
dry martini 1) trockener Wermut (GB) 2) Gin mit trockenem Wermut (US)
egg-nog warmes Mischgetränk aus Rum oder Branntwein, geschlagenem Eigelb und Zucker
gin and it Gin mit italienischem Wermut
gin-fizz Gin mit Zitronensaft, Zucker und Sodawasser
ginger ale alkoholfreies Getränk mit Ingwergeschmack
ginger beer leicht alkoholisches Getränk aus Ingwer und Zukker
grasshopper Mischgetränk aus Pfefferminz- und Kakaolikör mit Sahne
Guinness (stout) sehr dunkles, stark gehopftes Malzbier
half pint ungefähr 3 Deziliter
highball Whisky oder Branntwein mit Sodawasser oder *ginger ale* verdünnt
iced eisgekühlt
Irish coffee Kaffee mit Zucker, irischem Whisky und Schlagsahne
Irish Mist irischer Likör aus Whisky und Honig
Irish whiskey irischer Whisky; er enthält außer Gerste auch Roggen, Hafer und Weizen und ist etwas milder im Geschmack als der schottische Whisky
juice Saft
lager helles Lagerbier, kühl ausgeschenkt
lemon squash Zitronensaft mit Sodawasser
lemonade Limonade
lime juice Limettensaft
liqueur Likör
liquor Spirituosen
long drink alle alkoholischen Bargetränke, mit Wasser oder Sprudel verdünnt; mit Eiswürfeln
Manhattan amerikanischer Whisky, Wermut und Angostura-

bitter
milk Milch
mineral water Mineralwasser
mulled wine Glühwein
neat unverdünnt, pur
old-fashioned Cocktail aus Whisky, Zucker, Angosturabitter und Maraschinokirschen
on the rocks mit Eiswürfeln
Ovaltine Ovomaltine
Pimm's cup(s) eine Art Likör, wird mit Fruchtsaft oder Sodawasser gemischt
~ **No. 1** mit Gin
~ **No. 2** mit Whisky
~ **No. 3** mit Rum
~ **No. 4** mit Weinbrand
pink champagne Rosé-Sekt
pink lady Cocktail aus Eiweiß, Apfelbranntwein, Zitronensaft, Granatapfelsirup und Gin
pint ungefähr 6 Deziliter
port (wine) Portwein
porter starkes, dunkles Bier mit süßlichem Geschmack
quart 1,14 Liter (US 0,95 Liter)
root beer aus verschiedenen Wurzeln und Kräutern bereitete Brauselimonade
rye (whiskey) Roggenwhisky, eher schwerer und kräftiger als *bourbon*
scotch (whisky) schottischer Whisky, meist aus Gerstenmalz- und Getreidewhisky »geblendet« (gemischt)
screwdriver Wodka und Orangensaft
shandy *bitter ale* mit Limonade oder *ginger beer*
short drink unverdünntes alkoholisches Getränk
shot ein Schuß Whisky, Kognak oder Branntwein
sloe gin-fizz Schlehenlikör mit Zitronensaft und Sodawasser
soda water Soda-, Sprudelwasser
soft drink alkoholfreies Erfrischungsgetränk
spirits Branntweine
stinger Kognak mit Pfefferminzlikör
stout sehr dunkles, stark gehopftes Malzbier
straight unverdünnt, pur
tea Tee
toddy eine Art Grog
Tom Collins Gin, Zitronensaft, Zucker und Sodawasser
tonic (water) Tonic(wasser); Sprudel, meist mit Chiningeschmack
vodka Wodka
water Wasser
whisky sour Whisky, Zitronensaft, Zucker und Maraschinokirschen
wine Wein
dry ~ trockener Wein
red ~ Rotwein
sparkling ~ Schaumwein, Sekt
sweet ~ Süßwein, Dessertwein
white ~ Weißwein

Englische Kurzgrammatik

Artikel

Der bestimmte Artikel (der, die, das) hat für alle drei Geschlechter, Singular und Plural, nur eine Form: *the.*

the room, the rooms	das Zimmer, die Zimmer

Der unbestimmte Artikel (ein, eine) hat zwei Formen: *a* vor Konsonanten und *an* vor Vokal oder stummem *h.*

a coat	ein Mantel
an umbrella	ein Schirm
an hour	eine Stunde

Some drückt eine unbestimmte Menge oder Anzahl aus.

I'd like some coffee, please.	Ich möchte etwas Kaffee, bitte.

Any wird in negativen Aussagen und in Fragen gebraucht.

There isn't any soap.	Es gibt keine Seife.
Do you have any stamps?	Haben Sie Briefmarken?

Substantiv

Der **Plural** der meisten Substantive wird durch Anhängen von *-(e)s* an den Singular gebildet.

cup – cups (Tasse – Tassen)	**dress – dresses** (Kleid – Kleider)

N. B.: Wenn ein Substantiv mit *-y* aufhört und ein Konsonant vorangeht, so ist die Pluralendung *-ies;* wenn dem *-y* ein Vokal vorangeht, wird der Plural normal gebildet.

lady – ladies (Dame – Damen)	**key – keys** (Schlüssel – Schlüssel)

Folgende Substantive bilden einen unregelmäßigen Plural:

man – men (Mann – Männer)	**woman – women** (Frau – Frauen)
child – children (Kind – Kinder)	**foot – feet** (Fuß – Füße)

Genitiv

1. Bei Personen: wenn das Substantiv nicht mit *-s* endet, wird *'s* angefügt.

the boy's room	das Zimmer des Jungen
the children's clothes	die Kleider der Kinder

Endet es mit *-s,* wird nur ein Apostroph (') angehängt.

the boys' rooms	die Zimmer der Jungen

2. Bei Gegenständen sowie für Mengen- und Maßangaben wird die Präposition *of* gebraucht.

the key of the door	der Schlüssel der Tür
a cup of tea	eine Tasse Tee

Adjektiv

Adjektive stehen normalerweise vor dem Substantiv.

a large brown suitcase	ein großer brauner Koffer

Die Steigerungsformen werden auf zwei Arten gebildet:

1. Alle einsilbigen und viele zweisilbige Adjektive erhalten *-(e)r* und *-(e)st* angefügt.

small (klein) – **smaller** – **smallest**
pretty (hübsch) – **prettier** – **prettiest***

2. Adjektive mit drei oder mehr Silben und einige zweisilbige bilden die Steigerungsformen mit *more* und *most.*

expensive (teuer) – **more expensive** – **most expensive**

Die folgenden Adjektive sind unregelmäßig:

good (gut)	**better**	**best**
bad (schlecht)	**worse**	**worst**
little (wenig)	**less**	**least**
much/many (viel)	**more**	**most**

Adverbien

Zahlreiche Adverbien werden gebildet, indem man dem Adjektiv *-ly* anhängt.

quick – quickly	schnell
slow – slowly	langsam

Einige wichtige Ausnahmen:

good – well	gut
fast – fast	rasch

Pronomen

	Subjekt	Objekt (Akk./Dat.)	Possessiv 1	2
ich	**I**	**me**	**my**	**mine**
du	**you**	**you**	**your**	**yours**
er	**he**	**him**	**his**	**his**
sie	**she**	**her**	**her**	**hers**
es	**it**	**it**	**its**	–
wir	**we**	**us**	**our**	**ours**
ihr	**you**	**you**	**your**	**yours**
sie	**they**	**them**	**their**	**theirs**

Possessiv-Form 1 wird vor Substantiven gebraucht; Form 2 steht allein.

Where's my key?	Wo ist mein Schlüssel?
That's not mine.	Das ist nicht meiner.

N. B. Im Englischen wird zwischen »du« und »Sie« kein Unterschied gemacht, es gibt nur die Form *you.*

Give it to me.	Geben Sie es mir.
He came with you.	Er kam mit dir/Ihnen.

* *y* wird zu *i*, wenn ein Konsonant vorangeht.

Hilfsverben (Präsens)

a) **to be** (sein)

	Kurzform	Negativ-Kurzformen	
I am	**I'm**		**I'm not**
you are	**you're**	**you're not**	**you aren't**
he is	**he's**	**he's not**	**he isn't**
she is	**she's**	**she's not**	**she isn't**
it is	**it's**	**it's not**	**it isn't**
we are	**we're**	**we're not**	**we aren't**
you are	**you're**	**you're not**	**you aren't**
they are	**they're**	**they're not**	**they aren't**

Fragend: **Am I? Are you? Is he?** usw.

N. B.: In der Umgangssprache werden fast ausschließlich die Kurzformen gebraucht.

Das Englische besitzt zwei Formen für das deutsche »es gibt«: *there is (there's)* vor einem Substantiv im Singular, *there are* vor einem Substantiv im Plural.

Negativ: **There isn't – There aren't**
Fragend: **Is there? – Are there?**

b) **to have** (haben)

	Kurzform		Kurzform
I have	**I've**	**we have**	**we've**
you have	**you've**	**you have**	**you've**
he/she/it has	**he's/she's/it's**	**they have**	**they've**

Negativ: **I have not (haven't)**
Fragend: **Have you? – Has he?**

c) **to do** (tun, machen)

I do, you do, he/she/it does, we do, you do, they do

Negativ: **I do not (I don't) – He does not (he doesn't)**
Fragend: **Do you? – Does he?**

Andere Verben

Die Infinitivform wird für alle Personen außer der 3. Person Singular, die auf *-(e)s* endet, verwendet:

	to love (lieben)	**to come** (kommen)	**to go** (gehen)
I	**love**	**come**	**go**
you	**love**	**come**	**go**
he/she/it	**loves**	**comes**	**goes**
we	**love**	**come**	**go**
you	**love**	**come**	**go**
they	**love**	**come**	**go**

Die negative Form wird durch das Hilfsverb *do* (3. Pers. *does*) + *not* + Infinitiv gebildet.

We do not (don't) like this hotel.	Wir mögen dieses Hotel nicht.

Fragen werden mit dem Hilfsverb *do* (3. Pers. *does*) + Subjekt + Infinitiv gebildet.

Do you drink wine?	Trinken Sie Wein?
Does he live here?	Wohnt er hier?

Präsens Verlaufsform

Diese Form gibt es im Deutschen nicht. Sie wird gebildet durch die entsprechende Form des Verbes *to be* + Partizip Präsens. Das Partizip Präsens wird durch Anhängen von *-ing* an den Infinitiv gebildet (ein *-e* am Ende des Verbs wird weggelassen). Die Verlaufsform kann nur mit bestimmten Verben verwendet werden, da sie ausdrückt, daß man gerade bei einer Beschäftigung ist oder daß ein Geschehen nocht andauert, während man spricht.

What are you doing?	Was machen Sie? (jetzt, in diesem Augenblick)
I'm writing a letter.	Ich schreibe gerade einen Brief.

Imperativ

Der Imperativ (Singular und Plural) hat dieselbe Form wie der Infinitiv (ohne *to*). Der negative Imperativ wird mit *don't* gebildet.

Please bring me some water.	Bringen Sie mir bitte etwas Wasser.
Don't be late.	Kommen Sie nicht zu spät.

Unregelmäßige Verben

Wir führen nachstehend die englischen unregelmäßigen Verben auf. Die Zusammensetzung und die Präfixverben werden ebenso konjugiert wie das zugrundeliegende Verb. Beispiel: *withdraw* konjugiert man wie *draw* und *mistake* wie *take*.

Infinitiv	*Präteritum*	*Partizip Perfekt*	
arise	arose	arisen	*sich erheben*
awake	awoke	awoken	*erwecken*
be	was	been	*sein*
bear	bore	borne	*(er)tragen*
beat	beat	beaten	*schlagen*
become	became	become	*werden*
begin	began	begun	*beginnen*
bend	bent	bent	*biegen*
bet	bet	bet	*wetten*
bid	bade/bid	bidden/bid	*gebieten*
bind	bound	bound	*binden*
bite	bit	bitten	*beißen*
bleed	bled	bled	*bluten*
blow	blew	blown	*blasen*
break	broke	broken	*brechen*
breed	bred	bred	*züchten*
bring	brought	brought	*bringen*
build	built	built	*bauen*
burn	burnt/burned	burnt/burned	*(ver)brennen*
burst	burst	burst	*platzen*
buy	bought	bought	*kaufen*
can*	could	—	*können*
cast	cast	cast	*werfen*
catch	caught	caught	*fangen*
choose	chose	chosen	*wählen*
cling	clung	clung	*sich klammern*
clothe	clothed/clad	clothed/clad	*kleiden*
come	came	come	*kommen*
cost	cost	cost	*kosten*
creep	crept	crept	*kriechen*
cut	cut	cut	*schneiden*
deal	dealt	dealt	*Handel treiben*
dig	dug	dug	*graben*
do (he does)	did	done	*tun*
draw	drew	drawn	*ziehen*
dream	dreamt/dreamed	dreamt/dreamed	*träumen*
drink	drank	drunk	*trinken*
drive	drove	driven	*fahren*
dwell	dwelt	dwelt	*wohnen*
eat	ate	eaten	*essen*
fall	fell	fallen	*fallen*

* Indikativ Präsens

feed	fed	fed	*füttern*
feel	felt	felt	*fühlen*
fight	fought	fought	*kämpfen*
find	found	found	*finden*
flee	fled	fled	*fliehen*
fling	flung	flung	*schleudern*
fly	flew	flown	*fliegen*
forsake	forsook	forsaken	*verlassen*
freeze	froze	frozen	*gefrieren*
get	got	got	*bekommen*
give	gave	given	*geben*
go	went	gone	*gehen*
grind	ground	ground	*mahlen*
grow	grew	grown	*wachsen*
hang	hung	hung	*hängen*
have	had	had	*haben*
hear	heard	heard	*hören*
hew	hewed	hewed/hewn	*hacken*
hide	hid	hidden	*verbergen*
hit	hit	hit	*schlagen*
hold	held	held	*halten*
hurt	hurt	hurt	*verletzen*
keep	kept	kept	*behalten*
kneel	knelt	knelt	*knien*
knit	knitted/knit	knitted/knit	*stricken*
know	knew	known	*kennen*
lay	laid	laid	*legen*
lead	led	led	*führen*
lean	leant/leaned	leant/leaned	*lehnen*
leap	leapt/leaped	leapt/leaped	*springen*
learn	learnt/learned	learnt/learned	*lernen*
leave	left	left	*verlassen*
lend	lent	lent	*leihen*
let	let	let	*lassen*
lie	lay	lain	*liegen*
light	lit/lighted	lit/lighted	*anzünden*
lose	lost	lost	*verlieren*
make	made	made	*machen*
may*	might	—	*dürfen*
mean	meant	meant	*bedeuten*
meet	met	met	*begegnen*
mow	mowed	mowed/mown	*mähen*
must*	—	—	*müssen*
ought (to)*	—	—	*sollen*
pay	paid	paid	*zahlen*
put	put	put	*legen*
read	read	read	*lesen*
rid	rid	rid	*sich entledigen*
ride	rode	ridden	*reiten*

* Indikativ Präsens

ring	rang	rung	*läuten*
rise	rose	risen	*aufstehen*
run	ran	run	*rennen*
saw	sawed	sawn	*sägen*
say	said	said	*sagen*
see	saw	seen	*sehen*
seek	sought	sought	*suchen*
sell	sold	sold	*verkaufen*
send	sent	sent	*senden*
set	set	set	*setzen*
sew	sewed	sewed/sewn	*nähen*
shake	shook	shaken	*schütteln*
shall*	should	—	*sollen*
shed	shed	shed	*vergießen*
shine	shone	shone	*leuchten*
shoot	shot	shot	*schießen*
show	showed	shown	*zeigen*
shrink	shrank	shrunk	*schrumpfen*
shut	shut	shut	*schließen*
sing	sang	sung	*singen*
sink	sank	sunk	*sinken, versenken*
sit	sat	sat	*sitzen*
sleep	slept	slept	*schlafen*
slide	slid	slid	*gleiten*
sling	slung	slung	*schleudern*
slink	slunk	slunk	*schleichen*
slit	slit	slit	*schlitzen*
smell	smelled/smelt	smelled/smelt	*riechen*
sow	sowed	sown/sowed	*säen*
speak	spoke	spoken	*sprechen*
speed	sped/speeded	sped/speeded	*eilen*
spell	spelt/spelled	spelt/spelled	*buchstabieren*
spend	spent	spent	*ausgeben, verbringen*
spill	spilt/spilled	spilt/spilled	*verschütten*
spin	spun	spun	*spinnen*
spit	spat	spat	*spucken*
split	split	split	*spalten*
spoil	spoilt/spoiled	spoilt/spoiled	*verderben*
spread	spread	spread	*ausbreiten*
spring	sprang	sprung	*springen*
stand	stood	stood	*stehen*
steal	stole	stolen	*stehlen*
stick	stuck	stuck	*kleben*
sting	stung	stung	*stechen*
stink	stank/stunk	stunk	*stinken*
strew	strewed	strewed/strewn	*streuen*
stride	strode	stridden	*schreiten*
strike	struck	struck/stricken	*schlagen*
string	strung	strung	*aufreihen*

* Indikativ Präsens

strive	strove	striven	*streben*
swear	swore	sworn	*schwören*
sweep	swept	swept	*fegen*
swell	swelled	swollen	*schwellen*
swim	swam	swum	*schwimmen*
swing	swung	swung	*schwingen*
take	took	taken	*nehmen*
teach	taught	taught	*lehren*
tear	tore	torn	*zerreißen*
tell	told	told	*erzählen*
think	thought	thought	*denken*
throw	threw	thrown	*werfen*
thrust	thrust	thrust	*stoßen*
tread	trod	trodden	*treten*
wake	woke/waked	woken/waked	*(auf)wachen*
wear	wore	worn	*tragen (Kleider)*
weave	wove	woven	*weben*
weep	wept	wept	*weinen*
will*	would	—	*wollen*
win	won	won	*gewinnen*
wind	wound	wound	*winden*
wring	wrung	wrung	*(w)ringen*
write	wrote	written	*schreiben*

* Indikativ Präsens

Englische Abkürzungen

AA	*Automobile Association*	britischer Automobilklub
AAA	*American Automobile Association*	Amerikanischer Automobilklub
ABC	*American Broadcasting Company*	amerikanische Rundfunkgesellschaft
A.D.	*anno Domini*	nach Christus
Am.	*America; American*	Amerika; amerikanisch
a.m.	*ante meridiem (before noon)*	vormittags (genauer: von 00.01 bis 11.59 Uhr)
Amtrak	*American railroad corporation*	amerikanisches Eisenbahnkonsortium
att(n)	*attention*	zu Händen
AT & T	*American Telephone and Telegraph Company*	Amerikanische Telefon- und Telegrafengesellschaft
Ave.	*avenue*	Allee (Prachtstraße)
BBC	*British Broadcasting Corporation*	Britische Rundfunkgesellschaft
B.C.	*before Christ*	vor Christus
bldg.	*building*	Gebäude
Blvd.	*boulevard*	Boulevard (Ringstraße)
B.R.	*British Rail*	Britische Staatsbahnen
Brit.	*Britain; British*	Großbritannien; britisch
Bros.	*brothers*	Gebrüder
¢	*cent*	Cent, 1/100 vom Dollar
Can.	*Canada; Canadian*	Kanada; kanadisch
CBS	*Columbia Broadcasting System*	amerikanische Rundfunkgesellschaft
CID	*Criminal Investigation Department*	britische Kriminalpolizei
CNR	*Canadian National Railway*	Kanadische Bundesbahnen
c/o	*(in) care of*	bei, per Adresse
Co.	*company*	Handelsgesellschaft
Corp.	*corporation*	Handelsgesellschaft
CPR	*Canadian Pacific Railways*	kanadische Eisenbahngesellschaft
D.C.	*District of Columbia*	Bundesdistrikt der USA
DDS	*Doctor of Dental Science*	Doktor der Zahnheilkunde
dept.	*department*	Abteilung
EU	*European Union*	Europäische Union
e.g.	*for instance*	zum Beispiel

Eng.	*England; English*	England; englisch
excl.	*excluding; exclusive*	ausschließlich, nicht inbegriffen
ft.	*foot/feet*	Fuß (30,5 cm)
GB	*Great Britain*	Großbritannien
H.E.	*His/Her Excellency; His Eminence*	Seine/Ihre Exzellenz; Seine Eminenz
H.H.	*His Holiness*	Seine Heiligkeit
H.M.	*His/Her Majesty*	Seine/Ihre Majestät
H.M.S.	*Her Majesty's ship*	wörtlich: Schiff Ihrer Majestät (Kriegsmarine)
hp	*horsepower*	Pferdestärke
Hwy	*highway*	Schnellstraße
i.e.	*that is to say*	das heißt
in.	*inch*	Zoll (2,54 cm)
Inc.	*incorporated*	amerikanische Aktiengesellschaft
incl.	*including, inclusive*	cinschließlich, inbegriffen
£	*pound sterling*	Pfund Sterling
L.A.	*Los Angeles*	Los Angeles
Ltd.	*limited*	Aktiengesellschaft
M.D.	*Doctor of Medicine*	Arzt
M.P.	*Member of Parliament*	Mitglied des Parlaments
mph	*miles per hour*	Meilen pro Stunde
Mr.	*Mister*	Herr
Mrs.	*Missis*	Frau
Ms.	*Missis/Miss*	Frau/Fräulein
nat.	*national*	staatlich
NBC	*National Broadcasting Company*	amerikanische Rundfunkgesellschaft
No.	*number*	Nummer
N.Y.C.	*New York City*	Stadt New York
O.B.E.	*Officer (of the Order) of the British Empire*	Offizier (des Ordens) des Britischen Weltreiches
p.	*page; penny/pence*	Seite; Penny, 1/100 vom Pfund Sterling
p.a.	*per annum*	pro Jahr
Ph.D.	*Doctor of Philosophy*	Doktor der Philosophie
p.m.	*post meridiem (after noon)*	nachmittags (genauer: von 12.01 bis 23.59 Uhr)
PO	*Post Office*	Postamt
POO	*post office order*	Postanweisung
pop.	*population*	Einwohner(zahl)
P.T.O.	*please turn over*	bitte wenden

RAC	*Royal Automobile Club*	Königlicher Automobilklub (von England)
RCMP	*Royal Canadian Mounted Police*	Königliche berittene Polizei von Kanada
Rd.	*road*	Straße, Weg
ref.	*reference*	vergleiche, siehe
Rev.	*reverend*	Pfarrer
RFD	*rural free delivery*	Briefzustellung per Postfach in ländlichen Gegenden
RR	*railroad*	Eisenbahn
RSVP	*please reply*	Antwort erbeten
$	*dollar*	Dollar
Soc.	*society*	Gesellschaft
St.	*saint; street*	Sankt; Straße
UK	*United Kingdom*	Vereinigtes Königreich
UN	*United Nations*	Vereinte Nationen
UPS	*United Parcel Service*	privater Paketbeförderungsdienst
US	*United States*	Vereinigte Staaten von Amerika
USS	*United States Ship*	wörtlich: Schiff der Vereinigten Staaten (Kriegsmarine)
VAT	*value added tax*	Mehrwertsteuer
VIP	*very important person*	bevorzugt behandelte Persönlichkeit (im Reiseverkehr usw.)
Xmas	*Christmas*	Weihnachten
yd.	*yard*	Yard
YMCA	*Young Men's Christian Association*	Christlicher Verein Junger Männer
YWCA	*Young Women's Christian Association*	Christlicher Verein Junger Mädchen
ZIP	*ZIP code*	Postleitzahl

Zahlwörter

Grundzahlen		Ordnungszahlen	
0	zero	1st	first
1	one	2nd	second
2	two	3rd	third
3	three	4th	fourth
4	four	5th	fifth
5	five	6th	sixth
6	six	7th	seventh
7	seven	8th	eighth
8	eight	9th	ninth
9	nine	10th	tenth
10	ten	11th	eleventh
11	eleven	12th	twelfth
12	twelve	13th	thirteenth
13	thirteen	14th	fourteenth
14	fourteen	15th	fifteenth
15	fifteen	16th	sixteenth
16	sixteen	17th	seventeenth
17	seventeen	18th	eighteenth
18	eighteen	19th	nineteenth
19	nineteen	20th	twentieth
20	twenty	21st	twenty-first
21	twenty-one	22nd	twenty-second
22	twenty-two	23rd	twenty-third
23	twenty-three	24th	twenty-fourth
24	twenty-four	25th	twenty-fifth
25	twenty-five	26th	twenty-sixth
30	thirty	27th	twenty-seventh
40	forty	28th	twenty-eighth
50	fifty	29th	twenty-ninth
60	sixty	30th	thirtieth
70	seventy	40th	fortieth
80	eighty	50th	fiftieth
90	ninety	60th	sixtieth
100	a/one hundred	70th	seventieth
230	two hundred and thirty	80th	eightieth
		90th	ninetieth
1,000	a/one thousand	100th	hundredth
10,000	ten thousand	230th	two hundred and thirtieth
100,000	a/one hundred thousand		
1,000,000	a/one million	1,000th	thousandth

Uhrzeit

Engländer und Amerikaner verwenden allgemein das Zwölfstundensystem. Dabei bezeichnet die Abkürzung *a.m. (ante meridiem)* die Stunden der ersten Tageshälfte, *p.m. (post meridiem)* die der zweiten. In Großbritannien allerdings geht man mehr und mehr zum Vierundzwanzigstundensystem über.

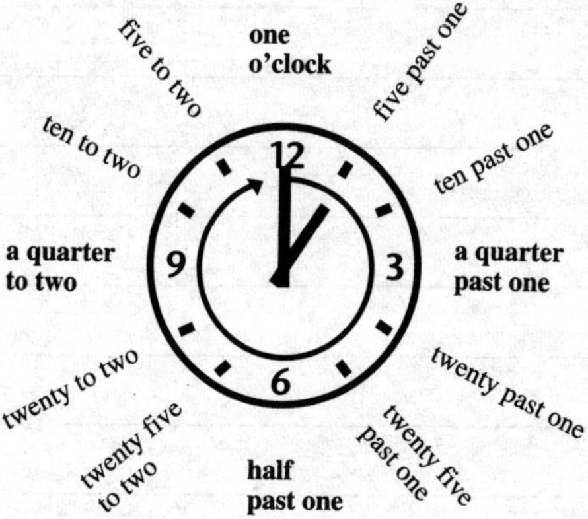

I'll come at seven a.m.	Ich werde um 7 Uhr morgens kommen.
I'll come at two p.m.	Ich werde um 2 Uhr nachmittags kommen.
I'll come at eight p.m.	Ich werde um 8 Uhr abends kommen.

Wochentage

Sunday	Sonntag	*Thursday*	Donnerstag
Monday	Montag	*Friday*	Freitag
Tuesday	Dienstag	*Saturday*	Samstag, Sonnabend
Wednesday	Mittwoch		

Notizen